De la part de l'auteur.

En 1857, j'avais ce volume au Camp de Châlons, et l'Empereur me l'ayant demandé, s'en est fait lire différents passages, pendant toute une soirée. (L'infortuné général Espinasse fut le principal lecteur.)

HISTOIRE

DU

CONSULAT

ET DE

L'EMPIRE

—

TOME XIV

L'auteur déclare réserver ses droits à l'égard de la traduction en Langues étrangères, notamment pour les Langues Allemande, Anglaise, Espagnole et Italienne.

Ce volume a été déposé au Ministère de l'Intérieur (Direction de la Librairie), le 12 août 1856.

PARIS. IMPRIMÉ PAR HENRI PLON, RUE GARANCIÈRE, 8.

HISTOIRE
DU
CONSULAT
ET DE
L'EMPIRE

FAISANT SUITE
A L'HISTOIRE DE LA RÉVOLUTION FRANÇAISE

PAR M. A. THIERS

TOME QUATORZIÈME

PARIS
PAULIN, LIBRAIRE-ÉDITEUR
60, RUE RICHELIEU

1856

HISTOIRE
DU CONSULAT
ET
DE L'EMPIRE.

LIVRE QUARANTE-QUATRIÈME.

MOSCOU.

Napoléon se prépare à marcher sur Wilna. — Ses dispositions à Kowno pour s'assurer la possession de cette ville et y faire aboutir sa ligne de navigation. — Mouvement des divers corps de l'armée française. — En approchant de Wilna, on rencontre M. de Balachoff, envoyé par l'empereur Alexandre pour faire une dernière tentative de rapprochement. — Motifs qui ont provoqué cette démarche. — L'empereur Alexandre et son état-major. — Opinions régnantes en Russie sur la manière de conduire cette guerre. — Système de retraite à l'intérieur proposé par le général Pfuhl. — Sentiment des généraux Barclay de Tolly et Bagration à l'égard de ce système. — En apprenant l'arrivée des Français, Alexandre se décide à se retirer sur la Dwina au camp de Drissa, et à diriger le prince Bagration avec la seconde armée russe sur le Dnieper. — Entrée des Français dans Wilna. — Orages d'été pendant la marche de l'armée sur Wilna. — Premières souffrances. — Beaucoup d'hommes prennent dès le commencement de la campagne l'habitude du maraudage. — La difficulté des marches et des approvisionnements décide Napoléon à faire un séjour à Wilna. — Inconvénients de ce séjour. — Tandis que Napoléon s'arrête pour rallier les hommes débandés et donner à ses convois le temps d'arriver, il envoie le maréchal Davout sur sa droite, afin de poursuivre le prince Bagration, séparé de la principale armée russe. — Organisation du gouvernement lithuanien. — Création de magasins, con-

LIVRE XLIV.

struction de fours, établissement d'une police sur les routes. — Entrevue de Napoléon avec M. de Balachoff. — Langage fâcheux tenu à ce personnage. — Opérations du maréchal Davout sur la droite de Napoléon. — Danger auquel sont exposées plusieurs colonnes russes séparées du corps principal de leur armée. — La colonne du général Doctoroff parvient à se sauver, les autres sont rejetées sur le prince Bagration. — Marche hardie du maréchal Davout sur Minsk. — S'apercevant qu'il est en présence de l'armée de Bagration, deux ou trois fois plus forte que les troupes qu'il commande, ce maréchal demande des renforts. — Napoléon, qui médite le projet de se jeter sur Barclay de Tolly avec la plus grande partie de ses forces, refuse au maréchal Davout les secours nécessaires, et croit y suppléer en pressant la réunion du roi Jérôme avec ce maréchal. — Marche du roi Jérôme de Grodno sur Neswij. — Ses lenteurs involontaires. — Napoléon, mécontent, le place sous les ordres du maréchal Davout. — Ce prince, blessé, quitte l'armée. — Perte de plusieurs jours pendant lesquels Bagration réussit à se sauver. — Le maréchal Davout court à sa poursuite. — Beau combat de Mohilew. — Bagration, quoique battu, parvient à se retirer au delà du Dniéper. — Occupations de Napoléon pendant les mouvements du maréchal Davout. — Après avoir organisé ses moyens de subsistance, et laissé à Wilna une grande partie de ses convois d'artillerie et de vivres, il se dispose à marcher contre la principale armée russe de Barclay de Tolly. — Insurrection de la Pologne. — Accueil fait aux députés polonais. — Langage réservé de Napoléon à leur égard, et motifs de cette réserve. — Départ de Napoléon pour Gloubokoé. — Beau plan consistant, après avoir jeté Davout et Jérôme sur Bagration, à se porter sur Barclay de Tolly par un mouvement de gauche à droite, afin de déborder les Russes et de les tourner. — Marche de tous les corps de l'armée française défilant devant le camp de Drissa pour se porter sur Polotsk et Witebsk. — Les Russes au camp de Drissa. — Révolte de leur état-major contre le plan de campagne attribué au général Pfuhl, et contrainte exercée à l'égard de l'empereur Alexandre pour l'obliger à quitter l'armée. — Celui-ci se décide à se rendre à Moscou. — Barclay de Tolly évacue le camp de Drissa, et se porte à Witebsk en marchant derrière la Dwina, dans l'intention de se rejoindre à Bagration. — Napoléon s'efforce de le prévenir à Witebsk. — Brillante suite de combats en avant d'Ostrowno, et au delà. — Bravoure audacieuse de l'armée française, et opiniâtreté de l'armée russe. — Un moment on espère une bataille, mais les Russes se dérobent pour prendre position entre Witebsk et Smolensk, et rallier le prince Bagration. — Accablement produit par des chaleurs excessives, fatigue des troupes, nouvelle perte d'hommes et de chevaux. — Napoléon, prévenu à Smolensk, et désespérant d'empêcher la réunion de Bagration avec Barclay de Tolly, se décide à une nouvelle halte d'une quinzaine de jours, pour rallier les hommes restés en arrière, amener ses convois d'artillerie, et laisser passer les grandes chaleurs. — Son établissement à Witebsk. — Ses cantonnements autour de cette ville. — Ses soins pour son armée, déjà réduite de 400 mille hommes à 256 mille, depuis le passage du Niémen. — Opérations à l'aile gauche. — Les maréchaux Macdonald et Oudinot, chargés d'agir sur la Dwina, doivent, l'un bloquer Riga, l'autre prendre Polotsk. — Avantages remportés les 29 juillet et 1er août par le maréchal Oudinot sur le comte de Wittgenstein. — — Napoléon, pour procurer quelque repos aux Bavarois ruinés par la dyssenterie, et pour renforcer le maréchal Oudinot, les envoie à Polotsk. — Opérations à l'aile droite. — Napoléon, après avoir été rejoint par le maréchal Davout et par une partie des troupes du roi Jérôme, charge le général Reynier avec les Saxons, et le prince de Schwarzenberg avec les Autrichiens, de garder le cours inférieur du Dniéper, et de tenir tête au général russe Tormazoff, qui occupe la Volhynie avec 40 mille hommes. — Après avoir ordonné ces dispositions et accordé un peu de repos à ses soldats, Napoléon recommence les opérations offensives contre la grande armée russe, composée désormais des troupes réunies de Barclay de Tolly et de Bagration. — Belle marche de gauche à droite, devant l'armée ennemie, pour passer le Dniéper au-dessous de Smolensk, surprendre Smolensk, tourner les Russes, et les acculer sur la Dwina. — Pendant que Napoléon opérait contre les Russes, ceux-ci songeaient à prendre l'initiative. — Déconcertés par les mouvements de Napoléon, et apercevant le danger de Smolensk, ils se rabattent sur cette ville pour la secourir. — Marche des Français sur Smolensk. — Brillant combat de Krasnoé. — Arrivée des Français devant Smolensk. — Immense réunion d'hommes autour de cette malheureuse ville. — Attaque et prise de Smolensk par Ney et Davout. — Retraite des Russes sur Dorogobouge. — Rencontre du maréchal Ney avec une partie de l'arrière-garde russe. — Combat sanglant de Valoutina. — Mort du général Gudin. — Chagrin de Napoléon en voyant échouer l'une après l'autre les plus belles combinaisons qu'il eût jamais imaginées. — Difficultés des lieux, et peu de faveur de la fortune dans cette campagne. — Grande question de savoir s'il faut s'arrêter à Smolensk pour hiverner en Lithuanie, ou marcher en avant pour prévenir les dangers politiques qui pourraient naître d'une guerre prolongée. — Raisons pour et contre. — Tandis qu'il délibère, Napoléon apprend que le général Saint-Cyr, remplaçant le maréchal Oudinot blessé, a gagné le 18 août une bataille sur l'armée de Wittgenstein à Polotsk ; que les généraux Schwarzenberg et Reynier, après diverses alternatives, ont gagné à Gorodeczna le 12 août une autre bataille sur l'armée de Volhynie ; que le maréchal Davout et Murat, mis à la poursuite de la grande armée russe, ont trouvé cette armée en position au delà de Dorogobouge, avec apparence de vouloir combattre. — A cette dernière nouvelle, Napoléon part de Smolensk avec le reste de l'armée, afin de tout terminer dans une grande bataille. — Son arrivée à Dorogobouge. — Retraite de l'armée russe, dont les chefs divisés flottent entre l'idée de combattre, et l'idée de se retirer en détruisant tout sur leur chemin. — Leur marche sur Wiasma. — Napoléon jugeant qu'ils vont enfin livrer bataille, et espérant décider du sort de la guerre en une journée, se met à les poursuivre, et résout ainsi la grave question qui tenait son esprit en suspens. — Ordres sur ses ailes et ses derrières pendant

LIVRE XLIV.

la marche qu'il projette. — Le 9ᵉ corps, sous le maréchal Victor, amené de Berlin à Wilna pour couvrir les derrières de l'armée ; le 11ᵉ, sous le maréchal Augereau, chargé de remplacer le 9ᵉ à Berlin. — Marche de la grande armée sur Wiasma. — Aspect de la Russie. — Nombreux incendies allumés par la main des Russes sur toute la route de Smolensk à Moscou. — Exaltation de l'esprit public en Russie, et irritation soit dans l'armée, soit dans le peuple, contre le plan qui consiste à se retirer en détruisant tout sur les pas des Français. — Impopularité de Barclay de Tolly, accusé d'être l'auteur ou l'exécuteur de ce système, et envoi du vieux général Kutusof pour le remplacer. — Caractère de Kutusof et son arrivée à l'armée. — Quoique penchant pour le système défensif, il se décide à livrer bataille en avant de Moscou. — Choix du champ de bataille de Borodino au bord de la Moskowa. — Marche de l'armée française de Wiasma sur Ghjat. — Quelques jours de mauvais temps font hésiter Napoléon entre le projet de rétrograder, et le projet de poursuivre l'armée russe. — Le retour du beau temps le décide, malgré l'avis des principaux chefs de l'armée, à continuer sa marche offensive. — Arrivée le 5 septembre dans la vaste plaine de Borodino. — Prise de la redoute de Schwardino le 5 septembre au soir. — Repos le 6 septembre. — Préparatifs de la grande bataille. — Proposition du maréchal Davout de tourner l'armée russe par sa gauche. — Motifs qui décident le rejet de cette proposition. — Plan d'attaque directe consistant à enlever de vive force les redoutes sur lesquelles les Russes sont appuyés. — Esprit militaire des Français, esprit religieux des Russes. — Mémorable bataille de la Moskowa, livrée le 7 septembre 1812. — Environ 60 mille hommes hors de combat du côté des Russes, et 30 mille du côté des Français. — Spectacle horrible. — Pourquoi la bataille, quoique meurtrière pour les Russes et complétement perdue pour eux, n'est cependant pas décisive. — Les Russes se retirent sur Moscou. — Les Français les poursuivent. — Conseil de guerre tenu par les généraux russes pour savoir s'il faut livrer une nouvelle bataille, ou abandonner Moscou aux Français. — Kutusof se décide à évacuer Moscou en traversant la ville, et en se retirant sur la route de Riazan. — Désespoir du gouverneur Rostopchin, et ses préparatifs secrets d'incendie. — Arrivée des Français devant Moscou. — Superbe aspect de cette capitale, et enthousiasme de nos soldats en l'apercevant des hauteurs de Worobiewo. — Entrée dans Moscou le 14 septembre. — Silence et solitude. — Quelques apparences de feu dans la nuit du 15 au 16. — Affreux incendie de cette capitale. — Napoléon obligé de sortir du Kremlin pour se retirer au château de Petrowskoié. — Douleur que lui cause le désastre de Moscou. — Il y voit une résolution désespérée qui exclut toute idée de paix. — Après cinq jours l'incendie est apaisé. — Aspect de Moscou après l'incendie. — Les quatre cinquièmes de la ville détruits. — Immense quantité de vivres trouvée dans les caves, et formation de magasins pour l'armée. — Pensées qui agitent Napoléon à Moscou. — Il sent le danger de s'y arrêter, et voudrait, par une marche oblique au nord, se réunir aux maréchaux Victor, Saint-Cyr et Macdonald, en avant de la

Dwina, de manière à résoudre le double problème de se rapprocher de la Pologne, et de menacer Saint-Pétersbourg. — Mauvais accueil que cette conception profonde reçoit de la part de ses lieutenants, et objections fondées sur l'état de l'armée, réduite à cent mille hommes. — Pendant que Napoléon hésite, il s'aperçoit que l'armée russe s'est dérobée, et est venue prendre position sur son flanc droit, vers la route de Kalouga. — Murat envoyé à sa poursuite. — Les Russes établis à Taroutino. — Napoléon, embarrassé de sa position, envoie le général Lauriston à Kutusof pour essayer de négocier. — Finesse de Kutusof feignant d'agréer ces ouvertures, et acceptation d'un armistice tacite.

<small>Juin 1812</small>

Le Niémen venait d'être franchi le 24 juin sans aucune opposition de la part des Russes, et tout annonçait que les motifs qui les avaient empêchés de résister aux environs de Kowno, les en empêcheraient également sur les autres points de leur frontière. Ne doutant pas qu'à sa gauche le maréchal Macdonald, chargé de passer le Niémen près de Tilsit, qu'à sa droite le prince Eugène, chargé de le passer aux environs de Prenn, ne trouvassent les mêmes facilités, Napoléon ne songeait qu'à se porter sur Wilna, pour s'emparer de la capitale de la Lithuanie, et pour se placer entre les deux armées ennemies de manière à ne plus leur permettre de se rejoindre. Toutefois, avant de quitter Kowno, il voulut, tandis que ses corps marcheraient sur Wilna, vaquer à divers soins que sa rare prévoyance ne négligeait jamais. Assurer sa ligne de communication, lorsqu'il se portait en avant, avait toujours été sa première occupation, et c'était plus que jamais le cas d'y penser, lorsqu'il allait s'aventurer à de si grandes distances, à travers des pays si difficiles, et au milieu d'une cavalerie ennemie la plus incommode qu'il y eût au monde.

<small>Séjour de Napoléon à Kowno.</small>

D'abord il fit lever les ponts jetés au-dessus de

<small>Soins dont il s'occupe.</small>

Kowno, replacer les bateaux sur leurs haquets, et acheminer l'équipage entier à la suite du maréchal Davout. Il chargea l'infatigable général Éblé de construire à Kowno même un pont sur pilotis, pour rendre certain, dans tous les temps, le passage du Niémen. Il lui ordonna d'en établir un pareil sur la Wilia, afin d'assurer les communications de l'armée dans tous les sens. Les ressources du pays en bois étaient considérables, et quant aux autres parties du matériel nécessaires à l'établissement des ponts, telles que ferrures, cordages et outils, on doit se souvenir qu'il en avait largement approvisionné le corps du génie. Napoléon s'occupa ensuite d'entourer la ville de Kowno d'ouvrages de défense, afin que les partis ennemis ne pussent y pénétrer, et que le vaste dépôt de matières qu'on allait y laisser s'y trouvât en parfaite sûreté. Après ces objets, les hôpitaux pour recevoir les blessés et les malades, les manutentions pour fabriquer le pain, les magasins pour déposer les approvisionnements de tout genre, et par-dessus tout les bateaux propres à remonter la Wilia jusqu'à Wilna, absorbèrent son attention sans relâche, et il donna les ordres convenables pour que, moyennant un seul transbordement, les convois venus de Dantzig par la Vistule, le Frische-Haff, la Prégel, la Deime, le canal de Frédéric, le Niémen, pussent remonter de Kowno jusqu'à Wilna. Malheureusement la Wilia, moins profonde que le Niémen, et de plus très-sinueuse, offrait un moyen de transport presque aussi difficile que celui de terre. On n'estimait pas à moins de vingt jours le temps indispensable pour remonter par la Wilia de Kowno à

Wilna, et c'était à peu près le temps exigé pour venir de Dantzig à Kowno. Toutefois Napoléon ordonna de faire l'essai de cette navigation, sauf à organiser d'autres moyens de transport si celui-là ne réussissait point.

Juin 1812.

Tout en s'occupant de ces soins avec son activité accoutumée, Napoléon avait mis ses troupes en marche. Les rapports recueillis sur la situation de l'ennemi, obscurs pour tout autre que Napoléon, représentaient l'armée de Barclay de Tolly comme formant une espèce de demi-cercle autour de Wilna, et se liant par un cordon de Cosaques avec celle du prince Bagration, qui était beaucoup plus bas sur notre droite, dans les environs de Grodno. Voici comment, d'après ces rapports, était distribuée autour de nous l'armée du général Barclay de Tolly, particulièrement opposée à la masse principale de nos forces. (Voir la carte n° 54.) On disait qu'entre Tilsit et Kowno, vers Rossiena, c'est-à-dire à notre gauche, se trouvait le corps de Wittgenstein, qu'on supposait de vingt et quelques mille hommes (il était de 24 mille); qu'à Wilkomir s'en trouvait un autre, celui de Bagowouth, d'une force moindre (il était de 19 mille hommes en y comprenant le corps de cavalerie d'Ouvaroff); qu'à Wilna même était campée la garde impériale avec les réserves (elle était de 24 mille hommes en y joignant la grosse cavalerie du général Korff); qu'en face de nous sur la route de Wilna, mais un peu sur notre droite, étaient répandues d'autres troupes dont le nombre était inconnu, mais ne devait pas être inférieur aux détachements déjà énumérés. C'étaient le corps de Touczkoff,

Distribution de l'armée russe autour de Wilna.

campé à Nowoi-Troki avec environ 19 mille hommes, celui de Schouvaloff, campé à Olkeniki avec 14 mille, et enfin à l'extrême droite, celui de Doctoroff, établi à Lida avec 20 mille hommes, et lié par les 8 mille Cosaques de Platow à l'armée du prince Bagration. Cette répartition des 130 mille hommes de Barclay de Tolly n'était qu'imparfaitement connue; mais sa distribution en demi-cercle autour de Wilna, en masse plus forte sur notre gauche et notre front, en masse un peu moindre sur notre droite, se liant par des Cosaques à Bagration, était assez clairement entrevue pour que Napoléon pût ordonner la marche de son armée sur Wilna avec une connaissance suffisante des choses.

Le maréchal Macdonald, à notre extrême gauche, venait de franchir sans difficulté le Niémen à Tilsit. Il avait 14 mille Polonais, 17 mille Prussiens, et il reçut l'ordre de s'avancer sur Rossiena, sans précipitation, de manière à couvrir la navigation du Niémen, et à envahir successivement la Courlande, à mesure que les Russes se replieraient sur la Dwina. Napoléon dirigea le corps du maréchal Oudinot, fort d'environ 36 mille hommes, sur Janowo, et lui enjoignit d'y passer la Wilia pour se porter sur Wilkomir. Il était probable que ce corps rencontrerait celui de Wittgenstein, qui en se retirant de Rossiena devait traverser Wilkomir. Napoléon le renforça d'une division de cuirassiers, détachée du prince Eugène, et appartenant au 3ᵉ corps de cavalerie de réserve. Il voulut porter aussi au delà de la Wilia le corps de Ney, qui était également de 36 mille hommes, mais en lui faisant passer cette rivière plus près de Wilna. Oudinot et Ney, marchant parallèlement et très-près l'un de l'autre, étaient assez forts pour tenir tête à quelque ennemi que ce fût, et pour donner le temps de venir à leur secours, si, contre toute vraisemblance, ils rencontraient le gros de l'armée russe. Ils n'avaient donc rien à craindre de Wittgenstein et de Bagowouth, séparés ou réunis, et devaient même les accabler en combinant bien leurs efforts.

Ces précautions, presque surabondantes, prises sur sa gauche, Napoléon résolut de marcher droit devant lui sur Wilna, avec les 20 mille cavaliers de Murat, les 70 mille fantassins de Davout, et les 36 mille soldats éprouvés de la garde. Ayant ainsi directement sous sa main 120 mille combattants au moins, il était certain de vaincre toutes les résistances, et en coupant la ligne russe vers Wilna, de séparer entièrement Barclay de Tolly de Bagration.

Quant aux troupes ennemies répandues sur sa droite, et qui, sans qu'on le sût avec précision, se trouvaient entre Nowoi-Troki et Lida, et formaient la gauche de Barclay, on ne pouvait pas les supposer de plus de 40 mille hommes; or le prince Eugène, qui faisait ses apprêts pour franchir le Niémen à Prenn avec 80 mille, devait avoir raison d'elles, si, contre le plan évident des Russes, elles prenaient l'offensive.

Ces dispositions, ordonnées dès le lendemain du passage du Niémen, s'exécutaient pendant que Napoléon, établi à Kowno, se consacrait aux soins divers que nous venons de retracer. De sa personne il ne devait accourir que lorsque ses avant-postes lui

Juin 1812.

Marche de Murat et de Davout sur Wilna.

signaleraient la présence de l'ennemi. D'ailleurs, avec le vaillant Murat à son avant-garde, avec le solide Davout à son corps de bataille, il n'avait guère à craindre une mésaventure. Le 25, Murat et Davout s'avancèrent, l'un à la tête de sa cavalerie, l'autre à la tête de son infanterie, jusqu'à Zismory, après avoir traversé un pays difficile, et où l'armée russe aurait pu facilement les arrêter. Ils avaient cheminé en effet sur le flanc des coteaux boisés qui séparent le lit de la Wilia de celui du Niémen, serrés entre ces coteaux et les bords escarpés du Niémen, et n'ayant pas en cas d'attaque beaucoup d'espace pour se déployer. Le 25 au soir ils couchèrent à Zismory, dans un pays plus facile, l'angle que forment la Wilia et le Niémen étant infiniment plus ouvert. Le lendemain 26, ils allèrent coucher sur la route de Jewe, et ne rencontrèrent sur leur chemin que des Cosaques qui fuyaient à leur approche, en mettant le feu aux granges et aux châteaux lorsqu'ils en avaient le temps. Le ciel était demeuré pur et serein, mais les villages étaient déjà fort éloignés les uns des autres, et les ressources devenaient rares. Les soldats du maréchal Davout, portant leur pain sur le dos, et ayant un troupeau à leur suite, ne manquaient de rien, mais ils étaient un peu fatigués de la longueur des marches, et laissaient parmi les jeunes soldats, surtout parmi les Illyriens et les Hollandais, quelques traînards sur la route. Les chevaux en particulier souffraient beaucoup, et tous les soirs, faute d'avoine, on était obligé de les répandre dans les champs pour y brouter le seigle vert, qui leur plaisait sans les nourrir. L'artillerie de réserve, composée des pièces de douze, et les équipages chargés de munitions et de vivres, étaient en arrière. La cavalerie de Murat, que malheureusement il ménageait peu, la mettant en mouvement dès le matin, et la faisant courir à bride abattue dans tous les sens, était déjà très-fatiguée. Le soigneux et sévère Davout désapprouvait cette imprévoyance, et, quoique peu communicatif, laissait voir ce qu'il pensait. Il n'y avait pas là de quoi rapprocher les deux chefs de notre avant-garde, déjà si dissemblables d'esprit et de caractère.

Le 27 on atteignit Jewe, qui n'est plus qu'à une forte journée de Wilna, et Murat, afin de pouvoir entrer le lendemain de très-bonne heure dans cette ville, se porta sur Riconti, à trois ou quatre lieues en avant de Jewe.

On ne devait trouver à Wilna ni la cour du czar ni son armée. Le passage du Niémen commencé le 24 au matin avait été connu le 24 au soir à Wilna, pendant que l'empereur Alexandre assistait à un bal donné par le général Benningsen.

Cette nouvelle, apportée par un domestique du comte Romanzoff, jeta un grand trouble dans les esprits, et ne fit qu'ajouter à l'extrême confusion qui régnait dans l'état-major russe. Voulant s'entourer de nombreux avis, Alexandre avait emmené avec lui une foule de personnages, tous différents de caractère, de rang et de nation. Indépendamment du général Barclay de Tolly, qui ne donnait pas ses ordres comme général en chef de l'armée, mais comme ministre de la guerre, Alexandre avait auprès de lui le général Benningsen, le grand-duc

Juin 1812.

L'approche des Français connue à Wilna le 24 au soir.

Effet produit par cette nouvelle.

MM. Araktchejef, Baiachoff, Kotchoubey, Wolkonski, Michaux, d'Armfeld, Paulucci,

Constantin, un ancien ministre de la guerre Araktchejef, les ministres de la police et de l'intérieur MM. de Balachoff et Kotchoubey, le prince Wolkonski. Ce dernier remplissait auprès de la personne de l'empereur les fonctions de chef d'état-major. A ces Russes, la plupart animés de passions fort vives, s'étaient joints une quantité d'étrangers de toutes nations, fuyant auprès d'Alexandre les persécutions de Napoléon, ou seulement son influence et sa gloire, qu'ils détestaient. Parmi eux se trouvaient un officier du génie, nommé Michaux, Piémontais d'origine, ayant peu de coup d'œil militaire, mais savant dans son état, et très-considéré par Alexandre; un Suédois, comte d'Armfeld, qui avait été contraint par les événements politiques de la Suède à se réfugier en Russie, homme d'esprit mais peu estimé; un Italien, Paulucci, de beaucoup d'imagination et de pétulance; plusieurs Allemands, particulièrement le baron de Stein, que Napoléon avait exclu du ministère en Prusse, qui était en Allemagne l'idole de tous les ennemis de la France, et qui joignait à un singulier mélange d'esprit libéral et aristocratique un patriotisme ardent; un officier d'état-major instruit, intelligent, actif, aimant à se produire, le colonel Wolzogen; enfin un Prussien, plus docteur que militaire, le général Pfuhl, exerçant sur l'esprit d'Alexandre une assez grande influence, détesté par ce motif de tous les habitués de la cour, se croyant profond et n'étant que systématique, ayant auprès de quelques adeptes la réputation d'un génie supérieur, mais auprès du plus grand nombre celle d'un esprit bizarre, absolu, insociable, incapable de rendre le moindre service, et fait tout au plus pour dominer quelque temps par sa singularité même la mobile et rêveuse imagination d'Alexandre.

C'est au milieu de ces donneurs de conseils que l'empereur Alexandre, ayant plus d'esprit qu'aucun d'eux, mais moins qu'aucun d'eux la faculté de s'arrêter à une idée et d'y tenir, vivait depuis plusieurs mois, lorsque le canon de Napoléon vint l'arracher à ses incertitudes, et l'obliger à se faire un plan de campagne.

Entre ces divers personnages, deux idées n'avaient cessé d'être débattues vivement. Les hommes d'un caractère ardent, qui suivant l'usage n'étaient pas les plus éclairés, voulaient qu'on n'attendît pas Napoléon, qu'on le prévînt au contraire, qu'on se jetât sur la Vieille-Prusse et sur la Pologne, qu'on ravageât ces pays, alliés ou complices de la France, qu'on tâchât même de soulever l'Allemagne en lui tendant une main précoce, sauf, s'il le fallait, à se retirer ensuite, après avoir agrandi de deux cents lieues le désert dans lequel on espérait que Napoléon viendrait s'abîmer. Les hommes calmes et sensés jugeaient ce projet dangereux, et soutenaient avec raison qu'aller au-devant de Napoléon, c'était lui abréger le chemin, lui épargner par conséquent la plus grave des difficultés de cette guerre, celle des distances, lui offrir presque sur son territoire, à portée de ses ressources, ce qu'il devait désirer le plus, une bataille d'Austerlitz ou de Friedland, bataille qu'il gagnerait sans aucun doute, et qui, une fois gagnée, déciderait la question, ou établirait au moins son ascendant pour tout le reste de la

Juin 1812.

Deux opinions partagent les esprits autour de l'empereur Alexandre.

Les uns veulent prendre l'offensive, les autres se retirer dans l'intérieur de l'empire.

guerre. Ils disaient encore qu'au lieu de diminuer la difficulté des distances, il fallait l'agrandir en se retirant devant Napoléon, en lui cédant du terrain autant qu'il en voudrait envahir, puis quand on l'aurait attiré bien loin, et qu'on le tiendrait dans les profondeurs de la Russie, épuisé de fatigue et de faim, se précipiter sur lui, l'accabler, et le ramener à moitié détruit à la frontière russe. Ce plan présentait l'inconvénient de livrer au ravage, non pas la Pologne ou la Vieille-Prusse, mais la Russie elle-même. Néanmoins la presque certitude du succès était une raison d'un tel poids, qu'aucune considération d'intérêt matériel ne méritait d'être mise en balance avec elle.

Cette controverse, commencée à Saint-Pétersbourg, n'avait pas encore cessé à Wilna, lorsque la nouvelle du passage du Niémen vint mettre fin au bal du général Benningsen. Alexandre avait l'esprit trop clairvoyant pour hésiter un instant sur une question pareille. Ménager à Napoléon, sous le climat de la Russie, la campagne que Masséna venait de faire en Portugal sous le climat de la Péninsule, était une tactique trop indiquée pour qu'il songeât à en suivre une autre. De plus il avait eu pour l'adopter une raison décisive, c'était la raison politique. Constamment appliqué à mettre l'opinion de la Russie, de l'Europe, et même de la France de son côté, afin d'aggraver la situation morale de Napoléon vis-à-vis des peuples, il s'était soigneusement gardé de paraître le provocateur, et par suite de ce système s'était promis d'attendre l'ennemi sans aller le chercher. C'est là ce qu'il avait toujours annoncé, et ce qu'il avait fait en se tenant derrière le Niémen, sa frontière naturelle, à ce point qu'il ne l'avait pas même défendue.

Juin 1812.

Cette conduite était toute simple, et dictée par le bon sens. Mais on avait voulu à cette occasion construire tout un système, et c'était le général Pfuhl, auteur de ce système, qui en était le démonstrateur auprès d'Alexandre, qu'avec une certaine apparence de profondeur on était presque toujours assuré de séduire.

Système théorique du général Pfuhl, déduit des campagnes de lord Wellington en Portugal.

A chaque époque, lorsqu'un homme supérieur, s'inspirant non pas d'une théorie, mais des circonstances, exécute de grandes choses, les esprits imitateurs viennent à la suite, et mettent des systèmes à la place des grandes choses que le vrai génie a faites naturellement. Dans le dix-huitième siècle, tout le monde voulait faire l'exercice à la manière de Frédéric, et depuis la bataille de Leuthen construisait des systèmes sur l'ordre oblique, auquel on attribuait tous les succès du monarque prussien. A partir de l'année 1800, et des campagnes du général Bonaparte, qui avait su, avec tant d'art, manœuvrer sur les ailes et les communications de ses adversaires, on ne parlait que de tourner l'ennemi. A Austerlitz les conseillers d'Alexandre avaient voulu tourner Napoléon, et on sait ce qu'il leur en avait coûté. En 1810, un homme de sens et de caractère, lord Wellington, secondé par les circonstances et un bonheur rare, venait de faire une campagne brillante en Portugal, et on ne parlait plus en Europe que d'agir comme lui. Se retirer en détruisant toutes choses, se réfugier ensuite dans un

Juin 1812.

Le système du général Pfuhl, fort agréé d'Alexandre, est mal accueilli, à cause de sa forme dogmatique, par les généraux russes.

camp inexpugnable, y attendre l'épuisement d'un ennemi témérairement engagé, enfin revenir sur cet ennemi, l'assaillir, l'accabler, était devenu pour certains esprits, depuis Torrès-Védras, toute la science de la guerre. C'est de cette science que le général Pfuhl s'était constitué le maître suprême au milieu de l'état-major russe. Excepté le czar, qui se complaisait dans ces fausses profondeurs, le général Pfuhl avait fatigué, blessé tout le monde par son dogmatisme, ses prétentions, son orgueil. Mais Alexandre l'avait accueilli comme un génie méconnu, et lui avait donné à rédiger tout le plan de la guerre.

Le général Pfuhl, après avoir étudié la carte de Russie, y avait remarqué ce que chacun peut y apercevoir au premier aspect, la longue ligne transversale de la Dwina et du Dniéper, qui, en s'ajoutant l'une à l'autre, forment du nord-ouest au sud-est une vaste et belle ligne de défense intérieure. Il voulait donc que les armées russes s'y repliassent, y établissent une espèce de Torrès-Védras invincible, et qu'elles y tinssent la conduite des armées anglaise et espagnole en Portugal. Ayant, dans cette étude attentive de la carte de Russie, remarqué à Drissa sur la Dwina un emplacement qui lui semblait propre à l'établissement d'un camp retranché, il avait proposé d'en construire un dans cet endroit, et Alexandre, adoptant cette proposition, avait envoyé l'ingénieur Michaux sur les lieux pour tracer et faire exécuter les ouvrages. L'officier d'état-major Wolzogen, espèce d'interprète du génie mystérieux du général Pfuhl, allait et venait pour appliquer les idées de son maître sur le terrain. Enfin, à la création de ce camp de Drissa, le général Pfuhl avait ajouté une distribution des forces russes appropriée au système qu'il avait déduit des opérations de lord Wellington en Portugal. Il avait en conséquence demandé deux armées, une principale, une secondaire; l'une sur la Dwina recevant les Français de front, les attirant à sa suite, et devant se retirer au camp de Drissa; l'autre sur le Dniéper, reculant aussi devant les Français, mais destinée à les assaillir en flanc et par derrière, lorsqu'on reprendrait l'offensive pour les accabler. C'est en vertu de ce plan qu'avaient été formées les deux armées de Barclay de Tolly et de Bagration.

Juin 1812.

C'était assurément une pensée juste, à laquelle Alexandre dut plus tard de grands résultats, que de battre en retraite devant les Français, et de les attirer dans le fond de la Russie, et cette pensée, tout le monde l'avait en Europe. Mais pourquoi un camp retranché, et surtout pourquoi si près de la frontière? C'est ce que tout le monde pouvait se demander, au simple énoncé du plan du général Pfuhl, plan qui n'était, comme on le voit, que l'imitation systématisée de la guerre de Portugal. Si lord Wellington avait songé à un camp retranché, c'est parce qu'il fallait qu'il s'arrêtât assez promptement, sans quoi il eût été précipité dans l'Océan. Le camp retranché pour les Russes c'était l'espace, qui, pour eux, ne finissait qu'au bord de l'Océan glacial. Et puis, placer le point d'arrêt sur la Dwina, c'était vouloir arrêter les Français au début même de leur course, quand ils avaient encore tout leur élan et

Exagérations théoriques du général Pfuhl, qui détruisent les principaux mérites de son plan.

toutes leurs ressources, comme du reste l'événement le prouva, et s'exposer à être emporté d'assaut. Enfin, en admettant qu'on pût agir utilement contre les flancs de l'ennemi, c'était courir de grands dangers que de diviser dès l'origine la masse principale des forces russes, qui était à peine suffisante pour tenir la campagne, et il eût été beaucoup mieux entendu de laisser aux troupes revenant d'Asie le rôle de cette armée de flanc destinée à harceler les Français, peut-être même à leur fermer la retraite.

Voilà ce que démontrait le simple bon sens, même avant la leçon des évènements. Au surplus Alexandre s'était gardé de mettre ce plan en discussion; il l'avait soigneusement réservé pour lui et pour quelques adeptes allemands, et s'était borné à en faire exécuter les préparatifs les plus importants. En attendant il s'était avancé, comme on l'a déjà vu, en deux masses, l'une appuyée sur la Dwina, l'autre sur le Dniéper, ayant pour point de direction, la première Wilna, la seconde Minsk.

Jusque-là, il n'y avait rien à redire, car il était naturel que les deux rassemblements principaux des Russes se formassent derrière ces deux fleuves. Mais les hommes sensés dans l'état-major du czar pensaient qu'on allait bientôt réunir l'une et l'autre armée russe, se présenter ensuite en une seule masse aux Français, sauf à ne pas leur livrer bataille, à se retirer à leur approche, et à attendre, avant de se précipiter sur eux, qu'ils fussent à la fois fatigués, privés de vivres, et engagés assez profondément en Russie pour n'en pouvoir plus revenir. C'était l'avis notamment du général Barclay de Tolly, officier froid, ferme, instruit, issu d'une famille écossaise établie en Courlande, et à cause de cette origine peu agréable aux Russes, qui prennent les étrangers en haine dès que leurs passions nationales commencent à fermenter. Mais, comme nous l'avons dit, cet avis n'était pas du goût de tout le monde. Les hommes ardents, détestant la France, sa révolution, sa gloire, qu'ils fussent Russes, Suédois, Allemands ou Italiens, ne voulaient pas qu'on fît aux Français l'honneur de reculer devant eux, et prétendaient qu'il fallait prendre l'offensive, se jeter sur la Prusse et la Pologne, pour ravager une plus grande étendue de pays, et soulever l'Allemagne, qui ne demandait qu'à être délivrée. Cette dernière opinion dominait surtout au quartier général du prince Bagration. Ce prince, Géorgien d'origine, brave, ayant du coup d'œil sur le terrain, mais dépourvu des talents d'un général en chef, chargé d'ailleurs, si on avait pris l'offensive, d'envahir la Pologne, aurait voulu aller en avant, et se ruer sur les Français avec une énergie furieuse. Jaloux de Barclay, méprisant les militaires savants, il favorisait autour de lui les déclamations contre les étrangers qui conseillaient Alexandre, et travaillaient, assurait-on, à lui inspirer une conduite timide.

Alexandre s'était ainsi avancé avec ses deux armées, ne se prononçant pas encore, considérant en secret le plan du général Pfuhl comme le salut de l'empire, mais hésitant à le dire, et se réservant de faire successivement exécuter ce plan, au fur et à mesure des événements. Aussi n'avait-il ni voulu ni osé nommer un général en chef, ce qui

Juin 1812.

Sentiments différents de Barclay de Tolly et de Bagration à l'égard du plan du général Pfuhl.

Juin 1812.

La brusque apparition de Napoléon oblige de prendre un parti.

N'osant pas exposer aux chances d'une discussion le plan du général Pfuhl, Alexandre confie au général Barclay de Tolly le soin de diriger la retraite sur la Dwina.

eût été proclamer un système, et avait-il chargé le général Barclay de Tolly de donner des ordres comme ministre de la guerre. La brusque apparition de Napoléon au delà du Niémen l'obligea de mettre un terme à ces hésitations, et d'arrêter un plan.

Le désir d'Alexandre eût été de convoquer sur-le-champ un conseil de guerre, d'y appeler ses conseillers de toutes les nations, d'y faire exposer le plan du général Pfuhl, non par le général Pfuhl lui-même, incapable de supporter une contradiction, mais par le colonel Wolzogen, son interprète ordinaire, esprit clair et maniable, puis enfin de demander à tous les assistants de se prononcer. Mais le colonel Wolzogen lui fit sentir qu'on aboutirait ainsi à un nouveau chaos, et qu'il valait mieux choisir tout simplement un général en chef, auquel on confierait l'exécution du plan jugé le meilleur. Pour un tel rôle le général Barclay de Tolly était le plus indiqué par son obéissance, sa fermeté, ses talents pratiques, et sa qualité de ministre de la guerre. D'ailleurs l'approche de l'ennemi avec une masse écrasante d'environ 200 mille hommes, quand on avait à peine 130 mille combattants à lui opposer, avait fort calmé les partisans de l'offensive, et la plupart des donneurs d'avis ne songeaient même qu'à se retirer, pour ne pas tomber dans les mains de Napoléon, qui ne les aurait probablement pas ménagés. Il n'y avait donc pas à craindre qu'on blâmât beaucoup dans le moment un mouvement rétrograde devenu inévitable. En conséquence Alexandre, adoptant l'avis du colonel Wolzogen, qui du reste était le seul admissible au point où en étaient les choses, confia au général Barclay de Tolly, non pas en qualité de général en chef, mais en qualité de ministre de la guerre, le soin d'opérer la retraite de l'armée principale sur la Dwina, dans la direction du camp de Drissa. Ces dispositions arrêtées, il partit avec la foule de ses conseillers, en suivant la route qui par Swenziany et Vidzouy menait à Drissa.

Juin 1812.

Ce n'était pas chose aisée que d'opérer devant Napoléon, ordinairement prompt comme la foudre, la retraite des six corps russes répandus autour de Wilna, et composant l'armée principale.

Ainsi que nous l'avons dit, le premier de ces corps, sous le comte de Wittgenstein, était à Rossiena, où il formait l'extrême droite des Russes, opposée à l'extrême gauche des Français. Le second, sous le général Bagowouth, était à Janowo; le troisième, composé de la garde russe et des réserves, à Wilna; le quatrième, sous le général Touczkoff, entre Kowno et Wilna, à Nowoi-Troki[1]. Pour ces quatre corps la retraite était facile, car ils n'avaient qu'à se retirer directement sur la Dwina, sans être exposés à trouver les Français sur leur chemin. Il n'y avait pas plus de difficulté pour la grosse cavalerie, distribuée en deux corps de réserve sous les généraux Ouvaroff et Korff, et placée en arrière. Mais le cinquième corps sous le comte Schouvaloff, le sixième sous le général Doctoroff, établis, l'un à Olkeniki, l'autre à Lida, et formant

Difficultés de la retraite sur la Dwina pour une partie de l'armée russe.

---

[1] En disant le premier, le second, le troisième corps russe, nous ne les désignons pas par le numéro qu'ils portaient dans l'armée russe, mais par leur rang dans la ligne qu'ils formaient alors autour de Wilna.

l'extrême gauche du demi-cercle que les Russes décrivaient autour de Wilna, pouvaient, avant d'avoir regagné la route de Sweuziany, être arrêtés par les Français, qui déjà étaient en marche sur Wilna. Quant à l'hetman Platow, complétant avec 8 mille Cosaques les 130 mille hommes de l'armée de la Dwina, il était près de Grodno, et on n'avait guère à s'inquiéter pour des coureurs aussi agiles que les siens.

Le général Barclay de Tolly se hâta de donner à tous ses corps l'ordre de se replier sur la Dwina, en prenant pour but le camp de Drissa, et prescrivit aux deux qui étaient les plus mal placés d'opérer tout de suite leur mouvement de retraite, en tournant autour de Wilna, et en se tenant pendant le trajet le plus loin qu'ils pourraient de cette ville, afin de ne pas rencontrer les Français. Quant à lui, assez dédaigneux pour les donneurs d'avis qui avaient montré tant d'empressement à partir, il affecta de rester à son arrière-garde, et de se retirer lentement avec elle, en disputant le terrain pied à pied. L'ordre envoyé au prince Bagration, au nom de l'empereur lui-même, fut de se reporter sur le Dniéper, en suivant autant que possible la direction de Minsk, afin de se réunir au besoin à l'armée principale, si cette réunion devenait nécessaire. L'hetman Platow, toujours chargé de lier entre eux Barclay de Tolly et Bagration, eut ordre de harceler les Français en courant sur leurs flancs et leurs derrières.

Avant de quitter Wilna, l'empereur Alexandre, tout en regardant la guerre comme désormais inévitable, et quoique très-décidé à la soutenir énergiquement, voulut tenter une dernière démarche, qui ne pouvait arrêter les hostilités, mais qui devait certainement en rejeter la responsabilité sur Napoléon. Voyant d'après les nouvelles de Saint-Pétersbourg que le général Lauriston avait fondé la demande de ses passe-ports sur la demande que le prince de Kourakin avait faite des siens, et sur la prétendue condition imposée aux Français d'évacuer la Prusse, il s'attacha surtout à répondre à ces deux griefs de manière à mettre tous les torts du côté de son adversaire. Il fit donc appeler M. de Balachoff, ministre de la police, venu avec lui à Wilna, homme d'esprit et de tact, et le chargea d'aller dire à Napoléon combien il s'étonnait d'une rupture si brusque qu'aucune déclaration de guerre n'avait précédée, combien il trouvait léger le motif tiré d'une demande de passe-ports faite par le prince de Kourakin, lorsqu'on savait que ce prince n'était pas autorisé à la faire; combien enfin la prétendue condition d'évacuer la Prusse était elle-même un grief peu sérieux, puisqu'elle avait été proposée, non comme une satisfaction préalable devant précéder toute négociation, mais seulement comme conséquence promise et certaine de tout arrangement pacifique. Alexandre autorisa même M. de Balachoff à déclarer que cette évacuation était si peu une condition absolue, que si les Français voulaient s'arrêter au Niémen, il consentait à négocier tout de suite sur les bases indiquées dans les diverses communications précédentes. Ces ordres donnés, l'empereur Alexandre partit le 26 juin, en adressant à son peuple une proclamation chaleureuse, dans laquelle il prenait l'en-

Juin 1812.

Balachoff d'une dernière démarche auprès de Napoléon.

Nature de la mission confiée à M. de Balachoff.

Juin 1812.

Arrivée de M. de Balachoff aux avant-postes français.

gagement solennel de ne jamais traiter tant que l'ennemi serait sur le sol de la Russie.

Tandis qu'Alexandre s'éloignait, M. de Balachoff courut à la rencontre de l'armée française, et la trouva en route sur Wilna. Il eut d'abord quelque peine à se faire reconnaître comme aide de camp de l'empereur Alexandre, puis fut admis à ce titre, et conduit auprès de Murat, qui, chamarré d'or, la tête couverte de plumets, galopait au milieu de ses nombreux escadrons.

Sa rencontre avec Murat, et l'accueil qu'il reçoit de ce prince.

Murat, suivant sa coutume, facile, aimable, mais indiscret, fit le plus gracieux accueil à M. de Balachoff, affecta de déplorer cette nouvelle guerre, de regretter vivement son beau royaume de Naples, de ne désirer aucunement celui de Pologne, de se montrer enfin l'instrument raisonnable d'un maître très-peu raisonnable, et accompagna ces sages propos d'une infinité de démonstrations gracieuses, dont il avait le talent naturel, malgré une éducation peu soignée. Il renvoya ensuite M. de Balachoff aux avant-postes de l'infanterie, qui venaient après ceux de la cavalerie. M. de Balachoff y rencontra un tout autre accueil. Présenté au maréchal Davout, il fut reçu avec froideur, réserve et silence. Ayant exprimé le désir de pénétrer immédiatement jusqu'à l'empereur Napoléon, il ne put en obtenir l'autorisation. Le maréchal lui allégua ses ordres, et le retint pour ainsi dire prisonnier jusqu'à une réponse du quartier général. Sur la fin du jour, il l'engagea à partager son repas, et le fit asseoir devant une table qui consistait en une porte de maison qu'on avait arrachée de ses gonds et étendue sur des ton-

Accueil tout différent qu'il reçoit du maréchal Davout.

neaux, qui n'était chargée que de mets d'une extrême frugalité, s'excusa de cette hospitalité toute militaire, et ne lui adressa pas une parole qui eût trait aux affaires de la guerre ou de la politique. Le lendemain matin, l'ordre étant venu de garder M. de Balachoff jusqu'à Wilna, où il devait être reçu par l'Empereur, le maréchal Davout lui laissa sa maison qui ne faisait que d'arriver, l'engagea à s'en servir librement, lui donna pour le garder un officier aussi taciturne que lui-même, et monta à cheval afin d'aller se mettre à la tête de ses troupes. M. de Balachoff dut donc attendre l'entrée des Français à Wilna pour entretenir Napoléon.

Ce même matin du 28 la cavalerie du général Bruyère arriva aux portes de Wilna, en descendant les coteaux qui bordent la Wilia. Elle y rencontra un gros détachement de cavalerie russe appuyé par de l'infanterie et par quelques pièces d'artillerie attelée. Le choc fut assez vif, mais l'avant-garde ennemie, après avoir résisté quelques instants, se replia dans Wilna, en brûlant les ponts de la Wilia, et en mettant le feu aux magasins de vivres et de fourrages que contenait la ville. Le maréchal Davout, qui suivait à une lieue de distance la cavalerie de Murat, entra dans Wilna avec elle. Les Lithuaniens, quoique asservis aux Russes depuis plus de quarante ans, et déjà un peu façonnés au joug, accueillirent les Français avec joie, et se hâtèrent de les aider à réparer le pont de la Wilia. Au moyen de quelques bateaux du pays, on rétablit le passage de la rivière, peu large en cet endroit, et on courut ensuite à la poursuite des Russes,

Juin 1812.

M. de Balachoff obligé d'attendre l'entrée de Napoléon à Wilna pour lui être présenté.

Entrée des Français à Wilna.

Accueil que leur font les Lithuaniens.

qui se retirèrent rapidement mais sans désordre.

Ainsi la capitale de la Lithuanie venait d'être conquise presque sans coup férir, et après quatre jours seulement d'hostilités. Napoléon, parti la veille de Kowno, et arrivé vers midi, fit son entrée dans Wilna au milieu du concours empressé des habitants, qui peu à peu s'échauffaient, s'animaient au contact de nos soldats, surtout des soldats polonais, et au souvenir de leur antique liberté, que les plus âgés d'entre eux avaient seuls connue, et dont ils avaient souvent raconté les scènes à leurs enfants. Les seigneurs lithuaniens partisans des Russes s'étaient enfuis; ceux qui ne l'étaient pas avaient eu soin de nous attendre. Parmi ces derniers les uns vinrent spontanément, les autres se laissèrent mander. Mais tous se prêtèrent franchement à la création d'autorités nouvelles pour administrer le pays dans l'intérêt de l'armée française, intérêt qui dans le moment était celui de la Pologne elle-même. Toutefois une grande crainte retenait et glaçait leur zèle, c'est que cette tentative de reconstituer la Pologne ne fût pas sérieuse, et que sous peu de mois on ne revît les Russes courroucés rentrer dans Wilna avec des ordres de séquestre et d'exil.

Le premier service à nous rendre était de moudre du grain, de construire des fours, de cuire du pain pour nos soldats, qui arrivaient affamés, non de viande dont ils avaient eu en abondance, mais de pain dont ils avaient été privés presque partout. Le grain n'était pas rare; mais les Russes s'étaient surtout appliqués à détruire les farines, les moulins et les avoines, prévoyant qu'avec du blé on n'aurait pas immédiatement du pain, et que sans avoine nous ne conserverions pas longtemps la grande quantité de chevaux qui suivaient l'armée. Or la ville de Wilna, qui renfermait une population de vingt-cinq mille âmes environ, ne pouvait pas, sous le rapport de la confection du pain, offrir les mêmes ressources que Berlin ou Varsovie. Napoléon ordonna d'employer sur-le-champ à la construction des fours les maçons que le maréchal Davout amenait avec lui, et ceux dont la garde était pourvue. On s'empara en attendant des fours que contenait la ville, et qui suffisaient à peine à cuire trente mille rations par jour. Il en aurait fallu cent mille tout de suite, et dans quelques jours deux cent mille.

Juin 1812.

Pendant que Napoléon vaquait à ces premiers soins, les divers corps de l'armée exécutaient les mouvements qui leur étaient prescrits, sans autres accidents que ceux qu'on avait à craindre de la fatigue et du mauvais temps. Le maréchal Ney, comme on l'a vu, avait dû passer la Wilia plus près de Wilna que le maréchal Oudinot, c'est-à-dire aux environs de Biconti, et il avait marché dans la direction de Maliatouy, apercevant de loin le corps de Bagowouth qui était d'abord à Wilkomir, mais qui dans le mouvement de retraite des corps russes avait quitté ce point pour se diriger sur Swenziany et Drissa. Du reste le maréchal Ney n'eut affaire qu'à l'arrière-garde de Bagowouth, composée de Cosaques, qui s'efforçaient de tout brûler, mais n'en avaient pas toujours le temps, et nous laissaient heureusement encore quelques ressources pour vivre. Le maréchal Oudinot, ayant passé la Wilia au-

Mouvements des divers corps d'armée.

Le maréchal Ney passe la Wilia à Biconti, le maréchal Oudinot à Janowo.

28   LIVRE XLIV.

Juin 1812.

Rencontre
du maréchal
Oudinot
avec le corps
de
Wittgenstein
à Deweltowa.

dessous, c'est-à-dire à Janowo, pour marcher sur Wilkomir, n'y rencontra plus Bagowouth, qui venait d'en partir, mais Wittgenstein, qui de Rossiena s'était reporté sur Wilkomir. Ce dernier se trouva en position à Deweltowo, le 28 au matin, moment même où le gros de l'armée française entrait dans Wilna. Wittgenstein avait 24 mille hommes, beaucoup de cavalerie, et tout ce qu'il fallait d'énergie pour ne pas se retirer timidement devant nous. Il montra au maréchal Oudinot une ligne d'environ 20 mille fantassins, opérant lentement leur retraite, et couverts par une artillerie nombreuse et une cavalerie brillante. Wittgenstein avait rencontré dans le maréchal Oudinot un adversaire qui n'était pas homme à se laisser braver. Le maréchal, n'ayant encore sous la main que sa cavalerie légère, son artillerie attelée, la division d'infanterie Verdier, et les cuirassiers de Doumerc, n'hésita point à se jeter sur les Russes. Après avoir chargé à outrance leur cavalerie, et l'avoir obligée à repasser derrière les lignes de l'infanterie, il aborda celle-ci avec la division Verdier, la força à se replier, et lui tua ou prit environ quatre cents hommes. Il n'eut pas même le temps d'employer ses cuirassiers, et encore moins les divisions Legrand et Merle, qui arrivaient en toute hâte. Il en fut quitte pour une centaine d'hommes morts ou blessés. Les Russes se mirent bientôt hors de portée.

Soldats
qui commencent à rester
en arrière.

Nos troupes, dans le corps du maréchal Oudinot comme dans celui du maréchal Ney, étaient très-fatiguées, tant par les marches qu'elles avaient dû faire jusqu'au Niémen, que par celles qu'elles avaient faites au delà. Elles manquaient de pain, de sel et de spiritueux, et s'ennuyaient de manger de la viande sans sel, avec un peu de farine délayée dans de l'eau. Les chevaux étaient déjà très-affaiblis faute d'avoine, et encore le temps avait-il été beau. Un grand nombre de soldats restés sur les derrières y étaient pour ainsi dire égarés, cherchaient leur chemin, et ne trouvaient personne à qui le demander, car il y avait peu d'habitants, et le peu qu'il y avait ne parlaient que le polonais. Une énorme quantité de charrois, soit d'artillerie, soit de bagages, allongeaient et embarrassaient cette queue de l'armée.

Telle était la situation des choses à notre gauche, au delà de la Wilia. Elle était à peu près la même à notre centre, sur la route directe de Kowno à Wilna, que les dernières divisions du maréchal Davout parcouraient en ce moment, suivies par la garde impériale. A notre droite, au corps d'armée du prince Eugène, tout était en retard, la tête et la queue. Le prince Eugène ayant eu à traverser non pas la Vieille-Prusse, comme les maréchaux Davout, Oudinot et Ney, mais la Pologne, avait franchi difficilement, au prix de grands efforts et de grandes privations, les sables stériles et mouvants de ces contrées, et n'était arrivé sur le Niémen que le jour même où le gros de l'armée entrait dans Wilna. En passant le Niémen à Prenn, ce prince devait déboucher sur Nowoi-Troki et Olkeniki, points occupés par les corps de Touczkoff et de Schouvaloff, qui ne formaient pas un total de plus de 34 mille hommes, et qui étaient peu capables par conséquent de tenir tête aux 80 mille hommes de l'armée d'Italie. Ce n'étaient donc pas les difficultés nais-

Juin 1812.

Difficultés particulières qu'avait rencontrées le prince Eugène pour arriver aux bords du Niémen.

30   LIVRE XLIV.

Juin 1812.

sant de la présence de l'ennemi que le prince Eugène avait à craindre, et les lieux pouvaient seuls faire obstacle à sa marche. Son opération devait s'exécuter du 28 au 30 juin.

Jusque-là, sauf quelques orages passagers, le ciel avait été pur, la chaleur assez vive, sans être encore importune, comme elle l'est souvent dans ces contrées extrêmes, tour à tour privées du soleil en hiver, ou fatiguées de sa présence continue en été. Cependant la Pologne, qu'on avait trouvée si triste dans l'hiver de 1807, se montrait maintenant verdoyante, couverte de vastes forêts, assez agréable d'aspect, mais manquant de la vraie gaieté, celle que l'homme répand dans la nature par sa présence et son travail. Les routes, quoique non ferrées, n'étaient pas trop difficiles encore, le soleil les ayant desséchées.

Orages subits qui enveloppent toute la Pologne.

Tout à coup, dans la soirée du 28[1], ces conditions climatériques cessèrent brusquement. Le ciel se couvrit de nuages, et une suite d'orages épouvantables enveloppa la Pologne presque entière. Des torrents de pluie inondèrent les terres, et les amollirent sous les pieds des hommes et des chevaux. Pour comble de malheur, la température changea

[1] Divers historiens de cette époque ont parlé d'un orage qui éclata au moment du passage du Niémen, et ont voulu y voir de sinistres présages. Cette assertion mérite une explication. La lecture attentive des dépêches des généraux relatant les faits jour par jour, prouve que sur tous les points le mauvais temps, celui qu'on peut vraiment appeler de ce nom, ne commença que du 28 au 29 juin, et dura jusqu'au 2 ou 3 juillet. Le principal passage du Niémen ayant eu lieu le 24 à Kowno, ne fut donc précédé d'aucun signe alarmant, comme on dit que le fut chez les anciens la mort de César. Il est bien vrai que vers la fin de la journée du 24 on essuya un court orage, mais pendant la plus grande

comme l'aspect du ciel, et devint tout à coup aussi froide qu'humide. Pendant les trois journées du 29 juin au 1ᵉʳ juillet, le temps fut affreux, et les bivouacs devinrent extrêmement pénibles, car il fallut coucher dans une espèce de fange. Beaucoup d'hommes jeunes furent atteints de dyssenterie, et ils le durent non-seulement au rapide changement de la température, mais aussi à une nourriture composée presque uniquement de viande, et souvent de viande de porc. Une partie des divisions du maréchal Davout, qui étaient encore en marche sur Wilna le 29, toute la garde qui les suivait, se trouvant sans abri, car on avait à peine de quoi loger les états-majors dans les rares habitations du pays, eurent de grandes souffrances à essuyer. Les troupes des maréchaux Ney et Oudinot, à la gauche de la Wilia, ne jouirent pas d'un temps meilleur, mais souffrirent un peu moins, parce que le pays qu'elles traversaient n'avait été visité ni par les Russes ni par les Français. A droite, les souffrances du corps du prince Eugène, qui en ce moment passait le Niémen, furent plus grandes encore. Le pont avait été jeté le 29 au soir, et une division avait

Juin 1812.

Le prince Eugène interrompu dans le passage du Niémen.

partie de la journée du 24 le temps fut beau, et il ne justifie en rien la tradition des présages sinistres. Le passage du prince Eugène à Prenn, ayant commencé le 29 au soir, fut en effet interrompu par l'orage, et c'est sans doute ce qui a fourni occasion de dire que la foudre avait averti Napoléon de la destinée qui l'attendait au delà du Niémen. C'est une preuve sur mille de la difficulté d'arriver à l'exactitude historique, et de la part que l'imagination des hommes cherche toujours à prendre dans le récit des choses aux dépens de la vérité rigoureuse. Au reste, ce détail est de peu d'importance, et nous ne le mentionnons que parce qu'il a beaucoup occupé M. Fain, et provoqué de sa part de nombreuses réflexions.

déjà franchi le Niémen, lorsqu'un orage, violent, torrentueux, mêlé de vent, de grêle et de tonnerre, comme les orages des tropiques, emportant les tentes, obligeant les cavaliers à mettre pied à terre, les fantassins à se serrer les uns aux autres, causa une sorte de saisissement universel. On ne pouvait pas même se coucher à terre au milieu de cette inondation. Le passage fut interrompu, et on resta pendant quarante-huit heures une moitié au delà du fleuve, et une autre moitié en deçà. Les Bavarois surtout, qui avaient beaucoup marché et fait une grande consommation de porc, contractèrent en cette occasion le germe d'une dyssenterie qui leur devint bientôt funeste.

On franchit le Niémen cependant, et on s'achemina bientôt sur Nowoi-Troki, mais dans une sorte de désordre produit par l'invasion subite du mauvais temps. Napoléon avait levé les chevaux comme les conscrits par milliers, en Suisse, en Italie, en Allemagne, sans s'inquiéter de leur âge. Il avait bien fait à cet égard quelques sages recommandations, mais les quantités demandées n'avaient pas permis de les suivre. Ces chevaux, attelés trop jeunes et sans éducation préalable à d'immenses charrois, obligés de les traîner à travers les sables de la Pologne, nourris avec du seigle vert au lieu de grain, étaient déjà très-fatigués en arrivant au bord du Niémen. Les nuits pluvieuses et froides des 29 et 30 juin en tuèrent plusieurs mille, particulièrement dans le corps du prince Eugène. En deux jours les routes furent couvertes de chevaux morts et de voitures abandonnées. Si les soldats et les officiers du train avaient été plus expérimentés, ils auraient pu parer au mal, du moins en partie, en réunissant en parcs au bord des routes les voitures privées de chevaux, en laissant des détachements pour les garder, et en attelant ensuite avec les chevaux survivants les voitures qu'il importait de faire arriver les premières. Un petit nombre d'entre eux agirent ainsi, mais les autres abandonnèrent les voitures aux traînards affamés, qui ne se firent pas scrupule de les piller. Dans le corps du prince Eugène, où il y avait beaucoup d'Italiens et de Bavarois, le désordre fut extrême. Ce désordre s'introduisit également sur les derrières du maréchal Davout, parmi les Hollandais, les Anséates, les Espagnols du 1er corps. Ces étrangers, peu soucieux de l'honneur d'une armée qui était française, peu attachés à une cause qui n'était pas la leur, furent les premiers à se débander, et à profiter de l'obscurité de cette région forestière pour déserter ou se livrer à la maraude. Parmi nos soldats eux-mêmes il y eut quelque relâchement, mais ce fut seulement parmi les anciens réfractaires arrachés par les colonnes mobiles à la vie errante, et amenés de force au drapeau. Du Niémen à Wilna on vit vingt-cinq à trente mille Bavarois, Wurtembergeois, Italiens, Anséates, Espagnols, Français, s'échappant des rangs, pillant les voitures abandonnées, et après les voitures, les châteaux des seigneurs lithuaniens. Le dommage sans doute n'était pas alarmant, et sur les 400 mille hommes qui venaient de franchir le Niémen, 25 ou 30 mille maraudeurs n'étaient pas une diminution inquiétante de nos forces, si le mal s'arrêtait là;

Juin 1812.

et livrées au pillage.

Juin 1812.

mais il pouvait devenir contagieux, et la perte de 7 à 8 mille chevaux surtout éprouvée en quatre jours était difficile à réparer. Le prince Eugène, dans les troupes duquel le mal avait sévi avec le plus de violence, arrivé à Nowoï-Troki, sur la droite de Wilna, en avertit l'Empereur, bien qu'il n'aimât pas à l'affliger. Les autres commandants adressèrent les mêmes rapports, et signalèrent des symptômes fâcheux dans tous les corps de l'armée.

Napoléon n'était pas homme à s'effrayer de pareils accidents, à l'ouverture d'une campagne qui commençait à peine, et pour laquelle il avait tant multiplié les précautions. Il avait vu d'ailleurs quelque chose de semblable, mais dans une bien moindre proportion, en 1807, et il en avait triomphé. Il ne douta pas de triompher également de ces difficultés, auxquelles il s'était attendu, qu'il regardait comme toutes locales, et qui malheureusement tenaient à des causes générales. Le mal dont l'armée était atteinte, elle ne l'avait pas pris dans les plaines de la Pologne; elle en avait apporté le germe avec elle. Les soldats de Masséna en Portugal quittaient le drapeau pour vivre, mais ils y revenaient le soir, parce qu'ils étaient Français et vieux soldats. Dans l'armée amenée en Russie, si on se fût réduit aux hommes qui étaient Français et vieux soldats, le nombre eût été à peine de la moitié.

Napoléon, pour rallier ses colonnes, et donner à ses convois le temps de rejoindre, prend le parti

Napoléon vit un remède facile à ce mal subit, qui ne l'alarmait que très-médiocrement, c'était de faire à Wilna une halte d'une quinzaine de jours. Avec ce répit on devait selon lui rallier la queue des colonnes, et surtout celle des bagages. La longue traînée de ses convois ne s'étendait pas seulement de Wilna au Niémen, mais du Niémen à la Vistule, de la Vistule à l'Elbe. Les corps n'avaient pas encore reçu la moitié des équipages qui leur étaient destinés. Les lourdes voitures du nouveau modèle étaient restées la plupart en route, mais les plus légères paraissaient devoir arriver. En s'arrêtant quelques jours à Wilna, on était certain de rallier ces dernières, qu'on emmènerait seules avec soi, et quant aux plus lourdes, qui devaient rejoindre postérieurement, on les laisserait sur les derrières de l'armée, où elles auraient plus d'un service à rendre. En même temps on organiserait la Lithuanie, et on y établirait un gouvernement polonais, dont on avait grand besoin.

Ce n'étaient donc pas les occupations utiles qui manquaient pour employer les quinze jours qu'il s'agissait de passer à Wilna. Mais tandis qu'on y séjournerait, le beau plan de Napoléon, consistant à couper en deux la ligne russe, n'allait-il pas devenir inexécutable? Barclay de Tolly et Bagration en rétrogradant, l'un sur la Dwina, l'autre sur le Dniéper, n'allaient-ils pas trouver le moyen de se rejoindre au delà de ces deux fleuves? N'allait-on pas, ce qui était plus grave encore, perdre l'occasion de les atteindre, et de les battre, avant qu'ils eussent réalisé leur projet de retraite indéfinie dans l'intérieur de la Russie? Et n'était-ce pas le cas de se demander, si, à faire une halte pour rallier ses colonnes et ses convois, il n'aurait pas mieux valu la faire à Kowno même, avant d'avoir franchi le Niémen, lorsque l'ennemi immobile, et

Juin 1812.

de faire un séjour à Wilna.

Danger, en s'arrêtant à Wilna, de rendre inexécutable le plan conçu par Napoléon, et consistant à couper en deux la ligne russe.

3.

devant persister à l'être tant que nous ne violerions pas ses frontières, n'avait pas reçu de notre brusque apparition l'avertissement de se retirer en toute hâte sur la Dwina et le Dniéper? Mais maintenant qu'on avait agi autrement, et qu'on avait opéré peut-être quinze jours trop tôt, ne valait-il pas mieux poursuivre témérairement une entreprise témérairement conçue, et marchant avec ce qu'on avait de plus dispos, se jeter sur les Russes, et obtenir un résultat décisif, avant qu'ils eussent le temps de s'enfoncer dans l'intérieur de leur pays? Questions graves, fort difficiles à résoudre après coup, mais qui dans le moment ne parurent point embarrasser Napoléon, car tout en s'arrêtant à Wilna pour rallier les traînards, pour établir une bonne police sur ses derrières, pour réorganiser ses convois, et créer un gouvernement de la Lithuanie, il n'entendait pas renoncer au projet de se placer entre les deux principales armées russes, afin de les isoler l'une de l'autre pendant tout le reste de la campagne. Les circonstances en effet l'autorisaient jusqu'à un certain point à concevoir l'espérance de réaliser toutes ces pensées à la fois.

Profonde combinaison de Napoléon, pour laisser sa gauche et son centre immobiles, tandis que sa droite poursuivra le prince Bagration.

A peine entré dans Wilna, c'est-à-dire le lendemain 29 juin, les rapports de la cavalerie légère annoncèrent que beaucoup de troupes russes étaient en marche autour de Wilna, et couraient circulairement de notre droite à notre gauche, sans doute pour rejoindre Barclay de Tolly sur la Dwina. Étaient-ce quelques divisions détachées, n'ayant pu jusqu'ici rejoindre Barclay de Tolly, ou bien la tête de Bagration, cherchant à former sur la Dwina une seule masse avec l'armée principale? Voilà ce qu'il n'était pas possible de discerner encore; mais, dans tous les cas, c'étaient des troupes qu'on était en mesure d'intercepter, et au surplus, si on se trouvait en présence de Bagration lui-même, on ne pouvait avoir affaire qu'à la tête de son corps d'armée, puisqu'il avait à remonter au nord de toute la distance de Grodno à Wilna, et on était certainement à temps de lui barrer le chemin. Napoléon résolut donc, tandis qu'il s'arrêterait par sa gauche devant Barclay de Tolly, de marcher vivement par sa droite, afin d'intercepter la route que devait suivre Bagration, de l'envelopper s'il était possible, ou de l'acculer au moins aux marais de Pinsk, et de le paralyser ainsi pour le reste de la campagne.

Ce qui a été dit dans cette histoire du théâtre de la guerre, indique suffisamment les mouvements que Napoléon avait à exécuter pour atteindre le but qu'il se proposait. Du Rhin au Niémen, Napoléon avait presque toujours marché au nord-est. Après le passage du Niémen, il avait tourné à l'est, et désormais dans cette campagne extraordinaire il allait toujours marcher à l'orient jusqu'à Moscou. Le Niémen franchi, la Wilia remontée jusqu'à Wilna, il allait rencontrer les grandes lignes transversales dont nous avons déjà parlé, celles que forment la Dwina et le Dniéper, et il devait naturellement s'acheminer vers l'espace ouvert que ces fleuves laissent à leur naissance entre Witebsk et Smolensk. (Voir la carte n° 54.) Dans ce mouvement, sa gauche faisait face à la Dwina, vers laquelle se dirigeait Barclay de Tolly, et sa droite au Dniéper, où Bagra-

Juin 1812.

tion tendait à se retirer. Voulant tout à la fois ralentir le pas afin de rallier ce qui était en arrière, et poursuivre vivement Bagration afin de le séparer de Barclay de Tolly, il devait s'arrêter par sa gauche, qui n'avait que peu de chemin à faire pour atteindre la Dwina, tandis que par sa droite il tâcherait, en marchant vite, de devancer Bagration sur le Dniéper. Ses dispositions furent admirablement prises en vue de ce double but.

Positions assignées aux corps d'Oudinot, de Ney, de Murat, en face de la Dwina.

Macdonald, dirigé d'abord sur Rossiena, eut ordre d'appuyer à droite sur Poniewiez, pour se rapprocher d'Oudinot; celui-ci de se porter également à droite, entre Avanta et Widzony, pour se serrer sur Ney, et Ney de se tenir vers Swenziany, près de Murat, qui, avec toute sa cavalerie, devait par Gloubokoé suivre l'armée russe en retraite sur la Dwina. Macdonald, Oudinot, Ney, Murat, qui auraient dû former une masse de 120 mille hommes, et depuis la dernière marche en comptaient tout au plus 107 ou 108 mille, avaient ordre de demeurer en observation pour masquer les opérations du reste de l'armée, de rallier leurs traînards, de réunir des grains, de les convertir en farine, de réparer les moulins détruits par les Russes, de construire des fours, d'amener à eux leur grosse artillerie et leurs équipages, d'employer le temps enfin à se concentrer, à se réorganiser, à bien se garder surtout, et à soigneusement étudier les mouvements de l'ennemi.

Pour lier cette gauche immobile, et occupée à se refaire, avec sa droite qui allait être fort agissante, Napoléon prescrivit à Murat d'étendre sa cavalerie de Gloubokoé à Wileika, et, pour ne pas laisser cette cavalerie sans appui, il la fit soutenir par une ou deux des divisions du maréchal Davout arrivées les premières en ligne. Il se proposait de porter bientôt sur ce point, afin d'établir une liaison plus forte entre sa gauche et sa droite, le corps du prince Eugène, qui venait de passer le Niémen à Prenn. Ce dernier s'était arrêté à Nowoi-Troki, pour y prendre un peu de repos et remettre quelque ordre dans ses colonnes.

Ce fut avec le corps de Davout, toujours le mieux constitué, le mieux pourvu, le plus propre à supporter l'effet dissolvant des mouvements trop rapides, que Napoléon résolut d'agir sur sa droite, contre les troupes qu'on voyait courir circulairement autour de Wilna. Ce pouvaient être, comme nous venons de le dire, les restes de Barclay lui-même, ou la tête de Bagration : il fallait dans le premier cas les prendre, dans le second les arrêter court, et par un effort vigoureux les acculer aux marais de Pinsk. La cavalerie légère du maréchal Davout, sous les ordres des généraux Pajol et Bordessoulle, fut mise en mouvement dès le 29 juin, celle de Pajol sur la route d'Ochmiana à Minsk, celle de Bordessoulle sur la route de Lida à Wolkowisk. C'étaient les deux grandes routes descendant de Wilna vers la Lithuanie méridionale, et sur lesquelles on pouvait rencontrer ou les détachements retardés de Barclay de Tolly, ou l'armée elle-même de Bagration. Les généraux Pajol et Bordessoulle signalèrent tous deux des colonnes d'infanterie, d'artillerie, de bagages, s'efforçant de remonter assez haut pour tourner autour de Wilna, et aller de notre droite à notre gau-

Juin 1812.

Le maréchal Davout chargé de poursuivre le prince Bagration.

Juin 1812.

Marche des diverses divisions chargées de coopérer au mouvement du maréchal Davout.

che rejoindre la principale armée russe. Ils espéraient l'un et l'autre ramasser quelques débris de ces colonnes; mais il fallait une force plus efficace, c'est-à-dire de l'infanterie, pour opérer une bonne capture.

Le 30 au soir, Napoléon fit partir le maréchal Davout, avec la division Compans, pour se porter à la suite du général Pajol dans la direction d'Ochmiana; il dirigea la division Dessaix sur la route de Lida, à la suite du général Bordessoulle; il tint la division Morand prête à marcher à la suite du maréchal Davout, si besoin était. Il pressa le mouvement du prince Eugène, qui, s'étant arrêté à Nowoi-Troki après le passage du Niémen, et recueillant là des bruits contradictoires, craignait de s'aventurer en s'avançant trop vite. Le prince Eugène, en remontant de Nowoi-Troki sur Ochmiana, devait au besoin appuyer le maréchal Davout, ou bien venir prendre sa place dans la ligne de bataille à côté de Murat, de manière à former le centre de l'armée, et en relier la droite avec la gauche. Napoléon prescrivit à la cavalerie du général Grouchy, qui appartenait au prince Eugène, d'aider celle de Bordessoulle, et de se mettre, s'il le fallait, aux ordres du maréchal Davout. Il donna en outre à ce dernier les cuirassiers de Valence.

Toutefois le maréchal Davout, avec les deux divisions Compans et Dessaix, qu'il allait avoir seules sous la main en s'éloignant de Wilna, n'aurait pas suffi pour envelopper Bagration, qui devait compter environ 60 mille hommes, et à qui des bruits contradictoires en attribuaient 100 mille; mais il restait l'extrême droite, formée par le roi Jérôme avec 75 mille hommes, laquelle, débouchant de Grodno, et suivant Bagration en queue pendant qu'on l'arrêterait en tête, devait contribuer à l'envelopper, ou à l'acculer vers les marais de Pinsk.

Juin 1812.

Ainsi Napoléon, par cet ensemble de mouvements, retenant en observation devant la Dwina ses troupes de gauche, portant vivement sur le Dniéper une partie de ses troupes de droite, tandis que son centre, après s'être reposé à Nowoi-Troki, s'apprêtait à venir se mettre en ligne, Napoléon donnait aux deux tiers de son armée le temps de se rallier, et en faisait agir un tiers tout au plus pour couper la retraite au prince Bagration. On ne pouvait pas combiner avec une habileté plus profonde les mouvements d'une armée immense, en sachant allier tout à la fois le besoin de repos avec la nécessité de certaines opérations actives. Quant à lui, tandis qu'il entrait avec sa prodigieuse activité dans tous les détails administratifs qui intéressaient ses troupes, il donnait en même temps ses soins à la Pologne, dont il était urgent de s'occuper, car on était chez elle, on semblait être venu pour elle, et, si on voulait rendre la guerre heureuse et sérieuse, on ne pouvait pas se passer d'elle.

Dans ce moment en effet on s'agitait à Varsovie, et au bruit du passage du Niémen par 400 mille soldats sous le grand homme du siècle, on proclamait la reconstitution de la Pologne, on décrétait la réunion de toutes ses provinces en un seul État, on votait enfin l'une de ces confédérations générales par lesquelles les Polonais avaient jadis défendu

Pendant que ses corps marchent, Napoléon organise la Lithuanie, et s'efforce d'établir l'ordre sur les derrières de l'armée.

Juin 1812.

leur sol et leur indépendance. Il n'était pas possible de faire autrement ni moins, en présence des événements qui se préparaient. Puisque Napoléon était obligé, en s'avançant jusqu'au sein même de la Russie, d'agiter la grave question de la Pologne, dont il traversait le territoire et dont il allait demander les bras, il eût peut-être bien fait d'en prendre son parti, et d'essayer de la reconstituer complétement. Dans ce cas, il aurait dû, comme nous l'avons déjà indiqué, réunir l'armée polonaise en une seule masse de 70 à 80 mille hommes, en former son aile droite, et la porter, en remontant le Bug, vers la Volhynie et la Podolie. Cette aile droite eût plus fidèlement gardé ses flancs, et aurait eu plus de chances d'insurger la Volhynie que les Autrichiens. Il aurait dû en outre, au lieu de constituer à part le gouvernement de la Lithuanie, le réunir immédiatement au gouvernement général de la Pologne. Il eût ainsi, par cette double unité de l'armée et du gouvernement, rendu à la Pologne le sentiment complet de son existence, et lui aurait peut-être imprimé l'élan national dont il avait besoin pour réussir dans l'accomplissement de ses vastes desseins. Mais plein à cet égard des doutes que nous avons déjà exposés, ne voulant pas prendre un engagement trop grand sans savoir si les Polonais l'aideraient suffisamment à le tenir, il hésita, comme dans plusieurs occasions décisives de cette campagne, par un sentiment de prudence qui ne répondait pas à la témérité de son entreprise, et s'appliqua à ne rien faire de trop prononcé, à cause de l'Autriche qu'il craignait de s'aliéner, et de la Russie à laquelle

Motifs qui le portent à organiser la Lithuanie à part.

il n'entendait pas déclarer une guerre à mort. Ayant déjà divisé l'armée polonaise en plusieurs détachements, qu'il avait placés partout où il y avait des alliés douteux à contenir, il renonça à réunir la Lithuanie à la Pologne, et lui donna une administration séparée. Il faut ajouter qu'il avait pour agir ainsi une raison administrative des plus puissantes. Il était au milieu de la Lithuanie, et c'est là qu'il allait combattre, peut-être s'établir pour une année ou deux : or, la faire dépendre d'un gouvernement placé à plus de cent lieues, gouvernement agité, disputeur, et inactif dans les premiers moments du moins, c'était renoncer à tirer de cette province les ressources dont il avait besoin, et qu'il était certain d'en obtenir en l'administrant lui-même.

Napoléon donna donc à la Lithuanie une administration distincte et indépendante. C'était à l'égard de la Russie une menace, mais point encore une déclaration de guerre implacable. Il forma une commission de sept membres, et la composa des seigneurs lithuaniens les plus considérables parmi ceux que la Russie n'avait pu gagner, ou avait négligé de s'attacher. Persistant à relier la Pologne à la Saxe, il nomma auprès de cette commission un représentant qui devait en même temps être gouverneur de la province, et choisit pour ces fonctions le comte Hogendorp, officier saxon dont il avait fait son aide de camp. Les quatre gouvernements secondaires de Wilna, de Grodno, de Minsk, de Byalistok, entre lesquels se sous-divisait la Lithuanie, furent formés chacun d'une commission de trois membres, et d'un intendant dépendant du gouverneur général. Des agents

Juin 1812.

Organisation du gouvernement lithuanien.

exécutifs furent établis dans chaque district sous le titre de sous-préfets. Ce gouvernement de la Lithuanie, ainsi organisé, fut chargé de recueillir et de conserver les propriétés publiques, de percevoir les impôts, de lever les troupes, de maintenir l'ordre, de rappeler les habitants, de veiller à ce que la moisson fût faite, de rétablir la sûreté des routes, de créer des magasins et des hôpitaux, de contribuer en un mot à la reconstitution de la Pologne par le plus puissant de tous les moyens, celui qui consistait à seconder activement l'armée française. Ce gouvernement, placé sous l'action directe de Napoléon, était du reste autorisé à adhérer à la grande confédération polonaise, qui venait d'être décrétée à Varsovie.

Le premier acte du nouveau gouvernement fut d'instituer une force publique. Il vota la création de quatre régiments d'infanterie, et de cinq régiments de cavalerie. Sans doute on aurait pu faire davantage avec la population de la Lithuanie, mais les ressources financières et les officiers manquaient. Ces neuf régiments, formant un total de douze mille hommes, devaient coûter quatre millions au moins de première création. Or on n'avait pas la moindre partie de cette somme. Napoléon, qui, une fois engagé dans une semblable aventure, aurait dû ne ménager aucun moyen, ne consentit à avancer que 400 mille francs. On choisit pour colonels de grands propriétaires, ayant servi autrefois, et attirés par l'appât d'un haut grade. On demanda les officiers de grade inférieur au prince Poniatowski. La population lithuanienne, quoique déjà un peu façonnée au joug de la Russie, comme nous l'avons dit, n'était pas sans zèle pour la cause de son indépendance, mais les seigneurs ne pouvaient se défendre de craindre le retour des Russes, et redoutaient singulièrement les exils et les séquestres. La population des campagnes craignait les pillages et la dévastation. La bourgeoisie des villes, moins les Juifs, était parfaitement disposée, mais peu nombreuse et fort gênée. Tous, pauvres ou riches, avaient été ruinés par le blocus continental et le séjour des troupes russes. Enfin on leur parlait de leur indépendance avec une certaine réserve, dont Napoléon ne voulait pas se départir, et on ne mettait de la véhémence qu'en leur parlant de la nécessité des sacrifices à faire. Ces causes atténuant le zèle sans le détruire, les créations dont on avait à s'occuper, déjà fort difficiles par elles-mêmes, en étaient devenues plus difficiles encore.

Juin 1812.

Aux régiments de ligne on ajouta des gardes nationales. On commença par créer celle de Wilna, qui devait être de 1500 hommes. La campagne ayant spécialement besoin d'une milice pour le maintien de l'ordre, on créa des gardes-chasse, espèce de garde nationale à cheval, qui convenait aux mœurs du pays, et aux distances à parcourir. Elle fut portée d'abord à quatre escadrons de 120 hommes chacun, un par gouvernement. Ces gardes à cheval devaient servir de guides à des détachements de cavalerie française chargés de poursuivre les pillards, les maraudeurs, les bandits. Cette répression du maraudage avait paru à Napoléon le premier soin à prendre, afin d'empêcher la dissolution de l'armée, et de ramener, en la rassurant, la population dans ses

Institution d'une garde nationale à pied dans la ville, et d'une garde nationale à cheval dans les campagnes.

La garde à cheval doit servir de guide à des détachements de vieille cavalerie qui sont chargés de rétablir

Juillet 1812.

L'ordre dans les campagnes et sur les routes.

demeures. Il fut donc formé des colonnes de vieille cavalerie, qui, ayant en tête des détachements de gardes-chasse polonais, se mirent à courir la campagne, à secourir les seigneurs assaillis dans leurs châteaux, à ramener les paysans cachés dans les bois, à recueillir les hommes de bonne volonté qui n'étaient qu'égarés, à saisir et à fusiller les pillards. Des commissions militaires suivaient ces colonnes de cavalerie, et le lendemain même de leur institution, c'est-à-dire dans la première semaine de juillet, elles firent juger et fusiller des Allemands, des Italiens, des Français, sur la place publique de Wilna.

Malheureusement le mal était déjà bien grand, et le nombre de 25 ou 30 mille débandés s'accroissait au lieu de diminuer par les marches précipitées de plusieurs des corps de l'armée. Il y avait notamment dans le 1er corps, quelque bien tenu qu'il fût par le maréchal Davout, le 33e léger, régiment hollandais, qui s'était presque débandé en entier, et qui pillait impitoyablement le canton de Lida, l'un des plus fertiles du pays. Les châteaux étaient dévastés, les vivres détruits, ce qui, après le passage des Cosaques, avait achevé la ruine de ce canton. Le sous-préfet de Nowoï-Troki, se rendant à son poste, avait été attaqué en route, et était arrivé sans aucune espèce de bagage à Nowoï-Troki. Des courriers venant de Paris avaient déjà été dévalisés. Heureusement les colonnes à cheval commençaient à mettre les pillards en fuite, à rassurer un peu les seigneurs, à ramener les paysans, mais ne pouvaient rattraper les traînards qui s'enfonçaient dans les bois, ou regagnaient le Niémen pour le repasser. Ceux qui prenaient ce dernier parti étaient, du reste, les moins dangereux pour l'armée.

Un autre inconvénient à faire cesser sur les routes, était celui des cadavres d'hommes et de chevaux gisant sans sépulture, et infectant l'air, surtout par l'étouffante chaleur qu'on ressentait depuis quelques jours. En Italie, en Allemagne, pays très-peuplés, dès qu'il y avait des morts par le feu ou par toute autre cause, les habitants, intéressés eux-mêmes à la salubrité de leurs contrées, se hâtaient de les ensevelir. Ordinairement même, l'empressement à les dépouiller portait les paysans à ne pas perdre de temps. Mais ici, avec des villages distants de cinq à six lieues les uns des autres, quelquefois de dix, ce genre de soin était absolument négligé, et indépendamment de quelques jeunes soldats morts de fatigue, de faim ou de saisissement, par suite des mauvais temps, huit mille cadavres de chevaux infectaient l'atmosphère. Napoléon ajouta aux devoirs imposés aux colonnes qui parcouraient les routes, celui de faire enterrer les cadavres d'hommes et d'animaux.

Il fit établir, de Kœnigsberg à Wilna, une suite de postes militaires, où devaient se trouver un commandant, un magasin, un petit hôpital, un relai de chevaux, et une patrouille chargée de veiller à la sûreté de la route et à l'enterrement des morts.

En même temps qu'il s'occupait de ces divers objets, Napoléon donna tous ses soins à une affaire devenue la plus urgente de toutes celles qui pouvaient attirer son attention, l'affaire des vivres et des convois. D'abord, avec les maçons de la garde

Juillet 1812.

Construction des fours.

et ceux du maréchal Davout, il ordonna la construction à Wilna de fours capables de cuire cent mille rations par jour. Les charpentiers manquant pour façonner des cintres, on les prit dans les corps. Les briques, seul genre de matériaux qu'on pût employer dans ce pays où la pierre était rare, ne se trouvaient malheureusement qu'à quelque distance de Wilna. A défaut des chevaux de l'artillerie presque tous épuisés, Napoléon n'hésita point à requérir les chevaux de voiture des états-majors, afin de transporter les briques à pied d'œuvre. Chaque jour il allait lui-même examiner le degré d'avancement de ces travaux.

La construction des fours n'était pas la seule des difficultés à vaincre pour assurer à Wilna la subsistance de l'armée. Les grains, malgré les ravages de l'ennemi, étaient assez abondants. Mais les Russes, n'ayant pas toujours le temps de les détruire,

Réparation des moulins.

s'attaquaient particulièrement aux moulins. Il fallait donc les réparer, ou requérir ceux qui étaient intacts, pour convertir le grain en farine. Provisoirement, on prit les farines du 1er corps, toujours le mieux approvisionné, sauf à lui en tenir compte plus tard. Quant aux boulangers pour pétrir et cuire le pain, on en avait suffisamment, grâce à ceux dont la garde et le 1er corps s'étaient pourvus.

Vastes approvisionnements préparés au moyen des réquisitions.

Napoléon songea ensuite à créer de grands magasins, tant à Kowno et à Wilna que dans les villes dont on allait successivement s'emparer. Il résolut de faire en Lithuanie une réquisition de 80 mille quintaux de grains, d'une quantité proportionnée d'avoine, de paille, de foin, de fourrage, etc. Quant

MOSCOU. 49

à la viande, elle abondait, grâce au bétail qui avait
été amené sur pied à la suite des troupes. La dyssenterie même, qui commençait à se répandre, tenait en partie à la grande quantité de viande mangée sans sel, sans pain, sans vin. Napoléon ordonna qu'après ces premières réquisitions on se procurerait, soit à compte des contributions dues par le pays, soit à prix d'argent, un million de quintaux de grains. Si la récolte était bonne, et que la moisson ne fût point troublée par la guerre, il n'était pas impossible de réaliser cet immense approvisionnement.

Les moyens de transport, indispensables à ajouter aux approvisionnements, réclamaient une nouvelle intervention de la puissante volonté de Napoléon. Les premiers convois, dirigés par le colonel Baste, qui en plus d'un endroit avait été obligé de faire curer les canaux, et auquel il en avait coûté des peines infinies pour approprier les bâtiments à la nature des cours d'eau, venaient de franchir la distance de Dantzig à Kowno. Napoléon en ressentit une vraie joie. Mais il restait à faire remonter ces convois de Kowno à Wilna par la rivière sinueuse de la Wilia. C'était un trajet de vingt jours, presque aussi long que celui de Dantzig à Kowno, bien que la distance ne fût que d'un cinquième ou d'un sixième. Napoléon fit réunir des bateaux pour essayer, avec le secours des marins de la garde, d'abréger cette navigation. Son projet, si cet essai ne réussissait pas, était d'y renoncer, et de la remplacer par une grande entreprise de transports par terre, qu'il se proposait de confier à une compagnie de juifs polonais. Les grains n'étant pas difficiles à trouver dans

TOM. XIV.   4

Juillet 1812.

Moyens de transport, navigation de la Wilia.

LIVRE XLIV.

Juillet 1812.

les lieux où l'on était, il limita les objets à transporter aux farines, et après les farines aux spiritueux, aux riz, aux effets d'habillement, aux munitions d'artillerie.

L'organisation des équipages militaires ne donne pas tous les résultats qu'on en avait attendus.

L'organisation qu'on avait donnée aux équipages militaires n'avait pas eu les résultats qu'on en attendait. On avait perdu, de l'Elbe au Niémen, une moitié des voitures, un tiers des chevaux, un quart des hommes. Ainsi que nous l'avons dit, les chars légers à la comtoise étaient seuls arrivés. Il en restait toutefois un certain nombre en arrière. Napoléon décida qu'on laisserait à Wilna les chars du nouveau modèle comme trop lourds, qu'on n'amènerait en Russie que les caissons d'ancien modèle et les chars à la comtoise, mais que le train d'artillerie ayant perdu beaucoup de chevaux, et les munitions de guerre lui semblant plus nécessaires que le pain, car si dans les champs on trouvait çà et là quelques vivres, on ne trouvait nulle part des gargousses et des cartouches, on appliquerait à l'artillerie une partie des chevaux des équipages. Quant aux voitures qui resteraient ainsi sans attelages, il ordonna d'y atteler des bœufs, et, lorsqu'on n'aurait pas de bœufs, des chevaux du pays, espèce petite, mais forte, et dure à la fatigue, quoique infectée comme les hommes de l'horrible maladie de la plique. Malheureusement ces ordres étaient plus faciles à donner qu'à exécuter, car il n'était pas aisé de se procurer des jougs pour atteler les bœufs, des fers pour garantir leurs pieds, des bouviers pour les conduire.

On se borne à mener avec soi les voitures les plus légères.

Malgré des difficultés déjà vivement

On voit que de soins divers, d'une multiplicité infinie, et d'un succès douteux, exigeait la téméraire entreprise de transporter 600 mille hommes dans un pays lointain qui pouvait difficilement les nourrir, avec un matériel trop peu éprouvé, et avec un trop grand nombre de jeunes gens mêlés aux vieux soldats, les uns et les autres égaux au feu sans doute, mais fort inégaux à la fatigue. Quoique devenu plus soucieux en voyant de près les obstacles, Napoléon avait encore tout entier le sentiment de sa puissance. En quelques jours en effet il avait conquis la Lithuanie, et coupé en deux l'armée russe; il se flattait de prendre Bagration, ou de le mettre hors de cause pour longtemps, et, malgré la difficulté des lieux, du climat, des distances, il espérait de ses savantes manœuvres des résultats conformes à sa politique et à sa gloire. Aussi, tout en recevant poliment le ministre d'Alexandre, M. de Balachoff, était-il résolu à ne pas accepter les propositions dont cet envoyé était porteur. Effectivement, pour Alexandre comme pour Napoléon, il n'était plus temps de chercher à négocier, et l'épée pouvait seule résoudre la terrible question qui venait d'être soulevée. Avant le passage du Niémen, on aurait pu s'aboucher encore, et employer quelques jours à parlementer, personne n'ayant un sacrifice de dignité à faire, puisque Napoléon n'avait pas à repasser le Niémen, et qu'Alexandre n'était pas réduit à traiter sur son sol envahi. Le Niémen passé, l'honneur était gravement engagé d'un côté comme de l'autre. Pour Napoléon, il y avait d'autres raisons encore de ne rien écouter, la saison d'abord, car on était en juillet, et il restait à peine trois mois pour agir, ensuite le temps qu'on allait donner aux

Juillet 1812.

senties, Napoléon ne cesse pas d'être rempli de confiance.

Raisons de ne pas écouter M. de Balachoff, mais convenance à le bien recevoir.

4.

Russes en négociant, soit pour amener sur la Vistule les troupes de Turquie, soit pour réunir les troupes de Bagration à celles de Barclay de Tolly. Napoléon (l'avenir lui étant caché comme à tous les mortels) ne devait donc pas écouter les propositions de M. de Balachoff. Ne pas commencer la guerre eût cent fois mieux valu sans doute; mais, la guerre commencée, il était impossible de s'arrêter à Wilna, et la seule chose convenable à faire était de repousser poliment, et même courtoisement, l'envoyé d'Alexandre. Malheureusement Napoléon fit davantage, et ne put s'empêcher de piquer vivement M. de Balachoff, entraînement dont il ne savait plus se défendre, dès qu'il éprouvait quelque contrariété, surtout depuis que l'âge et le succès l'avaient porté à mettre de côté toute contrainte. L'âge tempère, lorsque la vie a été un mélange de succès et de revers; il enivre, au contraire, il aveugle, lorsque la vie n'a été qu'une longue suite de triomphes.

Napoléon reçut d'abord M. de Balachoff avec assez de politesse, l'écouta même avec une attention bienveillante, lorsque celui-ci lui dit que son maître avait été étonné de voir la frontière russe violée si brusquement, sans déclaration de guerre, et sur le double prétexte, très-peu sérieux, de la demande de ses passe-ports faite par le prince Kourakin, et de la condition d'évacuer le territoire prussien, exigée comme préalable indispensable de toute négociation. Napoléon se laissa répéter qu'on avait vivement blâmé le prince Kourakin, qu'en fait d'évacuation on ne demandait que celle du territoire russe, et que si les Français voulaient repasser, non pas la Vistule et l'Oder, mais le Niémen seulement, on promettait de négocier avec franchise, cordialité et le désir de s'entendre; que la cour de Russie n'avait encore contracté aucun engagement envers l'Angleterre (Alexandre en faisait donner sa parole d'homme et de souverain), que par conséquent il y avait toute chance de revenir au bon accord antérieur; mais que si cette condition n'était pas acceptée, le czar, au nom de sa nation, prenait l'engagement, quelles que fussent les chances de la guerre, de ne point traiter tant qu'il resterait un seul Français sur le sol de la Russie.

Juillet 1812.

Napoléon écouta ce langage sans humeur, en homme qui a le sentiment de sa force, et son parti pris. Il répondit qu'il était bien tard pour entrer en pourparlers, et qu'il lui était impossible de repasser le Niémen. Il reproduisit son dire accoutumé, c'est qu'il n'avait armé que parce qu'on avait armé, que tout en armant, il avait voulu négocier, mais que la Russie s'y était refusée; qu'après avoir annoncé l'envoi à Paris de M. de Nesselrode, elle n'en avait plus parlé; que de plus elle avait donné à M. de Kourakin la mission d'exiger une condition déshonorante, celle de repasser la Vistule et l'Oder; que c'étaient là des choses qu'on proposerait à peine au grand-duc de Bade; qu'enfin, pour couronner cette conduite, M. de Kourakin avait persisté à réclamer ses passe-ports, et que M. de Lauriston avait essuyé un refus lorsqu'il avait demandé l'honneur de se transporter auprès de l'empereur Alexandre; qu'alors la mesure avait été comble, et que l'armée française avait dû franchir le Niémen.

Réponse de Napoléon à M. de Balachoff.

M. de Balachoff n'était pas assez instruit des faits pour répondre à ces assertions par la simple vérité. Il se contenta de répéter que son maître souhaitait la paix, et que, libre de tout engagement, il pouvait encore la conclure aux conditions qui avaient, depuis 1807, maintenu la plus parfaite intelligence entre les deux empires. — Vous êtes libre, dit Napoléon, à l'égard des Anglais, je le crois; mais le rapprochement sera bientôt fait. Un seul courrier suffira pour se mettre d'accord et pour serrer les nœuds de la nouvelle alliance. Votre empereur a depuis longtemps commencé à se rapprocher de l'Angleterre; depuis longtemps j'ai vu ce mouvement se produire dans sa politique. Quel beau règne il aurait pu avoir s'il l'avait voulu! Il n'avait pour cela qu'à s'entendre avec moi.... Je lui ai donné la Finlande (grande faute dont Napoléon n'aurait pas dû se vanter!), je lui avais promis la Moldavie et la Valachie, et il allait les obtenir; mais tout à coup il s'est laissé circonvenir par mes ennemis, il s'en est même entouré exclusivement; il a tourné contre moi des armes qu'il devait réserver pour les Turcs, et ce qu'il aura gagné, ce sera de n'avoir ni la Moldavie ni la Valachie... — On dit même, ajouta Napoléon d'un ton interrogateur, que vous avez signé la paix avec les Turcs sans avoir obtenu ces provinces. — M. de Balachoff ayant répondu affirmativement, Napoléon, vivement affecté, sans le témoigner, continua l'entretien. — Votre maître, reprit-il, n'aura donc pas ces belles provinces : il aurait pu cependant les ajouter à son empire, et en un seul règne il aurait ainsi étendu la Russie du golfe de Bothnie aux bouches du Danube! Catherine la Grande n'en avait pas fait autant. Tout cela il l'aurait dû à mon amitié, et nous aurions eu, lui et moi, la gloire de vaincre les Anglais, qui déjà étaient réduits aux dernières extrémités. Ah! quel beau règne, répéta plusieurs fois Napoléon, aurait pu être celui d'Alexandre!... Mais il a mieux aimé s'entourer de mes ennemis. Il a appelé auprès de lui un Stein, un Armfeld, un Wintzingerode, un Benningsen! Stein, chassé de son pays; Armfeld, un intrigant, un débauché; Wintzingerode, sujet révolté de la France; Benningsen, un peu plus militaire que les autres, mais incapable, qui n'a rien su faire en 1807, et qui ne rappelle à votre maître que d'horribles souvenirs! Recourir à de telles gens, les mettre si près de sa personne!... A la bonne heure, s'ils étaient capables; mais tels quels, on ne peut s'en servir ni pour gouverner, ni pour combattre. Barclay de Tolly en sait, dit-on, un peu plus que les autres; on ne le croirait pas à en juger d'après vos premiers mouvements. Et à eux tous que font-ils? Tandis que Pfuhl propose, Armfeld contredit, Benningsen examine, Barclay, chargé d'exécuter, ne sait que conclure, et le temps se passe ainsi à ne rien faire. Bagration seul est un vrai militaire; il a peu d'esprit, mais il a de l'expérience, du coup d'œil, de la décision.... Et quel rôle fait-on jouer à votre jeune maître au milieu de cette cohue? On le compromet, on fait peser sur lui la responsabilité de toutes les fautes. Un souverain ne doit être à l'armée que lorsqu'il est général. Quand il ne l'est pas, il doit s'éloigner, et laisser agir en liberté un général responsable, au lieu de se mettre à côté de lui pour le contrarier, et assumer toute la responsabilité sur sa tête. Voyez vos premières opérations : il y a huit jours que la campagne est commencée, et vous n'avez pas su défendre Wilna; vous êtes coupés en deux, et chassés de vos provinces polonaises. Votre armée se plaint, murmure, et elle a raison. D'ailleurs je sais votre force; j'ai compté vos bataillons aussi exactement que les miens. Ici, en ligne, vous n'avez pas 200 mille hommes à m'opposer, et j'en ai trois fois autant. Je vous donne ma parole d'honneur que j'ai 530 mille hommes de ce côté de la Vistule. Les Turcs ne vous seront d'aucune utilité; ils ne sont bons à rien, et viennent de le prouver en signant la paix avec vous. Les Suédois sont destinés à être menés par des extravagants. Ils avaient un roi fou; ils le changent, et ils en prennent un qui devient fou aussitôt, car il faut l'être pour s'unir à vous quand on est Suédois. Mais que sont au surplus tous ces alliés ensemble? que peuvent-ils? J'ai de bien autres alliés dans les Polonais! ils sont 80 mille, ils se battent avec rage, et seront bientôt 200 mille. Je vais vous enlever les provinces polonaises; j'ôterai à tous les parents de votre famille régnante ce qui leur reste en Allemagne. Je vous les renverrai tous sans couronne et sans patrimoine. La Prusse elle-même, si vous parvenez à l'ébranler, je l'effacerai de la carte d'Allemagne, et je vous donnerai un ennemi juré pour voisin. Je vais vous rejeter au delà de la Dwina et du Dniéper, et rétablir contre vous une barrière que l'Europe a été bien coupable et bien aveugle

MOSCOU. 57

de laisser abattre. Voilà ce que vous avez gagné à rompre avec moi et à quitter mon alliance. Quel beau règne, répéta Napoléon, aurait pu avoir votre maître[1]! —

M. de Balachoff, ayant peine à se contenir, répondit néanmoins avec respect que, tout en reconnaissant la bravoure des armées françaises et le génie de celui qui les commandait, on ne désespérait pas encore chez les Russes du résultat de la lutte dans laquelle on était engagé, qu'on se battrait avec résolution, avec désespoir même, et que Dieu favoriserait sans doute une guerre qu'on croyait juste, car, répétait-il sans cesse, on ne l'avait pas cherchée. La conversation, ramenant à peu près les mêmes idées, fut bientôt interrompue, et Napoléon quitta M. de Balachoff pour monter à cheval, après l'avoir fait inviter à dîner pour le même jour.

Revenu à la demeure qu'il occupait, et ayant admis M. de Balachoff à sa table, il le traita avec bienveillance, mais avec une familiarité souvent blessante, et le réduisit plusieurs fois à la nécessité de défendre son souverain et sa nation. Il lui parla à diverses reprises de Moscou, de l'aspect de cette ville, de ses palais, de ses temples, comme un voyageur qui va vers un pays questionne ceux qui en reviennent. Napoléon ayant même parlé des diverses routes qui menaient à Moscou, M. de Balachoff, piqué au vif,

Juillet 1812.

Fin de l'entretien.

Napoléon ayant à sa table M. de Balachoff, lui adresse des paroles blessantes.

[1] Toujours fidèle à la coutume de n'admettre que des discours dont le fond au moins est certain, je n'aurais pas reproduit ce dialogue si je n'avais sous les yeux le manuscrit très-curieux, évidemment très-impartial, dans lequel M. de Balachoff a raconté cette entrevue, et qui est tout autre qu'une brochure intéressante publiée sur son compte, mais qui ne contient ce récit que très-abrégé.

lui répondit qu'il y en avait plusieurs, que le choix dépendait du point de départ, et que dans le nombre il y en avait une qui passait par Pultawa. Napoléon ayant ensuite amené l'entretien sur les nombreux couvents qu'on trouvait en Pologne, et surtout en Russie, dit que c'étaient là de tristes symptômes de l'état d'un pays, et qu'ils dénotaient une civilisation bien peu avancée. M. de Balachoff répliqua que chaque pays avait ses institutions propres, que ce qui ne convenait pas à l'un pouvait convenir à l'autre. Napoléon ayant insisté, et soutenu que cela dépendait moins des lieux que des temps, et que les couvents ne convenaient plus au siècle actuel, M. de Balachoff, poussé de nouveau à bout, répondit qu'à la vérité l'esprit religieux avait disparu de l'Europe presque entière, mais qu'il en restait encore dans deux pays, l'Espagne et la Russie. Cette allusion aux résistances qu'il avait rencontrées en Espagne, et qu'il pouvait rencontrer ailleurs, déconcerta quelque peu Napoléon, qui, malgré son prodigieux esprit, aussi prompt dans la conversation qu'à la guerre, ne sut que répondre. De même que l'extrême oppression provoque la révolte, l'esprit supérieur qui abuse de sa supériorité provoque quelquefois de justes reparties, auxquelles, pour sa punition, il ne trouve pas de répliques. Tout ce qu'il y avait de sensé dans l'entourage de Napoléon regretta le langage tenu à M. de Balachoff, et en redouta les conséquences. Napoléon le sentit lui-même, et ce repas terminé, il prit M. de Balachoff à part, lui parla plus sérieusement et plus dignement, lui dit qu'il était prêt à s'arrêter et à négocier, mais à condition qu'on lui abandonnerait les anciennes provinces polonaises, c'est-à-dire la Lithuanie, sinon comme possession définitive, au moins comme occupation momentanée pendant la durée des négociations; que la paix il la ferait à la condition d'une coopération entière et sans réserve de la Russie contre l'Angleterre, qu'autrement ce serait duperie à lui de s'arrêter, et de perdre les deux mois qui lui restaient pour tirer de la campagne commencée les grands résultats qu'il en espérait. Il protesta au surplus de ses bons sentiments pour la personne de l'empereur Alexandre, rejeta sur les brouillons dont ce monarque était entouré la mésintelligence qui était survenue entre les deux empires, renvoya ensuite amicalement M. de Balachoff, et lui fit donner ses meilleurs chevaux pour le reconduire aux avant-postes.

Ces ménagements tardifs ne pouvaient réparer le mal qui venait d'être fait. M. de Balachoff, sans être narrateur malveillant, avait à rapporter, s'il voulait seulement être exact, une foule de propos qui devaient blesser profondément Alexandre, et convertir une querelle politique en une querelle personnelle. Napoléon en eut plus tard la preuve. Ainsi, quoique doué au plus haut point de l'art de séduire, quand il se donnait la peine de l'employer, il ne pouvait plus sans danger être mis en présence des hommes avec lesquels il avait à traiter, tant l'irascibilité de la toute-puissance était devenue chez lui violente et difficile à contenir. Sa conversation célèbre avec lord Whitworth en 1803 montre que chez lui le mal était ancien : mais celle qu'il venait d'avoir avec M. de Balachoff, et celle que l'été précédent il avait eue avec le prince Kourakin, prouvent que sous l'influence de succès non interrompus le mal s'était singulièrement accru.

M. de Balachoff partit à l'instant même, rencontra encore une fois Murat aux avant-postes, le trouva toujours gracieux, caressant, protestant contre cette nouvelle guerre, se défendant de toute prétention à la royauté de Pologne, et cherchant à faire sa paix personnelle avec Alexandre, tandis qu'il allait le combattre vaillamment sur tous les champs de bataille de la Russie.

Pendant que Napoléon était à Wilna occupé des soins que nous venons d'énumérer, les armées russes et françaises continuaient leurs mouvements. Les six corps d'infanterie et les deux corps de cavalerie de réserve du général Barclay de Tolly s'étaient mis en route pour rejoindre la Dwina, les plus rapprochés, qui faisaient face à notre gauche, y marchant directement, les autres, placés vers notre droite, et ayant à exécuter un mouvement circulaire autour de Wilna, forçant le pas pour n'être pas coupés par le maréchal Davout. Le cri contre les plans attribués au général Pfuhl, contre la division en deux armées, étant devenu plus violent dans l'état-major russe, et le général Pfuhl ne sachant opposer aux objections qu'on lui faisait que les boutades d'une humeur chagrine, ou le silence dédaigneux d'un prétendu génie méconnu, l'empereur Alexandre avait été obligé de céder au soulèvement des esprits, et d'envoyer au prince Bagration, outre l'instruction déjà donnée de se replier sur le Dniéper, celle de se diriger en toute hâte sur Minsk, afin de pouvoir se réunir à l'armée principale, dès qu'on le jugerait nécessaire.

En conséquence de ces divers ordres, chacun avait marché le mieux et le plus vite qu'il avait pu. Les trois corps de Barclay de Tolly placés à notre gauche, ceux de Wittgenstein, de Bagowouth et de la garde, qui au début se trouvaient à Rossiena, à Wilkomir, à Wilna, s'étaient retirés dans la direction de Drissa, sans rencontrer d'obstacle, suivis seulement par les maréchaux Macdonald, Oudinot et Ney. L'un d'eux toutefois, comme on l'a vu, avait été assez fortement entamé à Deweltowo par le maréchal Oudinot. Leur mouvement, grâce à leur position et à l'avance qu'ils avaient, s'était achevé sans difficulté, malgré les poursuites de notre cavalerie. Les corps de Touczkoff et de Schouvaloff, placés, le premier à Nowoi-Troki, le second à Olkeniky, l'un et l'autre à droite de Wilna (droite par rapport à nous), s'étant mis en marche dès le 27 juin, veille du jour où nous entrions dans Wilna, avaient eu le temps de se retirer, et avaient pu se soustraire à notre poursuite avant que la cavalerie des généraux Pajol et Bordessoulle et l'infanterie du maréchal Davout parvinssent à les atteindre. Toutefois l'arrière-garde du corps de Schouvaloff se trouvant à Orany n'avait pu dépasser à temps la route d'Ochmiana à Minsk, que suivait le maréchal Davout, et était demeurée entre ce dernier et le Niémen, errant çà et là, et tâchant de rejoindre l'hetman Platow, pour se réfugier avec lui auprès de Bagration. Restaient enfin le 6ᵉ corps, celui du général Doctoroff, et le 2ᵉ de ca-

Juillet 1812.

de se porter à Minsk.

Marche des corps de Wittgenstein, de Bagowouth et de la garde.

Ces corps rejoignent la Dwina sans difficulté.

Les corps de Touczkoff et de Schouvaloff parviennent aussi à se retirer, mais en laissant une arrière-garde compromise.

Marches forcées au moyen

valerie du général Korff, portés plus loin que les autres sur notre droite, c'est-à-dire à Lida, et ayant un plus long circuit à parcourir pour tourner autour de Wilna. L'ordre de se retirer, expédié pour eux comme pour les autres corps le 26 juin, leur étant parvenu le 27, ils s'étaient mis immédiatement en route, et avaient marché sans relâche sur Ochmiana et Smorgoni. Le vigilant et brave Doctoroff, déjà connu et estimé de notre armée, dirigeait leur mouvement. Il n'avait pas perdu de temps, avait dépassé le 29 la route de Wilna à Minsk, et était arrivé le 30 à Donachewo, ne laissant après lui que des bagages et des arrière-gardes, que les généraux Pajol et Bordessoulle poussaient vivement. Le 1er juillet, il s'était remis en marche pour rejoindre en forçant le pas la grande armée de Barclay de Tolly.

Tel était l'état des choses le 1er juillet. Il n'y avait plus à notre droite que quelques détachements de Doctoroff, l'arrière-garde du corps de Schouvaloff sous le général Dorokoff, l'hetman Platow avec huit ou dix mille Cosaques, les uns comme les autres ayant pour unique ressource de se replier sur le prince Bagration en longeant le Niémen.

Le maréchal Davout parti de Wilna pour soutenir la cavalerie des généraux Pajol et Bordessoulle, et interdire au prince Bagration la retraite sur le Dniéper, avait cheminé aussi vite qu'il avait pu, n'était cependant pas arrivé à temps pour donner généraux Pajol et Bordessoulle la force dont ils auraient eu besoin pour entamer le corps de Doctoroff, et continuait à s'avancer sur Minsk, voyant bien tout ce qui lui restait à faire contre le prince Bagration, qu'on avait dans tous les cas séparé de Barclay de Tolly.

Juillet 1812.

Dans ce pays de forêts et de marécages, déjà fort obscur par lui-même, et dont les habitants rares et peu intelligents ne contribuaient pas à dissiper l'obscurité, les bruits les plus contradictoires circulaient, et tantôt on donnait les troupes que l'on venait de heurter pour les restes de l'armée de Barclay de Tolly, tantôt pour la tête de l'armée du prince Bagration, lequel s'avançait avec 80 mille hommes, selon les uns, avec 100 mille selon les autres. Le maréchal Davout avait une expérience de son métier et une fermeté de caractère qui le garantissaient d'un défaut fréquent et dangereux à la guerre, celui de se grossir les objets. Après avoir marché en avant le 2 et le 3 juillet jusqu'à Volosjin, moitié chemin de Wilna à Minsk, recueillant avec attention et sans trouble les rapports des prisonniers, des habitants, des curés, il discerna clairement qu'à sa gauche un corps lui avait échappé, celui de Doctoroff, et qu'à sa droite des arrière-gardes d'infanterie et de cavalerie, coupées de leurs corps principaux, erraient dans les forêts, où il serait possible de les enfermer et de les prendre en se portant sur Bagration. De quelle force disposait ce dernier? le maréchal l'ignorait. En réalité, Bagration avait environ cinquante et quelques mille hommes avec lui, et s'il se renforçait de l'arrière-garde de Dorokoff, forte de 3 mille fantassins, et des 8 mille Cosaques de Platow, il était en mesure de réunir 65 ou 70 mille combattants.

Obscurité du pays dans lequel opère ce maréchal.

Le maréchal Davout, d'après des indications gé-

Le maréchal

nérales, attribuait au moins 60 mille hommes au prince Bagration, dont 40 mille d'infanterie. Dans ce pays fourré, où la défensive qu'il entendait si bien était facile, le maréchal n'avait pas peur de rencontrer 40 mille Russes d'infanterie, pouvant leur en opposer 20 mille avec la division Compans qu'il dirigeait lui-même sur la route d'Ochmiana, avec la division Dessaix qui était sur la route de Lida, et qu'il pouvait, par un mouvement transversal, attirer rapidement à lui. Ces deux divisions auraient même dû lui fournir 24 mille hommes d'infanterie, mais tout ce qui était Illyrien, Anséate, Hollandais, tout ce qui était jeune surtout, languissait sur les chemins, ou les pillait. Il n'avait donc que 18 à 20 mille fantassins, mais des meilleurs. Il avait en cavalerie plus qu'il ne lui fallait, c'est-à-dire les hussards et chasseurs des généraux Pajol et Bordessoulle, les cuirassiers Valence détachés du corps de Nansouty, et enfin le corps entier de Grouchy, séparé momentanément du prince Eugène, et lancé par Napoléon dans la direction de Grodno pour établir une communication avec le roi Jérôme. Toute cette cavalerie avait ordre d'obéir au maréchal Davout, et pouvait présenter 10 mille hommes à cheval. Dans ce pays fourré, le maréchal eût certainement préféré trois ou quatre mille hommes d'infanterie à la plus belle cavalerie.

Il s'avança néanmoins sur Minsk, n'ayant aucune crainte de rencontrer le prince Bagration, se faisant fort au contraire de l'arrêter et de l'empêcher de gagner le Dniéper, mais ne se flattant pas de l'envelopper et de le prendre avec si peu de monde. C'était, du reste, un résultat déjà très-important que d'opposer des obstacles à sa marche, car on allait ainsi l'obliger de redescendre vers les marais de Pinsk, et si le roi Jérôme, qui avait dû passer le Niémen à Grodno, s'avançait rapidement avec les 70 ou 75 mille hommes dont il disposait, on avait la chance d'enlever la seconde armée russe. Le maréchal Davout fit part de cette situation à Napoléon, et de sa résolution de percer droit sur Minsk, malgré les fantômes dont il marchait entouré sur cette route, lui demanda de le faire appuyer, soit vers sa gauche contre un retour offensif des colonnes qui lui avaient échappé, soit en arrière pour qu'il pût, s'il le fallait, arrêter à lui seul le prince Bagration. Il écrivit en même temps au roi Jérôme de hâter le pas, et d'étendre le bras vers Ivié ou Volosjin, points sur lesquels il était possible de se donner la main, de ne rien négliger enfin pour une réunion qui promettait de si beaux résultats.

L'intrépide maréchal s'avança ainsi, les 3, 4 et 5 juillet, de Volosjin sur Minsk, tantôt heurtant directement la colonne fugitive de Dorokoff, tantôt rencontrant sur sa droite les Cosaques de Platow, qu'on lui signalait toujours comme étant la tête de l'armée de Bagration. Sentant toutefois le danger s'accroître en approchant de Minsk, et voyant s'agrandir aussi la distance qui le séparait de ses renforts, il multipliait les reconnaissances sur sa droite pour savoir au juste ce qu'était cette cavalerie courant de tout côté, si par hasard elle ne serait pas le corps de Bagration lui-même, et s'il n'y aurait pas moyen de communiquer avec le roi Jérôme. Il finit ainsi par ra-

Juillet 1812.

ralentit sa marche pour recevoir les secours demandés à Napoléon.

lentir un peu sa marche, et s'arrêta une journée et demie entre Volosjin et Minsk, pour avoir le temps de ramener à lui la division Dessaix, ainsi que la cavalerie de Grouchy lancée à une grande distance, et pour entrer à Minsk à la tête de ses forces réunies.

Napoléon en attendant avait reçu les demandes de secours à lui adressées par le maréchal Davout. Ces demandes étaient fondées, car si avec 20 mille hommes d'infanterie et 10 mille de cavalerie, ce maréchal ne craignait pas d'en rencontrer le double dans un pays très-favorable à la défensive, néanmoins réduit à de telles forces il était obligé d'être circonspect, de s'avancer avec précaution, d'envoyer des reconnaissances à droite et à gauche, de perdre ainsi un temps précieux. Avec deux divisions de plus, il eût cheminé droit devant lui, sans s'inquiéter s'il pouvait être rejoint par le roi Jérôme; il eût couru à Minsk sans s'arrêter, de Minsk à la Bérézina, de la Bérézina au Dniéper, jusqu'à ce qu'il eût débordé le prince Bagration. Jérôme venant ensuite, on eût enveloppé le prince géorgien, et probablement fait de lui ce qu'on avait fait du général Mack à Ulm. C'était là un si grand résultat, qu'il valait la peine d'y sacrifier toute autre combinaison. Mais pour l'atteindre sûrement, il fallait que le maréchal Davout pût marcher vite, pour marcher vite, qu'il pût marcher sans précaution, et pour marcher sans précaution, qu'il eût des forces suffisantes, et ne fût pas obligé d'attendre une jonction douteuse.

Importance de secourir le maréchal Davout.

Napoléon comptant sur la jonction

Napoléon, préoccupé de trop de combinaisons à la fois, négligea malheureusement ces considérations. Couper Bagration de Barclay de Tolly lui semblait déjà fait, ou à peu près. L'envelopper, le prendre, lui paraissait un désirable et beau triomphe, mais il avait chargé son frère Jérôme de passer le Niémen avec 75 mille hommes à Grodno, et il pensait que, sauf deux ou trois jours de retard, la jonction du maréchal Davout avec le roi de Westphalie était presque infaillible; que ces deux chefs devant réunir cent mille hommes, en finiraient de Bagration, soit qu'ils réussissent à l'envelopper, à le prendre, ou à le battre à plate couture. Il crut donc avoir assez fait pour ce côté de l'immense champ de bataille sur lequel s'exerçait sa prévoyance. En ce moment il méditait une combinaison qui était digne de son vaste génie, et qui devait lui livrer à lui-même Barclay de Tolly, tandis que Bagration serait livré à Davout et à Jérôme, ce qui pouvait amener d'un seul coup la fin de la guerre. Entré le 28 juin à Wilna, ayant employé une dizaine de jours à y rallier ses troupes, et à y réorganiser ses équipages, il se flattait de pouvoir en partir le 9 juillet. Il avait donc imaginé de se diriger sur la Dwina, à la hauteur du camp de Drissa (voir la carte n° 54), et, tandis qu'Oudinot et Ney attireraient les yeux de Barclay de Tolly avec environ 60 mille hommes, de manœuvrer derrière eux, de se porter à droite avec les trois divisions restantes de Davout, avec la garde, avec le prince Eugène, avec la cavalerie de Murat, de franchir brusquement la Dwina sur la gauche de l'ennemi, aux environs de Polotsk par exemple, point où la Dwina est très-facile à franchir, d'envelopper la grande armée russe dans son camp

Juillet 1812.

du roi Jérôme avec le maréchal Davout, croit avoir envoyé assez de forces contre l'armée de Bagration.

Vastes combinaisons pour envelopper l'armée de Barclay de Tolly.

5.

de Drissa, de la couper à la fois des routes de Saint-Pétersbourg et de Moscou, et de ne lui laisser ainsi d'autre ressource que celle de se faire jour ou de mettre bas les armes. Au plan d'une retraite indéfinie qu'il avait parfaitement discerné chez les Russes, Napoléon ne pouvait pas opposer une combinaison plus savante et plus redoutable, et avec les forces dont il disposait, avec son art de manœuvrer devant l'ennemi, toutes les chances étaient en sa faveur.

En effet, même après les marches qu'on avait exécutées, les désertions qu'on avait essuyées, Oudinot et Ney comptaient bien encore 50 et quelques mille hommes, les trois divisions de Davout qu'on avait retenues 30 mille, la garde 26 (en faisant une défalcation dont nous allons bientôt dire le motif), le prince Eugène 70, Murat 45. C'était une force totale de près de deux cent mille hommes, comprenant ce qu'il y avait de meilleur dans l'armée. Si Napoléon en employait 60 mille à masquer son mouvement, il lui en restait 140 mille pour passer la Dwina sur la gauche de Barclay de Tolly, pour envelopper celui-ci et le détruire. Le résultat semblait certain, et on comprend qu'il enflammât la puissante imagination de Napoléon.

Il n'y avait ici qu'un tort, c'était de vouloir poursuivre tous les buts à la fois. Il était possible, en effet, que pour atteindre Barclay on manquât Bagration, comme il était possible que pour atteindre Bagration on manquât Barclay. Il eût donc fallu opter, et s'assurer d'abord de la destruction de l'un, sauf à s'attacher ensuite à la destruction de l'autre. Or, en se réservant 200 mille hommes, ce qui n'était pas trop pour l'opération principale, Napoléon en aurait sans doute accordé assez au maréchal Davout pour l'opération secondaire, en lui laissant 100 mille hommes, s'il les lui avait mis dans la main. Mais de ces 100 mille hommes, il y en avait 70 conduits par le roi Jérôme, qui avaient dû passer le Niémen à Grodno, et avaient à exécuter un trajet de plus de cinquante lieues pour joindre le maréchal Davout, à travers un pays couvert de forêts et d'affreux marécages.

Comptant néanmoins sur cette jonction, Napoléon ne voulut pas se démunir des trois premières divisions du 1ᵉʳ corps, les divisions Morand, Friant, Gudin, qu'il appréciait plus que la garde elle-même; et voulant en même temps donner au maréchal Davout un renfort qui pût lui permettre de subsister seul, en attendant la jonction du roi Jérôme, il détacha de la garde la division Claparède, composée des fameux régiments de la Vistule, et les lanciers rouges sous le général Colbert. C'était une fort belle troupe que la division Claparède, mais recrutée en entrant en Pologne avec des conscrits il était à craindre qu'elle ne se trouvât réduite de 6 ou 7 mille hommes d'infanterie à 4 ou 5, c'est-à-dire aux vieux soldats; et quant aux lanciers rouges, ils ne comptaient pas plus de 1700 chevaux. Quoique borné à ces six mille hommes de toutes armes, ce renfort n'en était pas moins très-utile, surtout à cause de sa valeur. Napoléon n'envoya pas d'autre secours au maréchal Davout; il y ajouta force excitations au roi Jérôme, pour engager ce prince à marcher vite, et il se prépara lui-même à se mettre en mouvement

Juillet 1812.

Napoléon n'envoie d'autres secours au maréchal Davout que la division Claparède et les lanciers rouges.

Napoléon presse la marche du roi Jérôme, pour hâter

le 9 ou le 10 juillet, afin de commencer l'opération décisive qu'il avait méditée contre Barclay de Tolly.

Le maréchal Davout, certain avec la division Claparède et les lanciers rouges de réunir 24 mille hommes d'infanterie et 14 mille chevaux, sachant qu'il était couvert sur sa gauche par la présence du prince Eugène, n'éprouva aucune inquiétude de ce qu'il était exposé à rencontrer devant lui. Ayant jadis résisté avec 22 mille Français à 70 mille Prussiens, dans les champs ouverts d'Awerstaedt, il ne craignait pas avec 35 mille hommes de rencontrer 60 mille Russes, dans un pays semé d'obstacles de tout genre, où l'on pouvait derrière un bois, un marais, un pont coupé, arrêter une armée.

Le Niémen, qui de Grodno à Kowno coule droit au nord, présente au-dessus de Grodno une direction toute différente, car des environs de Neswij à Grodno il coule de l'est à l'ouest, en décrivant mille contours. (Voir la carte n° 54.) Le maréchal Davout, marchant à l'est avec une légère déviation au sud, avait donc ce fleuve à sa droite. Il était séparé par les nombreuses sinuosités de son cours du prince Bagration et du roi Jérôme. Ayant par de fortes et fréquentes reconnaissances rejeté au delà du Niémen la cavalerie ennemie qu'il avait constamment aperçue sur sa droite, il avait ramené à lui la division d'infanterie Dessaix, toute la cavalerie de Grouchy, et il s'avançait sur Minsk en une masse compacte. Ayant 35 mille hommes environ dans la main, il n'hésita pas à se porter en avant, et entra dans Minsk le 8 juillet au soir avec une simple avant-garde.

Bien lui prit d'avoir marché sur Minsk si franchement et si vite, car les Cosaques, expulsés à temps par notre cavalerie légère, n'eurent pas le loisir de détruire les magasins de cette ville. Le maréchal y trouva, ce qui était d'un grand prix dans le moment, un approvisionnement de 3,600 quintaux de farine, de 300 quintaux de gruau, de 22 mille boisseaux d'avoine, de 6 mille quintaux de foin, de 15 ou 20 barriques d'eau-de-vie. On avait trouvé de plus à Minsk une manutention où l'on pouvait cuire cent mille rations par jour, des moyens de réparer l'habillement, le harnachement, et beaucoup de zèle pour l'indépendance polonaise, comme dans toutes les grandes villes. Ces circonstances étaient heureuses pour le maréchal Davout, dont le corps ayant marché sans cesse de Kowno à Wilna, de Wilna à Minsk, n'avait pas eu deux jours entiers de repos depuis le 24 juin. Ce maréchal se hâta d'en profiter, car même parmi ses troupes, si fortement organisées, le désordre était arrivé au comble. Un tiers de ses soldats était en arrière; les chevaux étaient épuisés, et le 33ᵉ léger surtout, régiment hollandais, comme nous l'avons dit, était resté presque tout entier sur les derrières, occupé à piller. Le maréchal n'était pas homme à fléchir, quelque grandes que fussent les excuses qu'on pouvait faire valoir pour ces soldats exténués. Il assembla les compagnies d'élite, les passa en revue, leur dit que c'était sur elles qu'il comptait pour donner de bons exemples, leur témoigna la satisfaction qu'il ressentait de leur excellente conduite, car les capitaines avaient, à très-peu d'exceptions près, des raisons valables à présenter pour chaque

Juillet 1812.

Il y trouve d'assez grands magasins.

Soins que se donne le maréchal pour rétablir la discipline dans son corps d'armée.

Juillet 1812.

Quelques actes de sévérité envers les pillards.

Motifs du maréchal Davout pour s'arrêter deux ou trois jours à Minsk, afin de s'éclairer sur la marche de l'ennemi.

homme demeuré en arrière, accorda des éloges et des récompenses à ceux qui les méritaient, mais trouvant les compagnies d'élite du 33ᵉ singulièrement incomplètes, les fit défiler à la parade la crosse en l'air, annonça le prochain licenciement du régiment s'il ne se conduisait pas mieux, et toujours impitoyable pour les pillards, fit fusiller sur-le-champ un certain nombre d'hommes qui avaient essayé de piller plusieurs boutiques à Minsk.

Sa sévérité, blâmée par quelques chefs, approuvée par quelques autres, motivée du reste par les circonstances, produisit une salutaire impression, rassura les habitants du pays, intimida les mauvais sujets, et, sans rendre des forces à ceux de ses soldats qui étaient épuisés, ou de la bonne volonté à ceux qui n'en avaient pas pour une telle guerre, réveilla le sentiment du devoir chez les masses, que le mauvais exemple, le goût du pillage, l'impunité assurée dans la profondeur des bois, commençaient à corrompre. Les approvisionnements en céréales trouvés à Minsk étaient heureusement sous forme de farine : le maréchal n'eut donc qu'à faire pétrir et cuire du pain. Il se procura des rations pour dix jours, donna de l'avoine à ses chevaux, et remit tout en ordre parmi ses troupes, afin d'entreprendre bientôt de nouvelles marches.

Entré à Minsk le 8 au soir avec son avant-garde, n'y ayant réuni ses divisions que le 9, il les avait déjà un peu rétablies le 10, et il aurait poursuivi son mouvement, si la situation autour de lui n'était devenue des plus ambiguës, et n'avait exigé de nouvelles lumières avant de se porter plus loin. Une fois à Minsk, on pouvait, en faisant quelques pas de plus, arriver sur la Bérézina, et en inclinant un peu à droite se rendre sous les murs de Bobruisk, place forte qui commandait le passage de la Bérézina, ou bien en perçant droit devant soi se transporter jusqu'aux bords du Dniéper à Mohilew. (Voir la carte n° 54.) C'était l'un ou l'autre de ces mouvements, le plus ou le moins allongé, qu'il fallait exécuter, suivant que le prince Bagration serait réputé avoir plus ou moins d'avance sur nous. Or, il résultait des détails recueillis de la bouche des prisonniers, des juifs, des curés, des seigneurs, les uns désirant dire la vérité mais l'ignorant, les autres la connaissant mais la voulant taire, il résultait confusément que le prince Bagration s'était d'abord avancé jusqu'au Niémen, vers Nikolajef, puis, qu'après avoir rallié Dorokoff et Platow, il s'était replié vers la petite ville de Neswij, sur la route de Grodno à Bobruisk, qui était la route naturelle de l'armée du Dniéper. Il était donc possible d'arrêter le prince Bagration à Bobruisk même, surtout si on était joint par le roi Jérôme, dont on n'avait que des nouvelles très-vagues, mais qui, après tout, ne devait pas tarder à paraître. Si, effectivement, en marchant sur Bobruisk par Ighoumen on parvenait à arrêter le prince Bagration au passage de la Bérézina, tandis que le roi Jérôme l'assaillirait par derrière, on pouvait l'envelopper de telle façon qu'il n'eût plus que les marais de Pinsk pour asile. Au contraire, en courant jusqu'au Dniéper pour intercepter sa marche à Mohilew, l'incertitude du succès augmentait avec la distance. Il pouvait se faire en effet qu'arrêté à Mo-

Juillet 1812.

Du maréchal Davout pour intercepter la marche du prince Bagration.

hilew, le général russe descendit plus bas pour passer le Dniéper à Rogaczew, et il était douteux qu'à cette distance le roi Jérôme se trouvât exactement sur ses derrières, et le serrât d'aussi près. En un mot, le cercle dans lequel on cherchait à l'envelopper étant agrandi, il lui restait plus de points pour s'échapper. Le maréchal Davout résolut donc d'attendre encore un jour ou deux pour savoir ce qu'il convenait de faire, en préparant au surplus sa marche sur Ighoumen, marche qui avait l'avantage de le rapprocher également de Mohilew et de Bobruisk, les deux buts dont il fallait qu'on atteignit l'un ou l'autre.

Blâme exhalé contre les retards du roi Jérôme.

Sa mauvaise humeur contre le roi Jérôme, ainsi qu'il arrive à tous ceux qui attendent, était extrême, et il ne se faisait faute de la communiquer à Napoléon, qui la reportait à ce prince en termes violents. Dans la vie commune, et plus encore dans la vie militaire, on tient compte de ses propres embarras, et très-peu des embarras d'autrui. C'est ce qu'on pratiquait à l'égard du roi Jérôme et de ses troupes. On se plaignait de leur lenteur, tandis que soldats et généraux s'exténuaient pour ne pas manquer au rendez-vous. Voici en effet ce qui leur était advenu au passage du Niémen, et depuis.

Difficultés qu'éprouve le roi Jérôme pour atteindre le Niémen.

Partis des environs de Pultusk, et obligés de suivre la route d'Ostrolenka et Goniondz, pour se rendre à Grodno, à travers un pays pauvre où il fallait tout porter avec soi, sur des chemins où tout fardeau un peu lourd s'enfonçait profondément, les Polonais et les Westphaliens, précédés par le corps de cavalerie du général Latour-Maubourg, avaient eu la plus grande peine à gagner le Niémen dans les derniers jours de juin. Tandis qu'ils se dirigeaient vers Grodno pour y passer le Niémen, le général Reynier se portait sur leur droite avec les Saxons, pour déboucher par Byalistok, et le prince de Schwarzenberg avec environ 30 mille Autrichiens arrivait de la Gallicie à Brzese-Litowsky. Ce prince, après avoir hésité à franchir le Bug, marchait en tâtonnant sur Proujany, et s'y arrêtait de peur d'être compromis devant les forces de Tormasoff, qu'il s'exagérait beaucoup.

Juillet 1812.

Pressé par les ordres réitérés de l'Empereur, le roi Jérôme, qui avait mis en tête de sa colonne les excellentes troupes du prince Poniatowski, avait sacrifié plus d'un millier de chevaux de trait afin d'arriver plus vite à Grodno, et laissé en outre beaucoup d'hommes en arrière, surtout parmi les recrues des régiments polonais. Le 28 juin, les chevaux-légers polonais, animés d'une véritable rage contre les Russes, avaient atteint Grodno, et vivement refoulé les Cosaques de Platow dans le faubourg de cette ville, qui était situé sur la rive gauche du Niémen par laquelle nous nous présentions. Bientôt ils s'étaient emparés du faubourg lui-même, et avaient fait leurs préparatifs pour passer le fleuve, aidés des habitants, que la présence de leurs compatriotes et la nouvelle de la reconstitution de la Pologne avaient remplis d'enthousiasme. Le 29 juin, Platow, qui avait reçu l'ordre de se replier, avait tout à coup évacué Grodno, et la cavalerie légère polonaise, franchissant le Niémen, avait occupé cette ville, et enlevé plusieurs bateaux de grains que les

Entrée du prince Jérôme à Grodno.

Russes s'efforçaient de sauver en leur faisant remonter le fleuve. Sans prendre de repos, la cavalerie polonaise avait couru sur la route de Lida, pour se conformer aux ordres de l'état-major général, qui prescrivaient de se lier avec le prince Eugène, dont le passage, comme on l'a vu, s'était opéré à Prem.

Le roi Jérôme était arrivé le lendemain 30 juin avec le reste de sa cavalerie, laissant à un ou deux jours en arrière l'infanterie de son corps d'armée. Sur-le-champ il s'était mis à préparer des vivres pour ses troupes, qui étaient harassées, et qui n'avaient pu se faire suivre par leurs convois. Le vaste orage du 29 juin ayant enveloppé la Pologne tout entière, avait dans cette partie du théâtre de la guerre, comme dans les autres, rendu les routes impraticables, causé la mort de quelques hommes, la désertion d'un plus grand nombre, et tué une quantité considérable de chevaux. La population de Grodno, fort sensible, comme toutes les populations nombreuses, à la nouvelle de l'indépendance de la Pologne et à la présence d'un frère de l'Empereur, avait poussé beaucoup d'acclamations, s'était mise en fête, et avait offert au jeune roi de Westphalie des festins et des bals. Le prince s'était prêté à ces hommages, mais sans perdre de temps, car tandis que ses colonnes arrivaient successivement les 1ᵉʳ, 2 et 3 juillet, il ne négligeait rien pour les faire repartir, et tâchait de se procurer quelques quintaux de pain, que toute la joie des habitants de Grodno n'avait pas rendu plus faciles à réunir, et surtout à transporter. Pendant ce temps les lettres de Napoléon, qui ne voulait pas tenir compte des difficultés d'autrui, bien qu'il fût très-frappé des siennes, au point de faire un long séjour à Wilna, les lettres de Napoléon parvenaient coup sur coup au roi Jérôme, et lui apportaient des reproches aussi injustes qu'humiliants contre sa lenteur, son incurie, son goût pour les plaisirs. Jérôme, qui voyait périr autour de lui les hommes et les chevaux à force de marches rapides, n'en avait pas moins acheminé ses colonnes sur la route de Minsk, en ne donnant à chacune d'elles qu'un jour entier de repos, car il faisait partir le 3 celles qui étaient arrivées le 1er, le 4 celles qui étaient arrivées le 2, et ainsi de suite. Il s'était mis par Tzicoutzyn, Joludek, Nowogrodek, à la poursuite de l'armée de Bagration, dont l'imagination polonaise grossissait le chiffre jusqu'à la dire forte de cent mille hommes.

Juillet 1812.

ses colonnes en ne leur accordant qu'un jour de repos.

Le roi Jérôme, qui ne possédait pas l'expérience du maréchal Davout pour discerner la vérité à travers les exagérations populaires, avait marché avec une certaine appréhension de ce qu'il pourrait rencontrer, mais avec un complet dévouement aux ordres de son frère, et n'avait perdu ni un jour ni une heure, recommandant sans cesse au général Reynier, qui s'avançait parallèlement à lui par Byalistok et Slonim, de hâter le pas, et de se serrer à la colonne principale. Mais le prince Bagration avait six ou sept marches d'avance, et il n'était pas facile de l'atteindre. Le général russe, en effet, parti le 28 juin de Wolkowisk, sur le premier ordre qui lui prescrivait de regagner les bords du Dniéper, avait reçu en route le second qui lui prescrivait de se rapprocher de Barclay de Tolly dans son mouvement de

Marche du prince Bagration.

Juillet 1812.

Impossibilité pour le roi Jérôme de l'atteindre.

retraite, et s'était porté alors à Nikolajef, afin d'y passer le Niémen, et d'opérer autour de Wilna le mouvement circulaire qui avait sauvé Doctoroff. Là il avait recueilli Dorokoff et Platow, qui lui avaient appris l'arrivée de Davout sur leurs traces, et d'après cet avis, au lieu de s'élever au nord, il était descendu au sud, pour se porter par Nowogrodek, Mir et Neswij, sur Brobruisk. (Voir la carte n° 54.) Bien qu'il eût employé deux jours à Neswij pour faire reposer ses troupes, exténuées par la chaleur et la marche, il était en mesure d'en partir le 10 juillet, et il aurait fallu que le roi Jérôme y arrivât le 10 même pour l'atteindre. Or c'était chose impossible. Il y avait de Grodno à Neswij, en passant par Nowogrodek, près de 56 lieues, et le roi de Westphalie, parti de Grodno le 4, en faisant pendant huit jours sept lieues par jour, ce qui était excessif sur de telles routes et au milieu des chaleurs de juillet, ne pouvait pas être rendu à Neswij avant le 12. Tout le zèle du monde était impuissant en présence de telles difficultés.

Le prince harcelait sans cesse ses généraux, harcelé qu'il était lui-même par les lettres de Napoléon. Ces lettres lui disaient qu'ayant dû arriver à Grodno le 30 juin, il devait être rendu le 10 juillet à Minsk, auprès du maréchal Davout, à quoi le prince piqué au vif répondait qu'entré le 30 à Grodno avec une simple avant-garde, il n'avait eu ses colonnes d'infanterie que le 2 et le 3 juillet; qu'il lui avait fallu ramener sa cavalerie légère envoyée en reconnaissance sur Lida, préparer ensuite des vivres, qu'il n'avait donc pu partir que le 4; que la route était jalonnée d'hommes morts de chaleur, de traînards exténués, de convois abandonnés faute de chevaux; que sa cavalerie vivait par miracle, que son infanterie se nourrissait de viande sans sel, sans pain, sans eau-de-vie, et était déjà, grâce à cette nourriture, à la chaleur et aux fatigues, décimée par la dyssenterie.

Juillet 1812.

Le roi de Westphalie ainsi persécuté par son intraitable frère, parvint le 10 juillet à Nowogrodek, où il se trouvait à quatorze lieues de Bagration qui était à Neswij, et à vingt de Davout qui était à Minsk. Il avait fait sept lieues par jour pendant six jours, et on ne pouvait certainement pas lui en demander davantage. En approchant, le fantôme de Bagration avait pris des proportions moins effrayantes, et de 100 mille hommes il était ramené à 60 mille, ce qui était beaucoup encore pour les forces de Jérôme, car les 30 mille Polonais étaient réduits à 23 ou 24 mille, les 18 mille Westphaliens à 14, les 10 mille cavaliers de Latour-Maubourg à 6 ou 7 mille, ce qui faisait 45 mille hommes au plus. Les Saxons étaient réduits de 17 mille à 13 ou 14, et ils se trouvaient à deux journées du corps principal. Le roi Jérôme pouvait donc rencontrer 60 mille Russes avec 45 mille Polonais et Westphaliens, les Saxons étant trop loin de lui pour le joindre à temps. Il faut ajouter que si les Polonais étaient fort aguerris et fort animés, les Westphaliens l'étaient fort peu. Néanmoins, le prince craignant son frère beaucoup plus que l'ennemi, il continua de marcher devant lui, quoi qu'il pût en advenir.

Arrivée du roi Jérôme à Nowogrodek le 10 juillet.

Le jour même du 10 sa cavalerie légère, ayant

Juillet 1812.

Combat
de la cavalerie
contre
l'arrière-
garde
du prince
Bagration.

couru au delà de Nowogrodek sur la route de Mir, rencontra l'arrière-garde du prince Bagration, composée de 6 mille Cosaques, de 2 mille cavaliers réguliers, et de 2 mille hommes d'infanterie légère. Le général Rozniecki avec six régiments, les uns de chasseurs, les autres de lanciers polonais, comprenant au plus 3 mille chevaux, ne put retenir l'ardeur de sa cavalerie, se trouva engagé contre 10 mille hommes, se battit avec la plus grande bravoure, soutint plus de quarante charges, perdit 500 hommes, en mit un millier hors de combat, et fut enfin dégagé par le général Latour-Maubourg, qui survint avec la grosse cavalerie.

Telle avait été la conduite du roi Jérôme jusqu'au 14 juillet. Le maréchal Davout n'avait pas encore pu communiquer avec lui, par une raison facile à comprendre. Ce maréchal portait ses reconnaissances sur sa droite jusqu'au Niémen, sans oser toutefois le dépasser : si en même temps le roi Jérôme eût porté les siennes vers sa gauche, sur le Niémen aussi, une rencontre eût été possible. Mais ce prince, tout occupé de Bagration, dirigeait ses reconnaissances dans un sens absolument opposé, c'est-à-dire vers sa droite, à la suite de l'ennemi. Il n'y avait donc pas moyen qu'il rencontrât les patrouilles du maréchal Davout. De son côté le maréchal, qui était à Minsk depuis le 8 juillet, y était rempli d'une impatience qu'il exprimait chaque jour à Napoléon, et celui-ci, ne se contenant plus, envoya à son frère l'ordre de se ranger, aussitôt la réunion opérée, sous le commandement du maréchal Davout. Il expédia en même temps cet ordre au maréchal, pour qu'il pût

Napoléon
impatienté
des
prétendues
lenteurs
du
roi Jérôme
le place sous
les ordres
du maréchal
Davout.

en faire usage dans le moment opportun. Rien n'eût été plus simple que de placer un jeune prince, même portant une couronne, sous un vieux guerrier blanchi dans le métier des armes : mais si une telle disposition, prise dès le commencement de la campagne, eût été naturelle, elle pouvait, adoptée après coup, à titre de punition, produire des froissements fâcheux, et compromettre tous les résultats qu'elle était destinée à sauver.

En effet, sans aucun changement de commandement, seulement avec la bonne volonté des uns et des autres, d'ailleurs bien assurée, les combinaisons de Napoléon pouvaient parfaitement s'accomplir. Bagration, resté à Neswij jusqu'au 11 juillet, s'était décidé à descendre sur Bobruisk, pour éviter la rencontre du maréchal Davout qu'il croyait supérieur en forces, pour passer la Bérézina sous la protection de cette place, et pour se rendre ensuite sur le Dniéper. Il avait, dans cette intention, chargé le général Raeffskoi de former l'avant-garde avec le 7ᵉ corps russe, et s'était chargé de former lui-même l'arrière-garde avec le 8ᵉ, afin de tenir tête à Jérôme, dont la cavalerie devenait extrêmement pressante. Parti de Neswij le 11, il était le 12 à Romanow, et ne s'était avancé le 13 que jusqu'à Slouck. Il ne pouvait pas être avant le 16 à Bobruisk, et il lui fallait bien deux jours pour rallier son monde, et franchir la Bérézina avec tous ses équipages. Or Jérôme, rendu à Nowogrodek le 10 avec l'infanterie polonaise, s'était mis immédiatement en route pour Neswij, était arrivé le 12 à Mir, et le 13 à Neswij. Averti de la présence du prince Bagration sur la

Juillet 1812

Situation des choses du 12 au 15 juillet, et possibilité à cette époque d'atteindre et d'envelopper le prince Bagration.

route de Bobruisk, de celle du maréchal Davout à Ighoumen, il était prêt à marcher, et pouvait être le 17 à Bobruisk, c'est-à-dire à un moment où le prince Bagration y serait encore, et bien avant que celui-ci eût franchi la Bérézina avec tout son matériel. Le maréchal Davout de son côté, ayant ses avant-gardes près d'Ighoumen, pouvait être en trois jours à Bobruisk, c'est-à-dire y arriver le 16 s'il partait le 13, le 17 s'il partait le 14, ce qui était facile. Dans ce cas, le maréchal Davout débouchant sur Bobruisk par la gauche de la Bérézina, tandis que le roi Jérôme s'y présenterait par la rive droite, le premier avec 35 mille hommes, le second avec 45 mille sans les Saxons, et avec 58 si les Saxons le rejoignaient, il était possible d'accabler Bagration, et de lui faire essuyer un véritable désastre. Il est vrai que le prince Jérôme était séparé du maréchal Davout par une région marécageuse et boisée, à travers laquelle les communications étaient difficiles, et qu'il était probable qu'on ne parviendrait à se donner la main que sous Bobruisk même, que dès lors on serait séparé jusque-là par toute la masse du corps de Bagration, qui pouvait avec de l'énergie et de l'habileté se jeter tantôt sur l'un, tantôt sur l'autre des généraux français. En revanche les troupes de Bagration étaient harassées de fatigue, fort ébranlées par une retraite précipitée, et au contraire il n'y avait rien d'égal en valeur à celles du maréchal Davout, en animation à celles du prince Poniatowski. Les Westphaliens sous les yeux de leur jeune roi montraient du zèle, et Reynier arrivait avec les Saxons, qui étaient excellents. On était donc autorisé en ce moment à concevoir les plus belles espérances. Le roi Jérôme, quoique ne se rendant pas un compte bien clair de cette situation, actuellement assez obscure, mais sachant le maréchal Davout près de lui, et ayant rencontré quelques-unes de ses patrouilles de cavalerie, lui écrivit qu'il était à Neswij, prêt à marcher sur Bobruisk, et l'invita à s'y rendre par Ighoumen, en lui promettant, et en se promettant à lui-même les plus heureux résultats de cette réunion.

Juillet 1812.

Le maréchal Davout avait attendu à Minsk jusqu'au 12, n'osant pas se porter au delà parce qu'il n'avait que deux divisions françaises d'infanterie. Apprenant enfin le 13 par une lettre de Jérôme que ce prince était à Neswij, qu'on était à la veille de se réunir sous Bobruisk, il n'hésita plus à marcher, et prit la résolution de partir le lendemain 14 pour Ighoumen. (Voir la carte n° 34.) Un repos de trois jours avait remis et rallié ses troupes, lui avait permis de cuire du pain, d'en charger ses voitures, et de tout disposer pour de nouvelles marches forcées. En même temps voulant rendre plus certain le concert de toutes les forces qui allaient se trouver réunies, n'étant pas fâché en outre de réduire à la position de son subordonné un jeune prince dont il avait été plus d'une fois mécontent pendant son séjour sur l'Elbe, il lui communiqua la décision de Napoléon pour le cas de réunion des deux corps d'armée, et prenant le rôle de général en chef, lui prescrivit, du reste avec beaucoup d'égards, de marcher par Neswij et Slouck sur Bobruisk, tandis que lui-même y marcherait par Ighoumen. Il lui indiqua

Après avoir attendu à Minsk jusqu'au 12, le maréchal Davout s'avance par Ighoumen sur Bobruisk.

Pour rendre plus certain le concert entre les divers corps, ce maréchal signifie au roi Jérôme la décision qui le place sous ses ordres.

6.

dans la même lettre quelques routes de traverse par lesquelles ils pourraient se donner la main au moyen de leur cavalerie légère.

Bien qu'il y eût quatre jours de marche pour une armée entre les corps du prince Jérôme et du maréchal Davout, il n'y avait pas trente heures pour des officiers à cheval. L'ordre de Davout, parti le 13 juillet, arriva le 14 dans la journée à Neswij. Le prince Jérôme, qui avait été jusque-là de très-bonne volonté, éprouva un violent mouvement de dépit en recevant les dépêches du maréchal. Cette position subordonnée envers le commandant du 1ᵉʳ corps, qui ne lui eût pas plu, même à l'origine, lui étant infligée comme une sorte de punition, le mit au désespoir, et il se crut profondément humilié. Sans doute il avait lieu d'être froissé, il était victime de reproches injustes, et condamné, aux yeux de tout son corps d'armée, à une véritable humiliation. Mais les humiliations sont en général ce qu'on les fait soi-même par la manière de les prendre. Si on se montre blessé, elles blessent; si on les accepte comme une simple condition des choses, elles relèvent souvent au lieu d'abaisser. Le jeune roi de Westphalie se hâtant de reconnaître les titres que le vieux maréchal avait au commandement, et concourant avec zèle à un éclatant triomphe, eût partagé sa gloire, peut-être sauvé la campagne de 1812, et, en sauvant cette campagne, épargné à son frère et à sa famille une grande catastrophe.

Quoi qu'il en soit, cédant à un sentiment fort explicable, il résolut non pas de désobéir, mais de résigner son commandement. Malheureusement, de toutes les résolutions il n'en pouvait pas prendre une plus funeste pour le succès des conceptions de son frère. Il fit appeler son chef d'état-major, le général Marchand, lui remit le commandement en chef, le chargea de l'exercer en attendant la jonction avec le maréchal Davout, et, dans le désir de pourvoir au plus pressé, convint avec lui de porter les Polonais à une marche en avant sur la route de Slouck, pour soutenir au besoin la cavalerie du général Latour-Maubourg, et faire un pas de plus sur la route de Bobruisk. Il porta à Neswij ses Westphaliens, qu'il n'avait point la pensée de retirer de l'armée, ne se réserva pour son escorte personnelle que quelques compagnies de sa garde, et rapprocha de Neswij les Saxons qui n'en étaient plus qu'à une journée. De sa personne il rétrograda vers Mir et Nowogrodek, pour y attendre les ordres de l'Empereur, et retourner dans ses États si ces ordres n'étaient pas conformes à sa dignité telle qu'il la comprenait.

Juillet 1812.

Un officier courut auprès du maréchal Davout pour lui porter la résolution du jeune prince, et le joignit le 15 à Ighoumen. Le maréchal, en recevant cette réponse, ne se conduisit pas avec la fermeté qui convenait à son caractère. Au lieu de garder le commandement dont il s'était saisi trop vite, et de le manier avec la vigueur que réclamaient les circonstances, il craignit d'avoir blessé un roi, un frère de l'Empereur, et se hâta de lui écrire une lettre pleine de ménagements, pour l'engager à rester à la tête des troupes polonaises et westphaliennes, toujours il est vrai sous ses ordres, lui promettant l'entente la plus cordiale, et faisant valoir

Efforts du maréchal Davout pour l'engager à reprendre le commandement.

86   LIVRE XLIV.

Juillet 1812

à ses yeux la grande raison du service de l'Empereur, alors la seule alléguée, car de la France il n'en était plus guère question dans le langage du temps. Il fit partir sur-le-champ un officier pour porter cette lettre au jeune prince, et corrigeant par sa vigilance des hésitations qui n'étaient pas ordinaires à son caractère, il disposa les choses de manière que le temps de ces allées et venues ne fût pas entièrement perdu pour le succès des opérations militaires. Tout en ayant l'œil sur Bobruisk, il étendait son attention au delà, pour veiller à ce qui se passait de l'autre côté de la Bérézina, et s'assurer si l'ennemi ne songeait pas à la franchir, ce qui alors aurait dû le décider à courir au Dniéper, c'est-à-dire à Mohilew. Déjà il avait envoyé la cavalerie de Grouchy à Borisow, pour s'emparer de cette ville, de son pont sur la Bérézina, de ses magasins. Le pont avait été sauvé, mais les magasins n'avaient pu l'être. Il fit jeter plusieurs autres ponts sur la Bérézina, notamment aux environs de Jakzitcy (voir la carte n° 55), et il y achemina ses forces dès le 15, parce que là il avait l'avantage d'être à une marche en avant d'Ighoumen, et plus près à la fois de Bobruisk et de Mohilew. Malheureusement ce n'est pas lui qu'il eût fallu d'abord rapprocher de Bobruisk, car il en était le plus voisin, mais l'armée du roi de Westphalie, qui en était à trois journées, et que tous ces débats retardaient déplorablement, au moment d'atteindre le résultat peut-être le plus important de la campagne.

Le roi Jérôme persiste

Lorsque cette lettre arriva à Neswij, le roi Jérôme n'y était plus; il l'avait quitté le 16, après avoir fait opérer une espèce de mouvement rétrograde à ses troupes, dans l'intention très-approuvable qu'on va voir. A Neswij, on était séparé d'Ighoumen par une région marécageuse et boisée, à travers laquelle les communications étaient presque impraticables, excepté pour la cavalerie légère. Il fallait donc, pour se joindre au maréchal Davout, ou se porter directement par la grande route sur Bobruisk, en avertissant le maréchal de s'y trouver de son côté, ce qui exposait à rencontrer au lieu du maréchal le prince Bagration lui-même, ou bien, en se reportant à gauche, contourner la région difficile dont il s'agit, et aller par Romanow, Timkowiczy, Ouzda, Dukora, regagner Ighoumen, détour qui n'exigeait pas moins de quatre jours. (Voir la carte n° 55.) Le prince Jérôme, jugeant avec raison que le plan décisif mais hardi de se jeter tous à la fois sur Bobruisk cessait d'être praticable, avait pensé qu'il fallait acheminer ses troupes par le grand contour d'Ouzda et de Dukora vers Ighoumen, ce qui d'ailleurs semblait conforme à quelques indications antérieures du maréchal Davout et du quartier général. En conséquence il avait envoyé les Westphaliens à Ouzda, et laissé les Polonais à Timkowiczy, sur la route de Bobruisk, de manière à appuyer au besoin la cavalerie de Latour-Maubourg, qui poussait ses courses jusqu'aux portes de Bobruisk. Cela fait, il était parti pour Nowogrodek.

C'est sur la route de Nowogrodek, et le 17, qu'il reçut la lettre du maréchal Davout, et il y répondit en persistant dans sa résolution, réponse qui ne devait arriver que le 18 ou le 19 au maréchal.

Juillet 1812.

à renoncer au commandement.

Le conflit élevé entre le roi Jérôme et le maréchal Davout

Juillet 1812.

entraîne une perte de temps, qui rend impossible l'opération sur Bobruisk.

Le maréchal Davout se décide à marcher sur Mohilew.

Dès ce moment, la grande combinaison de Napoléon était avortée, car il aurait fallu être tous ensemble sous Bobruisk le 17, et ce n'était plus possible. Tout ce qu'on pouvait faire désormais, l'occasion d'arrêter et d'envelopper Bagration sur la Bérézina étant manquée, c'était de le devancer sur le Dniéper, en allant occuper Mohilew. Mais alors les résultats ne devaient plus être les mêmes. En arrêtant le prince Bagration sur la Bérézina, on ne lui laissait guère de retraite que vers Mozyr et les marais de Pinsk, où l'on avait le moyen de l'assaillir, de l'envelopper, de le prendre tout entier. En l'arrêtant seulement sur le Dniéper, on réussissait à l'empêcher de passer par Mohilew, mais il redescendait alors sur Staroï-Bychow (voir la carte n° 55); si même on l'arrêtait vers ce dernier point, il pouvait descendre encore sur Rogaczew, et dans le premier cas c'étaient cinq ou six jours qu'on lui faisait perdre, et dix ou douze dans le second. Ce n'était plus, comme on l'avait espéré, sa ruine ou son annulation pour toute la campagne; c'était un résultat utile, mais nullement décisif.

Le maréchal Davout, sans attendre les dernières réponses du prince, avait résolu, sur la nouvelle de quelques mouvements de l'ennemi au delà de la Bérézina, de renoncer à une opération combinée sur Bobruisk, et de marcher sur Mohilew, afin de ne pas laisser échapper tous les résultats à la fois. Il avait dès le 16 acheminé ses troupes par Jakzitcy au delà de la Bérézina; le 17, il suivit lui-même avec le reste de son corps d'armée, et se dirigea par Pogost sur le Dniéper, dans la direction de Mohilew. Ayant reçu en route des lettres du roi Jérôme qui lui annonçaient les résolutions définitives de ce prince, il prit le parti de donner des ordres à tout le corps d'armée, qui n'avait plus que lui pour chef. Il ordonna aux Westphaliens de se rendre par Ouzda, Dukora et Borisow à Orscha, afin de les placer sur le Dniéper, entre lui et la grande armée, qu'il savait en marche vers la haute Dwina. En attendant l'arrivée des Westphaliens, qui ne pouvait avoir lieu avant huit ou dix jours, il dirigea sur Orscha la cavalerie de Grouchy, pour établir le plus tôt possible sa liaison avec la grande armée. Il prescrivit aux Polonais, corps sur lequel il comptait le plus, de s'acheminer vers Mohilew, par Ouzda, Dukora et Ighoumen, en contournant la région marécageuse et boisée qui l'avait séparé de Jérôme. C'était un trajet de six jours au moins. S'il pouvait réunir les Polonais à temps, il devait avoir cinquante et quelques mille hommes, c'est-à-dire de quoi accabler Bagration. Quant à la cavalerie de Latour-Maubourg, il la chargea d'envelopper Bobruisk, et de harceler cette place en ayant soin de se tenir sur la Bérézina et de se lier avec Mohilew. Restaient les Saxons, et à la droite des Saxons les Autrichiens, dont on verra bientôt l'emploi tel que l'ordonna Napoléon.

Ainsi de la combinaison imaginée pour envelopper et prendre le prince Bagration, il ne restait plus que la chance de l'arrêter à Mohilew, et de l'obliger à passer le Dniéper au-dessous, ce qui retardait beaucoup, mais ne rendait pas impossible sa jonction avec Barclay de Tolly.

Juillet 1812.

Dispositions du maréchal en se portant sur Mohilew.

Juillet 1842.

Irritation de Napoléon contre le maréchal Davout et le roi Jérôme, en apprenant le conflit élevé entre eux.

À qui faut-il imputer la principale faute, dans le conflit qui fit échouer la manœuvre contre le prince Bagration?

Lorsque Napoléon apprit cette mésaventure, il en conçut une vive irritation contre le maréchal Davout et le roi Jérôme, mais beaucoup plus vive contre ce dernier. Il reprocha au maréchal Davout d'avoir pris trop tôt le commandement (les deux armées n'étant pas encore véritablement réunies), et, le commandement pris, de ne l'avoir pas exercé avec une vigueur suffisante. Il reprocha au roi Jérôme de lui avoir fait perdre le fruit de l'une de ses plus belles manœuvres, et le laissa retourner en Westphalie en gardant les Westphaliens. Il ne se reprocha point à lui-même, ce qui eût été plus juste, d'avoir, par une habitude royale, digne tout au plus de Louis XIV, confié à un jeune homme dévoué, brave, mais sans expérience, une armée de 80 mille hommes, puis, lorsque ce jeune prince n'avait commis encore aucune faute, de l'avoir gourmandé, humilié de toutes les manières, comme s'il avait été responsable de la résistance des éléments, de s'être ensuite brusquement décidé à le subordonner à un maréchal, parti qu'il aurait fallu prendre dès l'origine, dans l'intérêt des opérations, et non après coup, à titre de punition; de n'avoir prévu ni l'esclandre qui devait en résulter, ni la conséquence bien plus grave de faire manquer une manœuvre décisive et des plus savantes qu'il eût jamais imaginées; enfin, et par-dessus tout, de n'avoir pas accordé au maréchal Davout le renfort d'une ou de deux divisions, renfort qui aurait mis ce maréchal en mesure de ne pas faire dépendre ses mouvements d'une jonction des plus problématiques. Voilà ce que Napoléon ne se dit point, et ce qui révèle chez lui, non pas une déchéance de son esprit, qui était tout aussi vaste, tout aussi prompt, tout aussi fertile qu'à aucune autre époque, mais les progrès de cette humeur despotique, fantasque et intempérante, qui ne tient pas plus compte des caractères que des éléments, qui traite les hommes, la nature, la fortune, comme des sujets trop heureux de lui obéir, bien impertinents de ne pas le faire toujours, humeur fatale et puérile tout à la fois, prenant même chez les hommes du plus grand génie quelque chose de l'enfant qui désire tout ce qu'il voit, veut tout ce qu'il désire, le veut sur-le-champ, sans admettre un délai ni un obstacle, et crie, commande, s'emporte, ou pleure, quand il ne l'obtient pas. C'est là bien plus que la déchéance de l'esprit, c'est celle du caractère, gâté par le despotisme, et c'est la vraie cause qu'on verra dominer d'une manière désastreuse dans les événements qui vont suivre !

Quoiqu'il n'espérât plus le succès de sa manœuvre contre l'armée du Dniéper, il y avait une chose qu'il espérait encore, et qu'il attendait avec une pleine confiance du maréchal Davout, c'est que le prince Bagration serait rejeté bien bas sur le Dniéper, au-dessous de Mohilew au moins, ce qui condamnerait la seconde armée russe à faire un long détour, et l'empêcherait de venir au secours de Barclay de Tolly en temps utile. Napoléon ordonna donc au maréchal Davout de tenir ferme à Mohilew ; il prescrivit au prince de Schwarzenberg de s'approcher de la grande armée avec le corps autrichien, en remontant la Lithuanie du sud au nord par Proujany,

Juillet 1812

À défaut du grand résultat qu'il n'espère plus, Napoléon compte sur le maréchal Davout pour rejeter le prince Bagration sur le bas Dniéper.

Slonim et Minsk (voir la carte n° 54), et aux Saxons de rétrograder pour aller prendre la place des Autrichiens sur le haut Bug, aux frontières de la Volhynie et du grand-duché de Varsovie. Il avait, en effet, promis à son beau-père de faire servir les Autrichiens sous ses ordres directs, et pour ce motif il travaillait à les rapprocher du quartier général; de plus, il ne comptait pas assez sur eux pour leur confier à la fois la mission de garder le grand-duché, et la mission d'insurger la Volhynie, et il aimait bien mieux, avec raison, confier l'une et l'autre aux Saxons, possesseurs de la Pologne actuelle, et probablement de la Pologne future.

Ces dispositions ordonnées, il revint tout entier à son autre manœuvre, qui était bien plus importante encore que celle dont nous venons de raconter l'avortement, car s'il réussissait en marchant par sa droite, à glisser avec la plus grande partie de ses forces devant le camp de Drissa, à déborder Barclay de Tolly, à le tourner en passant la Dwina à l'improviste, à le couper à la fois de Moscou et de Saint-Pétersbourg, il rendait impossible le projet de retraite indéfinie conçu par les Russes, ou les réduisait à ne l'exécuter qu'avec des débris désorganisés, et pouvait espérer de voir bientôt un nouveau Darius envoyer des suppliants au camp d'un nouvel Alexandre!

Pour le succès de ce grand mouvement, le séjour fait à Wilna était regrettable. Entré le 28 juin dans cette ville, Napoléon y était encore le 16 juillet au matin : mais ce temps avait été rigoureusement nécessaire pour arrêter la désertion dans les corps, pour leur expédier l'artillerie restée en arrière et attelée avec une partie des chevaux des équipages de vivres, pour réorganiser ces équipages en les réduisant aux voitures les plus légères, pour cuire du pain, pour assurer huit ou dix jours de subsistance à la garde, condition de discipline, indispensable même dans ce corps d'élite, pour procurer au gros de l'armée une réserve de vivres destinée aux corps qui n'auraient absolument rien trouvé sur les routes, pour atteler enfin les équipages de pont. Bien que dix-huit jours se fussent écoulés, pas une heure n'avait été perdue pour assurer autant que possible ces résultats de première nécessité. Ils étaient enfin à peu près certains, et dès ce moment, Napoléon, plein de confiance, attendait tout de son génie et de la bravoure de ses troupes. Il lui était arrivé à Wilna des nouvelles du monde entier. On ne pouvait plus douter, malgré la dissimulation des Turcs, de leur paix avec les Russes, car, après en avoir reçu la confidence orgueilleuse de M. de Balachoff, Napoléon venait d'en acquérir la presque certitude de ses agents à Constantinople. En même temps l'adhésion de Bernadotte à la cause de la Russie n'était plus à mettre en question. Napoléon pouvait donc, dans un avenir prochain, prévoir l'arrivée sur sa droite des armées russes de Tormasoff et de Tchitchakoff, et peut-être une descente des Suédois sur ses derrières. Ces nouvelles, il est vrai, étaient contre-balancées par des nouvelles favorables d'Angleterre et d'Amérique, car on annonçait la mort de M. Perceval, assassiné à l'entrée du Parlement, un revirement prochain dans la politique britannique, enfin la certitude d'une

94   LIVRE XLIV.

Juillet 1812.

Préparatifs du mouvement de Napoléon sur la Dwina.

déclaration de guerre de l'Amérique à la Grande-Bretagne. Inquiétantes ou favorables, Napoléon ne tenait compte de ces rumeurs lointaines, et, avec raison, faisait tout consister dans le succès des grandes opérations qu'il allait entreprendre. Il avait acheminé déjà la cavalerie légère de la garde sous le général Lefebvre-Desnoettes, pour préparer son mouvement, en réunissant des farines, en construisant des fours, en protégeant le corps des pontonniers qui devait ménager à l'armée le passage non-seulement des rivières, mais des nombreux marécages dont le pays était couvert. Derrière la cavalerie légère, Napoléon avait fait partir la jeune garde sous Mortier, la vieille garde sous Lefebvre. La première devait passer par Lowaritsky, Michaelisky, Danilowitsky, la seconde par Swenziany et Postavy, et toutes deux devaient aboutir à Gloubokoé, où Napoléon allait fixer son quartier général, en face de la Dwina, entre Drissa et Polotsk. (Voir les cartes n°ˢ 34 et 55.) Napoléon avait envoyé derrière Mortier et Lefebvre la réserve de l'artillerie de la garde, sur laquelle il comptait particulièrement pour les jours de bataille, et avait recommandé de la mener lentement, pour ne pas mettre les chevaux hors de service. Il avait en outre déjà dirigé sur le même point, mais un peu à gauche, et derrière Murat, les trois divisions Morand, Friant, Gudin, qu'il avait gardées par devers lui, pour exécuter avec elles la partie la plus difficile de sa manœuvre, celle qui se ferait le plus près de l'ennemi, au point même où l'on tournerait autour des Russes pour les envelopper. Il avait en même temps fait

Marche

exécuter à Ney, Oudinot et Macdonald un mouvement de gauche à droite, porté Ney de Maliatoui sur Widzouy, Oudinot d'Avanta sur Rimchanoui, Macdonald de Rossiena sur Poniewiez, avec l'instruction de côtoyer l'ennemi sans l'aborder, de se charger de pain, de porter sur voitures la farine qu'on pourrait recueillir, de se faire suivre par tout le bétail qu'on pourrait ramasser. Sur sa droite, Napoléon avait enfin mis le prince Eugène en mouvement de Nowoi-Troki sur Ochmiana, Smorgoni, Wileika, en lui adressant les mêmes recommandations. Le prince Eugène avait perdu la moitié des Bavarois par la fatigue et la dyssenterie, et son corps était déjà fort amoindri. Il devait former la droite de Napoléon, et se lier par la cavalerie de Grouchy avec le maréchal Davout.

Avant de quitter Wilna, Napoléon donna ses derniers ordres pour assurer toutes les parties du service pendant son absence. Ne voulant pas se priver des talents, du zèle, de la probité de M. Daru, et ayant besoin d'un autre lui-même à Wilna, il résolut d'y laisser le duc de Bassano, sur le dévouement et l'application duquel il pouvait compter entièrement, et l'y laissa en effet avec autorisation d'ouvrir non-seulement la correspondance diplomatique, mais la correspondance administrative et militaire, de communiquer à chaque chef de corps ce qu'il aurait intérêt à savoir, de donner même des ordres pour tout ce qui intéresserait l'approvisionnement de l'armée. Il conclut avec les juifs polonais un marché pour les transports de Kowno à Wilna. Décidément la navigation de la Wilia avait été reconnue presque im-

Juillet 1812.

de tous les corps d'armée vers la Dwina.

M. de Bassano laissé à Wilna pour y représenter Napoléon pendant son absence.

Juillet 1812.

praticable, et on était résolu à employer les transports par terre. Les nombreux convois qui, grâce au zèle du colonel Baste, parvenaient journellement de Dantzig à Kowno, et contribuaient à remplir cette dernière ville de matières de toute espèce, durent désormais rompre charge à Kowno pour terminer par terre leur trajet jusqu'à Wilna. Il y avait à Wilna mille voitures au moins d'artillerie et d'équipages restées sans attelages. On les avait rangées dans un vaste parc, et en plein air pour les garantir du feu. Napoléon ordonna d'en atteler une partie avec deux mille chevaux, petits mais forts, que le maréchal Macdonald avait levés en Samogitie. Il envoya l'ordre au général Bourcier, laissé en Hanovre, d'acheter de nouveau en Allemagne, et à quelque prix que ce fût, tout ce qu'on pourrait trouver de chevaux de selle et de trait, et de les expédier immédiatement sur Wilna. Enfin, pour correspondre au mouvement que l'armée active allait faire en avant, il voulut que l'armée de réserve en exécutât un pareil. Il prescrivit au maréchal Victor, qui commandait le 9ᵉ corps à Berlin, de s'avancer sur Dantzig, au maréchal Augereau, qui commandait le 11ᵉ corps, composé de quatrièmes bataillons et des régiments de réfractaires, de remplacer le duc de Bellune à Berlin. Les cohortes dont Napoléon avait prescrit l'organisation avant de quitter Paris, durent remplacer sur la frontière de France les troupes du 11ᵉ corps. A Wilna même, il restait sous le général Hogendorp, nommé gouverneur de la Lithuanie, et mis sous l'autorité de M. de Bassano, une garnison mobile formée de toutes les troupes en marche,

Mouvement ordonné à la réserve afin de la rapprocher de l'armée active.

laquelle habituellement ne serait pas moindre de 20 mille hommes, et s'appuierait sur des ouvrages de campagne que Napoléon avait fait exécuter lui-même. Dans l'intérieur de Wilna, les fours, les hôpitaux dont il s'était si fort occupé, étaient achevés. Il y avait des fours pour cuire cent mille rations, des hôpitaux pour recevoir dix mille malades, et des officiers pour recueillir et incorporer les traînards que les colonnes mobiles parviendraient à ramasser. Le nombre des traînards était déjà de 40 mille au moins, surtout parmi les étrangers. On en avait recouvré à peine deux ou trois mille; les autres étaient occupés à piller. La plupart, surtout parmi les Allemands, repassaient le Niémen.

Juillet 1812.

Tout ce que la prévoyance humaine permettait de faire pour corriger les inconvénients d'une entreprise qui était probablement la plus téméraire des siècles, ayant été prescrit, Napoléon résolut de partir dans la nuit du 16 au 17 juillet. Avant de quitter Wilna, il ne put se dispenser de recevoir les représentants de la diète polonaise réunie extraordinairement à Varsovie. On se souvient que M. de Pradt, archevêque de Malines, avait été, au défaut de M. de Talleyrand, chargé d'aller à Varsovie exciter et diriger l'élan patriotique des Polonais. Ce personnage, incapable de se gouverner au milieu d'une commotion populaire, était arrivé à son poste, et avait trouvé les Polonais fort émus par l'idée d'une reconstitution prochaine, disposés comme de coutume à se battre vaillamment, mais ruinés par le blocus continental, manquant de confiance dans le succès de cette guerre et dans les ré-

Napoléon, avant de quitter Wilna, reçoit les députés de la diète polonaise.

Ce qui s'était passé à Varsovie pendant les opérations de l'armée française en Lithuanie.

solutions de Napoléon à leur égard, proposant tous une chose différente, et autant que jamais agités, bruyants, désunis. Se faire écouter au milieu du chaos des volontés discordantes, tempérer les violents, exciter les tièdes, concilier les jaloux, amuser les chimériques, amener enfin à force de souplesse et de vigueur la masse étourdissante et étourdie à des volontés sensées, fortes, uniformes, est un art supérieur, que la nature seule ne suffit pas à donner si l'expérience ne l'a pas mûri, et qui ne s'acquiert que dans les pays libres. L'archevêque de Malines, surpris, déconcerté, n'ayant que quelques saillies spirituelles pour tout manége, ne savait comment se tirer de ce chaos. Mais la passion suppléant à tout, les Polonais aboutirent à l'idée d'une diète générale, convoquée immédiatement, et qui, suivant l'antique usage, proclamerait, outre la reconstitution de la Pologne, la confédération de toutes ses provinces, et la levée en masse de la population contre la Russie. Le pauvre roi de Saxe, sur la tête duquel était tombée la couronne de Pologne, avait pourvu d'avance les ministres du grand-duché des pouvoirs nécessaires, et ceux-ci s'étaient prêtés avec empressement à la convocation de la diète. Cette diète, assemblée extraordinairement, s'était réunie sur-le-champ, avait choisi pour président le respectable prince Adam Czartoryski, octogénaire, et jadis maréchal de l'une des anciennes diètes, avait proclamé au milieu d'un enthousiasme universel le rétablissement de la Pologne, la confédération de toutes ses provinces, l'insurrection de celles qui étaient encore sous des maîtres étrangers, et une démarche auprès de Napoléon, pour le supplier de laisser tomber de sa bouche souveraine ce grand mot : LA POLOGNE EST RÉTABLIE.

Juillet 1812.

La diète s'était séparée en instituant une commission chargée de la représenter, et de remplir en quelque sorte le rôle de la souveraineté nationale, tandis que les ministres du grand-duché rempliraient celui du pouvoir exécutif. C'était une assez grande difficulté que de faire marcher ensemble ces représentants de la souveraineté nationale et ces agents du pouvoir exécutif, les uns et les autres voulant jouer les deux rôles à la fois, mais ce n'était pas la plus grande. Il aurait fallu sans perdre de temps diriger leur ardeur vers les deux objets essentiels, la levée des hommes et la propagation de l'insurrection en Lithuanie, en Volhynie, en Podolie. Si l'abbé de Pradt avait eu de l'argent, un mandat étendu, et un véritable génie d'action, il aurait peut-être réussi à tirer de ces éléments en fermentation une force organisée, capable d'aller insurger la Volhynie et la Podolie, tandis que Napoléon aurait organisé la Lithuanie, qu'il venait d'insurger par sa présence. Mais Napoléon ne lui avait pas donné une obole, lui avait fait compter à peine ses appointements, et lui avait accordé un mandat équivoque comme la confiance qu'il avait dans ses talents politiques et administratifs. Aussi tout ce que l'abbé de Pradt avait pu et su faire, avait été d'aider les Polonais à rédiger le manifeste qui annonçait la reconstitution de la Pologne, document écrit avec quelque talent, mais sans convenance, et paraissant composé plutôt à Paris

Embarras et inhabileté de l'archevêque de Malines.

7.

qu'à Varsovie. Cette pièce rédigée, on était tombé d'accord d'envoyer à Wilna une députation pour porter à Napoléon l'acte de la diète, et provoquer de sa part une déclaration solennelle. M. de Pradt avait été forcé de consentir à cette démarche, fort embarrassante pour Napoléon, mais inévitable et naturelle, il faut en convenir, de la part des Polonais.

Députation polonaise envoyée à Napoléon.

Les députés, qui étaient les sénateurs Joseph Wybiski et Valentin Sobolewski, les nonces Alexandre Beniski, Stanislas Soltyk, Ignace Stadnicki, Matthieu Wodzinski, Ladislas Tarnowski, et Stanislas Alexandrowicz, arrivèrent à Wilna un peu avant le départ de Napoléon, avec mission de lui présenter une adresse, et d'en obtenir une réponse qui pût être communiquée au monde entier.

Motifs de l'extrême réserve que Napoléon veut garder à l'égard des députés polonais.

Cette manière de le presser désobligeait Napoléon plus qu'elle ne l'étonnait, et il se recueillit pour trouver une réponse qui, sans décourager les Polonais, ne l'entraînât pas à plus d'engagements qu'il n'en voulait prendre. Ce n'était pas, nous l'avons déjà dit, la liberté des Polonais qui l'effrayait, car, au contraire, on excitait partout en son nom l'esprit insurrectionnel; ce n'était pas précisément la crainte de l'Autriche, car, si le sacrifice de la Gallicie déplaisait à celle-ci, l'Illyrie pouvait la consoler; mais c'était, surtout depuis qu'il avait passé le Niémen, la crainte de rendre la paix avec la Russie trop difficile. De loin Napoléon avait considéré cette guerre sinon comme aisée, au moins comme très-praticable; de près il la jugeait mieux, et entrevoyait la difficulté de suivre les armées russes dans les profondeurs de leur territoire, si on ne parvenait à les saisir avant leur retraite. Il voulait donc que la querelle restât une de celles qu'une bataille gagnée avec éclat peut terminer, tandis que s'il s'était proposé pour but essentiel le rétablissement de la Pologne, il eût fallu pour l'obtenir réduire la Russie à la dernière extrémité. Ajoutez qu'il aurait voulu voir la Pologne sortir toute faite d'un élan d'enthousiasme, tandis qu'elle ne pouvait renaître que d'une lente et laborieuse réorganisation, peu favorisée en ce moment par les circonstances. Dans cette disposition d'esprit, il adressa aux Polonais une réponse ambiguë, qui avait l'inconvénient ordinaire aux réponses ambiguës, celui d'en dire trop pour les uns, trop peu pour les autres, trop pour la Russie, trop peu pour les Polonais.

Juillet 1812.

Napoléon reçut la députation l'avant-veille de son départ de Wilna. Le sénateur Joseph Wybiski, homme d'esprit, souvent employé par les Français en Pologne, porta la parole, et, dans un discours assez long, dit que la diète du duché de Varsovie, réunie pour satisfaire aux besoins des armées de la France, avait senti qu'elle avait *des devoirs d'un ordre plus élevé à remplir;* que d'une voix unanime elle s'était constituée en confédération générale, avait proclamé la Pologne rétablie, et déclaré nuls, arbitraires et criminels les actes qui l'avaient partagée; qu'aux yeux du monde civilisé et de la postérité, l'acte qui avait enlevé son existence à la Pologne, nation indépendante, ancienne en Europe, signalée par ses services envers la chrétienté, était un acte d'usurpation, de perfidie et d'ingratitude, un abus indigne de la force, qui ne pouvait

Discours des députés polonais.

constituer aucun droit, et devait cesser avec la force dont il était le produit; que cette force, en effet, longtemps du côté des oppresseurs, passait aujourd'hui du côté des opprimés par l'arrivée miraculeuse du grand homme du siècle, suscité par la Providence pour changer la face du monde; qu'il n'avait à dire qu'un mot : *Le royaume de Pologne existe*, et qu'à l'instant ce mot *deviendrait l'équivalent de la réalité;* que rien ne lui faisait obstacle; que la guerre était commencée seulement depuis huit jours, et que déjà il recevait leurs hommages dans la capitale des Jagellons; que les aigles françaises étaient plantées sur les bords de la Dwina et du Borysthène, aux limites de l'ancienne Moscovie; que les Polonais étaient d'ailleurs seize millions d'hommes prêts à se dévouer pour leur libérateur, et qu'ils juraient tous de mourir pour la sainte cause de leur indépendance; que le rétablissement de la Pologne était non-seulement un grand intérêt pour la France, mais presque un devoir d'honneur pour elle, car l'inique partage qui avait fait la honte du dix-huitième siècle avait signalé la décadence de la maison de Bourbon, et que c'était au glorieux fondateur de la quatrième dynastie à réparer les faiblesses et les fautes de la troisième; que quant à eux ils poursuivraient par tous les moyens ce noble but, et ne se reposeraient qu'après l'avoir atteint, avec l'approbation et l'aide du glorieux et tout-puissant Empereur des Français.

Napoléon, après avoir écouté avec un certain malaise l'expression brillante de ces pensées, répondit par le discours étudié qui suit :

« Messieurs les députés de la confédération de
» Pologne,

Juillet 1812.

Réponse de Napoléon aux députés polonais.

» J'ai entendu avec intérêt ce que vous venez de
» me dire.

» Polonais, je penserais et j'agirais comme vous;
» j'aurais voté comme vous dans l'assemblée de
» Varsovie : l'amour de la patrie est la première
» vertu de l'homme civilisé.

» Dans ma position, j'ai bien des intérêts à con-
» cilier, et bien des devoirs à remplir. Si j'eusse
» régné lors du premier, du second ou du troisième
» partage de la Pologne, j'aurais armé tout mon
» peuple pour vous soutenir. Aussitôt que la vic-
» toire m'a permis de restituer vos anciennes lois à
» votre capitale et à une partie de vos provinces, je
» l'ai fait avec empressement, sans toutefois pro-
» longer une guerre qui eût fait couler encore le
» sang de mes sujets.

» J'aime votre nation : depuis seize ans j'ai vu
» vos soldats à mes côtés, sur les champs d'Italie
» comme sur ceux d'Espagne.

» J'applaudis à tout ce que vous avez fait; j'au-
» torise les efforts que vous voulez faire; tout ce
» qui dépendra de moi pour seconder vos résolu-
» tions, je le ferai.

» Si vos efforts sont unanimes, vous pouvez con-
» cevoir l'espoir de réduire vos ennemis à recon-
» naître vos droits; mais, dans ces contrées si éloi-
» gnées et si étendues, c'est surtout sur l'unanimité
» des efforts de la population qui les couvre que
» vous devez fonder vos espérances de succès.

» Je vous ai tenu le même langage lors de ma

» première apparition en Pologne ; je dois ajouter
» ici que j'ai garanti à l'empereur d'Autriche l'inté-
» grité de ses États, et que je ne saurais autoriser
» aucune manœuvre ni aucun mouvement qui ten-
» drait à le troubler dans la paisible possession de
» ce qui lui reste des provinces polonaises. Que
» la Lithuanie, la Samogitie, Witebsk, Polotsk,
» Mohilew, la Volhynie, l'Ukraine, la Podolie, soient
» animées du même esprit que j'ai vu dans la grande
» Pologne, et la Providence couronnera par le suc-
» cès la sainteté de votre cause ; elle récompensera
» ce dévouement à votre patrie qui vous a rendus
» si intéressants, et vous a acquis tant de droits à
» mon estime, et à ma protection sur laquelle vous
» devez compter dans toutes les circonstances. »

Ce discours fort sensé, fort raisonnable, qui devait avoir si peu de succès parmi les Polonais, n'était pas en lui-même une faute, quoi qu'on en ait dit depuis, mais il était la suite d'une faute immense, celle d'être venu dans cette région lointaine, où il n'y avait qu'une chose à faire, c'était de tenter le rétablissement de la Pologne, et où cependant cette chose unique était presque impraticable, car pour l'accomplir il fallait d'abord le concours zélé de ceux qu'elle tendait à dépouiller, la Prusse et l'Autriche ; il fallait de plus le dévouement absolu de ceux qu'elle intéressait, les Polonais, lesquels au lieu de se dévouer complétement faisaient dépendre leur dévouement des engagements téméraires qu'on prendrait avec eux, de façon qu'il s'agissait, avec des volontés, ou contraintes comme celles des Prussiens et des Autrichiens, ou hésitantes comme celles des Polonais et des Français, d'entreprendre la plus difficile, la plus nouvelle de toutes les tâches, tellement nouvelle qu'elle est encore sans exemple dans l'histoire, la tâche de reconstituer un État détruit!

Juillet 1812.

Cette faute, Napoléon la sentait déjà en approchant de la difficulté, et par ce motif se ménageait trop peut-être, tandis que les Polonais défiants se ménageaient encore davantage! Triste présage, qui n'était pas le seul, de tous les malheurs de cette campagne!

Objet de plus d'une négociation avec les députés de Varsovie, le discours de Napoléon ne les désobligea pas précisément, car il leur était à peu près connu d'avance, sinon dans ses termes, du moins dans son sens, mais il produisit un premier effet assez fâcheux à Wilna même, malgré l'enthousiasme excité par la présence des Français victorieux. Comment, se disaient les Lithuaniens, Napoléon nous demande de nous dévouer à lui, de lui prodiguer notre sang, nos ressources, sans compter ce qu'il faut souffrir de ses soldats, et il ne veut pas même prononcer le mot que la Pologne est rétablie! Qui le retient? Ce n'est pas la Prusse, soumise, abaissée; l'Autriche, dépendante de lui et facile à dédommager en Illyrie; la Russie, dont les armées sont déjà en fuite! qu'est-ce donc? Est-ce qu'il n'aurait pas la volonté de nous rendre notre existence? Est-ce qu'il serait venu ici seulement pour gagner une bataille contre les Russes, puis pour s'en aller sans rien entreprendre de sérieux, que d'ajouter, comme en 1809, un demi-million de Polonais au grand-duché,

Effet produit par la réponse de Napoléon.

en laissant la plus grande partie d'entre nous exposés aux exils et aux séquestres?.... — A ces doutes d'autres Lithuaniens répondaient que Napoléon avait raison, qu'il était dans une position délicate, qu'il avait des ménagements à garder, mais qu'à travers ces ménagements il était facile de lire sa vraie pensée, qui était de rétablir la Pologne si on l'aidait sérieusement; qu'il fallait donc le seconder de toutes ses forces, se lever en masse, et lui fournir ainsi les moyens d'achever l'œuvre commencée. Mais ceux qui parlaient de la sorte, éclairés, modérés, équitables, sentant la nécessité de ne pas ménager les sacrifices, et de vaincre les hésitations de Napoléon à force de dévouement, étaient, à cause de ces vertus mêmes, les moins nombreux. Pour la masse, la réserve de Napoléon devait être un prétexte, dont allaient se couvrir toutes les faiblesses, toutes les avarices, tous les calculs personnels.

Napoléon partit de Wilna le 16 au soir, après avoir séjourné dix-huit jours dans cette capitale de la Lithuanie. Il passa par Swenziany, et arriva le 18 au matin à Gloubokoé. Il trouva encore sur son chemin beaucoup de traînards et de voitures abandonnées. La chaleur extrême du mois de juillet fatiguait singulièrement les hommes et les chevaux, et de plus on était fréquemment arrêté par la destruction des ponts. Dans ces contrées marécageuses et boisées, le nombre des ponts était infini. Il en fallait pour traverser non-seulement les rivières et les ruisseaux, mais les eaux stagnantes, qui couvraient les campagnes. Les Russes les avaient détruits autant qu'ils avaient pu, et on ne devait pas compter pour les réparer sur les habitants très-clairsemés. Aussi le corps des pontonniers était-il fort occupé, et pour suffire à sa tâche il avait besoin de tout le dévouement dont il était rempli, et du noble exemple de son chef le général Éblé.

Juillet 1812.

Gloubokoé était une petite ville, construite en bois, comme toutes celles de ces contrées, et ayant pour bâtiment principal, non pas un château, mais un gros couvent. Napoléon s'y logea, et se hâta, suivant son usage, d'y préparer un établissement qui pût servir de lieu d'étape à l'armée.

Établissement de Napoléon à Gloubokoé.

Pendant ce temps les différents corps opéraient leur mouvement et défilaient successivement devant le camp de Drissa, comme s'ils avaient dû l'attaquer, bien qu'ils eussent ordre de n'en rien faire. (Voir les cartes n°ˢ 54 et 55.) Murat ayant séjourné quelques jours en avant de Swenziany, à Opsa, avec la cavalerie des généraux Nansouty et Montbrun, avec les trois divisions du maréchal Davout, défila devant le camp de Drissa, en se tenant à quelques lieues en arrière, et vint se poster en face de Polotsk, tout près de Gloubokoé, et sous la main de Napoléon. Pendant cette marche le général Sébastiani se laissa surprendre par la cavalerie russe, qui ayant franchi la Dwina afin d'observer nos mouvements, profita de ce que nous nous gardions mal, pour assaillir le général Saint-Geniés. Ce dernier se défendit vaillamment, mais fut enlevé avec quelques centaines d'hommes. Au bruit de cette apparition notre cavalerie accourut, fondit sur les Russes, leur prit le général Koulnieff qui commandait l'ex-

Marche du corps de Murat.

pédition, et les força de repasser la Dwina. Sauf cet accident, le mouvement de Murat s'accomplit conformément aux ordres de Napoléon. Les troupes vivaient partie de ce qu'elles apportaient, partie de ce qu'elles ramassaient dans le pays que les Russes n'avaient pas eu le temps de dévaster.

Marche du corps de Ney.

Ney suivait Murat; il exécuta un mouvement pareil, et alla se placer sur la gauche des divisions Morand, Friant et Gudin. Ses troupes, venant après celles de Murat, avaient trouvé les villages déjà épuisés, mais elles furent dédommagées par les voitures de vivres restées en arrière, et s'en servirent pour se nourrir. On n'économisait pas la viande, qui abondait, mais on était forcé d'économiser le pain, qui était rare. On donnait aux soldats ration entière de viande, et demi-ration de pain. Ils suppléaient au pain en mettant du riz dans leur soupe, et à défaut de riz du seigle grillé. La chaleur et l'alimentation avaient causé la dyssenterie chez les jeunes soldats, et il était à craindre qu'elle ne devînt contagieuse.

Marche du corps d'Oudinot.

Après Ney marchait Oudinot. Celui-ci, défilant en vue de Dunabourg, où les Russes avaient construit une forte tête de pont sur la Dwina, ne sut pas se contenir, et, malgré les recommandations de Napoléon, assaillit l'ouvrage, que les Russes abandonnèrent. L'incident n'eut pas de suite, et le maréchal Oudinot vint à son tour se ranger sur la gauche de Ney. Tous ces corps se trouvèrent donc réunis dans un espace de quelques lieues, les uns ayant dépassé le camp de Drissa devant lequel ils avaient défilé, les autres restant en face, et tous placés sous la main de Napoléon, qui était à Gloubokoé avec la garde. Le maréchal Macdonald seul s'était tenu à quelque distance sur la gauche, entre Poniewiez et Jacobstadt, couvrant à la fois la Samogitie, qui valait la peine d'être soustraite aux ravages des Cosaques, et le cours du Niémen, que suivaient nos convois pour remonter jusqu'à Kowno.

Juillet 1812

Les mouvements ordonnés sur la droite de Napoléon s'étaient exécutés aussi ponctuellement. C'était le prince Eugène qui devait occuper cette partie de la ligne, et former la liaison avec le maréchal Davout sur le Dniéper. Après avoir rallié son monde et ses équipages à Nowoi-Troki (voir les cartes n°s 54 et 55), il en était parti, avait suivi la route de Minsk jusqu'à Smorgoni, puis l'avait coupée, et s'était porté à Wileika. Le général Colbert, renvoyé en arrière avec les lanciers rouges par le maréchal Davout, l'y avait précédé, et avait sauvé quelques magasins. Le prince Eugène s'y procura pour deux jours de vivres, ce qui lui vint fort en aide, et il continua sa route par Dolghinow jusqu'à Bérézino, aux sources de la Bérézina. En cet endroit, un canal, dit canal de Lepel, réunissait la Bérézina qui est un affluent du Dniéper, avec l'Oula qui est un affluent de la Dwina. On peut donc considérer ce canal comme la jonction de la mer Noire avec la Baltique. Il s'y trouvait des bateaux, et des approvisionnements que les Russes n'avaient pas eu le temps de détruire. Le prince Eugène s'appliqua à les recueillir, et surtout à veiller au maintien d'une navigation qui pouvait être fort utile à l'armée. Le 21 il devait être rendu à Kamen, et n'avait plus qu'un pas à faire pour toucher à la

Marche du corps du prince Eugène

Dwina, entre Oula et Beschenkowiczy, à un endroit où cette rivière est si facile à franchir qu'en été on la traverse à gué.

Napoléon avait ainsi tous ses corps à sa portée, et disposait de près de 200 mille hommes, répandus sur un espace de quelques lieues. La marche avait, il est vrai, encore réduit le nombre des combattants; mais sans Macdonald, posté à gauche, sans Davout et le corps de Jérôme, restés au loin sur la droite, Napoléon avait au moins 190 mille hommes présents au drapeau, et les meilleurs de toute l'armée. Il pouvait donc accabler Barclay de Tolly, et se préparait en effet à franchir la Dwina sur la gauche de celui-ci, pour le tourner et l'envelopper, comme il en avait formé le projet. Jusqu'ici, tout marchait selon ses désirs. Il n'attendait, pour exécuter ses grands desseins, que l'arrivée de la grosse artillerie, toujours un peu en retard, et comptait être en mesure d'agir du 22 au 23 juillet. En attendant, il s'occupait avec son activité accoutumée de créer à Gloubokoé une étape pourvue de tout ce qui est nécessaire à une armée. Il avait trouvé, outre le couvent qu'il occupait, d'autres couvents assez riches. Le voisinage du canal de Lepel offrait aussi des ressources. Avec ces divers moyens, il avait ordonné de préparer des magasins, des hôpitaux et une manutention. Vingt-quatre fours étaient déjà en construction, et tout promettait entre Wilna et Witebsk un point intermédiaire bien approvisionné.

Tandis que Napoléon opérait son mouvement, le maréchal Davout continuait le sien, qui, sans avoir la même importance, en avait une fort grande encore, puisqu'il s'agissait d'arrêter Bagration à Mohilew, et, en lui interdisant le passage du Dniéper sur ce point, de le forcer à redescendre plus bas, et à exécuter un long détour pour rejoindre par delà le Dniéper et la Dwina, la grande armée de Barclay de Tolly. Le succès de la résistance du maréchal Davout importait donc au succès de la manœuvre de Napoléon, puisqu'elle devait retarder la jonction de Bagration avec Barclay, et les obliger à se réunir plus loin et plus tard. Si le maréchal Davout avait eu tout le corps du roi Jérôme sous la main, il eût non-seulement arrêté, mais accablé Bagration. Malheureusement les troupes du roi Jérôme, comme on l'a vu, dès qu'elles ne passaient plus par Bobruisk avaient six à huit jours de marche à faire pour le rejoindre, et il était avec les divisions Compans, Dessaix et Claparède, et une division de cuirassiers, à Mohilew, où il avait couru en toute hâte, pour barrer le chemin à Bagration. (Voir les cartes n°ˢ 54 et 55.) Le reste de sa cavalerie était répandu à gauche pour le lier au prince Eugène, et à droite pour veiller sur les troupes polonaises et westphaliennes actuellement en marche.

Quant au prince Bagration, ayant traversé librement la Bérézina à Bobruisk, sans y être accablé par Davout et Jérôme réunis, il se regardait comme sauvé, car en arrière il avait pour se couvrir contre Jérôme la place forte de Bobruisk, et par devant il espérait atteindre le Dniéper à Mohilew sans rencontrer d'obstacle. Il ne croyait pas y trouver encore le maréchal Davout, et, en tout cas, il commençait ne plus le craindre, étant renseigné assez exacte-

Juillet 1812.

Davout, et leur simultanéité avec ceux de Napoléon.

Le maréchal Davout à Mohilew.

Détour du prince Bagration pour éviter le maréchal Davout.

ment sur les forces de ce maréchal. Le 21 au soir, en effet, il approchait de Mohilew, avait ainsi franchi l'espace qui sépare la Bérézina du Dniéper, et comptait environ 60 mille hommes prêts à combattre.

Forces dont le maréchal Davout dispose à Mohilew.

Le maréchal Davout, comme nous venons de le dire, occupait Mohilew avec les divisions Compans, Dessaix, Claparède. Ses forces, réduites par la marche, l'étaient aussi par les détachements qu'il avait été obligé de laisser dans plusieurs postes. Il avait placé à Minsk le 33ᵉ léger, pour s'y rallier et y tenir garnison, et il avait été contraint de répandre sa cavalerie dans un espace immense, pour se lier aux troupes de Jérôme d'un côté, à celles de Napoléon de l'autre. Il n'avait conservé sous la main que les cuirassiers Valence, avec la cavalerie légère des généraux Pajol et Bordessoulle, et pouvait présenter à l'ennemi 22 mille hommes d'infanterie, 6 mille de cavalerie, c'est-à-dire 28 mille combattants contre 60 mille. Mais grâce à la qualité de ses soldats et à la nature des lieux, il craignait peu l'ennemi, et n'était pas plus troublé à Mohilew qu'il ne l'avait été jadis à Awerstaedt. Le 21 au soir, ses troupes

Chaude alerte le 21 juillet au soir.

eurent une chaude alerte. La cavalerie légère de Bordessoulle était sur la route de Staroi-Bychow, par laquelle arrivait l'avant-garde de Bagration. Un escadron placé aux avant-postes fut assailli par le corps de Platow, et fort maltraité. Heureusement que le 85ᵉ de ligne, établi en arrière, arrêta par sa fusillade les nombreux escadrons de Platow, et les obligea à se replier. On en fut quitte pour la perte de quelques hommes et de quelques chevaux. Mais cette vive escarmouche annonçait l'arrivée prochaine de toute l'armée du Dniéper.

Le lendemain matin 22, le maréchal, avec sa vigilance ordinaire, se porta dès la pointe du jour sur le terrain où il s'attendait à combattre, et en fit une soigneuse reconnaissance, accompagné du général Haxo. La route de Staroï-Bychow, sur laquelle avait eu lieu l'escarmouche de la veille, n'était autre que celle de Bobruisk, qui, après avoir couru directement de la Bérézina au Dniéper, se redressait presque à angle droit vers Staroï-Bychow, et remontait la rive droite du Dniéper jusqu'à Mohilew. (Voir la carte n° 55.) Le maréchal, et le général Haxo, sortis de Mohilew, descendirent cette route, qui, bordée d'un double rang de bouleaux comme toutes les routes du pays, se prolongeait entre le Dniéper qu'elle avait à gauche, et le ruisseau de la Mischowska qu'elle avait à droite. Après avoir cheminé entre la Mischowska et le Dniéper l'espace de trois ou quatre lieues, ils virent la Mischowska tourner brusquement à gauche dans la direction du Dniéper, et envelopper ainsi d'un obstacle continu le terrain long et étroit qu'ils venaient de parcourir. Au point où la Mischowska se détournait pour se jeter dans le Dniéper, se trouvait un moulin, dit moulin de Fatowa, et pourvu d'une retenue d'eau. La Mischowska coupait ensuite la route en passant sous un pont surmonté d'un gros bâtiment, qu'on appelait auberge de Saltanowka, et allait se perdre dans le Dniéper. Le terrain ainsi circonscrit se présenta tout de suite au maréchal Davout et au général Haxo comme celui où il fallait combattre, et où l'on avait la plus

Juillet 1812.

Reconnaissance opérée le 22 au matin par le maréchal Davout en avant de Mohilew.

Description des environs de Mohilew.

grande chance de tenir tête à l'ennemi, quelles que fussent sa force et son énergie. Ils firent barricader le pont, créneler l'auberge de Saltanowka et le moulin de Fatowa, et couper la digue qui retenait les eaux du moulin, de manière que l'ennemi ne pût point s'en servir pour passer le ruisseau. Le maréchal Davout confia la garde de ces deux postes aux cinq bataillons du 85ᵉ de ligne, sous le général Friédérichs, et plaça en arrière, sous le général Dessaix, le 108ᵉ pour servir de réserve. Ces deux régiments composaient toute la division Dessaix, le 33ᵉ léger ayant été laissé à Minsk. Le maréchal disposa son artillerie le mieux possible, et du reste le lieu était favorable à cette arme, car la route de Staroï-Bychow par laquelle les Russes devaient arriver après avoir traversé des bois, débouchait tout à coup sur un terrain dégarni que nos canons pouvaient couvrir de mitraille.

Ces précautions prises sur son front, le maréchal remonta vers Mohilew, pour s'assurer si on ne chercherait pas à traverser la Mischowska sur sa droite, ce qui aurait rendu vaine la résistance opposée au pont de Saltanowka et au moulin de Fatowa. En remontant en effet à une lieue en arrière, se trouvait au bord de la Mischowska le petit village de Seletz, par lequel l'ennemi aurait pu franchir le ruisseau. Le maréchal y établit un des quatre régiments de la division Compans, le 64ᵉ, avec une forte artillerie, qui avait, comme au moulin de Fatowa, l'avantage de pouvoir tirer d'une rive à l'autre, et au milieu d'un terrain dont les bois venaient d'être coupés. Un peu plus en arrière le maréchal plaça encore en réserve les deux autres régiments de la division Compans, les 57ᵉ et 111ᵉ de ligne, avec les cuirassiers Valence, pour fondre sur quiconque aurait forcé le passage de la Mischowska. Enfin, comme dernière précaution, le maréchal rangea la division polonaise Claparède derrière la division Compans, pour lier avec la ville de Mohilew les troupes qui gardaient la route de Staroi-Bychow. Le général Pajol, avec sa cavalerie légère et le 25ᵉ de ligne (quatrième régiment de Compans), fut chargé de surveiller la route d'Ighoumen par Pogost, celle que le maréchal avait suivie de la Bérézina au Dniéper, en cas qu'une portion de l'armée russe tentât de s'y présenter pour tourner la position de Mohilew. Après ces vigoureuses et habiles dispositions, le maréchal attendit avec sang-froid l'attaque du lendemain.

Le lendemain, 23 juillet, en effet, dès qu'il fit jour, le prince Bagration, après avoir laissé le 8ᵉ corps (celui de Borosdin) sur la route de Bobruisk, pour se couvrir contre la poursuite possible mais peu probable du roi Jérôme, porta en avant le 7ᵉ corps (celui de Raéffskoï) sur le pont de Saltanowka et le moulin de Fatowa, avec ordre d'enlever ces deux postes à tout prix.

La division Kolioubakin attaqua le pont de Saltanowka, et la division Paskewitch le moulin de Fatowa. L'une et l'autre, rangées à la lisière des bois, n'avaient mis à découvert que leur artillerie et leurs tirailleurs. Ces derniers avaient essayé de s'embusquer dans les broussailles, et derrière tous les accidents de terrain. Mais les tirailleurs français, mieux abrités derrière l'auberge de Saltanowka et le moulin de Fatowa, et tirant très-juste, causaient à l'ennemi beaucoup plus de mal qu'ils n'en éprouvaient. L'artillerie française, de son côté, démontait à chaque instant les pièces russes. Après quelque temps de ce combat désavantageux, la division Kolioubakin voulut s'avancer sur le pont de Saltanowka, mais elle fut accueillie par un tel feu de mousqueterie et de mitraille qu'elle se vit obligée de reculer, et de rentrer dans le bois.

Le maréchal était accouru au bruit du canon, et ayant reconnu que tout se passait bien sur son front, s'était reporté en arrière, au village de Seletz, pour savoir si une attaque de flanc ne le menacerait pas de ce côté. S'étant assuré que le danger n'y était pas imminent, il avait placé un peu plus en avant le 64°, qui d'abord était au village de Seletz, et avait fait avancer également les 57° et 111°, ainsi que les cuirassiers, discernant bien que le plus grand effort de l'ennemi se dirigerait sur le front de la position. Il y était immédiatement retourné de sa personne.

Effectivement les Russes tentaient en ce moment un énergique et dernier effort. La division Kolioubakin, débouchant en masse par la grande route, s'avançait en colonne serrée sur le pont de Saltanowka, et la division Paskewitch, se déployant à découvert devant le moulin de Fatowa, venait border la retenue d'eau malgré les feux bien dirigés de notre artillerie. Le général Friédérichs, avec le 85°, accueillit la division Kolioubakin par un feu de mousqueterie si bien nourri, qu'après avoir d'abord marché franchement vers le pont, elle se mit à hésiter, et finit bientôt par battre en retraite. La division

Paskewitch trouvant dans le ruisseau un obstacle moins insurmontable, essaya de le franchir en passant sur la digue qui retenait les eaux du moulin. A cette vue, un bataillon du 108°, conduit par un officier brave jusqu'à la témérité, courut à la rencontre des assaillants, les joignit à la baïonnette, et les obligea de repasser le ruisseau. Malheureusement, au lieu de se contenter de cet avantage, il franchit à son tour l'obstacle si vivement disputé, et déboucha au milieu du terrain découvert qui s'étendait au delà. A peine arrivé sur ce terrain, il se trouva au centre d'un cercle de feux partant de la lisière des bois, fut ensuite abordé à la baïonnette, et ramené en deçà du ruisseau, après avoir laissé une centaine d'hommes dans les mains des Russes, et en avoir perdu beaucoup plus par l'effet meurtrier de leur mousqueterie.

C'était le moment où le maréchal arrivait après avoir parcouru les derrières de la position. Il rallia le bataillon revenu en désordre, lui commanda quelques manœuvres sous le feu pour lui rendre son sang-froid, et jeta la cavalerie légère sur plusieurs pelotons ennemis qui avaient eu l'audace de franchir le ruisseau. Puis il amena toute son artillerie, qui donnant en plein sur le terrain découvert où la division Paskewitch s'était déployée, et couvrant celle-ci de mitraille, la força de rentrer de nouveau dans les bois. Ainsi, du moulin de Fatowa au pont de Saltanowka, les Russes s'étaient épuisés en efforts impuissants, et ils tombaient dans la proportion de trois ou quatre pour un Français.

Pourtant la division Paskewitch essaya de remonter sur notre droite, en longeant la Mischowska et

Juillet 1812.

Tous les efforts des Russes sur ces deux points énergiquement repoussés.

Juillet 1812.

la lisière des bois jusqu'à la hauteur du village de Seletz. Elle suivit le bord de la coupe pour se mettre à l'abri de notre artillerie, et parvint ainsi jusqu'en face du village de Seletz. Ses éclaireurs franchirent même le ruisseau. Les voltigeurs du 61ᵉ se précipitèrent aussitôt sur ceux qui avaient commis cette imprudence, et les forcèrent à repasser. Puis le régiment tout entier, s'élançant au delà de la Mischowska, entra dans le bois, et prenant à revers la coupe dont les Russes occupaient le bord, les obligea d'évacuer précipitamment cette partie du champ de bataille. Sur notre front le général Friédérichs exécuta, entre le moulin de Fatowa et le pont de Saltanowka, une manœuvre semblable. Avec quelques compagnies d'élite il traversa le ruisseau, pénétra dans le bois sans être aperçu, tourna l'espace découvert dans lequel les Russes s'étaient déployés en face du moulin, et les assaillit par derrière à l'improviste. Nos grenadiers et voltigeurs firent à la baïonnette un vrai carnage de l'ennemi, et dégagèrent ainsi tout le

Après avoir repoussé les Russes, on prend l'offensive contre eux, et on les poursuit l'espace d'une lieue.

front du champ de bataille. On voulut alors prendre l'offensive. On débarrassa le pont de Saltanowka, et on se porta en masse sur la grande route de Staroï-Bychow. Après avoir poursuivi les Russes pendant une lieue, on aperçut sur un terrain découvert le prince Bagration en position avec tout le reste de son armée. Sur ce nouveau terrain, le combat, jusque-là si avantageux, allait nous devenir aussi funeste qu'il l'avait été pour les Russes sur les bords de la Mischowska. L'intrépide Compans, dont la sagesse égalait la bravoure, arrêta l'ardeur de ses troupes, et les ramena en arrière, pour ne pas convertir en une alternative de succès et de revers ce beau combat défensif, qui n'avait été jusque-là qu'une victoire non interrompue. Il ne fut pas poursuivi. Le prince Bagration, épouvanté des pertes qu'il avait faites (environ 4 mille morts ou blessés jonchaient les bords de la Mischowska), et informé que des renforts allaient arriver au maréchal Davout, crut devoir rétrograder sur Staroi-Bychow, pour y passer le Dniéper et se porter ensuite sur Micislaw.

Ainsi se termina ce glorieux combat, dans lequel les 28 mille hommes du 1er corps avaient arrêté les 60 mille hommes de Bagration. Il est vrai que 20 mille Russes seulement avaient combattu; mais il n'y avait pas eu plus de 8 à 9 mille Français véritablement engagés, et pour 4 mille morts ou blessés perdus par les Russes, les Français n'avaient à regretter qu'un millier d'hommes, dont une centaine du 108e restés prisonniers au delà de la Mischowska. Si le prince Bagration avait mieux connu le terrain, il aurait pu exécuter sur la droite si allongée du maréchal une attaque dangereuse avec le corps de Borosdin. Mais il restait l'infanterie des généraux Compans et Claparède, les cuirassiers du général Valence, et il ne lui eût pas été facile de passer sur le corps de pareilles troupes. On doit ajouter aussi que si, dans cette journée du 23, le prince Poniatowski avait eu le temps de paraître par Jakzitcy sur les derrières ou le flanc du prince Bagration, même après l'occasion de Bobruisk manquée, il aurait pu faire encore essuyer à cette armée russe un sanglant désastre. On a vu plus haut les causes fatales qui en avaient décidé autrement.

Le maréchal Davout employa la journée du lendemain à ramasser ses blessés, et à recueillir des nouvelles des Polonais et des Westphaliens, ne voulant pas avant leur arrivée sortir de cette espèce de camp retranché qui lui avait été si utile. Il disposa tout pour remonter le Dniéper jusqu'à Orscha, afin de se rapprocher de Napoléon, qui, comme nous l'avons dit, attendait à Gloubokoé l'instant propice pour tourner par Polotsk et Witebsk l'armée russe de Barclay de Tolly. Empêcher le prince Bagration de rejoindre l'armée principale était désormais impossible, car on ne pouvait le suivre indéfiniment au delà du Dniéper; mais on avait retardé sa jonction avec Barclay de Tolly, et ce résultat, quoique bien inférieur à celui qu'on avait espéré d'abord, suffisait à l'accomplissement du principal dessein de Napoléon.

C'était le 22 ou le 23 au plus tard que Napoléon, dans ses profonds calculs, avait choisi pour exécuter sa grande manœuvre. Il était à Gloubokoé, ayant à sa droite vers Kamen le prince Eugène, devant lui, vers Ouchatsch, la cavalerie de Murat, les trois divisions Morand, Friant, Gudin, à sa gauche enfin, Ney et Oudinot, vis-à-vis du camp de Drissa. Il avait à Gloubokoé même la garde impériale. Il se tenait ainsi avec 190 mille hommes environ, prêt à traverser la Dwina sur la gauche de Barclay de Tolly. Le succès du maréchal Davout était une circonstance heureuse pour l'exécution de son dessein, mais en ce moment il se passait une révolution singulière dans l'état-major russe.

Barclay de Tolly, ainsi qu'on l'a vu, s'était replié sur le camp de Drissa, et cette manœuvre avait excité le mécontentement au plus haut degré. Dans les rangs inférieurs de l'armée, où prédominaient les passions nationales, le seul fait de reculer devant les Français avait blessé profondément le sentiment général. Dans la partie plus élevée, capable d'apprécier la sagesse d'un plan de retraite continue, l'établissement au camp de Drissa ne présentait à l'esprit de personne un sens raisonnable. En effet, l'idée de se retirer à l'intérieur était fondée sur l'espérance et la presque certitude d'épuiser les Français par une longue marche, et de tomber sur eux lorsqu'ils seraient décimés par la fatigue, la faim et le froid. Un camp retranché n'ajoutait pas beaucoup d'avantages à ce plan, car, ainsi que nous l'avons dit, l'espace indéfini était le véritable abri des Russes, et ils n'avaient pas besoin d'un Torrès-Védras, n'étant pas acculés à l'extrémité de leur continent. Mais en tout cas, un camp sur la Dwina, placé sur le chemin des Français, au début pour ainsi dire de leur course, quand ils avaient encore toutes leurs forces et toutes leurs ressources, était un non-sens, puisque Napoléon pouvait ou forcer ce camp, ou le tourner, sans compter qu'il lui était facile, en profitant de l'immobilité obligée de l'armée principale, de pénétrer par sa droite dans la trouée qui sépare les sources de la Dwina de celles du Dniéper, et de couper en deux, pour le reste de la campagne, la longue ligne des armées russes. Le mouvement du maréchal Davout contre le prince Bagration, la concentration de Napoléon à Gloubokoé, révélaient déjà cette intention de la manière

Juillet 1812.

de l'armée russe.

Soulèvement des esprits contre le plan de retraite sur la Dwina.

Fausseté de l'idée qui avait fait choisir le camp de Drissa.

Juillet 1812.

Mauvaise construction du camp de Drissa.

la plus frappante. Enfin le camp lui-même sur la Drissa n'offrait aucune sécurité sous le rapport de sa construction. Généralement on se couvre d'un fleuve qu'on veut défendre, ici, au contraire, on s'était placé en avant du fleuve, en y appuyant ses derrières et ses ailes. Sur l'indication du général Pfuhl, les ingénieurs russes avaient choisi un rentrant profond que la Dwina forme à Drissa, et s'y étaient adossés, comme s'ils avaient été moins soucieux de se rendre inexpugnables sur leur front que sur leurs flancs et leurs derrières. Il est vrai que sur le front de ce camp on avait cherché à se créer par d'immenses ouvrages une sorte d'inexpugnabilité artificielle, qui pût défier tous les efforts de l'ennemi. On avait fermé le rentrant dans lequel on s'était logé par une première ligne d'ouvrages de 3,300 toises de développement, allant de l'un à l'autre coude de la Dwina. C'étaient des abatis, des épaulements en terre très-difficiles à escalader, et de plus hérissés d'artillerie. En seconde ligne, on avait construit dix redoutes, liées par des espèces de courtines, et armées également d'une artillerie très-nombreuse. Une partie de l'armée russe occupait ces ouvrages, et le reste, rangé en arrière en masses profondes, présentait une réserve formidable. Quatre ponts devaient assurer la retraite de cette armée, si elle était obligée d'évacuer la position. Quoique ce camp dût opposer de grands obstacles, même à l'impétuosité des Français, il est bien vrai qu'il se prêtait merveilleusement à la manœuvre de Napoléon, qui songeait à le tourner, et à venir y enfermer Barclay de Tolly. Si en effet Napoléon avait le temps de passer la Dwina et de se porter sur les derrières de l'armée russe, on n'imagine pas comment celle-ci aurait pu défiler par ces quatre ponts devant deux cent mille Français.

Quoi qu'il en soit, le cri dans l'armée russe était universel. Les uns s'en prenaient à l'idée même de battre en retraite devant les Français, les autres à l'idée de s'arrêter sitôt, les autres encore à celle de laisser Napoléon s'élever sur la gauche de l'armée principale, et s'interposer ainsi entre Barclay de Tolly et Bagration. Tous unanimement imputaient l'idée qui leur déplaisait au général Pfuhl, après lui aux étrangers qui semblaient ses complices, et après ces étrangers à l'empereur Alexandre qui les patronait. L'Italien Paulucci lui-même, qui cherchait à se faire pardonner son origine par la violence de son langage, avait dit à Alexandre que son conseiller Pfuhl était un idiot ou un traître, à quoi Alexandre avait répondu en envoyant l'arrogant interpellateur à trente lieues sur les derrières. Mais la colère générale n'en était devenue que plus vive.

Bientôt on ne s'était plus borné à blâmer le plan de campagne; on avait commencé à blâmer la présence même de l'empereur à l'armée, et à crier contre l'esprit de cour transporté dans les camps, là où il faut un chef dirigeant seul les opérations militaires, et point de ces réunions de courtisans propres seulement à troubler celui qui commande, à ébranler la confiance de ceux qui obéissent, à substituer enfin la confusion à cette unité absolue, qui est l'indispensable condition des succès à la guerre. On s'était mis à dire qu'Alexandre ne pouvait pas commander, qu'il ne le voulait même pas, bien qu'il ne fût point dépourvu d'intelligence militaire, et que, ne commandant pas, il empêchait de commander, parce qu'une déférence inévitable pour ses avis, la crainte d'encourir son blâme ou celui de ses familiers, devaient ôter toute décision au chef d'armée le plus résolu; qu'il fallait la liberté de verser, même en se trompant, des torrents de sang, et n'avoir pas derrière soi un maître mesurant la quantité de ce sang versé, la regrettant, ou la reprochant aux généraux; que dès lors n'agissant pas et empêchant d'agir, il fallait qu'Alexandre s'en allât, et emmenât même son frère, aussi incommode que lui, et pas plus utile. Étrange spectacle que celui de ce czar, type achevé dans l'Europe moderne de la souveraineté absolue, dépendant de ses principaux courtisans, et presque exclu de l'armée par une sorte d'émeute de cour! tant est profonde l'illusion du despotisme! On ne commande véritablement qu'en proportion des volontés qu'on est capable de concevoir et d'exécuter : le grade, le rang n'y font rien, et le maître le plus absolu sur le trône le plus redouté, n'est souvent que le valet d'un valet qui sait ce que son maître ignore. Le génie seul commande parce qu'il voit et veut, et lui-même il dépend des bons conseils, car il ne saurait tout voir, et si, aveuglé par l'orgueil, il écarte ces conseils, il aboutit à la folie, et par la folie à la ruine!

L'aristocratie militaire russe, qui tour à tour intimidant ou soutenant Alexandre, l'avait conduit peu à peu à résister à la domination française, n'était pas disposée, maintenant qu'elle l'avait entraîné à la guerre, à se laisser gêner dans la manière de la soutenir. Elle la voulait violente, acharnée, désespérée; elle était même résolue à sacrifier au besoin toutes les richesses, tout le sang de la nation, et n'admettait pas qu'un empereur, patriote sans doute, mais doux, humain, variable, vint arrêter ses patriotiques fureurs.

Juillet 1812.

Dans leur animation, les principaux personnages de cette aristocratie militaire convinrent de tenter une démarche auprès de l'empereur Alexandre, pour lui faire abandonner le plan du général Pfuhl et l'établissement au camp de Drissa, pour le décider à remonter la Dwina jusqu'à Witebsk, où l'on serait en mesure de rejoindre l'armée de Bagration par Smolensk. Ces points une fois obtenus, ils se promirent de tenter davantage, et d'inviter Alexandre à quitter l'armée. Ils prirent pour colorer cette invitation d'une manière convenable, un prétexte non-seulement respectueux mais flatteur. Ils durent alléguer que la direction de la guerre n'était pas actuellement la principale tâche du gouvernement, que le soin d'en réunir les moyens était plus important encore; que derrière l'armée qui allait combattre, il en fallait une, et deux au besoin; que pour les avoir il fallait les obtenir du patriotisme de la nation, qu'Alexandre, adoré d'elle en ce moment, en obtiendrait tout ce qu'il voudrait; qu'il fallait donc qu'il se rendît dans les principales villes, à Witebsk, à Smolensk, à Moscou, à Saint-Pétersbourg, qu'il convoquât toutes les classes de la population, la noblesse, le clergé, la bourgeoisie, et leur demandât les derniers sacrifices; que ce ser-

Démarche tentée auprès d'Alexandre pour l'engager à quitter l'armée.

Juillet 1812.

vice était à la fois plus urgent et plus utile que tous ceux qu'il pourrait rendre en restant à l'armée; que c'était à ses généraux à combattre ou à mourir sur le seuil de la patrie, et à lui à s'en aller chercher d'autres enfants dévoués de cette même patrie, pour mourir partout où il serait nécessaire, fût-ce dans les extrêmes profondeurs de la Russie. Et on doit reconnaître à l'honneur de cette aristocratie impérieuse et dévouée, qui douze ans auparavant s'était débarrassée violemment d'un prince en démence, et qui aujourd'hui éloignait de l'armée un prince gênant, on doit reconnaître qu'elle était sincère, et qu'en l'écartant elle ne voulait qu'une chose : verser le sang de l'armée et le sien, plus à son aise, et en plus grande abondance.

L'ancien ministre de la guerre Araktchejef, homme d'une capacité ordinaire, mais d'un caractère énergique, le ministre de la police Balachoff, osèrent écrire un avis qu'ils remirent signé à Alexandre, et par lequel ils concluaient à son départ immédiat pour Moscou, d'après les motifs que nous venons de retracer. Les chefs de corps Bagowouth, Ostermann, supplièrent Alexandre, avec une énergie qui dépassait la simple prière, d'ordonner l'abandon immédiat du camp de Drissa, et un mouvement de droite à gauche sur Witebsk, pour déjouer, en se réunissant au prince Bagration, la manœuvre de Napoléon, que l'on commençait à soupçonner.

Alexandre cède aux instances impérieuses de ses généraux,

Alexandre, touché des observations qu'on venait de lui présenter sur les inconvénients de sa présence à l'armée, frappé également du danger de la position prise à Drissa, sentit s'évanouir toutes ses résolutions. Il convoqua un conseil de guerre où il admit à siéger non-seulement son propre état-major, mais celui du général Barclay de Tolly. Il y appela l'ancien ministre de la guerre Araktchejef, l'ingénieur Michaux, et le colonel Wolzogen, confident du général Pfuhl. Alexandre, après avoir expliqué le plan dans son ensemble, chargea le colonel Wolzogen de le justifier dans ses détails. Celui-ci, en convenant que certains travaux avaient été assez mal conçus, défendit cependant l'emplacement du camp de Drissa par des arguments plus ou moins spécieux. Ces arguments, au surplus, étaient sans force contre les objections que soulevait le plan du général Pfuhl. Si, en effet, il s'agissait d'un plan de retraite calculée, c'était trop tôt que de s'arrêter à la Dwina, car on s'exposait à être assailli par les Français au moment où ils disposaient encore de toutes leurs ressources; de plus en se retirant sur Drissa on leur laissait la faculté de s'interposer entre les deux armées de la Dwina et du Dniéper; enfin si des corps agissant sur les ailes de l'ennemi pouvaient se concevoir, ce n'était pas un motif pour diviser en deux la principale masse des forces russes, au point de n'être nulle part en état de faire face à l'ennemi. Quoique ces raisons ne fussent distinctement exprimées par aucun membre de l'état-major russe, elles agitaient confusément tous les esprits. Aussi M. de Wolzogen s'empressa-t-il lui-même d'admettre la nécessité de quitter immédiatement le camp de Drissa et de se porter sur Witebsk, où l'on donnerait la main à Bagration, qu'on espérait rejoindre à Smolensk. Cet avis, conforme à tout ce qu'on désirait,

Juillet 1812.

et convoque un conseil de guerre.

La résolution d'abandonner le camp de Drissa est unanimement adoptée.

Juillet 1812.

Alexandre quitte l'armée avec ses conseillers militaires, et laisse au général Barclay de Tolly le soin de diriger les opérations en qualité de ministre de la guerre.

ne pouvait rencontrer de contradicteur, et il fut adopté unanimement.

Ainsi fut abandonnée par une sorte de révolte des esprits la partie ridiculement systématique du plan du général Pfuhl, qui consistait à chercher à Drissa ce que lord Wellington avait trouvé aux lignes de Torrès-Védras. Toutefois Alexandre n'abandonna pas la partie essentielle du plan, qui, du reste, appartenait à tous les esprits sensés, celle de se retirer dans l'intérieur. Il confia l'exécution de cette pensée au général Barclay de Tolly, sans lui donner le titre de général en chef, afin de ménager l'amour-propre du prince Bagration, et il lui laissa la qualité de ministre de la guerre, qui lui subordonnait tous les chefs de corps. Il sentit en outre qu'il fallait s'éloigner, car il gênait les généraux par sa présence, assumait une responsabilité effrayante, et éprouvait au milieu de tant d'avis divers un tourment d'esprit insupportable. Il accepta donc volontiers le rôle dont on lui suggérait l'idée, celui d'aller à Moscou soulever les populations russes contre les Français, et il quitta sans différer le quartier général, emmenant tous les importuns conseillers dont Barclay de Tolly ne voulait point, et l'armée encore moins que lui. Le général Pfuhl partit pour Saint-Pétersbourg avec l'ancien ministre Araktchejef, le Suédois Arnfeld, et autres. L'Italien Paulucci, d'abord disgracié pour sa franchise, fut nommé gouverneur de Riga.

Barclay de Tolly, resté seul à la tête de l'armée avec la qualité de ministre de la guerre, était de tous les généraux russes le plus capable de la bien diriger. Instruit, connaissant à fond les détails de son métier, flegmatique et opiniâtre, il n'avait qu'un inconvénient, c'était d'inspirer à ses subordonnés de vives jalousies qu'il ne pouvait faire taire par une supériorité reconnue, et d'être responsable aux yeux de l'armée d'un système de retraite qui, tout raisonnable qu'il était, la blessait profondément. Pour le moment, il adhéra de grand cœur à la pensée d'évacuer le camp de Drissa, de remonter la Dwina jusqu'à Witebsk, de s'établir là en face de Smolensk, où l'on espérait que Bagration arriverait bientôt en remontant le Dniéper, et de tendre la main à celui-ci en se portant au besoin au milieu de la trouée qui sépare les sources de la Dwina de celles du Dniéper. Par ce mouvement il allait nous interdire la route de Moscou, mais celle de Saint-Pétersbourg restait ouverte. Afin de la fermer autant que possible, il résolut de laisser en position sur la basse Dwina, entre Polotsk et Riga, le corps du comte de Wittgenstein, lequel avec 25 mille hommes, bientôt augmentés des troupes de Finlande et des réserves du nord de l'empire, couvrirait l'importante place de Riga, et menacerait le flanc gauche des Français, tandis que l'armée du Danube, si elle revenait de Turquie à temps, menacerait leur flanc droit.

Ces dispositions arrêtées, Barclay de Tolly se mit en marche le 19 juillet, et remonta la Dwina, l'infanterie sur la rive droite, la cavalerie sur la rive gauche. Cette dernière en remontant la rive gauche occupée par les Français, pouvait avoir avec eux plus d'un engagement; mais elle avait la ressource de repasser la Dwina à gué, ce qui, dans cette saison, et au-dessus de Polotsk, était facile.

Juillet 1812.

Le général Barclay de Tolly remonte la Dwina pour se porter à Witebsk

Juillet 1812.

Le général Doctoroff devait former l'arrière-garde. Après la séparation du corps de Wittgenstein et les pertes résultant de la marche, Barclay de Tolly conservait encore environ 90 mille hommes. L'adjonction du prince Bagration pouvait lui procurer 150 mille hommes. Parti le 19, il marcha par les deux rives de la Dwina, les 20, 21, 22 juillet, en se tenant à une assez grande distance des Français, qui, dans leur projet de manœuvre, avaient résolu de ne pas trop s'approcher des Russes.

Au milieu des mouvements confus de la cavalerie russe, Napoléon discerne le plan de l'ennemi, consistant à rejoindre le prince Bagration entre Witebsk et Smolensk.

Napoléon, qui, lorsqu'il était en opération, avait les yeux continuellement fixés sur l'ennemi, devait ne pas tarder à s'apercevoir d'un tel mouvement, bien que la cavalerie russe s'appliquât à le couvrir, et à le dissimuler par des reconnaissances dirigées dans tous les sens. Il remarqua bientôt, à travers l'agitation de cette cavalerie, un mouvement vers la haute Dwina, qui pour les Français était de gauche à droite, et de droite à gauche pour les Russes. Avec son incomparable discernement, il reconnut tout de suite que Barclay de Tolly remontait la Dwina vers Witebsk, pour tendre la main à Bagration, qui de son côté remonterait probablement le Dniéper jusqu'à Smolensk. Cette manœuvre de l'ennemi fut loin de le décourager de son grand dessein, bien au contraire. Si les Russes avaient décampé de Drissa pour s'enfoncer directement dans l'intérieur de la Russie, il aurait pu désespérer de les atteindre, mais Barclay s'élevant sur la Dwina par un mouvement transversal, pendant que Bagration allait s'élever sur le Dniéper par un mouvement semblable, il avait toujours la chance de s'interposer

Napoléon persiste dans son dessein contre l'armée de Barclay de Tolly, et suit son mouvement sur Witebsk.

entre l'un et l'autre, pour exécuter son plan primitif. Le maréchal Davout après avoir obligé le prince Bagration à descendre le Dniéper, devait être bien avant celui-ci à Smolensk, et Napoléon n'avait qu'à remonter lui-même la Dwina, en s'élevant vivement par sa droite, pour trouver le moyen de faire à Witebsk ce qu'il n'avait pu faire à Polotsk, c'est-à-dire de passer la Dwina sur la gauche de Barclay de Tolly, de le déborder, et de le prendre à revers, pourvu toutefois que les circonstances ne lui fussent pas complétement défavorables.

Son plan était donc tout aussi réalisable; il fallait seulement l'exécuter plus à droite. Il n'en différa pas d'un seul jour l'exécution, et en aurait même devancé le moment, si la réunion de son matériel l'avait permis. Le prince Eugène était le 22 juillet à Kamen; Murat, avec la cavalerie, avec les trois divisions détachées du 1ᵉʳ corps, était tout près sur la gauche du prince Eugène; Ney, Oudinot venaient après, et la garde les suivait par Gloubokoé. (Voir la carte n° 55.) Napoléon mit toute cette masse en marche sur Beschenkowiczy. Se doutant cependant qu'il devait rester des forces ennemies sur la basse Dwina, il prescrivit au maréchal Oudinot de franchir ce fleuve à Polotsk, de refouler au-dessous les troupes qu'il y rencontrerait, et de s'appliquer à couvrir la gauche de la grande armée. En défalquant Macdonald, laissé en Samogitie pour veiller sur le Niémen, en défalquant Oudinot, destiné à se tenir vers Polotsk, il restait à Napoléon, avec Murat, avec les trois divisions du 1ᵉʳ corps, avec Ney, avec le prince Eugène, environ 150 mille hommes. Sur

Juillet 1812.

sa droite, il devait retrouver le maréchal Davout à la tête de ses trois divisions et de toutes les forces qui avaient composé le corps de Jérôme. Il était donc en mesure de frapper sur Barclay de Tolly un coup terrible.

Marche sur Beschenkowiczy.

Le prince Eugène franchit l'Oula le 23, et se porta avec quelques troupes légères sur Beschenkowiczy, petit bourg situé au bord de la Dwina, d'où l'on pouvait distinguer les mouvements de l'armée russe au delà du fleuve. C'était l'arrière-garde de Doctoroff qu'on apercevait en ce moment sur la route de Witebsk. Sur la rive gauche de la Dwina que nous occupions, des arrière-gardes de cavalerie se montrèrent dans la direction de Witebsk, et se replièrent, mais en se défendant avec plus de ténacité que de coutume, ce qui fit naître l'espérance de voir les Russes accepter enfin la bataille qu'on désirait si ardemment. Napoléon ordonna au prince Eugène, qui n'avait pu se porter sur Beschenkowiczy qu'avec une avant-garde, d'y réunir le lendemain 24 son corps tout entier, ainsi que la cavalerie Nansouty, et d'y jeter un pont sur la Dwina pour aller en reconnaissance de l'autre côté. Quant à lui, il avait déjà quitté Gloubokoé avec son quartier général, et il était à une demi-marche en arrière du prince Eugène. Il fit exécuter au reste de l'armée un mouvement général dans le même sens.

Reconnaissance au delà de la Dwina.

Le 24, le prince Eugène porta son corps à Beschenkowiczy. Tandis que la cavalerie légère du général Nansouty, dépassant Beschenkowiczy, courait sur la route d'Ostrowno, le prince dispersa ses voltigeurs le long de la Dwina, pour en écarter les

Russes, qu'on voyait sur l'autre rive, et fit approcher son artillerie afin de les tenir encore plus loin. Les pontonniers de son corps, amenés en cet endroit, se jetèrent hardiment dans le fleuve pour entreprendre l'établissement d'un pont. Ils l'eurent en peu d'heures rendu praticable, de manière que les troupes purent commencer à y passer. La cavalerie bavaroise du général Preysing, qui était attachée à l'armée d'Italie, impatiente de se montrer au delà de la Dwina, se précipita dans l'eau sans hésiter, traversa le fleuve à gué, et courut nettoyer l'autre rive. Ses escadrons, mieux conservés que l'infanterie bavaroise, galopant à la suite des Russes, se firent admirer de toute l'armée par la précision et la rapidité de leurs manœuvres.

Vers le milieu de l'après-midi, un grand tumulte de chevaux annonça la présence de Napoléon. Les troupes d'Italie, qui ne l'avaient pas encore vu, le saluèrent de bruyantes acclamations, auxquelles il répondit par un brusque salut, tant il était occupé de l'objet qui l'amenait. Il descendit précipitamment de cheval pour adresser quelques observations au chef des pontonniers, puis, se remettant en selle, il traversa le pont au galop, et, suivant à toute bride la cavalerie bavaroise, il se porta au loin sur la rive gauche de la Dwina, pour observer la marche des Russes. Bien qu'avec sa prodigieuse sagacité il devinât la vérité sur les moindres rapports des officiers d'avant-garde, il voulait toujours, quand il le pouvait, avoir vu les choses de ses propres yeux.

Après avoir couru l'espace de deux ou trois lieues, il revint convaincu que l'armée russe avait défilé tout

Juillet 1812.

Cette reconnaissance confirme Napoléon dans son projet de marcher sur Witebsk, pour essayer de déborder et de tourner Barclay de Tolly

entière sur Witebsk, et il résolut de s'avancer plus vite et plus hardiment encore dans cette direction, pour se placer violemment, s'il le fallait, entre Witebsk et Smolensk, entre Barclay de Tolly et Bagration. Il ordonna donc au prince Eugène et au général Nansouty de s'acheminer, le lendemain 25, sur Ostrowno. Murat, qui précédemment avait marché de sa personne avec la cavalerie de Montbrun et les trois divisions Morand, Friant, Gudin, dut se mettre à la tête de la cavalerie maintenant que l'armée était réunie, et précéder le prince Eugène dans le mouvement sur Ostrowno.

Le lendemain 25, on partit de très-bonne heure. Le général Bruyère ouvrait la marche avec sept régiments de cavalerie légère, et un régiment d'infanterie de la division Delzons, le 8ᵉ léger. Suivaient les cuirassiers Saint-Germain; quant aux cuirassiers Valence, formant le complément du corps du général Nansouty, ils étaient, comme on l'a vu ailleurs, détachés auprès du maréchal Davout.

Ce même jour le général Barclay de Tolly, voulant retarder les progrès des Français en leur disputant le terrain pied à pied, avait placé en avant d'Ostrowno le 4ᵉ corps (celui d'Ostermann), avec une brigade de dragons, avec les hussards de la garde, les hussards de Soumy, et une batterie d'artillerie à cheval. Ces troupes étaient en reconnaissance entre Ostrowno et Beschenkowiczy.

Le général Piré avec le 8ᵉ de hussards et le 16ᵉ de chasseurs à cheval, s'avançait sur la route d'Ostrowno, large, droite, bordée de bouleaux, lorsqu'au sommet d'une petite montée il découvrit tout à coup la cavalerie légère russe escortant son artillerie à cheval. On ne se fut pas plutôt reconnu, que le 8ᵉ de hussards et le 16ᵉ de chasseurs furent couverts de mitraille. Le général Piré fondant alors avec ces deux régiments sur la cavalerie russe, mit d'abord en fuite le régiment qui occupait le milieu de la route, chargea ensuite le second qui était dans la plaine à droite, revint sur le troisième qui était dans la plaine à gauche, et après s'être défait de tout ce qu'il y avait devant lui de troupes à cheval, se jeta sur les pièces, sabra les canonniers, et enleva huit bouches à feu. Murat arriva au moment de ce brillant fait d'armes suivi par la seconde brigade du général Bruyère, et par les cuirassiers Saint-Germain. Il prit la direction du mouvement.

À peine avait-il gravi la légère éminence au pied de laquelle venait d'avoir lieu cette première rencontre, qu'il aperçut dans la plaine au delà, le corps d'Ostermann tout entier, appuyé d'un côté à la Dwina, et de l'autre à des coteaux boisés. Sur-le-champ, il fit ses dispositions pour tenir tête à cette infanterie nombreuse, que flanquaient plusieurs milliers de chevaux. A sa gauche vers la Dwina, il rangea ses régiments de cuirassiers sur trois lignes. Au centre, il déploya le 8ᵉ léger, afin de répondre au feu de l'infanterie russe, et le fit soutenir par une partie de la cavalerie du général Bruyère. Il rangea sur sa droite le reste de cette cavalerie, qui se composait du 6ᵉ de lanciers polonais, du 10ᵉ de hussards polonais, et d'un régiment de hulans prussiens. Il envoya dire au prince Eugène d'accourir le plus tôt possible avec la division d'infanterie Delzons.

Juillet 1812.

Brillante
conduite
de la cavalerie
française.

Ces dispositions n'étaient pas achevées, que les dragons d'Ingrie s'avancèrent pour charger son extrême droite. Les Polonais, que la vue des Russes animait d'une singulière ardeur, exécutèrent un changement de front à droite, se précipitèrent au galop sur les dragons d'Ingrie, les rompirent, en tuèrent un grand nombre, et en prirent deux ou trois cents. En un instant, cette partie du champ de bataille se trouva balayée, et on donna ainsi à l'infanterie de la division Delzons du temps pour arriver. Dans cet intervalle, les deux bataillons déployés du 8º léger occupaient le milieu du champ de bataille, et protégeaient notre cavalerie contre le feu de l'infanterie russe. Pour s'en débarrasser le général Ostermann envoya contre eux trois bataillons détachés de sa gauche. Murat fit aussitôt charger ces trois bataillons par quelques escadrons, et les força de se replier. Notre cavalerie remplissait ainsi chacune des heures de la journée par des combats brillants, en attendant l'apparition de l'infanterie. Le comte Ostermann n'osant plus aborder notre cavalerie de front, fit, à la faveur des bois, avancer plusieurs autres bataillons sur notre droite, et en poussa aussi deux sur notre gauche, dans le même dessein. Murat, qui jusqu'à ce moment encore n'avait que de la cavalerie, lança contre les bataillons qui se présentaient sur sa droite les lanciers et hussards polonais et les hulans prussiens. Cette cavalerie étrangère, fondant à toute bride sur les bataillons russes, les culbuta, et les contraignit de rentrer dans le bois. A l'aile opposée le 9º de lanciers, soutenu par un régiment de cuirassiers, rompit avec la même vigueur les bataillons russes envoyés contre notre gauche, et les mit dans la nécessité de rétrograder.

Il y avait plusieurs heures que durait cette lutte incessante de la cavalerie française contre toute l'infanterie russe, lorsque arriva enfin la division Delzons, qui du reste avait marché aussi vite qu'elle avait pu, et à la vue de ses lignes profondes, le comte Ostermann se mit en retraite sur Ostrowno. Cette journée, qui nous avait coûté tout au plus 3 à 4 cents hommes, avait fait perdre aux Russes 8 bouches à feu, 7 ou 8 cents prisonniers, et 12 ou 15 cents hommes mis hors de combat. Notre cavalerie s'était signalée par la vigueur, la promptitude et l'à-propos de ses manœuvres, grâce surtout à Murat, qui possédait au plus haut degré l'art difficile, non de la ménager, mais de s'en servir.

Ce combat annonçait de la part des Russes l'intention de disputer le terrain, et peut-être de livrer bataille. Rien ne convenait davantage à Napoléon, qui en persistant dans la résolution de s'interposer entre Barclay de Tolly et Bagration, et surtout de déborder le premier, ne demandait pas mieux que d'y parvenir au moyen d'une bataille, laquelle aurait pu lui procurer sur-le-champ tous les résultats qu'il attendait d'une savante manœuvre. Il ordonna donc au prince Eugène et à Murat de se porter en masse le lendemain sur Ostrowno, et de dépasser même ce point, pour approcher le plus possible de Witebsk.

Le lendemain en effet, Murat et Ney ayant bien concerté leurs mouvements s'avancèrent fortement

Juillet 1812

Second combat d'Ostrowno,

serrés l'un à l'autre. La cavalerie légère et les deux bataillons du 8ᵉ léger ouvraient la marche, puis venaient les cuirassiers Saint-Germain, et enfin la division d'infanterie du général Delzons. La division Broussier était à une heure en arrière. On traversa ainsi Ostrowno dès le matin, et à deux lieues au delà on trouva l'ennemi rangé derrière un gros ravin, avec de fortes masses d'infanterie et de cavalerie. On avait devant soi la division Konownitsyn, que Barclay de Tolly avait envoyée pour soutenir le corps d'Ostermann, et le remplacer au besoin. Le champ de bataille présentait les mêmes caractères que les jours précédents. Remontant la vallée de la Dwina, nous avions à droite des coteaux couverts de bois, au centre la grande route bordée de bouleaux, traversée de ravins sur lesquels étaient jetés de petits ponts, et à gauche la Dwina décrivant de nombreux circuits, et souvent guéable en cette saison.

Vers huit heures, au bord du ravin derrière lequel l'ennemi était établi, on rencontra ses tirailleurs. Notre cavalerie légère fut obligée de se replier, et de laisser à l'infanterie le soin de forcer l'obstacle. Murat se tint un peu en arrière avec ses escadrons, se contentant pour le moment d'envoyer au delà de la Dwina une partie de ses chevaux-légers, afin de battre l'estrade et de menacer le flanc des Russes. Le général Delzons arrivé devant le ravin qui nous arrêtait, dirigea sur les bois épais qui étaient à notre droite le 92ᵉ de ligne, avec un bataillon de voltigeurs du 106ᵉ, sur la gauche un régiment croate appuyé par le 84ᵉ de ligne, et garda au centre le reste du

106ᵉ en réserve. L'artillerie, mise en batterie par le général d'Anthouard, dut protéger de son feu l'attaque qu'allait exécuter l'infanterie.

Tandis que les troupes de droite essayaient de gravir les hauteurs boisées sous un feu très-vif, celles de gauche, conduites par le général Huard, s'approchèrent du ravin, le franchirent, et parvinrent à s'établir sur un plateau que l'ennemi évacua. Le centre suivit ce mouvement. Le 8ᵉ léger, l'artillerie, la cavalerie allèrent successivement occuper le plateau abandonné par l'ennemi. Pendant que la gauche, composée du régiment croate et du 84ᵉ, poursuivait son succès sans s'inquiéter de ce qui arrivait à l'aile opposée, et s'engageait fort avant, la droite ne faisait pas des progrès aussi rapides, et s'épuisait en vains efforts pour pénétrer dans l'épaisseur des bois, défendus par une infanterie nombreuse. Notre aile droite était ainsi retenue en arrière, tandis que notre centre se portait en avant, et notre gauche plus en avant encore. Le général Konownitsyn discernant cette situation, dirigea contre notre gauche et notre centre toutes ses réserves, et les conduisit vigoureusement à l'attaque. Le régiment croate et le 84ᵉ, qui ne s'attendaient pas à ce brusque retour, se trouvant pris en flanc, furent bientôt ramenés à la hauteur du centre. Déjà même ils allaient être culbutés dans le ravin, et notre artillerie courait le danger d'être enlevée, lorsque Murat, prompt comme l'éclair, se précipitant avec les lanciers polonais sur la colonne russe, renversa le premier bataillon, et se servant de ses lances contre cette infanterie rompue, joncha la terre de morts. Au même instant le chef de bataillon Ricard, à la tête d'une compagnie du 8ᵉ léger, se porta au secours de nos pièces dont l'ennemi était près de s'emparer. Eugène lança également le 106ᵉ, tenu jusque-là en réserve, pour appuyer le 84ᵉ et les Croates. Ces efforts réunis arrêtèrent les masses russes, ramenèrent notre gauche en avant, et maintinrent notre centre. Pendant ce temps, Murat, Eugène, Junot (celui-ci commandait l'armée d'Italie sous Eugène) étaient accourus à notre droite, où le général Roussel à la tête du 92ᵉ de ligne et des voltigeurs du 106ᵉ avait la plus grande peine à vaincre le double obstacle des hauteurs et des bois. Junot se mit à la tête du 92ᵉ, l'électrisa par sa présence, et notre droite triomphante força enfin les Russes à se retirer.

Murat et Eugène apercevant au delà des troupes de Konownitsyn d'autres colonnes profondes (c'étaient celles d'Ostermann), sur un terrain toujours plus accidenté, craignaient, quoique victorieux, de se trop engager, car ils ne savaient s'il convenait à Napoléon de provoquer une action générale. Mais tout à coup ils furent tirés d'embarras par les cris de *Vive l'Empereur!* qui signalaient ordinairement l'approche de Napoléon. Il parut en effet suivi de son état-major, jeta un coup d'œil sur le champ de bataille, qu'il trouva jonché de morts, mais de morts russes beaucoup plus que de morts français, et reconnut clairement l'intention de l'ennemi, qui n'était pas encore de livrer bataille, mais de disputer fortement le terrain pour ralentir notre mouvement. Il ordonna de le poursuivre sans relâche jusqu'au soir.

Durant cette poursuite, que la droite était toujours obligée d'exécuter en se soutenant sur le flanc de hauteurs boisées, le brave général Roussel qui disputait le terrain d'un bouquet de bois à l'autre, fut atteint d'un coup de feu, et mourut en emportant les regrets de l'armée.

Cette seconde journée nous avait coûté 1200 hommes, dont 400 morts, les autres blessés. Les Russes en avaient perdu environ deux mille. Nous n'avions pas pris de canons, et nous avions fait peu de prisonniers. Les troupes, du reste, s'étaient conduites avec la plus rare valeur.

Napoléon passa cette nuit au milieu de l'avant-garde, résolu à se mettre dès le matin à la tête de ses troupes, car chaque pas qu'on faisait rendait la situation plus grave, et pouvait amener des événements importants. Il avait prescrit aux trois divisions détachées du 1ᵉʳ corps, à la garde, et au maréchal Ney de rejoindre la tête de l'armée le plus promptement possible, afin d'être en mesure de livrer bataille, s'il trouvait l'ennemi disposé à la recevoir. Les Bavarois épuisés de fatigue avaient été laissés en arrière à Beschenkowiczy, pour couvrir les communications avec Polotsk, poste assigné à Oudinot, et avec Wilna, centre de toutes nos ressources et de toutes nos communications.

Le lendemain dès la pointe du jour, Napoléon suivi du prince Eugène, du roi Murat, se porta en avant, pour tout ordonner lui-même dans cette journée. On était fort près de Witebsk, dont on découvrait déjà les clochers sur notre gauche, au bord de la Dwina, et au pied d'un coteau. Un ravin nous séparait de l'ennemi, et le pont qui servait à le passer avait été brûlé. Plus loin on découvrait une plaine assez étendue, dans laquelle une nombreuse arrière-garde composée de cavalerie et d'infanterie légères s'apprêtait à disputer le passage du ravin. Au fond de la plaine enfin, on apercevait une petite rivière, se jetant dans la Dwina près de Witebsk, et au delà de cette rivière, l'armée russe en bataille, présentant une masse qu'on pouvait évaluer à 90 ou 100 mille hommes. Voulait-elle enfin livrer bataille, pour nous empêcher de nous établir entre elle et Bagration, et de pénétrer dans la trouée qui sépare la Dwina du Dniéper? Son attitude autorisait à le penser, et aussitôt Napoléon envoya aides de camp sur aides de camp, afin de presser l'arrivée du reste de l'armée. Pour la journée il ne fallait s'attendre qu'à un nouveau choc de notre avant-garde contre l'arrière-garde russe, mais pour le lendemain la bataille semblait certaine. Napoléon l'appelait de tous ses vœux; l'armée partageait ses désirs et ses espérances.

En approchant du ravin qui nous séparait de l'arrière-garde ennemie, il fallut s'arrêter pour rétablir le pont, et défiler ensuite par ce pont qui était fort étroit. Napoléon se plaça un peu à gauche en arrière, sur une éminence d'où son regard embrassait toute l'étendue du champ de bataille. Les chasseurs de la garde se rangèrent devant lui. La journée était superbe, le soleil étincelant, la chaleur extrêmement vive. L'armée d'Italie formait comme les jours précédents la tête de notre colonne, de compagnie avec la cavalerie du général Nansouty. La division

Delzons ayant combattu la veille, avait cédé le pas à la vaillante division Broussier. Le général Broussier se hâta de faire réparer le pont, ce qui prit un peu de temps, après quoi le 16ᵉ de chasseurs à cheval, de la brigade Piré, passa le ravin, suivi de 300 voltigeurs du 9ᵉ de ligne. Ces troupes, défilant par la gauche au pied de l'éminence où était Napoléon, s'avancèrent dans la plaine pendant que les régiments de Broussier franchissaient le pont. Ces régiments vinrent l'un après l'autre se former en carré dans la plaine, le 53ᵉ en tête, les autres en échelons successifs. En même temps le général de brigade Bertrand de Sivray, avec le 18ᵉ d'infanterie légère, se dirigea vers les hauteurs boisées qui bordaient notre droite.

Juillet 1812.

Pendant que ces mouvements s'opéraient sous la protection d'une nombreuse artillerie, le 16ᵉ de chasseurs s'étant trop avancé à gauche, avec les voltigeurs du 9ᵉ, attira un orage sur sa tête. Le comte Pahlen lança sur lui les Cosaques de la garde impériale russe. Le 16ᵉ n'ayant personne pour le soutenir s'il chargeait, résolut d'attendre de pied ferme la charge de l'ennemi, en l'amortissant par ses feux de carabine. Il attendit en effet les escadrons russes avec sang-froid, fit sur eux une décharge générale, et abattit un bon nombre de cavaliers, mais pas assez pour arrêter leur impulsion. Il fut donc heurté vivement, et ramené en arrière. Au même instant, la plus grande partie de la cavalerie russe s'ébranla, et vint fondre sur notre gauche. Les trois cents voltigeurs du 9ᵉ semblèrent perdus, et comme engloutis au milieu de cette multitude de sabres levés sur leurs

Brillante aventure de trois cents voltigeurs du 9ᵉ de ligne.

têtes. Cependant ils se rapprochèrent du ravin sans se désunir, se pelotonnèrent sous les ordres de deux braves officiers, les capitaines Guyard et Savary, et continuèrent à faire un feu nourri contre les nombreux escadrons qui les chargeaient. Cette nuée de cavaliers poursuivant son mouvement en avant, arriva presque au pied du monticule où se trouvait Napoléon, et vint menacer notre artillerie jusqu'à la hauteur de nos carrés. Mais le premier de ces carrés, formé par le 53° de ligne, reçut avec l'aplomb des vieilles troupes d'Italie les charges de la cavalerie russe, et les arrêta court; puis s'avançant, sans se rompre, dégagea le 46° de chasseurs et les trois cents voltigeurs du 9°, qui étaient restés comme noyés au milieu d'un flot d'assaillants. L'armée, qui assistait à ce spectacle avec une vive émotion, vit avec joie le petit groupe des voltigeurs du 9° sortir sain et sauf de cette effrayante mêlée. Napoléon, qui n'avait pas cessé de l'observer avec sa lunette, quitta la position qu'il occupait, franchit le ravin, et passant à cheval devant ces braves voltigeurs : Qui êtes-vous, mes amis? leur dit-il. — Voltigeurs du 9° de ligne, et tous enfants de Paris, répondirent ces vaillants jeunes gens. — Eh bien! vous êtes des braves, et vous avez tous mérité la croix. — Ils le saluèrent des cris de *Vive l'Empereur!* et il se porta ensuite auprès des carrés de la division Broussier. Celle-ci s'avançait dans la plaine, ayant son artillerie dans l'intervalle des carrés, et poursuivant à coups de canon la nombreuse cavalerie de Pahlen. Bientôt arrivèrent, au centre la cavalerie Nansouty, à droite la division Delzons. Les Russes ne croyant pas prudent de tenir contre de pareilles forces, repassèrent la petite rivière de la Loutcheza, derrière laquelle leur armée était en bataille. On avait ainsi gagné la moitié du jour, et si toutes nos troupes avaient été réunies, Napoléon eût accepté sur l'heure la bataille qu'on semblait lui offrir. Mais il n'avait sous la main qu'une partie trop insuffisante de son armée. Il résolut donc d'employer le reste de cette journée en reconnaissances, en études du terrain, en concentrations de forces. Après avoir observé la ligne ennemie, et assigné dans son esprit la place que chacun de ses corps occuperait le lendemain, il vint bivouaquer au milieu de ses troupes, que les succès des jours précédents et la perspective d'une grande bataille remplissaient de joie. Nos soldats souhaitaient un événement décisif, quelque sanglant qu'il pût être. Cette marche sans résultat les fatiguait. Ils cheminaient par une chaleur de 27 degrés Réaumur; ils avaient peu d'eau-de-vie, presque pas de pain, et mangeaient la plupart du temps de la viande cuite sans sel. De braves soldats dans une position qui leur déplait, désirent toujours une bataille, ne serait-ce qu'à titre de changement. La fatigue avait fort éclairci nos rangs. Les derniers combats nous avaient enlevé près de 3 mille hommes, sur lesquels 1100 ou 1200 morts, et 1800 blessés. Le départ des Bavarois nous avait affaiblis d'environ 15 mille hommes. Il restait, avec les deux corps de cavalerie des généraux Nansouty et Montbrun, avec l'armée d'Italie, avec les trois divisions du 1ᵉʳ corps, avec la garde, et le maréchal Ney, environ 125 mille hommes, et des meilleurs.

Juillet 1812.

Probabilité d'une bataille pour le 28 juillet.

Joie de l'armée.

C'était plus qu'il n'en fallait pour venir à bout de Barclay de Tolly. On se promettait de l'écraser le lendemain.

En effet, Barclay de Tolly avait pris l'audacieuse détermination de livrer bataille. Les plaintes amères de ses soldats, leurs outrages même (car il s'entendait quelquefois insulter par eux, à cause de cette retraite continue dans laquelle il s'obstinait), n'auraient pas suffi pour le faire changer de conduite, si une puissante considération n'était venue le décider. Un pas de plus en arrière, et la communication entre Witebsk et Smolensk était interceptée, et Bagration, auquel il avait donné rendez-vous à Babinowiczi, était arrêté dans sa marche, peut-être pris entre Davout et Napoléon, dès lors détruit. Il résolut donc, quel que pût être le danger, de livrer, en arrière de la petite rivière de la Loutcheza, une bataille acharnée, avec ce qu'il avait de forces. La séparation du corps de Wittgenstein et les longues marches l'avaient réduit à moins de 100 mille hommes. Les trois derniers jours de combat lui en avaient coûté plus de 7 mille, en morts, blessés ou prisonniers. Il lui restait ainsi 90 mille hommes environ, soutenus, il est vrai, par le courage du désespoir, contre 125 mille, animés par le courage qui naît de l'esprit militaire à son plus haut degré d'énergie. La chance était périlleuse; mais le moment était de ceux où l'on ne doit plus calculer, et où il faut sauver les empires par des résolutions désespérées.

Il avait donc employé toute la journée à se préparer, lorsqu'un officier arrivé en toute hâte lui apporta soudainement de puissantes raisons de changer d'avis. C'était un aide de camp du prince Bagration, qui venait lui annoncer le combat de Mohilew et les conséquences de ce combat. Bagration, que Davout avait forcé de passer le Dniéper beaucoup plus bas que Mohilew, était obligé de faire un plus long détour pour rejoindre Barclay de Tolly dans l'ouverture qui sépare les sources des deux fleuves. Ce n'était plus par Orscha, point du Dniéper le plus rapproché de la Dwina, que Bagration conservait l'espoir de se réunir à Barclay de Tolly, mais tout au plus par Smolensk. (Voir la carte n° 55.) Telles étaient les nouvelles qu'apportait l'aide de camp du prince Bagration. Dès lors, on pouvait rétrograder encore sans compromettre la jonction des deux armées derrière la ligne du Dniéper et de la Dwina, et il était inutile de livrer une bataille extrêmement dangereuse, pour un but placé plus loin sans doute, mais nullement compromis par un nouveau mouvement rétrograde. Déchargé de cette responsabilité immense, Barclay prit le parti de décamper dans la nuit même. Le 27 fort tard, lorsque la fatigue commençait à endormir la vigilance des Français, l'ordre de retraite, communiqué à tous les chefs de corps, fut exécuté avec un ensemble, une précision, un silence remarquables. On laissa des feux allumés et l'arrière-garde du comte Pahlen sur les bords de la Loutcheza, afin de tromper complétement l'ennemi, et l'on se retira en trois colonnes, celle de droite composée des 6ᵉ et 5ᵉ corps (Doctoroff et la garde) par la route de Roudnia sur Smolensk; celle du centre, composée du 3ᵉ corps (Touczkoff), par Kolycki sur Poreczié; celle de gauche, composée

Juillet 1812.

de Bagration au delà du Dniéper, l'amène à renoncer à son dessein.

Retraite de l'armée russe.

des 2e et 4e corps (Bagowouth et Ostermann), par Janowiczi sur Poreczié. Ce dernier point, où tendaient deux des colonnes russes, était situé derrière une petite rivière marécageuse et boisée, la Kasplia. Cette rivière, coulant de Smolensk à Sourage, barre en quelque sorte l'espace de dix-huit à vingt lieues, qui s'étend entre les sources du Dniéper et celles de la Dwina, et ferme pour ainsi dire les portes de la Moscovie. (Voir la carte n° 55.) Établi à Poreczié avec le gros de ses forces, derrière une région de bois et de marais, protégé par le cours sinueux et fangeux de la Kasplia, libre de se porter sur Sourage, au bord de la Dwina, ou sur Smolensk, au bord du Dniéper, Barclay de Tolly pouvait attendre quelques jours la jonction de Bagration, en couvrant à la fois les routes de Moscou et de Saint-Pétersbourg. Cette résolution, prise avec autant de promptitude que l'avait été la veille celle de combattre, exécutée avec une rare précision, honorait le jugement et le caractère militaire du général en chef Barclay de Tolly, et prouvait que, livré à lui-même, moins contrarié tantôt par l'aristocratie militaire qui gouvernait l'empire, tantôt par les passions populaires qui dominaient l'armée, il aurait pu diriger sagement les opérations de cette guerre si grave et si difficile.

Le 28 juillet Napoléon, à cheval de très-grand matin, et entouré de ses lieutenants, courait sur les bords de la Loutcheza, où il se flattait de trouver un nouveau Friedland, et surtout cette paix qu'il avait si légèrement abandonnée, et qu'il regrettait maintenant comme on regrette tout ce qu'on a trop facilement délaissé. Malgré une brillante arrière-garde fièrement conduite par le comte Pahlen, il n'était guère possible de tromper un œil aussi exercé que celui de Napoléon, et il reconnut bien vite que les Russes, après s'être hardiment posés devant lui la veille, venaient de décamper pour éviter la bataille. Ignorant les motifs qui les avaient décidés tour à tour à combattre et à rétrograder, il put croire que cette montre d'une résolution qu'ils n'avaient pas, et à laquelle avait succédé une retraite si brusque, n'était de leur part qu'un calcul pour attirer l'armée française à leur suite, la fatiguer et l'épuiser. Cette pensée, qui pénétra beaucoup plus avant dans l'esprit de ses lieutenants que dans le sien, attrista les officiers et les soldats. On se mit immédiatement en marche par une chaleur accablante de 27 à 28 degrés Réaumur, pour tâcher de recueillir quelques débris de cette armée fugitive, et, malgré la fatigue des jours précédents, on courut à perte d'haleine. Mais la cavalerie du comte Pahlen, quoique ne refusant pas les charges de la nôtre, finissait toujours par se retirer et par évacuer le terrain disputé.

A peine eut-on fait les premiers pas, qu'on aperçut à gauche sur la Dwina la ville de Witebsk, capitale de la Russie Blanche, peuplée de vingt-cinq mille habitants, et assez commerçante. L'un de nos détachements y entra sans difficulté, chassant devant lui des bandes de Cosaques, qui, semblables à des oiseaux malfaisants, ne se retiraient jamais sans souiller les lieux qu'ils traversaient. Ils n'avaient pas eu le temps de brûler cette ville assez

Juillet 1812.

Vive poursuite des Russes malgré une chaleur étouffante.

Occupation de Witebsk par un détachement.

jolie, mais ils avaient détruit les principaux magasins, et surtout mis les moulins hors de service. Les habitants, à l'exception de quelques prêtres et de quelques marchands, avaient fui à notre approche, épouvantés par le bruit fort exagéré des ravages que nous avions commis en Pologne, ravages presque nuls dans les villes protégées par la présence de l'armée, mais trop réels dans les campagnes livrées sans défense aux pillards isolés.

Napoléon entré dans Witebsk pour juger par ses propres yeux de l'importance de cette ville, et de l'étendue des ressources qu'elle pourrait lui offrir, y passa quelques instants, prit possession du palais du gouverneur, palais peu somptueux mais suffisant pour sa simplicité toujours grande à la guerre, et puis, après avoir donné les ordres les plus indispensables, partit pour regagner à toute bride la tête de ses colonnes. La chaleur du jour était suffocante, et, quand on la comparait au froid glacial qu'on serait exposé à éprouver plus tard, semblait une dérision de la nature. Les chevaux et les hommes tombaient sur la route, par le double effet de la mauvaise nourriture et de la chaleur, et ceux de nos soldats qui à la suite de Napoléon avaient déjà vu tant de pays divers, ne se rappelaient pas avoir respiré en Égypte un air plus brûlant, chargé d'un sable plus fin et plus étouffant. Chose étrange, tandis que nous laissions sur les chemins quantité de traînards, nous ne rencontrions pas un seul Russe en arrière, quoiqu'ils fussent bien moins alertes que les Français. Mais ayant toujours marché au milieu de leurs magasins, ils n'avaient eu à supporter aucune privation, et de plus ils avaient pour les retenir dans les rangs le stimulant de la crainte, car, tandis que nos soldats en s'attardant étaient assurés d'être recueillis par leurs camarades, eux n'avaient que la chance d'être pris ou sabrés par notre cavalerie acharnée à les poursuivre.

Juillet 1812.

On chemina ainsi pendant plusieurs lieues sur les traces de l'armée russe, sans trouver un seul homme de qui on pût savoir la vérité. On finit pourtant vers la chute du jour par en ramasser quelques-uns, qui n'avaient pu soutenir la rapidité de cette marche, et soit à la direction lointaine des colonnes qu'on apercevait de temps en temps des points culminants du terrain, soit aux réponses des hommes recueillis sur la route, on crut découvrir que l'ennemi se retirait, partie sur Smolensk, partie entre Smolensk et Sourage, dans l'intention évidente de se réunir au prince Bagration. Napoléon avait été jour par jour informé des opérations du maréchal Davout, du combat de Mohilew, des conséquences de ce combat, du détour auquel le prince Bagration était condamné, détour qui retardait, mais qui n'empêchait pas sa réunion avec Barclay de Tolly; il avait donc tous les éléments nécessaires pour bien juger des projets de l'ennemi. Après avoir suivi les Russes jusqu'à la fin du jour, il s'arrêta de sa personne en un petit endroit appelé Haponowtschina. Là il conféra quelques instants avec Murat et Eugène, reconnut avec eux l'inutilité et le danger d'une poursuite prolongée, car le projet de déborder Barclay de Tolly devenait impraticable, celui-ci étant aussi bien sur ses gardes, et ayant sur nous autant d'avance.

Après avoir en vain poursuivi les Russes pendant toute une journée, Napoléon prend le parti de s'arrêter.

Juillet 1812.

Ne pouvant pas le déborder, on ne pouvait pas davantage empêcher sa réunion avec Bagration, qui était en marche au delà du Dniéper pour le rejoindre derrière la Dwina. Tout ce qu'il y avait de possible, en s'obstinant dans cette poursuite, c'était d'obliger les deux généraux russes à opérer leur jonction dix ou quinze lieues plus loin, et cet avantage de peu d'importance ne valait pas l'inconvénient d'épuiser les forces de l'armée. La cavalerie était dans un état pitoyable; l'artillerie avait la plus grande peine à suivre. Napoléon promit donc à Eugène et à Murat de s'arrêter de nouveau afin de procurer quelques jours de repos aux troupes, de rallier les hommes en arrière, et de refaire des magasins avec les ressources du pays que les Russes n'avaient pas eu le temps de détruire.

Résolution de séjourner quelques jours à Witebsk.

Cette résolution adoptée, Napoléon se sépara d'Eugène et de Murat, qu'il laissa avec leurs troupes, et rentra dans Witebsk le soir même.

Ainsi ses combinaisons de l'ouverture de la campagne, qui étaient au nombre des plus belles qu'il eût jamais conçues, avaient échoué, quoiqu'il eût battu l'ennemi dans toutes les rencontres, quoiqu'il lui eût déjà fait perdre environ 15 mille hommes en morts, blessés ou prisonniers, et lui eût arraché plusieurs de ses meilleures provinces, telles que la Lithuanie et la Courlande. Quelques fautes d'exécution avaient sans doute contribué à cet insuccès, comme celle de s'être trop hâté de franchir le Niémen, et de n'avoir pas, avant tout éveil donné à l'ennemi, passé à Kowno le temps qu'il fallut passer à Wilna pour rallier l'armée et ses bagages; comme

Par quelles causes avaient échoué toutes les combinaisons de la campagne.

celles d'avoir trop compté sur la jonction du roi Jérôme avec le maréchal Davout, de n'avoir pas mis celui-ci en mesure à lui seul de poursuivre et d'envelopper le prince Bagration; d'avoir, en traitant trop mal son jeune frère, amené une fâcheuse interruption de commandement, d'avoir enfin en toutes choses trop peu compté avec les hommes et les éléments. Mais indépendamment de ces fautes, l'insuccès provenait, comme ces fautes elles-mêmes, de l'imprudence de cette guerre, consistant à tenter avec des soldats violemment arrachés à tous les pays, et précipitamment enrégimentés, des marches sans fin, dans des contrées immenses, trop peu fertiles et trop peu habitées pour suppléer à tout ce qu'il est impossible de porter avec soi; d'avoir, non pas manqué de penser aux difficultés d'une telle entreprise, ou négligé les moyens de les vaincre, mais d'avoir trop facilement cru à l'efficacité des moyens employés; d'avoir agi, en un mot, avec tout l'enivrement d'un pouvoir abusé par la continuité des succès, et par la soumission générale des peuples. Remarquons cependant que la folie de cette guerre étant commencée, si Napoléon eût été plus fou encore, s'il eût marché droit devant lui, sans s'arrêter dix-huit jours à Wilna pour y rallier ses troupes et ses convois, il aurait sans doute laissé beaucoup plus de monde en arrière, mais il eût peut-être aussi accablé Barclay de Tolly d'un côté, Bagration de l'autre, et frappé des coups terribles, qui auraient pu amener la paix, qui auraient suffi dans tous les cas à remplir grandement cette première campagne, et l'auraient dispensé d'aller chercher au fond de la Russie les résultats éclatants dont il avait besoin pour conserver son prestige, pour imposer à l'Europe, pour tenir ses troupes en haleine. Plus tard il eût recueilli une partie des hommes laissés en chemin, les plus solides au moins, et du reste il n'en eût jamais perdu autant qu'il en perdit bientôt, pour courir après un triomphe qui le fuyait sans cesse. On voit déjà ici, comme on le verra dans la suite, cette fatale guerre marquée au coin d'un double caractère, celui d'une conception téméraire, et d'une exécution incertaine, du génie, en un mot, qui commence les fautes, s'en repent aussitôt après les avoir commencées, et échoue par l'hésitation même que ce repentir produit dans son action. Oserons-nous le dire? Plus aveuglé, Napoléon eût peut-être mieux réussi! Il faut ajouter que, quoique sa santé ne fût pas atteinte, son activité semblait moindre, qu'il allait plus souvent en voiture, moins souvent à cheval, soit que la chaleur, un embonpoint croissant, eussent quelque peu appesanti non pas son esprit mais son corps, soit que l'énormité de ce qu'il avait entrepris effrayât, énervât sa volonté jadis si forte et si ardente, soit, dirions-nous enfin si nous partagions davantage les superstitions humaines, que la fortune inconstante ou fatiguée cessât de seconder ses desseins!

Certes, il restait encore à Napoléon bien des combinaisons à imaginer, et son inépuisable génie n'était pas à bout de ressources. Barclay de Tolly, dont on n'avait pu empêcher la jonction avec le prince Bagration, et qui de 90 mille hommes allait se trouver porté à 140 mille par la réunion des deux armées de la Dwina et du Dniéper, n'en devenait pas invincible pour les 250 mille hommes que Napoléon était en mesure de lui opposer après avoir rallié le maréchal Davout; Barclay de Tolly, qu'on n'avait pu jusqu'alors ni surprendre ni envelopper, n'était pas tout à coup devenu tellement clairvoyant qu'il fût impossible d'endormir sa vigilance, et de faire tomber sur sa tête l'un de ces coups imprévus sous lesquels avaient succombé depuis quinze ans les plus vaillantes armées de l'Europe. Les résultats merveilleux qui signalaient chez Napoléon tous ses débuts de campagne n'étaient donc qu'ajournés, et en attendant on avait des résultats solides, la Lithuanie, la Courlande conquises, et, de plus, l'ascendant des troupes françaises sur les troupes ennemies maintenu dans tout son éclat. On pouvait donc se reposer à Witebsk sans de trop sombres pensées; et si le repos qu'on avait pris à Wilna prêtait à la critique, celui qu'on allait prendre à Witebsk était à l'abri de tout reproche; car à Wilna, au prix de trente ou quarante mille traînards de plus, il eût été possible d'arriver à temps sur les derrières de Bagration, sur le flanc de Barclay, mais à Witebsk on ne pouvait rien, qu'agrandir davantage en s'avançant le cercle que Barclay et Bagration allaient décrire pour se rejoindre, sans arriver à interrompre ce cercle nulle part, sans faire autre chose que sacrifier à un résultat insignifiant l'armée tout entière, en l'exposant à périr actuellement de chaleur, de peur que plus tard elle ne périt de froid.

Napoléon s'installa donc pour douze ou quinze

Juillet 1812.

Nécessité du parti pris par Napoléon de se reposer quinze jours à Witebsk.

Juillet 1812.

Distribution de la grande armée dans l'espace compris entre la Dwina et le Dniéper.

jours dans le palais du gouverneur de Witebsk avec sa cour militaire. Il distribua ses corps d'armée autour de lui, de manière à se garder de toute surprise, à les nourrir le mieux possible, à leur préparer une réserve de vivres pour les prochains mouvements, et à pouvoir se concentrer à propos sur les points où il faudrait agir. Il établit à Witebsk même la garde impériale; en avant de lui à Sourage, petite ville située au-dessus de Witebsk sur la Dwina, le prince Eugène; un peu à droite, vers Roudnia, au milieu de l'espace compris entre la Dwina et le Dniéper, et derrière le rideau de bois qui longeait les bords de la Kasplia, le maréchal Ney, et en avant de celui-ci, à tous les débouchés par où l'ennemi pouvait se présenter, la masse entière de la cavalerie. (Voir la carte n° 55.) Il fit camper derrière Ney, entre Witebsk et Babinowiczi, les trois divisions du 1er corps, qui attendaient avec impatience le moment de se réunir au chef sévère mais paternel, sous lequel elles avaient l'habitude de vivre et de combattre.

Réunion du maréchal Davout à la grande armée, et distribution des troupes de ce maréchal.

Le maréchal Davout, en effet, avait remonté le Dniéper, après le combat de Mohilew. Il s'était établi à Orscha, où il gardait le Dniéper, comme à Witebsk Napoléon gardait la Dwina. Il avait étendu la cavalerie de Grouchy sur sa gauche, pour se lier vers Babinowiczi avec la grande armée, et avait jeté sur sa droite la cavalerie légère de Pajol et Bordessoulle, pour suivre et observer au delà du Dniéper le prince Bagration, qui faisait un grand détour par Micislaw afin de rejoindre Barclay de Tolly vers Smolensk. Le maréchal Davout avait enfin rallié les

Westphaliens et les Polonais, exténués les uns et les autres par une marche de plus de cent cinquante lieues, exécutée du 30 juin au 28 juillet, dans un pays difficile et la plupart du temps sans vivres. Les Polonais étaient à Mohilew, les Westphaliens entre Mohilew et Orscha. Le général Latour-Maubourg, avec sa cavalerie fatiguée, se retirait lentement de Bobruisk sur Mohilew, observant les troupes détachées de Tormazoff. Reynier, à la tête des Saxons destinés à garder le grand-duché, se croisait avec les Autrichiens, qui étaient en marche vers la grande armée.

Napoléon établi ainsi sur la haute Dwina avec la garde et le prince Eugène, ayant entre la Dwina et le Dniéper, Murat, Ney, les trois premières divisions du maréchal Davout, et sur le Dniéper même le reste des troupes de ce maréchal, plus les Westphaliens et les Polonais, était dans une position inattaquable, et en mesure de préparer de nouvelles opérations. Son intention était, en s'occupant des besoins de ses soldats, de recomposer chaque corps suivant sa formation primitive, de rendre au prince Eugène la cavalerie de Grouchy, et même les Bavarois, de rendre au général Montbrun les cuirassiers de Valence un moment prêtés au maréchal Davout, de rendre à celui-ci ses trois premières divisions d'infanterie, de lui confier outre le 1ᵉʳ corps, les Westphaliens, les Polonais, et la cavalerie de réserve du général Latour-Maubourg.

Suivant sa coutume, Napoléon ordonna qu'on employât sur-le-champ les ressources qu'offrait le pays, pour procurer aux troupes la subsistance qui

Juillet 1812.

Napoléon rend à chaque commandant en chef les troupes momentanément détachées de son corps.

Soins pour les vivres, les hôpitaux, les magasins.

leur avait manqué pendant la marche, et leur ménager une réserve de huit à dix jours de vivres. A Witebsk, il y avait quelques provisions, notamment en vin, sucre, café, et on en disposa pour les hôpitaux. Les bords de la Dwina étaient assez bien cultivés, et le pays au delà, en entrant en Russie Blanche, de Witebsk à Newel et Wielij, présentait çà et là du grain et du bétail. Les magasins des Russes avaient été généralement détruits, mais on en avait conservé quelques portions qu'on transportait en ce moment sur les voitures du pays à la suite de Barclay de Tolly. Notre cavalerie profita de l'occasion, et fit des prises assez importantes en avant des cantonnements du prince Eugène. A Liosna, Roudnia, Babinowiczi, c'est-à-dire entre la Dwina et le Dniéper, les Russes n'ayant fait que passer, et nos trainards n'ayant pu se répandre encore, il restait des moyens de subsistance. A Orscha, sur le Dniéper, le maréchal Davout avait trouvé de quoi préparer l'approvisionnement de ses troupes. Au delà du Dniéper, d'Orscha à Micislaw, s'étendait une contrée fertile, et où il y avait beaucoup de moulins. Malheureusement ils avaient été la plupart mis hors de service. Napoléon ordonna de les rétablir, de construire des fours, de former des magasins, particulièrement à Witebsk et à Orscha, où il prétendait placer ses deux principaux points d'appui sur la Dwina et sur le Dniéper. On manquait d'hôpitaux, surtout à Witebsk, où l'on avait à soigner, outre les 1800 blessés français restés des trois combats d'Ostrowno, 5 à 600 blessés russes, sans compter un nombre considérable de malades. Le bon et habile chirurgien Larrey, véritable héros d'humanité, soignant les blessés de l'ennemi afin que l'ennemi soignât les nôtres, se donnait à Witebsk des peines infinies pour suppléer aux effets d'ambulance qui n'étaient pas encore arrivés. Napoléon lui fit livrer tout ce qu'on trouva de meilleur dans les couvents. Il profita en outre de la présence du maréchal Davout à Orscha pour faire préparer à Orscha même, ainsi qu'à Borisow et à Minsk, des hôpitaux capables de recevoir douze mille malades.

Juillet 1812.

Si quelque chose peut donner une idée de la difficulté des opérations militaires à de si grandes distances, et avec de si grandes masses d'hommes, c'est l'étendue et la multiplicité des souffrances de nos soldats, malgré tous les efforts de génie faits pour les prévenir. Les combats livrés par la cavalerie de Poniatowski à Mir, par le corps de Davout à Mohilew, par la grande armée à Ostrowno, par Oudinot à Deweltowo, et par divers corps en plusieurs autres lieux, nous avaient tout au plus coûté 6 à 7 mille hommes en morts ou blessés, et cependant 150 mille hommes environ avaient déjà disparu des rangs dans les marches du Niémen au Dniéper et à la Dwina. Les chefs de corps en parlaient avec tant d'insistance à Napoléon, qu'après s'être décidé, par ce motif, à faire une nouvelle halte à Witebsk, il ordonna pour connaître l'étendue du mal des appels dans tous les régiments[1]. En commençant cette revue détaillée

Effrayante diminution d'effectif dans les corps, et appels faits pour la constater.

---

[1] Les historiens qui ont voulu excuser la campagne de Russie, se sont attachés à faire dater la ruine de l'armée de la retraite de Moscou, des grands froids qui accompagnèrent cette retraite, et des privations qu'il fallut endurer pendant une marche de 250 lieues, etc. C'est une erreur

Juillet 1812.

Pertes dans les corps des maréchaux Macdonald, Oudinot et Ney.

des corps de l'extrême gauche à l'extrême droite, du maréchal Macdonald vers Riga, jusqu'au général Reynier vers Brezesc, sur une ligne de plus de deux cents lieues, on trouvait les tristes résultats suivants. Le maréchal Macdonald, qui avait sous ses ordres des Prussiens et des Polonais organisés de longue main, qui avait eu cinquante lieues tout au plus à parcourir, et très-peu de privations à endurer, n'avait subi qu'une perte de 6 mille hommes. De 30 mille combattants, il était réduit à 24 mille. Le maréchal Oudinot qui avec la division des cuirassiers Doumerc, détachée du corps de cavalerie de Grouchy, comptait environ 38 mille combattants au passage du Niémen, n'en conservait pas plus de 22 à 23 mille à Polotsk. Il attribuait cette désolante diminution à la désertion qui s'était produite parmi les troupes étrangères, telles que les Croates, les Suisses, les Portugais. Parmi les Français, la déser-

commise par des écrivains qui n'ont pas examiné de près les documents véritables. La correspondance des généraux, des ministres, des préfets même, prouve que les causes de ce grand désastre étaient plus anciennes et plus profondes. On touchait en effet à la dissolution de l'armée par suite de guerres incessantes, auxquelles il fallait suffire avec un recrutement précipité, des soldats enfants, braves mais faibles, avec des étrangers de mauvaise volonté, et un matériel qui ne résistait pas à de telles distances. Ces causes commencèrent la ruine de l'armée bien avant qu'on fût à Moscou, et la retraite de Moscou ne fit que l'achever. La fatigue, le défaut de vivres, la mortalité des chevaux, qui mit une partie de la cavalerie à pied, créèrent de très-bonne heure de funestes habitudes de vagabondage, qui se développèrent ensuite dans cette fatale campagne, lorsque les causes qui les avaient produites eurent atteint leur dernier degré d'énergie. C'est ce commencement que nous signalons ici au moyen de preuves irréfragables et soigneusement recueillies. Notre travail a été fait sur les états mêmes présentés à Napoléon par les chefs de corps, états d'après lesquels il établit ses propres calculs.

tion ne s'était manifestée que chez les jeunes gens. Le maréchal Ney, qui avait possédé 36 mille hommes au début des opérations, affirmait à Witebsk n'en pouvoir pas mettre en ligne plus de 22 mille. Les étrangers, c'est-à-dire les Illyriens et les Wurtembergeois, étaient dans ce corps comme dans les autres la cause principale de la diminution d'effectif. Murat, avec la cavalerie de réserve des généraux Nansouty et Montbrun, était réduit de 22 mille cavaliers à 13 ou 14 mille. Il faut ajouter que la cavalerie légère attachée à chaque corps d'armée avait diminué dans une proportion beaucoup plus forte encore, par suite du service fatigant des avant-gardes, et de la protection dont il fallait sans cesse entourer les troupes envoyées au fourrage. Elle ne présentait plus que la moitié de sa force primitive. La garde impériale elle-même ne comptait plus que 27 ou 28 mille hommes environ au lieu de 37 mille, ce qui était dû aux pertes de la jeune infanterie, à celles de la cavalerie légère constamment employée aux reconnaissances que l'Empereur ordonnait directement, et surtout à l'incroyable disparition des nouvelles recrues dans la division Claparède. Cette division était tombée de 7 mille fantassins à moins de 3 mille. Ne consistant plus à son retour d'Espagne que dans le cadre des régiments, on l'avait recrutée avec de jeunes Polonais, qui avaient tous succombé à la fatigue ou à la tentation de rentrer chez eux. C'est ainsi que la garde elle-même, quoique toujours bien pourvue, comptait déjà 10 mille hommes de moins. La vieille garde était la seule troupe qui n'eût rien perdu.

Marginalia : Juillet 1812. — Pertes de la cavalerie. — Pertes de la garde impériale.

Juillet 1812.

Pertes de l'armée d'Italie.

Le corps du prince Eugène, évalué à 80 mille hommes lors du passage du Niémen, n'était plus que de 45 mille, dont 2 mille environ perdus par le feu. Une affreuse dyssenterie, devenue épidémique parmi les Bavarois, les avait réduits de 27 à 13 mille. Cette maladie était due à une nourriture où il entrait plus de viande que de pain, à la viande de porc mangée sans sel, à la privation de vin, à la fraîcheur des bivouacs succédant brusquement à l'étouffante chaleur des jours, enfin et par-dessus tout aux marches rapides, à la jeunesse des hommes, à leur peu de penchant à servir. On regardait ce corps comme à peu près hors d'état d'être utile, et on l'avait laissé à Beschenkowiczy, parce que chaque jour de marche lui occasionnait mille malades [1]. La division italienne était le corps qui après les Bavarois avait le plus souffert de la dyssenterie. La garde italienne elle-même composée d'hommes de choix n'en avait pas été exempte. Les belles divisions françaises Broussier et Delzons avaient mieux résisté à cette rude vie de marches et de privations. D'avril à juillet elles étaient venues de Vérone à Witebsk, de l'Adriatique aux sources de la Dwina. Elles avaient perdu par le feu 2 mille hommes à Ostrowno, et 3 mille par la fatigue, ce qui de 20 mille les avait réduites à 15. C'était un grand avantage sur la division italienne Pino, qui de 11 mille hommes était tombée à 5 mille. Le

[1] Il est bien entendu que je ne parle pas même d'après les mémoires du maréchal Saint-Cyr, plus attristants encore que mon récit, mais d'après les correspondances quotidiennes des chefs de corps. Il n'y a pas un des détails de cet exposé que je ne puisse appuyer sur des états authentiques et des calculs irréfragables.

corps du maréchal Davout avait moins diminué que les autres, grâce à sa forte composition. S'il n'avait eu dans ses rangs des Hollandais, des Hambourgeois, des Illyriens, des Espagnols, on aurait à peine compté une réduction d'un dixième dans son effectif. Par suite de ce mélange, et par suite aussi de l'incorporation des réfractaires dans ses régiments, il ne pouvait plus mettre en ligne que 52 ou 53 mille hommes au lieu de 72. Le corps de Jérôme, composé des Westphaliens, des Polonais, des Saxons, de la cavalerie de Latour-Maubourg, avait essuyé les pertes suivantes : les Polonais étaient réduits de 30 mille hommes à 22 mille, les Westphaliens de 18 à 10, les Saxons de 17 à 13, la cavalerie Latour-Maubourg de 10 à 6 environ.

Ainsi l'armée active, qui au passage du Niémen comprenait 400 mille combattants, et près de 420 mille hommes de toutes armes avec les parcs, ne comptait plus que 255 mille soldats, excellents sans doute, tous fort solides, tous présents au drapeau, mais pas trop nombreux assurément si on voulait pénétrer au cœur de la Russie. Il est vrai qu'il y avait 140 mille hommes en seconde ligne, entre le Niémen et le Rhin, et 50 à 60 mille malades dans les divers hôpitaux de l'Allemagne et de la Pologne, et qu'on pouvait de ces 200 mille individus tirer d'utiles renforts. En laissant sous les maréchaux Macdonald et Oudinot 60 mille hommes sur la Dwina, 20 mille environ sur le Dniéper sous le général Reynier, il restait de l'armée active 175 mille hommes à porter en avant. Il faut observer que les 30 mille Autrichiens du prince de Schwarzenberg, actuellement

Juillet 1812.

Situation un peu meilleure des troupes du maréchal Davout.

en marche vers Minsk, devaient bientôt grossir ce nombre, et que des 140 mille échelonnés entre le Niémen et le Rhin, Napoléon pouvait tirer 30 mille bons soldats sous le maréchal Victor, pour les rapprocher de ses derrières. Quant à la réserve confiée au maréchal Augereau, quant aux diverses garnisons de l'Allemagne, elles étaient nécessaires pour faire face aux Suédois, et il était impossible de les déplacer. Ainsi, en ajoutant aux 60 mille hommes des maréchaux Macdonald et Oudinot laissés sur la Dwina les 30 mille hommes du maréchal Victor, en ajoutant aux 20 mille hommes du général Reynier laissés entre le Bug et le Dniéper les 30 mille Autrichiens, Napoléon avait environ 175 mille hommes à mener avec lui, ou sur Moscou ou sur Saint-Pétersbourg, ses flancs étant fortement protégés. On pouvait sans doute avec cette masse qui était organisée frapper encore des coups décisifs, mais il était cruel, après un mois de campagne, et sans aucune grande bataille, d'être ramené à de telles proportions.

Les causes de cette étrange diminution ont déjà été indiquées. Les dernières marches venaient de les révéler encore plus clairement. L'armée d'Italie avait fait de mars à juillet six cents lieues, l'armée partie du Rhin cinq cents. On avait réuni 150 mille chevaux pour traîner les munitions et nourrir l'armée, mais une moitié de ces chevaux avait déjà succombé faute de trouver à se nourrir eux-mêmes, et une partie considérable de nos convois avait dû être abandonnée sur les routes. Les privations jointes à la longueur des marches avaient ainsi empêché beaucoup d'hommes, même de bonne volonté, de suivre leur corps. Les étrangers de toutes les nations, Illyriens, Italiens, Espagnols, Portugais, Hollandais, Allemands, Polonais, s'entendant difficilement les uns avec les autres et avec les habitants des pays traversés, faisant de l'armée une Babel, ne se sentant aucun goût à servir avec nous, se battant bien par amour-propre quand ils étaient sous nos yeux, mais hors du champ de bataille n'éprouvant pas le moindre scrupule dès qu'ils étaient fatigués ou indisposés de rester en arrière, ayant dans les forêts de la Pologne une retraite assurée pour se cacher, disparaissaient à vue d'œil. Quelques-uns mouraient ou pourrissaient dans les hôpitaux, quelques autres exerçaient le métier de brigand, le plus grand nombre s'écoulaient à travers l'Allemagne favorisés par les habitants, et la plupart du temps rentraient chez eux. Après les étrangers, les réfractaires et les jeunes soldats français étaient les plus enclins à quitter les rangs, les jeunes soldats par démoralisation, les réfractaires par goût pour la vie errante. Il ne restait sous le drapeau que les anciens soldats, ou bien ceux qu'un tempérament plus militaire avait promptement associés à l'esprit des vieilles bandes, et ils formaient, comme on vient de le voir, un total de 250 et quelques mille hommes. A commettre la témérité de cette campagne si lointaine, il eût certainement mieux valu n'avoir avec soi que 250 mille hommes au lieu de 400 mille, car on n'en aurait eu que 250 mille à nourrir, et de plus on n'aurait pas infecté le pays d'une multitude de déserteurs, dont la conduite pouvait devenir contagieuse. C'é-

Juillet 1812.

tait en effet l'exemple de la désertion bien plus encore que la perte matérielle de 150 mille hommes dont il fallait s'inquiéter, car peu à peu cette facilité à quitter le drapeau, jusqu'à ce jour étrangère à nos soldats, en entraînait beaucoup qui jamais n'y auraient pensé s'ils n'avaient eu continuellement sous les yeux le spectacle de la désertion. A la contagion de l'exemple se joignaient mille fâcheux prétextes pour s'éloigner des rangs. Tous les soirs la course aux vivres, l'attention à donner à d'immenses bagages, le soin des troupeaux menés à la suite de l'armée, l'artillerie régimentaire que Napoléon avait voulu confier aux régiments d'infanterie, et qui détournait de leur service habituel beaucoup d'excellents fantassins pour en faire de mauvais artilleurs, enfin la mortalité des chevaux qui mettait forcément à pied une multitude de cavaliers réduits à se traîner péniblement à la suite des corps, grossissaient cette triste queue qu'on aperçoit ordinairement après le passage des armées, et qui bientôt s'allonge, se corrompt, devient même infecte, en

Inquiétudes que causent à Napoléon les diminutions d'effectif.

proportion du mauvais état des troupes. C'était cet ensemble de causes qui préoccupait surtout Napoléon, plus encore que le nombre si considérable d'hommes dont il allait être matériellement privé, car, à la rigueur, avec 100 mille hommes distribués sur ses flancs, et une masse bien compacte de 150 mille autres portés en avant, il n'eût pas été impossible de frapper sur la Russie un coup mortel; mais à voir ce qui se passait, il était à craindre que les 250 mille hommes qui lui restaient ne fussent bientôt réduits à 200, à 100, et même à beaucoup moins.

Napoléon en avait dans certains moments le pressentiment sinistre, et prenait pour parer à ce danger les précautions les plus minutieuses et les plus profondément calculées. Voici celles qu'il adopta pendant le séjour qu'il fit à Witebsk.

La gendarmerie d'élite, troupe sans pareille pour la qualité des hommes, exerçant ordinairement la police sur les derrières de l'armée, et se composant de 3 à 400 cavaliers, lui parut insuffisante, malgré les colonnes mobiles dont on l'avait renforcée, et il ordonna d'envoyer de Paris au quartier général tout ce qui restait dans les dépôts de la garde. Il créa, ce qu'il n'avait pas fait encore, et ce qui attestait bien l'état fâcheux des troupes, deux inspecteurs de la grande armée, qui, sous le titre d'*aides-majors généraux* de l'infanterie et de la cavalerie, étaient chargés de veiller à la situation de ces deux armes, à leur tenue, à leur effectif, à leurs besoins. Ils devaient s'assurer de la force vraie des régiments au moment de chaque action, et s'occuper surtout des petits dépôts que l'armée laissait sur sa route. Napoléon fit, pour ces fonctions, deux choix excellents, tant sous le rapport de la vigilance que sous celui de la connaissance de chaque arme, ce fut, pour l'infanterie, le comte Lobau, pour la cavalerie, le comte Durosnel. Malheureusement la multiplication des emplois ne remédie pas plus aux abus que la multiplication des médecins n'assure la guérison des malades. Napoléon chercha avec plus de raison dans cette seconde halte, qu'il se proposait de faire à Witebsk et que la chaleur, indépendamment de tout autre motif, aurait rendue nécessaire, dans le ral-

Juillet 1812.

Moyens qu'il emploie pour y remédier.

Nomination de deux inspecteurs généraux de l'infanterie et de la cavalerie pour la grande armée.

liement des hommes, dans l'arrivée des convois, qu'un délai de douze ou quinze jours devait singulièrement faciliter, dans le soin à réunir une nouvelle réserve de vivres qu'on essayerait cette fois de transporter réellement à la suite de l'armée, le remède au mal qui l'inquiétait. Toujours dans le désir de réveiller le sentiment de la discipline chez ses soldats, il voulut passer lui-même des revues sur la place de Witebsk, qu'il agrandit en faisant abattre quelques-unes des maisons en bois qui l'obstruaient. Là il inspecta d'abord les diverses brigades de la garde impériale, puis les corps qui étaient à sa portée, examinant lui-même en détail la tenue des hommes, leur armement, leur équipement, et parlant aux soldats et aux officiers un langage fait pour exciter dans leurs cœurs les plus nobles sentiments. Dans l'une de ces revues, il reçut le général Friant en qualité de colonel-commandant des grenadiers à pied de la garde, dignité qui était vacante par la mort du général Dorsenne, et dont il voulut récompenser l'un des trois anciens divisionnaires du maréchal Davout. Cette réception eut lieu aux applaudissements de toute l'armée. Le général Friant était alors le modèle accompli de ces vertus guerrières formées sous la république, non corrompues par les prospérités de l'empire, et consistant dans la modestie, la probité, le dévouement au drapeau, la profonde science du métier unie à un véritable héroïsme. Napoléon, après avoir serré dans ses bras cet homme rare, dont les cheveux avaient déjà blanchi sous les armes, lui dit : Mon cher Friant, vous ne prendrez ce commandement qu'à la fin de la campagne; ces soldats-ci vont tout seuls, et il faut que vous restiez avec votre division, où vous aurez encore de grands services à me rendre. Vous êtes l'un de ces hommes que je voudrais pouvoir placer partout où je ne puis pas être moi-même. —

Napoléon n'était pas le seul dans l'armée à s'être aperçu de la grave difficulté des distances, surtout dans un pays mal cultivé parce qu'il était mal peuplé, avec un ennemi qui se retirait sans cesse par nécessité et par calcul. Dans le premier élan on n'avait pas douté d'atteindre les Russes, et de les battre une fois atteints, mais la chaleur, la mauvaise nourriture, ayant tout à coup abattu les forces, on commençait à mesurer les espaces parcourus, à s'inquiéter de ceux qu'il faudrait parcourir encore, et on se demandait avec une sorte de chagrin quand est-ce qu'on pourrait joindre l'armée ennemie [1]. C'était le sujet des entretiens des gé-

---

[1] L'historien russe Boutourlin, le meilleur narrateur étranger de cette guerre, a dit (page 453, tome II de son ouvrage) que la retraite des Russes avait été l'effet non d'un calcul, dont tout le monde s'était vanté après coup, mais de la faiblesse numérique de leur armée. Cet écrivain sensé, et généralement impartial, éprouvait le désir bien naturel de réduire à leur juste valeur les prétentions de ceux qui ont voulu s'attribuer exclusivement la gloire des événements de 1812, et se faire un mérite de ce qui ne fut le plus souvent que le produit du hasard, ou plutôt la faute de celui qui dirigeait l'armée française. Il est bien vrai, en effet, que l'armée russe se retirait parce qu'elle ne pouvait pas faire autrement, et que fort souvent l'entraînement des passions agissant chez elle en sens contraire de la raison, elle eût livré bataille si son infériorité numérique le lui eût permis. Il est bien vrai encore que les mouvements de l'armée russe, à les considérer dans leurs motifs de chaque jour, furent plutôt commandés par les circonstances du moment, que dirigés d'après un plan général. Mais ce serait méconnaître aussi une partie non moins importante de la vérité que de ne pas voir qu'au milieu des variations quotidiennes d'idées, produites par une situation violente, il y avait

470   LIVRE XLIV.

Juillet 1812.

L'armée discerne clairement le danger de cette guerre, consistant surtout dans les distances à parcourir.

Idée de s'arrêter à Witebsk très-répandue.

néraux, des officiers et des soldats eux-mêmes. — Ces misérables fuient toujours! s'écriaient les soldats. — Ces rusés, disaient beaucoup d'officiers, veulent nous entraîner à leur suite, nous fatiguer, nous épuiser, et nous assaillir quand nous serons assez réduits en nombre et en force physique pour n'être plus à craindre. — Cette dernière pensée avait surtout germé dans les rangs les plus élevés de l'armée, et on entendait se demander autour de Napoléon s'il ne serait pas temps de s'arrêter, puisqu'on était arrivé aux véritables limites qui séparaient l'ancienne Pologne de la Moscovie, et pour ainsi dire l'Europe de l'Asie; de s'établir solidement sur la Dwina et sur le Dniéper, de fortifier Witebsk et Smolensk, de prendre Riga à gauche, de s'étendre à droite jusqu'en Volhynie et en Podolie, d'insurger ces provinces, d'organiser la Pologne, de lui créer une armée, un gouvernement, de préparer aussi les cantonnements d'hiver, et d'y attendre

cependant une pensée générale, existant dans toutes les têtes indépendamment du plan du général Pfuhl, pensée consistant à croire que plus on rétrogradait vers le centre de l'empire, plus les Français s'affaiblissaient, et plus les Russes devenaient relativement forts; qu'il ne fallait donc pas se trop chagriner d'un mouvement rétrograde indéfiniment continué, et qu'on y perdait plus en apparence qu'en réalité. La haine, l'orgueil, luttaient sans doute contre cette pensée, et la conduite des généraux russes fut le résultat d'un perpétuel conflit entre le calcul qui conseillait de rétrograder, et la passion qui poussait à combattre. Une autre idée moins généralement répandue, et à laquelle Alexandre s'était fort attaché, et que seul il pouvait mettre à exécution, parce que seul il donnait des ordres aux armées éloignées de Finlande, de Volhynie et de Moldavie, était celle d'agir sur les flancs de l'armée française, quand elle serait tout à fait engagée dans l'intérieur de la Russie. Cette idée était aussi juste que celle de rétrograder jusqu'à l'entier épuisement de l'armée française, et l'une et l'autre appliquées à propos devaient mal-

MOSCOU. 171

avec des troupes réorganisées, bien armées, bien nourries, cantonnées sur une bonne frontière, que les Russes vinssent nous redemander la Pologne les armes à la main. Dans ce cas la réponse ne présentait pas de doute, et il n'y avait pas un soldat qui ne fût certain de la faire victorieuse.

Ces idées étaient justes assurément, et pourtant elles soulevaient de fortes objections. Aussi Napoléon, qui voyait tout, qui savait tout, éprouvait-il une sorte d'impatience à entendre les propos d'hommes sensés, ayant en grande partie raison, mais négligeant un côté important de la vérité. Condamné dans ces pays dépeuplés par la nature et par la guerre à vivre en tête à tête avec ses lieutenants, y mettant même plus de condescendance que de coutume à cause de l'anxiété dont il les voyait saisis, il répondait à leurs opinions, dont il ne méconnaissait pas la justesse, par les graves réflexions qui suivent.

Juillet 1812.

Réponse de Napoléon à cette manière de penser.

---

heureusement pour nous avoir des conséquences immenses. Ces deux idées, inspirées à tout le monde par la nature même des choses, composèrent le plan des Russes, et elles appartinrent à l'esprit de tous, bien plus qu'à l'esprit d'un seul, ce qui confirme l'assertion si juste du général Clausewitz, que la campagne de 1812 se fit presque toute seule. Le général Pfuhl, en les systématisant beaucoup trop, les gâta peut-être par des exagérations, mais ces idées n'en existaient pas moins chez lui et chez d'autres, et Alexandre, lorsqu'il le récompensa plus tard, montra une justice généreuse et délicate. Quant à la pensée de se retirer, le général Boutourlin, en accordant beaucoup à la nécessité, dit vrai, mais il exagère en ôtant au calcul sa part véritable. On était forcé de se retirer, mais on se retirait avec la conviction que le dommage réel était plus grand pour l'armée française que pour l'armée russe. Si nous insistons pour éclaircir ce point de fait, c'est parce qu'il est du devoir de l'histoire de préciser l'origine des résolutions qui ont changé la face du monde. A quel soin se vouerait l'histoire, si elle négligeait celui-là ?

Juillet 1812.

D'abord ces cantonnements, disait-il, n'étaient pas si faciles à établir qu'on le pensait. Le Dniéper et la Dwina, qui dans le moment semblaient des frontières, n'en seraient plus dans trois mois. La gelée et la neige en feraient des plaines, sur lesquelles une légère cavité marquerait tout au plus le cours des fleuves. Que seraient alors quelques points tels que Dunabourg, Polotsk, Witebsk, Smolensk, Orscha, Mohilew, distants de trente ou quarante lieues les uns des autres, et très-légèrement fortifiés? Comment défendre, contre des troupes que l'hiver serait loin de paralyser, contre la facilité du traînage, une pareille ligne de cantonnements? Et ces soldats français, si prompts par nature, devenus plus prompts encore par l'habitude des dernières guerres, comment les retenir, et leur faire prendre patience, sous le plus triste climat du monde, pendant neuf mois entiers, depuis août de la présente année jusqu'à juin de l'année suivante, sans être même assuré de les bien nourrir pendant ce long intervalle de temps? Interrompre en août une campagne commencée à la fin de juin!... Comment leur expliquer une telle timidité, comment la faire comprendre à l'Europe? Et celle-ci, habituée à nos coups de foudre, en nous voyant hésiter, tâtonner, nous arrêter après quelques combats, brillants mais sans résultat, n'allait-elle pas nous regarder d'un œil moins humble, douter de nous, et peut-être s'agiter sur nos derrières? L'Espagne (dans laquelle de fâcheux événements commençaient à se produire, ainsi qu'on le verra bientôt), l'Espagne n'allait-elle pas nous créer des embarras, qui, peu inquiétants lorsque la grande armée était placée entre l'Elbe et le Rhin, deviendraient graves lorsqu'elle serait avec son chef confinée pour un temps indéterminé entre le Niémen et le Borysthène? Avait-on mesuré toutes ces difficultés, et beaucoup d'autres auxquelles on devrait songer, quand on était si prompt à conseiller de s'arrêter? —

Juillet 1812.

Telles étaient les objections que Napoléon adressait à ceux qui considéraient l'établissement sur le Dniéper et la Dwina comme un résultat suffisant de la campagne, et il y avait bien d'autres objections encore qu'il taisait, quoiqu'il les sût bien, car s'il était plus prompt que personne, par caractère, par habitude, par ambition, à se jeter dans d'inextricables difficultés, il était plus prompt aussi que personne à découvrir ces difficultés, quand il s'y était jeté, et s'il les niait, ce n'était pas par ignorance, mais par répugnance à s'avouer ses fautes, par calcul, et un peu aussi par ce besoin d'illusions qui porte à se nier à soi-même des choses qu'on sait être vraies, comme si en les niant on en diminuait la réalité. Il savait, par exemple, sans en convenir, que les esprits commençaient à s'éloigner de lui, même en France, qu'en Europe ils étaient profondément exaspérés, que dans l'armée, qui composait sa véritable clientèle, la fatigue avait déjà produit le refroidissement, la critique, la méfiance, et que, dans cette situation, il ne pouvait se soutenir qu'à force de coups d'éclat.

Du reste, l'idée de ne point dépasser les limites de la Pologne, qui se répandait autour de lui, il n'en méconnaissait pas le mérite; il était même prêt à y adhérer, et à en faire le principe de sa

Napoléon ne repousse pas absolument l'idée de s'arrêter

Juillet 1812.

sur la Dwina et le Dniéper, mais il veut auparavant avoir rétabli par quelque grand triomphe le prestige de ses armes.

conduite, mais après avoir exécuté certaines opérations qu'il méditait encore, après avoir remporté quelque triomphe signalé, car il ne désespérait pas, après ce second repos d'une quinzaine, de frapper quelque grand coup, qui maintiendrait tout entier le prestige de ses armes, et lui permettrait de s'arrêter aux frontières de la Moscovie, sans que le monde ni la France doutassent de lui, point important à ne jamais oublier. Au surplus les divergences sur ce sujet n'avaient encore aucune gravité, car, malgré quelques doutes surgissant çà et là, la confiance en lui était entière parmi ses soldats et ses généraux, et si la fatigue inspirait parfois des moments de tristesse, elle ne suggérait à personne l'idée d'un désastre.

Mouvements de tous ses corps dirigés dans cette pensée.

Napoléon, nourrissant le projet de nouvelles et décisives opérations, dirigeait dans ce sens les mouvements des corps d'armée qui actuellement ne prenaient point part au repos de Witebsk. On a vu que sur la Dwina il avait ordonné au maréchal Oudinot de marcher l'épée haute sur le comte de Wittgenstein, de le pousser sur Sebej, route de Saint-Pétersbourg par Pskow, afin de dégager la gauche de la grande armée (voir la carte n° 54); qu'il avait ordonné au maréchal Macdonald d'appuyer le mouvement du maréchal Oudinot, de se porter sur la basse Dwina, afin de faire tomber Dunabourg, et de préparer le siége de Riga, ce qui devait assurer non-seulement l'occupation paisible de la Courlande, mais probablement aussi la possession des deux forts points d'appui de Dunabourg et de Riga. On a vu enfin que vers le Dniéper il avait ordonné au général Reynier avec les Saxons, au prince de Schwarzenberg avec les Autrichiens, de se croiser, et de se rendre, le prince de Schwarzenberg à Minsk, le général Reynier à Brezesc ou Kobrin, ce dernier ayant mission de couvrir le grand-duché et d'insurger la Volhynie. Ces ordres étaient actuellement ou exécutés ou en cours d'exécution, dans la mesure des circonstances et du talent de ceux qui étaient chargés de les exécuter.

Juillet 1812.

Le maréchal Oudinot, dont le corps était réduit de 38 mille hommes à 28 mille au plus [1], avait successivement défilé devant Dunabourg, Drissa, Polotsk, et enfin passé la Dwina à Polotsk même. Il avait d'abord, par ordre de Napoléon, laissé sa troisième division, composée de Suisses, d'Illyriens, de Hollandais, sous le général Merle, au camp de Drissa, pour détruire les ouvrages de ce camp aussi célèbre qu'inutile. Mais des bras épuisés et privés d'outils (le matériel du génie était resté en arrière) n'avaient pu avancer beaucoup cette importante démolition; et le maréchal se trouvant infiniment trop faible devant le corps de Wittgenstein, qui avait été porté par les renforts du prince Repnin à 30 mille hommes, avait rappelé à lui la division Merle. Afin de se conformer à l'ordre de s'élever jusqu'à Sebej sur la route de Saint-Pétersbourg, il avait poussé le 28 juillet une moitié de sa cavalerie légère sur la petite rivière de la Drissa (l'un des affluents de la

Le maréchal Oudinot passe la Dwina à Polotsk.

---

[1] Il faut remarquer que si plus haut (page 166) nous l'avons présenté comme réduit à environ 24 mille hommes, c'est après les combats dont le récit va suivre; mais à l'époque dont il s'agit ici il comptait encore 28 mille hommes environ.

Juillet 1812.

Dwina), et avait successivement échelonné ses première et seconde divisions avec les cuirassiers entre la Drissa et Polotsk. Pour se garder contre les Russes de Wittgenstein, établis au delà de la Drissa, dans une direction presque perpendiculaire à son flanc gauche, il avait posté à Lazowka le reste de sa division légère, et la division étrangère du général Merle. (Voir la carte n° 55.) Le 29, il avait fait un pas en avant, passé la Drissa au gué de Sivotschina, porté son avant-garde près de Kliastitsoui, rangé ses deux principales divisions un peu en arrière, et laissé la division Merle à la garde du gué de Sivotschina. Quelques détachements de cavalerie et d'infanterie légère le liaient avec Polotsk.

Combat du maréchal Oudinot contre le corps de Wittgenstein, livré le 29 juillet à Jacoubowo.

Telle était sa situation le 29 juillet, second jour de l'entrée de la grande armée à Witebsk. Ce jour-là de fortes attaques de cavalerie, vers la tête et la queue de sa colonne, ne lui laissèrent aucun doute sur les projets offensifs des Russes. L'arrestation de deux officiers ennemis lui apprit en outre que le comte de Wittgenstein, marchant diagonalement vers lui, viendrait heurter sa tête à Kliastitsoui. Il crut devoir le prévenir, et s'avança jusqu'au village et château de Jakoubowo, à l'entrée d'une petite plaine entourée de bois. Le comte de Wittgenstein déboucha en effet dans cette plaine le 29 au matin, et attaqua vivement le village et le château de Jakoubowo. Le maréchal Oudinot confiant la défense de ce poste à la première brigade de la division Legrand, plaça le 26° léger dans Jakoubowo même, et établit le 56° de ligne un peu à gauche, en liaison avec les bois. Il garda en réserve la seconde brigade, commandée par le général Maison. Le combat fut très-acharné de part et d'autre. Le 26⁰ disputa bravement à l'ennemi le village de Jakoubowo, et le 56⁰ tâcha de lui enlever la lisière des bois. Un moment les Russes pénétrèrent dans le village de Jakoubowo, et même dans la cour du château. Aussitôt deux compagnies du 26⁰, fondant sur eux à la baïonnette, les repoussèrent, leur tuèrent deux ou trois cents hommes, et leur en prirent à peu près autant. De tous côtés on les refoula de la plaine dans les bois. Mais à la lisière de ces bois ils avaient une artillerie nombreuse et bien servie, qui ne nous permettait pas de rester déployés, à moins de prendre l'offensive et de nous engager dans les bois eux-mêmes pour les enlever, attaque difficile que le maréchal ne voulait pas risquer, étant incertain de ce qui se passait sur ses derrières. Il craignait en effet, et avec raison, tandis qu'il se défendait en tête, d'être pris à revers, et coupé de Polotsk, où il avait ses parcs et son matériel. Il crut donc plus sage de rétrograder sur la Drissa, de la repasser au gué de Sivotschina, et d'attendre l'ennemi dans cette position. Rapproché de Polotsk, que la division Merle et la cavalerie légère suffisaient à couvrir, il pouvait réunir derrière la Drissa les deux divisions françaises Legrand et Verdier avec les cuirassiers, et si les Russes tentaient de passer la Drissa devant lui, il avait en se précipitant sur eux tous les moyens de leur faire essuyer un sanglant échec.

Il employa la journée du 31 à opérer ce mouvement rétrograde, et il se trouva le soir en deçà du gué de Sivotschina, ayant ses tirailleurs le long de

Août 1812.

Combat de la Drissa le 1er août.

la Drissa, les deux divisions Legrand et Verdier à quelque distance en arrière, les cuirassiers prêts à soutenir l'infanterie, la division Merle en observation vers Polotsk. Nos tirailleurs avaient ordre, si les Russes passaient la Drissa, de ne leur résister qu'autant qu'il le faudrait pour les attirer, et de prévenir à l'instant le quartier général de leur approche.

Dans la nuit du 31 juillet au 1er août, les Russes marchèrent sur la Drissa, et dès le matin du 1er août commirent l'imprudence de la traverser. C'est ce qu'attendait le maréchal Oudinot. Aussitôt qu'il les vit engagés au delà de la rivière, il lança d'abord sur eux la première brigade de la division Legrand, et puis la seconde. Courir sur les Russes, les pousser, les culbuter dans la Drissa, fut l'affaire d'un instant. On leur tua ou blessa près de deux mille hommes, et on leur en prit plus de deux mille, avec une partie de leur artillerie. La division Verdier, s'étant mise à leur poursuite, franchit après eux la Drissa, et, emportée par son ardeur, se laissa entraîner trop loin. Elle enleva encore beaucoup d'hommes aux Russes, mais malheureusement elle s'en laissa prendre quelques-uns lorsqu'il fallut repasser la Drissa. Ce faible dédommagement accordé par la fortune aux Russes n'empêcha point que cette journée ne fût pour eux un sanglant échec : ils y perdirent 4 à 5 mille hommes en morts, blessés ou prisonniers; les jours précédents leur en avaient coûté 2 à 3 mille. Nous avions perdu de notre côté dans cette suite de combats, de 3 à 4 mille hommes, dont 5 ou 600 morts, 2 mille blessés et plusieurs centaines de prisonniers. La fatigue nous avait mis en outre quelques hommes hors de service. Le maréchal Oudinot, certain d'avoir pour quelque temps dégoûté les Russes de s'attaquer à lui, ne se trouvant pas assez fort pour s'éloigner de la Dwina avec 24 mille soldats très-fatigués, jugea plus convenable de revenir à Polotsk même, où il avait ses parcs, ses vivres, et où il pouvait laisser s'écouler en sûreté, et dans une sorte de bien-être, les chaleurs qui avaient forcé Napoléon lui-même à s'arrêter à Witebsk. L'avantage d'être à cinq ou six lieues en avant de Polotsk, toujours inquiet pour ses flancs et pour ses derrières, obligé d'épuiser ses chevaux afin d'amener au camp les vivres qu'on avait à Polotsk, ne valait pas les peines que cette position offensive devait coûter. Il n'y avait à la quitter qu'un seul inconvénient, c'était de perdre l'effet moral des succès obtenus. Le maréchal Oudinot informa Napoléon de ce qu'il avait fait pendant ces derniers jours, et déclara que, si on ne lui accordait du repos et des renforts, il serait dans l'impossibilité d'accomplir la tâche qui lui était imposée.

Pendant que le maréchal Oudinot agissait de la sorte, le maréchal Macdonald, avec la division polonaise Grandjean, et les 17 mille Prussiens qui lui étaient confiés, s'était porté sur la Dwina, et avait conquis la Courlande par une marche rapide. (Voir la carte n° 54.) Les Russes en se retirant, pris en flanc par les Prussiens, avaient essuyé dans les environs de Mitau un échec assez grave, et s'étaient repliés précipitamment sur Riga, nous livrant Mitau et toute la Courlande. C'était un fait digne de remarque que la vigueur avec laquelle se battaient

Août 1812.

Malgré des avantages brillants, le maréchal Oudinot croit prudent de ne pas dépasser Polotsk.

Occupation de la Courlande par le maréchal Macdonald.

pour nous des alliés qui nous détestaient, et qui ne faisaient la guerre qu'à contre-cœur. L'honneur militaire, si vivement excité chez eux par notre présence, les rendait presque plus braves pour nous qu'ils ne l'avaient été contre nous. Il faut ajouter que tandis que les alliés appartenant à de petites armées, comme les Bavarois, les Wurtembergeois, les Westphaliens, désertaient individuellement quand ils pouvaient, les Prussiens et les Autrichiens, retenus par la puissance de l'esprit militaire, qui est toujours proportionnée à la grandeur des armées, ne désertaient pas, sauf à nous abandonner en masse par une révolution dans les alliances, quand le moment serait venu.

Le maréchal Macdonald entreprit avec les Prussiens le blocus de Riga, et à la tête de la division polonaise Grandjean s'approcha de Dunabourg, prudemment toutefois, car cette ville passait pour très-fortifiée. Mais les Russes ne voulant pas éparpiller leurs forces, et se contentant de défendre l'importante place maritime de Riga, après avoir livré la tête de pont de Dunabourg aux troupes du maréchal Oudinot, livrèrent bientôt la ville elle-même aux troupes polonaises du général Grandjean. La tâche du maréchal Macdonald se trouvait dès lors bien simplifiée, puisque des deux places de Riga et de Dunabourg il n'avait plus à prendre que la première. Mais cette tâche seule suffisait pour l'arrêter longtemps, et peut-être pendant toute la campagne. En effet, il avait été contraint de laisser aux environs de Tilsit et de Memel pour veiller sur la navigation du Niémen et du Kurische-Haff, et aux environs de Mitau pour garder la Courlande, 5 mille hommes du corps prussien. Il en conservait tout au plus 10 mille devant Riga, dont les ouvrages offraient un immense développement, et contenaient une garnison de 15 mille hommes. Il lui restait la division polonaise Grandjean, réduite de 12 mille soldats à 8 mille, et il était obligé avec cette division de surveiller l'espace de Riga à Polotsk, qui est d'environ soixante-dix lieues. Que faire avec si peu de monde, sur une ligne aussi vaste, avec tant d'objets proposés, imposés même à son zèle?

Il se hâta d'instruire le quartier général de sa situation dans des termes sensés, même un peu ironiques, qui n'étaient pas propres à plaire, et qui rappelaient l'ancienne opposition militaire de l'armée du Rhin. Il déclara que sans une adjonction de forces considérables il ne réussirait ni à prendre Riga, ni à se tenir en relation constante avec le corps d'Oudinot, car la division Grandjean étant forcément détournée du blocus de Riga pour rester en observation devant Dunabourg, on ne pourrait pas même approcher des ouvrages de Riga; et quant à cette division, ayant à couvrir un espace de soixante-dix lieues, elle serait dans l'impossibilité de maintenir la liberté des communications sur une pareille étendue de pays. Dans cette situation, ce qu'il y avait de plus simple à proposer, c'était la réunion du corps du maréchal Macdonald avec celui du maréchal Oudinot, car alors Wittgenstein eût été infailliblement battu, Wittgenstein battu et repoussé au loin, la Courlande eût été couverte, le Niémen eût été mis à l'abri de toute insulte, Riga, il est vrai, n'eût pas

Août 1812.

Ce maréchal demande à titre de renfort l'une des divisions du maréchal Victor.

été assiégé, et encore moins pris, mais enfin une supériorité décidée nous aurait été acquise à l'aile gauche de notre ligne d'opérations. Au lieu de proposer cette réunion des deux corps, qui était possible et même nécessaire, mais qui eût exigé de sa part un désintéressement peu commun, car il aurait été subordonné au maréchal Oudinot, le maréchal Macdonald sollicita une augmentation de forces, qu'il n'avait aucune chance d'obtenir. Il demanda notamment qu'on lui adjoignît une ou deux des divisions du maréchal Victor, qui se formaient, comme on l'a vu, entre Dantzig et Tilsit. C'était une manière assurée de ne rien obtenir.

A l'autre extrémité du vaste théâtre de cette guerre, à cent cinquante lieues au sud-est, c'est-à-dire vers le cours supérieur du Bug, il venait de se produire certains accidents qui ne pouvaient manquer d'entraîner quelques changements dans les projets de Napoléon. (Voir la carte n° 54.) Le général Reynier avec les Saxons avait dû rétrograder de Neswij sur Slonim, de Slonim sur Proujany, pour couvrir le grand-duché, et envahir plus tard la Volhynie. Le prince de Schwarzenberg avec l'armée autrichienne avait dû marcher en sens contraire, s'élever de Proujany sur Slonim et Neswij, pour venir joindre le quartier général, disposition conforme aux désirs de l'empereur d'Autriche qui voulait que son armée ne reçût d'ordre que de Napoléon lui-même, et aux défiances de Napoléon qui n'entendait pas remettre la défense de ses derrières à une armée autrichienne. Le général Reynier, dans ce mouvement croisé avec le prince de Schwarzenberg, avait vu ce prince, et était convenu avec lui du remplacement des postes autrichiens par les postes saxons sur la ligne du Bug et de la Mouckawetz, qui nous séparait des Russes. Ces précautions prises, le général Reynier avait continué son mouvement, et envoyé des détachements pour remplacer les Autrichiens à Pinsk, à Kobrin, à Brezesc.

A ce même moment, celui où Napoléon entrait dans Witebsk, le général russe Tormazoff s'était enfin mis en marche, conformément à l'ordre qu'il avait reçu de menacer le flanc droit des Français, mission dont le prince Bagration ne pouvait plus s'acquitter depuis qu'il avait dû rejoindre la grande armée russe. En attendant que l'amiral Tchitchakoff, engagé dans de vastes projets du côté de la Turquie, pût ou les exécuter, ou se rabattre sur la Pologne, le général Tormazoff, à la tête d'environ 40 mille hommes, était seul chargé d'une diversion sur nos ailes, et marchait hardiment vers le haut Bug. Il avait répandu environ une douzaine de mille hommes de Bobruisk à Mozyr, de Mozyr à Kiew, pour se tenir en communication avec le prince Bagration d'un côté, avec l'amiral Tchitchakoff de l'autre. C'était une précaution contre les tentatives que pourraient faire sur ses derrières les Autrichiens réunis en Gallicie. Bien que la cour de Vienne eût fait donner à Saint-Pétersbourg l'assurance que ses efforts en faveur des Français se borneraient à l'envoi des 30 mille hommes du prince de Schwarzenberg, néanmoins, le général Tormazoff n'avait pas voulu se porter en avant sans prendre ses précautions contre les éventualités de la politi-

Août 1812.

Marche du général Tormazoff sur le grand-duché.

que autrichienne, et après avoir laissé sur ses derrières les forces que nous venons de mentionner, il s'était avancé avec environ 28 mille hommes sur le haut Bug, menaçant le grand-duché, que le général Reynier devait défendre avec 12 à 13 mille Saxons. Les Cosaques étaient alors en possession, quoique bien peu redoutables pour des troupes régulières, de répandre l'épouvante dans toutes les contrées où on les annonçait, et en effet la soudaineté de leurs apparitions, jointe à leur barbarie, avait de quoi effrayer les peuples qui n'étaient point en armes. Précédant de quinze à vingt lieues le général Tormazoff sur le Bug, ils avaient excité dans toute la Pologne une terreur singulière, et qui contrastait fort avec les grandes résolutions qu'affichaient les Polonais. Cette terreur devint bien plus vive et plus motivée quand le général Tormazoff lui-même, avec 28 mille hommes de troupes régulières, s'approcha de Kobrin, l'un des postes que les Autrichiens venaient de céder aux Saxons. Le général Tormazoff, instruit par les juifs, qui trahissaient partout la cause de la Pologne, de la présence d'un détachement saxon à Kobrin, résolut de signaler son approche par un coup d'éclat sur ce détachement, qui par malheur était dénué d'appui. Il marcha sur Kobrin, qu'occupait le général saxon Klengel avec sa petite troupe. Cet officier, brave mais imprudent, au lieu de se replier, s'obstina à tenir dans une ville tout ouverte, et où il lui était impossible de se défendre. Il fut assailli, enveloppé, et après avoir combattu avec une rare vaillance, obligé de remettre son épée au général ennemi.

Cette rencontre, qui eut lieu le 27 juillet, coûta aux Saxons environ 2 mille hommes, en morts, blessés ou prisonniers.

Cet accident, qui avait son importance dans l'état d'affaiblissement auquel le corps saxon se trouvait réduit, était plus fâcheux encore par son effet moral. Il produisit, surtout à Varsovie, une impression des plus pénibles. Ces infortunés Polonais, qui s'étaient jetés avec ardeur dans un projet d'insurrection générale, en apprenant que les Russes étaient si près de chez eux, virent les exils, les séquestres suspendus sur leurs têtes, et un grand nombre donnèrent le dangereux exemple de réunir ce qu'ils avaient de plus précieux pour passer sur la rive gauche de la Vistule. Bien qu'ils eussent appelé de tous leurs vœux la folle guerre que Napoléon soutenait en ce moment, ils en craignaient les conséquences maintenant qu'elle était commencée. Ils reprochaient à ce grand capitaine de s'engager imprudemment au delà de la Dwina et du Dniéper, de les laisser sans appui, comme s'il avait pu faire autrement que de s'avancer beaucoup pour obtenir sur les Russes un triomphe décisif, comme s'ils n'avaient pas dû lui répondre eux-mêmes de la sûreté de ses derrières, au lieu de lui laisser la peine de les couvrir. A cette occasion ils se plaignaient du froid discours de Wilna, imputaient à la tiédeur de ce discours la tiédeur des Polonais, oubliant que c'était à eux à provoquer par leur ardeur l'ardeur de Napoléon, et à vaincre ses hésitations par des résolutions énergiques, et même téméraires. Malheureusement, ainsi que nous l'avons

Août 1812.

Terreur panique à Varsovie lorsqu'on apprend l'approche du général Tormazoff.

dit, l'armée en Pologne était seule dévouée sans mesure; la nation regardait, jugeait, critiquait la témérité de la marche de Napoléon, comme si cette témérité eût été plus grande que celle qu'on exigeait de lui en voulant qu'il reconstituât la Pologne.

On se mit donc à élever à Varsovie les plaintes les plus vives, et à demander instamment à M. de Pradt des secours dont ce prélat ambassadeur ne disposait point. Celui-ci, après avoir perdu la tête au milieu des cris du concile, n'était guère capable de résister aux émotions d'une capitale épouvantée, et avait montré moins de caractère encore que certains habitants de Varsovie. Il usa de sa seule ressource; il écrivit à M. de Bassano d'un côté, au général Reynier de l'autre, pour réclamer des envois de troupes. Le général Reynier, qui avait une tout autre tâche à remplir que de protéger Varsovie, car il lui fallait avec 14 mille Saxons tenir tête à 30 mille Russes, répondit à l'ambassadeur que c'était aux habitants de Varsovie à se défendre eux-mêmes, et que quant à lui il avait autre chose à faire que de s'occuper de leur sûreté. Par une lettre fort pressante il engagea le prince de Schwarzenberg à rétrograder sur-le-champ, afin de l'aider à repousser l'ennemi, sauf à reprendre sa marche vers le quartier général quand on aurait arrêté les Russes, et occupé derrière les marais de Pinsk une forte position qui ne leur permît guère de se porter plus avant[1]. Le prince de Schwarzenberg, rapi-

[1] Je parle ici d'après la correspondance des officiers restés sur les derrières, d'après celle de M. de Bassano, des administrations, et de l'ambassade de Varsovie.

dement averti de cette échauffourée, car le bruit en avait retenti dans toute la Pologne, répondit au général Reynier qu'il sentait le danger de la situation, et qu'il allait, malgré les ordres du quartier général, rétrograder pour venir à son secours. Quant à M. de Bassano, il répondit avec assez d'ironie aux terreurs de M. de Pradt, et ne pouvant rien statuer relativement aux demandes de secours, les adressa toutes au quartier général.

Napoléon accueillit mal ces nouvelles, surtout par rapport à ceux qui s'étaient laissé si facilement intimider. Il approuva complétement la détermination qu'avait prise le prince de Schwarzenberg de rétrograder sur Proujany pour secourir le général Reynier, et plaça même ce dernier sous les ordres du commandant autrichien. Il enjoignit au prince de Schwarzenberg de marcher résolûment, avec les 40 mille hommes qu'il allait avoir, sur Tormazoff, qui n'en pouvait compter plus de 30 mille, de le pousser à outrance, jusqu'à ce qu'on l'eût rejeté en Volhynie. Il lui promit, cette tâche remplie, de le rappeler au quartier général, conformément aux désirs de l'empereur d'Autriche, et écrivit à celui-ci pour lui demander d'envoyer un renfort au corps autrichien. Bien qu'il ignorât les secrètes relations subsistant entre la cour d'Autriche et la cour de Russie, Napoléon voyait clairement qu'il n'obtiendrait guère au delà des 30 mille hommes du prince de Schwarzenberg; mais il aurait du moins voulu que ces 30 mille hommes fussent toujours tenus au complet, et sans de prompts renforts ils ne pouvaient pas l'être, car ils n'étaient pas plus épar-

Août 1812.

Le prince de Schwarzenberg se hâte d'aller au secours des Saxons.

gnés que nous par les fatigues. Il aurait voulu aussi qu'un corps d'armée autrichien, qui était actuellement réuni en Gallicie, et dont on lui avait fait espérer le concours, fût autorisé à prendre une attitude menaçante du côté de la Volhynie, ce qui aurait obligé le général Tormazoff à se montrer moins téméraire; mais il le demanda sans y compter beaucoup, et insista particulièrement sur l'envoi d'un renfort de 7 à 8 mille hommes au prince de Schwarzenberg.

Ces mesures suffisaient pour tenir à distance le corps de Tormazoff et pour le réduire à une complète impuissance, à moins que l'amiral Tchitchakoff ne vînt bientôt doubler ses forces. C'était assez en effet de quarante mille Autrichiens et Saxons pour ramener le général russe en Volhynie; mais il fallait se tenir en communication avec ces quarante mille hommes, qui allaient se trouver à cent lieues au moins d'Orscha, point où s'appuyait la droite de la grande armée. Napoléon consentit à se priver de l'une des trois divisions du prince Poniatowski, laquelle dut rester cantonnée entre Minsk et Mohilew pour nous garantir contre les surprises des Cosaques, et se lier par des postes de cavalerie avec la gauche du corps autrichien.

Notre droite était ainsi assurée, du moins pour le moment. Quant à notre gauche, Napoléon prit des mesures moins efficaces, quoiqu'elles pussent actuellement paraître suffisantes. Il blâma fort le mouvement rétrograde du maréchal Oudinot sur Polotsk, ne tenant pas assez compte de l'état des troupes, et préoccupé exclusivement de l'effet moral de ce mouvement, soit sur les Russes, soit sur l'Europe, qui recueillait avidement les moindres détails de cette guerre. Il s'attacha, d'après les calculs fort ingénieux qu'il avait faits sur les documents enlevés aux Russes, à prouver au maréchal Oudinot que le comte de Wittgenstein ne devait avoir que 30 mille soldats, de très-mauvaise qualité, qu'il ne pouvait dès lors être à craindre pour 20 mille Français aguerris, et lui ordonna de marcher hardiment sur l'ennemi et de le rejeter au loin sur la route de Saint-Pétersbourg. Afin de laisser le maréchal sans objection, il résolut de lui envoyer le corps bavarois, qui était, comme tous nos alliés, bon un jour d'action, mais qui fondait ensuite à vue d'œil par la fatigue, la maladie et la désertion. Napoléon continuait à compter ce corps pour 15 ou 16 mille hommes (bien qu'il ne fût plus que de 13 mille), et estimant le corps du maréchal Oudinot à 24 mille, il prétendit qu'avec 40 mille hommes on devait accabler Wittgenstein. Il trouvait un avantage de plus à placer les Bavarois à Polotsk, c'était de leur rendre la santé et une partie de leur effectif par le repos et la bonne nourriture. De toutes les troupes bavaroises il ne garda que la cavalerie légère, qui continua de servir auprès du prince Eugène, et qui était excellente. Avec ce renfort, il ne doutait pas d'être bientôt débarrassé de Wittgenstein sur sa gauche, comme il espérait l'être prochainement de Tormazoff sur sa droite par la réunion du prince de Schwarzenberg avec le général Reynier. Du reste, dans sa pensée, les opérations qu'il allait exécuter avec l'armée principale devaient bientôt ranger au nombre des circonstances insignifiantes de cette guerre les événements qui se passeraient sur ses ailes. Napoléon se flattant que le maréchal Oudinot rejetterait le comte de Wittgenstein sur Sebej et Pskow, en concluait que le maréchal Macdonald pourrait immédiatement après concentrer son corps tout entier sur Riga, et commencer le siége de cette place. Aussi refusa-t-il de lui accorder l'une des divisions du duc de Bellune dont il ne voulait pas disloquer le corps, mais il le lui indiqua comme un secours éventuel qu'il pourrait au besoin appeler à son aide, et qui en attendant, placé sur ses derrières, lui apporterait un grand appui moral. A ces raisonnements, qui ne valaient pas quelques régiments de plus, Napoléon ajouta un nombre plus qu'ordinaire de croix d'honneur pour les Prussiens qui avaient vaillamment combattu contre les Russes.

Ordres de Napoléon au maréchal Victor pour le rapprocher de ses derrières.

Tandis qu'il s'occupait ainsi d'assurer ses ailes pendant les mouvements offensifs qu'il préparait, Napoléon n'avait pas cessé de veiller à ses derrières, confiés au maréchal Victor et au maréchal Augereau, le premier vers Kœnigsberg, le second vers Berlin. Il avait par son active correspondance travaillé à procurer au maréchal Victor 25 mille hommes d'infanterie, 3 à 4 mille hommes de cavalerie, et 60 bouches à feu. Il avait fort recommandé à ce maréchal, ordinairement très-soigneux, la discipline des troupes, et projetait de l'appeler bientôt à Wilna, pour qu'il pût, si le cas s'en présentait, prêter secours soit au maréchal Macdonald, soit au maréchal Oudinot, soit au prince de Schwarzenberg. Il s'était occupé également de hâter l'organisation des quatrièmes bataillons et des régiments de réfractaires destinés au maréchal Augereau, des cohortes de gardes nationales chargées de remplacer sur les frontières de l'Empire les troupes attirées à Berlin, des régiments lithuaniens enfin qu'on espérait porter à 12 mille hommes, et pour lesquels l'argent manquait absolument. Napoléon n'avait donc pas perdu son temps à Witebsk, et ce n'était pas, du reste, son habitude. Il y était depuis une dizaine de jours, et, outre qu'il avait ménagé à ses soldats un repos nécessaire, qu'il leur avait fait passer sous des cabanes de feuillage le temps des plus fortes chaleurs, il avait obtenu l'avantage de rallier, sinon toutes les parties de l'artillerie en arrière, au moins quelques-unes, d'avoir notamment amené cent bouches à feu de la garde avec un double approvisionnement, d'avoir réuni 600 voitures du train à Witebsk, 6 à 700 entre Kowno et Witebsk, ce qui faisait environ 1300, et permettait de charrier dix ou douze jours de vivres pour une masse de 200 mille hommes, enfin d'avoir donné le temps au prince Eugène par des courses au delà de la Dwina, à Ney par des courses entre la Dwina et le Dniéper, à Davout par des recherches actives au delà du Dniéper, de réunir six à sept jours de vivres, sans compter l'alimentation quotidienne. Napoléon en avait réuni pour environ dix jours à Witebsk, et les destinait à la garde. Le maréchal Davout avait en outre préparé à Orscha où il s'était établi d'abord, à Doubrowna où il s'était transporté ensuite, à Rassasna où il avait cantonné sa cavalerie, des magasins, des fours et des ponts. Par ordre de Napoléon, il avait jeté à Rassasna quatre ponts de radeaux sur le Dniéper. L'abondance des bois, le mouvement très-lent des rivières, rendaient ce genre de ponts facile et de bon usage dans ces contrées, et l'on y avait souvent recours.

Tout était donc prêt pour un nouveau mouvement, qu'on avait cette fois l'espérance de rendre décisif. Après avoir profondément médité sur les opérations qu'on pouvait essayer en ce moment, Napoléon adopta celle qui lui semblait la seule praticable, et dont la conception était digne de son génie. En présence d'un ennemi qui s'étudiait à échapper sans cesse, il avait tendu d'abord à couper sa ligne en deux, puis à déborder, à tourner, à envelopper chacune des deux parties de cette ligne, de manière à les détruire l'une et l'autre avant qu'elles eussent le temps de fuir. Cette manœuvre était désormais impossible depuis la réunion du prince Bagration avec le général Barclay de Tolly, réunion qui portait l'armée russe, après les pertes du feu et de la fatigue, à 140 mille hommes environ. Mais il n'était pas impossible, en renonçant à couper en deux cette armée, d'essayer encore de la déborder, de la tourner, de la prendre à revers, ce qui l'aurait mise hors d'état d'éviter une grande bataille, et l'aurait obligée de l'accepter dans les conditions les plus désavantageuses. En conséquence de cette donnée que lui inspiraient les lieux et la situation, Napoléon résolut, en profitant du rideau de bois et de marécages qui le séparait des Russes (voir la carte n° 55), de s'écouler clandestinement devant eux par un mouvement de gauche à droite, semblable à celui qu'il s'était proposé d'exécuter devant le camp de Drissa, de se porter des bords de la Dwina à ceux du Dniéper, de Witebsk à Rassasna, de passer le Dniéper, de le remonter rapidement jusqu'à Smolensk, de surprendre cette ville qui n'était pas défendue, d'en déboucher brusquement avec toute la masse de ses forces sur la gauche des Russes, qui se trouveraient ainsi débordés et tournés; de pousser, si la fortune le secondait, son mouvement à fond, et peut-être de renouveler contre Bagration et Barclay réunis ce qu'il avait voulu faire contre Barclay seul, et ce qu'il avait exécuté jadis avec tant de succès contre Mélas et Mack. Avec un de ces moments de faveur que la fortune lui avait tant de fois prodigués, il pouvait, il devait réussir, et alors quels résultats! Probablement la paix arrachée à la Russie définitivement soumise, et le sceptre du monde remis en ses mains!

Ce mouvement toutefois, quoique bien couvert par la nature de ce pays boisé et marécageux, présentait un inconvénient, celui d'être très-allongé, car la droite de l'armée, qui sous le maréchal Davout était à Rassasna, devait avoir fait trente lieues avant d'arriver à Smolensk, et la gauche, qui était avec le prince Eugène à Sourage, devait en faire à peu près autant pour remplacer le maréchal Davout à Rassasna, et ce n'était qu'après ce trajet qu'on pourrait commencer à se trouver sur la gauche de l'ennemi. Mais il était presque impossible de s'y prendre autrement, et d'ailleurs le rideau de bois et de marais qui nous séparait des Russes était si épais,

Août 1812.

le Dniéper, de remonter ce fleuve, de surprendre Smolensk et de déboucher à l'improviste sur la gauche des deux armées ennemies, pour les tourner.

Immenses conséquences de ce plan s'il peut réussir.

Août 1812.

Le maréchal
Davout
consulté
approuve
entièrement
le plan
proposé.

Napoléon était si habile dans les marches, qu'on avait bien des chances de réussir. On aurait pu, il est vrai, abréger beaucoup ce trajet, en se dispensant de passer le Dniéper, en cheminant entre ce fleuve et la gauche des Russes, en s'épargnant ainsi la prise de Smolensk, et en tournant de plus près l'ennemi qu'on voulait envelopper. Mais on aurait de la sorte échangé une difficulté contre une autre; on aurait échangé la difficulté de surprendre les Russes contre la difficulté de refouler brusquement leur gauche, formée en ce moment par le vaillant Bagration, de la refouler si vite, si victorieusement, qu'on empêchât le reste de l'armée de nous échapper. Napoléon avant de prendre son parti consulta le maréchal Davout, comme le plus capable de donner sur cette grave question un avis utile, et comme le mieux placé d'ailleurs pour apprécier la situation des deux armées. Après l'avoir entendu, il se décida pour le mouvement le plus allongé, celui qui consistait à passer le Dniéper, à le remonter par la rive gauche, à enlever Smolensk, et à déboucher à l'improviste sur la gauche des Russes, surprise et débordée [1].

Cette belle et vaste manœuvre étant résolue, Napoléon ordonna de tout préparer pour le départ des

[1] Quelques historiens ont prétendu que ce furent les mouvements ultérieurs des Russes, mouvements dont on va lire le récit, qui déterminèrent la marche de Napoléon. La correspondance du maréchal Davout et de Napoléon, inconnue de ces historiens, prouve que Napoléon avait consulté le maréchal dès le 6 août, ce qui montre que même avant le 6 il y pensait. Le premier mouvement des Russes ne se fit sentir que le 8, ne fut connu que le 9 au quartier général, et ne fut point par conséquent la cause des opérations exécutées par Napoléon autour de Smolensk.

divers corps d'armée du 10 au 14 août. Le maréchal Davout devait rallier par Babinowiczi et Rassasna ses trois divisions, Morand, Friant, Gudin, les réunir aux divisions Dessaix, Compans, aux Polonais, aux Westphaliens, et se tenir prêt avec la cavalerie du général Grouchy à venir couvrir les débouchés de Rassasna et de Liady, près desquels il était décidé que l'armée passerait le Dniéper. En déduisant de l'armée polonaise la division Dombrouski, laissée à Minsk, l'ensemble de ces corps pouvait former une masse de 80 mille hommes environ, placés sous la main du maréchal Davout. La cavalerie Montbrun et Nansouty sous Murat, le corps du maréchal Ney, devaient s'écouler par Liosna et Lioubawiczi sur Liady et Rassasna, et y franchir le Dniéper tout près du maréchal Davout, auquel ils apporteraient ainsi un renfort de 36 mille hommes. Enfin le prince Eugène partant de Sourage, la garde de Witebsk, pour passer par Babinowiczi et Rassasna, devaient ajouter, la garde 25 mille hommes, le prince Eugène 30 mille, c'est-à-dire 55 mille hommes à la masse totale de l'armée française, du moins à la partie qui était prête à se porter en avant. Le général Latour-Maubourg pouvant y ajouter 5 à 6 mille cavaliers, s'il était appelé à rejoindre, il fallait évaluer à 175 mille combattants présents au drapeau, les forces avec lesquelles Napoléon se préparait à frapper le coup décisif. Si on compte en outre 18 ou 20 mille Saxons et Polonais à droite vers le Dniéper (non compris les Autrichiens), 60 mille Français et alliés à gauche sur la Dwina, ce qui fait 80 mille, on retrouve les 250 ou

Août 1812.

Force de l'armée française employée à cette nouvelle opération.

255 mille hommes restant des 420 mille qui avaient passé le Niémen. Napoléon laissait à Witebsk pour y garder ce point très-important sur la Dwina, et de plus ses magasins et ses hôpitaux, environ 6 à 7 mille soldats, se composant d'un régiment de flanqueurs de la garde, d'un régiment de tirailleurs, de trois bataillons de marche, et des hommes isolés qu'on espérait ramasser. Ces corps devaient bientôt rejoindre, mais être remplacés par d'autres, de manière à former comme à Wilna une garnison mobile, et toujours suffisamment nombreuse. La cavalerie légère fut chargée de battre le pays sur les deux rives de la Dwina pour ramener les maraudeurs à Witebsk, en leur disant que leurs régiments allaient partir, et que s'ils restaient ils seraient pris par les Cosaques.

Tandis que tout se disposait pour cette grande opération, les Russes de leur côté en préparaient une moins bien concertée, et qui n'avait pas les mêmes chances de réussir. Le prince Bagration s'était réuni par Smolensk à l'armée principale. Après les pertes essuyées devant Mohilew et dans les marches, il n'amenait pas plus de 45 mille hommes à Barclay de Tolly, et portait ainsi à 135 mille hommes environ, peut-être à 140, l'armée totale opposée à Napoléon. Ce qui subsistait du plan général adopté par l'empereur Alexandre, et modifié depuis par les événements, c'était la résolution, tout en continuant à se retirer devant l'armée française, de profiter chemin faisant des fautes qu'elle pourrait commettre. Or on croyait en avoir aperçu une fort grave dans la dispersion apparente de ses cantonnements. En les voyant commencer à Sourage, se continuer par Witebsk, Liosna, Babinowiczi, jusqu'à Doubrowna, on les supposait dispersés sur plus de trente lieues. On ne savait pas qu'aussitôt qu'on aurait percé le rideau des bois et des marécages, on rencontrerait Murat avec 14 mille cavaliers, appuyé immédiatement par les 22 mille fantassins du maréchal Ney, ce qui faisait tout de suite 36 mille combattants d'une qualité admirable, capables de tenir tête au triple de forces, devant être rejoints en quelques heures par les 30 mille hommes des divisions Morand, Friant, Gudin! on ne savait pas qu'on recevrait en flanc les 25 mille hommes du prince Eugène et les 30 mille de la garde; que de telles troupes, de tels généraux, disposés d'ailleurs avec tant d'art les uns à côté des autres, n'étaient pas faciles à surprendre, à troubler, et à mettre en déroute par une attaque imprévue sur l'un de leurs cantonnements! Quoi qu'il en soit, les généraux russes, qui formaient plutôt une oligarchie militaire qu'un état-major subordonné à un seul chef, car, ainsi qu'on l'a vu, le général Barclay de Tolly ne commandait au prince Bagration qu'en qualité de ministre de la guerre, les généraux russes, tout en trouvant fort sage l'idée de se retirer jusqu'à ce qu'on eût suffisamment affaibli l'armée française, ne cédaient à cette idée qu'à contre-cœur, et en éprouvant à tout moment le désir d'essayer d'une bataille, s'il se présentait une occasion favorable de la livrer. Surtout depuis que les deux armées étaient réunies, et que du nombre de 90 mille hommes on était revenu à celui de 140 mille environ, il y avait des raisons

Août 1812.

Ils croient les cantonnements de l'armée française dispersés, et veulent les surprendre.

Août 1812.

Conseil de guerre convoqué par le général Barclay de Tolly.

Continuation du conflit élevé dans le camp russe entre ceux qui veulent une retraite indéfinie, et ceux qui sont portés à combattre.

de plus à faire valoir en faveur du projet de risquer une bataille. Le prince Bagration, avec son ardeur accoutumée, était à la tête de ceux qui voulaient combattre. Dans la masse de l'armée, où l'on n'était pas assez éclairé pour apprécier le mérite d'une retraite calculée, on qualifiait de lâches tous ceux qui parlaient de reculer encore. Les soldats allaient jusqu'à insulter le brave Barclay de Tolly, ce que celui-ci supportait avec une indifférence apparente, mais avec un chagrin intérieur, d'autant plus profond qu'il était plus caché. Dans certains moments même, le mouvement des esprits étant poussé jusqu'à l'insubordination, il avait été obligé de faire fusiller quelques mutins trop audacieux dans leurs démonstrations. Pourtant il assembla le 5 août un conseil de guerre auquel assistèrent, outre les deux généraux en chef Barclay de Tolly et Bagration, le grand-duc Constantin, le général Yermolof et le colonel Toll, l'un chef d'état-major, l'autre quartier-maître général de la première armée, le comte de Saint-Priest, chef d'état-major de la seconde, et le colonel de Wolzogen, représentant le plus distingué du système de retraite. Le colonel Toll fit valoir, avec la vivacité et les formes tranchantes qui lui étaient propres, l'idée de l'offensive, et eut le succès qu'on a toujours quand on parle dans le sens de la passion dominante. Le général Barclay de Tolly et le colonel Wolzogen firent valoir en vain les avantages d'une retraite, qui avait pour but d'attirer les Français dans les profondeurs de la Russie, et de les assaillir seulement quand ils seraient assez affaiblis pour qu'on pût infailliblement triompher de leur valeur. On ne les comprit pas, ou l'on feignit de ne pas les comprendre, et on fit à leurs raisonnements l'accueil le plus froid. Barclay de Tolly n'avait d'étranger que le nom, le colonel Wolzogen avait à la fois le nom et l'origine. On leur laissa voir assez clairement la défiance qu'ils inspiraient, et l'offensive fut immédiatement résolue, bien que contraire à toute raison. Il n'était pas probable, en effet, que l'empereur Napoléon fût devenu tout à coup un général assez novice pour camper pendant quinze jours si près de l'ennemi sans avoir pris ses précautions. On lui supposait plus de 200 mille hommes sous la main, ce qui était exagéré; mais il suffisait qu'il en eût 100 mille seulement, à portée les uns des autres, pour qu'avec les 140 mille hommes dont on disposait, et dont on pouvait tout au plus faire concourir 80 sur un même point, on fût arrêté court, et, vingt-quatre heures après une attaque imprudente, enveloppé, entraîné, Dieu sait à quelles conséquences. Mais il est rare que les hommes conservent leur raison en présence d'une idée dominante. Avant cette guerre, le penchant à l'imitation avait dirigé tous les esprits vers une retraite semblable à celle de lord Wellington en Portugal; depuis le commencement des hostilités, la passion nationale avait tourné les mêmes esprits à la fureur de combattre. Barclay de Tolly céda, et il fut convenu qu'on attaquerait le 7 août, en trois colonnes; que deux de ces colonnes, composées des troupes de la première armée, s'avanceraient par la haute Kasplia sur Inkowo, contre les cantonnements de Murat, point milieu de la ligne des Français qu'on estimait le

Août 1812.

Le projet d'une attaque sur les cantonnements français l'emporte dans le conseil de guerre

plus faible, et que la troisième colonne, composée de la seconde armée sous le prince Bagration, s'avancerait de Smolensk sur Nadwa, pour seconder l'effort des deux autres. (Voir la carte n° 55.)

Le 7 en effet on se mit en marche conformément au plan adopté. Le 8 une forte avant-garde de troupes à cheval, formée par les Cosaques de Platow et par la cavalerie du comte Pahlen, s'approcha d'Inkowo, où le général Sébastiani était cantonné avec la cavalerie légère de Montbrun, et un bataillon du 24° léger appartenant au maréchal Ney. Le général Barclay de Tolly avait voulu être de sa personne à cette avant-garde, afin de juger par ses propres yeux de ce qui allait se passer. Le général Sébastiani, doué de sagacité politique plus que de sagacité militaire, s'était laissé approcher sans presque s'en douter, et s'était borné à mander à son chef, le général Montbrun, que ses postes étant fort resserrés depuis la veille il craignait d'avoir bientôt de la peine à vivre. Sur ce simple indice le général Montbrun était accouru, et le 8 au matin, quoique malade, il était monté à cheval, et avait vu 12 mille chevaux fondre sur les 3 mille du général Sébastiani. Le bataillon du 24°, conduit par un vigoureux officier, arrêta longtemps par son feu cette nuée de cavaliers, et les généraux Montbrun et Sébastiani furent obligés de les charger plus de quarante fois dans la journée. Enfin après avoir perdu 4 à 500 hommes, notamment une compagnie entière du 24°, ces deux généraux regagnèrent les cantonnements du maréchal Ney, et ils trouvèrent dans le corps de ce maréchal un appui invincible.

Les Russes firent halte. Cette tentative leur prouva que si quelques postes français n'étaient pas en ce moment sur leurs gardes, la masse était impossible à entamer. Ils aperçurent même du côté de Poreczié, vis-à-vis des cantonnements du prince Eugène, une extrême vigilance, et des masses de troupes considérables, ce qui était naturel, car il y avait là beaucoup d'infanterie. Cette remarque fit croire à Barclay de Tolly que les Français avaient changé de position, qu'ils s'étaient reportés sur leur gauche, pour tourner la droite des Russes vers les sources de la Dwina, et les couper de la route de Saint-Pétersbourg. Frappé de cette crainte, Barclay de Tolly qui marchait à contre-cœur, envoya d'une aile à l'autre un contre-ordre général, et prescrivit un mouvement rétrograde à ses deux principales colonnes, celles qui lui obéissaient directement, afin d'opérer tout de suite une forte reconnaissance sur sa droite. Bien lui en prit, car s'il se fût obstiné dans cette marche offensive, il aurait reçu en flanc le choc des 120 mille hommes venant de la Dwina, aurait été poussé sur les 55 mille qui gardaient le Dniéper, et probablement se serait vu étouffé entre les uns et les autres. Quant à Bagration, il resta sur la route en avant de Smolensk, vers Nadwa.

Ces mouvements assez obscurs de l'ennemi furent mandés le 9 août au quartier général. Il était difficile d'en pénétrer l'intention, mais Napoléon avait une telle impatience d'être aux prises avec les Russes, qu'il se réjouissait de les rencontrer, n'importe où, n'importe comment. Ayant à sa droite et un peu en avant Murat et Ney, vers Liosna, en

---

Août 1812.

désespère de vaincre.

Les Russes renoncent à l'offensive, et se rejettent sur leur droite.

202   LIVRE XLIV.

Août 1842.

arrière les divisions Morand, Friant et Gudin, pouvant lui-même accourir avec le prince Eugène et la garde, il était certain d'accabler les Russes, et en les poussant au Dniéper de les livrer vaincus à Davout, qui les aurait ramassés par milliers. Il prescrivit à tout le monde d'être sur ses gardes, et voulut attendre le développement des desseins de l'ennemi avant d'entreprendre sa grande manœuvre. Mais le 9 et le 10 août s'étant passés sans que les Russes qui rétrogradaient lui eussent donné signe de vie, il supposa que les mouvements qui avaient attiré son attention n'avaient été que des changements de cantonnements, et il mit l'armée en marche. Le temps ayant été affreux le 10, on ne marcha que les 11 et 12[1]. Les corps de Murat, de Ney et d'Eugène,

Napoléon entreprend l'exécution du grand mouvement qu'il avait projeté.

[1] Voici la vraie distribution des forces au moment du mouvement sur Smolensk :

Sous Napoléon.

Le prince Eugène à Sourage.	40 mille.
Murat à Inkowo.	14
Ney à Liosna.	22
Les trois divisions Morand, Friant, Gudin, entre Janowiczy et Babinowiczi.	30
La garde à Witebsk.	15
	121 mille. 121 mille.

Sous le maréchal Davout sur le Dniéper.

Dessaix et Compans.	18
Cavalerie légère.	2
Claparède.	5
Grouchy.	4
Poniatowski.	13
Westphaliens.	10
	52 52 mille.

les trois divisions Morand, Friant, Gudin, enfin la garde, s'ébranlèrent, chacun de leur côté, dès le 11 au matin, précédés par le général Éblé avec l'équipage de pont. Murat et Ney défilèrent derrière les bois et les marécages qui s'étendaient de Liosna à Lioubawiczi, et vinrent aboutir au bord du Dniéper en face de Liady. Là on travaillait à jeter deux ponts qui devaient être praticables le 13. Le prince Eugène suivit Murat et Ney à la distance d'une journée par Sourage, Janowiczy, Liosna, Lioubawiczi. Les divisions Morand, Friant, Gudin, se rendirent par Babinowiczi à Rassasna, où elles franchirent le Dniéper sur quatre ponts jetés à l'avance. La garde les avait suivies. Toute l'armée le 13 au soir, et dans la nuit du 13 au 14, passa le Dniéper, et le lendemain 14 au matin 175 mille hommes se trouvèrent rassemblés au delà de ce fleuve, le cœur plein d'espérance, ayant Napoléon à leur tête, et croyant marcher à des triomphes prochains et décisifs. Jamais on n'avait vu tant d'hommes, de chevaux, de canons, véritablement réunis sur un même point, car lorsque les historiens parlent de cent mille hommes, ce qui du reste est rare, il faut

Août 1812.

Tous les corps de l'armée, après avoir défilé derrière le rideau des bois et des marécages, passent le Dniéper entre Rassasna et Liady.

Latour-Maubourg.	5 ou 6	
	57	57 mille.
Sous Napoléon.		121 mille.
Sous Davout.	57	
Total de l'armée agissante		177 ou 178 mille.

Si on tient compte des cuirassiers Valence qui se trouvaient avec le maréchal Davout, il faut ajouter 2 mille à celui-ci, et les ôter à la masse qui était sous la main de Napoléon, ce qui donne le même résultat.

bien se garder d'entendre cent mille hommes réellement présents au drapeau, mais cent mille supposés présents, ce qui signifie quelquefois la moitié. Ici les 175 mille hommes mentionnés, résidu de 420 mille, y étaient tous. L'affluence d'hommes, d'animaux, de voitures de guerre était extraordinaire. C'était au premier aspect une sorte de confusion, qui bientôt laissait apercevoir l'ordre qu'une volonté supérieure savait y faire régner. Le soleil avait ressuyé les chemins, et on marchait à travers d'immenses plaines, couvertes de belles moissons, sur une large route bordée de quatre rangs de bouleaux, sous un ciel étincelant de lumière, mais moins chaud que les jours précédents. On remontait la rive gauche du Dniéper qu'on venait de passer, et dont les eaux peu abondantes dans cette partie de son cours, coulant lentement dans un lit sinueux et profondément encaissé, répondaient médiocrement à l'idée que l'armée s'en était faite d'après le nom antique de Borysthène : c'est qu'on était à la source de ce fleuve, et que les fleuves comme les hommes sont humbles au début de leur carrière. Ce vaste mouvement d'armée, l'un des plus beaux qu'on ait jamais exécutés, s'était opéré dans les journées des 11, 12, 13 août, sans que les Russes en eussent rien aperçu. Ils étaient encore occupés à tâtonner, à nous chercher sur leur droite, tandis que nous venions de tourner leur gauche, et n'osaient déjà plus s'avancer, malgré leur plan d'attaque contre nos cantonnements soi-disant dispersés.

Le 14 au matin, Murat avec la cavalerie des généraux Nansouty et Montbrun, précédée par celle du général Grouchy, marchait sur Krasnoé. Ney le suivait avec son infanterie légère. Tout jusqu'ici se passait comme on le désirait. Napoléon avait ordonné de se porter en avant, et de remonter le Dniéper dans la direction de Smolensk.

Un peu avant Krasnoé, on découvrit l'ennemi pour la première fois. Les troupes qu'on aperçut étaient celles de la division Névéroffskoï, forte de 5 à 6 mille hommes d'infanterie, de 1500 de cavalerie, et placée par le prince Bagration en observation à Krasnoé, pour couvrir Smolensk contre les tentatives possibles du maréchal Davout. Jetée seule sur la gauche du Dniéper, tandis que Bagration et toute l'armée russe étaient sur la droite, elle courait un grave danger. La cavalerie légère de Bordessoulle marchant avec celle de Grouchy, se précipita sur l'ennemi, et le refoula dans Krasnoé. Ney avec quelques compagnies du 24e léger, entra dans Krasnoé, en chassa les Russes à la baïonnette, et bientôt se fit voir au delà. Mais au delà existait un ravin, et sur ce ravin un pont rompu. Il fallait rétablir le pont, et en attendant l'artillerie se trouvait arrêtée. La cavalerie tournant à gauche descendit le long du ravin, trouva un passage fangeux qu'elle parvint à franchir, et courut à la poursuite des Russes. Le général Névéroffskoï avait formé son infanterie en un carré compacte, avec lequel il suivait la large route bordée de bouleaux qui menait à Smolensk, et tirait parti le mieux qu'il pouvait de l'obstacle que ces arbres présentaient aux attaques de notre cavalerie. Profitant de ce que nous

Août 1812.

Combat de Krasnoé le 14 août.

Août 1812.

Caractère et résultat du combat de Krasnoé.

n'avions pas d'artillerie, il faisait à chaque halte feu de toute la sienne, et couvrait nos cavaliers de mitraille. Mais chaque fois que le terrain arrêtait ce gros carré russe, et le forçait à se désunir pour défiler, nos escadrons profitaient à leur tour de l'occasion, le chargeaient, y pénétraient, lui prenaient des hommes et du canon, sans réussir toutefois à le disperser, car il se reformait aussitôt l'obstacle franchi. Ces fantassins pelotonnés ainsi les uns contre les autres, défendant leurs drapeaux et leur artillerie, et sans cesse assaillis par une nuée de cavaliers, se retirèrent jusqu'au bourg de Korytnia, après nous avoir mis hors de combat 4 ou 500 cavaliers morts ou blessés, mais laissant en nos mains 8 bouches à feu, 7 à 800 morts, et un millier de prisonniers. Si nous avions eu notre artillerie et notre infanterie, ils eussent certainement succombé jusqu'au dernier.

Notre avant-garde s'arrêta en avant de Korytnia, le gros de l'armée n'ayant pas dépassé Krasnoé.

Le lendemain on ne fit qu'une étape fort courte, afin de se remettre ensemble. Le maréchal Davout avait rendu à la garde la division polonaise Claparède, à Nansouty les cuirassiers Valence, et avait repris ses trois divisions d'infanterie Morand, Friant, Gudin, fort heureuses de se retrouver sous leur ancien chef. Les Polonais que commandait Poniatowski, les Westphaliens que Napoléon avait confiés au général Junot, étaient rentrés sous les ordres directs du quartier général, et se tenaient à la hauteur de l'armée, vers son extrême droite. La cavalerie de Grouchy, en attendant que le prince Eugène qui avait le plus de chemin à faire, eût rejoint, marchait avec l'avant-garde de Murat et de Ney.

Le 15 on voulut sur ces bords lointains du Dniéper célébrer la fête de Napoléon, au moins par quelques salves d'artillerie. Tous les maréchaux vinrent, entourés de leurs états-majors, lui présenter leurs hommages. Le canon retentit au même instant, et comme l'Empereur se plaignait de ce qu'on usait des munitions précieuses à la distance où l'on se trouvait, les maréchaux lui répondirent que c'était avec la poudre prise aux Russes à Krasnoé qu'ils faisaient tirer le canon des réjouissances. Il sourit à cette réponse, et accueillit volontiers les vivat de l'armée comme un signe de son ardeur guerrière. Hélas! ni lui ni ses soldats ne se doutaient des désastres affreux qui, dans ces mêmes lieux, les attendaient trois mois plus tard!

Le lendemain 16 août, l'avant-garde eut ordre de marcher sur Smolensk, où l'on espérait entrer par surprise, car n'ayant rencontré que la division Névérofiskoï, dont un tiers était pris ou détruit, on supposait que cette ville devait être peu gardée, et par conséquent destinée à nous appartenir en quelques heures. Dans ce pays rapproché des pôles, et dans cette saison, il faisait grand jour avant trois heures du matin. La cavalerie de Grouchy se porta en avant avec l'infanterie de Ney. Arrivée sur les coteaux qui dominent Smolensk, d'où l'on plonge sur la ville bâtie au bord du Dniéper, elle put juger que l'espérance de la surprendre était peu fondée. On découvrit en effet au delà du Dniéper une troupe nombreuse qui entrait dans les murs de Smolensk.

Août 1812.

Le 15 août on célèbre en pleine marche la fête de Napoléon.

Arrivée de l'armée sous les murs de Smolensk.

Août 1812.

Ney tombe dans une embuscade de Cosaques est sauvé par sa cavalerie légère.

Inutile tentative sur la citadelle de Smolensk.

C'était le 7ᵉ corps, celui de Raéffskoï, que Bagration, commençant à s'apercevoir de notre mouvement, y avait dirigé en toute hâte. Lui-même, s'avançant à marches forcées par la rive droite du Dniéper, dont nous remontions la rive gauche, courait au secours de l'antique cité de Smolensk, place frontière de la Moscovie, qui était chère aux Russes, et que pendant plusieurs siècles ils avaient violemment disputée aux Polonais.

A peine Ney s'était-il approché d'un ravin qui le séparait de la ville, qu'il fut assailli par plusieurs centaines de Cosaques embusqués, reçut une balle dans le collet de son habit, et ne fut dégagé qu'avec beaucoup de difficulté par la cavalerie légère du 3ᵉ corps. Ayant aperçu à sa gauche qu'une partie de l'enceinte de Smolensk était fermée par une citadelle pentagonale en terre (voir la carte nº 57), il essaya de l'enlever avec le 46ᵉ de ligne. Mais ce régiment, accueilli par une grêle de balles, perdit 3 ou 400 hommes, et fut obligé de se retirer. Ney, ignorant à quel point la ville était abordable de ce côté, et ne voulant pas d'ailleurs risquer une échauffourée avant d'être rejoint par Napoléon, s'arrêta pour l'attendre. Peu à peu le reste du 3ᵉ corps arriva, et se rangea en ligne sur les hauteurs d'où l'on découvrait Smolensk au-dessous de soi. Ney s'établit à gauche et près du Dniéper avec son infanterie, pendant que la cavalerie de Grouchy débouchait sur la droite, et se portait à la rencontre d'un gros corps de cavalerie russe. Ce corps ayant fait mine de nous charger, le 7ᵉ de dragons se précipita sur lui au galop, l'aborda vigoureusement, et le refoula sur la ville. Murat, toujours au milieu de ses cavaliers, battit lui-même des mains en voyant cette charge du 7⁰ de dragons. L'artillerie attelée de Grouchy étant accourue sous un officier aussi hardi qu'habile, le colonel Griois, couvrit d'obus les escadrons russes, et les obligea de rentrer dans les faubourgs de Smolensk.

On employa ainsi le temps jusqu'à l'arrivée de l'Empereur et de l'armée. Napoléon survint vers le milieu du jour, et Ney se hâta de lui montrer le pourtour de la place qu'il avait déjà reconnu.

Smolensk, comme nous venons de le dire, est sur le Dniéper, au pied de deux rangées de coteaux qui resserrent le cours du fleuve (voir la carte n° 57). La vieille ville, de beaucoup la plus importante, est sur la rive gauche, par laquelle nous arrivions; la ville nouvelle, dite faubourg de Saint-Pétersbourg, est située sur la rive droite, par laquelle arrivaient les Russes. Un pont les réunit. La vieille ville est entourée d'un ancien mur en briques, épais de quinze pieds à sa base, haut de vingt-cinq, et de distance en distance flanqué de grosses tours. Un fossé avec chemin couvert et glacis, le tout mal tracé, précédait et protégeait alors ce mur, très-antérieur à la science de la fortification moderne. En avant et autour de la ville on apercevait de grands faubourgs, l'un dit de Krasnoé, sur la route de Krasnoé, touchant au Dniéper; l'autre au centre, dit de Micislaw, du nom de la route qui vient y aboutir; un troisième plus au centre, dit de Roslawl, par le même motif; un quatrième à droite, dit de Nikolskoïé; un cinquième et dernier, dit de Raczenska, formant l'extrémité du demi-cercle et allant s'appuyer au Dniéper. Des hauteurs sur lesquelles l'armée était venue successivement se ranger, on découvrait la vieille ville, son enceinte flanquée de tours, ses rues tortueuses et inclinées vers le fleuve, une belle et antique cathédrale byzantine, le pont qui joignait les deux rives du Dniéper, au delà enfin la nouvelle ville s'élevant sur les coteaux vis-à-vis. On voyait arriver par la rive droite du Dniéper des troupes nombreuses, dont la marche rapide annonçait que les soldats russes accouraient en masse pour défendre une cité qui leur était presque aussi chère que Moscou. Napoléon, s'il n'avait plus l'espoir de surprendre Smolensk, et de déborder facilement Barclay de Tolly, s'en dédommageait par l'espérance de voir l'armée russe déboucher tout entière pour livrer bataille. Une grande victoire gagnée sous les murs de cette ville, suivie des conséquences qu'il savait tirer de toutes ses victoires, lui suffisait. Il avait appris par une profonde expérience qu'à la guerre ce n'est pas toujours le succès cherché qui se réalise, mais que s'il y en a un, et qu'il soit grand, peu importe que ce ne soit pas celui qu'on a prévu et désiré.

En effet, le prince Bagration remontait en toute hâte la rive droite du Dniéper, par un mouvement parallèle au nôtre, et Barclay, venant de son côté par la route transversale qui mène de la Dwina au Dniéper, commençait à paraître sur les hauteurs opposées à celles que nous occupions. L'un et l'autre avertis des desseins de Napoléon, et revenus de leur projet d'offensive, se portaient avec empressement à la défense de l'antique cité russe, et, bien que ce fût une grande imprudence que de combattre dans cette position, livrer Smolensk sans la disputer était une honte qu'ils ne pouvaient supporter, quel que dût être le résultat. On ne discuta point, on céda à un mouvement involontaire, et on se distribua sur-le-champ les rôles sans aucune contestation [1]. Il y en avait deux à remplir, tous deux fort importants. Le premier, le plus indiqué, était celui de défendre Smolensk. Mais si, tandis qu'on se battait pour Smolensk, Napoléon ne faisant qu'une attaque simulée, passait le Dniéper au-dessus, ce qui était possible, le fleuve dans cette saison et en cet endroit étant guéable, on pouvait être tourné, coupé à la fois de Moscou et de Saint-Pétersbourg, et exposé à un vrai désastre, celui même dont on était menacé sans qu'on s'en doutât, depuis le début de la campagne. Il fut donc convenu que le prince Bagration avec la seconde armée irait

Août 1812.

Distribution des rôles entre Bagration et Barclay de Tolly pour la défense de Smolensk.

[1] On a prêté au général Barclay de Tolly toute espèce de motifs pour expliquer la défense de Smolensk. Le prince Eugène de Wurtemberg, militaire aussi brave que spirituel, partisan avec raison de Barclay de Tolly trop déprécié dans l'armée russe, prétend que Barclay de Tolly ne défendit Smolensk que pour tromper Napoléon, et afin de ne pas trop lui révéler le projet de retraite indéfinie, dont il se serait infailliblement aperçu si on avait cédé sans combat un point tel que Smolensk. C'est là une de ces hypothèses ingénieuses au moyen desquelles on prête souvent aux hommes plus de calcul qu'ils n'en ont mis dans leur conduite. Un pareil calcul ne valait pas le sacrifice de 12 à 15 mille hommes, la perte d'un temps précieux, et des mouvements autour de Smolensk qui exposaient l'armée russe à perdre sa ligne de retraite. Les chefs d'armée comme les chefs d'État éprouvent quelquefois des sentiments dont ils ne sont pas maîtres, ou s'ils ne les éprouvent pas, sont obligés d'y céder, et ces sentiments amènent dans leur conduite des contradictions sur lesquelles, faute de les bien comprendre, on fait plus tard des commentaires à perte de vue. C'est un semblable sentiment auquel

Août 1812.

Troupes chargées de défendre Smolensk.

prendre position au-dessus de Smolensk, sur le bord du Dniéper, pour en surveiller les gués, tandis que Barclay de Tolly disputerait la ville elle-même aux Français. Cette distribution des rôles était la plus naturelle, car il était plus facile au prince Bagration, arrivé le premier, et ayant de l'avance sur le reste de l'armée russe, de se porter au-dessus de Smolensk. Il partit immédiatement, et alla se poster avec 40 mille hommes derrière la petite rivière de la Kolodnia, affluent du Dniéper. Le général Raéffskoï, qui avec le 4° corps avait gardé Smolensk pendant la journée du 15 et la matinée du 16, dut l'évacuer et y être remplacé par les troupes de Barclay de Tolly. Celui-ci confia la défense de Smolensk au 6° corps, commandé par l'un des officiers les plus solides de l'armée russe, le général Doctoroff. Il lui adjoignit la division Konownitsyn, les débris de la division Névéroffskoï, celle qui avait combattu à Krasnoé, et rangea le reste de son armée de l'autre côté du Dniéper, dans la nouvelle

céda ici Barclay de Tolly, car livrer Smolensk sans combat eût été une honte à laquelle personne, dans l'état de l'armée russe, n'aurait voulu s'exposer. On combattit en cette occasion sans se rendre compte du résultat qu'on allait obtenir, et, après tout, se bien battre, se battre vigoureusement, ne fait jamais de tort, et épuise toujours une partie des forces physiques et morales de l'ennemi.

De son côté M. de Chambrai a prétendu que c'est pour sauver quelques magasins que l'on disputa Smolensk. On ne fait pas tuer 12 mille hommes, et on ne court pas la chance de deux jours perdus dans une retraite, pour sauver des magasins. C'est, nous le répétons, le sentiment éprouvé à la vue de la ville de Smolensk près de tomber dans les mains des Français, qui dans cette circonstance détermina Barclay de Tolly. Ce sont là des effets moraux dont il faut tenir compte à la guerre, et qui, plus que le calcul, déterminent en maintes occasions la conduite des hommes de guerre, aussi bien que celle des hommes politiques.

ville, et sur les coteaux au-dessus. Les Français au nombre de 140 mille hommes[1] occupant en amphithéâtre les hauteurs de la rive gauche du Dniéper, les Russes occupant au nombre de 130 mille celles de la rive droite, présentaient les uns pour les autres le spectacle le plus saisissant et le plus extraordinaire!

Tout ce que Napoléon, avec son regard si exercé, parvint à discerner dans ce qui se passait devant lui, c'est que l'armée russe accourait tout entière pour défendre une ville qui lui tenait fort à cœur.

Les Russes s'arrêtant enfin, Napoléon ne pouvait ni reculer, ni tâtonner devant eux, et leur laisser l'avantage de lui avoir disputé un point tel que Smolensk. Il aurait pu sans doute remonter le Dniéper, peut-être le traverser à gué au-dessus de Smolensk, et exécuter un peu plus haut sa grande manœuvre. Mais d'une part il n'avait pas eu le temps de reconnaître le fleuve, et de s'assurer si le passage en était facile; de l'autre il devait hésiter à tenter en présence de l'ennemi une telle opération, surtout en laissant aux Russes le pont de Smolensk, par lequel ils étaient maîtres de déboucher à tout instant, et de lui couper à lui-même sa ligne de communication. Enlever Smolensk sous leurs yeux par un acte de vigueur, était donc la seule opération conforme à sa situation, conforme à son caractère, et capable de lui conserver l'ascendant des armes, dont il avait plus que jamais besoin.

[1] Le prince Eugène et le général Junot étaient à quelques lieues en arrière, sans quoi les Français eussent été 175 mille présents sous les armes.

Août 1812.

Distribution des corps français autour de Smolensk.

Napoléon rangea immédiatement ses troupes en ligne. A gauche contre le Dniéper, vis-à-vis du faubourg de Krasnoé, il plaça les trois divisions de Ney ; au centre, vis-à-vis des faubourgs de Micislaw et de Roslawl, les cinq divisions de Davout ; à droite, devant les faubourgs de Nikolskoïé et de Raczenska, les Polonais de Poniatowski, impatients d'attaquer la ville tant disputée aux Russes par leurs aïeux ; à l'extrême droite enfin, sur un plateau le long du Dniéper, la masse de la cavalerie française. En arrière et au centre de ce vaste demi-cercle, il établit la garde impériale, et sur les hauteurs, dans les emplacements les mieux choisis, sa formidable artillerie, qui allait couvrir de feux plongeants la malheureuse cité russe !

Le corps du prince Eugène était encore à trois ou quatre lieues en arrière, à Korytnia, le long du Dniéper. Junot, chargé de venir avec les Westphaliens appuyer les Polonais, s'était trompé de route. Mais les 40 mille hommes auxquels s'élevaient ces deux détachements de l'armée n'étaient pas nécessaires pour accabler l'ennemi. Toute la seconde moitié de la journée du 16 fut ainsi employée par les Français et les Russes à s'asseoir dans leurs positions, sans engagement sérieux de part ni d'autre, sauf, du côté des Français, un feu d'artillerie continuel qui causait dans la ville de grands ravages, et y tuait beaucoup d'hommes à cause de l'entassement des troupes.

Reconnaissance faite par Napoléon le 17 au matin.

Le lendemain matin 17, Napoléon, montant à cheval de très-bonne heure, voulut observer ce que faisait l'ennemi, et, entouré de ses lieutenants, parcourut le demi-cercle des hauteurs sur lesquelles il avait campé. On voyait distinctement les 30 mille hommes de Doctoroff, de Konownitsyn et de Névéroffskoï prendre leurs positions dans la ville et les faubourgs, tandis que le reste des deux armées russes demeurait immobile sur les hauteurs. Au nombre des suppositions que Napoléon avait regardées comme admissibles, mais comme peu vraisemblables, était celle que les Russes, maîtres de Smolensk, pouvant à volonté passer et repasser le Dniéper à l'abri de fortes murailles, viendraient lui offrir la bataille pour sauver une ville à laquelle ils attachaient un grand prix. Il y avait en effet à côté de Smolensk, vers notre droite, un plateau bien situé, entouré d'un ravin, et sur lequel Napoléon se préparait à déployer sa cavalerie. Il n'eût pas été impossible que cet emplacement tentât les Russes, et même pour les y attirer Napoléon avait eu le soin de ne pas l'occuper encore, et de tenir sa cavalerie en arrière. Rien ne lui aurait plus convenu assurément qu'une pareille faute de la part des Russes. Mais venir livrer une bataille au delà du Dniéper, en l'ayant ainsi à dos s'ils étaient battus, eût été de leur part une bévue telle, qu'on ne devait guère l'espérer. D'ailleurs ils ne songeaient pas en ce moment à livrer bataille, mais à verser du sang pour Smolensk, et ce sacrifice à la passion nationale était tout ce qu'on pouvait attendre d'eux.

Napoléon cependant laissa s'écouler deux ou trois heures avant de prendre un parti, afin d'épuiser jusqu'à la dernière les chances d'une action générale. Autour de lui, il s'élevait plus d'une réflexion

Août 1812.

Les Russes ne songeraient pas a déboucher de Smolensk et à livrer bataille.

sur la difficulté d'enlever Smolensk d'assaut, contre trente mille Russes qui venaient de s'y enfermer. Il les écoutait sans y répondre. Comme aucune des idées qu'une situation militaire pouvait faire naître ne manquait de surgir dans son esprit, il entrevit la possibilité de franchir le Dniéper au-dessus de Smolensk, et de déboucher à l'improviste sur la gauche des Russes, ce qui l'aurait replacé dans la pleine exécution de sa grande manœuvre. Mais pour tenter sans imprudence une telle opération, il aurait fallu qu'elle pût s'opérer avec une extrême célérité, c'est-à-dire que le fleuve fût guéable, que ses soldats pussent le franchir en y entrant jusqu'à la poitrine, et que, passant le Dniéper comme jadis le Tagliamento devant l'archiduc Charles, ils vinssent déborder rapidement la gauche des Russes, et les prendre à revers. Il était en effet indispensable qu'une telle opération s'accomplît en quelques instants, car si on était réduit à jeter des ponts en présence de l'ennemi, les Russes viendraient infailliblement se placer en masse sur le point de passage, et opposer des obstacles presque insurmontables à l'établissement des ponts, ou bien ils déboucheraient par Smolensk sur notre flanc et nos derrières, pour couper notre ligne de communication, ou bien enfin ils décamperaient et nous échapperaient de nouveau, en nous laissant, il est vrai, Smolensk, mais en nous dérobant encore l'occasion de combattre. Tout dépendait donc d'une question : le fleuve était-il guéable au-dessus de Smolensk, et très-près de notre position actuelle? car remonter beaucoup plus haut, et laisser le débouché de Smolensk ouvert sur nos derriè-

Recherche d'un gué au-dessus de Smolensk, afin de passer le Dniéper

res, était une imprudence inadmissible. Ruminant toutes ces considérations dans son esprit, Napoléon envoya un détachement de cavalerie au bord du fleuve, avec mission de chercher un gué. Le fleuve en cet endroit paraissait en effet peu profond. Soit que la reconnaissance fût mal exécutée, soit qu'elle ne fût pas poussée assez haut, nulle part on ne trouva de gué praticable. On restait ainsi avec un cours d'eau lent mais non guéable devant soi, et avec toute l'armée de Bagration rangée en bataille sur l'autre rive. Jeter des ponts en présence d'un ennemi ainsi préparé, était sinon impraticable, du moins très-téméraire, et il ne restait qu'une opération possible, celle de s'emparer de Smolensk par un coup de vigueur[1]. Napoléon ne s'arrêta donc point devant quelques objections élevées autour de lui, et résolut d'emporter Smolensk d'assaut. Être venu si loin pour tâtonner en présence des Russes, pour ménager les hommes dans le combat, quand on les ménageait si peu dans la marche, pour hésiter à

Août 1812.

sur la gauche des Russes.

N'ayant trouvé aucun gué, et les Russes ne débouchant pas de Smolensk, Napoléon ordonne l'attaque de cette ville.

---

[1] Le colonel Boutourlin, dans son ouvrage déjà cité, et aussi impartial que peut l'être un ouvrage ennemi, écrit au moment où les passions étaient dans toute leur ferveur, a reproché à Napoléon d'avoir fort inutilement versé des torrents de sang devant Smolensk, au lieu de remonter le Dniéper pour le passer sur la gauche des Russes. Les détails dans lesquels nous sommes entrés prouvent qu'il faut bien connaître les faits, et y bien regarder, avant d'accuser Napoléon d'avoir sur le terrain manqué de penser à l'idée qui était praticable. Quand ses passions l'égaraient, il n'était, hélas! que trop facile à critiquer. Lorsqu'il agissait sur le terrain, sans céder à aucune des passions qui le dominaient trop souvent, il est rare, et on pourrait difficilement en citer des exemples, qu'il manquât à ce qu'il y avait à faire, et qu'il y eût une combinaison exécutable qui lui échappât. Les détails que nous donnons ici, et qui sont puisés à des sources authentiques, en fournissent une nouvelle preuve.

en perdre dix mille dans une journée qui pourrait être du plus grand effet moral, lorsqu'en trois ou quatre jours de route on en perdait le double sans faire autre chose que se décourager, n'était pas une conduite qui pût lui convenir, ni qui fût soutenable, cette guerre une fois admise. En conséquence il donna le signal de l'attaque. Il était dix ou onze heures du matin : les Russes immobiles ne songeaient pas à passer le Dniéper ; il fallait donc aller les chercher dans Smolensk, au risque de verser bien du sang, mais avec la presque certitude d'ensevelir douze ou quinze mille d'entre eux sous les ruines de la vieille cité moscovite, et de produire dans l'âme de ces soldats exaltés, sinon un complet abattement, du moins une forte impression de terreur.

Le signal donné, chacun aborda les Russes conformément à la place qu'il occupait. A droite la cavalerie d'abord contenue, fut lancée sur le plateau qu'on avait laissé vacant, et qui s'étendait jusqu'au Dniéper. Les escadrons du général Bruyère refoulèrent une brigade de dragons russes, et protégèrent l'établissement d'une batterie de soixante bouches à feu, que Napoléon avait ordonné de disposer sur le bord même du fleuve, pour foudroyer Smolensk, pour prendre d'enfilade le pont qui servait de communication entre les deux parties de la ville, et battre aussi la rive opposée où les Russes étaient en bataille. L'artillerie ennemie voulut riposter, mais elle fut bientôt réduite à se taire.

Pendant cette opération préliminaire exécutée à notre extrême droite, le prince Poniatowski, se portant entre la droite et le centre avec son infan-

terie, attaqua franchement les faubourgs de Raczenska et de Nikolskoié, défendus par la division
Névéroffskoï, et parvint avec ses braves troupes
jusqu'à la tête de ces faubourgs. Au centre, le maréchal Davout refoula les avant-postes russes dans
les faubourgs de Roslawl et de Micislaw, et commença un feu d'artillerie violent contre les faubourgs
et la ville, qui étaient défendus en cet endroit par
les divisions Konownitsyn et Kaptsewitch. A gauche, Ney, s'avançant avec deux divisions, et en laissant une troisième en réserve, fit aborder par la division Marchand la citadelle, contre laquelle le 46ᵉ
avait échoué la veille. Des broussailles épaisses empêchaient de discerner la forme et la faiblesse de
cette citadelle, construite en terre, non palissadée,
et facile à enlever. Ney n'osa pas la brusquer par le
souvenir de ce qui lui était arrivé, mais il pénétra
dans le faubourg de Krasnoé, occupé par la division Likhaczeff, qu'il refoula jusqu'aux fossés de la
ville.

C'était le moment choisi pour l'attaque principale que le maréchal Davout devait exécuter contre les faubourgs de Micislaw et de Roslawl. Une
grande route séparant ces deux faubourgs et descendant sur la ville, allait aboutir à la porte de
Malakofskia. Le maréchal dirigea d'abord la division Morand sur cette route, pour s'en emparer,
isoler en y pénétrant les deux faubourgs l'un de
l'autre, et rendre plus facile l'attaque de front
dont ils allaient être l'objet. Le 13ᵉ léger, conduit par le général Dalton, et appuyé par le 30ᵉ
de ligne, joignit à la baïonnette les troupes en-

Août 1812.

*et Ney, rejet-
tent les Russes
dans
les faubourgs
de
Smolensk.*

*Enlèvement
des faubourgs
de Micislaw
et de Roslawl
par une
vigoureuse
attaque
du maréchal
Davout.*

nemies qui étaient en avant de la route, les refoula avec une vigueur irrésistible, leur enleva un cimetière où elles s'étaient établies, puis, s'engageant sur la route elle-même, sous une grêle de balles parties de tous les côtés, vainquit tous les obstacles, et aux yeux de l'armée, saisie d'admiration, rejeta les Russes jusque sur l'enceinte de la ville. C'était avec la brave division Konownitsyn que les 13° et 30° régiments avaient été aux prises, et ils avaient jonché la terre de ses morts. Au même instant, et un peu sur la gauche, la division Gudin, conduite par son général et par le maréchal Davout en personne, attaqua aussi vigoureusement le grand faubourg de Micislaw, que défendait la division Kaptsewitch, la repoussa d'abord à la baïonnette jusqu'à l'entrée du faubourg, puis y pénétra à sa suite, la chassa de rue en rue, et la mena ainsi jusqu'au bord du fossé, au moment où la division Morand y arrivait de son côté par la grande route. A droite, la division Friant avait enlevé avec moins de difficulté le faubourg de Roslawl, et était parvenue comme les deux autres divisions devant l'enceinte, d'où elles auraient pu être foudroyées toutes trois si des embrasures pour l'artillerie eussent été ménagées dans la vieille muraille. Toutefois elles reçurent des tours quelques boulets et quelques obus. Mais ce furent les Russes qui eurent le plus à souffrir, car, rejetés à la pointe des baïonnettes jusque dans les fossés de Smolensk, fusillés ensuite à bout portant, ils ne trouvaient pour rentrer en ville que quelques rares issues pratiquées dans l'enceinte.

Cependant les Russes, auxquels Barclay de Tolly avait envoyé comme renfort la division du prince Eugène de Wurtemberg, essayèrent de reprendre l'offensive, en exécutant de violentes sorties par les portes de Nikolskoïé et de Malakofskia. Le prince Poniatowski, arrivé devant la porte de Nikolskoïé, eut besoin de toute la bravoure de ses Polonais pour ramener les Russes dans l'intérieur de la ville. Il en fallut tout autant au maréchal Davout devant la porte Malakofskia. Il avait affaire à la division Konownitsyn et à la division du prince de Wurtemberg, qui l'une et l'autre revinrent à la charge avec fureur. On les refoula cependant, et on les contraignit de rentrer par la porte Malakofskia, de laquelle elles avaient tenté de déboucher. Le général Sorbier ayant sur ces entrefaites amené la réserve d'artillerie de la garde, composée de pièces de 12, on la disposa de manière à prendre soit à gauche, soit à droite, les fossés d'enfilade, ce qui obligea les Russes à se renfermer définitivement dans l'intérieur de Smolensk. Alors on dirigea contre l'enceinte tout ce qu'on avait d'artillerie. Mais les boulets, s'enfonçant dans le vieux mur en briques, n'y produisaient pas grand effet. On eut recours à un autre moyen, ce fut de tirer dans la ville par-dessus les murs, et on y employa plusieurs centaines de pièces de canon. Chaque projectile ou ravageait des maisons, ou tuait en grand nombre les défenseurs accumulés dans les rues et sur les places publiques.

Après six heures de ce terrible combat, l'obstacle de l'enceinte, que nous ne pouvions pas forcer, que les Russes n'osaient plus franchir, finit par séparer

Août 1812.

On se bat longtemps le long du fossé et de l'enceinte.

A la chute du jour l'enceinte intérieure

les combattants. Le maréchal Davout, au centre, prépara tout pour enlever la ville le lendemain matin, après l'avoir accablée toute la nuit de projectiles destructeurs. Napoléon lui fit dire qu'il fallait l'emporter à tout prix, et lui laissa le choix des moyens. On ne pouvait effectivement, sans produire une impression morale des plus fâcheuses, surtout après avoir perdu autant de monde, accepter le rôle de gens qui avaient été repoussés.

Le maréchal Davout, d'accord avec le général Haxo, qui était allé sous un feu épouvantable reconnaître l'enceinte, résolut de donner l'assaut sur un point qui paraissait accessible, et qui était situé vers notre droite, entre l'emplacement du 1er corps et celui du prince Poniatowski. Il y avait là une ancienne brèche, dite brèche Sigismonde, qui n'avait jamais été réparée, et qui n'était fermée que par un épaulement en terre. Le général Haxo ayant déclaré la position abordable, le maréchal Davout destina au général Friant l'honneur de mener sa division à l'assaut le lendemain matin.

La nuit fut épouvantable. Les Russes, faisant enfin le sacrifice de cette cité chérie, qui venait de leur coûter tant de sang, se joignirent à nous pour la détruire, et y mirent volontairement le feu, que nous n'y avions mis qu'involontairement avec nos obus. Au milieu de l'obscurité, on vit jaillir tout à coup des torrents de flammes et de fumée. L'armée, debout sur les hauteurs, fut vivement frappée de ce spectacle extraordinaire, semblable à une éruption du Vésuve dans une belle nuit d'été[1]. On pressentit à cet

---

[1] C'est l'expression de Napoléon dans son bulletin.

aspect toute la fureur qui allait signaler la présente guerre, et sans en être épouvanté on en fut ému cependant. Notre nombreuse artillerie vint ajouter de nouvelles flammes à cet incendie, afin de rendre le séjour de Smolensk inhabitable à l'ennemi.

Août 1812.

En effet, le sang qui avait coulé en abondance parmi les Russes avait satisfait chez eux à l'honneur, au devoir, à la piété religieuse, à tous les sentiments qui les avaient portés à combattre en cette occasion. Barclay de Tolly, après avoir sacrifié le calcul au sentiment, ramené enfin au calcul, prescrivit à Doctoroff, à Névéroffskoï, au prince Eugène de Wurtemberg, d'évacuer Smolensk pendant la nuit, ce qu'ils firent en mettant partout le feu, afin de nous livrer le cadavre calciné plutôt que le corps de cette grande ville.

A la pointe du jour, quelques soldats du maréchal Davout s'étant approchés du retranchement en terre qu'ils devaient enlever, et ne le trouvant pas défendu, le gravirent, entendirent l'accent slave de l'autre côté, se crurent d'abord tombés au milieu des Russes, mais reconnurent bientôt les Polonais, qui venaient de pénétrer par le faubourg de Raczenska, leur donnèrent la main, et coururent porter cette bonne nouvelle au maréchal. Alors on pénétra en masse dans la ville qu'on s'empressa de disputer aux flammes, dans l'espérance d'en sauver une partie. Il y avait dans les faubourgs deux ou trois Russes morts pour un Français, ce qui s'explique par l'effet meurtrier de notre artillerie, et par la situation des Russes, placés longtemps à découvert entre les faubourgs et l'enceinte. Notre perte réelle

Les Français entrent dans Smolensk en flammes.

Pertes

fut de 6 à 7 mille morts ou blessés, celle des Russes, d'après les évaluations les plus exactes, de 12 ou 13 mille au moins[1].

Les ravages du feu étaient considérables, les principaux magasins détruits, et les pertes, surtout en denrées coloniales, immenses. Les Russes au surplus étaient les vrais auteurs de ce dommage; mais ce qui de leur part diminuait le mérite du sacrifice, c'est que c'était l'armée et ses chefs qui dévastaient des propriétés appartenant à de pauvres marchands, et satisfaisaient ainsi leur rage aux dépens du bien d'autrui. Les habitants avaient fui pour la plupart, et ceux qui étaient restés, faute de temps ou de moyens pour s'enfuir, se trouvaient réunis dans la principale église de Smolensk, vieille basilique byzantine fort en renom parmi les Russes. Ils étaient là, femmes, vieillards et enfants, saisis de terreur, embrassant les autels et versant des larmes. Heureusement nos projectiles avaient ménagé

[1] On ne comprend pas que M. de Boutourlin ait pu attribuer aux Français une perte de 20 mille hommes, et aux Russes une de 6 mille seulement. Jamais, il faut le dire, on n'a défiguré les faits à ce point. Le témoignage du docteur Larrey, témoin véridique et généralement bien informé, évalue la perte des Français à environ 1200 morts, et à près de 6 mille blessés. Les témoignages de l'administration donnent un chiffre moins élevé. Je crois, après avoir comparé les divers documents, que le nombre des morts fut de notre côté plus considérable que ne le dit le docteur Larrey, et celui des blessés moindre. Je crois qu'on se rapprochera de la vérité le plus possible en portant notre perte à 7 mille hommes hors de combat, morts et blessés. Comment d'ailleurs y aurait-il eu 20 mille hommes atteints par le feu sur 45 mille qui attaquèrent Smolensk, car il n'y en eut guère davantage d'engagés, quoi qu'en ait dit M. de Boutourlin, lequel évalue à 72 mille hommes le nombre de nos combattants qui prirent part à l'action. Il y eut tout au plus 15 mille hommes engagés du côté du maréchal Ney, 14 ou 15 mille du côté du maréchal Davout, et un peu moins du côté du prince Po-

le vénérable édifice, et nous avaient épargné le chagrin de causer d'inutiles profanations. On rassura ces infortunés, et on essaya de les ramener dans celles de leurs demeures qui n'avaient pas été consumées par l'incendie. Les rues offraient un spectacle hideux, c'était celui des morts et des blessés russes couvrant la terre. L'excellent docteur Larrey les fit ramasser presque en même temps que les blessés français, persistant dans sa bonté naturelle, et dans sa noble politique de soigner les blessés de l'ennemi, pour qu'à son tour l'ennemi soignât les nôtres. Mais la fureur nationale, excitée au plus haut point contre nous, devait rendre son calcul à peu près stérile.

Notre armée, malgré l'enivrement du combat et du succès, éprouva en entrant dans Smolensk une pénible émotion. Autrefois, dans nos longues courses victorieuses, lorsque nous pénétrions dans des villes

Août 1812.

Pénible impression qu'éprouve l'armée en entrant dans Smolensk.

niatowski. Le nombre de 20 mille hommes frappés dans nos rangs est donc une exagération ridicule, car il aurait fallu que la moitié des attaquants eût succombé. Quant aux pertes des Russes, les témoins les moins favorablement disposés conviennent qu'il y avait devant Smolensk plusieurs Russes renversés pour un Français. Le docteur Larrey notamment, qui n'a point cherché à adoucir le tableau de la campagne de 1812, l'affirme de la manière la plus positive. On pourrait donc attribuer avec plus de raison aux Russes qu'aux Français le chiffre de 20 mille morts ou blessés. Ce qu'on peut dire de plus vraisemblable en comparant toutes les relations, c'est que les Russes perdirent de 12 à 13 mille hommes. Nous croyons cette évaluation plutôt au-dessous qu'au-dessus de la vérité, surtout quand on songe au chiffre généralement attribué à l'armée russe après le combat de Smolensk. Du reste nous ne donnons, suivant notre usage, ces évaluations que comme très-approximatives. On fait perdre son sérieux à l'histoire lorsqu'on se montre trop affirmatif dans des questions de cette nature. C'est en restant modeste dans sa prétention de découvrir la vérité que l'histoire peut mériter confiance lorsqu'elle devient tout à fait affirmative.

TOM. XIV. 15

conquises, après un premier moment de terreur, les habitants, rassurés par la bienveillance ordinaire du soldat français, revenaient dans leurs demeures, qu'ils n'avaient pas songé à détruire, et dont ils se hâtaient de nous faire partager les ressources. Il n'y avait d'incendie que ceux que nos obus avaient involontairement allumés. Dans cette dernière campagne, surtout depuis que la frontière moscovite était franchie, nous trouvions partout la solitude et les flammes, et si quelques rares habitants restaient dans nos mains, la terreur et la haine régnaient sur leurs visages. Les juifs, si nombreux en Pologne, si serviables par avidité, si empressés à nous offrir une hospitalité dégoûtante mais utile, les juifs eux-mêmes manquaient, car il n'en existait point au delà de la frontière polonaise. En voyant ces flammes, cette solitude, ces cadavres gisants dans les rues, nos soldats commencèrent à comprendre que ce n'était point là une de ces guerres comme ils en avaient tant vu, et dans lesquelles avec des actes brillants et de l'humanité on désarmait l'ennemi. Ils sentirent que c'était une lutte plus grave. Mais le goût de l'extraordinaire les dominait et les entraînait : la vue de Napoléon les transportait toujours, et ils croyaient marcher à une expédition merveilleuse, qui surpasserait toutes celles de l'antiquité.

Napoléon parcourut à cheval les faubourgs et la ville, puis vint se placer dans une des tours qui flanquaient l'enceinte du côté du Dniéper, et de laquelle on pouvait discerner ce qui se passait au delà du fleuve. Il vit les Russes occupant l'autre rive, et tenant encore la ville nouvelle, mais s'apprêtant évidemment à l'évacuer, et ne songeant à la défendre que pendant le temps nécessaire à l'évacuation. Assurer le passage du Dniéper était donc la principale opération de cette journée. Les Russes avaient détruit le pont qui unissait l'ancienne ville et la nouvelle, pas assez toutefois pour empêcher nos hardis fantassins de franchir le fleuve en cheminant sur la tête des pilotis incomplétement brûlés. Quelques-uns avaient usé de ce moyen pour aller tirailler au delà du Dniéper, mais ils avaient été promptement repoussés ou pris. L'Empereur ordonna au général Éblé de jeter des ponts, et celui-ci se hâta d'y employer activement ses pontonniers et les troupes du maréchal Ney.

Napoléon, bien que partout il eût triomphé de l'ennemi, éprouvait même au milieu de la victoire, même au sein d'une ville enlevée d'assaut, le plus triste mécompte. C'était la troisième de ses grandes manœuvres qui échouait depuis l'ouverture de cette campagne. Il avait manqué Bagration à Bobruisk, avait en vain essayé de déborder Barclay de Tolly entre Polotsk et Witebsk, et maintenant, après un mouvement des plus savants et des plus hardis pour tourner les deux armées réunies de Bagration et de Barclay, il venait d'être arrêté par Smolensk, qui, tout en succombant, lui avait fait perdre les journées du 16 et du 17 août, et allait lui faire perdre encore toute celle du 18. Dès lors l'espérance de déboucher au delà du Dniéper assez à temps pour déborder la gauche de l'ennemi, n'avait plus aucun fondement, car il fallait la journée au moins pour jeter des ponts, et dans cet intervalle les Russes

Août 1812.

Tristes réflexions de Napoléon dont toutes les manœuvres ont échoué dans cette campagne.

15.

devaient avoir gagné assez de terrain pour se soustraire à toutes nos manœuvres. Napoléon songea bien encore à chercher un gué au-dessus de Smolensk, et en chargea Junot, qui s'étant égaré pendant la journée du 17, s'était élevé assez haut sur notre droite. Mais rien ne pouvait faire que les Russes n'eussent pas sur nous un jour d'avance, et ne fussent pas dès lors en mesure de nous précéder sur la route de Saint-Pétersbourg, ou sur celle de Moscou. Napoléon rentra donc triste et affecté dans la demeure qu'on lui avait réservée à Smolensk, et se vengea de ses déplaisirs en blâmant beaucoup la malhabileté des généraux ennemis, qui venaient, selon lui, de sacrifier 12 mille hommes sans aucun motif raisonnable. Si, en effet, ils n'avaient pas obéi à un sentiment puissant, leur conduite eût été injustifiable; mais ils avaient cédé à un entraînement irrésistible en cherchant à nous disputer Smolensk, et, bien qu'habituellement la raison soit la vraie lumière à suivre dans la guerre comme dans la politique, il faut reconnaître que le cœur n'égare pas toujours, et les Russes, en nous retenant deux jours devant Smolensk, s'étaient sauvés, sans qu'ils s'en doutassent, de la plus dangereuse des combinaisons de leur redoutable adversaire. Quoique ayant perdu Smolensk et des milliers d'hommes, ils étaient moins confondus par l'événement que Napoléon lui-même.

Des juges sévères, devenus après la chute de Napoléon aussi rigoureux pour lui que la fortune, lui ont attribué l'insuccès de ses combinaisons, aussi profondément conçues cependant que toutes celles qui ont immortalisé son génie. Ils lui ont adressé des reproches, dont les faits ci-dessus rapportés peuvent montrer le plus ou moins de fondement. Dans le projet d'envelopper le prince Bagration, ou de l'isoler au moins pour le reste de la campagne, on a vu en effet que Napoléon n'avait pas assez exactement apprécié les difficultés que le pays et les distances opposeraient à la jonction du roi Jérôme avec le maréchal Davout, qu'il avait trop maltraité son jeune frère, et mis trop peu de troupes à la disposition du maréchal. On pouvait donc lui imputer une part de ce premier insuccès. Dans le projet de défiler devant le camp de Drissa, de passer ensuite brusquement la Dwina entre Polotsk et Witebsk, pour déborder Barclay de Tolly et le prendre à revers, l'exécution avait répondu à la conception, et on ne pouvait lui reprocher qu'une chose, c'était d'avoir lui-même, à force de guerres, appris la guerre à ses ennemis, lesquels s'étant aperçus à temps du danger qui les menaçait, s'en étaient tirés en faisant violence à leur maître. Enfin, dans le dernier projet, on a blâmé Napoléon d'avoir poussé trop loin son mouvement tournant, de l'avoir poussé jusqu'à franchir le Dniéper pour venir repasser ce fleuve à Smolensk; on a dit qu'il aurait dû s'arrêter avant d'arriver au Dniéper, remonter ce fleuve par la rive droite au lieu de le remonter par la rive gauche, et tourner les Russes par Nadwa. (Voir la carte n° 53.) Mais les faits montrent qu'il avait pesé toutes ces chances, de concert avec le maréchal Davout, et que c'est après de mûres réflexions qu'il avait résolu de cheminer par la rive

Août 1812.

de cette guerre l'insuccès des manœuvres qu'il avait imaginées?

Août 1812.

gauche, que les Russes n'occupaient pas, ce qui lui offrait pour les tourner un trajet plus prompt et plus sûr, quoique plus long. Il ressort en effet des événements que s'il eût suivi l'avis contraire, il eût trouvé à Nadwa Bagration se battant avec désespoir, que probablement il eût attiré les Russes en masse sur leur gauche, et couru le risque de se faire acculer lui-même au Dniéper. Les faits le justifient donc ici complétement. D'autres juges encore ont dit qu'au lieu de chercher à tourner les Russes par leur gauche, il aurait dû songer à les tourner par leur droite, c'est-à-dire par Witebsk et Sourage; qu'il aurait dû par conséquent remonter la Dwina, puis se rabattre sur les Russes par leur droite, et les acculer au Dniéper. Mais la carte prouve que son calcul était bien préférable à celui de ses censeurs, car en rejetant les Russes sur le Dniéper, il les eût rejetés sur le pont de Smolensk, qu'ils auraient passé sans difficulté, après quoi ils auraient regagné librement l'intérieur de l'empire par les provinces méridionales, qui étaient les plus fertiles, et offraient le champ le plus vaste à une retraite continue. En les tournant par leur gauche au contraire, en les rejetant sur la Dwina, il les rejetait dans un angle formé par la Dwina et la mer, et pouvait ainsi les y enfermer complétement. (Voir la carte n° 54.) Il suffisait pour cela qu'il eût acquis sur eux une ou deux journées d'avance en les débordant. C'est là le motif profond pour lequel il avait toujours tendu à déborder par leur gauche, et non par leur droite, les Russes campés sur la Dwina. Évidemment ce qui l'avait fait échouer ici, c'était l'éveil dans lequel il les avait trouvés, c'était l'énergie qu'ils avaient déployée à Smolensk, et ce n'est pas son génie militaire qu'on surprend en faute, c'est ce que nous appelons sa politique, sa politique qui l'avait conduit à braver les lieux, quels qu'ils fussent, et à pousser les hommes au désespoir à force de les vouloir dominer. Or les lieux méconnus, les hommes poussés au désespoir, qu'est-ce, sinon la nature des choses résistant invinciblement à qui prétend lui faire violence?

Tandis que Napoléon rentrait dans l'intérieur de Smolensk pour donner des soins à son armée, tandis que nos pontonniers malgré un feu très-vif de tirailleurs, s'empressaient de jeter des ponts, les généraux russes s'occupaient d'assurer leur retraite. Ils avaient besoin de se hâter, car la route de Moscou, longeant pendant l'espace de quelques lieues la rive droite du Dniéper (voir la carte n° 57), était exposée à toutes les tentatives des Français, qui pouvaient bien finir par découvrir les gués du fleuve, et par le passer pour leur barrer le chemin. Mais s'il faut peu de temps pour se décider quand on agit dans le sens de la passion générale, il en faut davantage quand on agit en sens contraire. Barclay de Tolly, qui à chaque pas rétrograde blessait les passions de son armée, ne prit que le 18 au soir, lorsque nos ponts étaient achevés, le parti de livrer définitivement la ville nouvelle aux Français. Il ordonna donc au prince Bagration de se porter en avant pour s'emparer des points les plus importants de la route de Moscou, que les Français devaient être tentés d'intercepter, et il fit ses dispositions pour le suivre avec

Août 1812.

Marche des colonnes russes au sortir de Smolensk.

Août 1812.

l'armée principale. Cette route de Moscou s'avance droit à l'est, lorsqu'on a franchi l'ouverture de vingt lieues dont nous avons déjà parlé plusieurs fois, et qui existe entre les sources de la Dwina et celles du Dniéper; elle rencontre ainsi deux fois les sinuosités du Dniéper, une première fois à Solowiewo, à une forte journée de Smolensk, et une seconde fois à Dorogobouge, qui en est à deux journées. (Voir la carte n° 55.) A Solowiewo la route de Moscou passait de la rive droite du Dniéper occupée par les Russes, sur la rive gauche occupée par les Français. L'armée en retraite pouvait donc y être arrêtée. A Dorogobouge la route rencontrait le Dniéper une dernière fois, et on y trouvait derrière l'Ouja, petite rivière qui se jette dans le Dniéper, une position où il y avait aussi quelque utilité à nous prévenir. Le général Barclay de Tolly prescrivit au prince Bagration de se porter tout de suite sur Dorogobouge, et résolut de se rendre lui-même à Solowiewo, en partant le 18 au soir, et en marchant toute la nuit afin d'y arriver à temps. Mais cette retraite, facile pour le prince Bagration qui avait beaucoup d'avance, ne l'était pas pour le général Barclay de Tolly, qui était encore à Smolensk, et ne devait en sortir qu'au dernier moment.

Leur long détour pour éviter la rencontre des Français.

De plus la route de Moscou, pendant deux lieues environ, longeait le Dniéper de si près, qu'elle était exposée à une subite irruption des Français. Le général Barclay de Tolly conçut la pensée d'éviter ce danger en prenant des chemins de traverse qui le mettraient hors d'atteinte, et le ramèneraient sur la grande route à une distance de trois ou quatre lieues, vers un endroit appelé Loubino. En conséquence il divisa en deux colonnes l'armée qui était sous ses ordres directs. L'une, composée des 5ᵉ et 6ᵉ corps, sous le général Doctoroff, des 2ᵉ et 3ᵉ corps de cavalerie, de toute la réserve d'artillerie et des bagages, dut faire le détour le plus long, et passer par Zykolino, pour aboutir à Solowiewo. La seconde, composée des 2ᵉ, 3ᵉ et 4ᵉ corps, et du 1ᵉʳ de cavalerie, conduite par le lieutenant général Touczkoff, devait faire un détour moins long, et passer par Krakhotkino et Gorbounowo, pour tomber sur Loubino. (Voir les cartes nᵒˢ 55 et 57.) Cependant le général Barclay de Tolly, qui n'avait envoyé sur la route directe que quatre régiments de Cosaques sous le général Karpof, craignit que ce ne fût pas assez pour occuper le point de Loubino, par lequel le chemin de traverse rejoignait la grande route, et il dépêcha le général-major Touczkoff III, frère de celui qui commandait la seconde colonne, avec trois autres régiments de Cosaques, les hussards d'Élisabethgrad, le régiment de Revel, et les 20ᵉ et 21ᵉ de chasseurs. C'étaient environ 5 ou 6 mille hommes de toutes armes, chargés de s'emparer à l'avance du débouché par lequel la seconde colonne, la plus exposée des deux, devait regagner la grande route. Il fit partir ces dernières troupes par la voie directe et de très-bonne heure, et bien lui en prit, comme on va le voir. Ces dispositions adoptées, il mit toute son armée en mouvement pendant la nuit du 18 au 19, et laissa devant Smolensk une arrière-garde sous le général Korff.

Vers la fin de la journée du 18, les Français

Août 1812.

Les Français

Août 1812.

ayant réussi à franchir le Dniéper se mettent à la poursuite des Russes.

avaient fort avancé l'établissement de leurs ponts, et ils commencèrent à se transporter au delà du Dniéper dans la nuit du 18 au 19. Le 19 au matin, Ney passa le fleuve avec son corps pour se mettre à la poursuite de l'ennemi, et Davout en fit autant avec le sien. On batailla contre l'arrière-garde du général Korff, et on la repoussa vivement. Arrivé sur les hauteurs de la rive droite on avait deux routes devant soi : l'une s'élevant droit au nord, conduisait par Poreczié et la Dwina dans la direction de Saint-Pétersbourg ; l'autre au contraire allant à l'est, et longeant le Dniéper, conduisait par Solowiewo et Dorogobouge dans la direction de Moscou. (Voir la carte n° 55.) On voyait sur l'une et l'autre des arrière-gardes ennemies, ce qui était naturel, car le gros de l'armée de Barclay de Tolly destiné à prendre les chemins de traverse, devait suivre un moment la route de Saint-Pétersbourg, et le détachement du général Karpof, au contraire, envoyé par la voie la plus courte pour s'emparer du débouché de Loubino, devait suivre tout simplement la route de Moscou. Ney incertain, courut au détachement le plus rapproché de lui, lequel marchait sur la route de Saint-Pétersbourg, l'assaillit, et le rejeta assez loin. C'était à un lieu dit Gédéonowo[1]. Le général Barclay de Tolly effrayé de voir les Français si près de lui, et en mesure d'intercepter les chemins de traverse réservés aux deux colonnes

---

[1] L'historien Boutourlin a placé cette rencontre à Gorbounowo, le prince Eugène de Wurtemberg dans une relation plus récente l'a placée à Gédéonowo. Peu importe ce détail, le fond du fait, quelque part qu'on le place, importe seul, et ce fond est incontestable.

de son armée, accourut aussitôt, et ordonna au prince Eugène de Wurtemberg de conserver ce point à tout prix, pour donner à ce qui était encore en arrière le temps de défiler. On combattit en cet endroit avec beaucoup d'opiniâtreté de la part des Russes, qui regardaient leur salut comme attaché à la conservation du poste disputé, avec beaucoup moins d'insistance de la part des Français, qui n'avaient aucun but déterminé, et cherchaient uniquement à s'éclairer par de nombreuses reconnaissances sur la direction adoptée par l'ennemi. Les Russes restèrent donc maîtres de Gédéonowo.

Août 1812.

La matinée s'écoulait ainsi, lorsque Napoléon survint, et regardant tantôt au nord, tantôt à l'est, reconnut par le mouvement général des troupes russes, que la retraite devait s'opérer dans la direction de Moscou. Il détourna donc le maréchal Ney qui s'acharnait à batailler sur la route de Saint-Pétersbourg, et le reporta sur la route de Moscou, en lui affirmant que s'il marchait vite, il recueillerait avant la fin du jour quelque brillant trophée. Il le fit suivre sur cette même route de Moscou par une partie des troupes du maréchal Davout, afin de l'appuyer au besoin, mais il laissa l'autre sur la route de Saint-Pétersbourg, afin de s'éclairer dans tous les sens, et rentra dans Smolensk, où l'appelaient mille soins divers. Il attendait pour prendre un parti définitif le résultat des reconnaissances que ses lieutenants allaient exécuter.

Après quelques hésitations, Napoléon dirige la poursuite sur la route de Moscou.

Le maréchal Ney, avec ses trois divisions, suivit le détachement russe chargé d'occuper le débouché de Loubino, et commandé, avons-nous dit, par le

Rencontre du maréchal Ney avec la seconde

Août 1812.

colonne de Barclay de Tolly à Valoutina

général-major Touczkoff III. Il l'atteignit sur le plateau de Valoutina, où, d'après les traditions du pays, les Polonais et les Russes s'étaient souvent combattus. Les Russes appréciant l'importance de la mission qui leur était confiée, résistèrent vaillamment, mais furent rejetés de ce plateau dans une petite vallée située sur le revers, la traversèrent de leur mieux, gravirent un autre plateau qu'ils rencontrèrent sur leur chemin, s'y défendirent avec la même vigueur, furent culbutés de nouveau, et firent leur retraite vers un dernier poste qu'ils résolurent de conserver à tout prix. Au delà en effet se trouvait le débouché de Loubino, et s'ils faisaient un pas rétrograde de plus, ce débouché par lequel la seconde colonne de Barclay devait rejoindre la grande route de Moscou, allait tomber aux mains des Français. Le sol favorisait les Russes, car ils avaient pris position derrière un ruisseau fangeux, et sur une côte longue et élevée, couverte de distance en distance par des bouquets de bois et d'épaisses broussailles. La route franchissait le ruisseau sur un pont qu'ils détruisirent, puis traversait la côte elle-même par une coupure pratiquée entre deux monticules boisés. Le général Barclay de Tolly, appelé par le général-major Touczkoff III, était accouru, et à l'aspect du danger, il s'était empressé d'attirer en cet endroit la tête de la seconde colonne, et avait mandé à celle-ci d'arriver au plus vite. Cette tête de colonne consistait en huit pièces d'artillerie, plusieurs régiments de grenadiers et quelque cavalerie. Il plaça les chasseurs au bord du ruisseau et dans les broussailles, les grenadiers à droite et à gauche

Combat terrible de Valoutina, l'un des plus sanglants du siècle.

de la coupure, disposa un fort détachement en travers, et dépêcha de nombreux officiers pour demander du secours à toutes les troupes qui étaient à portée.

Le maréchal Ney parvenu dans l'après-midi devant cette troisième position, résolut de l'enlever. Il y employa les divisions d'infanterie Razout et Ledru, essaya de gravir la côte couronnée d'artillerie, mais ne put y réussir. La chose effectivement était très-difficile. Pour emporter la position, il fallait forcer la route qui descendait un peu à droite dans une espèce de marécage, qui passait ensuite le ruisseau sur le pont que les Russes avaient détruit, et enfin s'élevait au milieu de broussailles remplies de tirailleurs à travers la côte garnie de troupes et d'artillerie. Ney refoula bien les avant-postes russes jusqu'au delà du ruisseau; mais pour opérer le passage de ce ruisseau dont le pont n'existait plus, il avait besoin de renforts considérables. Il prit donc le parti de faire rétablir en toute hâte le petit pont, et en attendant d'envoyer demander des secours à Napoléon. Une forte canonnade remplit l'intervalle entre ce combat du matin et celui qui se préparait pour la fin du jour.

Sur ces entrefaites Murat, après avoir battu l'estrade dans diverses directions, était survenu avec quelques régiments de cavalerie sur la route de Moscou, et il était prêt à joindre Ney. Junot, chargé, par suite de sa position des jours précédents, de passer le Dniéper au-dessus de Smolensk, l'avait franchi à Prouditchewo, et se trouvait sur le flanc des Russes. Des cinq divisions du maréchal Davout, deux étaient en marche sur la route de Moscou, et une allait arriver à temps, c'était celle du général Gudin. Elle arriva effectivement vers cinq heures de l'après-midi au petit pont qui venait d'être rétabli, et sur-le-champ elle fit ses dispositions d'attaque. Mais dans l'intervalle un temps précieux avait été perdu, et les Russes s'étaient singulièrement renforcés. Barclay de Tolly avait reçu presque toute sa seconde colonne, sauf le corps de Bagowouth, retardé par le combat de Gédéonowo. Les 3ᵉ et 4ᵉ corps, ceux de Touczkoff et d'Ostermann, ayant atteint Loubino, avaient été aussitôt portés en ligne, et disposés en arrière, à droite et à gauche de la route. La cavalerie avait été placée au loin sur la gauche, vis-à-vis le point de Prouditchewo, où Junot venait de passer le Dniéper. La position était donc devenue des plus difficiles à emporter, car elle était défendue par près de 40 mille hommes et par une artillerie formidable. Ney n'avait de vraiment disponibles que ses deux divisions d'infanterie, Razout et Ledru, réduites à 12 mille hommes par les combats de la veille, et la division Gudin, qui, après la prise de Smolensk, ne devait pas compter plus de 8 mille baïonnettes. Les trois mille cavaliers de Murat étaient au loin sur la droite, cherchant à traverser les marécages qui s'étendaient le long du Dniéper pour déboucher sur la gauche des Russes, et les 10 mille Westphaliens de Junot étaient tellement embarrassés dans ces marécages, qu'il n'était pas sûr qu'on pût les faire concourir à l'action principale.

Ces difficultés n'arrêtèrent ni le maréchal Ney, ni

le général Gudin. Ce dernier se mit hardiment à la tête de sa division pour enlever à tout prix l'espèce de coupe-gorge qui se trouvait au delà du petit pont. Il fallait en effet, comme nous venons de le dire, s'enfoncer dans le marécage, franchir le pont sous le feu des broussailles remplies de tirailleurs, gravir ensuite la route à travers une gorge couronnée des deux côtés d'artillerie, puis enfin déboucher sur un plateau où les Russes étaient rangés en masses profondes. Le général Gudin forma sa division en colonnes d'attaque, tandis que le maréchal Ney avec la division Ledru se préparait à l'appuyer, que la division Razout occupait l'ennemi vers la gauche, et qu'à droite Murat galopant avec sa cavalerie cherchait un passage à travers les marécages.

Le signal donné, Gudin lance ses colonnes d'infanterie, qui défilent sur le pont aux cris de *Vive l'Empereur!* et essuient sans en être ébranlées, par côté le feu des tirailleurs, et de front celui de l'artillerie ennemie braquée sur la côte. Elles traversent le pont au pas de charge, gravissent la côte, et rencontrent une troupe de grenadiers qui les accueille à la pointe des baïonnettes. Elles se jettent sur eux, les repoussent, et réussissent à déboucher sur le plateau. Mais là de nouveaux bataillons viennent les assaillir, et les obligent à reculer. Le brave Gudin les reporte en avant, et une terrible mêlée s'engage alors entre le ruisseau et le pied de la côte. Les hommes s'abordent, se saisissent corps à corps, et combattent à l'arme blanche. Au milieu de cet affreux conflit, Gudin avait mis pied à terre, et l'épée à la

Août 1812.

du général Gudin pour forcer la position des Russes.

Mort du général Gudin,

Août 1812.

remplacé sur-le-champ par le général Gérard.

main conduisait ses soldats; il est frappé par un boulet qui lui fracasse la cuisse, et en tombant dans les bras de ses officiers désigne pour le remplacer le général Gérard. Cet officier[1], d'une rare énergie, prend le commandement, et, ramenant ses soldats à l'ennemi, gravit de nouveau la côte, et apparaît une seconde fois sur le plateau. Ney l'appuie avec la division Ledru, et ils semblent maîtres de la position. Pourtant de nouvelles troupes russes s'avancent pour la leur disputer, et il est à craindre qu'elle ne leur soit arrachée encore une fois.

Fâcheuses hésitations de Junot.

Pendant ce temps Murat, accouru vers la droite pour essayer de déborder la position, trouve Junot transporté au delà du Dniéper, attendant des ordres qui ne lui arrivent pas, et ayant le tort de ne pas y suppléer. Murat le presse de marcher pour prendre à revers la longue côte que Ney et Gérard s'efforcent d'emporter de front. Malheureusement, Junot sous l'influence de chaleurs brûlantes, atteint du mal dont il devait mourir et qui était la suite de la blessure reçue à la tête en Portugal, Junot n'a pas sa vigueur ordinaire. Il cherche en tâtonnant à franchir le terrain marécageux qui le sépare de l'ennemi, et tâche de s'y créer un passage, en jetant des fascines dans la fange. Murat charge avec violence la partie de la cavalerie russe qui se trouve à sa portée, mais ne peut sur ce sol prendre le rôle de l'infanterie. Il presse Junot, crie, s'emporte, sans parvenir à rendre le terrain plus solide, ou Junot plus expéditif.

[1] C'est le même que la génération présente a si justement honoré sous le titre de maréchal Gérard.

Cependant vers le point principal cette lutte acharnée tend à sa fin. Barclay de Tolly, voulant tenter un dernier effort, lance la brave division de Konownitsyn sur les divisions Gudin et Ledru, commandées par Gérard et Ney, afin de les culbuter du plateau qu'elles ont réussi à conquérir. Gérard et Ney reçoivent l'attaque, plient un instant sous sa violence, mais reviennent à la charge, se précipitent sur l'infanterie russe avec furie, et la mettent en déroute. A dix heures du soir ils restent maîtres enfin du débouché. La division Razout les rejoint, et Murat à son tour, après avoir franchi tous les obstacles, se déploie au galop sur le plateau, d'où il force les Russes à se retirer définitivement.

Août 1812.

Après de sanglants efforts, les Français emportent la position.

Cette action terrible, qui a porté le titre de combat de Valoutina, et qui est l'une des plus sanglantes du siècle, avait coûté 6 à 7 mille hommes aux Russes, et autant aux Français. Il fallait remonter aux souvenirs d'Hollabrunn, d'Eylau, d'Ebersberg, d'Essling, pour en retrouver une pareille. Malheureusement, elle était sans objet dès qu'on ne pouvait plus prévenir les Russes au passage du Dniéper à Solowiewo, et n'avait que l'avantage de nous conserver l'ascendant des armes.

Résultats du combat de Valoutina.

Lorsque Napoléon sut ce qui s'était passé, il fut surpris de la gravité de cette rencontre, et profondément affecté d'avoir manqué une occasion si belle d'enlever une colonne entière de l'armée russe, ce qui aurait donné à la prise de Smolensk l'importance d'une grande victoire, et l'eût dispensé d'aller chercher plus loin un triomphe éclatant. Le lendemain 20, dès trois heures du matin, il se transporta

Napoléon visite

Août 1812.

Le champ de bataille.

Tristes réflexions que ce spectacle lui inspire.

sur le champ de bataille pour voir de ses propres yeux ce qu'avait été le combat de Valoutina, ce qu'il aurait pu être, et récompenser les troupes, dont on célébrait l'énergie. A l'aspect du champ de bataille, il fut frappé de la vigueur qu'elles avaient dû déployer, ce dont on pouvait juger au nombre et à la place des morts, ainsi qu'à la disposition des lieux. En s'élevant sur le plateau, et en portant ses regards vers la droite, il s'irrita fort contre Junot, contre la lenteur qu'on lui reprochait, lenteur qui avait contribué à sauver les Russes, car en les débordant de ce côté, on aurait singulièrement abrégé leur résistance, et réussi peut-être à les prendre en grand nombre. Mais on ne lui dit pas que le chemin était marécageux et difficile à franchir; on ne lui rappela point que lui-même avait eu le tort de laisser Junot sans ordres; on eut la cruauté de l'exciter contre l'immobilité maladive de ce vieux compagnon d'armes, et, dans le premier moment, il résolut de le remplacer en mettant le général Rapp à la tête des Westphaliens. Revenu au milieu des bivouacs ensanglantés de la division Gudin, il fit former les troupes en cercle, leur distribua des récompenses, et donna de grandes marques de regret au brave général Gudin qui était expirant. Cet illustre général, qui depuis plusieurs années partageait avec les généraux Morand et Friant la gloire du maréchal Davout, était, par son courage héroïque, sa bonté parfaite, son esprit cultivé, un objet d'estime pour les officiers, et d'affection populaire pour les soldats. Sa mort fut sentie dans l'armée comme une perte commune qui touchait tout le monde.

MOSCOU.

De retour à Smolensk, Napoléon ne put se défendre des plus tristes réflexions. Dans cette campagne, qu'il considérait comme la plus décisive de sa vie, comme la dernière si elle était heureuse, et pour laquelle il avait fait de si vastes préparatifs, son génie n'avait pas obtenu encore une seule faveur de la fortune. Ses plus belles manœuvres avaient échoué, car, ainsi que nous l'avons fait remarquer, Bagration séparé de Barclay de Tolly par d'habiles combinaisons, avait fini par le rejoindre; Barclay qui avait failli être débordé et tourné à Polotsk, qui devait l'être à Smolensk, venait de regagner, en compagnie de Bagration, la route de Moscou. Partout, sans contredit, l'ennemi avait été vigoureusement battu; il l'avait été à Deweltowo, à Mohilew, à Ostrowno, à Polotsk, à Inkowo, à Krasnoé, à Smolensk, à Valoutina. On lui avait tué ou blessé trois fois plus d'hommes qu'on n'en avait perdu, et, sans aucune grande bataille, on l'avait conduit du Niémen au Dniéper et à la Dwina, ce qui assurait la conquête de toute l'ancienne Pologne, à l'exception seulement de la Volhynie. Mais cet éclat foudroyant qui avait toujours entouré et rendu irrésistibles les armes de Napoléon, leur manquait jusqu'ici, et leur manquait dans le moment où l'on en aurait eu le plus grand besoin pour contenir tant de peuples ennemis sur le sol desquels il fallait passer, tant de peuples alliés dont la fidélité était indispensable. Sans doute, à se placer dans le cours ordinaire des choses, c'était un résultat considérable que d'avoir enlevé à l'ennemi ses plus importantes provinces, de l'avoir partout mis en fuite, de l'avoir

Août 1812.

Napoléon sent qu'il manque quelque chose de décisif aux débuts de cette campagne, et

16.

Août 1812.

que les Russes tendent à l'attirer dans l'intérieur de leur empire.

réduit à l'impossibilité d'opposer, quelque part que ce fût, une résistance sérieuse; mais pour un conquérant habitué à frapper par des coups surprenants l'imagination des hommes, il semblait manquer quelque chose aux débuts de cette guerre, quelque chose sinon d'effectif, du moins d'éclatant, et qui maintînt tout entier le prestige de sa puissance. Napoléon le sentait plus qu'il n'en voulait convenir, et en était vivement affecté. Bien que partout il eût forcé les Russes à la retraite, et qu'à cet égard il ne leur eût pas laissé le choix, il voyait clairement cependant qu'au milieu de beaucoup de mouvements contradictoires, il y avait chez eux le secret calcul de transporter la guerre dans l'intérieur de la Russie. Ce calcul, malgré quelques apparences contraires que Napoléon s'expliquait très-bien, était évident, et dans l'état-major de l'armée, beaucoup d'esprits, déjà inquiets du caractère de cette guerre, le remarquaient, et le faisaient remarquer à Napoléon, quand il daignait s'entretenir avec eux sur la marche générale de la campagne. Aussi, quoique sur ce sujet il n'eût lui-même aucun doute, il niait cette tactique des Russes lorsqu'on la lui signalait, comme on nie un danger qu'on veut d'autant moins avouer qu'on le redoute davantage, et il ne cessait de dire que les Russes s'en allaient parce qu'ils ne pouvaient pas faire autrement, parce qu'ils étaient battus, refoulés, et que leur prétendue tactique n'était autre chose que l'impossibilité de nous tenir tête.

Mais il ne croyait pas ou presque pas ce qu'il disait à ce sujet, et en voyant les rangs de son armée s'éclaircir, même depuis Witebsk, par la marche beaucoup plus que par le feu, il sentait vivement le danger de porter la guerre plus loin.

Août 1812.

Il semble qu'en pensant de la sorte, il y aurait eu pour lui un moyen fort simple de parer à ce danger, c'eût été de s'arrêter sur la Dwina et le Dniéper, de s'enorgueillir hautement des belles conquêtes qu'on venait de faire, de s'en servir pour reconstituer la Pologne, de les étendre même en fournissant au général Reynier le moyen d'envahir la Volhynie, d'employer l'automne et l'hiver à donner un gouvernement et une armée à la Pologne, de transporter pendant le même temps ses magasins du Niémen au Dniéper et à la Dwina, de choisir et de fortifier ses cantonnements, de tout préparer enfin pour une nouvelle campagne, qu'on remettrait à l'année suivante, dans laquelle on ferait encore cent lieues en avant, cent lieues décisives si on les faisait en sûreté, car cette fois elles mèneraient à Moscou ou à Saint-Pétersbourg. Ces idées, qui s'étaient présentées à Witebsk, se présentaient bien plus naturellement à Smolensk, à la frontière de la Vieille-Russie, après la prise d'une ville importante, arrachée l'épée à la main aux deux armées russes réunies, après le combat énergique et brillant de Valoutina, et enfin à une époque déjà bien avancée de la saison, puisqu'on touchait aux derniers jours d'août!

Plus qu'aucun homme au monde Napoléon était capable de juger une question aussi grave, aussi compliquée, et pour la solution de laquelle il fallait peser tant de considérations administratives, militaires et politiques. Certes il y avait dans ce genre de guerre lent et méthodique quelque chose de nou-

Difficulté de déjouer le calcul des Russes.

veau qui pouvait flatter son esprit, quelque chose de profond qui pouvait frapper aussi les imaginations. D'ailleurs le comte de Wittgenstein à détruire sur sa gauche, le général Tormazoff sur sa droite, Riga à prendre d'un côté, la Volhynie à envahir de l'autre, devaient ôter à cette fin de campagne tout caractère d'inertie, d'impuissance ou d'insuccès. Mais la faute de venir si loin en passant à travers tant de peuples ennemis, en menant avec soi tant d'alliés douteux, en laissant à l'autre extrémité de l'Europe une guerre mal conduite, celle d'Espagne, cette faute commise, Napoléon la sentait profondément, trop profondément peut-être, maintenant qu'elle n'était plus réparable, et il était fortement préoccupé des périls de cette étrange situation. Il se répétait avec plus de chagrin tout ce qu'il s'était déjà dit à Witebsk, et il se demandait ce que penseraient, ce que feraient les Prussiens, les Autrichiens, les Allemands, les Hollandais, les Italiens, s'ils le voyaient s'arrêter pendant tout un hiver de huit mois, et s'arrêter devant des obstacles que tout le monde serait libre d'apprécier à sa manière, de dire invincibles, aussi insurmontables l'année suivante que celle-ci? Son empire n'allait-il pas s'ébranler tout entier sous sa main, quelque forte qu'elle fût, et pourrait-il en contenir les parties si diverses, et si portées à se disjoindre? Ces cantonnements dont on lui parlait sans cesse sur la Dwina et le Dniéper, seraient-ils donc, comme il l'avait déjà dit tant de fois, si faciles à établir, à défendre, à approvisionner, sur une ligne de trois cents lieues, depuis Bobruisk jusqu'à Riga? Ces fleuves comblés par les neiges en hiver, seraient-ils, des derniers jours d'octobre aux premiers jours d'avril, seraient-ils une frontière? Comment ses soldats, atteints déjà d'une maladie jusque-là inconnue parmi eux, la désertion du drapeau, comment supporteraient-ils immobiles, inactifs, ces huit mois d'un pénible et ennuyeux hiver? Lui, leur chef accoutumé, resterait-il au milieu d'eux? S'il n'y restait pas, qui pourrait les commander, les retenir, les rassurer? Et s'il y restait, sa main serait-elle assez puissante, du milieu de cette situation difficile, pour se faire sentir jusqu'à Rome et à Cadix?

C'étaient là de sérieuses considérations, dont tiennent trop peu de compte ceux qui blâment Napoléon de n'avoir pas terminé cette première campagne à Smolensk, et qui prouvent que le danger de cette guerre était bien plus dans l'entreprise elle-même, que dans telle ou telle manière de la diriger. Ces réflexions jetèrent Napoléon dans une rêverie profonde, rêverie d'autant plus pénible, que ce n'était plus comme à Witebsk un parti encore éloigné à prendre, mais un parti sur lequel il était urgent de se prononcer immédiatement. Néanmoins, bien qu'il fallût arrêter ses résolutions tout de suite, certaines circonstances très-prochaines pouvaient entraîner la balance dans un sens ou dans un autre, et dispenser de faire soi-même un choix qui était bien difficile, bien embarrassant, bien redoutable, car à mal choisir il y avait presque la certitude de périr. Ces circonstances étaient l'attitude de l'ennemi au delà de Smolensk, la disposition qu'il allait montrer à combattre ou à se retirer, la situation des généraux lais-

Août 1812.

Napoléon se décide à séjourner trois ou quatre jours à Smolensk, pour savoir, avant de prendre un parti, ce qui se passe sur ses ailes.

Août 1812.

Pendant
ce temps,
Napoléon
fait suivre
l'armée russe
par
une puissante
avant-garde,
sous
les ordres
de Murat
et de Davout,
afin
de découvrir
les intentions
de l'ennemi.

sés sur les ailes de la grande armée, du maréchal
Oudinot à Polotsk, du prince de Schwarzenberg et
du général Reynier à Brezese, engagés les uns et
les autres dans des combats opiniâtres. Si l'ennemi
semblait vouloir livrer bataille, il n'y avait pas à
hésiter, et il fallait sur-le-champ accepter ce duel.
Si le maréchal Oudinot, si le prince de Schwarzenberg et le général Reynier étaient vaincus, il fallait
les secourir; s'ils étaient vainqueurs, on était plus
libre de se porter en avant.

Peu de jours suffisaient pour être éclairé sur ces
divers points, et Napoléon, sans vouloir encore
s'enchaîner lui-même, résolut de séjourner trois ou
quatre jours à Smolensk, pour s'y renseigner sur
ce qu'il avait besoin de savoir, et pour prescrire
des mesures qui étaient urgentes s'il devait se porter plus loin. En conséquence il prescrivit à Murat et au maréchal Davout, les deux hommes les
plus dissemblables de l'armée, et dont le second
corrigeait utilement le premier, de se mettre en
marche, l'un avec deux corps de cavalerie, l'autre
avec ses cinq divisions d'infanterie, pour suivre l'ennemi pas à pas, et juger le plus exactement possible
de ses projets. Le maréchal Ney, qui avait été à
l'avant-garde depuis Witebsk, avait besoin de faire
reposer ses divisions, et il était d'ailleurs trop ardent pour qu'on pût s'en rapporter à ses jugements
en cette circonstance. Napoléon lui enjoignit, après
qu'il aurait pris un ou deux jours de repos, de suivre Murat et Davout, mais en se tenant à quelque
distance. Il dirigea le prince Eugène un peu sur la
gauche du gros de l'armée, vers Doukhowtchina,

afin de nettoyer le pays entre le Dniéper et la Dwina, et de s'éclairer de ce côté sur les projets des Russes. (Voir la carte nº 54.) Il suffisait ainsi d'une journée pour que toute l'armée fût réunie et prête à combattre, si l'on était assez heureux pour que les Russes adoptassent ce parti. En tout cas, on ne pouvait pas tarder à être complétement informé, et si la bataille ardemment désirée ne s'offrait pas, on était libre de rétrograder, car trois ou quatre marches de plus qu'on aurait faites en avant, n'étaient point une raison de ne pas revenir s'il le fallait, et n'étaient pas au surplus un grand dommage dans cette saison, et avec les moyens de transport dont on disposait encore.

Août 1812.

Ces ordres donnés, Napoléon s'établit à Smolensk, pour prendre ses mesures dans la double supposition, ou d'une nouvelle marche offensive, ou d'un établissement définitif en Lithuanie, pour veiller surtout à ce qui se passait sur ses ailes, et y pourvoir comme il conviendrait.

Les renseignements en effet arrivaient à tout moment de la droite et de la gauche, de Brezesc et de Polotsk, et ils étaient satisfaisants. Les événements sur ces deux frontières avaient été les suivants.

Le général Reynier avait rétrogradé jusqu'à Slonim, afin d'aller à la rencontre du prince de Schwarzenberg, auquel avait été expédié, comme on l'a vu, l'ordre de rebrousser chemin vers le Bug, et de s'unir aux Saxons pour rejeter le général Tormazoff en Volhynie. La réunion des Saxons et des Autrichiens s'étant opérée le 3 août sous les ordres du prince de Schwarzenberg, ils s'étaient dirigés tous

Événements sur la droite.

250   LIVRE XLIV.

Août 1812.

ensemble sur Proujany et Kobrin, là même où s'était passée la désagréable mésaventure du détachement saxon surpris par le général Tormazoff. Le général Reynier, après ses marches et contre-marches, après l'événement de Kobrin qui lui avait coûté 2 mille hommes, après le détachement de presque toute sa cavalerie au corps de Latour-Maubourg, après l'envoi d'un régiment saxon à Praga (sous Varsovie), ne comptait pas plus de 11 mille hommes, dont 1500 de cavalerie. Le prince de Schwarzenberg de son côté, à la suite du long trajet qu'il avait exécuté, ne comptait que 25 mille Autrichiens. Le total des forces alliées sur ce point s'élevait donc à environ 36 mille hommes. On en prêtait beaucoup plus au général Tormazoff, mais il en avait à peine autant, ayant été obligé de laisser des troupes à Mozyr pour garder ses derrières. Aussi n'avait-il pas manqué de rétrograder, craignant d'expier son dernier succès par un échec plus grave que celui que venaient d'essuyer les Saxons. Il s'était donc hâté de revenir sur ses pas, et de retourner vers Kobrin et vers Pinsk, pour se couvrir du Bug, du Pripet, et de tous les marécages fameux de cette contrée.

Marche du prince de Schwarzenberg et du général Reynier contre le général russe Tormazoff.

Rencontre des Autrichiens et des Saxons avec les Russes au delà de Kobrin.

Les Autrichiens et les Saxons, marchant fort d'accord comme Allemands, et comme gens qui avaient besoin les uns des autres, forcèrent en commun les défilés nombreux qu'on rencontre dans cette région accidentée, et suivirent activement l'armée russe. Le 11 août au soir ils étaient parvenus à un endroit qu'on appelle Gorodeczna, à quelques lieues de Kobrin, et ils y avaient trouvé les Russes établis dans une bonne position, avec la résolution évidente de s'y défendre. A Gorodeczna, la route de Kobrin gravissait une côte assez élevée, dont le pied était baigné par un ruisseau marécageux et difficile à franchir. C'est sur cette côte que le général Tormazoff s'était posté avec 36 mille hommes d'infanterie et 60 bouches à feu. Le prince de Schwarzenberg et le général Reynier, ayant reconnu la difficulté d'emporter la position de front, cherchèrent sur leur droite un passage qui leur permît de déborder la gauche de l'ennemi. Un peu sur la droite en effet, et à un village appelé Podoubié, il y avait un passage qui donnait accès sur la gauche des Russes, mais c'était toujours à travers un ruisseau marécageux, et d'ailleurs les Russes y avaient l'œil. Pourtant un peu au delà, sur la déclivité de la côte qu'il s'agissait d'enlever, se trouvait un bois qui n'était pas occupé, et dans l'intérieur de ce bois un chemin de traverse qui allait rejoindre à une lieue plus loin la grande route de Kobrin.

Le général Reynier, qui, bien que fort brave au feu, manquait de caractère à la guerre, était un officier savant, et un tacticien habile. Il eut bientôt découvert la faute de l'ennemi, et il offrit au prince de Schwarzenberg d'en profiter, en pénétrant au-dessous de Podoubié dans le bois négligé par les Russes, de manière à tourner leur position. Le prince de Schwarzenberg apportait dans les choses une simplicité d'intention qui les rendait faciles; il consentit à cette offre, et donna au général Reynier une division autrichienne pour assurer le succès de la manœuvre proposée. Il y ajouta même

Août 1812.

Position de Gorodeczna, auprès de laquelle s'opère la rencontre.

Août 1812

Bataille de Gorodeczna, livrée le 12 août.

une grande portion de sa cavalerie, dont il ne pouvait guère se servir dans l'endroit où il était. On convint que le lendemain matin 12 août, le prince avec le gros de ses forces attaquerait sérieusement Gorodeczna de front, pour attirer de ce côté l'attention des Russes, tandis que le général Reynier dirigerait sur leur gauche un effort vigoureux pour la tourner.

Tout étant ainsi convenu, le général Reynier pénétra pendant la nuit dans le bois en question, s'y établit, et, dès qu'il fit jour, déboucha à l'improviste dans une petite plaine, au milieu de laquelle venait finir en s'abaissant la côte occupée par les Russes. Ceux-ci, du point élevé de Gorodeczna, s'étant aperçus de bonne heure de la marche des Saxons, laissèrent à Gorodeczna une partie de leurs forces pour résister de front au prince de Schwarzenberg, et replièrent le reste sur leur flanc gauche, afin de tenir tête au général Reynier. C'est sur cette double ligne qu'on se battit toute la journée du 12.

Le prince de Schwarzenberg attaqua vivement Gorodeczna, mais sans beaucoup d'espérance de l'enlever, les Russes occupant la côte avec une nombreuse artillerie. Néanmoins les Autrichiens se comportèrent bravement comme s'ils avaient agi pour eux-mêmes. A droite, le général Reynier, ayant débouché du bois, trouva les Russes ployés en potence, et faisant front de ce côté comme de l'autre. Ses efforts pour les entamer furent énergiques, mais inutiles, car, bien que les Saxons se battissent comme les Polonais (auxquels leur sort était lié), ils furent constamment arrêtés par le feu d'une artillerie dominante. A son tour, quand les Russes voulurent le refouler dans le bois, le général Reynier les obligea de regagner la hauteur de laquelle ils avaient tenté de descendre.

Août 1812.

On serait resté toute la journée à lutter sans résultat, si le prince de Schwarzenberg n'avait essayé une attaque vers le point intermédiaire de Podoubié, qui donnait de plus près dans le flanc gauche des Russes. Le régiment autrichien de Colloredo se joignant aux chasseurs saxons, entra dans le marécage avec eux, y enfonça jusqu'aux genoux, le franchit, et gravit la côte au moment du plus grand engagement des Russes avec le corps du général Reynier. A cette vue, les Russes furent ébranlés, et le général Reynier saisissant l'occasion, les aborda plus vigoureusement encore avec les Saxons et la division autrichienne mise sous ses ordres. Il gagna ainsi du terrain sur leur gauche, et en même temps il porta toute sa cavalerie à son extrême droite, sur les derrières de l'ennemi, menaçant par ce mouvement la grande route de Kobrin. Les Russes craignant d'être coupés, lancèrent leur cavalerie sur la cavalerie alliée, et, après des chances diverses, jugèrent prudent de ne pas disputer plus longtemps une position difficile à conserver. La nuit favorisa leur retraite, et empêcha l'armée austrosaxonne de profiter de tous ses avantages. Néanmoins la victoire était incontestable pour celle-ci, car, outre l'acquisition d'un poste si chaudement disputé, et la conquête de la route de Kobrin, elle avait fait essuyer aux Russes des pertes considérables. Elle avait perdu environ 2 mille hommes en

Retraite des Russes et avantage notable remporté par les Autrichiens et les Saxons.

Août 1812.

Grandes récompenses au corps autrichien, et particulièrement au prince de Schwarzenberg.

Napoléon, prenant en considération les derniers événements, renonce au projet d'attirer

morts ou blessés. Les Russes en avaient perdu plus du double, dont 500 prisonniers.

Cette journée, si on savait en tirer parti, permettait de pousser les Russes en Volhynie, de les y poursuivre même, de les empêcher au moins d'en revenir, si toutefois leur force n'était pas doublée par l'arrivée des troupes de Turquie. Pour le présent, elle devait apaiser les terreurs de la Pologne, et suffisait pour couvrir notre flanc droit. Napoléon, apprenant cette nouvelle au moment de son entrée à Smolensk, en éprouva une véritable joie, envoya à l'armée autrichienne un don de 500,000 francs (c'était le second de cette valeur), y joignit un grand nombre de décorations, et écrivit à Vienne pour qu'on donnât le bâton de maréchal au prince de Schwarzenberg. Pourtant il était impossible qu'il se fît illusion sur la force de cette aile, qui devait se trouver réduite par la dernière bataille à 32 ou 33 mille hommes, et il pria son beau-père d'y ajouter 3 mille hommes de cavalerie, 6 mille d'infanterie, ce qui, avec quelques renforts demandés aussi à Varsovie, pouvait procurer au prince de Schwarzenberg une armée de 45 mille hommes, les Saxons compris. S'obstinant à croire que Tormazoff n'en avait pas 30 mille, il jugeait une force de 45 mille hommes suffisante pour le rejeter en Volhynie, et délivrer cette province du joug russe.

Cet événement changeait forcément la première résolution de Napoléon, qui était d'attirer le prince de Schwarzenberg à la grande armée, conformément aux désirs de l'empereur d'Autriche, et conformément à ses propres calculs, car c'est aux

Polonais et non aux Autrichiens qu'il aurait voulu confier l'insurrection de la Volhynie, et la garde de ses derrières. Mais faire parcourir cent vingt lieues au moins au prince de Schwarzenberg pour l'amener à Smolensk, en faire parcourir autant au prince Poniatowski pour le renvoyer de Smolensk à Kobrin, paralyser ainsi pendant plus d'un mois ces deux corps dans le moment le plus décisif de la campagne, les condamner à perdre un quart ou un cinquième de leur effectif par ces nouvelles marches, n'était pas raisonnable; et d'ailleurs la conduite des Autrichiens à Gorodeczna, leur vigueur contre les Russes, la cordialité de leurs procédés envers les Saxons, méritaient quelque confiance. Il ne fallait pas, sans doute, se flatter de trouver chez eux d'actifs propagateurs de l'insurrection polonaise en Volhynie, mais on pouvait, sans trop de présomption, s'en fier à leur honneur du soin de garder fidèlement notre droite et nos derrières.

Les événements n'avaient pas été moins favorables sur notre gauche, du côté de la Dwina. Le maréchal Oudinot, après les échecs infligés au comte de Wittgenstein dans les journées du 24 juillet et du 1ᵉʳ août, avait, comme on l'a vu, rétrogradé sur Polotsk, afin de procurer à ses troupes du repos, une position facile à défendre, et la commodité d'aller aux fourrages à l'abri de la Dwina. Napoléon craignant avec raison l'effet moral des mouvements rétrogrades, et s'exagérant les ressources confiées à ses lieutenants, avait adressé des reproches au maréchal Oudinot, et lui avait dit qu'en se retirant après une victoire, il avait pris pour lui l'attitude

Août 1812.

le prince de Schwarzenberg au quartier général, et le laisse avec les Saxons sur son flanc droit.

Événements à notre aile gauche sur les bords de la Dwina.

Août 1812.

Mouvements du maréchal Oudinot au delà de la Dwina.

du vaincu, qu'il aurait dû laisser au comte de Wittgenstein, auquel elle appartenait bien plus justement. Cette observation était vraie sans doute, mais ce qui était plus vrai encore, c'est que les troupes du maréchal Oudinot étaient exténuées, réduites de 38 mille hommes à 20 mille par la marche, la chaleur, la désertion, et qu'il leur fallait le séjour tranquille de Polotsk pour se reposer et pour vivre. Napoléon afin de renforcer le maréchal Oudinot, lui avait envoyé les Bavarois, qui avaient également besoin de se remettre des effets de la fatigue, de la chaleur et de la dyssenterie. Ce corps, que la séparation de sa cavalerie avait déjà réduit de 28 mille hommes à 24, n'était plus que de 13 mille grâce aux maladies. En arrivant de Beschenkowiczy à Polotsk, il était hors d'état d'agir.

Toutefois, après quelques jours de repos, aussi utiles au corps d'armée tout entier qu'aux Bavarois, le maréchal Oudinot, constamment aiguillonné par Napoléon, avait cru devoir reprendre l'offensive contre le comte de Wittgenstein, et s'était reporté à gauche de Polotsk sur la Drissa, vers Valeintsoui, à quelques lieues au-dessous du gué de Sivotschina, où il avait si maltraité les Russes quelque temps auparavant. Ne les trouvant pas derrière la Drissa, il avait franchi cette rivière et s'était dirigé sur la Svoïana, derrière laquelle étaient campées les troupes du comte de Wittgenstein. Tandis que les Français avaient été renforcés par les Bavarois, ce qui les portait à 32 ou 33 mille hommes environ, dont un cinquième toujours employé aux fourrages, les Russes s'étaient renforcés aussi d'une manière au

moins égale. Ils avaient reçu la garnison de Dunabourg tout entière, plus quelques-uns des bataillons
de dépôt qui étaient tenus en réserve dans le voisinage des armées agissantes pour les recruter. Le
tout pouvait bien monter à 10 ou 12 mille hommes
de renfort, et portait à 30 et quelques mille les forces du comte de Wittgenstein. Mais ces troupes, ne
manquant de rien et ayant peu marché, étaient en
beaucoup meilleur état que les nôtres, quoique militairement fort inférieures. Il faut ajouter qu'elles
étaient toutes russes, tandis que dans le corps du
maréchal Oudinot il y avait à peine la moitié de
Français.

Le maréchal Oudinot, évaluant son corps à 32 ou
33 mille hommes, et sachant qu'à cause des fourrages et des maladies il n'en pouvait mettre plus de
25 mille en ligne, comptant peu sur les troupes alliées, n'avait repris l'offensive que parce qu'il avait
senti trop vivement la piqûre des reproches de Napoléon. Pendant plusieurs jours, il resta le long de la
Svoïana, devant le camp des Russes, les provoquant
avec des troupes légères, et cherchant à les entraîner
à une nouvelle faute, comme celle qu'ils avaient commise sur la Drissa, au gué de Sivotschina. Mais les
Russes n'avaient garde de se laisser prendre une seconde fois au piége, et durant ces quelques jours on
tirailla de part et d'autre sans résultat, si ce n'est la
perte fort inutile de plusieurs centaines d'hommes
sacrifiés dans ces embuscades.

Pourtant le maréchal Oudinot, qui avait pris une
position avancée à gauche de Polotsk, et avait descendu la Drissa jusqu'à Valeïntsoui, craignait non

Août 1812.

Après quelques tentatives d'un mouve-ment offensif, le maréchal Oudinot croit plus prudent de revenir sur la Dwina.

sans fondement d'être tourné vers sa droite, par la route de Polotsk à Sebej, laquelle était restée dégarnie de troupes. Il repassa donc la Drissa, et alla s'établir entre Lazowka et Biéloé, en avant de la vaste forêt de Gumzéléva, qui couvre Polotsk. Affaibli de nouveau par les dernières marches, s'exagérant les forces qui avaient rejoint le comte de Wittgenstein, il résolut de se rapprocher encore davantage de Polotsk, de peur d'être coupé de cette ville, et il vint se placer derrière la rivière de la Polota. Cette petite rivière, couverte de moulins, de granges, de constructions de toute espèce, traverse au sortir de la forêt de Gumzéléva des prairies, des champs cultivés, tourne autour de Polotsk, et tombe dans la Dwina au-dessous de cette ville. Le maréchal Oudinot occupait les divers passages de la Polota, et avait toutefois gardé une partie de ses troupes en deçà, pour se garantir contre un corps qui, ayant passé la Polota plus haut, déboucherait sur ses derrières par la forêt de Gumzéléva, et aborderait Polotsk par le côté découvert.

Établi dès le 16 août dans cette position, il convoqua un conseil de guerre afin d'examiner la question de savoir s'il fallait livrer bataille, ou repasser la Polota et la Dwina, pour se mettre sous la protection de ces deux rivières, vivre plus à l'aise, et se borner à bien disputer le cours beaucoup plus large de la Dwina. Le général Saint-Cyr, assistant à ce conseil en qualité de commandant de l'armée bavaroise, soutint qu'il était inutile de livrer bataille, et de s'affaiblir en la livrant, si l'ennemi n'avait pas suivi l'armée française, et si on n'avait nullement l'apparence de reculer devant lui; mais que si au contraire il avait marché sur nos traces, il fallait l'arrêter net par un combat vigoureux, et, en le rejetant au loin, lui prouver qu'on se retirait non par crainte, mais par choix, et par goût pour une position plus commode. Cet avis fort sage et fort militaire était près de rallier les esprits, lorsque le bruit du canon mit fin à toute controverse, et fit courir chacun aux armes, pour résister aux Russes qui essayaient de franchir la Polota. Une division bavaroise et une division française, placées en avant de la Polota, reçurent vigoureusement les Russes, et les arrêtèrent sur le bord de cette rivière. La nuit qui survint ne permit pas de donner plus de suite à ce premier engagement.

Le lendemain 17, le maréchal Oudinot s'exagérant toujours les forces des Russes, et trouvant en outre sa position peu sûre, n'était pas très-fixé sur la conduite qu'il avait à tenir. Cette position, en effet, n'était pas des meilleures. S'il avait sur son front pour le couvrir la Polota, qui pouvait malheureusement être passée vers sa droite, il avait la Dwina par derrière, combattait donc avec une petite rivière devant lui, et une grosse rivière à dos, et sur celle-ci ne possédait d'autre pont que celui de Polotsk, moyen de retraite bien insuffisant en cas d'échec. Comme il arrive trop souvent en pareille occasion, il prit un parti moyen, celui de disputer fortement la position avec une portion de ses troupes, et de porter l'autre portion, ainsi que ses parcs et ses bagages, sur la gauche de la Dwina.

Par suite de cette résolution il ordonna de défen-

Août 1812.

de s'être replié sur la Dwina, le maréchal Oudinot songe à la repasser, lorsqu'il est blessé, et remplacé par le général Saint-Cyr.

dre vigoureusement les bords de la Polota, pendant que le reste de son armée traversait Polotsk et la Dwina. La défense fut en effet très-énergique et ne permit point aux Russes de faire un pas. Mais le maréchal Oudinot fut gravement blessé, comme sa rare bravoure l'y exposait trop souvent; le général Saint-Cyr le fut aussi, toutefois d'une manière plus légère. L'état du maréchal Oudinot l'empêchant de conserver le commandement, le général Saint-Cyr, quoique frappé lui-même, le prit immédiatement. La direction des opérations ne pouvait être remise dans des mains plus habiles.

Le général convoqua les principaux officiers de l'armée pour s'entendre avec eux sur la manière de sortir d'une situation qui s'était fort compliquée. Alliant la vigueur à la prudence, il fit sentir les inconvénients d'une attitude purement défensive, et d'une retraite en deçà de la Dwina trop évidemment obligée; il montra le danger d'être bientôt assailli, tourmenté sur l'une et l'autre rive de la Dwina, au point même de ne pouvoir plus aller aux fourrages, et en preuve il allégua les préparatifs de passage que l'ennemi faisait actuellement au-dessus de Polotsk. En conséquence, il proposa pour le lendemain, en continuant de se retirer en apparence, de profiter du terrain couvert où l'on combattait pour repasser secrètement la Dwina et la Polota avec la majeure partie des troupes, d'attaquer les Russes à l'improviste, de leur infliger, si on le pouvait, un sanglant échec, et de se reposer ensuite à l'abri de ce succès derrière Polotsk et la Dwina. Cet avis si sage et si ferme à la fois ne soulevait qu'une objection, c'était l'é-

Le général Saint-Cyr prend la résolution de livrer bataille.

puisement des soldats marchant depuis quatre jours, se battant depuis trois, ayant pu trouver à peine le temps de prendre quelque nourriture, et arrivés à un état de faiblesse physique vraiment inquiétant. Pourtant le général Saint-Cyr affirmant que quatre heures lui suffiraient pour donner aux Russes un choc vigoureux, on convint de se reposer le matin, et de combattre dans l'après-midi du lendemain. On se sépara ainsi avec la résolution de livrer cette nouvelle et dernière bataille.

Le lendemain 18 août, en effet, le général Saint-Cyr exécuta toutes ses dispositions comme il les avait annoncées. Il laissa ses parcs et ses bagages sur la rive gauche de la Dwina, où le maréchal Oudinot les avait déjà envoyés; il les dirigea même sur la route d'Oula, comme s'il allait se rapprocher de la grande armée en remontant sur Witebsk (voir la carte n° 35); il profita de ce mouvement simulé pour concentrer autour de Polotsk la division Verdier et les cuirassiers Doumerc, puis vers le milieu du jour il fit brusquement repasser ses troupes sur la droite de la Dwina, les porta entre cette rivière et la Polota, et ordonna immédiatement l'attaque.

Les troupes bavaroises et françaises étaient comme cachées dans le ravin de la Polota, les Bavarois à droite, les deux divisions françaises Legrand et Verdier au centre, et une moitié de la division suisse du général Merle à gauche, avec les cuirassiers Doumerc. L'autre moitié de la division Merle était en deçà de la Polota, pour nous garder contre les troupes ennemies qui auraient pu franchir cette rivière à notre extrême droite, et

Août 1812.

Belle manœuvre, et bataille de Polotsk, livrée le 18 août.

déboucher de la forêt de Gumzéléva sur nos derrières.

De leur côté, les Russes étaient rangés au delà de la Polota, décrivant un demi-cercle autour de notre position, et placés très-près de nos avant-postes, afin de fondre sur nous au moment où nous battrions en retraite, comme ils s'y attendaient en apercevant le mouvement de nos parcs sur la gauche de la Dwina. A un signal donné, toute notre artillerie, tant bavaroise que française, s'étant portée rapidement en avant, au nombre de soixante bouches à feu, couvrit de ses projectiles les Russes surpris et déconcertés. En effet, leur cavalerie n'était pas à cheval, leur infanterie n'était qu'en partie dans les rangs, et il y eut parmi eux un moment de grand trouble avant que tout le monde eût repris son poste. Nos divisions en profitèrent, et marchèrent en colonnes d'attaque dans l'ordre où elles se trouvaient, les deux divisions bavaroises Deroy et de Wrede à droite, les divisions françaises Legrand et Verdier au centre, la division Merle à gauche, mais celle-ci ne s'avançant guère, afin d'attirer près de Polotsk la droite des Russes qu'on se flattait d'envelopper dès qu'on aurait culbuté leur centre. Les Russes, d'abord surpris, furent refoulés en grand désordre, laissant les prairies et les marécages couverts de leurs blessés qu'ils ne pouvaient pas recueillir, et de leurs canons qu'ils ne pouvaient pas emmener. Pourtant, après s'être repliés jusqu'à leur seconde ligne, ils s'arrêtèrent, et firent meilleure contenance. Alors la lutte devint vive et acharnée. Après une forte fusillade on s'aborda à la baïonnette, et la mêlée fut aussitôt générale. Les Bavarois, comme la plupart de nos alliés, désertant sur les routes et se comportant bien au feu, se battirent avec la plus grande valeur. Malheureusement le brave et digne général Deroy, vieillard de quatre-vingts ans, l'honneur de l'armée bavaroise, et l'un des plus respectables officiers de ce siècle, paya de sa vie les avantages remportés par ses troupes. Au centre la division Legrand enfonça tout ce qui lui fut opposé. La division Verdier, dont le chef fut blessé, se montra sa digne compagne. Pourtant la seconde brigade de cette division, où l'on comptait beaucoup de conscrits, ayant faibli un instant devant une attaque furieuse des Russes, le général Maison, qui joignait au coup d'œil le plus prompt une rare vigueur de caractère, sut réparer avec la première brigade la faute de la seconde, et mit les Russes en déroute. A peine l'engagement durait-il depuis deux heures, que déjà l'ennemi refoulé sur tous les points, était obligé de nous céder le champ de bataille couvert de ses morts et de son artillerie.

En ce moment toutefois une courte échauffourée faillit nous priver des fruits de la victoire. Vers notre gauche un régiment de dragons russes ayant réussi à se glisser à travers les sentiers marécageux du pays, entre la division Verdier et la division Merle, pénétra fort avant dans l'intérieur de notre ligne, où il causa un instant de trouble. Le général Saint-Cyr, que sa blessure empêchait de se tenir à cheval, et qui assistait à la bataille dans une petite voiture polonaise, se trouvait en cet endroit. Il fut renversé dans cette espèce de bagarre, et foulé aux pieds des chevaux. On le releva, et il

Août 1812.

Mort du brave général Deroy, et regrets inspirés par sa mort.

Échauffourée d'un moment bientôt réparée.

ne cessa pas de donner ses ordres. Un poste de la brigade Merle, qui gardait les bords de la Polota, arrêta les dragons russes à coups de fusil. Les cuirassiers de Doumerc les chargèrent en flanc, en sabrèrent une bonne partie et mirent fin à cette bizarre aventure.

Néanmoins il en était résulté un peu de temps perdu, et un peu de confusion. La gauche, composée surtout de la division Merle, avait eu le tort de s'avancer presque à la hauteur du centre, et de ramener en arrière la droite des Russes, qu'autrement on aurait pu prendre entre la Polota et la Dwina. Malgré cette faute résultat d'un excès de bonne volonté, sur le front entier des deux armées nous étions complétement victorieux, et l'ennemi était ramené sur tous les points à la lisière de la forêt de Gumzéléva, d'où il avait débouché sur nous. Si nous avions eu encore une heure de jour, et si nos troupes avaient été moins fatiguées, nous aurions pu, en le suivant dans la forêt, lui enlever beaucoup de prisonniers et d'artillerie. Mais nos soldats, tombant de lassitude et quelques-uns d'inanition, étaient hors d'état d'aller plus loin. On s'arrêta donc à la lisière de la forêt, après une victoire brillante dont les trophées consistaient en 1500 prisonniers, 14 pièces de canon, une grande quantité de caissons, et 3 mille hommes tués à l'ennemi. Notre perte n'atteignait pas un millier d'hommes. Le principal avantage de cette journée était d'avoir refoulé au loin le comte de Wittgenstein, de lui avoir fait perdre le goût de l'offensive, du moins pour quelque temps, de pouvoir nous reposer tranquillement en avant de Polotsk, et de ne plus craindre de voir enlever nos fourrageurs, si loin qu'ils allassent. Le seul regret était celui qu'inspira la mort du général Deroy, et il fut universel.

Cette victoire connue à Smolensk le 19 août, lendemain du jour où l'on y était entré, causa une vive satisfaction à Napoléon, et le rendit juste enfin pour le général Saint-Cyr, dont la rapide détermination nous avait fait regagner sur la Dwina le prestige de la victoire. Napoléon lui envoya le bâton de maréchal d'empire, bien dû à ses talents qui étaient grands quoique gâtés par des défauts de caractère. Il lui adressa en même temps de nombreuses récompenses pour les troupes françaises et bavaroises qui s'étaient parfaitement conduites, ne voulut pas qu'il y eût entre elles la moindre différence, et accorda des dotations aux veuves et aux orphelins des officiers bavarois, tout comme aux veuves et aux orphelins des officiers français. Il décerna aussi des honneurs tout particuliers à la mémoire du général Deroy. La perte de ce général et celle du général Gudin étaient les plus grandes que l'armée eût encore faites. Elle devait, hélas! en faire bientôt, sinon de plus grandes, au moins de bien plus nombreuses! La blessure du maréchal Oudinot n'avait heureusement rien de grave, quoiqu'elle dût pendant plusieurs mois lui interdire l'exercice du commandement.

Ces deux victoires de Gorodeczna et de Polotsk, remportées, l'une le 12 août, l'autre le 18, semblaient garantir la sécurité de nos flancs, et nous permettre de nous avancer davantage, si l'espé-

Août 1812.

Le bâton de maréchal envoyé au général Saint-Cyr.

La sécurité de nos ailes garantie par les deux victoires.

Août 1812.

de Gorodeczna
et
de Polotsk.

Napoléon
rassuré
sur
ses flancs,
attend pour
décider s'il
se portera
en avant,
les rapports
de son avant-
garde.

rance d'une victoire décisive venait luire sur la route de Moscou. Napoléon en jugea ainsi, et comptant que les Autrichiens et les Saxons suffiraient sur sa droite pour contenir Tormazoff, que les Français et les Bavarois de Saint-Cyr suffiraient sur sa gauche pour arrêter Wittgenstein, sans compter le maréchal Macdonald laissé entre Polotsk et Riga, il ne trouva dans la situation de ses ailes aucune raison de s'arrêter, si toutefois il voyait chance, en se portant en avant, ou de terminer la guerre, ou de lui donner un grand éclat. On ne pouvait entrevoir qu'une chance fâcheuse, c'était le retour probable de l'amiral Tchitchakoff, que la paix des Russes avec les Turcs allait rendre disponible. Mais le 9⁰ corps, celui du duc de Bellune (maréchal Victor), soigneusement formé d'avance pour toutes ces éventualités, placé en juin à Berlin, en juillet à Tilsit, allait, en se transportant à Wilna, offrir une précieuse ressource contre tous les accidents imaginables. Napoléon pour asseoir ses résolutions définitives n'avait donc à prendre en considération que ce qui allait se passer entre la grande armée réunie sous sa main, et la grande armée russe commandée par Barclay de Tolly, laquelle était en retraite sur la route de Moscou. C'est sur ce point qu'il avait les yeux constamment fixés, se demandant toujours s'il fallait rester à Smolensk pour y organiser la Pologne, pour y préparer ses moyens d'hivernage, au risque de tout ce que l'Europe penserait d'une lenteur si nouvelle, ou bien s'il fallait continuer à s'enfoncer en Russie, pour frapper avant la fin de la saison un coup décisif, auquel ne pût pas tenir le caractère mobile de l'empereur Alexandre. C'étaient les rapports de ses deux généraux d'avant-garde qui devaient faire pencher d'un côté ou de l'autre la balance oscillante en ce moment dans ses mains.

Août 1812.

Murat et Davout suivaient en effet, l'un avec sa cavalerie, l'autre avec son infanterie, les traces de la grande armée russe qui se retirait par la route de Moscou. Ils avaient occupé Solowiewo, au bord du Dniéper, après quelques combats d'arrière-garde, et laissant à d'autres le soin de conserver ce poste, ils avaient couru sur Dorogobouge, dernier point où la route de Moscou rencontre les sinuosités du Dniéper. Les rapports de ces deux chefs différaient comme leurs caractères. La bravoure éclatante mais inconsidérée de Murat, prodiguant follement sa cavalerie dans les reconnaissances, mais dans les combats la jetant sur l'ennemi avec un merveilleux à-propos, et malheureusement ne sachant pas la ménager de manière à la faire durer, était antipathique à la solide et froide raison du maréchal Davout, qui ne dépensait inutilement ni la vie ni les forces de ses hommes, avançait moins vite que d'autres, et en revanche ne reculait jamais. Quand Murat, engagé avec témérité, demandait l'infanterie du maréchal, celui-ci l'amenait sans se faire attendre, tirait d'embarras le brillant roi de Naples, sans jamais vouloir toutefois lui confier des soldats de la vie desquels il était avare. Il n'y avait que quelques jours qu'ils marchaient ensemble, et déjà il s'était élevé entre eux de vives altercations, dans lesquelles la vivacité du chef couronné de no-

Conduite de Murat et de Davout à la tête de l'avant-garde.

Fréquents conflits entre ces deux chefs.

tre cavalerie était venue se briser contre la ténacité du chef de notre infanterie. Aussi se contredisaient-ils sans cesse dans leurs rapports à l'Empereur.

L'ennemi, dont le général Barclay de Tolly dirigeait la retraite, se retirait avec ordre et fermeté, ayant à son arrière-garde une quantité restreinte, mais suffisante et bien choisie, d'infanterie légère, d'artillerie et de cavalerie. Il rétrogradait par échelons, plaçant sur toute position où il pouvait arrêter nos cavaliers quelques pièces de canon attelées et des tirailleurs, et la défendant avec ces moyens jusqu'au moment où notre infanterie arrivait. Alors seulement il s'en allait en toute hâte, se repliait derrière d'autres échelons aussi bien postés, et ne lançait enfin sa cavalerie que dans les lieux découverts, quand elle avait chance de ramener la nôtre. Rien dans cette manière d'agir n'annonçait du trouble ou du découragement, et tout révélait au contraire une résistance qui devait grandir successivement, jusqu'à devenir une bataille générale lorsque l'ennemi jugerait convenable d'en livrer une. Murat n'observant que très-superficiellement ce qui se passait devant lui, ne tenant compte que de cet abandon successif des positions occupées par l'ennemi, prétendait que les Russes étaient démoralisés, et que, dès qu'on pourrait les joindre, on n'aurait qu'à les aborder pour les accabler, qu'il suffisait donc de marcher vite pour trouver sur son chemin l'occasion d'un beau triomphe. Le maréchal Davout soutenait fortement le contraire, et affirmait qu'il n'avait jamais vu une retraite mieux conduite, et dont il fût moins facile de triompher en galopant sur les traces de l'ennemi. Il pensait que sans s'épuiser à courir après les Russes, qu'on ne réussirait pas à devancer, on les rencontrerait bientôt dans une position de leur choix, où ils se défendraient à outrance, et devant laquelle on ferait bien, si on voulait livrer bataille, d'arriver avec des forces sagement ménagées. Il croyait donc à une bataille prochaine, mais sanglante, et l'une des plus terribles du siècle. Il écrivait en ce sens à Napoléon plus d'une fois par jour, et contredisait par conséquent tous les rapports de Murat. Pourtant ces deux chefs de notre avant-garde étaient d'accord sur un point, c'est qu'on trouverait bientôt une bataille sur son chemin, facile suivant l'un, difficile suivant l'autre, certaine suivant tous les deux.

En approchant de Dorogobouge, on aperçut les Russes rangés en bataille derrière une petite rivière qu'on appelle l'Ouja, et qui, après avoir traversé des terrains plus ou moins accidentés, allait se jeter vers notre gauche dans le Dniéper, à un lieu nommé Ouswiat (voir la carte n° 55). A leur attitude, à leur nombre, à leur vaste déploiement, on devait croire à une affaire générale. La petite rivière qu'il fallait franchir pour les atteindre n'était pas un obstacle bien sérieux, mais elle avait des bords fangeux et d'un accès difficile. Toutefois, en remontant un peu sur notre droite, on avait l'espérance de tourner les Russes, et, si on agissait de ce côté avec des forces suffisantes, il était probable qu'on parviendrait à les refouler dans l'angle que l'Ouja forme avec le Dniéper. Il y avait donc en cet endroit chance d'une

Août 1812.

Tout en se contredisant, Murat et Davout sont d'accord sur un point, c'est qu'il y aura une grande bataille.

Les Russes trouvés un moment en position à Dorogobouge, avec l'intention apparente de livrer bataille.

Murat

grande et décisive rencontre, et sur-le-champ Davout et Murat le mandèrent à Napoléon, se trouvant cette fois seulement du même avis dans le rapport qu'ils lui adressèrent. L'armée polonaise, qui marchait à deux lieues sur notre droite, alla prendre position vers les sources de l'Ouja, point par lequel on espérait tourner l'ennemi. C'est le 23 au soir que notre avant-garde, partie de Smolensk le 20, envoya ce rapport à Napoléon.

Ce qu'elle avait cru apercevoir était la vérité même. Le judicieux et intrépide Barclay de Tolly, après avoir bravé courageusement les propos injurieux dont il était l'objet, sentait sa fermeté s'évanouir, surtout depuis la retraite de Smolensk, qu'il lui avait fallu ordonner malgré tous les généraux russes, et en particulier malgré le prince Bagration. Le déchaînement contre lui était universel. Les généraux comme les hommes politiques ont besoin de courage civil, et doivent savoir dédaigner les vains propos de la soldatesque, qui a aussi souvent perdu les armées que la multitude a perdu les États libres quand on l'a écoutée. Pour nous Français, il ne pouvait rien arriver de plus heureux que de livrer bataille près de Smolensk; pour les Russes, il ne pouvait rien y avoir de plus funeste. Mais les chefs de l'armée, recueillant les plaintes des soldats et surtout celles de la nation, dont on brûlait les villes et les villages, disaient qu'on se défendait avec des ruines, avec des ruines russes, et qu'il serait plus noble et moins dommageable de se défendre avec du sang. L'emportement des esprits était tel qu'on se demandait avec raison, si, malgré tout le danger d'une bataille livrée aux Français si près de leurs ressources, il n'y aurait pas un danger plus grand encore à laisser la démoralisation s'introduire dans les troupes, et à fournir plus longtemps prétexte à ce mépris des chefs qui commençait à engendrer la plus affreuse indiscipline. C'est ce motif qui avait décidé Barclay de Tolly, et lui avait fait abandonner le projet de retraite à l'intérieur, pour celui d'une bataille acharnée livrée immédiatement. En conséquence, il avait envoyé le quartier-maître général, colonel Toll, pour choisir un champ de bataille, et celui-ci avait adopté la position qui s'était offerte derrière l'Ouja, en avant de Dorogobouge. Arrivé là le 22, Barclay de Tolly avait changé l'emplacement de la deuxième armée, que commandait le prince Bagration, et l'avait établie à sa gauche, au point même où nous pouvions tourner la ligne des Russes. Toute la journée du 23, en effet, il s'appliqua à étudier les lieux, à s'y bien asseoir, et à y faire ses préparatifs de combat. Murat et Davout, quoique appréciant différemment l'état moral de l'ennemi, ne se trompaient donc pas en écrivant à l'Empereur que les Russes étaient prêts à livrer bataille, et que, si on était disposé à l'accepter, il fallait accourir en masse pour combattre avec toutes ses forces.

Napoléon reçut cette nouvelle quelques heures après qu'elle avait été expédiée, car, s'il avait fallu trois jours aux troupes de l'avant-garde pour franchir cet espace, dix ou douze heures suffisaient à un courrier. En la recevant, Napoléon résolut de quitter Smolensk pour courir à cet événement dé-

Napoléon en apprenant que l'armée russe paraît disposée à accepter la bataille, forme la résolution

cisif, éclatant, dont il croyait avoir besoin pour se soutenir dans la position où il s'était mis. Le fait seul de son déplacement avec toutes ses forces pour se rendre à plusieurs journées de Smolensk, tranchait à moitié la question qui le préoccupait actuellement, mais la tranchait sans qu'il s'en doutât, car les raisons d'aller chercher cette bataille tant désirée, fût-ce à quelques marches, étaient si fortes, qu'il n'y avait pas à hésiter. Il n'hésita donc pas à partir le 24 avec la garde, sans résoudre encore au surplus d'une manière irrévocable la question de savoir s'il hivernerait en Pologne, ou marcherait à Moscou. Il n'en fit pas moins toutes ses dispositions comme pour un départ définitif, parce que, sans être entièrement décidé, il se doutait qu'il pourrait être entraîné plus loin, et qu'il ne voulait pas faire un pas en avant sans avoir pris sur ses derrières des précautions dignes de sa prévoyance.

Déjà il avait employé cinq jours à ordonner à Smolensk les établissements militaires qu'il créait partout où il passait, et qui malheureusement ne s'achevaient pas toujours quand il était parti. Il avait prescrit la construction de vingt-quatre fours, la conversion des couvents et des églises en magasins, l'approvisionnement de ces magasins avec les ressources du pays, la formation d'un vaste hôpital pourvu de tous les objets nécessaires, disposition urgente, car on avait quatre mille Français et trois mille Russes à panser, et le matériel des ambulances étant resté en arrière, on était obligé de suppléer au linge avec le papier des vieilles archives de Smolensk. Il avait prescrit encore l'enlèvement des corps morts, que la population fugitive ne pouvait faire disparaître, et dont la présence sur un sol brûlant était non-seulement hideuse, mais pestilentielle; l'établissement d'un pont sur pilotis à Smolensk, la réparation des murailles de cette ville, leur armement, et enfin cent autres mesures d'une égale utilité. Il laissa dans Smolensk une division de sa jeune garde sous le général Delaborde, celui qui avait si bien servi en Portugal, en attendant que les détachements restés sur les derrières pussent venir former la garnison de cette ville importante. Il y appela ceux qu'il avait laissés à Witebsk, où ils devaient être remplacés par d'autres. Il changea la route de l'armée, et au lieu de la faire passer par les points que lui-même avait parcourus dans sa marche, c'est-à-dire par Gloubokoé, Ouchatsch, Beschenkowiczy et Witebsk, il décida qu'elle passerait par Smorgoni, Minsk, Borisow, Orscha, parce qu'elle serait ainsi plus courte. Il décida que les bataillons de marche, amenant les recrues à l'armée selon les règles qu'il avait depuis longtemps établies, suivraient cette nouvelle ligne d'étapes. Il donna des ordres pour accélérer leur arrivée. La division polonaise Dombrowski, détachée du corps de Poniatowski, et placée à Mohilew pour lier la grande armée avec le corps austro-saxon, reçut une brigade de cavalerie légère, afin qu'elle pût étendre sa surveillance plus au loin, et mieux veiller sur notre nouvelle base d'opération. Il écrivit aux maréchaux Saint-Cyr et Macdonald qui gardaient la Dwina, au prince de Schwarzenberg qui gardait le bas Dniéper, les avertit les uns et les autres qu'il allait se porter en avant

Août 1812.	pour livrer une bataille décisive, et leur recommanda de bien protéger les flancs de la grande armée pendant qu'il essayerait de frapper un coup mortel sur l'ennemi. Il manda enfin au duc de Bellune de se préparer à venir à Wilna, parce que, de ce point central, le 9ᵉ corps serait la ressource de celui de nos généraux qui se serait laissé battre sur l'une ou l'autre de nos ailes.
Départ de Napoléon pour Dorogobouge.	Ayant expédié sa garde le matin même du 24, et ordonné à Ney qui suivait Davout, de se serrer sur la tête de l'armée, au prince Eugène qui avait cheminé sur la gauche par Doukhowtchina, de se diriger sur Dorogobouge, il partit le soir de sa personne, et marcha toute la nuit du 24 au 25 août pour arriver le 25 avec le soleil levant, et livrer peut-être la bataille, objet de ses désirs les plus ardents.
Son arrivée à Dorogobouge. Il trouve l'armée russe décampée.	Mais en arrivant le 25, il trouva les apparences de cette bataille, entrevues d'abord avec tant de joie, à peu près évanouies, du moins pour le moment. En effet, après un premier examen de la position, le prince Bagration qui en occupait la partie difficile à défendre, puisqu'il était au point même où l'Ouja pouvait être franchie, et où la gauche des Russes courait le risque d'être tournée, le prince Bagration l'avait jugée détestable, et avait traité d'une manière offensante le colonel Toll, qui s'attachait à la justifier auprès de lui. Dès lors la bataille avait été encore ajournée par la volonté même de celui qui la demandait avec le plus d'ardeur. Cela
Cette armée était à la recherche	étant, Barclay de Tolly avait pris le parti de décamper, et de traverser rapidement Dorogobouge pour

se rendre à Wiasma, où l'on disait que se trouvait une position beaucoup plus avantageuse.

C'est ainsi que l'armée russe qu'on avait crue si disposée à combattre, s'était tout à coup dérobée, de manière à persuader qu'elle n'y avait jamais songé. Mais le tact de Napoléon était si sûr, le maréchal Davout avait tant d'expérience, qu'il leur était impossible de s'y méprendre, et qu'ils reconnurent parfaitement dans ces haltes suivies de retraites subites, non pas les irrésolutions, mais les tâtonnements d'une armée qui, déterminée à combattre, cherchait seulement le terrain où elle pourrait le faire avec le plus d'avantage. Il était évident qu'en la suivant deux ou trois jours encore, on la trouverait enfin disposée à tenir ferme, et à recevoir la bataille qu'on lui avait tant de fois offerte. Dans un tel état de choses, s'arrêter pour deux ou trois marches qui restaient à faire, ne semblait pas une résolution suffisamment motivée, et Napoléon ayant déjà franchi les trois étapes qui séparaient Smolensk de Dorogobouge, n'hésita point à franchir les trois qui séparaient Dorogobouge de Wiasma, où il était probable qu'on joindrait enfin l'armée russe. Seulement, comme il n'était pas homme à se tromper sur les conséquences de ses actions, il ne douta plus de ce qui allait arriver, c'est-à-dire de l'enchaînement de choses qui devait le conduire jusqu'à Moscou[1]. A Wiasma il ne serait pas encore à la moitié

---

[1] C'est l'une des questions historiques qu'on s'est le plus souvent adressées, que celle de savoir pourquoi Napoléon ne s'était pas arrêté à Smolensk, et n'avait pas employé le reste de la saison à organiser la Pologne, et à préparer son point de départ pour un second mouvement offensif, qu'il aurait exécuté en 1813; en un mot, pourquoi il ne

Août 1812.

du chemin de Smolensk à Moscou, mais il en approcherait; il l'aurait dépassée à Ghjat, et ce ne serait pas le cas, si on gagnait une grande bataille à quelques journées de Moscou, de s'arrêter, et de renoncer à l'immense éclat de l'entrée des Français dans cette vieille capitale des czars. Parti de Smolensk sans être encore fixé, il se décida définitivement à Dorogobouge, et le 26 il donna ses ordres comme il convenait de les donner pour une marche qui ne se terminerait plus qu'à Moscou même.

Soins de Napoléon pour assurer sa base d'opération en s'enfonçant en Russie.

Bien qu'en quittant Smolensk il se fût occupé de sa base d'opération, Napoléon dut s'en occuper davantage encore en prenant le parti de se porter à si grande distance. Cette base qui avait été d'abord à Dantzig et à Thorn, puis à Kœnigsberg et à Kowno, plus tard à Wilna, s'était déplacée successivement à mesure que se prolongeait cette marche extraordinaire à travers la Pologne et la Russie. La nou-

---

s'était pas résigné à faire cette guerre en deux campagnes, au lieu de vouloir la faire en une seule. Cette question toujours posée n'a jamais été bien résolue, parce qu'on n'avait pas cherché dans la correspondance de Napoléon, demeurée inconnue, les motifs qui, jour par jour, l'avaient entraîné de Wilna à Witebsk, de Witebsk à Smolensk, de Smolensk à Dorogobouge, de Dorogobouge à Moscou. La lecture attentive de cette correspondance, curieuse et toujours profonde, nous a tout expliqué, et nous a révélé les échelons successifs par lesquels Napoléon se trouva conduit jusqu'à Moscou même. Nous essayons, dans ce récit, de rendre cette succession de pensées avec la plus rigoureuse exactitude, et nous affirmons que c'est en courant après une bataille, dont l'effet moral lui semblait nécessaire, que Napoléon, amené de Smolensk à Dorogobouge, à Wiasma, à Ghjat, à Borodino, se trouva presque sans l'avoir voulu aux portes de Moscou. Une fois arrivé si près, y entrer ne pouvait plus être l'objet d'un doute. Reste à savoir pourquoi il y demeura si longtemps. La même correspondance nous l'apprendra encore, et nous le dirons avec la même exactitude lorsque nous serons parvenu à cette partie de notre récit.

velle base sur laquelle il fallait s'appuyer était évidemment Smolensk. C'est là qu'était le nœud qui unissait la Dwina et le Dniéper, et les reliait avec Wilna et Kowno. Aussi Napoléon résolut-il d'y appeler sur-le-champ le corps du maréchal Victor, composé d'environ 30 mille hommes, dont un tiers de troupes françaises, un tiers d'excellentes troupes polonaises, et un tiers de troupes de Baden et de Berg très-bien organisées. Ce corps qu'allait grossir le courant continuel des bataillons de marche, étant placé à Smolensk, où il se reposerait et se nourrirait bien, devait être prêt à soutenir ou le maréchal Saint-Cyr, ou le prince de Schwarzenberg, dans le cas où l'un des deux viendrait à essuyer des revers. Napoléon pensait que loin d'éprouver des revers ils obtiendraient au contraire des succès, en usant bien de leurs forces. Mettant toutefois les choses au pis, il supposait qu'ils seraient réduits à la défensive, ce qui était à ses yeux la plus défavorable des éventualités possibles, et dès lors il considérait le corps du maréchal Victor comme destiné à faire face aux troupes qui reviendraient de Turquie. Il ne lui semblait pas qu'il pût venir plus de 30 mille hommes du bas Danube, ce qui était vrai, et dans ce cas, soit que ces troupes se dirigeassent par la Volhynie sur la Pologne, soit qu'elles se dirigeassent par l'Ukraine sur Kalouga et Moscou, le 9ᵉ corps nous mettrait en mesure de leur tenir tête, en marchant au secours, ou du prince de Schwarzenberg, ou de la grande armée elle-même. Ce que Napoléon était le plus disposé à croire, c'est que la Russie étant frappée au cœur par une marche sur Moscou, ne songerait pas

Août 1812.

Le corps du duc de Bellune amené à Smolensk.

Août 1812.

à porter des forces à ses extrémités, et que l'amiral Tchitchakoff ne serait pas dirigé sur Kiew, mais sur Kalouga. Aussi regardait-il la position du duc de Bellune à Smolensk comme la mieux choisie pour toutes les hypothèses imaginables. En conséquence il lui envoya ses ordres de Dorogobouge le 26 août, et lui donna des instructions conformes aux idées que nous venons d'émettre.

Deux des divisions du corps d'Augereau amenées de Prusse en Lithuanie.

Il étendit sa prévoyance plus loin encore. Il ne voulait pas que ce corps fût disséminé en petites garnisons: pour prévenir cet inconvénient il avait attiré déjà sur Wilna divers régiments saxons, polonais, westphaliens, anséatiques, restés jusqu'ici à Dantzig et à Kœnigsberg. Il ordonna de les amener tous à Minsk et à Smolensk, pour y fournir les garnisons et les détachements dont on aurait besoin. Afin de les remplacer à Dantzig, il avait précédemment appelé dans cette place l'une des divisions du maréchal Augereau, commandée par le général Lagrange, et toute composée de bataillons de marche. Il résolut de faire venir cette division elle-même à Smolensk, pour renforcer les divers corps de la grande armée, y remplir les vides produits par les batailles qu'on allait livrer, et jalonner la route en attendant. Cette division dut être remplacée à Dantzig par une autre, appartenant également au corps du maréchal Augereau, celle du général Heudelet, qui comprenait uniquement des quatrièmes bataillons. Le maréchal Augereau allait ainsi se trouver entièrement privé de l'une de ses quatre divisions, celle qu'on appellerait à Smolensk. Napoléon y pourvut au moyen de troupes qu'il résolut de tirer d'Italie. On se souvient sans doute que se défiant de la cour de Naples il avait, avec plusieurs beaux régiments français et divers corps étrangers au service de France, formé entre Rome et Naples un corps sous le général Grenier. Tenant Murat sous sa main, et n'ayant plus rien à craindre de sa légèreté, il pensa que l'armée napolitaine, qui avait été organisée avec soin, suffirait à la garde du midi de l'Italie; il lui laissa d'ailleurs les régiments d'Isembourg et de Latour-d'Auvergne, et ordonna de réunir à Vérone les troupes françaises du général Grenier, pour en former une belle division de 15 mille hommes, composée de ce qu'il y avait de meilleur en Italie. Il prescrivit au général Grenier de s'acheminer vers Augsbourg le plus tôt possible, mais toutefois en marchant avec la prudence convenable, afin de ne pas couvrir les routes de traînards. Le corps du maréchal Augereau allait ainsi gagner beaucoup plus qu'il ne perdait, et se retrouver à quatre divisions, et au chiffre de 50 mille hommes de troupes actives.

Ainsi avec un corps de 50 mille hommes entre Berlin et Dantzig, avec de fortes garnisons à Dantzig, à Kœnigsberg, à Memel, à Kowno, à Wilna, à Witebsk, avec les deux corps des maréchaux Macdonald et Saint-Cyr sur la Dwina, avec celui du prince de Schwarzenberg sur le Dniéper, avec une belle division polonaise à Mohilew pour relier le prince de Schwarzenberg à la grande armée, avec le corps du duc de Bellune parfaitement disponible à Smolensk, et prêt à secourir celle de ses ailes qui serait en péril ou à s'élever à sa suite jusqu'à Moscou, enfin avec un courant continuel de bataillons

Août 1812.

Ces divisions remplacées en Prusse par les troupes du général Grenier tirées d'Italie.

de marche servant de garnisons dans toutes les villes de la route en attendant qu'ils vinssent recruter la grande armée, avec tous ces moyens, disons-nous, Napoléon se regardait comme en sûreté, et ne croyait pas qu'on pût jamais comparer sa conduite à celle de Charles XII.

Assurément ces vastes mesures étaient dignes de sa haute prévoyance, et semblaient devoir le garantir contre tous les accidents. Cependant l'une d'elles était de la part de ses lieutenants l'objet de beaucoup d'observations trop timidement présentées, et malheureusement justifiées par l'événement, c'était celle qui consistait à laisser divisées en deux corps les troupes destinées à garder la Dwina. Le corps du maréchal Saint-Cyr comptant depuis les derniers événements 20 mille Français et 10 mille Bavarois, eût été suffisant peut-être avec un général très-entreprenant, et surtout avec des subsistances, pour battre le corps de Wittgenstein. Mais réduit à moins de 24 mille combattants par l'envoi de nombreux détachements à la recherche des vivres, placé à de grandes distances de ses appuis, dans des régions inconnues, on ne devait pas s'étonner que, même sous un général habile comme le maréchal Saint-Cyr, il ne fît rien de bien décisif. Le maréchal Macdonald avec tout au plus 24 mille hommes, répartis entre Riga et Dunabourg, ne pouvait ni prendre Riga, ni se tenir en communication avec le maréchal Saint-Cyr. Au contraire en réunissant ces deux corps, ainsi que le proposait le maréchal Macdonald, on eût accablé Wittgenstein, on eût pu se porter bien au delà de la Dwina, s'établir même à Sebej, forcer ainsi Wittgenstein à se replier sur Pskow, et avoir de ce côté une supériorité décidée. (Voir la carte n° 54.) Il est vrai que la Courlande eût été exposée aux courses de la garnison de Dunabourg, et qu'on n'aurait pas assiégé Riga, dont Napoléon tenait à s'emparer. Mais si l'on occupait fortement Tilsit, si l'on gardait bien le cours du Niémen jusqu'à Kowno, les courses des Cosaques en Courlande ne pouvaient pas avoir de grandes conséquences; et quant au siége de Riga, il était bien peu vraisemblable qu'un corps de moins de 24 mille hommes, obligé de disperser un tiers de son effectif en détachements, fût capable de l'exécuter. Sauf cette disposition, dont on verra plus tard les conséquences, et qui tenait au penchant fatal de vouloir poursuivre tous les buts à la fois, Napoléon prit les véritables mesures que la situation comportait. Sentant la difficulté d'assurer la correspondance de la grande armée avec ses derrières, à travers les bandes de Cosaques, il ordonna qu'à tout relai de poste fût établi un blockhaus, espèce de petite citadelle construite avec des palissades, devant contenir cent hommes d'infanterie, deux bouches à feu, quinze hommes de cavalerie, un magasin, un petit hôpital, des chevaux de poste, un commandant intelligent et énergique. Les gouverneurs de Minsk, de Borisow, d'Orscha, de Smolensk, furent chargés d'y pourvoir avec leurs garnisons, et de la sorte ni les paysans ni les Cosaques ne pouvaient empêcher la communication des nouvelles et des ordres. Enfin s'attendant, si une victoire et la prise de Moscou n'accablaient pas le courage d'Alexandre, à revenir

Août 1812.

Immenses approvisionnements ordonnés en

282   LIVRE XLIV.

Août 1812.

Lithuanie pour le cas où l'on viendrait y passer l'hiver.

hiverner en Pologne, il voulut que soit avec de l'argent, soit avec des réquisitions, on levât en Lithuanie et en Pologne 1200 mille quintaux de grains, 60 mille bœufs, 12 millions de boisseaux d'avoine, 100 mille quintaux de foin, 100 mille de paille, et qu'on réunît ces vastes approvisionnements à Wilna, à Grodno, à Minsk, à Mohilew, à Witebsk, à Smolensk. Il y avait là de quoi nourrir l'armée pendant plus d'un an, et il était très-possible, surtout avec de l'argent, de se procurer ces denrées en Pologne. Napoléon avait amené à sa suite un gros trésor en numéraire, et de plus de faux roubles en papier, qu'il avait sans aucun scrupule fait fabriquer à Paris, se croyant justifié par la conduite des coalisés, qui, à une autre époque, avaient rempli la France de faux assignats.

Après toutes ces précautions, Napoléon quitte Dorogobouge.

Toutes ces précautions prises, Napoléon quitta Dorogobouge dans l'ordre suivant. Murat, avec la cavalerie légère des maréchaux Davout et Ney, avec la cavalerie de réserve des généraux Nansouty et Montbrun, avec beaucoup d'artillerie attelée formait l'avant-garde; le maréchal Davout le suivait immédiatement, ayant toujours une de ses divisions prête à soutenir la cavalerie. Après Davout marchait Ney, après Ney la garde. A droite le prince Poniatowski avec son corps et la cavalerie de Latour-Maubourg, se tenant à deux ou trois lieues de la grande route, s'appliquait à déborder l'ennemi, et recueillait des informations, que la langue parlée par les Polonais et la moindre disparition des habitants sur les routes latérales, lui permettaient de se procurer plus facilement. Le prince Eugène occupait une semblable

Distribution de l'armée pendant sa marche en avant.

MOSCOU.   283

position sur la gauche, et marchait à deux ou trois lieues de la grande route, toujours un peu en avant du gros de l'armée, afin de déborder les Russes. Il était précédé par la cavalerie du général Grouchy.

Août 1812.

Le quartier général suivait avec les parcs d'artillerie et du génie, avec mille voitures d'équipages chargées de vivres. Ces vivres étaient destinés à nourrir la garde, que Napoléon ne voulait pas habituer à la maraude, et à fournir la subsistance de l'armée elle-même le jour où il faudrait se concentrer pour livrer bataille. Sauf le corps de Davout qui avait huit jours de vivres sur le dos des soldats, et une réserve de trois ou quatre sur voitures, les autres corps devaient se nourrir dans le pays. On s'était aperçu en effet que les villages étaient moins dépourvus qu'on ne l'avait supposé d'abord, et que sur les routes latérales notamment, où les Russes n'avaient pas eu le temps de tout détruire, il restait une assez grande masse de subsistances. C'était la ressource réservée au prince Eugène sur la gauche, au prince Poniatowski sur la droite.

L'armée était donc débarrassée d'une partie de ses charrois. Elle ne portait en quantité considérable que des munitions d'artillerie, et en fait d'équipages de pont elle s'était restreinte aux fers et aux outils nécessaires pour jeter des ponts de chevalets. Sur ce plateau central, qui sépare la Baltique de la mer Noire, les rivières, presque toutes à leur naissance, étaient lentes et peu profondes, et pour les franchir on n'avait pas besoin de traîner des bateaux avec soi. Sous le rapport de la qualité des hommes, l'armée était ramenée à ce qu'elle avait compté de meil-

Sa force numérique.

Ses dispositions morales.

leur dans ses rangs. Elle avait perdu depuis Witebsk environ 15 mille hommes en divers combats, notamment à Smolensk et à Valoutina; elle en avait bien perdu 10 mille par la marche. Elle avait laissé une division de la garde à Smolensk, une division italienne, et la cavalerie légère du général Pajol en observation sur la route de Witebsk, et par toutes ces causes elle était réduite de 175 mille hommes à environ 145 mille. Il est vrai qu'on ne pouvait rien voir de plus beau. Le temps était d'une parfaite sérénité : on marchait sur une large et belle route, bordée de plusieurs rangées de bouleaux, à travers de vertes plaines, et, quoique l'esprit des généraux fût assombri, les soldats se laissaient guider superstitieusement par l'étoile de leur chef. Le bruit s'était déjà répandu qu'on allait à Moscou. — A Moscou ! criaient les soldats, à Moscou !... et ils suivaient Napoléon comme autrefois les soldats macédoniens suivaient Alexandre à Babylone.

Le 28, on arriva à Wiasma, jolie ville assez peuplée, traversée par une rivière dont les ponts étaient détruits. (Voir la carte n° 55.) N'épargnant pas plus les cités que les hameaux, les Russes avaient mis le feu à cette pauvre ville de Wiasma, mais suivant leur coutume ils l'avaient mis à la hâte, et au dernier moment. Aussi nos soldats parvinrent-ils à l'éteindre, et à sauver une partie des maisons et des vivres. Ils s'empressèrent également de rétablir les ponts. Les habitants avaient tous pris la fuite, et l'on n'était retenu ni par les égards de l'humanité, ni par ceux de la politique, dans la manière de jouir du pays conquis. On s'établissait donc dans ce qu'on avait arraché au feu, comme dans un bien à soi, et l'on en vivait sans réserve, même sans économie, devant partir le lendemain. Malheureusement, si on était prompt à se jeter au milieu des flammes pour arrêter leur ravage, on parvenait difficilement à s'en rendre maître à cause du bois, qui est en Russie la matière de la plupart des constructions; et puis quand on avait réussi, les soldats en voulant cuire du pain dans les fours que chaque maison renfermait, mettaient par négligence le feu que les Russes avaient mis par calcul, et qu'on avait éteint par besoin. Pourtant, quoique avec peine et à travers mille hasards, on vivait, car l'industrie du soldat français égalait son courage.

Août 1812.

D'après les bruits recueillis à l'avant-garde, bruits vrais d'ailleurs, nous aurions dû rencontrer les Russes à Wiasma, prêts à recevoir cette terrible bataille, à laquelle ils avaient fini par se résoudre, et qu'ils étaient décidés à accepter dès que le terrain leur paraîtrait favorable. Mais les Russes n'ayant pas jugé convenable celui de Wiasma, avaient reporté leurs vues sur celui de Czarewo-Zaimitché, situé à deux journées au delà, lequel devait opposer à l'assaillant de très-grandes difficultés. Il semblait que depuis que le général Barclay de Tolly avait concédé aux passions de son armée la bataille tant demandée, on fût moins impatient de la livrer, et plus difficile sur le choix du terrain. La multitude, dans les camps comme sur la place publique, est toujours la même : lui accorder ce qu'elle désire, est presque un moyen de l'en dégoûter. Les plus ardents partisans de la

On trouve les Russes encore en retraite.

Les Russes

286 LIVRE XLIV.

Août 1812.

recherchent à chaque station un poste favorable pour combattre.

Napoléon, décidé à les suivre, ne compte plus les distances.

Inquiétudes qui commencent à s'emparer de l'esprit des principaux chefs de l'armée française.

Timides représentations de Berthier.

bataille, le prince Bagration entre autres, ne trouvaient aucun terrain à leur gré. Ils n'avaient pas voulu de celui de l'Ouja, ils ne voulaient pas davantage de celui de Wiasma; ils remettaient maintenant jusqu'à Czarewo-Zaimitché. On voit à travers quelles vicissitudes finissait par prévaloir le système d'une retraite continue, tendant à nous attirer dans les profondeurs de l'empire.

Du reste, pour Napoléon, ce n'était plus une question que celle de savoir s'il fallait suivre les Russes. Il avait pris son parti à cet égard, depuis qu'il était convaincu qu'ils finiraient par accepter la bataille; et une ou deux marches de plus pour arriver à ce résultat, qui à ses yeux devait être décisif, n'étaient plus une considération capable de l'arrêter. Il ne fut donc ni étonné ni dépité de trouver à Wiasma les Russes encore décampés, et il résolut de les suivre sur la route de Ghjat. Pourtant autour de lui de sinistres pressentiments commençaient à préoccuper les esprits. Chaque soir la nécessité d'aller aux fourrages faisait perdre des centaines d'hommes, et la fatigue tuait des centaines de chevaux. L'armée diminuait à vue d'œil, surtout la cavalerie, et on pouvait craindre que ce système des Parthes, dont les Russes se vantaient dans leurs bivouacs tout en insultant les généraux qui le pratiquaient, ne fût que trop réel, et trop près de réussir. Berthier, quoique d'une réserve extrême, Berthier, qui avait à la guerre le bon sens du prince Cambacérès dans la politique, mais qui n'était pas plus hardi lorsqu'il fallait en tenir le langage, Berthier se permit d'adresser quelques représentations à l'Empereur sur les dangers de cette expédition poussée à outrance, et exécutée en une seule campagne au lieu de deux. Il fit valoir les fatigues, la disette de vivres, l'affaiblissement successif de l'effectif, la mortalité des chevaux, et par-dessus tout la difficulté du retour. Napoléon, qui savait bien tout ce qu'on pouvait dire sur ce sujet, et qui s'irritait de trouver dans la bouche des autres l'expression de pensées qui obsédaient son esprit, reçut fort mal les observations du major général, et lui adressa ce reproche blessant qu'il jetait à la face de quiconque lui faisait une objection : — Et vous aussi, vous êtes de ceux qui n'en veulent plus! — Puis il alla presque jusqu'à l'injurier, le comparant à une vieille femme, lui disant qu'il pouvait, s'il le voulait, retourner à Paris, et qu'il saurait se passer de ses services. Berthier, humilié, lui répondit avec une douleur concentrée, se retira au quartier du major général, et pendant plusieurs jours cessa d'aller s'asseoir à la table impériale, bien qu'il y prît ordinairement tous ses repas[1].

Un autre incident également regrettable eut lieu à la même époque. On a vu comment le maréchal

---

[1] On a raconté beaucoup d'altercations, ou fausses ou exagérées, de Napoléon avec ses lieutenants pendant cette campagne. Je me borne, en ceci comme en toutes choses, à ce qui est constaté. Je tiens d'un témoin oculaire, digne de foi, aussi dévoué à Napoléon qu'à Berthier, et occupant un rang élevé dans l'armée, le fait que je viens de rapporter. Du reste cette altercation avec Berthier a été fort connue dans le temps, et elle se trouve mentionnée dans plusieurs des mémoires contemporains. C'est la plus constatée de toutes celles qu'on a racontées, et c'est pour cela que je la crois digne d'être consacrée par l'histoire. Le personnage de Berthier, et l'authenticité du fait, me semblent lui mériter cette exception.

Août 1812

Dure réponse de Napoléon.

Désagrément infligé au maréchal Davout, à l'occasion de la résistance que ce maréchal veut opposer à Murat.

Août 1812.

Davout et Murat étaient toujours en dissentiment à l'avant-garde, ainsi qu'il convenait à des caractères aussi différents. Le maréchal Davout à Wiasma, irrité de voir la cavalerie trop peu ménagée par Murat, lui refusa son infanterie, ne voulant pas qu'elle fût traitée comme l'était la cavalerie. Murat eut beau alléguer sa qualité de roi, de beau-frère de l'Empereur, le maréchal Davout s'obstina dans son refus, et devant toute l'armée défendit au général Compans d'obéir au roi de Naples. L'altercation avait été si vive qu'on ne savait ce qu'elle amènerait, mais elle fut bientôt apaisée par la présence de Napoléon, qui, tout en partageant l'opinion du maréchal Davout, fut blessé du peu d'égards de ce maréchal pour la parenté impériale, et lui infligea un désagrément public en décidant que la division Compans, pendant qu'elle serait à l'avant-garde, obéirait aux ordres de Murat.

Marche de Wiasma sur Ghjat.

On partit de Wiasma le 31 août pour Ghjat. Sur le chemin on espérait rencontrer les Russes à Czarewo-Zaimitché. En y arrivant on les trouva partis, comme à Wiasma, comme à Dorogobouge. On ne s'en étonna point cependant, et on résolut de les suivre, certain qu'on était de les atteindre bientôt. En effet, tous les traînards qu'on recueillait, rapportaient unanimement que l'armée allait livrer bataille, et qu'elle n'attendait pour s'y décider que les renforts envoyés du centre de l'empire. Dans cette même journée, la cavalerie légère s'empara d'un Cosaque, canonnier dans le corps de Platow. Comme il paraissait fort intelligent, l'Empereur désirant l'interroger lui-même pendant la marche, ordonna qu'on lui fournit un cheval, et le fit placer entre lui et M. Lelorgne d'Ideville, interprète attaché au quartier général. Le Cosaque, ignorant la compagnie dans laquelle il se trouvait, car la simplicité de Napoléon n'avait rien qui pût révéler à une imagination orientale la présence d'un souverain, s'entretint avec la plus extrême familiarité des affaires de la guerre actuelle. Il raconta tout ce qu'on disait dans l'armée russe des divisions des généraux, prétendit que Platow lui-même avait cessé d'être ami de Barclay de Tolly, vanta les services des Cosaques, sans lesquels les Russes, affirmait-il, auraient été déjà vaincus, assura que sous peu de jours on aurait une grande bataille, que si elle avait lieu avant trois jours les Français la gagneraient, mais que si elle était livrée plus tard, Dieu seul savait ce qu'il en arriverait. Il ajouta que les Français étaient commandés, à ce qu'on rapportait, par un général du nom de Bonaparte, qui avait l'habitude de battre tous ses ennemis, mais qu'on allait recevoir d'immenses renforts pour lui tenir tête, et que cette fois peut-être il serait moins heureux, etc... Cette conversation, dans laquelle se reflétaient de la manière la plus naturelle et la plus originale toutes les idées qui circulaient dans l'armée russe, intéressa beaucoup, et fit sourire à plusieurs reprises le puissant interlocuteur du jeune Cosaque. Voulant essayer l'effet de sa présence sur cet enfant du Don, Napoléon dit à M. Lelorgne d'Ideville de lui apprendre que ce général Bonaparte était justement le personnage auprès duquel il cheminait. A peine l'interprète de Napoléon avait-il parlé, que le Cosa-

Août 1812.

Conversation d'un Cosaque interrogé par Napoléon.

LIVRE XLIV.

Août 1812.

que, saisi d'une sorte d'ébahissement, ne proféra plus une parole, et marcha les yeux constamment attachés sur ce conquérant, dont le nom avait pénétré jusqu'à lui, à travers les steppes de l'Orient. Toute sa loquacité s'était subitement arrêtée, pour faire place à un sentiment d'admiration naïve et silencieuse. Napoléon après l'avoir récompensé, lui fit donner la liberté, comme à un oiseau qu'on rend aux champs qui l'ont vu naître[1].

Arrivée à Ghjat.

L'avant-garde s'était portée pendant cette journée jusqu'à Ghjat, petite ville qui était assez bien pourvue de ressources surtout en grains, et qu'on eut le temps d'arracher aux flammes. Le lendemain 1ᵉʳ septembre le quartier général alla s'y établir. Une pluie subite avait converti la poussière des campagnes moscovites en une fange épaisse, dans

[1] L'éloignement que j'éprouve pour tout ce qui n'est pas la vérité rigoureuse en histoire, m'aurait empêché de rapporter cette précieuse anecdote, malgré l'avantage qu'elle a de peindre avec justesse l'état moral des masses que nous avions à combattre, si je n'avais été certain de son authenticité. Elle m'a été racontée il y a bien des années par M. Lelorgne d'Ideville lui-même, avec les détails que je donne, et ce souvenir, qui a déjà vingt ans de date, n'aurait peut-être pas suffi pour me décider à la rapporter, si je ne l'avais trouvé reproduite tout entière, et avec les plus grandes particularités, dans la correspondance intime de M. Lelorgne d'Ideville avec M. de Bassano. C'est par M. de Bassano que M. Lelorgne d'Ideville avait été placé comme secrétaire interprète auprès de l'Empereur, et tous les soirs il payait sa dette envers M. de Bassano, en lui racontant ce qui s'était passé dans la journée, surtout relativement à la personne de Napoléon. M. Lelorgne d'Ideville avait longtemps vécu en Russie, connaissait parfaitement la langue du pays, et pendant cette marche sur Moscou il fut constamment à cheval à côté de l'Empereur. Aussi était-il un des témoins les plus intéressants à entendre sur cette campagne, et sa correspondance en est-elle un des plus précieux restes. Adressée à Wilna, elle ne partagea point le sort des papiers de Napoléon, qui furent brûlés ou détruits au passage de la Bérézina.

laquelle on enfonçait profondément, Napoléon épouvanté des pertes d'hommes et de chevaux qu'on faisait en avançant, résolut de s'arrêter à Ghjat deux ou trois jours. Son intention étant désormais de suivre les Russes jusqu'à Moscou, il était certain de les rencontrer, fût-ce aux portes mêmes de cette capitale, déterminés à la défendre à outrance. Il n'y avait donc aucun motif de courir à perte d'haleine pour les devancer, et il valait bien mieux arriver plus nombreux et moins fatigués sur le terrain du combat. En conséquence il prescrivit à tous les chefs de rallier leurs hommes restés en arrière, de constater par des appels rigoureux le nombre de combattants qu'on pourrait mettre en ligne, de faire la revue des armes et le compte des munitions, de se pourvoir par le moyen ordinaire de la maraude de deux ou trois jours de vivres, de disposer enfin le corps et l'âme des soldats à la grande lutte qui se préparait. Au surplus ces braves soldats s'y attendaient, d'après tous les rapports des avant-postes, et il n'était pas besoin de beaucoup d'efforts pour les y disposer, car ils la désiraient ardemment, et la considéraient comme devant être le terme de leurs fatigues, et l'une des plus grandes journées de leur glorieuse vie.

<small>Août 1812.

Napoléon, certain désormais d'une prochaine rencontre avec les Russes, veut donner deux jours de repos à l'armée pour la rallier.</small>

Le moment de cette bataille était arrivé en effet, et les Russes étaient résolus à la livrer. Ils l'auraient même livrée à Czarewo-Zaimitché, si un nouveau changement survenu dans leur armée n'avait entraîné encore un retard de quelques jours. Ce changement avait sa cause à Saint-Pétersbourg, au sein même de la cour de Russie.

<small>La grande bataille résolue du côté des Russes, par suite d'une révolution dans le commandement.</small>

19.

Août 1812.

Ce qui s'était passé à la cour de Russie, depuis qu'Alexandre avait quitté l'armée.

Alexandre à Moscou.

Alexandre expulsé en quelque sorte de l'armée, s'était transporté à Moscou pour y remplir le rôle qu'on lui avait représenté comme plus approprié à sa dignité, comme plus utile à la défense de l'empire, celui d'enthousiasmer et de soulever les populations russes contre les Français. Arrivé à Moscou, il y avait convoqué le corps de la noblesse et celui des marchands, afin de leur demander des preuves efficaces de leur dévouement au prince et à la patrie. C'est le gouverneur Rostopchin qui avait été chargé de ces convocations, et il n'avait pas eu de peine à enflammer les esprits, que la présence de l'ennemi sur la route de la capitale remplissait d'une sorte de fureur patriotique. A la vue d'Alexandre venant réclamer l'appui de la nation contre un envahisseur étranger, des sanglots, des cris d'amour avaient éclaté. La noblesse avait voté la levée d'un homme sur dix dans ses terres; le commerce avait voté des subsides considérables, et avec ces hommes et cet argent on devait former une milice, qui dans le gouvernement de Moscou serait, disait-on, de quatre-vingt mille hommes. Ces levées, indépendantes de celles que l'empereur allait ordonner dans les domaines de la couronne, devaient être imitées dans tous les gouvernements que l'ennemi n'occupait point.

Alexandre à Saint-Pétersbourg.

Après avoir recueilli ces témoignages d'un patriotisme ardent et sincère, Alexandre s'était rendu à Saint-Pétersbourg, pour y prescrire toutes les mesures qu'exigeait cette espèce de levée en masse, et pour présider à la direction générale des opérations militaires. La noblesse résidant en ce moment dans la capitale se composait des vieux Russes que leur âge forçait à vivre éloignés des camps; elle était charmée d'avoir ramené Alexandre au centre de l'empire, de le tenir en quelque sorte sous sa main, loin des fortes impressions du champ de bataille, loin surtout des séductions de Napoléon, car on craignait toujours qu'une entrevue aux avant-postes le soir d'une bataille perdue, ne le fît tomber de nouveau dans les liens de la politique de Tilsit. MM. Araktchejef, Armfeld, Stein, tous les conseillers russes ou allemands, qui depuis le départ de Wilna étaient allés attendre Alexandre à Saint-Pétersbourg, l'entouraient, le tenaient pour ainsi dire assiégé, et n'auraient pas permis une résolution qui ne fût pas conforme à leurs passions. Ils avaient trouvé un renfort d'influence dans la présence de lord Cathcart, le général qui avait commandé l'armée britannique devant Copenhague, et qui venait représenter l'Angleterre à Saint-Pétersbourg, depuis la paix de cette puissance avec la cour de Russie.

Cette paix s'était conclue en un instant, immédiatement après l'ouverture des hostilités, mais point avant, ainsi qu'Alexandre l'avait promis à M. de Lauriston. Elle s'était négociée entre M. de Suchtelen, représentant de la Russie, et M. Thornton, agent anglais envoyé en Suède, et elle avait stipulé le concours de toutes les forces des deux empires pour le succès de la nouvelle guerre. Lord Cathcart était arrivé aussitôt la paix signée. Le langage de cet ambassadeur et des conseillers allemands, appuyé par le prince royal de Suède, consistait à dire que dans cette guerre on ne triompherait que par la

Août 1812.

Il est presque gardé à vue par les partisans de la guerre à outrance.

Leur influence renforcée par l'arrivée de lord Cathcart, ambassadeur d'Angleterre.

Août 1812.

Alexandre profondément blessé par les procédés de Napoléon, veut maintenant soutenir la guerre jusqu'à la dernière extrémité.

Inconséquence des Russes, qui bien qu'ils se vantent d'attirer les Français dans le abîme en les attirant dans l'intérieur de l'empire, se déchaînent contre les généraux qui se retirent au lieu de se battre.

persévérance; que sans doute on perdrait des batailles, une, deux, trois peut-être, mais qu'il suffirait d'en gagner une pour que les Français fussent détruits, avancés comme ils l'étaient dans l'intérieur de l'empire. Alexandre qui était blessé au fond du cœur de la manière hautaine dont Napoléon l'avait traité depuis deux années, de l'insensibilité visible avec laquelle ses ouvertures de paix avaient été accueillies, était décidé, maintenant que la guerre était engagée, à ne pas céder, et à résister jusqu'à la dernière extrémité. Il avait confiance dans le système de retraite continue, il en avait compris la portée, et il le voulait suivre, sans tomber dans la triste inconséquence dont ses compatriotes donnaient actuellement l'exemple. En effet, tandis qu'ils se prévalaient tous les jours de l'avantage qu'il y aurait pour eux à se retirer dans les profondeurs de l'empire, et à y attirer les Français, ils ne savaient pas faire en attendant tous les sacrifices que comportait ce genre de guerre. Il fallait effectivement se résigner à une sorte d'humiliation passagère, celle de rétrograder sans cesse, et de plus à des pertes cruelles, car ce n'étaient pas les malheureuses villes de Smolensk, de Wiasma, de Ghjat, qui payaient seules cette tactique ruineuse, c'étaient aussi les seigneurs propriétaires de châteaux et de villages situés sur la route des Français, dans une zone de douze à quinze lieues de largeur. Dans toute cette région il ne restait que des cendres, car ce que les Français sauvaient de l'incendie, ils le brûlaient ensuite eux-mêmes par négligence; et, par une contradiction singulière, tandis qu'on aurait dû comprendre la nécessité de ces sacrifices, et approuver les généraux qui battaient en retraite en détruisant tout sur leur chemin, on les appelait des lâches ou des traîtres qui n'osaient pas regarder les Français en face, et qui aimaient mieux leur opposer des ruines que du sang!

Alexandre ayant cessé d'être responsable de la conduite de la guerre depuis son éloignement de l'armée, tout l'odieux des derniers événements militaires était retombé sur l'infortuné Barclay de Tolly. Avoir perdu Wilna, Witebsk, Smolensk sans bataille, être en retraite sur la route de Moscou, livrer le cœur de l'empire à l'ennemi sans immoler des milliers d'hommes, était un crime, une vraie trahison, et les masses en prononçant le nom de Barclay de Tolly qui n'était pas russe, disaient qu'il n'y avait pas à s'étonner de tant de revers, que tous ces étrangers au service de la Russie la trahissaient, et qu'il fallait s'en défaire. Ce cri populaire retentissait non-seulement dans l'armée, mais dans les villes et les campagnes, et surtout à Saint-Pétersbourg. Les envieux s'étaient joints aux emportés, pour dénoncer Barclay de Tolly comme l'auteur de la catastrophe de Smolensk. Et qu'y pouvait-il, l'infortuné? Rien, comme on l'a vu. Il avait sacrifié douze mille Russes pour que cette perte ne fût pas consommée sans une large effusion de sang, et son tort, s'il en avait un, c'était d'avoir fait ce sacrifice, car Smolensk ne pouvait pas être sérieusement défendue. Toutefois, dans les malheurs publics, il faut qu'on s'en prenne à quelqu'un, et la multitude choisit souvent pour victime le bon et courageux citoyen, qui

Août 1812.

Impopularité du général Barclay de Tolly.

Fureurs contre ce général tant dans l'armée que dans les populations.

seul sert utilement le pays! Ces misères ne sont pas particulières aux États libres, elles appartiennent à tous les États où il y a des masses aveugles, et il y en a sous le despotisme au moins autant qu'ailleurs.

Barclay de Tolly était donc perdu. Les gens sensés eux-mêmes, voyant le déchaînement auquel il était en butte, l'insubordination qui en résultait dans l'armée, étaient d'avis de le sacrifier. Au milieu de ce délire, il y avait un nom qui se trouvait dans toutes les bouches, c'était celui du général Kutusof, ce vieux soldat borgne, que l'amiral Tchitchakoff avait remplacé sur le Danube, qui précédemment avait perdu la bataille d'Austerlitz, et qui néanmoins était devenu, par son nom tout à fait russe, par sa qualité d'ancien élève de Souvarow, le favori de l'opinion publique. Ce qu'il y a de singulier, c'est qu'on ignorait que la bataille d'Austerlitz avait été perdue malgré lui, car le public ne savait pas qu'il avait conseillé de ne point la livrer; mais la passion n'a pas besoin de bonnes raisons : elle est toujours pour elle-même sa raison la meilleure. Il faut ajouter cependant, que Kutusof avait rétabli les affaires des Russes dans la dernière campagne contre les Turcs, et que, bien qu'âgé de soixante-dix ans, entièrement usé par la guerre et les plaisirs, pouvant à peine se tenir à cheval, profondément corrompu, faux, perfide, menteur, il avait une prudence consommée, un art d'en imposer aux hommes nécessaire dans les temps de passion, au point d'être devenu l'idole de ceux qui voulaient la guerre de bataille, tout en étant lui-même partisan décidé de la guerre de retraite. Mais aucun homme n'était plus capable que lui de s'emparer des esprits, de les diriger, de les dominer en affectant les passions qu'il n'avait point, d'opposer à Napoléon la patience, seule arme avec laquelle on pût le battre, et de l'employer sans la montrer. La Providence, qui, dans ses impénétrables desseins, avait sans doute condamné Napoléon, la Providence, qui lui avait réservé pour adversaire aux extrémités de la Péninsule, un esprit ferme et sensé, solide comme les rochers de Torrès-Védras, lord Wellington, lui réservait dans les profondeurs de la Russie, non pas un caractère inébranlable, ainsi qu'il le fallait aux extrémités de la Péninsule où il n'y avait plus à reculer, mais un astucieux et patient antagoniste, flexible comme l'espace dans lequel il fallait s'enfoncer, sachant à la fois céder et résister, capable non pas de vaincre, mais de tromper Napoléon, et de le vaincre en le trompant. Ce ne sont pas des égaux que la Providence oppose au génie quand elle a résolu de le punir, mais des inférieurs, instruments bien choisis de la force des choses, comme si elle voulait le châtier davantage en le faisant succomber sous des adversaires qui ne le valent point.

Le vieux Kutusof était donc le second adversaire qui allait arrêter Napoléon à l'autre extrémité du continent européen, et il faut reconnaître que jamais la passion populaire, dans ses engouements irréfléchis, ne s'était moins trompée qu'en désignant Kutusof au choix de l'empereur de Russie. Quand nous disons la passion populaire, nous ne prétendons pas que la populace de Saint-Pétersbourg se fût soulevée pour imposer un choix à l'empereur,

Août 1812.

L'aveugle fureur populaire, sans savoir pourquoi, avait trouvé dans Kutusof le vrai sauveur de l'empire.

Août 1812.

Alexandre le choisit, sans goût et sans confiance, pour obéir à l'opinion publique.

bien que le peuple à demi barbare de ces contrées prît une part considérable et légitime aux circonstances du moment; mais la passion peut avoir le caractère populaire, même dans une cour. Elle a ce caractère, lorsque sages et fous, jeunes et vieux, hommes et femmes, exigent une chose sans savoir pourquoi, l'exigent pour un nom, pour des souvenirs mal appréciés, et presque jamais pour les bonnes raisons qu'il serait possible d'en donner. C'est ainsi que les cercles les plus élevés de la capitale, émus de la prise de Smolensk, demandaient Kutusof, qui depuis son retour de Turquie s'était placé très-hypocritement à la tête de la milice de Saint-Pétersbourg, et s'était offert de la sorte à tous les regards. Alexandre n'avait aucune confiance en lui, n'avait conservé que de fâcheuses impressions de la campagne de 1805, ne l'avait trouvé ni ferme ni habile sur le terrain, car Kutusof ne l'était pas en effet, et n'avait qu'un mérite, fort grand du reste, celui d'être profondément sage dans la conduite générale d'une guerre, ce que son maître, égaré par quelques jeunes étourdis, était alors incapable de reconnaître. Alexandre, néanmoins, vaincu par l'opinion, s'était décidé à choisir Kutusof pour commander en chef les armées réunies de Bagration et de Barclay, ces deux généraux restant commandants de chacune d'elles. Le général Benningsen, qui avait suivi Alexandre à Saint-Pétersbourg, et dont le caractère, malgré de fâcheux souvenirs, aurait répondu assez aux passions du moment s'il avait porté un nom russe, le général Benningsen fut donné à Kutusof comme chef d'état-major.

Aussitôt nommé, le général Kutusof était parti pour se rendre à l'armée, et c'est son arrivée à Czarewo-Zaimitché qui avait empêché qu'on ne livrât bataille sur ce terrain. Le colonel Toll, resté quartier-maître général, avait trouvé aux environs de Mojaisk, à vingt-cinq lieues de Moscou, dans un lieu nommé Borodino, une position aussi défensive qu'on pouvait l'espérer dans le pays peu accidenté où se faisait cette guerre, et le général Kutusof, qui, tout en improuvant l'idée de se battre actuellement, était prêt cependant à livrer une bataille pour en refuser ensuite plusieurs, avait adopté le choix du colonel Toll, s'était rendu de sa personne à Borodino, et y avait ordonné des travaux de campagne, afin d'ajouter les défenses de l'art à celles de la nature. Le général Miloradovitch venait d'y amener 15 mille hommes des bataillons de réserve et de dépôt, qu'on devait verser dans les cadres de l'armée. Dix mille hommes environ des milices de Moscou, n'ayant pas encore d'uniforme, et armés de piques, venaient également d'y arriver. Ce renfort reportait à un effectif de 140 mille hommes l'armée russe, qui était fort affaiblie non-seulement par les combats de Smolensk et de Valoutina, mais par des marches incessantes, dont elle souffrait presque autant que nous quoiqu'elle fût très-bien nourrie. Ainsi établi à Borodino derrière des retranchements en terre, le vieux Kutusof attendait Napoléon avec cette résignation de la prudence, qui en commettant une faute la commet parce qu'elle est nécessaire, et ne songe qu'à la rendre le moins dommageable possible.

Août 1812.

Arrivée de Kutusof à l'armée.

Choix de la position de Borodino pour livrer bataille aux Français.

État de l'armée russe après l'arrivée de ses renforts.

Ce sont ces détails connus en gros de Napoléon, grâce à l'usage qu'il savait faire de l'espionnage, qui lui avaient persuadé qu'au delà de Ghjat il rencontrerait l'armée russe disposée à combattre. Toutefois le temps fut si affreux les 1er, 2 et 3 septembre, qu'il se sentit ébranlé un moment dans sa résolution. Tout le monde se plaignait dans l'armée de l'état des routes, sur lesquelles notre artillerie et nos équipages roulaient naguère assez facilement, mais que les dernières pluies avaient changées tout à coup en une espèce de marécage. Les chevaux mouraient par milliers de fatigue et d'inanition; la cavalerie diminuait à vue d'œil, et, ce qu'il y avait de pis, on pouvait craindre pour les transports de l'artillerie, ce qui eût rendu toute grande bataille impossible. Les bivouacs devenus froids et pénibles, étaient aussi fort nuisibles à la santé des hommes. Napoléon s'en prenait à ses lieutenants. Il avait vivement gourmandé le maréchal Ney qui perdait quelques centaines de soldats par jour. Le corps de ce maréchal, placé entre celui du maréchal Davout qui avait été à demi pourvu par l'extrême prévoyance de son chef, et la garde dont les provisions suivaient sur des chariots, était réduit à vivre de ce qu'il ramassait, et s'affaiblissait par la maraude autant qu'il aurait pu le faire par une sanglante bataille[1]. Le maréchal Ney s'en était vengé en relevant avec raison les souffrances de cette trop longue marche, et en écrivant à Napoléon qu'on ne pouvait aller plus loin sans exposer l'armée à périr. Murat, qui

---

[1] Ce reproche assez injuste, car le maréchal Ney n'y pouvait pas grand'chose, est contenu dans une lettre que nous citons, parce qu'elle

avait bien à se reprocher une partie des maux dont on se plaignait, s'était joint à Ney; Berthier, qui n'osait plus parler, avait confirmé leur témoignage par un morne silence, et Napoléon, presque vaincu, avait répondu : Eh bien, si le temps ne change pas demain, nous nous arrêterons... — Ce qui voulait dire qu'il y verrait le commencement de la mauvaise saison, et qu'il retournerait à Smolensk! Jamais la

révèle l'état véritable de l'armée. Nous la copions sur la minute des archives, avec toutes ses incorrections.

« Ghjat, le 3 septembre 1812.

« Au major général.

« Mon cousin, écrivez aux généraux commandant les corps d'armée que nous perdons tous les jours beaucoup de monde par le défaut d'ordre qui existe dans la manière d'aller aux subsistances; qu'il est urgent qu'ils concertent avec les différents chefs de corps les mesures à prendre *pour mettre un terme à un état de choses qui menace l'armée de sa destruction; que le nombre des prisonniers que l'ennemi fait se monte chaque jour à plusieurs centaines;* qu'il faut, sous les peines les plus sévères, défendre aux soldats de s'écarter, et envoyer aux vivres comme l'ordonnance prescrit de le faire pour les fourrages, par corps d'armée quand l'armée est réunie, et par division quand elle est séparée; qu'un officier général ou supérieur doit commander le fourrage pour les vivres, et qu'une force suffisante doit protéger l'opération contre les paysans et les Cosaques; que le plus possible quand on rencontrera des habitants, on requerra ce qu'ils auront à fournir, sans faire plus de mal au pays; enfin que cet objet est si important, que j'attends du zèle des généraux et des chefs de corps pour mon service de prendre toutes les mesures capables de mettre un terme au désordre dont il s'agit. Vous écrirez au roi de Naples qui commande la cavalerie qu'il est indispensable que la cavalerie couvre entièrement les fourrageurs, et mette ainsi les détachements qui iront aux vivres à l'abri des Cosaques et de la cavalerie ennemie. Vous recommanderez au prince d'Eckmühl de ne pas s'approcher à plus de deux lieues de l'avant-garde. Vous lui ferez sentir que cela est important pour que les fourrageurs n'aillent pas aux vivres trop près de l'ennemi. *Enfin vous ferez connaître au duc d'Elchingen qu'il perd tous les jours plus de monde que si on donnait bataille;* qu'il est donc nécessaire que le service des fourrageurs soit mieux réglé et qu'on ne s'éloigne pas tant. »

faveur de la fortune, qui lui procura tantôt la brume dans laquelle sa flotte échappa à Nelson lorsqu'il allait en Égypte, tantôt le petit chemin au moyen duquel il tourna le fort de Bard, tantôt le soleil d'Austerlitz, n'aurait éclaté d'une manière plus visible, qu'en lui envoyant encore trois ou quatre jours d'un très-mauvais temps. La fortune, hélas! ne l'aimait plus assez pour lui ménager une telle contrariété! Le 4 septembre au matin, le soleil se leva radieux, et on sentit un air vif, capable de sécher les routes en quelques heures. — Le sort en est jeté, s'écria Napoléon; partons, allons à la rencontre des Russes!... — Et il prescrivit à Murat et à Davout de partir vers midi, quand les chemins seraient séchés par le soleil, et de se diriger sur Gridnewa, moitié chemin de Ghjat à Borodino. Tout le reste de l'armée eut ordre de suivre le mouvement de l'avant-garde.

On partit en effet, obéissant au destin, et on alla coucher à Gridnewa. Le lendemain 5 septembre on se remit en marche, et on se dirigea vers la plaine de Borodino, lieu destiné à devenir aussi fameux que ceux de Zama, de Pharsale ou d'Actium. En route on rencontra une abbaye célèbre, celle de Kolotskoi, gros bâtiment flanqué de tours, dont la toiture en tuiles colorées contrastait avec la couleur sombre du paysage. Depuis plusieurs jours nous avions cheminé sur les plateaux élevés qui séparent les eaux de la Baltique de celles de la mer Noire et de la Caspienne, et à partir de Ghjat on commençait à descendre les pentes d'où la Moskowa à gauche, la Protwa à droite, se jettent par l'Oka dans le Volga, par le Volga dans la mer Caspienne. Le sol semblait effectivement s'incliner vers l'horizon, et s'y couvrir d'une bande d'épaisses forêts. Un ciel à demi voilé par de légers nuages d'automne achevait de donner à cette plaine un aspect triste et sauvage. Tous les villages étaient incendiés et déserts. Il restait seulement quelques moines à l'abbaye de Kolotskoï. On laissa cette abbaye à gauche, et on s'enfonça dans cette plaine, en suivant le cours d'une petite rivière à demi desséchée, la Kolocza, qui coulait droit devant nous, c'est-à-dire vers l'est, direction dans laquelle nous n'avions pas cessé de marcher depuis le passage du Niémen. Des arrière-gardes de cavalerie, après une certaine résistance bientôt vaincue, se rejetèrent à la droite de la Kolocza, et coururent se grouper au pied d'un mamelon fortifié, où se trouvait un gros détachement d'environ quinze mille hommes de toutes armes.

Napoléon s'arrêta pour considérer cette plaine où allait se décider le sort du monde. (Voir la carte n° 56.) La Kolocza coulait, avons-nous dit, droit devant nous, parcourant un lit tour à tour fangeux ou desséché, puis arrivée au village de Borodino, elle tournait à gauche, baignait des coteaux assez escarpés pendant plus d'une lieue, et finissait, après mille détours, par se perdre dans la Moskowa. Les coteaux à notre gauche, dont le pied était baigné par la Kolocza, paraissaient couverts de troupes et d'artillerie. A droite de cette petite rivière la chaîne des coteaux continuait, mais elle était moins escarpée, et de simples ravins en marquaient le pied. La ligne de l'armée russe suivait ce prolongement des coteaux : là le site étant moins fort, les ouvrages

Sept. 1812.

Description de la position occupée

Sept. 1812.

par l'armée russe.

Napoléon, afin de pouvoir se déployer plus à l'aise, fait enlever la redoute de Schwardino, placée à droite du champ de bataille.

étaient plus considérables, et de grandes redoutes armées de canons couronnaient les sommités du terrain. On sentait au premier coup d'œil qu'il fallait attaquer les Russes de ce côté, car, au lieu de la Kolocza, c'était seulement des ravins qu'on avait à franchir. Les redoutes bien armées qu'on apercevait étaient un obstacle sérieux sans doute, mais certainement pas invincible pour l'armée française.

Cependant pour se porter à droite de la Kolocza il s'offrait un premier obstacle, celui d'une redoute plus avancée que les autres, construite sur un mamelon, et vers laquelle s'était repliée l'arrière-garde russe. Napoléon pensa qu'il fallait l'enlever sur-le-champ, afin de pouvoir s'établir à son aise dans cette partie de la plaine, et y faire ses dispositions pour la grande bataille. Il avait sous la main la cavalerie de Murat et la belle division d'infanterie Compans, détachée momentanément du corps du maréchal Davout pour servir à l'avant-garde. Napoléon fit appeler Murat et Compans, et leur ordonna d'emporter immédiatement cette redoute, qu'on appela la redoute de Schwardino, parce qu'elle s'élevait près du village de ce nom. Murat avec sa cavalerie, Compans avec son infanterie, avaient déjà passé la Kolocza, et se trouvaient à droite de la plaine. On approchait de la fin du jour. Les escadrons de Murat forcèrent la cavalerie russe à se replier, et nettoyèrent ainsi le terrain sur les pas de notre infanterie. Il existait un petit monticule en face de la redoute qu'on allait attaquer. Le général Compans y plaça les pièces de 12, et quelques tirailleurs choisis pour démonter l'artillerie ennemie en abattant ses canonniers. Après une canonnade assez vive, le général Compans déploya les 57ᵉ et 61ᵉ de ligne à droite, les 25ᵉ et 111ᵉ à gauche. Il fallait descendre d'abord dans un petit ravin, puis remonter la côte opposée, sur laquelle la redoute était construite, et non-seulement enlever cette redoute, mais culbuter l'infanterie russe qui était rangée en bataille de l'un et de l'autre côté. Le général Compans dirigeant lui-même les 57ᵉ et 61ᵉ, confiant au général Dupellin les 25ᵉ et 111ᵉ, donna l'ordre de franchir le ravin. Nos troupes s'avancèrent avec promptitude et aplomb, sous un feu des plus vifs. Couvertes dans le fond du ravin, elles cessaient de l'être en s'élevant sur la côte que couronnait la redoute. Parvenues sur le sommet de cette côte, elles échangèrent avec l'infanterie russe pendant quelques instans et à très-petite portée un feu de mousqueterie extrêmement meurtrier. Le général Compans, qui pensait avec raison qu'une attaque à la baïonnette serait moins sanglante, donna le signal de la charge; mais au milieu du bruit et de la fumée, son ordre fut mal saisi. Se portant alors au galop vers le 57ᵉ qui était le plus près de la redoute, et le conduisant lui-même, il le mena baïonnette baissée sur les grenadiers de Woronzoff et du prince de Mecklenbourg. Le 57ᵉ lancé au pas de charge renversa la ligne ennemie qui lui était opposée. Son exemple fut suivi par le 61ᵉ qui était à ses côtés, et à notre gauche, les 25ᵉ et 111ᵉ en ayant fait autant, la redoute se trouva débordée par ce double mouvement, ce qui la fit tomber en notre

Sept. 1812.

Enlèvement de la redoute de Schwardino, le 5 septembre au soir.

pouvoir. Les canonniers russes furent presque tous tués sur leurs pièces.

Mais vers la gauche le 111ᵉ s'étant trop avancé, fut chargé tout à coup par les cuirassiers de Douka, et mis un moment en péril. Il se forma sur-le-champ en carré, et arrêta par une grêle de balles les vaillants cavaliers qui l'avaient assailli. Un régiment espagnol d'infanterie (le régiment Joseph-Napoléon), qui appartenait à la division Compans, accourut bravement au secours de son camarade, mais il n'eut aucun effort à faire, le 111ᵉ ayant suffi à lui tout seul pour se dégager. Le 111ᵉ eut cependant un chagrin, ce fut de perdre son artillerie régimentaire, composée de deux petites pièces de canon, qu'en se repliant pour se reformer en carré il n'eut pas le temps d'emmener. C'était une nouvelle preuve des vices de cette institution, laquelle absorbait par régiment une centaine d'hommes, qui eussent été beaucoup plus utiles dans les rangs de l'infanterie qu'attachés à des pièces dont ils se servaient mal, et qu'ils ne savaient ni porter en avant, ni retirer à propos. Napoléon ne s'était obstiné à cette institution, malgré ses inconvénients évidents, que parce qu'il regardait l'artillerie comme le moyen le moins coûteux de détruire l'infanterie russe.

Ce combat court et glorieux, dans lequel 4 à 5 mille hommes succombèrent de notre côté, et 7 à 8 mille du côté de l'ennemi, nous ayant rendus maîtres de toute la plaine à la droite de la Kolocza, Napoléon s'empressa d'y établir l'armée. On ne désigna pour rester à la gauche de la Kolocza que les troupes qui n'étaient pas encore arrivées.

L'attitude des Russes, en position depuis deux jours sur les hauteurs de Borodino, les ouvrages dont ils s'étaient couverts, les rapports des prisonniers, tout donnait la certitude qu'on allait avoir enfin la bataille, désirée à la fois par les Français qui espéraient en tirer un résultat décisif, et par les Russes qui étaient honteux de se retirer toujours, et fatigués de ruiner leur pays en l'incendiant. Napoléon, ne pouvant plus douter de cette bataille, crut devoir se donner toute une journée de repos, soit pour rallier ce qu'il avait d'hommes en arrière, soit pour reconnaître mûrement le terrain. Il annonça son intention aux chefs de corps, et on bivouaqua de la droite à la gauche de cette vaste plaine avec la perspective d'un complet repos le lendemain, et d'une épouvantable bataille le surlendemain. On alluma de grands feux, et on en avait besoin, car il tombait une pluie fine et froide qui pénétrait les vêtements. Ainsi finit la journée du 5 septembre.

Sept. 1812.

Le lendemain 6, le soleil qui était ordinairement assez radieux au milieu du jour, et qui ne se montrait voilé de nuages que pendant les matinées et les soirées, éclaira de nouveau des milliers de casques, de baïonnettes, de pièces de canon sur les hauteurs de Borodino, et on eut la satisfaction d'apercevoir les Russes toujours en position, et évidemment déterminés à combattre. Napoléon, qui avait bivouaqué à la gauche de la Kolocza, au milieu de sa garde, monta de très-bonne heure à cheval entouré de ses maréchaux, pour faire lui-même la reconnaissance du terrain sur lequel on allait se mesurer avec les Russes.

Journée du 6.

Reconnaissance du champ de bataille par Napoléon.

20.

Sept. 1812.

Force
de la position
des Russes,
et travaux
par lesquels
ils avaient
ajouté à cette
force
naturelle

Après l'avoir parcouru deux fois avec la plus grande attention, et avoir mis souvent pied à terre pour observer les lieux de plus près, il se confirma dans l'opinion conçue dès le premier instant, qu'il fallait négliger la gauche, où la position des Russes fortement escarpée était protégée à partir de Borodino par le lit profond de la Kolocza, et se porter à droite, où les coteaux moins saillants étaient défendus par des ravins sans profondeur et sans eau. La grande route de Moscou que nous avions suivie, tracée d'abord à la gauche de la Kolocza, passait sur la droite à Borodino, et, s'élevant sur le plateau de Gorki, traversait la chaîne des coteaux pour tomber sur Mojaisk. (Voir la carte n° 56.) Cette partie de la position qui en formait le centre, était aussi peu accessible que la partie à gauche. C'était en s'éloignant de Borodino, et en se portant à droite de la Kolocza, que le terrain commençait à être plus abordable. Le premier monticule à la droite de Borodino était couvert d'épaisses broussailles à son pied, terminé en forme de plateau assez large à son sommet, et surmonté d'une vaste redoute, dont les côtés s'allongeaient en courtines. Vingt et une bouches à feu de gros calibre remplissaient les embrasures de cette redoute. Les Russes n'avaient pas eu le temps de la palissader, et son relief, à cause de la nature peu consistante du sol, n'était pas fort saillant. Elle devait recevoir dans la mémorable bataille qui se préparait le nom de grande redoute. En inclinant plus à droite encore se trouvait un autre monticule, séparé du premier par un petit ravin dit de Séménoffskoié, parce qu'en le remontant on rencontrait à son origine le village de ce nom. Ce second monticule moins large, plus saillant que le premier, était surmonté de deux flèches hérissées aussi d'artillerie, et d'une troisième placée en retour, et tournée vers le ravin de Séménoffskoié. Le village de Séménoffskoié, situé à la naissance du ravin qui séparait ces deux monticules, avait été incendié d'avance par les Russes, entouré d'une levée de terre, et armé de canons. Il formait en quelque sorte un rentrant dans la ligne ennemie. Plus à droite enfin existaient des bois, les uns taillis, les autres de haute futaie, s'étendant au loin, et traversés par la vieille route de Moscou, laquelle allait par le village d'Outitza rejoindre la route neuve à Mojaisk. Il eût été possible de tourner par ce côté la position des Russes ; mais ces bois étaient profonds, peu connus, et on ne pouvait y pénétrer qu'en faisant un très-long détour.

Après cette inspection des lieux plusieurs fois répétée, Napoléon ayant arrêté ses idées, résolut de ne laisser sur la gauche de la Kolocza que très-peu de forces, d'exécuter une attaque assez sérieuse au centre, vers Borodino, par la route neuve de Moscou, afin d'y attirer l'attention de l'ennemi, mais de diriger son principal effort vers la droite de la Kolocza, tant sur le premier monticule couronné par la grande redoute, que sur le second surmonté des trois flèches, et d'acheminer en même temps à travers les bois et sur la vieille route de Moscou le corps du prince Poniatowski, lequel avait toujours formé l'extrême droite de l'armée. Son intention était de faire déboucher sur ce point une force inquiétante

Sept. 1812.

Plan arrêté par Napoléon.

pour les Russes, et même plus qu'inquiétante si l'attaque en cet endroit réussissait.

Sept. 1812.

Proposition de tourner l'ennemi faite par le maréchal Davout.

Pendant qu'il ordonnait ces dispositions, le maréchal Davout qui venait d'opérer en s'enfonçant dans les bois une exacte reconnaissance des lieux, et s'était ainsi convaincu de la possibilité de tourner la position des Russes, offrit à Napoléon d'exécuter avec ses cinq divisions le détour qui, à travers les bois, conduisait sur la vieille route de Moscou, promit en partant dans la nuit d'être le lendemain matin à huit heures sur le flanc des Russes avec 40 mille hommes, de les refouler sur leur centre, et de les jeter pêle-mêle dans l'angle que la Kolocza formait avec la Moskowa. Bien que la Kolocza fût desséchée en plus d'un endroit, et que la Moskowa sans être desséchée fût guéable, il leur eût été difficile de se tirer d'un pareil coupe-gorge, et certainement ils n'auraient pas sauvé un canon.

Motifs de Napoléon pour ne point accueillir cette proposition.

La proposition était séduisante et d'un succès probable, car la position des Russes, presque inattaquable vers leur droite et leur centre, suffisamment défendue à leur gauche par les redoutes que nous venons de décrire, n'était de facile abord que vers leur extrême gauche, par les bois d'Outitza, et ces bois ne pouvaient pas être supposés impénétrables, lorsqu'un homme aussi exact que le maréchal Davout s'engageait à les traverser dans le courant de la nuit. Cependant Napoléon en jugea autrement. Il lui sembla que ce détour serait bien long, qu'il s'exécuterait à travers des bois bien épais, bien obscurs, que durant quelques heures l'armée serait coupée en deux portions fort éloignées l'une de l'autre, et surtout que l'effet si décisif de la manœuvre serait, par ses avantages mêmes, un inconvénient grave dans la situation, car, en se voyant ainsi tournés, les Russes décamperaient peut-être, et, avec eux, fuirait encore l'occasion si désirée d'une bataille; que cette bataille il valait mieux la payer de plus de sang, mais l'avoir, que de s'épuiser indéfiniment à courir après elle; qu'au surplus la manœuvre proposée on l'exécuterait, mais de plus près, avec moins de hasards, en passant entre les redoutes et la lisière des bois, avec deux ou trois des divisions du maréchal Davout, et en ne risquant dans l'épaisseur des bois que le corps du prince Poniatowski; qu'on aurait ainsi tous les avantages de l'idée proposée sans aucun de ses inconvénients.

Tel fut le sentiment de Napoléon. Entre de pareils contradicteurs, après un demi-siècle écoulé, loin des lieux, des circonstances, qui oserait prononcer? Quoi qu'il en soit, Napoléon ayant irrévocablement arrêté son plan, distribua leur tâche à chacun de ses lieutenants de la manière suivante.

Le prince Eugène, qui depuis Smolensk avait toujours formé la gauche de l'armée, fut chargé seul d'opérer à la gauche de la Kolocza, et eut même pour instructions de n'agir de ce côté qu'avec la moindre portion de ses forces. Il dut laisser sa cavalerie légère et la garde italienne devant cette partie des hauteurs que leur escarpement et la Kolocza rendaient inabordables, et il eut ordre d'exécuter avec la division française Delzons une vive attaque sur Borodino, de s'en emparer, de franchir le pont de la Kolocza, mais de ne point s'engager au delà, et de placer à

Sept. 1812.

Distribution et rôle des divers corps de l'armée française, pour la bataille qui se prépare.

Borodino même une forte batterie qui prendrait en flanc la grande redoute russe. Avec la division française Broussier, et deux des divisions du maréchal Davout qui lui étaient confiées pour la journée, les divisions Morand et Gudin, il avait mission d'attaquer à fond la grande redoute, et de l'emporter à tout prix. Le maréchal Ney avec les deux divisions françaises Ledru et Razout, avec la division wurtembergeoise Marchand et les Westphaliens de Junot, devait assaillir de front le second monticule et les trois flèches, que le maréchal Davout avait ordre d'attaquer en flanc par la lisière des bois, avec les divisions Compans et Dessaix. Enfin le prince Poniatowski, jeté en enfant perdu dans la profondeur des bois, devait essayer de tourner la position des Russes, en débouchant par la vieille route de Moscou sur Outitza.

Les trois corps de cavalerie Nansouty, Montbrun, Latour-Maubourg, eurent pour instructions de se tenir, le premier derrière le maréchal Davout, le second derrière le maréchal Ney, le troisième enfin en réserve. Le bord des hauteurs franchi, on allait se trouver sur des plateaux très-praticables à la cavalerie, et celle-ci devait en profiter pour achever la déroute de l'ennemi. Le corps du général Grouchy continua d'être attaché au vice-roi.

En arrière et en réserve furent rangées la division Friant et toute la garde impériale, pour être employées suivant les circonstances. Napoléon voulant contre-battre les redoutes des Russes, avait fait élever trois batteries couvertes d'épaulements en terre, l'une à notre droite devant les trois flèches, l'autre à notre centre devant la grande redoute, la troisième à notre gauche devant Borodino. Cent vingt bouches à feu, tirées principalement de la réserve de la garde, étaient destinées à l'armement de ces batteries. Napoléon, pour ne pas donner à l'ennemi le secret de son plan d'attaque, avait décidé qu'on passerait la journée du 6 dans les mêmes positions qu'on occupait le 5. On ne devait prendre son rang dans la ligne de bataille que pendant la matinée du 7, et tout à fait à la pointe du jour. Pour faciliter les communications, les généraux Éblé et Chasseloup avaient construit sur la Kolocza cinq ou six petits ponts de chevalets, qui permettaient de la passer sur les points les plus importants, sans descendre dans son lit fangeux et encaissé. Comme chacun avait pu se procurer des vivres par la maraude de l'avant-veille, personne n'avait la permission de quitter les rangs. En défalquant les hommes perdus en route depuis Smolensk, il restait environ 127 mille combattants, réellement présents au drapeau, tous animés d'une confiance et d'une ardeur extraordinaires, et pourvus de 580 bouches à feu.

L'armée russe était de son côté préparée à une résistance opiniâtre, et résolue à ne céder le terrain qu'à peu près détruite. Le général Kutusof, élevé à la qualité de prince en récompense des services rendus récemment en Turquie, avait le général Benningsen pour chef d'état-major, et le colonel Toll pour quartier-maître général : ce dernier était la plupart du temps non-seulement l'exécuteur, mais l'inspirateur de ses résolutions. Sous ses ordres, Barclay de Tolly et Bagration continuaient à commander, l'un l'armée de la Dwina, l'autre l'armée du Dniéper. L'un et l'autre étaient parfaitement décidés à se faire tuer s'il le fallait, Barclay par une indignation héroïque des procédés qu'il avait essuyés, Bagration par ardeur patriotique, haine des Français, engagement pris aux yeux de l'armée de sacrifier des milliers de Russes, pourvu qu'il immolât des milliers de Français. Tous les officiers partageaient ces sentiments : c'était l'aristocratie moscovite qui était en cause autant que l'État lui-même dans cette guerre, et elle était prête à payer de tout son sang les passions dont elle était animée.

Les Russes étaient rangés dans l'ordre suivant. A leur extrême droite, vis-à-vis de notre gauche, en arrière de Borodino, point le moins menacé, étaient placés le 2ᵉ corps, celui de Bagowouth, et le 4ᵉ, celui d'Ostermann, sous le commandement supérieur du général Miloradovitch. En arrière étaient le 1ᵉʳ corps de cavalerie du général Ouvaroff, le 2ᵉ du général Korff, et un peu plus loin, vers l'extrême droite, les Cosaques de Platow, veillant sur les bords de la Kolocza jusqu'à sa jonction avec la Moskowa. Les régiments de chasseurs à pied, soit de la garde, soit des corps de Bagowouth et d'Ostermann, gardaient Borodino. Au centre se trouvait le 6ᵉ corps, celui du général Doctoroff, appuyant sa droite à la hauteur de Gorki, derrière Borodino, sa gauche à la grande redoute. Derrière le corps de Doctoroff était rangé le 3ᵉ de cavalerie, sous les ordres du baron de Kreutz, remplaçant le comte Pahlen, malade. Là finissait la première armée, et le commandement du général Barclay de Tolly.

MOSCOU.   315

Immédiatement après commençait la seconde armée, et le commandement du prince Bagration. Le 7ᵉ corps, sous Raéffskoi, appuyait sa droite à la grande redoute, sa gauche au village brûlé de Séménoffskoié. Le 8ᵉ, sous Borosdin, avait sa droite ployée en arrière, à cause du rentrant de la ligne russe autour de Séménoffskoié, et sa gauche établie près des trois flèches. La 27ᵉ division, sous Névéroffskoi, celle qui avait soutenu le combat de Krasnoé, contribué à disputer Smolensk, et défendu la redoute de Schwardino, gardait les trois flèches. Elle était pour cette journée sous les ordres du prince Gortschakoff avec le 4ᵉ corps de cavalerie du général Siewers. De nombreux bataillons de chasseurs à pied remplissaient les taillis et les bois. La milice, récemment arrivée de Moscou avec quelques Cosaques, était postée à Outitza. Fort en arrière du centre enfin, aux environs de Psarewo, se tenait la réserve, composée de la garde, du 3ᵉ corps, celui de Touczkoff, et d'une immense artillerie de gros calibre.

La force de l'armée russe s'élevait à environ 140 mille hommes présents sous les armes, dont 120 mille de troupes régulières, le reste de Cosaques et de milices de Moscou [1]. Les principales

Sept. 1812.

Force numérique de l'armée russe.

[1] Ces évaluations ont dû naturellement varier beaucoup. La relation de Danilewski, faite par ordre de l'empereur de Russie, et pour flatter l'orgueil national, sans tenir aucun compte de la vérité, réduit à 113 mille hommes la force de l'armée russe, oubliant qu'alors il faut supposer qu'à Smolensk, à Valoutina, elle avait perdu beaucoup plus de monde qu'on ne veut en convenir. L'un des narrateurs les plus impartiaux, le général Hoffmann, témoin oculaire, la porte à 140 mille hommes. Ce chiffre, après beaucoup de comparaisons, me semble le plus rapproché de la vérité. Du reste quelques mille hommes de plus

Sept. 1812.

Elle avait ses principales forces du côté où le danger était moindre.

forces des Russes étaient à leur droite en face de notre gauche, là même où aucune tentative de notre part n'était à supposer, et les moindres à leur gauche, vis-à-vis de notre droite, où Napoléon avait résolu de porter son principal effort. Bien que Napoléon n'eût en rien révélé ses desseins, pourtant la prise de la redoute de Schwardino dans la soirée du 5, le passage d'une partie de nos troupes sur la droite de la Kolocza, et par-dessus tout la nature des lieux, inaccessibles derrière la Kolocza, depuis Borodino jusqu'à la Moskowa, assez accessibles au contraire vers les monticules surmontés d'ouvrages de campagne, montraient suffisamment que le danger pour les Russes était à leur gauche, vers Séménoffskoié, les trois flèches, et les bois d'Outitza. On en

On en fait inutilement l'observation à Kutusof.

fit la remarque au généralissime Kutusof, qui était plus propre à diriger sagement une campagne qu'à livrer une grande bataille. Il ne se montra pas très-sensible à ces observations, maintint obstinément les corps d'Ostermann et de Bagowouth où ils étaient, parce qu'il voyait encore le gros de l'armée française sur la nouvelle route de Moscou, et seulement détacha de la réserve le 3ᵉ corps, celui de Touczkoff, pour le placer à Outitza. Ce furent là ses uniques dispositions de bataille. Du reste, l'énergie de son armée devait suppléer à tout ce qu'il ne faisait pas. Quant aux résolutions à prendre sur le terrain même et dans le fort de l'action, il pouvait s'en fier à la

ou de moins ne changent en rien le caractère de ce grand événement, et ces évaluations n'intéressent que la conscience de l'historien, qui ne doit pas un instant se relâcher de ses scrupules et de son ardeur pour arriver à la vérité rigoureuse.

fermeté de Barclay de Tolly, et à la bravoure inspirée de Bragation.

Par une sorte de consentement mutuel, on laissa s'écouler la journée du 6 sans tirer un coup de fusil. Ce fut le calme, sinistre avant-coureur des grandes tempêtes. Les Français employèrent la journée à se reposer, à jouir des vivres ramassés la veille, à préparer leurs armes, à tenir dans leurs bivouacs les propos ordinaires au soldat français, le plus gai et le plus brave peut-être des soldats connus. Ils se demandaient lequel d'entre eux serait vivant le lendemain, et ils poussaient de bruyants éclats de rire en mangeant ce qu'ils avaient dérobé dans les villages voisins; mais pas un d'eux ne doutait de la victoire, ni de l'entrée prochaine dans Moscou, sous leur invincible et toujours heureux général. L'amour de la gloire était la passion qui enflammait leur âme.

Un sentiment bien différent animait les Russes. Tristes, exaspérés, résolus à mourir, n'espérant qu'en Dieu, ils étaient à genoux, au milieu de mille flambeaux, devant une image miraculeuse de la Madone de Smolensk, sauvée, disait-on, sur les ailes des anges de l'incendie de la cité infortunée, et, dans ce moment, portée en procession par les prêtres grecs à travers les bivouacs du camp de Borodino. Les soldats étaient prosternés, et le vieux Kutusof, qui loin de croire à cette madone, croyait à peine au Dieu si visible de l'univers, le vieux Kutusof, le chapeau à la main, l'œil qui lui restait baissé jusqu'à terre, accompagnait avec son état-major cette pieuse procession. On la voyait de nos bivouacs à la

Sept. 1812.

Calme profond pendant la journée du 6.

Animation et gaieté du soldat français.

Sombre disposition du soldat russe.

Procession la veille de la bataille, en l'honneur de la Madone de Smolensk.

Sept. 1812.

Occupations de Napoléon à son bivouac.

chute du jour, et on pouvait la suivre à la trace lumineuse des flambeaux.

Napoléon sous sa tente, comptant sur l'esprit militaire de ses soldats pour triompher de la foi ardente des Russes, s'occupait d'objets tout positifs. Il achevait de donner ses ordres, il se faisait rendre compte des moindres détails, et entendait avec un mélange singulier d'humeur et de raillerie, le récit de la bataille de Salamanque, que lui faisait le colonel Fabvier, parti des Arapyles, et arrivé dans la journée. Ce que nous avons raconté des faux mouvements de nos armées en Espagne, de la division du commandement qui exposait le maréchal Marmont aux coups de l'armée britannique, doit faire comprendre comment celui-ci avait été condamné à livrer et à perdre une importante bataille. Napoléon, qui avait été entraîné à chercher en Russie le dénoûment qu'il ne trouvait pas assez vite dans la Péninsule, après avoir écouté le colonel Fabvier, le renvoya en disant qu'il réparerait le lendemain sur les bords de la Moskowa les fautes commises aux Arapyles.

M. de Bausset, préfet du palais, arrivant ce jour-là de Paris, venait de lui apporter le portrait du roi de Rome, exécuté par l'illustre peintre Gérard. Napoléon considéra un moment avec émotion les traits de son fils, fit ensuite renfermer ce portrait dans son enveloppe, puis jeta un dernier coup d'œil sur la ligne des positions ennemies pour s'assurer que les Russes ne songeaient point à décamper, reconnut avec une vive satisfaction qu'ils tenaient ferme, et rentra dans sa tente pour prendre quelques instants de repos.

Un calme absolu, un silence profond régnaient dans cette plaine qui le lendemain allait être le théâtre de la scène la plus horrible et la plus retentissante. Les rires de nos soldats, les chants pieux des Russes avaient fini par s'éteindre dans le sommeil. Les uns et les autres dormaient autour de grands feux qu'ils avaient allumés pour se garantir du froid de la nuit, et de l'humidité d'une pluie fine tombée pendant la soirée.

Sept. 1812.

A trois heures du matin, on commença de notre côté à prendre les armes, et à profiter du brouillard pour passer à la droite de la Kolocza, et se rendre chacun à son poste de combat, le prince Eugène vis-à-vis de Borodino et de la grande redoute, devant se tenir à cheval sur la Kolocza, Ney et Davout en face des trois flèches, la cavalerie derrière eux, Friant et la garde en réserve au centre, Poniatowski au loin sur la droite cheminant à travers les bois. Ces mouvements s'exécutèrent en silence, afin de ne pas attirer l'attention de l'ennemi. Pendant ce temps, les canonniers de nos trois grandes batteries, destinées à contre-battre les ouvrages des Russes, étaient à leurs pièces, attendant le signal que devait donner Napoléon quand il jugerait les places assez bien prises. Celui-ci, debout de grand matin, mais atteint d'un gros rhume contracté au bivouac, s'était établi à la redoute de Schwardino, dans une position où il pouvait voir ce qui se passait, et s'abriter un peu contre les boulets, dont le nombre devait être considérable dans cette journée. Murat, brillant d'ardeur et de broderies, revêtu d'une tunique de velours vert, portant une toque à plumes, des bot-

Tous les corps français en mouvement dès trois heures du matin pour prendre leur position de combat.

Attitude et costume de Murat devant ses cavaliers.

tes jaunes, ridicule si l'héroïsme pouvait l'être, galopait devant les rangs de ses cavaliers, radieux de confiance, et l'inspirant à tous par son attitude martiale. Des nuages obscurcissaient le ciel, et le soleil, se levant en face de nous et au-dessus des Russes, dont il dessinait les lignes, ne s'annonçait que par une teinte rougeâtre longuement marquée à l'horizon. Bientôt son disque se détacha comme un globe de fer rougi au feu, et Napoléon, regardant ses lieutenants, s'écria : — Voilà le soleil d'Austerlitz ! — Hélas ! oui, mais voilé de nuages !

Napoléon avait préparé pour le moment de la bataille une proclamation courte et énergique. Les capitaines de chaque compagnie, les commandants de chaque escadron, sortant des rangs, firent former leur troupe en demi-cercle, et lurent à haute voix cette proclamation, qui fut chaudement accueillie.

Puis, cette lecture terminée et toutes les positions prises, vers cinq heures et demie du matin un coup de canon fut tiré à la batterie de droite : à ce funeste signal un bruit effroyable succéda au silence le plus profond, et une longue traînée de feu et de fumée marqua en traits sinistres la ligne des deux armées. A la batterie de droite, la distance ayant été jugée trop grande, nos braves artilleurs, sous la conduite du général Sorbier, sortirent de leurs épaulements, et vinrent se placer à découvert devant les trois flèches qu'ils devaient cribler de projectiles.

Pendant que cent vingt bouches à feu tiraient sur les ouvrages des Russes, pendant qu'à droite Davout et Ney s'en approchaient au pas de l'infanterie, à gauche le prince Eugène avait fait passer la Kolocza aux divisions Morand et Gudin pour les porter sur la grande redoute, avait laissé sur le bord de cette petite rivière la division Broussier en réserve, et avec la division Delzons s'était porté vers Borodino, point où la Kolocza, comme nous l'avons dit, tournait à gauche, et couvrait la droite des Russes jusqu'à son confluent avec la Moskowa. Le prince Eugène devait ainsi commencer l'action par l'attaque sur Borodino, afin de persuader à l'ennemi que nous voulions déboucher par la grande route de Moscou, dite la route neuve.

Sept. 1812.

les redoutes des Russes.

Ces dispositions terminées, le prince Eugène avec la division Delzons s'avança sur le village de Borodino, situé en avant de la Kolocza, et gardé par trois bataillons de chasseurs de la garde impériale russe. Le général Plauzonne, à la tête du 106ᵉ de ligne, pénétra dans l'intérieur du village, tandis qu'en dehors les autres régiments de la division passaient à droite et à gauche. Le 106ᵉ expulsa les Russes, les suivit hors du village, et les poussa vivement sur le pont de la Kolocza, qu'ils n'eurent pas le temps de détruire. Entraîné par son ardeur, ce régiment franchit le pont, et courut au delà de la Kolocza, malgré les instructions de Napoléon, qui ne voulait pas déboucher par la grande route de Moscou, et avait ordonné seulement d'en faire le semblant. Deux régiments de chasseurs russes, les 19ᵉ et 20ᵉ, placés sur ce point, firent un feu soudain et si terrible sur les compagnies du 106ᵉ aventurées au delà du pont, qu'ils les culbutèrent, et prirent ou tuèrent tous les hommes qui n'eurent

Le prince Eugène commence la bataille par l'attaque de Borodino.

pas le temps de fuir. Le brave général Plauzonne reçut lui-même un coup mortel. Mais le 92º s'étant aperçu du danger que courait le 106º, s'empressa d'aller à son aide sous la conduite de l'adjudant commandant Boisserole, le rallia, et s'établit solidement dans Borodino, malgré tous les efforts des Russes. Ce point ne devait plus être perdu.

Ce premier acte de la bataille accompli, le prince Eugène devait attendre, pour attaquer avec les divisions Morand et Gudin la grande redoute du centre, qu'à la droite Davout et Ney eussent enlevé les trois flèches qui couvraient la gauche des Russes.

Le maréchal Davout, en effet, précédé de trente bouches à feu, s'était mis en marche à la tête des divisions Compans et Dessaix, et avait longé les bois que Poniatowski traversait dans leur profondeur. Arrivé à leur lisière par des chemins difficiles, il s'était approché de celle des trois flèches qui était le plus à droite, afin de la prendre par côté, et de l'enlever brusquement. Après avoir éloigné les tirailleurs ennemis en faisant avancer les siens, il avait formé la division Compans en colonnes d'attaque, et laissé la division Dessaix en réserve pour garder son flanc droit et ses derrières. A peine la division Compans se trouva-t-elle à portée de l'ennemi, qu'un feu horrible, parti des trois flèches et des lignes des grenadiers Woronzoff, l'accueillit subitement. Son brave général fut renversé d'un biscaïen. Presque tous ses officiers furent frappés. Les troupes, sans être ébranlées, restèrent un moment sans direction. Le maréchal les voyant indécises, et apprenant pourquoi, accourut pour remplacer le général Compans, et poussa le 57° sur la flèche de droite. Ce régiment y entra baïonnette baissée, et tua les canonniers russes sur leurs pièces. Mais au même instant un boulet frappa le cheval du maréchal Davout, et fit une forte contusion au maréchal lui-même, qui perdit connaissance.

Immédiatement informé de cette circonstance, Napoléon envoya au maréchal Ney l'ordre d'attaquer sur-le-champ. Il expédia Murat pour remplacer le maréchal Davout, et son aide de camp Rapp pour remplacer le général Compans. Murat, dont le cœur était excellent, se rendit avec empressement auprès du maréchal son ennemi, mais le trouva remis d'un premier saisissement, et malgré d'affreuses souffrances persistant à se tenir à la tête de ses soldats. Le roi de Naples se hâta de transmettre cette bonne nouvelle à l'Empereur, qui la reçut avec une vive satisfaction. Au même instant Ney, la division Ledru en tête, la division wurtembergeoise en arrière, la division Razout à gauche, se porta sur la flèche de droite que le 57° venait de conquérir, et avait la plus grande peine à conserver en présence des grenadiers Woronzoff. Il y entra de sa personne avec le 24° léger, et s'y soutint malgré les grenadiers Woronzoff, revenus plusieurs fois à la charge. On se battait à coups de baïonnette, et avec une véritable fureur. L'audacieux et invulnérable Ney était au milieu de la mêlée comme un capitaine de grenadiers. En ce moment Névéroffskoï, avec sa vaillante division, était accouru au secours des grenadiers Woronzoff, et tous ensemble ils s'étaient jetés sur l'ouvrage

Sept. 1812.

Napoléon envoie Murat pour remplacer Davout.

Ney attaque au même instant, enlève la flèche de droite, et envoie la division Razout enlever la flèche de gauche.

Sept. 1812.

disputé, qu'ils avaient failli reprendre. Mais Ney avait fait avancer la division Marchand, et débouchant avec elle à droite et à gauche de la flèche, il était parvenu à repousser les Russes. En même temps il avait envoyé la division Razout sur la flèche de gauche, et le combat était devenu là aussi violent qu'à la flèche de droite.

Bagration jette une masse de forces sur les ouvrages qui viennent de lui être enlevés.

Dès les premières détonations de l'artillerie, le prince Bagration, opposé aux deux maréchaux Ney et Davout, se voyant menacé par des forces redoutables, avait retiré quelques bataillons du 7ᵉ corps, celui de Raéffskoï, placé entre Séménoffskoié et la grande redoute, avait fait avancer les grenadiers de Mecklenbourg, les cuirassiers de Douka, le 4ᵉ de cavalerie de Siewers, et mandé la division Konownitsyn, qui faisait partie du corps de Touczkoff, dirigé sur Outitza. Il n'avait pas perdu un instant pour instruire le général en chef Kutusof de ce qui se passait de son côté, afin qu'on lui expédiât de nouveaux secours.

La division Razout perd la flèche de gauche qu'elle avait conquise.

A l'aide de ces forces réunies, il tenta de grands efforts pour reprendre les deux flèches conquises par les Français. On ne se battait plus dans les ouvrages disputés, trop étroits pour servir de champ de bataille, mais à droite, à gauche, en avant, en employant tantôt les feux de mousqueterie, tantôt les charges à la baïonnette. Ney occupant la flèche de droite avec la division Ledru et la division Compans que Davout lui avait remise, n'avait pu se porter à la flèche de gauche, attaquée et prise par la division Razout. Les renforts des Russes se dirigeant en masse sur celle-ci, l'enlevèrent, et repoussèrent les soldats du général Razout. Les cuirassiers de Douka les ramenèrent même jusqu'au bord du plateau sur lequel s'élevaient les trois flèches. Heureusement Murat, envoyé par Napoléon sur ce point pour juger du moment où la cavalerie pourrait agir, arrivait au galop, suivi seulement de la cavalerie légère du général Bruyère. A l'aspect de nos soldats en retraite et presque en déroute, il met pied à terre, les rallie, et les reporte en avant. Après les avoir remis en ligne, il leur fait exécuter de très-près des feux meurtriers sur les cuirassiers de Douka, puis lance sur ceux-ci la cavalerie légère de Bruyère, et parvient ainsi à déblayer le terrain. Il fait ensuite sonner la charge, et, l'épée à la main, conduit lui-même les soldats de Razout dans l'ouvrage évacué. On y rentre avec fureur, on tue les canonniers russes sur leurs pièces, et on s'y établit pour ne plus le perdre. Pendant ces exploits de Murat, Ney n'ayant sous la main que la cavalerie légère wurtembergeoise du général Beurman, la lance sur les lignes de Névéroffskoï et de Woronzoff, les refoule les unes sur les autres, et les oblige à se replier.

{Sept. 1812.

Murat accouru sur-le-champ ramène la division Razout dans l'ouvrage disputé.}

Grâce à ces actes vigoureux, le combat venait d'être rétabli sur ces deux points. Murat prenant de ce côté, de concert avec Ney, la direction de la bataille, ordonna au général Nansouty de franchir tous les obstacles du terrain, d'en gravir les pentes hérissées de broussailles, et de venir se placer à la droite des ouvrages emportés, car au delà on avait devant soi une sorte de plaine légèrement inclinée vers les Russes, et la cavalerie pouvait y rendre de

{Le terrain étant propre à la cavalerie sur le plateau dont on s'était emparé, Ney et Murat font exécuter plusieurs charges.}

Sept. 1812.

grands services. Ney disposant désormais des divisions Compans et Dessaix, que Davout, malgré sa persistance à rester au feu, ne pouvait plus conduire, les porta sur sa droite. Il y joignit les Westphaliens qu'il avait derrière lui, et tâcha d'étendre la main vers le prince Poniatowski, dont on commençait à entendre le canon à travers les bois d'Outitza.

Ney et Murat gagnent du terrain en obliquant à droite, et s'avancent jusqu'au bord du ravin de Séménoffskoïé.

On gagna ainsi du terrain en s'étendant obliquement à droite. Maîtres des hauteurs, nous avions maintenant sur les Russes l'avantage des feux plongeants, et on se hâta d'amener en ligne non-seulement l'artillerie de tous les corps, mais l'artillerie de réserve, qui au commencement de l'action avait été placée dans nos batteries en terre. Les Russes répondirent par des feux moins bien dirigés, mais aussi nourris, et bientôt la canonnade sur ce point devint épouvantable. Pendant qu'on avançait, Ney à droite, Murat à gauche, on s'approcha du ravin de Séménoffskoïé, et on dépassa la troisième flèche, qui formait retour en arrière, ce qui la fit tomber naturellement dans nos mains. Mais, dans cette position, nous nous trouvions tout à fait à découvert sous les feux du village de Séménoffskoïé, et sous ceux du corps de Raéffskoï, lequel occupait l'autre côté du ravin, et s'étendait du village de Séménoffskoïé jusqu'à la grande redoute.

Sur l'ordre de Murat, le général Latour-Maubourg franchit le ravin de Séménoffskoïé, et exécute au delà plusieurs

Murat et ses troupes en souffraient beaucoup. N'ayant pas d'infanterie sous la main, et s'apercevant que dans cette partie le ravin de Séménoffskoïé était peu profond, Murat fit amener par son chef d'état-major Belliard la cavalerie de Latour-Maubourg, lui ordonna de franchir le ravin, de charger l'infanterie russe, de lui enlever ses pièces, et de revenir s'il jugeait le poste impossible à conserver. Afin de l'aider dans cette périlleuse entreprise, il réunit toute l'artillerie attelée, ordinairement attachée à la cavalerie, et la rangea sur le bord du ravin, de manière à protéger nos escadrons.

Latour-Maubourg obéissant au signal de Murat, descendit avec les cuirassiers saxons et westphaliens dans le ravin de Séménoffskoié, remonta sur le bord opposé, fondit sur l'infanterie russe, renversa deux de ses carrés, et la força de se replier. Mais, après l'avoir ainsi éloignée, il fut obligé de revenir, pour ne pas demeurer seul, exposé à tous les coups de l'armée russe.

Pendant que ces événements se passaient à droite en avant des trois flèches, le prince Eugène à gauche, ayant fait franchir la Kolocza dès le matin aux deux divisions Morand et Gudin, avait dirigé la division Morand sur la grande redoute, et laissé la division Gudin au pied de l'ouvrage, dans l'intention de ménager ses ressources. La division Morand, conduite par son général, avait gravi au pas le monticule sur lequel la formidable redoute était construite, et avait supporté avec un admirable sang-froid le feu de quatre-vingts pièces de canon. Marchant au milieu d'un nuage de fumée qui permettait à peine à l'ennemi de l'apercevoir, cette héroïque division était arrivée très-près de la redoute, et lorsqu'elle avait été à portée de l'assaillir, le général Bonamy à la tête du 30ᵉ de ligne, s'y était élancé à la baïonnette, et s'en était emparé en tuant ou expulsant les Russes qui la gardaient. Alors la division tout entière, débouchant à droite et à gauche, avait repoussé la division Paskewitch du corps de Raéfiskoi, lequel se trouvait ainsi refoulé d'un côté par Morand, de l'autre par les cuirassiers de Latour-Maubourg.

État de la bataille à dix heures du matin.

Le moment était décisif, et la bataille pouvait être gagnée avec des résultats immenses, quoiqu'il fût à peine dix heures du matin. En effet, au centre, la grande redoute était prise; à droite, les trois flèches étaient prises également, et si on dirigeait un effort vigoureux sur le village de Séménoffskoié, en passant en force le ravin que Latour-Maubourg venait de franchir à l'aventure, que le corps détruit de Raéfiskoi était incapable de défendre, on pouvait faire une profonde trouée dans la ligne ennemie, y pénétrer comme un torrent, et en se portant jusqu'à Gorki, derrière Borodino, enfermer le centre et la droite de l'armée russe, actuellement inactifs, dans l'angle formé par la Kolocza et la Moskowa. Du point où Murat et Ney étaient placés, c'est-à-dire du bord du ravin de Séménoffskoié, d'où ils formaient un rentrant dans la ligne russe, ils voyaient par derrière les corps de Doctoroff, de Bagowouth et d'Ostermann; ils voyaient les parcs et les bagages de l'armée russe, amassés sur la route neuve de Moscou, qui commençaient à battre en retraite, et ils brûlaient d'impatience à l'aspect de tant de résultats possibles, presque certains, qu'il suffisait d'une demi-heure pour recueillir, mais d'une demi-heure aussi pour laisser échapper sans retour.

Ney et Murat croient voir un moyen de gagner la bataille d'une manière décisive en perçant par Séménoffskoié.

Ils l'envoient dire à Napoléon.

Malheureusement Napoléon n'était pas là, et ce n'était pas sa place, il faut le reconnaître, car vingt généraux et colonels y avaient déjà succombé. C'était un miracle que Ney et Murat fussent debout, et il eût été peu sensé de faire dépendre d'un boulet le sort de l'armée et de l'empire. Il était à Schwardino, où passaient encore bien des projectiles, et d'où il découvrait mieux l'ensemble de la bataille. Murat et Ney lui firent demander par le général Belliard de leur envoyer tous les renforts dont il lui serait possible de disposer, la garde elle-même, s'il n'avait pas d'autre ressource, car en moins d'une heure, s'il les laissait libres d'agir, ils lui auraient ramassé plus de trophées qu'il n'en avait jamais conquis sur aucun champ de bataille.

Belliard s'étant transporté à Schwardino, trouva Napoléon, qu'un gros rhume fatiguait, moins animé que ses deux lieutenants, moins convaincu qu'on pût sitôt gagner la bataille. Faire donner ses réserves à dix heures du matin, lui semblait extraordinairement prématuré. De Schwardino il ne pouvait pas apercevoir ce que Ney et Murat discernaient très-clairement là où ils étaient, et il inclinait à croire qu'en cette journée, comme à Eylau, il y aurait peu à manœuvrer, mais beaucoup à canonner, et que c'était avec l'artillerie qu'on parviendrait à démolir l'armée russe. De tout ce qu'on lui demandait, il n'accorda que la division Friant, la seule réserve qui lui restât en dehors de la garde. Si au lieu de confier deux des divisions de Davout au prince Eugène, qui était peu capable de s'en servir, et qui, sur trois qu'il avait à la droite de la Kolocza, en laissait deux oisives dans un ravin, il lui en eût donné une de moins, et qu'il eût envoyé les divisions Gudin et Friant à Séménoffskoïé, peut-être qu'avec celles-ci Murat et Ney eussent tout décidé. Quoi qu'il en soit, Belliard retourna auprès de Murat, rencontra la division Friant en marche vers Séménoffskoïé, et, par son récit, provoqua plus d'un mouvement d'impatience, plus d'un propos fort vif de la part des deux héros de cette sanglante et immortelle journée.

Au milieu de ces péripéties, Kutusof, qui était à table un peu en arrière du champ de bataille, tandis que Barclay et Bagration s'exposaient au feu le plus vif, Kutusof était, lui aussi, assiégé des plus pressantes instances pour qu'il fermât avec ses réserves les trouées formées dans sa ligne. Sur les demandes réitérées de Barclay de Tolly et de Bagration, et sur le conseil du colonel Toll, il avait détaché de la garde, qui était à Psarewo, les régiments de Lithuanie et d'Ismaïlow, les cuirassiers d'Astrakan, ceux de l'impératrice et de l'empereur, plus une forte réserve d'artillerie, et les avait envoyés vers Séménoffskoïé. Il s'était également décidé à retirer de l'extrême droite le corps de Bagowouth, et avait acheminé les deux divisions dont ce corps se composait, l'une, celle du prince Eugène de Wurtemberg, vers Séménoffskoïé, l'autre, celle d'Olsoufief, vers Outitza, afin d'aider Touczkoff à résister au prince Poniatowski. Enfin pressé par Platow et Ouvaroff qui, postés à l'extrême droite de l'armée russe, sur les hauteurs protégées par la Kolocza, voyaient notre gauche dégarnie, et étaient impatients d'en profiter, il leur avait permis de passer la Kolocza avec leur cavalerie, et de faire une diversion dont l'effet pouvait être grand, parce qu'il serait imprévu. Ces mesures, arrachées à la sagacité paresseuse du généralissime russe, étaient malheureusement ce qui convenait à la circonstance, sinon pour vaincre, au moins pour nous empêcher de vaincre.

Pendant ce temps, les généraux chargés de commander sur le terrain faisaient des deux côtés des prodiges de bravoure et d'intelligence. Barclay et Bagration avaient résolu de reconquérir à tout prix la grande redoute et les trois flèches. Barclay avait mandé au prince Eugène de Wurtemberg, dont la division était destinée au centre, de se porter sur-le-champ à Séménoffskoié pour fermer la trouée. Au même instant son chef d'état-major Yermoloff, le jeune Kutaisoff, commandant son artillerie, étaient accourus en toute hâte pour rallier le corps de Raéffskoï mis en déroute, et, empruntant à Doctoroff qui était posté dans le voisinage la division Likatcheff, ils avaient marché sur la grande redoute conquise par la division Morand. Par malheur, la division Morand venait de perdre son général, atteint d'une blessure grave, et se trouvait presque sans direction. Le 30ᵉ de ligne, établi dans la redoute, y était privé de l'appui des deux autres régiments de la division, laissés à gauche et à droite, et beaucoup trop en arrière. En même temps la division Gudin était dans un ravin à droite, la division Broussier à gauche au bord de la Kolocza, toutes deux inactives par la faute du prince Eugène, valeureux autant qu'on pouvait l'être, mais n'ayant ni l'expérience ni l'ardente activité qu'il faut dans ces moments décisifs. A cet aspect, Yermoloff et

Sept. 1812.

de l'armée française.

Tandis que la division du prince Eugène de Wurtemberg est employée à fermer l'ouverture de Séménoffskoié, les généraux Yermoloff et Kutaisoff reprennent la grande redoute.

Échec de la division Morand.

Kutaisoff marchant à la tête du régiment d'Onja, et de l'infanterie de Raéffskoï ralliée, se portent sur le 30ᵉ, qui, placé sur le revers de la grande redoute par lui conquise, n'avait rien pour se couvrir. Ce brave régiment, sous la conduite du général Bonamy, tient ferme d'abord. Après l'avoir accablé de mitraille, à laquelle il ne peut répondre, car il n'avait pas d'artillerie, Yermoloff et Kutaisoff fondent sur lui à la baïonnette, et le réduisent à plier sous le nombre. L'intrépide Bonamy, resté dans la redoute à la tête de quelques compagnies, tombe percé de plusieurs coups de baïonnette. Les Russes, s'imaginant que c'est le roi Murat, poussent des cris de joie, et l'épargnent pour en faire un trophée. Au même moment, ils lancent à droite et à gauche le 2ᵉ corps de cavalerie du général Korff, le 3ᵉ du baron de Kreutz, et forcent à reculer les deux autres régiments de Morand, placés de chaque côté de la grande redoute. Cette vaillante infanterie est sur le point d'être précipitée au pied du monticule, quand le prince Eugène arrive enfin à la tête de la division Gudin, commandée par le général Gérard depuis le combat de Valoutina. Le 7ᵉ léger prend position à gauche de la redoute, le reste de la division à droite. Le 7ᵉ léger, survenant au moment où la cavalerie russe fondait sur les débris de la division Morand, se forme en carré, reçoit les cavaliers ennemis par un feu à bout portant, et les oblige à rebrousser chemin. A droite le général Gérard, avec les deux autres régiments de sa division, rallie les troupes de Morand, et arrête les progrès des Russes, qui ne peuvent nous chasser du plateau, et qui sont réduits à se contenter de la reprise de la grande redoute.

Sept. 1812.

Ce triomphe avait coûté cher à l'ennemi. Le général Yermoloff avait été gravement blessé, et le jeune Kutaisoff tué, ce qui était pour les Russes une perte sensible. Pendant ce temps, Barclay, accouru avec le prince Eugène de Wurtemberg, et trouvant la redoute reprise, avait placé le prince entre la redoute et le village de Séménoffskoié, pour combler le vide que laissaient les deux divisions de Paskewitch et de Kolioubakin, composant le corps de Raéffskoï presque entièrement détruit. En cet instant le feu était épouvantable sur ce point, car Murat avec l'artillerie de toutes les divisions de Ney, avec l'artillerie attelée de la garde, remplissait de ses projectiles cet espace qu'avait ouvert un moment le sabre des cuirassiers de Latour-Maubourg, et dans lequel il aurait voulu se précipiter avec toutes les réserves de l'armée française. Barclay, ayant fermé la trouée avec l'infanterie du prince Eugène de Wurtemberg, s'y tenait immobile, sous un feu qu'on ne se rappelait pas avoir vu depuis vingt ans de guerre, et pendant que ses officiers tombaient autour de lui, éprouvait une sorte de plaisir à repousser si noblement les indignes calomnies de ses ingrats compatriotes.

Ney et Murat, violemment assaillis de leur côté, ne se laissent pas enlever les trois flèches.

Bagration, de son côté, ayant reçu la division Konownitsyn, détachée du corps de Touczkoff, plus les régiments à pied et à cheval de la garde, avait juré de mourir ou de reprendre, lui aussi, les trois flèches situées à sa gauche et à notre droite. Il avait porté en avant, d'un côté Konownitsyn, de l'autre

Effroyable lutte dans cette partie du champ de bataille.

Sept. 1812.

La division Friant remonte le ravin de Séménoffskoié, et se plaçant en avant du village, résiste à tous les efforts des Russes.

les grenadiers de Mecklenbourg, et avait réuni à la cavalerie de Siewers, aux cuirassiers de Douka, les trois régiments de cuirassiers de la garde. Mais il avait affaire à Murat et à Ney, ayant à leur gauche Latour-Maubourg et Friant, au centre les divisions Razout, Ledru, Marchand, à droite enfin les divisions Compans et Dessaix, les cuirassiers de Nansouty et l'infanterie westphalienne. Murat en outre avait amené en ligne la cavalerie de Monthrun, car, ainsi que nous l'avons dit, les hauteurs franchies, on se trouvait sur un terrain assez uni, et légèrement incliné vers les Russes. Le combat sur ce point devint bientôt terrible, et rien dans la mémoire de nos gens de guerre ne ressemblait à ce qu'ils avaient sous les yeux. La division Friant, s'enfonçant dans le ravin de Séménoffskoié, l'avait remonté, et, sans prendre les ruines du village, s'était déployée à droite et à gauche sous un épouvantable feu d'artillerie et de mousqueterie. Le brave Friant, voyant tomber son jeune fils à ses côtés, l'avait fait emporter, et avait continué à se tenir au milieu de ses troupes, dont il dirigeait le déploiement. Tous les efforts des Russes n'avaient pu l'ébranler ni lui faire quitter la position de Séménoffskoié. Au même instant, les grenadiers de Mecklenbourg, l'infanterie de Konownitsyn abordaient à la baïonnette les troupes de Ney pour tâcher de leur arracher les trois flèches, et, tour à tour victorieuses ou vaincues, les troupes de Ney disputaient le terrain avec le dernier acharnement. L'un des Touczkoff tomba en combattant à la tête du régiment de Revel. C'était le frère de celui qui avait été pris à Valoutina, et le frère de celui qui en ce moment défendait Outitza contre Poniatowski.

Murat et Ney, voulant alors terminer la bataille sur ce point, se décident à ordonner un vaste mouvement de cavalerie. A droite les cuirassiers Saint-Germain et Valence, sous Nansouty, s'élancent au galop; à gauche, ceux des généraux Vathier et Defrance s'élancent également. La terre tremble sous les pas de ces puissants cavaliers. Une partie de la cavalerie russe est rompue; l'autre, composée des régiments de Lithuanie et d'Ismaïlow, résiste, et soutient le choc. On se mêle; les cuirassiers russes s'avancent jusqu'à nos lignes; on les repousse; pas un de nos carrés n'est entamé. La mêlée devient meurtrière, et les victimes sont aussi nombreuses qu'illustres. Montbrun, l'héroïque Montbrun, le plus brillant de nos officiers de cavalerie, tombe mortellement frappé par un boulet. Rapp, qui était venu se mettre à la tête de la division Compans, reçoit quatre blessures. Le général Dessaix quitte ses propres troupes pour le remplacer, et se sent frappé à son tour. Il n'y a plus que des généraux de brigade pour commander les divisions. Au milieu de ce carnage, Murat et Ney, comme invulnérables, sont toujours debout, toujours au milieu du feu, sans être atteints. Un homme rare, Friant, le modèle de toutes les vertus guerrières, le seul des anciens chefs du corps de Davout qui n'eût pas encore été frappé, car Davout venait d'être mis hors de combat, Morand était gravement blessé, et Gudin venait de mourir à Valoutina, Friant tombe à son tour, et il est emporté à la même ambulance où l'on don-

Sept. 1812

Ney et Murat emploient de nouveau la cavalerie.

Charges brillantes et acharnées.

Friant blessé à côté de son fils.

Sept. 1812.

nait des soins à son fils. Murat accourt à la division Friant, demeurée sans chef. C'était un jeune Hollandais, le général Vandedem, qui devait la commander. Courageux, mais dépourvu d'expérience, il s'empresse de céder cet honneur au chef d'état-major Galichet. Celui-ci prend le commandement au moment où Murat arrive. Tandis qu'ils se parlent, un boulet passe entre eux et leur coupe la parole. — Il ne fait pas bon ici, dit Murat en souriant. — Nous y resterons cependant, répond l'intrépide Galichet. — Au même instant, les cuirassiers russes fondent en masse. La division Friant n'a que le temps de se former en deux carrés, liés par toute une ligne d'artillerie. Murat entre dans l'un, le commandant Galichet dans l'autre, et pendant un quart d'heure ils reçoivent, avec un imperturbable sang-froid, les charges furieuses de la cavalerie russe. — Soldats de Friant, s'écrie Murat, vous êtes des héros! — Vive Murat! vive le roi de Naples! répondent les soldats de Friant. —

Bagration mortellement blessé.

C'est ainsi que de notre côté on occupait, faute de forces plus considérables, cette partie du champ de bataille qui s'étendait de Séménoffskoié jusqu'au bois d'Outitza. Tout à coup une grande victime était tombée parmi les Russes. Bagration avait été frappé mortellement, et on l'avait emporté au milieu des cris de douleur de ses soldats qui avaient pour lui une sorte d'idolâtrie. La seconde armée russe se trouvait à son tour sans chef. On appela Raéffskoï, mais il ne pouvait quitter les débris du 7ᵉ corps, qui occupait toujours avec le prince Eugène de Wurtemberg l'intervalle de la grande redoute à Séménoffskoié. Alors on manda le général Doctoroff pour qu'il vînt remplacer Bagration.

Sept. 1812.

Dans ce même moment, on apprenait chez les Russes que Poniatowski, après avoir traversé les bois, avait enlevé les hauteurs d'Outitza à Touczkoff, qui était privé de la division Konownitsyn sans avoir encore été rejoint par celle d'Olsoufief, la seconde de Bagowouth, que Touczkoff, l'aîné des trois frères, était mort, ce qui faisait deux Touczkoff tués dans la journée, et trois perdus pour leur famille en moins de quinze jours. Dans le trouble qu'on éprouvait, on avait demandé à grands cris et fait partir immédiatement le reste du corps de Bagowouth, c'est-à-dire la division du prince Eugène de Wurtemberg, qui n'avait pas cessé d'occuper sous un feu d'artillerie terrible l'espace presque ouvert entre Séménoffskoié et la grande redoute.

Ney et Murat reprennent l'avantage, et voient s'ouvrir encore une fois la trouée de Séménoffskoié.

Cet espace de si haute importance, que les Russes tâchaient sans cesse de nous fermer, où Raéffskoi avait perdu presque tout son monde, et où le prince Eugène de Wurtemberg venait de voir tomber la moitié du sien, était près de se rouvrir devant nous. La fortune nous offrait de nouveau une occasion décisive, et en portant toute la garde impériale sur ce point, on pouvait encore pénétrer à coup sûr dans les entrailles de l'armée russe.

Ney et Murat envoyèrent proposer pour la seconde fois cette manœuvre à Napoléon. Celui-ci, trouvant la bataille arrivée à maturité, accueillit la proposition de ses lieutenants, et donna les premiers ordres pour son exécution. Il fit avancer la division Claparède et la jeune garde, et, quittant Schwar-

Ils proposent de nouveau la manœuvre déjà proposée le matin.

dino, se mit lui-même à leur tête. Mais tout à coup un tumulte effroyable se produisit à gauche de l'armée, au delà de la Kolocza. En regardant de ce côté on voyait des cantiniers en fuite, des bagages en désordre; on entendait des cris, on apercevait en un mot tous les signes d'une déroute. A cet aspect, Napoléon fit arrêter sa garde sur place, et s'élança au galop pour savoir ce que c'était. Après quelque temps il finit par l'apprendre. D'après l'autorisation de Kutusof, les deux cavaleries de Platow et d'Ouvaroff avaient franchi la Kolocza sur notre gauche dégarnie, et avaient fondu, Platow sur nos bagages, Ouvaroff sur la division Delzons. Cette brave division, après avoir conquis Borodino le matin, attendait l'arme au pied qu'on demandât encore quelque chose à son dévouement. Dans l'impossibilité de prévoir exactement ce qui allait se passer de ce côté, Napoléon ne voulut pas se démunir de sa réserve. Il envoya à Ney et à Murat tout ce qui restait de l'artillerie de la garde, porta en avant la division Claparède, prête à se diriger, ou à droite vers Séménoffskoïé, ou à gauche vers Borodino, et se tint lui-même à la tête de l'infanterie de la garde, dans l'attente de ce qui arriverait à la gauche de la Kolocza, où le prince Eugène venait de se rendre de sa personne.

Le vice-roi, au premier bruit de cette subite irruption, avait quitté le centre, et passant sur la rive gauche de la Kolocza, s'était porté de toute la vitesse de son cheval jusqu'à Borodino. Mais il avait trouvé ses régiments déjà formés en carré, et attendant l'ennemi de pied ferme. A la vue des nombreux escadrons russes la cavalerie légère du général Ornano, trop faible pour résister aux huit régiments de cavalerie régulière d'Ouvaroff, se replia successivement et avec ordre sur notre infanterie. Les Croates qui étaient sur les bords de la Kolocza, et à qui la cavalerie russe prêtait le flanc par son mouvement hasardé, la saluèrent d'un feu bien nourri. Cette cavalerie alors se jeta sur le 84ᵉ de ligne, celui qui avait fait en 1809 une si belle résistance à Gratz, le trouva formé en carré, et vint inutilement essuyer son feu, sans oser toutefois braver ses baïonnettes. Le reste alla tourbillonner autour du 8ᵉ léger et du 92ᵉ, et, après quelques évolutions, se retira, désespérant d'obtenir aucun résultat. Il n'était pas prudent en effet de s'opiniâtrer contre une telle infanterie avec de la cavalerie seule, et tout ce qu'on pouvait se promettre, c'était de faire une démonstration. On l'avait faite et payée de quelques hommes, les uns tués par notre mousqueterie et notre mitraille, les autres pris au retour par notre cavalerie légère, qui sabrait les moins prompts à repasser la Kolocza.

Toute vaine qu'elle était, cette tentative nous avait coûté beaucoup plus d'une heure, avait interrompu le mouvement de la garde, et donné à Kutusof, qui s'éclairait lentement mais qui s'éclairait enfin, le temps d'amener au centre le corps d'Ostermann, inutilement laissé à sa droite vis-à-vis notre gauche. Il avait même mis toute la garde impériale russe en marche pour fermer la trouée si inquiétante de Séménoffskoié. De notre côté, Ney et Murat avaient vu cette trouée se fermer de nou-

Sept. 1812.

La division Delzons repousse la cavalerie russe.

L'échauffourée de la gauche fait perdre une heure.

veau, et dans leur dépit n'avaient pas ménagé Napoléon absent, et occupé ailleurs de soins qu'ils ignoraient.

L'occasion était donc encore passée, et cette fois par un de ces accidents fortuits qu'on appelle avec raison faveurs ou défaveurs de la fortune.

Napoléon, qui avait envoyé le maréchal Bessières auprès de Murat et de Ney, et qui venait d'apprendre par ce maréchal que le centre des Russes était de nouveau renforcé, que les vues de Ney et de Murat n'étaient plus exécutables (Bessières prétendait même qu'elles ne l'avaient jamais été), Napoléon ordonna au prince Eugène de faire la seule chose qui dans le moment lui parût propre à terminer la lutte, c'était d'enlever la grande redoute du centre, car il pensait avec raison que ce point d'appui arraché à la ligne russe, on finirait par l'enfoncer d'une manière ou d'une autre. Murat avait sous la main une immense quantité d'artillerie, toute celle d'abord des divisions d'infanterie employées où il était, ensuite toute celle de la cavalerie, et en outre les batteries de réserve de la garde. Napoléon lui fit dire d'accabler de mitraille les fortes colonnes qui s'approchaient, puis de se tenir prêt à lancer sur elles sa cavalerie à l'instant décisif, car on allait enlever d'assaut la grande redoute.

Cet instant décisif approchait enfin. D'un côté, Murat avait rangé sur sa gauche, le long du ravin de Séménoffskoié, sur le bord duquel la division Friant n'avait pas cessé de tenir ferme, la masse d'artillerie dont on l'avait pourvu, et derrière cette artillerie les trois corps de cavalerie des généraux Montbrun, Latour-Maubourg et Grouchy, attendant l'ordre de passer le ravin et de charger les lignes de l'infanterie russe. De l'autre côté le prince Eugène, concentrant sur la droite de la grande redoute les divisions Morand et Gudin, avait amené sur la gauche de cette redoute la division Broussier, toute fraîche, et brûlant de se signaler à son tour. Cette division était embusquée dans un ravin, et prête à se jeter au premier signal sur les parapets de l'ouvrage à conquérir. Il était environ trois heures de l'après-midi. Il y avait neuf heures que cet horrible carnage était commencé. Murat et Ney vomissaient le feu de deux cents pièces de canon sur le centre des Russes. Le corps de Doctoroff avait été envoyé tout entier derrière la redoute, et quoiqu'il souffrît beaucoup, il souffrait moins que le corps d'Ostermann, placé à découvert entre la redoute même et Séménoffskoié. A une fort petite distance, qui était celle de la largeur du ravin, on voyait les Russes tomber par centaines dans les corps de Doctoroff et d'Ostermann, ainsi que dans la garde russe déployée en arrière, et recevant les coups qui avaient épargné la première ligne. Murat et Ney, qu'une sorte de miracle avait jusque-là protégés, pleins de joie en voyant l'effet de leurs canons, en redoublaient le feu. Croyant la ligne ennemie assez ébranlée, Murat se décide enfin à recommencer l'attaque de cavalerie, qui avait si bien réussi le matin au général Latour-Maubourg. Il lance d'abord le 2ᵉ corps de cavalerie, à la tête duquel le général Caulaincourt, frère du duc de Vicence, avait remplacé Montbrun. Il ordonne au corps de Latour-

Sept. 1812.

Ney et Murat arrêtent les masses russes en avant de Séménoffskoié, par un épouvantable feu d'artillerie.

Murat lance tous les cuirassiers au delà du ravin

Maubourg de soutenir le 2°, et à celui de Grouchy de se préparer à soutenir l'un et l'autre. Quant à la cavalerie du général Nansouty, nous avons déjà dit qu'elle était à la droite de Ney. Au signal convenu, Caulaincourt traverse le ravin, débouche au delà, et fond sur tout ce qu'il rencontre avec les 5°, 8° et 10° de cuirassiers. Le général Defrance le suit avec deux régiments de carabiniers. En un clin d'œil, l'espace est franchi; quelques restes du corps de Raéffskoï debout encore sur cette partie du terrain sont enfoncés, la cavalerie de Korff et du baron de Kreutz est culbutée, et la masse de nos cavaliers, lancée à toute bride, dépasse la grande redoute. A ce spectacle, le général Caulaincourt découvrant derrière lui l'infanterie de Likatcheff qui gardait la redoute, se rabat sur elle par un brusque mouvement à gauche, et la sabre à la tête du 5° de cuirassiers. Malheureusement il tombe frappé à mort. L'infanterie de Morand et de Gudin, qui était placée à la droite de la grande redoute, et voyait les casques de nos cuirassiers briller au delà, pousse des cris de joie et d'admiration. De son côté le prince Eugène, qui était à la gauche, se met à la tête du 9° de ligne, celui qui avait fourni les braves tirailleurs d'Ostrowno, lui adresse quelques paroles véhémentes, lui fait gravir le monticule à perte d'haleine, puis profitant du tumulte du combat, de l'épaisseur de la fumée, escalade les parapets de la redoute, et les franchit au moment même où le 5° de cuirassiers sabrait les fantassins de la division Likatcheff. Les trois bataillons du 9° fondent à la baïonnette sur les soldats de cette division, en prennent quelques-uns, en tuent un plus grand nombre, et vengent le 30ᵉ de ligne de ses malheurs du matin. Ils allaient même venger le général Bonamy sur le commandant de la division, le général Likatcheff, mais à l'aspect de ce vieillard respectable tombé en leurs mains, ils lui laissent la vie, et l'envoient à l'Empereur. Ils se rangent en bataille sur le revers de la redoute, et viennent assister au terrible combat de cavalerie engagé entre la garde à cheval russe et nos cuirassiers.

En effet la garde russe à cheval déployée tout entière, se précipite sur nos cuirassiers, et les charge à fond en passant sous la fusillade du 9ᵉ. Elle les oblige à céder. Les carabiniers sous le général Defrance la ramènent. Chaque fois qu'elle passe et repasse, elle reçoit les coups de fusil du 9ᵉ. Incommodée du feu de ce régiment, elle veut le charger pour s'en débarrasser, mais elle est arrêtée par ses balles. Nos cuirassiers viennent au secours du 9ᵉ, et en défilant devant lui crient : Vive le 9ᵉ ! à quoi celui-ci répond : Vivent les cuirassiers ! — La cavalerie de Grouchy charge à son tour, voit son brave général renversé d'un biscaïen, continue à s'avancer, et arrive jusqu'aux lignes de l'infanterie russe, rangée en masse tellement profonde qu'on ne peut espérer d'y pénétrer. Mais tout ce qui se trouve entre deux est balayé, et la cavalerie ennemie est forcée de chercher asile derrière son infanterie.

Pendant ce temps le 9ᵉ placé seul en avant de la grande redoute souffre cruellement. Les divisions Morand et Gudin restées sur la droite lui prêtent enfin leur appui; elles se portent au delà de la redoute, tandis que Murat et Ney, formant un angle avec elles, gagnent peu à peu du terrain, dépassent le ravin de Séménoffskoïé, et s'avancent leur droite en avant. Notre armée entière forme ainsi une ligne brisée, qui enveloppe dans un angle de feu l'armée russe horriblement décimée. Celle-ci rétrograde lentement sous une affreuse mitraille, et vient s'adosser à la lisière du bois de Psarewo. On ne la charge plus, et dans l'attente d'un mouvement décisif, on met en ligne l'artillerie de tous les corps, et on fait converger sur elle trois cents pièces de canon. Sous la masse de projectiles dont on l'accable, elle demeure immobile et fortement serrée.

En ce moment la bataille était gagnée assurément, car partout le champ de bataille nous appartenait. A l'extrême droite, au delà des bois, le prince Poniatowski après un combat sanglant avait fini par prendre position en avant d'Outitza, sur la vieille route de Moscou; à l'extrême gauche Delzons occupait toujours Borodino, et au point essentiel, c'est-à-dire entre la grande redoute et les flèches qu'on avait enlevées, on tenait le gros de l'armée russe acculé à la lisière du bois de Psarewo, et expirant sous le feu de trois cents pièces de canon. Toutefois il restait encore plusieurs heures de jour, et bien qu'il ne s'offrît plus, comme deux fois dans la journée, de manœuvre décisive à exécuter, on pouvait en abordant l'armée russe une dernière fois, la droite en avant, avec une masse de troupes fraîches, on pouvait, disons-nous, la refouler vers la Moskowa, et lui faire subir un véritable désastre. Un tel résultat méritait certainement de nouveaux sacrifices, quels qu'ils dussent être, car devant une victoire complétement destructive pour l'armée russe, la constance d'Alexandre eût probablement fléchi. Mais pour cela il fallait faire donner la garde impériale tout entière, laquelle comptait environ 18 mille hommes d'infanterie et de cavalerie, qui n'avaient pas combattu. Il restait à gauche dans la division Delzons, au centre dans les divisions Broussier, Morand et Gudin, à droite dans la division Dessaix, des troupes qui, quoique ayant déjà combattu, étaient capables encore d'un grand effort, surtout s'il devait être décisif. Les troupes qui n'étaient qu'à demi fatiguées auraient valu des troupes fraîches pour ce moment suprême. Quant à la garde, elle eût fait des prodiges, et demandait à les faire. Napoléon, pour qui la hauteur du soleil sur l'horizon était un motif tout aussi pressant que les instances de ses lieutenants, et pour ainsi dire un reproche, monta à cheval afin d'examiner lui-même le champ de bataille. Le rhume dont il était atteint l'incommodait fort, mais pas de manière à paralyser sa puissante intelligence. Cependant les horreurs de cette affreuse bataille sans exemple encore pour lui, quoiqu'il en eût vu de bien sanglantes, avaient comme étonné son génie. Il ne s'était pas écoulé un instant sans qu'on vînt lui annoncer que quelques-uns des premiers officiers de l'armée étaient frappés. C'étaient les généraux et officiers supérieurs Plauzonne, Montbrun, Caulaincourt, Romeuf, Chastel, Lambert, Compère, Bessières, Dumas, Canouville, tués; c'étaient le maréchal Davout, les généraux Morand, Friant,

Sept. 1812.

On pouvait peut-être achever de la détruire en faisant donner la garde.

Compans, Rapp, Belliard, Nansouty, Grouchy, Saint-Germain, Bruyère, Pajol, Defrance, Bonamy, Teste, Guilleminot, blessés gravement. L'opiniâtreté des Russes, quoiqu'elle n'eût rien d'inattendu, avait un caractère sinistre et terrible, qui lui inspirait de sérieuses réflexions, car, pour l'honneur de la nature humaine, il y a dans le patriotisme vaincu mais furieux, quelque chose qui impose même à l'agresseur le plus audacieux. Aussi Napoléon, dans cet état d'irrésolution si nouveau chez lui, parut-il inexplicable à ceux qui l'entouraient, à ce point qu'ils cherchaient à se l'expliquer en disant qu'il était malade. Sans s'occuper de ce qu'ils pensaient, il parcourut au galop la ligne des positions enlevées, vit les Russes acculés mais serrés en masse et immobiles, n'offrant nulle part une prise facile, pouvant néanmoins par un dernier choc, donné obliquement, être rejetés en désordre vers la Moskowa. Pourtant on ne savait, après tout, si le désespoir ne triompherait pas des dix-huit mille hommes de la garde, si par conséquent on ne la sacrifierait pas inutilement pour égorger quelques milliers d'ennemis de plus; et à cette distance de sa base d'opération, ne pas garder entier le seul corps qui fût encore intact, parut à Napoléon une témérité dont les avantages ne compensaient pas le danger. Se tournant vers ses principaux officiers : Je ne ferai pas démolir ma garde, leur dit-il. A huit cents lieues de France, on ne risque pas sa dernière réserve. — Il avait raison sans doute, mais en justifiant sa résolution du moment, il condamnait cette guerre, et, pour la deuxième ou troisième fois depuis le passage

MOSCOU.   347

du Niémen, il expiait par un excès de prudence qui ne lui était pas ordinaire, la faute de sa témérité. En dépassant la grande route de Moscou, et en s'approchant de Borodino, on apercevait Gorki, seule position un peu avancée conservée par les Russes. Napoléon se demanda s'il fallait l'enlever. Il y renonça, car le résultat n'en valait pas la peine. Au fond du champ de bataille les Russes, serrés en masse, offraient une large prise au canon, et semblaient nous défier. — Puisqu'ils en veulent encore, dit Napoléon avec la cruelle familiarité du champ de bataille, donnez-leur-en. — Il prescrivit de mettre en batterie tout ce qui restait d'artillerie non employée, et à partir de ce moment on fit agir près de quatre cents bouches à feu. On tira ainsi pendant plusieurs heures sur les masses russes, qui persistèrent à se tenir en ligne sous cette épouvantable canonnade, perdant des milliers d'hommes sans s'ébranler. On tuait donc au lieu de faire des prisonniers ! nous perdions aussi des hommes, mais certainement pas le sixième de ceux que nous immolions.

Le soleil s'abaissa enfin sur cette scène atroce, sans égale dans les annales humaines : la canonnade finit par se ralentir successivement, et chacun épuisé de fatigue s'en alla prendre quelque repos. Nos généraux ramenèrent un peu en arrière leurs divisions, de manière à les garantir des boulets ennemis, et se placèrent au pied des hauteurs conquises, bien convaincus que les Russes n'essayeraient pas de les reprendre. Nos soldats, qui n'étaient guère pourvus de vivres, se mirent au bivouac à dévorer ce qu'ils avaient, et se délassèrent en se ra-

Sept. 1812.

La journée finit par une horrible canonnade dirigée contre l'armée russe.

Nuit qui succède à la bataille.

contant les horreurs étonnantes que chacun d'eux avait vues. Napoléon victorieux rentra dans sa tente entouré de ses lieutenants, les uns mécontents de ce qu'il n'avait pas fait, les autres disant qu'on avait eu raison de s'en tenir au résultat obtenu, que les Russes après tout étaient détruits, et que les portes de Moscou étaient ouvertes. Mais pendant cette soirée les témoignages de joie, d'admiration, qui avaient éclaté jadis à Austerlitz, à Iéna, à Friedland, ne se firent pas entendre dans la tente du conquérant.

Russes et Français couchèrent les uns à côté des autres sur le champ de bataille. Au point du jour, on fut témoin d'un spectacle horrible, et on put se faire une idée de l'épouvantable sacrifice d'êtres humains qui avait été consommé la veille. Le champ de bataille était couvert de morts et de mourants, comme jamais on ne l'avait vu. Chose cruelle à dire, nombre effrayant à prononcer, quatre-vingt-dix mille hommes environ, c'est-à-dire la population entière d'une grande cité, étaient étendus sur la terre, morts ou blessés. Quinze à vingt mille chevaux renversés ou errants, et poussant d'affreux hennissements, trois ou quatre cents voitures d'artillerie démontées, mille débris de tout genre complétaient ce spectacle, qui soulevait le cœur surtout en approchant des ravins, où par une sorte d'instinct les blessés s'étaient portés afin de se mettre à l'abri de nouveaux coups. Là ils étaient accumulés les uns sur les autres, sans distinction de nation.

Heureusement, si le patriotisme permet de prononcer ce mot inhumain, heureusement le partage dans cette liste funèbre était fort inégal. Nous comptions environ 9 à 10 mille morts, 20 ou 21 mille blessés, c'est-à-dire 30 mille hommes hors de combat, et les Russes, d'après leur aveu, près de 60 mille[1]! Nous avions tué tout ce qu'autrefois nous prenions par de savantes manœuvres. La faux de la mort semblait ainsi avoir remplacé dans les mains de Napoléon l'épée merveilleuse qui jadis désarmait plus d'ennemis qu'elle n'en détruisait. Ce qu'on ne croirait pas, si des documents authentiques ne l'attestaient, nous avions quarante-sept généraux et trente-sept colonels tués ou blessés, les Russes à peu près autant, preuve de l'énergie que les chefs avaient déployée des deux côtés, et de la petite distance à laquelle on avait combattu. Après cet affreux duel, il nous restait cent mille hommes, car ce qui pouvait manquer à ce chiffre était remplacé par la division italienne Pino, et par la division Delaborde de la jeune garde, l'une et l'autre arrivées après la bataille. Les Russes n'auraient pas pu mettre cinquante mille hommes en ligne, mais ils étaient chez eux, et nous étions à huit cents lieues de notre capitale! Ils faisaient une guerre nécessaire, et nous faisions une guerre d'ambition! Et à chaque pas en avant, quand l'étourdissement de la gloire laissait chez nous place à la réflexion, nous condamnions au fond du cœur le chef entraînant dont nous suivions la fortune éblouissante!

Kutusof, menteur autant que rusé, satisfait de n'être pas détruit, eut l'audace d'écrire à son maître

Sept. 1812.

relevé des pertes de part et d'autre.

Faux récit de la bataille de la Moskowa par le général Kutusof.

[1] Les nombres français sont empruntés à des états authentiques; les nombres russes aux relations ordonnées depuis, et admises par le gouvernement russe lui-même.

qu'il avait résisté toute une journée aux assauts de l'armée française, et lui avait tué autant d'hommes qu'il en avait perdu, que s'il quittait le champ de bataille, ce n'était pas qu'il fût vaincu, mais c'est qu'il prenait les devants pour aller couvrir Moscou. Plus qu'aucun homme au monde, il savait à quel point on peut mentir aux passions, surtout aux passions des peuples peu éclairés, et excepté de se dire victorieux, il osa écrire tout ce qui approchait le plus de ce mensonge. Il manda au gouverneur de Moscou, le comte Rostopchin, destiné bientôt à une effroyable immortalité, qu'il venait de livrer une sanglante bataille pour défendre Moscou, qu'il était loin de l'avoir perdue, qu'il allait en livrer d'autres encore, qu'il promettait bien que l'ennemi n'entrerait point dans la ville sacrée, mais qu'il était urgent de lui envoyer tous les hommes capables de porter les armes, surtout les miliciens de Moscou, dont on avait promis 80 mille, et dont il avait reçu 15 mille au plus. Il ordonna la retraite pour le 8 septembre au matin, en prescrivant de disputer Mojaisk tout le temps nécessaire pour évacuer les vivres, les munitions, les blessés transportables. Il donna au général Miloradovitch le commandement de son arrière-garde.

Embarras qu'éprouve Napoléon pour publier même les pertes de l'ennemi.

Napoléon qui n'avait pas les mêmes raisons de dissimuler, car il était victorieux d'une manière incontestable, éprouvait cependant une sorte d'embarras à raconter son triomphe. Autrefois il avait à annoncer pour quelques mille morts trente ou quarante mille prisonniers, quelques centaines de canons et de drapeaux enlevés. Ici il n'y avait ni prisonniers, ni drapeaux, ni canons pris (excepté un petit nombre de pièces de position trouvées dans les redoutes); mais soixante mille morts ou mourants appartenant à l'ennemi couvraient le terrain. Chose extraordinaire, dans ses bulletins et dans ses lettres (notamment à son beau-père) il en dit beaucoup moins qu'il n'y en avait, soit qu'il l'ignorât, soit qu'il n'osât pas l'avouer au monde. Suivant son usage, cette bataille, que les Russes appelèrent du nom de Borodino, il la qualifia d'un nom retentissant et parlant aux imaginations, de celui de la Moskowa, rivière qui passait à une lieue du champ de bataille, pour aller ensuite traverser Moscou. Ce nom lui restera dans les siècles.

Sept. 1812.

Mais après quelques moments donnés à l'effet, Napoléon songea aux conséquences à tirer de la victoire. Il achemina sur Mojaïsk Murat avec deux divisions de cuirassiers, avec plusieurs divisions de cavalerie légère, et une des divisions d'infanterie du maréchal Davout. Ce maréchal suivit avec ses quatre autres divisions, en se faisant transporter dans une voiture, car il ne pouvait se tenir à cheval. Le prince Poniatowski fut dirigé comme il l'avait été pendant toute la marche sur la droite de la grande route, par le chemin de Wéreja, et le prince Eugène sur la gauche par le chemin de Rouza (voir la carte n° 55). Cette double force, placée sur les deux flancs de l'armée, avait pour but de faire tomber toute résistance en débordant l'ennemi, d'étendre le rayon d'approvisionnement, et de couvrir nos fourrageurs. Napoléon avec le corps de Ney, qui avait horriblement souffert, avec la garde qui ne le quittait pas, resta encore un jour sur le champ de bataille, pour

Dispositions prises par Napoléon à la suite de la bataille.

y donner des ordres indispensables, dictés autant par l'humanité que par l'intérêt de l'armée. Il convertit d'abord en hôpital la grande abbaye de Kolotskoï, parce qu'aisée à défendre elle devait offrir un abri sûr aux blessés qui n'étaient pas transportables. Ceux qui pouvaient être transportés, devaient être envoyés à Mojaisk dès qu'on serait maître de cette ville. Il y avait aussi beaucoup de chevaux légèrement blessés, faciles à guérir, beaucoup de pièces démontées faciles à réparer. Par ce motif Napoléon établit un dépôt de cavalerie et d'artillerie dans les villages environnant l'abbaye de Kolotskoï, et décida que Junot avec ses Westphaliens occuperait ce lieu funèbre, pour garder les précieux restes qu'on y laissait, et pour aller au loin recueillir les vivres que les malheureux blessés seraient dans l'impossibilité de se procurer eux-mêmes. Le bienfaiteur de tous ceux qui souffraient, l'illustre Larrey, voulut rester à Kolotskoï avec la majeure partie des chirurgiens de l'armée. Trois jours entiers devaient à peine suffire pour appliquer le premier pansement sur toutes les blessures, et par un temps déjà froid et humide, surtout la nuit, un grand nombre de blessés étaient réduits à attendre les secours de l'art couchés en plein air sur la paille. Tout ce qu'on pouvait pour eux c'était de leur apporter quelques aliments, et notamment un peu d'eau-de-vie, afin de soutenir leurs forces. Au surplus Napoléon veilla lui-même à ce qu'on fît ce qui était possible, avec le matériel qu'on était parvenu à transporter à cette distance.

Après ces premiers et indispensables soins il envoya des ordres à Smolensk pour qu'on remplaçât les munitions d'artillerie consommées. On avait tiré 60 mille coups de canon, et brûlé 1400 mille cartouches d'infanterie. Il fit ordonner des transports extraordinaires de munitions par le chef de l'artillerie de la grande armée, le général de Lariboisière, qui dans cette campagne, plus difficile pour son arme que pour toute autre, déployait à un âge fort avancé, le courage et l'activité d'un jeune homme. N'ayant plus de grandes rivières à traverser, Napoléon avait laissé à Smolensk ses gros équipages de pont, et n'avait amené que le matériel nécessaire pour jeter des ponts de chevalets. Grâce à cette disposition, six à huit cents chevaux de trait étaient restés disponibles à Smolensk. Il prescrivit de les employer sur-le-champ à charrier des munitions d'infanterie et d'artillerie. Enfin il ordonna un nouveau mouvement en avant à tous les corps français ou alliés qui se trouvaient dans les diverses stations de Smolensk, Minsk, Wilna, Kowno, Kœnigsberg, particulièrement à tous les bataillons et escadrons de marche destinés à recruter les corps.

L'armée avait continué à cheminer pendant que Napoléon donnait ces ordres, et Murat était arrivé le 8 au soir devant Mojaisk, ville de quelque importance qu'il y avait intérêt à posséder intacte. A mesure qu'on approchait de Moscou les ressources du pays augmentaient, mais la rage de les détruire augmentait aussi chez l'ennemi. On rencontrait plus de villages florissants, et plus de colonnes de flammes. Les Russes voulant se ménager le temps d'opérer quelques évacuations de blessés et de matériel, avaient placé en avant d'un ravin marécageux une

Sept. 1812.

forte arrière-garde d'infanterie et de cavalerie, et ils étaient résolus à défendre cette position. Il était possible de la tourner, mais l'obscurité ne permettait pas d'apercevoir le point par lequel on aurait pu y réussir, et pour éviter la confusion d'une scène de nuit, on fit halte, et on bivouaqua à portée du canon des Russes.

Entrée dans Mojaisk.

Le lendemain 9 on voulut entrer de vive force dans Mojaisk, et après avoir sacrifié quelques hommes sans utilité, on pénétra dans cette ville, où il y avait plusieurs magasins en flammes, mais où la plus grande partie des habitations étaient restées intactes. On y trouva beaucoup de blessés russes, qu'on respecta et qu'on abandonna aux soins de leurs propres chirurgiens. La ville contenait des vivres et des bâtiments pour un second hôpital, circonstance fort heureuse, car celui de Kolotskoi était loin de suffire à nos besoins. Napoléon résolut de s'arrêter de sa personne à Mojaisk, afin de soigner le rhume dont il était atteint, et qui l'importunait sans altérer en rien l'usage de ses facultés[1]. Son pro-

Napoléon s'y arrête quelques jours de sa personne, tandis que l'armée marche en avant.

[1] La supposition que Napoléon était malade à la bataille de la Moskowa, admise par des historiens respectables pour expliquer son inaction dans cette journée, n'a rien de fondé, si on la pousse jusqu'à présenter ses facultés comme atteintes. Nous avons lu et relu les correspondances les plus intimes, écrites jour par jour, en toute sincérité, par des hommes qui ne quittaient pas le quartier général, et qui n'avaient aucun intérêt à altérer la vérité, et on voit à la liberté même de leur langage, à l'absence de toute préoccupation, combien était légère l'indisposition de Napoléon. C'était un gros rhume et rien de plus. Lui et ses lieutenants en parlèrent dans leurs lettres de manière à ne laisser aucun doute sur la nature de cette indisposition. Napoléon qui ordinairement ne se ménageait guère, et qui avait le mérite, presque indifférent au milieu de tous ses autres dons prodigieux, d'une rare bravoure personnelle, prit pendant la bataille une position où passaient encore bien

jet était de partir pour rejoindre l'armée dès qu'elle serait arrivée aux portes de Moscou, afin d'y entrer avec elle, ou de se mettre à sa tête s'il y avait une nouvelle bataille à livrer.

Sept. 1812.

Les Russes continuèrent leur retraite et les Français leur poursuite. Le prince Eugène ayant pris la route latérale de gauche, s'empara de Rouza, jolie petite ville, riche en ressources, que les paysans furieux allaient détruire, lorsqu'on arriva fort à propos pour les en empêcher. L'épouvante des habitants en apprenant qu'on les avait trompés, que la sanglante bataille du 7 avait été entièrement perdue pour les Russes, était parvenue au comble, et se changeait en une sorte de rage. On leur avait tellement dépeint les Français comme des monstres sauvages, qu'ils étaient partagés entre la peur et la fureur, à la seule idée de leur approche. Aussi, désespérant de se sauver, voulaient-ils tout détruire, et quand on avait le temps de les joindre, de leur

Entrée du prince Eugène à Rouza.

Dispositions dans lesquelles on trouve la population.

---

des boulets, mais où il n'avait pas la presque certitude d'être frappé, comme sur le point où étaient Ney et Murat, et ce fut, avec la répugnance à engager ses réserves, la vraie cause de ses ordres tardifs et incomplets. Qu'il eût bien fait de ne pas s'exposer à un tel feu, c'est une chose hors de doute, car le salut de l'armée tenait à sa personne, et on peut se faire une idée du péril quand on songe au phénomène de 47 généraux tués ou blessés de notre côté, et autant du côté des Russes, c'est-à-dire au sacrifice de presque tous les généraux qui des deux côtés dirigèrent les troupes. Barclay de Tolly, Ney et Murat furent les seuls vraiment engagés qui échappèrent à la mort ou aux blessures. On ne pouvait paraître au feu sans être atteint. En moins de deux heures la division Compans eut cinq chefs renversés : le général Compans, le général Dupellin, le maréchal Davout, le général Rapp, le général Dessaix. Pour soustraire les hommes à ce feu effroyable, Ney, dans certains moments, faisait coucher ses soldats à terre, lui seul restant debout puis les faisait relever quand il y avait utilité à les présenter en ligne.

23.

parler, d'arracher la torche de leurs mains, ils étaient étonnés d'avoir affaire à des vainqueurs humains, mais affamés, dont on désarmait la prétendue barbarie avec un peu de pain.

Entré à Rouza, le prince Eugène s'y reposa un jour, et y ramassa des vivres dont il fit part à la grande armée. Sur la route latérale de droite, le prince Poniatowski rencontra partout les mêmes symptômes de terreur et de colère, la même abondance et les mêmes ravages, mais comme il faut du temps pour détruire, et que ce temps on ne le laissait pas à l'ennemi, on trouvait encore le moyen de subsister. Seulement la maraude consommait toujours un égal nombre d'hommes, qui s'attardaient, se laissaient prendre, ou renonçaient à rejoindre l'armée.

Combat d'arrière-garde à Krimskoié.

La colonne principale sous Murat arriva le 10 septembre à Krimskoié. Le commandant de l'arrière-garde russe Miloradovitch, voulant profiter d'une bonne position qu'il avait reconnue près des sources marécageuses de la Nara, s'établit avec des troupes d'infanterie légère et de l'artillerie derrière un terrain fangeux, couvert d'épaisses broussailles, n'offrant d'accès que par la grande route qu'il eut soin d'occuper en force. On passa toute la journée à batailler autour de cette position, et on y perdit de part et d'autre beaucoup d'hommes, les Russes pour ne pas se retirer trop tôt, les Français pour ne pas mollir dans leur poursuite. A la nuit les Russes furent obligés de décamper en laissant près de deux mille hommes sur le terrain, en morts ou blessés.

Arrivée le 13 septembre

Le 11 on atteignit Koubinskoié, le 12 Momonowo, le 13 enfin Worobiewo, dernière position en avant de Moscou. (Voir la carte n° 57.) L'armée russe s'établit aux portes mêmes de Moscou, vers la barrière dite de Drogomilow. La Moskowa, en entrant dans Moscou, où elle décrit de nombreux contours, forme un arc très-concave, ouvert du côté de la route de Smolensk. L'armée russe vint s'y adosser, appuyant sa droite au village de Fili, sa gauche à la hauteur de Worobiewo, et traçant en quelque sorte la corde de l'arc décrit par la Moskowa. Elle avait derrière elle pour toute issue un pont jeté sur la Moskowa dans l'intérieur du faubourg de Drogomilow, et les rues de cette immense ville. Ce n'était guère une position de combat, car si on était vigoureusement assailli, on pouvait être refoulé en désordre sur le pont de la Moskowa, ou sur les gués de cette rivière, et poussé dans les rues, où l'on aurait couru, en s'y engorgeant, les plus grands dangers. Kutusof le savait bien, et était convaincu de l'impossibilité d'arrêter les Français en avant de Moscou. Mais fidèle à son système de flatter constamment la passion populaire, qu'il croyait plus facile à conduire en la flattant qu'en l'irritant, il avait écrit tous les jours au comte de Rostopchin, gouverneur de Moscou, qu'il défendrait la capitale à outrance, et probablement avec succès. Aussi fut-on bien étonné à Moscou de voir paraître l'armée russe dans l'état où elle était, et se placer si près de la ville qu'il ne restait plus de terrain pour combattre. Quoique son parti fût pris de sauver l'armée de préférence à la capitale, Kutusof résolut de convoquer un conseil de guerre, pour faire partager à ses lieutenants la pesante responsabilité qu'il

Sept. 1812.

devant Moscou.

Situation prise par l'armée russe en avant de Moscou.

Gravité des résolutions qu'elle avait à prendre.

Le généralissime Kutusof convoque un conseil de guerre.

allait encourir. Malgré son astuce et son flegme ordinaire, il était agité en entendant les cris de rage qui éclataient autour de lui, et le vœu mille fois exprimé de s'ensevelir tous sous les ruines de Moscou, plutôt que d'abandonner cette ville aux Français, comme l'époux qui disputant à des ennemis une épouse chérie, aime mieux la poignarder de ses mains que la livrer à leurs outrages. Kutusof savait parfaitement que Moscou fût-elle perdue, la Russie ne le serait pas, mais qu'au contraire la Russie pourrait bien être perdue si la grande armée venait à être détruite, et il était fermement décidé à empêcher un tel malheur. Mais s'il avait le courage de prendre les résolutions nécessaires quoique odieuses à la foule, il n'avait pas celui d'en assumer la charge à lui seul, et il eût bien voulu en faire peser la responsabilité sur d'autres têtes que la sienne. Il admit à ce conseil mémorable, tenu sur la hauteur même de Worobiewo d'où l'on apercevait la capitale infortunée qu'il fallait livrer, les généraux Benningsen, Barclay de Tolly, Doctoroff, Ostermann, Konownitsyn, Yermoloff. Le colonel Toll y assista comme quartier-maître général. Barclay de Tolly, avec sa simplicité ordinaire et son expérience pratique, déclara la position qu'on occupait intenable, affirma que la conservation de la capitale n'était rien auprès de la conservation de l'armée, et conseilla d'évacuer Moscou, en se retirant par la route de Wladimir, ce qui ajoutait de nouveaux espaces à ceux que les Français avaient déjà parcourus, laissait l'armée russe en communication avec Saint-Pétersbourg, et permettait, le moment venu, de reprendre l'offensive. Benningsen, assez expérimenté pour apprécier la justesse d'un tel avis, comptant bien d'ailleurs qu'on renoncerait, sans qu'il s'en mêlât, à défendre la capitale, mais certain qu'on n'en pardonnerait point l'abandon à celui qui l'aurait conseillé, soutint qu'il fallait combattre à outrance, plutôt que de livrer aux Français la ville sacrée de Moscou. Konownitsyn, brave officier s'il en fut, cédant au sentiment général, opina pour une défense opiniâtre, non point sur le terrain où l'on était, mais sur un terrain qu'on irait chercher en se portant à la rencontre des Français, et en se heurtant contre eux avec furie. Les généraux Ostermann et Yermoloff adhérèrent à cet avis, qui était celui de la bravoure au désespoir. Le colonel Toll, recherchant des combinaisons plus savantes, proposa de se retirer, en se portant immédiatement à droite, sur la route de Kalouga, ce qui plaçait l'armée dans une position menaçante pour les communications de l'ennemi, et la mettait en relation directe avec les riches provinces du midi. Comme toujours en pareille circonstance, ce conseil de guerre fut agité, confus, et fertile en contradictions. Kutusof se leva, sans exprimer hautement son avis, mais en prononçant ces paroles qu'il semblait s'adresser à lui-même : Ma tête peut être bonne ou mauvaise, soit, mais c'est à elle, après tout, à décider une question aussi grave. —

Son parti était évidemment arrêté, et, il faut le dire, ce parti était digne d'un grand capitaine. De tous les avis exprimés, aucun n'était parfaitement bon, bien que la plupart continssent quelque

Sept. 1812.

Diversité des avis qu'on y émet.

Le généralissime a un avis arrêté.

Quel est cet avis, et sur quels motifs il se fonde.

chose d'utile. Livrer bataille pour Moscou était une résolution insensée. A quelques lieues en avant, comme au pied de ses murs, on eût été battu, seulement on l'eût été plus désastreusement en combattant le dos appuyé à la ville, et en ayant un pont et quelques rues étroites pour unique moyen de retraite. A combattre, il fallait se barricader dans l'intérieur de Moscou, en disputer toutes les issues, engager avec soi la population tout entière, y soutenir opiniâtrement la guerre des rues comme à Saragosse, et en ayant soin de disposer en dehors sur la route par laquelle on voulait s'en aller la plus grande partie de l'armée. La ville eût péri dans les flammes, car elle était construite en bois et non en pierre comme Saragosse, mais on aurait immolé plus d'ennemis qu'à Borodino, en perdant soi-même peu de monde, ce qui eût été un immense résultat. A défendre Moscou, il n'y avait que ce moyen[1], qui consistait du reste à la détruire pour la défendre, mais personne n'y avait pensé, parce que personne ne songeait à sacrifier cette capitale, et qu'on ne pensait pas que la livrer aux Français fût une manière de la faire périr. Ne pouvant combattre en avant de Moscou, ne voulant pas la détruire pour la disputer, se retirer était le seul parti à suivre. Rétrograder sur Wladimir, comme le proposait Barclay de Tolly, c'était pousser trop loin le système de retraite, que le général Pfuhl n'avait pas poussé assez loin en ima-

---

[1] C'est l'opinion du prince Eugène de Wurtemberg, qui, dans ses mémoires aussi spirituels que sensés, a parfaitement démontré la possibilité et la convenance de ce plan, si l'on eût été ce qu'on n'était pas, résolu à sacrifier Moscou.

ginant de s'arrêter à Drissa; c'était d'ailleurs perdre les communications avec le midi de l'empire, bien plus riche que le nord en ressources de tout genre. Il n'y avait donc d'admissible que la retraite sur la droite de Moscou (la droite par rapport à nous), laquelle plaçait l'armée russe sur les communications des Français, et la mettait en communication directe avec les provinces du midi et avec l'armée revenant de Turquie. Mais marcher immédiatement dans cette direction, comme l'avait proposé le colonel Toll, c'était tout de suite attirer sur soi les Français, qui, se contentant d'occuper Moscou par un détachement, se précipiteraient à l'instant même sur l'armée russe pour l'achever; c'était leur révéler la pensée du système de retraite qu'on allait adopter, et qui consistait, maintenant qu'on avait amené les Français si loin, à manœuvrer sur leurs flancs pour les assaillir dès qu'ils seraient suffisamment affaiblis. Ils pouvaient bien, en effet, avertis sitôt, se raviser à temps, s'arrêter, et courir pour l'accabler sur l'ennemi qui laisserait voir de telles intentions. Il y avait un plan bien mieux calculé, c'était de se retirer au travers de Moscou même, de livrer cette capitale comme une dépouille qu'on jette sur les pas d'un ennemi afin de l'occuper, de profiter du temps que les Français perdraient inévitablement à se saisir de cette riche proie, pour défiler tranquillement devant eux, et pour prendre ensuite sur leur flanc, en tournant autour de Moscou, la position menaçante que le colonel Toll conseillait de prendre immédiatement, et sans aucun détour. C'est là ce qu'il fallait tirer de tout ce qu'on avait dit, et c'est

Sept. 1812.

L'armée russe se retire en traversant Moscou, pour prendre position sur la route de Riazan.

ce qu'en tira le vieux Kutusof, avec une profonde sagesse, sagesse fatale pour nous, mais qui, quelque funeste qu'elle ait pu nous devenir, n'en mérite pas moins l'admiration de la postérité.

En conséquence, il décida qu'on se retirerait dans la nuit du 13 au 14 septembre, qu'on traverserait Moscou sans mot dire, en évitant les combats d'arrière-garde, pour que cette grande ville qu'on voulait sauver, et qu'on croyait sauver en la remettant dans les mains des Français, ne fût pas incendiée par les obus[1]; qu'ensuite on ne suivrait, ni la route de Wladimir, trop dirigée au nord, ni celle de Kalouga, trop dirigée au midi, surtout trop indicative de la secrète pensée qu'on nourrissait, mais une route intermédiaire, celle de Riazan, de laquelle il serait facile, moyennant un léger détour, de revenir se placer quelques jours après sur la route de Kalouga, qui était la véritable sur laquelle il fallait opérer plus tard.

Cette résolution, une des plus importantes qu'on ait jamais prises, et qui est un des principaux titres de gloire du général Kutusof, une fois adoptée, il l'annonça avec fermeté, quelque désagréables que fussent les cris de l'armée, et quelque crainte que lui inspirassent les emportements de la population de Moscou.

[1] C'est l'opinion du général Clausewitz, témoin oculaire, lequel est convaincu que les Russes ne songeaient nullement à détruire Moscou, et que le soin de conserver cette ville, en la livrant pour quelques jours aux Français, fut un des motifs de leur résolution. Cette opinion nous semble démontrée par une quantité de circonstances et de témoignages irrécusables, et c'est pour cela que nous l'adoptons comme une certitude acquise à l'histoire.

Il fallait avertir le gouverneur Rostopchin, Russe plein de passions sauvages cachées sous des mœurs polies, et plein surtout d'un sentiment toujours estimable sous quelque forme qu'il se manifeste, le patriotisme, même poussé jusqu'au fanatisme. Il nous haïssait à tous les titres, comme Russe, et comme membre de l'aristocratie européenne. Il aurait souhaité qu'on sacrifiât la ville même, pour faire périr vingt ou trente mille Français de plus, et pensait qu'après avoir brûlé tant de villages, il n'y avait pas une seule raison honorable de ménager Moscou. Si on lui avait offert de s'y barricader, de s'y défendre à outrance, il n'eût pas hésité à exposer cette grande ville à une entière destruction. Mais ce projet n'ayant été ni adopté ni même proposé par personne, il n'en pouvait parler, et quant à celui qu'il méditait dans le fond de son âme exaspérée, il se garda bien d'en rien dire. Les vaines espérances dont l'avait entretenu le général Kutusof l'avaient profondément irrité contre ce général, et il s'en exprima avec une extrême amertume; mais il n'était plus temps de récriminer, il fallait préparer l'évacuation. Dans l'excès de sa haine, il ne voulait pas qu'un seul Russe restât dans Moscou pour orner le triomphe des Français, pour leur rendre un service quelconque, ou pour leur fournir l'occasion de faire éclater leur douceur aux yeux des vaincus. Usant de son autorité de gouverneur, il enjoignit à tous les habitants de sortir immédiatement de Moscou en emportant ce qu'ils pourraient, et menaça des châtiments les plus sévères ceux qui ne l'auraient pas quittée dès le lendemain. D'ailleurs on avait répandu des calom-

Sept. 1812.

Irritation du gouverneur Rostopchin en apprenant la résolution d'évacuer Moscou.

Résolution

Sept. 1812.

qu'il prend de livrer Moscou aux flammes, et silence qu'il garde sur cette résolution.

nies si atroces sur la conduite des Français, qu'il n'y avait pas besoin de menaces pour obliger la population à fuir leur approche. Il comptait donc ne leur livrer qu'une ville morte et sans habitants. Il voulait plus, il voulait, sans en calculer toutes les conséquences, sans savoir quel serait le résultat, leur livrer, au lieu d'un séjour de délices, un monceau de cendres, sur lequel ils ne trouveraient rien pour vivre, et qui serait un témoignage de l'horrible haine qu'ils inspiraient, une déclaration de guerre à mort. Mais un tel projet, le dire à quelqu'un, c'était le rendre impossible, car le dire à qui? Au doux Alexandre, c'eût été révolter ce prince; à un général, c'eût été l'effrayer du poids d'une pareille responsabilité; aux habitants, c'eût été les soulever contre soi, et se montrer à eux comme cent fois plus haïssable que les Français. Il ne parla donc à personne de ce qu'il méditait dans les profondeurs de son âme. Mais, sous le prétexte de faire fabriquer une machine infernale dirigée contre l'armée ennemie, il avait accumulé beaucoup de matières inflammables dans un de ses jardins, sans que personne pût se douter de leur destination. Le moment de partir venu et une heure avant l'évacuation, il choisit pour confidents, pour complices, pour exécuteurs de son projet, ces êtres infâmes, qui ne possèdent rien que la prison où leurs crimes leur ont créé un asile, et qui ont le goût inné de la destruction, les condamnés enfin. Il les réunit, les délivra, et leur donna la mission, dès qu'on serait parti, de mettre secrètement le feu à la ville, et de l'y mettre sans relâche, sans bruit, leur affirmant que cette fois, en ravageant leur patrie, ils la serviraient, et obéiraient à ses volontés. Il ne fallait pas de grands encouragements à ces natures perverses pour les exciter à en agir ainsi, car l'homme livré à lui-même aime à détruire, semblable sous ce rapport à ces animaux qui de domestiques redeviennent très-vite sauvages, dès que l'éducation cesse un instant d'adoucir leurs penchants. Il leur adjoignit quelques soldats de la police pour les diriger dans cette cruelle mission. Ces ordres donnés, le comte de Rostopchin craignit de laisser dans les mains des Français des moyens d'arrêter l'incendie, moyens fort perfectionnés dans les villes bâties en bois, et il fit partir toutes les pompes devant lui. Au moment où il ouvrait les prisons aux condamnés, il en fit amener deux devant lui, un Français, un Russe, accusés d'avoir répandu les bulletins de l'ennemi. Il dit au Français, qui était un de ces expatriés cherchant leur subsistance à l'étranger, et qui l'avait trouvée en Russie : Toi, tu es un ingrat, mais enfin le sentiment qui t'a fait agir est naturel; prends ta liberté, et va rejoindre tes compatriotes, en leur racontant ce que tu as vu. — Toi, dit-il au Russe, tu es un scélérat, un parricide, et tu vas expier ton crime... — Et cela dit il le fit sabrer sous ses yeux. Après cette sanglante exécution, il sortit de Moscou, le 14 au matin, à la suite de l'armée, n'emportant rien de ses richesses, et se consolant par la pensée de la surprise affreuse qu'il avait préparée aux Français. Le colonel Wolzogen l'ayant rencontré au sortir de la ville avec le convoi des pompes à incendie, et lui ayant demandé dans quel but il les emmenait, obtint cette unique réponse : J'ai mes raisons... — Le comte de Rostopchin ajouta ensuite ces paroles, sans liaison apparente avec la question qu'on lui adressait : Pour moi, je n'emporte de cette ville que le vêtement que vous voyez sur mon corps. — Il n'en dit pas davantage au colonel Wolzogen, qui dans le moment ne saisit point sa pensée[1], mais qui la comprit plus tard.

L'armée russe employa toute la soirée du 13, toute la nuit du 13 au 14, et une partie de la journée du 14, à défiler à travers la ville de Moscou. Les troupes, arrêtées au pont de la Moskowa, qui était le seul existant sur ce point, s'accumulèrent dans le faubourg de Drogomilow jusqu'à faire craindre une échauffourée, et on put ainsi se former une idée du désastre qu'on se serait préparé, si l'on avait eu cette traversée de la ville à exécuter après une bataille perdue. L'encombre-

[1] Je rapporte les faits qui précèdent d'après les renseignements les plus certains. Une multitude de témoins oculaires, Russes et Allemands, ont maintenant raconté leurs souvenirs personnels dans des mémoires pleins d'intérêt, et il n'est plus permis de conserver de doutes sur les causes et les circonstances de l'incendie de Moscou. Il est positif que l'empereur Alexandre n'en sut rien, que l'armée n'en sut pas davantage, et que le comte de Rostopchin, inspiré par une ardente haine nationale, unique haine qui soit toujours pardonnable, résolut à lui seul, sans calculer toutes les conséquences de sa résolution, l'incendie de la vieille capitale moscovite. Plus tard, revenu à plus de calme, habitant de la France, contre laquelle il avait commis cet excès de fureur, entouré de doutes jusque dans son pays sur le mérite de sa conduite, il fut ébranlé, et désavoua presque ce qu'il avait fait, de façon que cet acte extraordinaire semblerait même flétri par son auteur. On verra bientôt les conséquences, non pas militaires, mais morales, d'une action qui conservera aux yeux de la postérité sa sauvage grandeur, quelques vicissitudes d'appréciation qu'elle ait encourues dans l'opinion des contemporains.

ment augmentant, les troupes prirent le parti de passer la Moskowa à gué, ce qui mit fin à l'engorgement. Kutusof, n'ayant pas le courage de sa sagesse, se cacha en traversant Moscou; Barclay de Tolly, au contraire, se tint ostensiblement à cheval à la tête de ses soldats. Le désordre, dans cette malheureuse capitale, était à son comble. Les riches, nobles ou commerçants, avaient déjà fui pour se retirer dans leurs terres les plus éloignées. Les autres, apprenant la contrainte odieuse qu'on prétendait exercer sur eux, entendant aussi parler d'incendie par la main des Français, s'étaient décidés, le désespoir dans l'âme, à quitter leurs demeures, emmenant leurs familles, et emportant ce qu'ils avaient de plus précieux sur des voitures, ou sur leurs épaules qui pliaient sous le poids. Les gens du peuple, ne sachant où ils iraient, comment ils vivraient, poussaient d'affreux gémissements, et suivaient machinalement l'armée. Pourtant tous les habitants de cette malheureuse ville n'avaient pas consenti à fuir. Quelques-uns, trouvant trop grand le sacrifice qu'on voulait leur imposer, ou plus instruits que leurs compatriotes, sachant que les Français ne brûlaient pas, ne pillaient pas, n'assassinaient pas, qu'ils usaient même assez rarement des droits de la guerre dans les villes conquises, aimaient mieux vivre avec les vainqueurs quelques jours, que de fuir à la suite d'une armée dont on ignorait la marche et les intentions. Parmi ces derniers se trouvaient beaucoup de négociants de diverses nations, et notamment de la nôtre, qui n'avaient aucune crainte des Français, et qui appré-

Sept. 1812.

Sortie de tous les habitants.

Sept. 1812.

Affreuses perplexités des rares habitants restés dans Moscou.

hendaient même, en suivant l'armée de Kutusof, d'être exposés à tous les excès de la brutale soldatesque, avec laquelle on voulait les obliger à se retirer. Pour ces infortunés, il y eut un moment d'affreuse émotion. Le 14 au matin, ils apprirent tout à coup que les troupes russes sortaient avec les autorités de la ville, que trois mille scélérats échappés des prisons enfonçaient les boutiques, que les gens de la basse populace s'étaient joints à eux, et que tous ensemble ils se livraient à l'ivresse et au pillage. Ces malheureux habitants, tremblants dans leurs maisons, attendaient avec impatience qu'une armée fût venue prendre la place de l'autre.

Toute la première moitié de la journée du 14 s'écoula pour eux dans ces cruelles perplexités, l'armée russe traversant lentement les rues de Moscou, et ses parcs, ses bagages, surtout ses blessés, traversant plus lentement encore. Le général Miloradovitch, qui commandait l'arrière-garde, sentant qu'il lui fallait quelques heures pour achever l'évacuation, imagina de conclure une convention verbale avec l'avant-garde des Français, et lui fit proposer de s'interdire toute hostilité, dans l'intérêt de ceux qui entraient comme de ceux qui sortaient, car si un combat s'engageait, il était, disait-il, décidé à se défendre à outrance, et dans ce cas la ville serait en flammes dans peu d'instants. Un officier fut envoyé auprès de Murat pour convenir de cette espèce de suspension d'armes.

Arrivée des Français devant Moscou.

Pendant ce temps l'armée française s'avançait d'un pas rapide vers les hauteurs d'où elle espérait enfin apercevoir la grande ville de Moscou. Si du côté des Russes tout était désolation, tout était joie, orgueil, brillantes illusions du côté des Français. Notre armée réduite à 100 mille hommes de 120 mille qu'elle comptait au passage du Niémen (cent mille, il est vrai, gardaient ses derrières), exténuée de fatigue, traînant avec elle beaucoup de soldats blessés qui pouvant marcher avaient voulu suivre, sentait s'évanouir le sentiment de ses peines à l'approche de la brillante capitale de la Moscovie. Dans ses rangs il y avait une quantité de soldats et d'officiers qui avaient été aux Pyramides, aux bords du Jourdain, à Rome, à Milan, à Madrid, à Vienne, à Berlin, et qui frémissaient d'émotion à l'idée qu'ils allaient aussi visiter Moscou, la plus puissante des métropoles de l'Orient. Sans doute l'espoir d'y trouver le repos, l'abondance, la paix probablement, entrait pour quelque chose dans leur satisfaction, mais l'imagination, cette dominatrice des hommes, surtout des soldats, l'imagination était fortement ébranlée à la pensée d'entrer dans Moscou, après avoir pénétré dans toutes les autres capitales de l'Europe, Londres, la protégée des mers, seule exceptée. Tandis que le prince Eugène venu par la route de Zwenigorod s'avançait sur la gauche de l'armée, que le prince Poniatowski, venu par celle de Wéreja, s'avançait sur sa droite, le gros de l'armée, Murat en tête, Davout et Ney au centre, la garde en arrière, suivaient la grande route de Smolensk. Napoléon, à cheval de bonne heure, était au milieu de ses soldats, qui à sa vue et à l'approche de Moscou, oubliant bien des jours de mécontentement, poussaient des acclamations pour célébrer sa gloire et la leur. Le temps était beau, on hâtait le pas malgré la chaleur, pour gravir les hauteurs d'où l'on jouirait enfin de la vue de cette capitale tant annoncée, et tant promise.

L'officier envoyé par Miloradovitch étant survenu fut parfaitement accueilli, obtint ce qu'il demandait, car on n'avait pas la moindre envie de mettre le feu à Moscou, et on promit de ne pas tirer un coup de fusil, à condition, ajouta Napoléon, que l'armée russe continuerait, sans s'arrêter un instant, de défiler à travers la ville.

Enfin, arrivée au sommet d'un coteau, l'armée découvrit tout à coup au-dessous d'elle, et à une distance assez rapprochée, une ville immense, brillante de mille couleurs, surmontée d'une foule de dômes dorés resplendissants de lumière, mélange singulier de bois, de lacs, de chaumières, de palais, d'églises, de clochers, ville à la fois gothique et byzantine, réalisant tout ce que les contes orientaux racontent des merveilles de l'Asie. Tandis que des monastères flanqués de tours formaient la ceinture de cette grande cité, au centre s'élevait sur une éminence une forte citadelle, espèce de Capitole où se voyaient à la fois les temples de la Divinité et les palais des empereurs, où au-dessus de murailles crénelées surgissaient des dômes majestueux, portant l'emblème qui représente toute l'histoire de la Russie et toute son ambition, la croix sur le croissant renversé. Cette citadelle c'était le Kremlin, ancien séjour des czars.

A cet aspect magique l'imagination, le sentiment de la gloire, s'exaltant à la fois, les soldats s'écrièrent tous ensemble : Moscou! Moscou! — Ceux qui étaient restés au pied de la colline se hâtèrent d'accourir; pour un moment tous les rangs furent confondus, et tout le monde voulut contempler la grande capitale où nous avait conduits une marche si aventureuse. On ne pouvait se rassasier de ce spectacle éblouissant, et fait pour éveiller tant de sentiments divers. Napoléon survint à son tour, et saisi de ce qu'il voyait, lui qui avait, comme les plus vieux soldats de l'armée, visité successivement le Caire, Memphis, le Jourdain, Milan, Vienne, Berlin, Madrid, il ne put se défendre d'une profonde émotion. Arrivé à ce faîte de sa grandeur, après lequel il allait descendre d'un pas si rapide vers l'abîme, il éprouva une sorte d'enivrement, oublia tous les reproches que son bon sens, seule conscience des conquérants, lui adressait depuis deux mois, et pour un moment crut encore que c'était une grande et merveilleuse entreprise que la sienne, que c'était une grande et heureuse témérité justifiée par l'événement que d'avoir osé courir de Paris à Smolensk, de Smolensk à Moscou! Certain de sa gloire, il crut encore à son bonheur, et ses lieutenants, émerveillés comme lui, ne se souvenant plus de leurs mécontentements fréquents dans cette campagne, retrouvèrent pour lui ces effusions de la victoire auxquelles ils ne s'étaient pas livrés à la fin de la sanglante journée de Borodino. Ce moment de satisfaction, vif et court, fut l'un des plus profondément sentis de sa vie! Hélas! il devait être le dernier!

Murat reçut l'injonction de marcher avec célérité pour prévenir tout désordre. Le général Durosnel

Sept. 1812.

Émotion de Napoléon.

24.

Sept. 1812.

Entrée de Murat dans Moscou à la tête de notre avant-garde.

fut envoyé en avant pour aller s'entendre avec les autorités, et les amener aux pieds du vainqueur, qui désirait recevoir leurs hommages et calmer leurs craintes. M. Denniée fut chargé d'aller préparer les vivres et les logements de l'armée. Murat, galopant à la tête de la cavalerie légère, parvint enfin à travers le faubourg de Drogomilow au pont de la Moskowa. Il y trouva une arrière-garde russe qui se retirait, et s'informa s'il n'y avait pas là quelque officier qui sût le français. Un jeune Russe qui parlait correctement notre langue, se présenta sur-le-champ devant ce roi que les peuples ennemis connaissaient si bien, et s'informa de ce qu'il voulait. Murat ayant exprimé le désir de savoir quel était le commandant de cette arrière-garde, le jeune Russe montra un officier à cheveux blancs, revêtu d'un manteau de bivouac à longs poils. Murat, avec sa bonne grâce accoutumée, tendit la main au vieil officier, et celui-ci la prit avec empressement. Ainsi la haine nationale se taisait devant la vaillance! Murat demanda au commandant de l'arrière-garde ennemie si on le connaissait. — Oui, répondit celui-ci par le moyen de son jeune interprète, nous vous avons assez vu au feu pour vous connaître. — Murat ayant paru frappé de ce manteau à longs poils qui semblait devoir être fort commode au bivouac, le vieil officier le détacha de ses épaules pour lui en faire présent. Murat le recevant avec autant de courtoisie qu'on en mettait à le lui offrir, prit une belle montre, et en fit don à l'officier ennemi, qui accepta ce présent comme on avait accepté le sien. Après ces politesses l'arrière-garde russe défila rapidement pour céder le terrain à notre avant-garde. Le roi de Naples, suivi de son état-major et d'un détachement de cavalerie, s'enfonça dans les rues de Moscou, traversa tour à tour d'humbles quartiers et des quartiers magnifiques, des rangées de maisons en bois serrées les unes contre les autres, et des suites de palais splendides s'élevant au milieu de vastes jardins : partout il n'aperçut que la solitude la plus profonde. Il semblait qu'on pénétrât dans une ville morte, et dont la population aurait subitement disparu. Ce premier aspect, fait pour surprendre, ne rappelait point notre entrée à Berlin ou à Vienne. Cependant un premier sentiment de terreur éprouvé par les habitants pouvait expliquer cette solitude. Tout à coup quelques individus éperdus apparurent : c'étaient des Français, appartenant aux familles étrangères établies à Moscou, et demandant au nom du ciel qu'on les sauvât des brigands devenus maîtres de la ville. On leur fit bon accueil, on essaya mais vainement de dissiper leur effroi, on se fit conduire au Kremlin, et à peine arrivé en vue de ces vieux murs on essuya une décharge de coups de fusil. C'étaient les bandits déchaînés sur Moscou par le féroce patriotisme du comte de Rostopchin. Ces misérables avaient envahi la citadelle sacrée, s'étaient emparés des fusils de l'arsenal, et tiraient sur les Français qui venaient les troubler dans leur règne anarchique de quelques heures. On en sabra plusieurs, et on purgea le Kremlin de leur présence. Mais en questionnant on apprit que toute la population avait fui, excepté un petit nombre d'étrangers, ou de Russes éclairés sur les mœurs des Français, et

Sept. 1812.

Murat chasse du Kremlin quelques bandits qui s'en étaient emparés.

ne redoutant pas leur présence. Cette nouvelle attrista les chefs de notre avant-garde, qui s'étaient flattés de voir venir au-devant d'eux une population qu'ils auraient le plaisir de rassurer, de remplir de surprise et de reconnaissance. On se hâta de remettre un peu d'ordre dans les quartiers de la ville, et de poursuivre les pillards, qui avaient cru jouir plus longtemps de la proie que le comte de Rostopchin leur avait livrée.

Ces détails transmis à Napoléon, l'affligèrent. Il avait attendu toute l'après-midi les chefs de la ville, qu'aurait dû lui apporter une population soumise, venant implorer sa clémence toujours prompte à descendre sur les vaincus. Ce mécompte, succédant à un moment d'enthousiasme, fut pour ainsi dire l'aurore de la mauvaise fortune. Ne voulant pas entrer la nuit dans cette vaste capitale, qu'un ennemi implacable évacuait à peine, et qui pouvait recéler bien des embûches, Napoléon s'arrêta dans le faubourg de Drogomilow, et envoya seulement des détachements de cavalerie pour occuper les portes de la ville, et en faire la police. Il était naturel de supposer que beaucoup de blessés et de traînards se trouvaient encore dans Moscou, et il était simple de chercher à s'en emparer. Eugène à gauche, garda la porte à laquelle aboutit la route de Saint-Pétersbourg ; Davout au centre, garda celle de Smolensk par laquelle arrivait le gros de notre armée, et s'étendit même par sa droite jusqu'à celle de Toula. La cavalerie, qui avait traversé la ville, dut garder les portes du nord et de l'est, opposées à celles par lesquelles nous nous présentions. Mais dans l'ignorance où l'on était des lieux, en l'absence d'habitants, on laissa ouvertes bien des issues, et il put s'échapper encore douze ou quinze mille traînards de l'armée russe, capture qui eût été bonne à faire. Toutefois il resta quinze mille blessés au moins que les Russes recommandèrent à l'humanité française. C'est à l'humanité russe qu'ils auraient dû les recommander, car ces malheureux allaient périr par d'autres mains que les nôtres!

Sept. 1812.

L'armée bivouaqua cette nuit, et ne jouit point encore de l'abondance et des délices qu'elle se promettait. Le lendemain matin 15 septembre, Napoléon fit son entrée dans Moscou à la tête de ses invincibles légions, mais traversa une ville déserte, et pour la première fois ses soldats, en entrant dans une capitale, n'eurent qu'eux-mêmes pour témoins de leur gloire. L'impression qu'ils ressentirent fut triste. Napoléon, arrivé au Kremlin, se hâta de monter à la tour élevée du grand Ivan, et de contempler de cette hauteur sa magnifique conquête, que la Moskowa traversait lentement en y décrivant de nombreux contours. Des milliers d'oiseaux noirs, corbeaux et corneilles, aussi multipliés dans ces régions que les pigeons à Venise, voltigeant autour du faîte des palais et des églises, donnaient à cette grande ville un aspect singulier, qui contrastait avec l'éclat de ses brillantes couleurs. Un morne silence, interrompu seulement par les pas de la cavalerie, avait remplacé la vie de cette cité, qui la veille encore était l'une des plus animées de l'univers. Malgré la tristesse de cette solitude, Napoléon, en trouvant Moscou abandonnée comme les

Napoléon entre le 15 septembre dans Moscou, au milieu d'une solitude profonde.

autres villes russes, s'estima heureux cependant de ne pas la trouver incendiée, et ne désespéra pas de calmer peu à peu les haines qui depuis Witebsk accueillaient la présence de ses drapeaux.

L'armée fut distribuée dans les divers quartiers de Moscou. Il fut décidé qu'Eugène occuperait le quartier du nord-ouest, compris entre la route de Smolensk et celle de Saint-Pétersbourg, ce qui répondait à la direction par laquelle il était arrivé (voir la carte n° 57). D'après le même principe, le maréchal Davout dut occuper la partie de la ville qui s'étendait de la porte de Smolensk à celle de Kalouga, c'est-à-dire tout le quartier situé au sud-ouest, et le prince Poniatowski le quartier situé au sud-est. Le maréchal Ney, qui avait traversé Moscou de l'ouest à l'est, dut s'établir dans les quartiers compris entre les routes de Riazan et de Wladimir. La garde fut naturellement placée au Kremlin et dans les environs. Les maisons regorgeaient de vivres de toute espèce. Avec un peu de soin on put satisfaire largement aux premiers besoins des soldats. Les officiers supérieurs furent accueillis à la porte des palais par de nombreux valets en livrée empressés de leur offrir une brillante hospitalité. Les maîtres de ces palais, ne prévoyant pas que Moscou fût destinée à périr, avaient eu grand soin, quoiqu'ils partageassent la haine nationale, de préparer des protecteurs à leurs riches demeures en y recevant les officiers français. On s'établit ainsi avec un vif sentiment de plaisir dans ce luxe, qui devait durer si peu. On se promenait avec curiosité dans ces palais où étaient prodigués tous les raffinements de la mollesse, où l'on trouvait des salles de bal splendides, des théâtres particuliers aussi grands que des théâtres publics, des bibliothèques remplies des livres français les plus licencieux du dix-huitième siècle, des peintures respirant le goût efféminé de Watteau et de Boucher, tous les signes enfin d'une licence qui formait avec l'ardente dévotion du peuple, avec la sauvage énergie de l'armée, un contraste singulier mais fréquent chez les nations parvenues brusquement de la barbarie à la civilisation, car ce que les hommes empruntent avec le plus de facilité à ceux qui les ont devancés dans l'art de vivre, c'est l'art de jouir. Il pouvait paraître étrange de rencontrer partout l'imitation de la France dans un pays avec lequel nous étions si violemment en guerre, et peu flatteur aussi de nous voir spécialement imités dans ce que nous avions de moins louable.

Sept. 1812.

de vive jouissance.

Sortis de ces brillantes demeures, nos officiers erraient avec une égale curiosité au milieu de cette cité, qui ressemblait à un camp tartare, semé çà et là de palais italiens. Ils contemplaient avec surprise plusieurs villes concentriquement placées les unes dans les autres : d'abord au centre même, sur une éminence, et au bord de la Moskowa, le Kremlin, environné de tours antiques et rempli d'églises dorées; au pied du Kremlin, sous sa protection en quelque sorte, la vieille ville, dite ville chinoise, renfermant l'ancien et le vrai commerce russe, celui de l'Orient; puis tout autour, et enveloppant la précédente, une ville large, espacée, brillante de palais, dite la ville blanche; puis enfin, les englobant toutes trois, la ville dite de terre, mélange de villages, de bosquets,

Les quatre villes composant la ville de Moscou.

d'édifices nouveaux et imposants, ceinte d'un épaulement en terre. Ce qu'on voyait surtout répandu également dans ces quatre villes enfermées les unes dans les autres, c'étaient plusieurs centaines d'églises surmontées de dômes qui affectaient comme en Orient la forme d'immenses turbans, de clochers qui étaient aussi élancés que des minarets, et révélaient d'anciennes fréquentations avec la Perse et la Turquie, car, chose étrange, les religions, en se combattant, s'imitent du moins sous le rapport de l'art! Moscou quelques jours auparavant contenait un peuple de trois cent mille âmes, et de ce peuple, dont il restait un sixième à peine, une partie était cachée dans les maisons et n'en sortait pas, une autre était aux pieds des autels qu'elle embrassait avec ferveur. Les rues étaient de vraies solitudes, où l'on n'entendait que le pas de nos soldats.

Sécurité de l'armée se flattant de jouir des richesses de Moscou.

Quoique devenus possesseurs sans partage, et en quelque sorte légitimes, d'une ville délaissée, nos officiers et nos soldats, toujours sociables, regrettaient d'être si riches, et de n'avoir point à partager avec les habitants eux-mêmes l'abondance qu'on leur cédait. Il leur plaisait en général, quand ils entraient dans une ville, de trouver la population sur leurs pas, de la rassurer, de s'en faire aimer, de recevoir de ses mains ce qu'ils auraient pu prendre, et de l'étonner par leur bonhomie après l'avoir effrayée par leur audace. La solitude de Moscou, quoiqu'elle fût une cession volontaire en leur faveur des richesses de cette ville, les affligeait, et pourtant ils ne soupçonnaient rien, car l'armée russe, qui seule jusqu'ici avait mis le feu, étant partie, l'incendie ne semblait plus à craindre.

On espérait donc jouir de Moscou, y trouver la paix, et, en tous cas, de bons cantonnements d'hiver, si la guerre se prolongeait. Cependant le lendemain du jour où l'on y était entré quelques colonnes de flammes s'élevèrent au-dessus d'un bâtiment fort vaste, qui renfermait les spiritueux que le gouvernement débitait pour son compte au peuple de la capitale. On y courut, sans étonnement ni effroi, car on attribuait à la nature des matières contenues dans ce bâtiment, ou à quelque imprudence commise par nos soldats, la cause de cet incendie partiel. En effet on se rendit maître du feu, et on eut lieu de se rassurer.

Mais tout à coup, et presque au même instant, le feu éclata avec une extrême violence, dans un ensemble de bâtiments qu'on appelait le Bazar. Ce bazar situé au nord-est du Kremlin, comprenait les magasins les plus riches du commerce, ceux où l'on vendait les beaux tissus de l'Inde et de la Perse, les raretés de l'Europe, les denrées coloniales, le sucre, le café, le thé, et enfin les vins précieux. En peu d'instants l'incendie fut général dans ce bazar, et les soldats de la garde accourus en foule firent les plus grands efforts pour l'arrêter. Malheureusement ils n'y purent réussir, et bientôt les richesses immenses de cet établissement devinrent la proie des flammes. Pressés de disputer au feu, et pour eux-mêmes, ces richesses désormais sans possesseurs, nos soldats n'ayant pu les sauver, essayèrent d'en retirer quelques débris. On les vit sortir du Bazar emportant des fourrures,

Sept. 1812.

Premier incendie dans le magasin des spiritueux, attribué au hasard, et bientôt éteint.

Autre incendie, plus considérable, également attribué au hasard

des soieries, des vins de grande valeur, sans qu'on songeât à leur adresser aucun reproche, car ils ne faisaient tort qu'au feu, seul maître de ces trésors. On pouvait le regretter pour leur discipline, on n'avait pas à le reprocher à leur honneur. D'ailleurs, ce qui restait de peuple leur donnait l'exemple, et prenait sa large part de ces dépouilles du commerce de Moscou. Toutefois ce n'était qu'un vaste bâtiment, extrêmement riche il est vrai, mais un seul, qui était atteint par les flammes, et on n'avait aucune crainte pour la ville elle-même. On attribuait à un accident très-naturel et très-ordinaire, plus explicable encore dans le tumulte d'une évacuation, ces premiers sinistres jusqu'ici fort limités.

Dans la nuit du 15 au 16 septembre, la scène changea subitement. Comme si tous les malheurs avaient dû fondre à la fois sur la vieille capitale moscovite, le vent d'équinoxe s'éleva tout à coup avec la double violence propre à la saison, et aux pays de plaines, où rien n'arrête l'ouragan. Ce vent soufflant d'abord de l'est, porta l'incendie à l'ouest, dans les rues comprises entre les routes de Twer et de Smolensk, et qui sont connues pour les plus belles, les plus riches de Moscou, celles de Tverskaia, de Nikitskaia, de Povorskaia. En quelques heures le feu, violemment propagé au milieu de ces constructions en bois, se communiqua des unes aux autres avec une rapidité effrayante. On le vit, s'élançant en longues flèches de flammes, envahir les autres quartiers situés à l'ouest. On aperçut aussi des fusées en l'air, et bientôt on saisit des misérables portant des matières inflammables au bout de grandes perches. On les arrêta, on les interrogea en les menaçant de mort, et ils révélèrent l'affreux secret, l'ordre donné par le comte de Rostopchin de mettre le feu à la ville de Moscou, comme au plus simple village de la route de Smolensk.

<small>Sept. 1812.

flagrant délit, ne laisse plus aucun doute sur la cause de l'incendie.</small>

Cette nouvelle répandit en un instant la consternation dans l'armée. Douter n'était plus possible, après les arrestations faites, et les dépositions recueillies sur plusieurs points de la ville. Napoléon ordonna que dans chaque quartier, les corps qui s'y trouvaient cantonnés formassent des commissions militaires, pour juger sur-le-champ, fusiller et pendre à des gibets les incendiaires pris en flagrant délit. Il ordonna également d'employer tout ce qu'il y avait de troupes en ville pour éteindre le feu. On courut aux pompes, mais on n'en trouva aucune. Cette dernière circonstance n'aurait plus laissé de doute, s'il en était resté encore, sur l'effroyable combinaison qui livrait Moscou aux flammes.

<small>Napoléon ordonne de les fusiller sur-le-champ, et de les pendre à des gibets.</small>

Outre que les moyens pour éteindre le feu manquaient, le vent, qui à chaque minute augmentait de violence, aurait défié les efforts de toute l'armée. Avec la brusquerie de l'équinoxe, de l'est il passa au nord-ouest, et le torrent de l'incendie changeant aussitôt de direction, alla étendre ses ravages là où la main des incendiaires n'avait pu le porter encore. Cette immense colonne de feu, rabattue par le vent sur le toit des édifices, les embrasait dès qu'elle les avait touchés, s'augmentait à chaque instant des conquêtes qu'elle avait faites, répandait avec la flamme d'affreux mugissements, interrompus par d'effrayantes explosions, et lançait

<small>Le vent se déplaçant sans cesse, sous l'influence de l'équinoxe, porte alternativement le désastre dans presque tous les quartiers de la ville.</small>

au loin des poutres brûlantes, qui allaient semer le fléau où il n'était pas, ou tombaient comme des bombes au milieu des rues. Après avoir soufflé quelques heures du nord-ouest, le vent, se déplaçant encore, et soufflant du sud-ouest, porta l'incendie dans de nouvelles directions, comme si la nature se fût fait un cruel plaisir de secouer tour à tour dans tous les sens, la ruine et la mort sur cette cité malheureuse, ou plutôt sur notre armée, qui n'était coupable, hélas! que d'héroïsme, à moins que la Providence ne voulût punir sur elle les desseins désordonnés dont elle était l'instrument involontaire! Sous cette nouvelle impulsion partie du sud-ouest, le Kremlin, jusque-là ménagé, fut tout à coup mis en péril. Des flammèches brûlantes tombant au milieu des étoupes de l'artillerie répandues à terre, menaçaient d'y mettre le feu. Plus de quatre cents caissons de munitions étaient dans la cour du Kremlin, et l'arsenal contenait quelques cent mille livres de poudre. Un désastre était imminent, et Napoléon pouvait avec sa garde et le palais des czars être emporté dans les airs.

Les officiers qui accompagnaient sa personne, les soldats de l'artillerie, sachant que sa mort serait la leur, l'entourèrent, et le pressèrent avec des cris de s'éloigner de ce cratère enflammé. Le péril était des plus menaçants : les vieux artilleurs de la garde, quoique habitués à des canonnades comme celles de Borodino, perdaient presque leur sang-froid. Le général Lariboisière s'approchant de Napoléon, lui montra le trouble dont il était la cause, et, avec l'autorité de son âge et de son dévouement, lui fit un devoir de les laisser se sauver seuls, sans augmenter leurs embarras par l'inquiétude qu'excitait sa présence. D'ailleurs plusieurs officiers envoyés dans les quartiers adjacents rapportaient que l'incendie, toujours plus intense, permettait à peine de parcourir les rues et d'y respirer, qu'il fallait donc partir, si on ne voulait pas être enseveli dans les ruines de cette ville frappée de malédiction.

Napoléon, suivi de quelques-uns de ses lieutenants, sortit de ce Kremlin, dont l'armée russe n'avait pu lui interdire l'accès, mais d'où le feu l'expulsait après vingt-quatre heures de possession, descendit sur le quai de la Moskowa, y trouva ses chevaux préparés, et eut beaucoup de difficulté à traverser la ville, qui vers le nord-ouest, où il se dirigeait, était déjà tout en flammes. Le vent, dont la violence croissait sans cesse, faisait quelquefois ployer jusqu'à terre les colonnes de feu, et poussait devant lui des torrents d'étincelles, de fumée, de cendres étouffantes. Au spectacle horrible du ciel répondait sur la terre un spectacle non moins horrible. L'armée épouvantée sortait de Moscou. Les divisions du prince Eugène et du maréchal Ney, entrées de la veille, s'étaient repliées sur les routes de Zwenigorod et de Saint-Pétersbourg; celles du maréchal Davout s'étaient repliées sur la route de Smolensk, et sauf la garde, laissée autour du Kremlin pour le disputer aux flammes, nos troupes se rejetaient en arrière, saisies d'horreur devant ce feu, qui, après s'être élancé vers le ciel, semblait se reployer sur elles, comme s'il avait voulu les dévorer. Les habitants restés en petit nombre à Moscou, cachés d'abord dans

Sept. 1812.

L'armée tout entière se replie sur les routes par lesquelles elle est entrée; la garde seule reste dans Moscou pour sauver le Kremlin.

Fuite du petit nombre

leurs maisons sans oser en sortir, s'en échappaient maintenant, emportant ce qu'ils avaient de plus cher, les femmes leurs enfants, les hommes leurs parents infirmes, sauvant ce qu'ils pouvaient de leurs hardes, poussant des gémissements douloureux, et souvent arrêtés par les bandits que Rostopchin avait déchaînés sur eux, en croyant les déchaîner sur nous, et qui s'ébattaient au milieu de cet incendie comme le génie du mal au milieu du chaos.

Nos soldats consternés se retiraient, secourant quelquefois, quand ils en avaient le temps, les malheureux ruinés à cause d'eux, mais plus ordinairement se hâtant de suivre leurs régiments hors de cette ville, où ils s'étaient vainement flattés de trouver le repos et l'abondance.

Napoléon alla s'établir au château de Pétrowskoïe, à une lieue de Moscou, sur la route de Saint-Pétersbourg, au centre des cantonnements du prince Eugène. Il attendit là qu'il plût au fléau de suspendre sa fureur, car les hommes n'y pouvaient plus rien, ni pour l'exciter ni pour l'éteindre. On avait pris et fusillé quelques-uns de ces misérables incendiaires, qui subissaient leur supplice sans mot dire, et n'étaient sur les gibets auxquels on les suspendait, qu'un avertissement inutile, car leurs complices n'avaient plus de mal à faire. Le vent y suffisait, et devançait toutes les mains avec son haleine infernale.

Par un dernier et fatal soubresaut, le vent passa le lendemain du sud-ouest à l'ouest pur, et alors les torrents de flammes furent portés vers les quartiers de l'est, vers les rues de Messnitskaia et de Bassmanaia, et vers le palais d'été. Les restes de la population se réfugièrent dans les champs découverts qui se rencontrent de ce côté. L'incendie approchant de son affreuse maturité, on entendait à chaque minute des écroulements épouvantables. Les toits des édifices, dont les appuis étaient consumés, s'affaissaient sur eux-mêmes, et s'abîmaient avec fracas, en faisant jaillir des torrents de flammes sous la pression produite par leur chute. Les façades élégantes, composées d'ornements appliqués sur des constructions en charpente, s'écroulaient, et remplissaient les rues de leurs décombres. Les tôles rouges, emportées par le vent, allaient tomber çà et là encore toutes brûlantes. Le ciel, recouvert d'un épais nuage de fumée, apparaissait difficilement à travers ce voile, et chaque jour le soleil se montrait à peine comme un globe d'un rouge sanglant. Pas un instant, dans ces trois journées des 16, 17, 18 septembre, la nature ne cessa d'être aussi effroyable dans ses aspects que dans ses effets.

Enfin, les quatre cinquièmes de la ville étant dévorés, l'incendie s'arrêta presque sans cause, car dans notre monde fini, le mal, même excessif, ne s'achève pas plus que le bien. La pluie qui, dans l'équinoxe, succède ordinairement aux violences du vent, tomba tout à coup sur ce volcan, et, sans l'éteindre, parvint à l'amortir. D'ouragan qu'il était, le feu se convertit en un affreux brasier, dont la pluie, heureusement persistante, calma peu à peu les ardeurs. On ne voyait debout que quelques murs en brique, quelques hautes cheminées échappées au feu,

Sept. 1812.

Après quatre jours entiers, l'incendie commence à s'apaiser.

Sept. 1812.

Il n'y a de sauvé que le Kremlin, et un cinquième de la ville.

On livre au peuple et aux soldats les quartiers incendiés, pour en tirer ce qu'ils pourront.

et se présentant comme les spectres de cette magnifique cité. Le Kremlin était sauvé, et avec le Kremlin un cinquième à peu près de la ville. La garde impériale, en portant de l'eau avec des seaux, et en la jetant sur les toits d'un certain nombre d'habitations, avait contribué à les garantir.

Dans diverses maisons à moitié brûlées, dans d'autres qui l'étaient entièrement, la populace de Moscou avait tenté de s'introduire, et de dérober ce qu'elle avait pu. Il n'était guère possible d'empêcher nos soldats d'en faire autant pour eux-mêmes, et on leur avait permis cette espèce de pillage, qui ne consistait, après tout, qu'à piller l'incendie. Ils étaient donc rentrés par bandes pour essayer de soustraire au feu quelques-unes des ressources qu'il allait détruire. Bientôt ils s'aperçurent que sous les décombres de ces maisons incendiées, si on pénétrait jusqu'aux caves, on trouvait des provisions de bouche, quelquefois un peu échauffées, mais en général intactes, et très-abondantes dans un pays où régnait l'habitude, à cause de la longueur des hivers, de s'approvisionner pour plusieurs mois. Ils découvrirent en grande quantité du blé excellent, de la viande salée, du vin, de l'eau-de-vie, de l'huile, du sucre, du café, du thé. Dans beaucoup de maisons où le feu, sans tout détruire, avait donné cependant le droit de fouiller, ils trouvèrent les objets du plus beau luxe, des vêtements, des fourrures surtout, que l'hiver qui s'approchait rendait fort appréciables, de l'argenterie que leur imprévoyante avidité les portait à préférer aux vêtements et aux vivres, des voitures que la perspective du retour faisait estimer beaucoup, enfin des porcelaines superbes, dont leur ignorance riait, et qu'ils brisaient onchalamment.

Bientôt le bruit de ce singulier genre de sauvetage s'étant répandu parmi les corps demeurés en dehors de la ville, il fallut leur permettre d'aller chacun à leur tour lever cette dîme sur l'incendie, et s'y pourvoir de vivres, de spiritueux, de vêtements chauds. On mit des sauvegardes, dans l'intérêt des officiers, des blessés et des malades, à tous les bâtiments conservés, et on livra le reste à la curiosité et à l'avidité du soldat, guidé par la populace de Moscou, qui, connaissant les lieux et les habitudes du pays, découvrait mieux les secrets asiles où l'on pouvait faire de précieuses trouvailles. Ce fut un lamentable spectacle, lamentable et grotesque tout à la fois, que cette foule de soldats et de gens du peuple fouillant dans les décombres fumants d'une magnifique capitale, s'affublant en riant des plus singuliers costumes, emportant dans leurs mains les objets les plus précieux, les vendant presque pour rien à ceux qui étaient capables de les apprécier, ou les brisant avec une ignorance puérile, et souvent s'enivrant des liqueurs découvertes dans les caves. Ce spectacle bizarre et triste prenait à chaque instant un caractère plus triste encore par le retour des infortunés habitants, qui avaient fui au moment de l'incendie ou de l'évacuation, et qui venaient savoir si leurs demeures étaient sauvées ou brûlées, et s'ils pouvaient s'y procurer les moyens de vivre. Le plus souvent ils étaient réduits à pleurer sur les ruines de leurs habitations, incendiées

Sept. 1812.

Spectacle de Moscou après l'incendie.

25.

jusqu'aux fondements, ou bien il leur fallait disputer à une populace effrénée les débris de leur aisance détruite, et ils n'étaient pas les plus forts lorsque nos soldats ne venaient pas les aider. Pour se garantir de l'intempérie de l'air, la plupart, ramassant les tôles tombées des toits de Moscou, et les plaçant sur des perches à demi calcinées, se construisaient ainsi des abris, sous lesquels ils avaient pour lit les cendres de leurs anciennes demeures. Ils étaient là sans autre ressource que de mendier auprès de nos soldats pour obtenir un morceau de pain. Moscou se repeuplait ainsi peu à peu, mais de malheureux en larmes. Avec eux étaient rentrés aussi, en poussant des croassements sinistres, les milliers de corbeaux que l'incendie avait chassés, et qui venaient reprendre possession des antiques édifices où ils étaient accoutumés à vivre. A ces spectacles désolants, il en faut ajouter un plus désolant encore, c'était celui que présentait l'intérieur de certaines maisons incendiées, où l'armée russe avait en partant accumulé ses blessés. Ces pauvres gens, ne pouvant se mouvoir, avaient péri dans les flammes. On évalue à quinze mille le nombre de ces victimes du barbare patriotisme de Rostopchin [1].

[1] C'est une nouvelle preuve que l'armée russe était étrangère à l'incendie de Moscou. Elle n'y aurait certainement laissé ni ses soldats ni ses officiers blessés, si elle s'était attendue à cette affreuse catastrophe. Elle eût même, si ce sacrifice avait été résolu par elle, fait de Moscou un champ de bataille, comme nous l'avons déjà dit, dans lequel aurait pu périr une partie de l'armée française en sachant l'y attirer. Le prince Eugène de Wurtemberg, dans ses Mémoires, a poussé cette démonstration jusqu'au dernier degré d'évidence, et on ne peut plus détourner de son auteur la responsabilité de ce tragique événement, aussi difficile à juger du reste que l'acte de Brutus, mais qui

Les scènes qu'offrait Moscou étaient à la fois déchirantes et dangereuses pour la discipline de l'armée, et il était urgent de les faire cesser. Nos soldats n'étaient pas coupables, car ils n'avaient fait qu'arracher aux flammes ce que le fanatisme d'un Russe y avait jeté; mais il ne fallait pas leur permettre de s'obstiner à une occupation abrutissante, et de s'habituer à la ruine des populations conquises, n'en fussent-ils pas les auteurs. D'ailleurs ces débris de la superbe Moscou, il importait de les sauver, non pour servir à l'intempérance du soldat, mais pour alimenter l'armée, et apaiser la faim des malheureux habitants restés dans leur ville par confiance pour nous. Des ordres étaient nécessaires.

Sept. 1812.

Napoléon fait cesser les recherches qu'on avait permises aux soldats dans les ruines de Moscou, et qui avaient pris l'aspect d'un pillage.

Napoléon rentra dans Moscou le 19 septembre, le cœur attristé, et l'esprit gravement préoccupé de cet horrible événement. Il avait poussé sa marche jusqu'à Moscou, quelques objections que son génie élevât contre cette course téméraire, dans l'espérance d'y trouver la paix, comme il l'avait trouvée à Vienne et à Berlin : mais qu'attendre de gens qui venaient de commettre un acte si épouvantable, et de donner une preuve si cruelle d'une haine implacable? Sur chacun de ces palais incendiés, dont il ne restait que les murs noircis, Napoléon semblait lire ces mots écrits en traits de sang et de feu : POINT DE PAIX... GUERRE A MORT !

Napoléon rentre avec l'armée dans Moscou, le 19 septembre.

Aussi les réflexions qu'il fit pendant cet affreux incendie furent-elles les plus amères, les plus sombres de sa vie. Jamais, dans sa longue et orageuse

Pénibles réflexions qui lui sont inspirées par le spectacle des ruines de cette ville.

ne doit être rejeté, quel qu'il soit, ni sur l'armée russe ni sur l'armée française.

Sept. 1812

carrière, il n'avait douté de sa fortune, ni à Arcole sur le pont qu'il ne pouvait franchir, ni à Saint-Jean d'Acre au moment de huit assauts repoussés, ni à Marengo au moment d'une bataille perdue, ni à Eylau au moment d'une bataille longtemps douteuse, ni même à Essling au moment d'être précipité dans le Danube. Mais, pour la première fois, il entrevit la possibilité d'un grand désastre, car il se savait placé au sommet d'un édifice d'une hauteur prodigieuse, dont un simple ébranlement pouvait entraîner la ruine.

Pourtant, sans s'appesantir encore sur les conséquences ultérieures de l'incendie de Moscou, il s'occupa d'en prévenir les conséquences immédiates pour l'humanité et pour l'armée. Il donna les ordres les plus sévères afin de mettre un terme au pillage, qui s'était établi sous le prétexte d'arracher à l'incendie ce que l'incendie allait dévorer. On eut quelque peine à détourner les soldats de cette espèce de jeu de hasard, où, au prix de beaucoup d'efforts, quelquefois même d'assez grands dangers, ils faisaient d'heureuses trouvailles, et découvraient des richesses qu'ils se promettaient de rapporter en France sur leurs épaules : infortunés, qui ignoraient que les plus favorisés pourraient à peine y rapporter leur corps ! On réussit cependant à mettre fin au désordre, et on y substitua des recherches régulièrement conduites, pour créer des magasins, et pour se procurer ainsi le moyen de passer à Moscou tout le temps nécessaire. Les recherches auxquelles on se livra révélèrent bientôt l'existence de quantités considérables de grains, de viandes salées, de spiritueux,

Les recherches, régulièrement organisées, amènent la découverte de quantités considérables de vivres.

surtout de sucre et de café, boisson précieuse dans les pays où le vin est rare. On partagea la ville entre les divers corps d'armée, à peu près comme au jour de leur arrivée, chacun ayant sa tête de colonne au Kremlin, et sa masse principale dans la partie de la ville par laquelle il était entré, le prince Eugène entre les portes de Saint-Pétersbourg et de Smolensk, le maréchal Davout entre celles de Smolensk et de Kalouga, le prince Poniatowski vers la porte de Toula, la cavalerie en dehors, à la poursuite de l'ennemi, le maréchal Ney à l'est, entre les portes de Riazan et de Wladimir, la garde seule au centre, c'est-à-dire au Kremlin. On réserva pour les officiers les maisons conservées, et on convertit en magasins les grands bâtiments qui avaient échappé à l'incendie. Chaque corps dut déposer dans ces magasins ce qu'il découvrait journellement, de manière à faire, indépendamment des distributions quotidiennes, des provisions d'avenir, soit qu'il fallût rester, soit qu'il fallût partir. On acquit la certitude qu'il y aurait en pain, viandes salées, boissons du pays, des vivres pour plusieurs mois, et pour toute l'armée[1].

Mais la viande fraîche, qu'on ne pouvait se procurer qu'avec du bétail, et le bétail qu'avec du fourrage, était un sujet de grave inquiétude. La conservation des chevaux de l'artillerie et de la cavalerie, qui dépendait également des fourrages, était un sujet de préoccupation encore plus grave. Napoléon

Sept. 1812

Il ne reste d'inquiétude, si on doit hiverner à Moscou, que pour la viande fraîche et les fourrages.

---

[1] Le docteur Larrey, l'un des témoins les mieux informés de cette situation, croyait qu'on pouvait vivre six mois sur les provisions trouvées à Moscou.

espéra y pourvoir en étendant ses avant-postes jusqu'à dix ou quinze lieues de Moscou, de manière à embrasser une portion de territoire assez vaste pour y trouver des légumes et des fourrages en quantité suffisante. Il imagina une autre mesure, c'était d'attirer les paysans en les payant bien. Les roubles en papier étant la monnaie qui avait cours en Russie, et le trésor de l'armée en contenant une quantité dont nous avons dit l'origine, ignorée de tout le monde, il fit annoncer qu'on payerait comptant les vivres apportés dans Moscou, surtout les fourrages, et recommanda expressément de protéger les paysans qui répondraient à cet appel; il fit acquitter la solde de l'armée en roubles-papier, ayant toutefois la précaution d'ajouter (ce qui était un acte indispensable de loyauté envers l'armée) que les officiers qui désireraient envoyer leurs appointements en France, auraient la faculté d'y faire convertir en argent, à tous les bureaux du trésor, ces papiers d'origine étrangère.

Relevant l'emploi de ces moyens par un acte d'humanité digne de lui et de l'armée française, il fit distribuer des secours à tous les incendiés. On aida les uns à se créer des cahutes, on offrit un asile aux autres dans les bâtiments qui ne servaient pas à l'armée, et en outre on leur accorda des vivres. Mais ces vivres, dont le besoin pouvait devenir bien grand, suivant la durée du séjour à Moscou, étaient trop précieux pour être donnés longtemps à des étrangers, la plupart ennemis. Napoléon aima mieux leur fournir de l'argent, afin qu'ils se pourvussent au dehors, et il leur fit distribuer des roubles-papier. Les Français anciennement établis à Moscou furent traités comme notre propre armée, et ceux qui étaient lettrés furent employés à créer une administration municipale provisoire, en attendant qu'on eût ramené les Russes eux-mêmes dans leur capitale.

Sept. 1842.

Au-dessous des murs du Kremlin, Napoléon avait sous les yeux un vaste bâtiment qui, dès le jour de son entrée à Moscou, avait attiré ses regards : c'était l'hospice des enfants trouvés. Cet hospice magnifique, placé sous la direction de l'impératrice mère, objet de toute la prédilection de cette princesse, avait été évacué en grande partie. Mais la difficulté des transports avait été cause qu'on y avait laissé les enfants en bas âge, les plus difficiles à déplacer, et les moins menacés, car nos soldats eussent-ils été aussi féroces qu'on se plaisait à le dire, n'auraient pas exercé leur barbarie sur des enfants de quatre ou cinq ans. Quand nous entrâmes dans Moscou, ces pauvres enfants, saisis d'épouvante, étaient en pleurs autour de leur respectable gouverneur, le général Toutelmine, vieillard en cheveux blancs. Napoléon averti, lui envoya une sauvegarde qui veilla sur ce noble établissement, avant et pendant l'incendie. Revenu à Moscou, il s'y rendit à pied, car il n'avait qu'à franchir la porte du Kremlin pour se trouver dans l'hospice, devenu, comme on va le voir, l'objet de son intérêt et de son ingénieuse politique. Le gouverneur vint le recevoir à la porte, entouré de ses pupilles, qui se précipitèrent au-devant de Napoléon, baisant ses mains, saisissant les pans de son habit pour le remercier de leur avoir sauvé la vie. — Vos enfants, dit Napoléon au vieux

Hospice des enfants trouvés, placé au-dessous du Kremlin.

Napoléon va faire visite à cet hospice.

Accueil qu'il reçoit des enfants de l'hospice et de son gouverneur. Insinuations

général Toutelmine, ne croient donc plus que mon armée va les dévorer? Quels barbares que les hommes qui vous gouvernent! quel stupide Érostrate que votre gouverneur Rostopchin! Pourquoi tant de ruines? pourquoi des moyens si sauvages, qui coûteront à la Russie plus que ne lui aurait coûté la guerre la plus malheureuse? Un milliard ne payerait pas l'incendie de Moscou! Si, au lieu de se livrer à ces fureurs, on eût épargné votre capitale, je l'aurais ménagée comme Paris même; j'aurais écrit à votre souverain, j'aurais traité avec lui à des conditions équitables et modérées, et cette guerre terrible serait bien près de finir! Loin de là, on brûle, on brûlera encore, et on aura, je vous l'assure, beaucoup à brûler, car je ne suis pas près de quitter le sol de la Russie, et Dieu sait ce que cette guerre coûtera encore à l'humanité! — Le général Toutelmine, qui détestait l'acte de Rostopchin, comme tous les habitants de Moscou, convint de la vérité de ces observations, exprima le regret que les dispositions de Napoléon ne fussent pas mieux appréciées, et sembla dire que si on les connaissait à Saint-Pétersbourg, les choses pourraient prendre une marche différente. Napoléon, se prêtant à cette ouverture, qu'il avait eu l'intention de provoquer, demanda au général Toutelmine ce qu'il voulait pour ses enfants, et celui-ci ayant répondu qu'il sollicitait seulement la permission d'apprendre à l'impératrice mère que ses pupilles étaient sauvés, Napoléon l'invita à écrire, et lui promit de faire parvenir sa lettre. — Dois-je ajouter, reprit le général Toutelmine, que les dispositions de Votre

Majesté sont telles qu'elle vient de les exprimer?— Oui, répondit Napoléon; dites que si des ennemis, intéressés à nous brouiller, cessaient de s'interposer entre l'empereur Alexandre et moi, la paix serait bientôt conclue. —

La lettre du gouverneur des pupilles, écrite sur-le-champ, fut envoyée à Saint-Pétersbourg avant la fin de la journée. A peu près en même temps on avait rencontré un personnage qui paraissait honorable, un Russe resté à Moscou, et demandant à se rendre sur les derrières de l'armée, pour y mettre ordre à ses propriétés incendiées. Il était moins aveuglé par la colère que ses compatriotes, et déplorait l'atroce fureur de Rostopchin, qui, à ne juger que par les effets matériels, avait causé plus de mal aux Russes qu'aux Français, car ceux-ci, même sous les ruines fumantes de Moscou, trouvaient encore à vivre, et les autres erraient mourants de faim dans les bois. On le fit venir, on l'admit à l'honneur de voir Napoléon, de s'entretenir avec lui, et de s'assurer directement de ses dispositions pacifiques. Napoléon, qui n'entendait plus donner à la guerre actuelle toute la portée qu'il avait songé à lui donner dans le premier moment, répéta ce qu'il avait dit au général Toutelmine, qu'il avait voulu entreprendre une guerre politique, et non une guerre sociale et dévastatrice; qu'ayant pu en Lithuanie insurger les paysans, il ne l'avait pas fait; que les incendies allumés sur son chemin il s'était efforcé de les éteindre; que le théâtre de cette guerre aurait dû être en Lithuanie, et non dans la Moscovie elle-même; que là, une ou deux batailles auraient dû décider la question, et

Sept. 1812.

Autres ouvertures par un personnage russe qui avait demandé à passer sur les derrières de l'armée.

qu'un traité peu onéreux aurait rétabli l'alliance de la Russie avec la France, et non point sa dépendance, comme on se plaisait à le dire pour exciter les esprits; qu'au lieu de cela on cherchait à imprimer à cette guerre un caractère atroce, digne des nègres de Saint-Domingue; que le comte de Rostopchin, en voulant jouer le Romain, n'était qu'un barbare, et qu'il était temps, dans l'intérêt de l'humanité et de la Russie, de mettre un terme à tant d'horreurs.

Le personnage russe dont il s'agit, M. de Jakowleff, ne contesta aucune des assertions de Napoléon, car, sortant des ruines fumantes de Moscou, ayant vu les horribles souffrances endurées par les malheureux habitants de cette capitale, il était indigné contre la fureur de Rostopchin, et pensait qu'une pareille guerre devait ou être terminée le plus tôt possible, ou du moins être soutenue par d'autres moyens. Ayant, comme le général Toutelmine, dit à Napoléon qu'il devrait bien faire connaître ses dispositions pacifiques à l'empereur Alexandre, et qu'il serait séant au vainqueur d'être le premier à parler de paix, Napoléon qui ne demandait pas mieux, offrit à son interlocuteur de se rendre lui-même à Saint-Pétersbourg, afin d'y porter écrites les paroles qu'il venait d'entendre. M. de Jakowleff s'empressa d'y consentir, et partit avec une lettre pour Alexandre, lettre à la fois courtoise et hautaine, comme Napoléon n'avait cessé d'en écrire, même au moment de la déclaration de guerre. Napoléon le fit accompagner par un officier, pour assurer sa marche à travers les détachements français.

L'inconvénient de ces ouvertures était sans doute

de laisser entrevoir les embarras que nous commencions à éprouver, et dès lors d'engager l'empereur Alexandre à faire autant de pas en arrière, que nous en ferions en avant pour nous rapprocher de lui. D'un autre côté, on pouvait être certain que si on ne prenait pas l'initiative avec ce prince, son orgueil, profondément blessé, l'empêcherait de la prendre, et qu'un excès de réserve aurait autant d'inconvénients pour la paix qu'une démarche indiscrètement pacifique. Napoléon n'hésita donc pas à tenter ces ouvertures, sans négliger du reste les soins qu'il devait à cette guerre, devenue justement plus difficile à mesure qu'elle semblait plus heureuse, puisque chaque progrès en avant était une difficulté ajoutée au retour.

Il fallait effectivement songer aux projets ultérieurs que commandait la situation extraordinaire dans laquelle on s'était mis, en se transportant à six ou sept cents lieues de la frontière de France, au milieu de cette capitale incendiée de la vieille Russie. Mais ces projets dépendaient en partie de ceux de l'ennemi, et depuis quelques jours on commençait à ne plus savoir ce qu'il était devenu. Le général Sébastiani, qui avait remplacé à la tête de l'avant-garde Murat, venu accidentellement à Moscou, fut obligé d'avouer qu'il avait été trompé par les Russes aussi complètement qu'à Roudnia. En effet, tout en suivant l'armée de Kutusof d'abord sur la route de Wladimir, puis sur celle de Riazan (voir la carte n° 54), il s'était avancé jusqu'au bord de la Moskowa, que cette route rencontre à huit ou neuf lieues de Moscou, avait franchi la Moskowa à la suite des

Sept. 1812

et inconvénients de ces ouvertures pacifiques.

Pendant que Napoléon s'occupe à Moscou des premiers soins de son établissement, on s'aperçoit que l'ennemi s'est dérobé au général Sébastiani, qui était chargé de l'observer.

Russes, et voyant toujours devant lui des Cosaques avec quelque cavalerie régulière, sans songer à s'éclairer sur sa droite, il avait couru dans le sens du sud-est jusqu'à Bronitcy, à vingt lieues au moins, prenant constamment l'apparence pour la réalité. Arrivé là il avait fini par reconnaître qu'on l'avait induit en erreur, que l'ennemi n'était plus devant lui, et il l'avait mandé à Moscou, disant avec franchise qu'il ne savait où le chercher. Sur ces entrefaites, on apprenait que deux escadrons de marche escortant des caissons de munitions, et s'acheminant vers Moscou par la route de Smolensk, celle même que nous avions suivie, avaient été surpris par une nuée de Cosaques aux environs de Mojaisk, enveloppés, et forcés de se rendre avec leur convoi. L'alarme avait été aussitôt donnée sur toute la route de Moscou à Smolensk, et on criait déjà, avec un trouble qu'il n'est que trop facile de produire sur les derrières d'une armée, que l'ennemi s'était placé sur nos communications, et qu'il était dès ce moment en mesure de nous couper la retraite.

Ce fut dans les journées des 21 et 22 septembre que Napoléon apprit ces désagréables nouvelles, qui faisaient suite, d'une manière fâcheuse, à l'incendie de Moscou. Il s'emporta fort contre le général Sébastiani, malgré l'estime qu'il lui accordait; mais les cris, les emportements ne remédiaient à rien.

Napoléon prescrivit à Murat d'aller immédiatement se mettre à la tête de l'avant-garde, et lui confia le corps de Poniatowski, tout fatigué et épuisé qu'était ce corps d'armée, pour qu'il pût, avec des soldats parlant la langue slave, se renseigner plus facilement sur la marche de l'ennemi. Les courses des Cosaques donnant lieu de penser que le général Kutusof avait opéré un mouvement de flanc vers notre droite, pour se diriger sur nos derrières par la route de Kalouga, Napoléon enjoignit à Murat de se reporter du sud-est au sud, c'est-à-dire de la route de Riazan sur celle de Toula, et de marcher jusqu'à ce qu'il eût des nouvelles de Kutusof. Ne voulant pas laisser Murat aventuré seul à la recherche de la grande armée russe, il fit partir par la porte de Kalouga, en lui ordonnant de marcher sur Kalouga même, le maréchal Bessières avec les lanciers de la garde, la cavalerie de Grouchy, la cavalerie légère et la quatrième division d'infanterie du maréchal Davout; enfin il fit rétrograder par la route de Smolensk les dragons de la garde, une division de cuirassiers, et la division Broussier du prince Eugène. Ces trois corps de troupes, se déployant en éventail sur nos derrières, de la route de Toula à celle de Smolensk, devaient s'avancer en tâtonnant jusqu'à ce qu'ils eussent rejoint l'ennemi. Napoléon se doutait bien du point où l'on rencontrerait Kutusof, car il le supposait sur la route de Kalouga, attiré dans cette direction par la double raison de menacer nos derrières, et de se mettre en communication avec les plus riches provinces de l'empire. Quoiqu'il en fût presque certain, il était néanmoins impatient de le savoir d'une manière positive. Il ne partageait aucunement les terreurs de ceux qui nous croyaient coupés, mais il était résolu à ne pas souffrir de la part de Kutusof un établissement inquiétant sur nos derrières, et à sortir de Moscou pour

Sept. 1812,
sur nos flancs,
envoie à
sa recherche
Murat,
Poniatowski
et Bessières.

aller livrer une seconde bataille, si le général russe prenait position trop près de nous et de notre ligne de retraite. Le maréchal Davout, dont la prévoyance s'inquiétait à la vue d'un ennemi resté assez fort pour manœuvrer sur nos flancs, supplia Napoléon de partir immédiatement pour aller le combattre, et l'écraser, après quoi on pourrait dormir tranquille à Moscou, même tout l'hiver, si on le désirait. Napoléon était bien de cet avis, pourvu qu'il ne fallût pas aller chercher les Russes trop loin. L'armée, en effet, n'était à Moscou que depuis sept jours, dont quatre passés au milieu des flammes, et il ne voulait pas l'arracher aux premières douceurs du repos, à moins que ce ne fût pour frapper un coup décisif. Il se tint donc prêt à partir, mais sans déplacer encore ses principaux corps d'armée, en attendant qu'on eût éclairci le mystère de la nouvelle position prise par les Russes.

Voici, pendant ce temps, quelles avaient été les résolutions du général Kutusof et les mouvements exécutés par son armée. Sa pensée, en sortant de Moscou, avait été de suivre un plan moyen entre tous ceux qui lui avaient été proposés, et d'aller se placer sur le flanc des Français, mais en ne tournant pas trop près d'eux, afin de ne pas les avoir trop tôt sur les bras. En conséquence son premier projet, concerté avec l'aide de camp d'Alexandre, l'officier piémontais Michaud, avait été de rétrograder jusque derrière l'Oka, puissante rivière qui, naissant au midi, passant par Orel, Kalouga, Riazan, recueille une quantité d'affluents, notamment la Moskowa (voir la carte n° 54), et va se jeter dans le Wolga à Nijney-Nowogorod. Derrière cette rivière on eût été bien couvert, et abondamment nourri par tous les produits des provinces du Midi, transportés de Kalouga par l'Oka elle-même. Mais c'était s'éloigner beaucoup des Français, laisser un vaste champ à leurs fourrages, et accroître infiniment le découragement de l'armée russe, qui croyait avoir manqué sa mission depuis qu'elle n'avait pas pu défendre Moscou. En effet la tristesse, l'abattement étaient au comble dans cette armée, et le spectacle des milliers de familles qu'elle traînait à sa suite, les unes à pied, les autres sur des chars, n'était pas fait pour diminuer les sentiments amers qui l'oppressaient. Aussi tout Russe qu'il était, le vieux Kutusof commençait-il à n'être pas beaucoup plus populaire que Barclay de Tolly. Pour refaire sa popularité, il cherchait par des propos perfidement semés, à répandre l'opinion que ce n'était pas lui qui avait voulu évacuer Moscou, qu'il y avait été forcé par plusieurs chefs de l'armée, et parmi ces chefs il désignait Barclay de Tolly, Benningsen lui-même, car ce dernier, depuis la mort de Bagration, devenait à son tour l'objet de ses ombrages. Craignant l'effet que la perte de Moscou pourrait produire surtout à Saint-Pétersbourg, il avait expédié l'aide de camp Michaud, pour aller exposer à la cour ses résolutions et ses motifs, et faire agréer les unes et les autres.

Tel était l'état des choses lorsque tout à coup, dans l'affreuse nuit du 16 au 17, le vent violent du nord-ouest avait porté jusqu'à l'armée russe, qui tournait autour de Moscou, les mugissements et les

Sept. 1812.

sur la route de Kalouga.

Cependant il vent tourner à grande distance, pour ne pas se heurter contre les Français dans l'état de découragement où se trouve l'armée russe.

Tandis que l'armée russe tourne autour de Moscou, elle aperçoit sombres lueurs de l'incendie. Ce spectacle horrible surgissant à l'horizon comme l'éruption d'un volcan, avait arraché l'armée et le peuple fugitif à leurs bivouacs, et tous s'appelant les uns les autres, s'étaient levés pour contempler ce désastre de la vieille capitale de leur patrie. La fureur à cette vue avait été portée au comble. Le véritable incendiaire, c'est-à-dire le comte de Rostopchin, et Kutusof lui-même, qui n'avait pas le secret du comte de Rostopchin, mais qui le soupçonnait, s'étaient hâtés d'annoncer que c'étaient les Français qui avaient mis le feu à Moscou, et cette calomnie, si peu vraisemblable, s'était répandue dans les rangs du peuple et de l'armée avec une incroyable promptitude. — Les Français ont mis le feu à Moscou! criait-on de toutes parts, et à cette nouvelle la haine était devenue ardente comme l'immense bûcher de la malheureuse cité. De tous côtés on poussait des cris de rage, on se montrait avec désespoir les traits de feu qui jaillissaient de ce vaste incendie, et qui de temps en temps éclairaient l'horizon entier d'une éclatante et sinistre lumière. On demandait vengeance, on voulait tout de suite aller au combat[1]. Ainsi Rostopchin, qui en brûlant Moscou ne nous avait privés de rien, car il restait dans

[1] Le prince de Wurtemberg dit dans ses mémoires, que lui et beaucoup d'autres regardaient la cause russe comme perdue après la sortie de Moscou, surtout à cause du découragement qui régnait dans l'armée, mais que la vue des flammes qui dévoraient la capitale rendit à cette armée une ardeur nouvelle, et que les espérances de tous ceux qui étaient attachés à la Russie se ranimèrent instantanément. Du reste le témoignage des étrangers qui servaient dans les armées russes est unanime sur ce point. Militairement l'acte du comte de Rostopchin fut nul, moralement il eut des conséquences incalculables.

cette vaste capitale assez de toits pour nous abriter, assez de vivres pour nous nourrir, avait néanmoins creusé un abîme entre les deux nations, réveillé contre nous toute la violence des haines nationales, rendu les négociations impossibles, et ranimé toute l'énergie de l'armée russe, que l'impuissance apparente de ses efforts commençait à décourager.

Ce n'était pas le cas en ce moment de s'éloigner trop des Français, et de leur laisser le champ libre, avec les dispositions qui se manifestaient chez les soldats russes. Descendre sur la route de Riazan jusqu'à la ville de Kolomna pour rejoindre l'Oka, c'était afficher trop de prudence, et une prudence d'ailleurs inutile, car exclusivement occupés d'arracher aux ruines de Moscou le pain dont ils avaient besoin, les Français n'étaient pas en mesure de suivre et d'inquiéter l'armée russe. Aussi Kutusof, arrivé sur la route de Riazan jusqu'au bord de la Moskowa, avait-il cru devoir s'y arrêter, et entreprendre, à partir de ce point, le mouvement de flanc projeté autour de l'armée française, c'est-à-dire donner un rayon de dix lieues, au lieu d'un rayon de trente, à l'arc de cercle qu'il se proposait de décrire autour de Moscou, de l'est au sud.

Le général Kutusof profitant de quelques pourparlers engagés entre le général Sébastiani et le général Raéffskoi, dans le but d'éviter les batailleries inutiles, avait ordonné de se prêter à tout ce que voudraient les Français, d'endormir ainsi leur vigilance, et de leur cacher complétement la direction qu'on allait suivre. A dater du 17 en effet, tandis qu'une arrière-garde de cavalerie continuait à mar-

Sept. 1812.

Tout le monde criant vengeance, Kutusof se décide à opérer son mouvement plus près de l'ennemi.

Manière dont il échappe

Sept. 1812.

au général Sébastiani.

cher nonchalamment sur la route de Riazan, et attirait à sa suite le général Sébastiani, le gros de l'armée changeant subitement de direction, s'était mis à tourner du sud-est au sud-ouest, et s'était porté derrière la Pakra, petite rivière qui, naissant près de la route de Smolensk (voir la carte n° 55), trace autour de Moscou un cercle semblable à celui que les Russes voulaient décrire, et dès lors était propre à leur servir de ligne de défense. C'est donc derrière cette rivière, et non derrière l'Oka, que Kutusof vint se poster, s'établissant non pas précisément sur notre ligne de communication, mais à côté, et pouvant s'y transporter en une marche.

Arrivé le 18 à Podolsk, Kutusof était le 19 à Krasnaia-Pakra, derrière la Pakra. C'est de ce point situé tout à fait au sud-ouest, fort près de notre ligne de communication, qu'il avait envoyé des coureurs sur la route de Smolensk, pour enlever nos postes et nos convois, ce qui avait donné l'éveil à Napoléon, et déterminé de sa part les mesures que nous venons de faire connaître.

Murat et Bessières retrouvent la piste de l'ennemi.

Telle était la situation prise par l'armée russe, lorsque les corps de Murat et de Bessières mis en mouvement, commencèrent à la chercher, Murat au sud-est sur la route de Riazan, Bessières au sud, sur la route de Toula. (Voir les cartes n°ˢ 54 et 55.) L'erreur du général Sébastiani fut bientôt reconnue, et Murat avec son instinct d'officier d'avant-garde, tournant à droite, et remontant la Pakra, eut promptement retrouvé la piste de l'ennemi, tandis que Bessières, appuyant de son côté plus à droite, et du sud tournant un peu au sud-ouest, vint à Podolsk puis à Desna, où il rencontra le gros de l'arrière-garde russe commandée par Miloradovitch. Les généraux français qui avaient ordre de pousser vivement l'ennemi, afin de découvrir ses desseins, marchèrent résolûment à lui; et Murat qui avait franchi la Pakra sur les traces de l'armée russe, vint à son tour menacer de la prendre en flanc.

Sept. 1842.

A la vue de Murat établi au delà de la Pakra, le hardi Benningsen aurait voulu qu'on se ruât sur lui pour l'accabler. Mais Kutusof, qui déjà n'était plus d'accord avec Benningsen, son vrai rival à cette heure, ne fut pas de cet avis. Il avait en effet d'excellentes raisons à faire valoir. On ne savait pas dans le camp russe que Murat était là uniquement avec sa cavalerie et l'infanterie de Poniatowski, et on pouvait craindre qu'il n'y fût avec l'armée française elle-même. Or Kutusof, en comptant tout ce qu'il avait ramassé, n'avait pas plus de 70 mille hommes de troupes régulières, et il ne croyait pas sage, à la veille de recueillir le prix d'un plan de campagne douloureux, mais profond, d'y renoncer tout à coup pour courir la chance d'une affaire incertaine. De Kalouga, il allait lui arriver des renforts considérables de troupes régulières; il attendait de l'Ukraine une superbe division de vieux Cosaques, et dans cet intervalle la mauvaise saison, qui s'approchait, la pénurie de vivres, la difficulté des distances, devaient avoir affaibli l'armée française, presque autant que l'armée russe se serait renforcée. Ce n'était donc pas le cas de livrer bataille avant le jour où la proportion des forces serait entière-

Benningsen voudrait qu'on livrât bataille aux Français.

Motifs de Kutusof

Sept. 1812.

pour ne pas le vouloir.

ment changée au profit des Russes. Bien qu'en fait Kutusof eût tort, puisque Murat ne disposait que d'un détachement, il avait théoriquement raison, et sa pensée fondamentale était parfaitement sage. En conséquence il résolut de se retirer plus loin sur la route de Kalouga, aussi loin qu'il le faudrait pour éviter Murat, car il n'y avait pas de milieu, il fallait ou l'attaquer ou l'éviter.

Il vient prendre position au camp de Taroutino, sur la route de Kalouga.

Ayant pris ce dernier parti, on rétrograda encore le 27, en tenant tête cependant à Murat, qui devenait pressant sur la droite, tandis que le maréchal Bessières se montrait entreprenant sur la gauche, et les jours suivants on alla s'établir successivement à Woronowo, à Winkowo, et enfin à Taroutino derrière la Nara. (Voir la carte n° 55.) Dans son projet d'éviter une bataille, le général Kutusof ne pouvait pas mieux faire que de rétrograder jusqu'au point où il trouverait une position assez forte pour arrêter les Français. La Nara est une rivière qui naissant comme la Pakra près de la route de Smolensk, aux environs de Krimskoïé, vient tourner autour de Moscou, mais en décrivant un arc plus étendu que la Pakra, ce qui, au lieu de la faire aboutir dans la Moskowa, la conduit jusqu'à l'Oka. Ses rives sont escarpées, surtout sa rive droite, où s'étaient postés les Russes, et on pouvait y établir un camp presque inexpugnable. C'est ce que résolut le général Kutusof, et ce qu'il mit beaucoup de soin à exécuter. Il se proposait là, tandis qu'il serait bien nourri par les magasins de Kalouga, d'appeler ses recrues, de les verser dans ses cadres, de les instruire, et de reporter son armée à un nombre tel qu'il pût enfin affronter les Français avec avantage. Bessières et Murat l'ayant suivi jusque-là, s'arrêtèrent dans l'attitude de gens qui n'avaient pas renoncé à l'offensive, mais qui attendaient de nouveaux ordres. Ils étaient en effet à vingt lieues en arrière de Moscou, presque sur la route que nous avions suivie pour nous y rendre, et assez près de Mojaisk où s'était livrée la bataille de la Moskowa. Pousser plus loin ne pouvait être que le résultat d'une grande et définitive détermination, que leur maître seul était capable de prendre.

Octob. 1812.

Murat et Bessières s'arrêtent devant le camp de Tarentino.

C'était pour Napoléon un moment grave, qui allait décider de cette campagne et probablement de son sort. Aussi ne cessait-il au fond du Kremlin de méditer sur le parti auquel il devait se résoudre. Exposer l'armée à de nouvelles fatigues pour courir après les Russes, sans la certitude de les atteindre, et pour l'unique avantage de leur livrer encore quelque combat plus ou moins meurtrier, n'était pas aux yeux de Napoléon une résolution admissible. L'infanterie était très-fatiguée et fort amoindrie par la maraude, la cavalerie était ruinée. L'armée entière à peine entrée à Moscou, et depuis qu'elle y était ayant passé presque toutes ses journées à se débattre contre l'incendie, n'avait pas eu le loisir de respirer. C'est tout au plus si elle avait goûté cinq à six jours d'un vrai repos. Il fallait donc la ménager, et ne la tirer de son immobilité qu'au moment de prendre un parti décisif. Mais ce parti le temps était venu d'y penser, car le mois de septembre s'étant écoulé, et aucune réponse aux ouvertures qu'on avait essayées n'étant arrivée de Saint-Pétersbourg,

Moment décisif pour Napoléon, duquel dépend son sort et celui de l'armée.

Divers partis qui s'offrent à lui.

il fallait songer ou à s'établir à Moscou, ou à quitter cette capitale pour se rapprocher de ses magasins, de ses renforts, de ses communications avec la France, c'est-à-dire de la Pologne.

Hiverner à Moscou était une résolution qui au premier abord n'avait l'approbation de personne, car personne n'admettait qu'on pût s'immobiliser pendant six mois à deux cents lieues de Wilna, à trois cents de Dantzig, à sept cents de Paris, avec le plus grand doute sur les moyens de nourrir l'armée, avec la perspective d'être bloqué non-seulement par l'hiver, mais par toutes les forces russes. Quitter Moscou, pour retourner en Pologne, était au contraire une idée qui répondait à la pensée de tous, Napoléon seul excepté. Pour lui, quitter Moscou c'était rétrograder, c'était avouer au monde qu'on avait commis une grande faute en marchant sur cette capitale, qu'on désespérait d'y trouver ce qu'on était venu y chercher, la victoire et la paix; c'était renoncer à cette paix, ressource la plus prompte, et incontestablement la plus sûre de se tirer de l'embarras où l'on s'était mis en s'avançant si loin; c'était déchoir, c'était perdre en partie, peut-être en entier, ce prestige qui tenait l'Europe subjuguée, la France elle-même docile, l'armée confiante, nos alliés fidèles; c'était non pas descendre, mais tomber de l'immense hauteur à laquelle on était parvenu.

Aussi fallait-il s'attendre que Napoléon ne prendrait ce parti qu'à la dernière extrémité; et ce n'était pas l'orgueil seul de ce grand homme qui répugnait à un mouvement rétrograde, c'était le sentiment profond de sa situation présente; car il suffisait d'un doute inspiré au monde sur la réalité de ses forces, pour que tout l'édifice de sa grandeur fût exposé à s'écrouler d'un seul coup. Déjà Torrès-Védras avait semblé arrêter sa puissance au Midi; toutefois il y avait une explication, c'était son absence, et la présence en Portugal de l'un de ses lieutenants, qui, quelque grand qu'il fût, n'était pas lui. Mais s'il rencontrait au Nord, là où il commandait en personne, et à la tête de ses principales armées, un nouvel obstacle, on n'allait pas manquer de le regarder comme définitivement arrêté dans le cours de ses victoires; on allait concevoir l'espérance de le vaincre, et une seule espérance rendue à l'Europe esclave pouvait la soulever tout entière sur ses derrières, et submerger le nouveau Pharaon sous les flots d'une insurrection européenne.

Napoléon avait donc raison de se préoccuper gravement de la manière dont il quitterait Moscou, et de ne vouloir en sortir qu'avec l'attitude d'un ennemi qui manœuvre, et non pas avec celle d'un ennemi qui bat en retraite. Dans cette vue plusieurs conduites s'offraient. Ainsi, par exemple, un retour par la route de Kalouga, où l'on trouverait toutes les ressources des riches provinces du midi, sur laquelle on battrait l'armée russe, et d'où l'on pourrait enfin revenir par Jelnia sur Smolensk, devait bien ressembler à une manœuvre autant qu'à une retraite. Mais cette marche, qui serait toujours au fond un mouvement rétrograde, quelque soin qu'on prît de le dissimuler, car il serait impossible d'hiverner à Kalouga à cause de la distance de cette ville à Smolensk, nous condamnerait à un trajet de cent cinquante lieues au moins, et à toutes les pertes inséparables d'un pareil trajet; elle nous procurerait à la vérité l'avantage de rencontrer et de battre l'armée russe, mais en nous obligeant de porter avec nous cinq ou six mille blessés, à moins qu'on ne les livrât à l'exaspération de l'ennemi, et tout en nous ramenant vers nos quartiers, ramènerait aussi les Russes vers leurs provinces les plus riches, et surtout vers les renforts qui leur arrivaient de Turquie. Aussi Napoléon n'avait-il que très-peu de penchant pour cette opération, et, à battre en retraite, il aimait mieux purement et simplement refaire la route, à nous connue, de Mojaïsk, Wiasma, Dorogobouge, Smolensk, moins longue que celle de Kalouga d'une cinquantaine de lieues, ruinée il est vrai, mais sur laquelle les convois de vivres sortis de Smolensk pouvaient venir à notre rencontre jusqu'à mi-chemin, et sur laquelle d'ailleurs devaient nous suivre dix jours de vivres tirés de Moscou; sur laquelle enfin nous protégerions toutes nos évacuations par notre seule présence, et ne serions que très-peu exposés à livrer bataille, et à nous charger de nouveaux blessés.

Mais ni l'un ni l'autre de ces projets, qui tous deux étaient une renonciation évidente à l'offensive, ne convenait à Napoléon. Le plan le seul bon à ses yeux, était celui qui réunirait les quatre conditions suivantes : 1° de le replacer dans des communications certaines et quotidiennes avec Paris; 2° de rapprocher l'armée de ses ressources en vivres, équipement et recrues; 3° de conserver entier le prestige de nos armes; 4° enfin d'appuyer fortement les négociations de paix récemment essayées.

Ces quatre conditions, il les avait trouvées dans un plan que son génie inépuisable, et fortement excité par le danger de la situation, avait conçu, et qui était digne de tout ce qu'il avait jamais imaginé de plus profond et de plus grand. Ce plan consistait dans une retraite oblique vers le nord, qui, se combinant avec un mouvement offensif du duc de Bellune sur Saint-Pétersbourg, aurait le double avantage de nous ramener en Pologne, en nous laissant aussi menaçants que jamais, dès lors tout aussi puissants pour négocier. Voici le détail de ce plan que Napoléon voulut rédiger, et rédigea en effet, comme il avait coutume de faire quand il cherchait à se bien rendre compte de ses propres idées.

Napoléon, ainsi qu'on l'a vu, s'était ménagé, outre l'armée du prince de Schwarzenberg sur le Dniéper, et l'armée des maréchaux Saint-Cyr et Macdonald sur la Dwina, le corps du duc de Bellune au centre, lequel attendait à Smolensk des ordres ultérieurs. Le corps de ce maréchal, fort de 30 mille hommes, pouvait être élevé à 40 mille par la réunion d'une partie des troupes westphaliennes, saxonnes, polonaises qui n'avaient pas eu le temps de rejoindre, et des bataillons de marche destinés au recrutement de l'armée. Il était facile de le porter au nord de la Dwina, sur la route de Saint-Pétersbourg par Witebsk et Veliki-Luki. (Voir la carte n° 34.) Réuni là au maréchal Saint-Cyr et à une division du maréchal Macdonald, il devait compter 70 mille hommes au moins, prêts à se diriger sur la seconde capitale de la Russie, siége actuel du gouvernement. Devant ce corps le prince de Wittgenstein n'aurait autre chose à faire

Octob. 1812.

qu'à se retirer promptement sur Saint-Pétersbourg. Au moment où le duc de Bellune commencerait son mouvement, Napoléon avec la garde, le prince Eugène, le maréchal Davout, pouvait se retirer obliquement au nord, dans la direction de Veliki-Luki, en marchant presque parallèlement à la route de Smolensk, et à une distance de douze ou quinze lieues de cette route, par Woskresensk, Wolokolamsk, Zubkow, Bieloi, tandis que le maréchal Ney suivant avec son corps la route directe de Moscou à Smolensk, couvrirait toutes nos évacuations, et que Murat se dérobant à Kutusof, par un mouvement sur sa droite, se porterait à Mojaisk, et viendrait avec le maréchal Ney s'établir entre Smolensk et Witebsk. Après dix ou douze jours de cette marche si profondément combinée, l'armée serait ainsi placée : le duc de Bellune avec 70 mille hommes à Veliki-Luki, menaçant Saint-Pétersbourg, Napoléon avec 70 à Wielij, prêt à l'appuyer, ou à se réunir aux 30 mille hommes de Ney et de Murat pour tenir tête à Kutusof, par quelque route que celui-ci vînt nous chercher. D'après toutes les probabilités, on devait achever ce trajet sans être rejoint par l'ennemi, sans être talonné, sans perdre tout ce qu'on perd quand on est suivi de trop près, sans souffrir de la disette, car la route de Woskresensk, Wolokolamsk, Bieloi, que Napoléon se proposait de prendre, était toute neuve, par conséquent assez bien approvisionnée, et Ney et Murat, sur la route de Smolensk, qui était la nôtre, pouvaient bien amener des vivres pour 30 mille hommes. De plus nous aurions attiré les Russes en sens inverse de leurs renforts, ce qui les exposerait à en perdre la moitié pour nous rejoindre, et tout en nous retirant en Pologne, nous aurions pris une position offensive, nécessaire à la paix; nous serions ainsi, sans avoir rien perdu, ni moralement ni physiquement, sortis du mauvais pas de Moscou par une marche des plus hardies et des plus belles qu'on eût jamais exécutées. Quant à l'hivernage, tout annonçait que dans ces conditions il serait facile. Nos magasins étant réunis à Wilna, pouvaient par le traînage, si commode en hiver, être prochainement transportés à Polotsk et à Witebsk, d'où l'armée tirerait ses vivres. L'immense quantité de bœufs réunis à Grodno, n'ayant qu'à traverser un pays ami, arriveraient à Witebsk sans difficulté. Puis, le printemps venu, Napoléon ayant employé l'hiver à rassembler de nouvelles forces, serait en mesure de marcher avec 300 mille hommes sur Saint-Pétersbourg. Il est probable que devant la simple menace d'une telle marche, la paix, si nous n'étions pas trop difficiles sur les conditions, serait signée, ou qu'en tout cas nous occuperions Saint-Pétersbourg comme nous avions occupé Moscou, sans danger de trouver cette seconde capitale incendiée, car le bois y était moins employé dans les constructions qu'à Moscou, car les Russes ne feraient pas deux fois un pareil sacrifice, car enfin le fanatisme moscovite y était beaucoup moins ardent.

Ce plan réunissait donc toutes les conditions que Napoléon s'était proposées, de rétablir ses communications quotidiennes avec le centre de son empire, de ramener l'armée vers la Pologne, de conserver

444 LIVRE XLIV.

Octob. 1812.

intact le prestige de ses armes, et d'appuyer par un mouvement sérieusement offensif les négociations pacifiques qu'il avait le projet d'entamer. Son génie n'avait jamais rien imaginé de plus habile, de plus profond, de plus admirable. Conçu dans les derniers jours de septembre, arrêté et rédigé [1] dans les deux ou trois premiers jours d'octobre, ce projet pouvait, en partant immédiatement, être complétement exécuté au 15 octobre, époque où le temps devait être beau encore, et où il fut en effet superbe. Tout se prêtait donc parfaitement à l'exécution du nouveau plan, qui était en quelque sorte une inspiration d'en haut venue à Napoléon pour son salut. Mais tout ce qu'il imaginait de meilleur

La disposition des esprits dans l'armée rend impraticable le beau plan que Napoléon avait conçu.

[1] Ce projet est rapporté, mais entièrement défiguré, dans le récit de M. Fain (Manuscrit de 1812). Il est rapporté à une date qui ne peut être la véritable, car M. Fain prétend que l'Empereur le conçut et l'arrêta au château de Pétrowskoïe, où il séjourna pendant l'incendie de Moscou, du 16 au 19 septembre. Or il existe aux archives et dans la correspondance de Napoléon, un exposé de ce plan, divisé en titres et articles comme un projet de loi, et contenant l'opinion de Napoléon sur l'état de la guerre de Russie, et sur les meilleurs moyens de la terminer. Ce document, l'un des plus importants de la campagne et des plus glorieux pour le génie de Napoléon, porte la date d'octobre, sans désignation de jour. Il ne pouvait donc avoir été arrêté au château de Pétrowskoïe, que Napoléon quitta le 19 septembre. De plus tout donne lieu de croire, d'après les circonstances indiquées dans l'exposé lui-même, que le plan se rapporte aux deux ou trois premiers jours d'octobre, et point du tout au 16, 17 ou 18 septembre. Évidemment ce plan fut rédigé pour être communiqué aux lieutenants de Napoléon, et ne dut être abandonné qu'après une consultation avec eux. Il fut vraisemblablement conçu dans les derniers jours de septembre, et mis par écrit du 1er au 2 octobre. Dans l'ordre des idées qui ont dû se succéder dans l'esprit de Napoléon, on ne peut le placer ni avant ni après. M. Fain n'a dû avoir que le souvenir de cette dictée, et ne l'avait certainement pas sous les yeux en écrivant son ouvrage, sans quoi il l'aurait ajoutée aux pièces justificatives, dans lesquelles il a mis tout ce qu'il possédait de la correspondance de Napoléon.

était destiné à échouer, par le vice même de la situation qu'il s'était créée, en s'aventurant à une pareille distance. Ayant déjà tant demandé à ses soldats et à ses lieutenants, les ayant menés si loin, et n'ayant à leur offrir à Moscou que des ruines, il était obligé de les ménager infiniment, de les consulter plus que de coutume, de chercher à les concilier à ses projets, au lieu de commander impérieusement, brièvement, comme il avait fait à toutes les époques de sa carrière, où chaque jour amenait un résultat prodigieux, et accroissait son ascendant. Or, il commençait à régner dans l'armée, outre une immense lassitude, une tristesse profonde, qui naissait de la vue seule de cette ville en cendres, et du secret effroi qu'on éprouvait en songeant à la longueur du retour, et à ce terrible hiver de Russie, duquel on était séparé par un mois tout au plus. À des esprits ainsi disposés il fallait parler non plus en maître impérieux qui commande sans explication parce que le succès quotidien suffit à tout expliquer, mais en maître doux, presque caressant, qui consulte, et persuade plutôt qu'il n'ordonne. Napoléon entretint donc successivement chacun de ses lieutenants de son projet, mais à peine avait-il dit les premiers mots qu'ils se récrièrent tous contre une nouvelle course au nord, contre une nouvelle conquête de capitale. Le mouvement sur Moscou, auquel, dans l'espoir d'un grand résultat, on avait sacrifié toutes les considérations de prudence, avait trop mal réussi, pour qu'on fût tenté de recommencer, en s'engageant plus loin, au milieu d'une saison plus avancée, dans une marche sur Saint-Pétersbourg.

Octob. 1812.

Il ne s'agissait pourtant pas d'aller conquérir la seconde capitale de la Russie, mais de rétrograder obliquement sur la Pologne, et de se placer, à titre d'appui seulement, derrière un corps qui lui-même était appelé non pas à se porter sur Saint-Pétersbourg, mais à le menacer, ce qui était bien différent, et ce qui a donné lieu depuis à la fausse version d'un projet de marcher de Moscou sur Saint-Pétersbourg, que Napoléon aurait, dit-on, formé à cette époque. La différence était essentielle, mais les esprits, inquiets et rebutés, ne s'arrêtaient pas à toutes ces distinctions. Les uns alléguaient les bruyères, les marécages, la stérilité des provinces du nord, qu'il s'agissait de traverser; les autres faisaient valoir, malheureusement avec trop de raison, l'état de l'armée, l'épuisement de la cavalerie, la ruine des charrois de l'artillerie, l'indispensable nécessité de laisser reposer hommes et chevaux, afin qu'ils pussent refaire la route si longue qui nous séparait de Smolensk, la nécessité aussi de se retirer avant la mauvaise saison, et d'entamer en attendant quelques négociations qui pussent conduire à la paix, moyen toujours le plus assuré de sortir sains et saufs du mauvais pas où l'on s'était engagé.

Napoléon, contrarié dans l'exécution du plan le meilleur, flotte entre divers projets, et songe à des ouvertures de paix.

Napoléon s'aperçut bien vite qu'il ne fallait actuellement rien demander à des esprits rebutés, et assombris par le spectacle qu'ils avaient sous les yeux, et se laissa surtout détourner de son projet par l'état de l'armée, qui exigeait impérieusement quelque repos. Obligé d'abandonner, ou d'ajourner au moins le seul plan capable de le tirer d'embarras, il laissa flotter son esprit entre plusieurs projets, qui d'abord lui avaient paru inadmissibles, comme celui de s'établir à Moscou même, et d'y passer l'hiver en étendant ses cantonnements pour se procurer des fourrages, comme celui de placer une garnison à Moscou, et d'aller ensuite se fixer dans la riche province de Kalouga, d'où il étendrait sa main gauche sur Toula, sa main droite sur Smolensk. Mais à tous ces projets il y avait de graves objections, et leur difficulté le ramenait sans cesse vers le désir de cette paix qu'il avait follement sacrifiée à ses prétentions de domination universelle, et qu'il souhaitait maintenant, quoique victorieux, aussi ardemment qu'aucun vaincu ait jamais pu la désirer.

Octob. 1812.

Dans ces continuelles perplexités, il imagina d'envoyer M. de Caulaincourt à Saint-Pétersbourg, afin d'y ouvrir franchement une négociation avec l'empereur Alexandre. Quels que fussent ses embarras, son attitude de vainqueur, traitant de Moscou même, avait assez de grandeur pour qu'il pût hasarder une pareille démarche. Mais M. de Caulaincourt, qui craignait que sous cette grandeur apparente ne perçât la difficulté de la situation, qui craignait aussi de ne plus trouver à Saint-Pétersbourg la faveur dont il avait joui autrefois, refusa une telle mission, en affirmant, du reste avec raison, qu'elle ne réussirait pas. Napoléon s'adressant alors à M. de Lauriston, dont il avait trop dédaigné le modeste bon sens, le chargea de se rendre au camp du général Kutusof, non point pour y offrir la paix, mais pour aller y exprimer au généralissime russe le désir de donner à la guerre un caractère moins féroce. Le général Lauriston devait prendre texte de l'incendie

Mission de M. de Lauriston auprès du général Kutusof.

Ce qu'il doit dire

de Moscou, pour dire que les Français, habitués à ménager les populations vaincues, à leur épargner les maux inutiles, avaient le cœur contristé de ne rencontrer partout que des villes incendiées, des populations désolées, des blessés expirant au milieu des flammes, et qu'il était cruel pour leur humanité, fâcheux pour l'honneur de tous, mais particulièrement dommageable pour la prospérité de la Russie, de continuer un pareil genre de guerre; que s'il venait faire une telle démarche, ce n'est pas que ce genre de guerre eût embarrassé les Français, car jusqu'ici on n'avait pas réussi à les empêcher de vivre, témoin l'abondance dont ils jouissaient sur les ruines fumantes de Moscou; mais parce qu'ils voyaient avec regret qu'on imprimât à une guerre toute politique, terminable par un traité facile à conclure, un caractère révoltant de barbarie et de haine irréconciliable.

De ces insinuations à des paroles de paix il n'y avait pas loin, et on était sur une pente qui ne pouvait manquer d'y conduire assez rapidement. Si on l'écoutait, M. de Lauriston avait mission de s'avancer davantage; il devait dire qu'il y avait dans la dernière brouille bien plus de malentendu que de causes véritables d'inimitiés, surtout d'inimitiés implacables, et que c'étaient les ennemis des deux pays qui s'étaient interposés entre les deux souverains pour les brouiller au profit de l'Angleterre. Il devait insinuer que la paix serait facile, et que, si la Russie la désirait, les conditions n'en seraient pas rigoureuses. Il devait enfin mettre tous ses soins à obtenir au moins un armistice provisoire, qui épargnât l'effusion du sang, effusion inutile quant à présent, puisque aucune des deux armées ne semblait disposée à tenter quelque chose de sérieux. Certes, à descendre à de telles démarches, tout victorieux qu'on était, il eût bien mieux valu ne pas commencer une guerre aussi fatale, et on peut dire que M. de Lauriston était bien vengé en ce moment du peu d'accueil que ses conseils avaient reçu à Paris six mois auparavant. Mais pour un bon citoyen la vengeance qui sort des malheurs de son pays n'est qu'un malheur de plus.

M. de Lauriston partit le 4 octobre, après s'être fait précéder auprès du général Kutusof par un billet qui annonçait son désir d'un entretien direct avec le chef de l'armée russe. Il arriva au camp ennemi le jour même. Le prudent Kutusof, entouré par les partisans les plus exaltés de la guerre, et notamment par les agents anglais accourus pour le surveiller, hésita d'abord à recevoir personnellement M. de Lauriston, dans la crainte d'être compromis, et appelé un traître, comme Barclay de Tolly. Il envoya donc l'aide de camp de l'empereur, prince Wolkonsky, pour recevoir et entretenir le général Lauriston au quartier de Benningsen. M. de Lauriston, offensé de ce procédé, refusa de s'aboucher avec le prince Wolkonsky, et rentra au quartier général de Murat, disant qu'il n'entendait traiter qu'avec le généralissime lui-même. Cette brusque rupture de relations à peine commencées inquiéta cependant l'état-major russe. Si dans les rangs inférieurs de l'armée la passion contre les Français était toujours ardente, dans les rangs plus élevés on commençait à se diviser, à trouver cette guerre bien atroce et bien

Octob. 1812.

Départ de M. de Lauriston pour le camp russe.

Kutusof de peur de se compromettre refuse d'abord de voir M. de Lauriston.

Fierté de celui-ci.

ruineuse, et à ne plus regarder les Français comme les auteurs de l'incendie de Moscou; on sentait en un mot sa colère diminuer avec son sang si abondamment répandu. On n'aurait donc pas voulu qu'on rendit toute paix absolument impossible[1]. Les ennemis eux-mêmes de la paix regrettaient la conduite tenue envers le général Lauriston, par un tout autre motif. Comprenant très-bien la situation des Français, sentant l'intérêt qu'on avait à les retenir à Moscou, dans cette Capoue bien attrayante encore quoique incendiée, craignant qu'une rupture aussi offensante ne les attirât pleins de colère et de résolution sur l'armée russe, qui n'était ni renforcée ni remise, ils regrettaient qu'on eût si mal accueilli l'envoyé de Napoléon, et voulurent qu'on courût en quelque sorte après lui. Le rusé Benningsen, qui joignait la finesse à l'audace, tâcha de voir Murat, s'entretint avec lui, profita de sa facilité pour lui arracher bien des aveux regrettables, et en lui exprimant un désir de la paix qui était feint, l'amena à en exprimer un qui ne l'était pas, et qui n'était

---

[1] Le général Clausewitz, dans ses intéressants Mémoires si remplis de sens et d'impartialité, dit formellement que la fatigue commençait à se faire sentir dans l'armée russe, qu'il était donc heureux que l'empereur Alexandre n'y fût pas, car peut-être ses dispositions habituellement pacifiques s'accordant avec celles de l'armée, on eût traité avec Napoléon, et perdu l'occasion d'affranchir l'Allemagne, ce qui, pour le général Clausewitz, Allemand et Prussien, était naturellement l'objet essentiel de la guerre. Cette assertion, quoique vraie, n'empêche pas qu'il y eût aussi une part de calcul dans l'accueil fait au général Lauriston, ainsi qu'on va le voir. Il y eut tout à la fois ruse pour tromper les Français, et quelque peu de penchant pour la paix. Les sentiments des hommes sont toujours plus complexes qu'on ne l'imagine, ce qui rend si difficile de les démêler, et de les reproduire dans la juste mesure de la vérité.

que trop visible. Des rapprochements semblables eurent lieu presque spontanément aux avant-postes, entre des officiers de divers grades, et il s'établit une espèce d'armistice de fait, à la suite duquel il fut convenu qu'on recevrait le général Lauriston au quartier même du généralissime.

Octob. 1812.

M. de Lauriston se rendit donc auprès du prince Kutusof, et eut avec lui plusieurs entretiens. Les Russes sont aussi doux que braves, aussi dissimulés que violents, selon le calcul ou l'entraînement du moment. Soit désir de la paix, soit intention d'endormir les Français, on avait des raisons de bien accueillir leur représentant, et cela ne coûtait d'ailleurs pas beaucoup aux généraux russes, à qui la politesse est naturelle, et à qui M. de Lauriston inspirait une juste estime. Le prince Kutusof l'entretint longtemps, répondit avec adresse et dignité à toutes ses observations, lui dit, au sujet des plaintes contre le caractère imprimé à la guerre, qu'il s'appliquait de son mieux à lui conserver le caractère d'une guerre régulière entre nations civilisées, qu'elle le conserverait partout où il pourrait se faire obéir, mais que sa voix ne serait pas écoutée des paysans russes, et qu'il n'était pas étonnant qu'on ne pût pas civiliser en trois mois un peuple que les Français appelaient barbare. Il répondit aux justifications du général Lauriston relativement à l'incendie de Moscou, que pour lui il était loin d'en accuser les Français, et que dans son opinion le patriotisme moscovite était le seul auteur de ce grand sacrifice, car les Russes aimaient mieux réduire leur pays en cendres que de le livrer à l'en-

Entrevue de M. de Lauriston avec le général Kutusof.

122   LIVRE XLIV.

Octob. 1812.

Envoi
d'un officier à
Saint-Péters-
bourg, et,
en attendant
la réponse
d'Alexandre,
on convient
d'un armistice
tacite.

nemi. Relativement aux insinuations de paix, relativement même à un armistice, le général Kutusof se présenta comme dépourvu de tout pouvoir, et comme obligé d'en référer à l'empereur. Il proposa, ce qui fut accepté, d'expédier l'aide de camp Wolkonsky à Saint-Pétersbourg, afin d'y porter les ouvertures de Napoléon, et d'en rapporter une réponse. Quant à l'armistice, il n'était pas possible d'en signer un, mais il fut convenu que sur toute la ligne des avant-postes on cesserait de tirailler, ce qui ne s'étendrait pas toutefois aux ailes extrêmes des deux armées, et ce qui n'était pas dès lors un empêchement aux courses des Cosaques et aux fourrages de notre armée.

Quelques politesses qu'on eût prodiguées au général Lauriston, il ne voulut pas demeurer au camp des Russes, comme aurait pu faire un vaincu attendant la paix dont il avait besoin, et il revint à Moscou pour transmettre à Napoléon le détail de ce qu'il avait dit et entendu.

Napoléon
emploie
le temps passé
à Moscou
à refaire
l'armée,
et à rendre
possible
l'exécution

Bien que Napoléon comptât peu sur la paix depuis l'accès de rage qui avait produit l'incendie de Moscou, depuis surtout les ouvertures infructueuses dont MM. Toutelmine et Jakowleff avaient été les intermédiaires, il crut devoir cependant attendre les dix ou douze jours qu'on disait nécessaires pour avoir une réponse de Saint-Pétersbourg. Quelque vagues que fussent ses espérances de paix, il ne put toutefois se défendre d'en concevoir quelques-unes, tant était grand le besoin qu'il en éprouvait; et, en tout cas, il ne croyait pas que cette prolongation de séjour fût un temps perdu, car elle servirait à refaire l'armée. Les gens les plus habitués au climat du pays lui affirmaient que les gelées n'arrivaient point avant le milieu ou la fin de novembre. Un ajournement de dix ou douze jours devait le conduire à la mi-octobre, et rien ne le portait à croire qu'en partant du 15 au 18 il partît trop tard. En attendant, il se préparait à toutes fins, à se retirer sur Smolensk, comme à passer l'hiver à Moscou. Il enjoignit à Murat de se tenir en observation devant le camp de Taroutino, d'y faire reposer les troupes en les nourrissant le mieux possible, et il lui envoya, autant que ses moyens de transport le lui permettaient, des vivres tirés des caves de Moscou. Il ordonna un nouveau mouvement en avant, tant aux troupes laissées sur les derrières, qu'aux bataillons de marche destinés à recruter les corps. Il prescrivit la formation d'une division de quinze mille hommes à Smolensk, laquelle devait s'avancer sur Jelnia pour lui donner la main s'il se portait sur Kalouga. Il recommanda au duc de Bellune de se tenir prêt à toute sorte de mouvements; il ordonna de faire partir pour Moscou tous les hommes débandés qui à Wilna, Minsk, Witebsk, Smolensk, avaient été recueillis, qu'on ne mettait pas en marche faute d'avoir des armes à leur fournir, et qu'il se proposait d'armer avec les nombreux fusils trouvés dans le Kremlin. Il recommanda de les faire venir au milieu de convois capables de les protéger. Il arrêta un règlement pour ces convois, défendit de les faire partir à moins qu'ils ne fussent de 1500 hommes d'infanterie bien armés, indépendamment des troupes de cavalerie et d'artillerie qui pourraient s'y joindre, leur prescrivit expressément de camper en carré, le commandant au milieu, veilla de nouveau à l'approvisionnement à prix d'argent de tous les postes de la route, et commença de s'occuper des évacuations de blessés. Il enjoignit à Junot d'en faire trois parts, une de ceux qui seraient capables de marcher dans quinze jours, une de ceux auxquels un temps plus long serait nécessaire, une troisième enfin de ceux qu'on devait renoncer à transporter. Il défendit de s'occuper des premiers qui pouvaient se retirer à pied, et des derniers qu'il fallait laisser mourir sur place; il ordonna l'évacuation des autres sur Wilna, soit au moyen des voitures du pays, soit au moyen des voitures du train des équipages, dont il y avait environ 1200 à Moscou, et dont il consacra 200 à cet objet. Dans la supposition même de l'hiver passé à Moscou, car dans sa perplexité Napoléon n'excluait aucune hypothèse, il entreprit des travaux de défense au Kremlin, fit détruire les bâtiments adossés à cette forteresse, hérisser les tours de canons, couvrir les portes de tambours, fortifier quelques-uns des principaux couvents de la ville servant de magasins, fabriquer avec les poudres trouvées au Kremlin des gargousses et des cartouches, afin d'assurer un double approvisionnement aux 600 bouches à feu de l'armée, veiller avec le plus grand soin à la découverte, à la conservation des denrées alimentaires, de manière à pourvoir chaque corps de cinq ou six mois de vivres, en pain, sel, spiritueux, viandes salées. L'approvisionnement en fourrages étant toujours la principale difficulté, il porta le prince Eugène sur la route de Jaroslaw, et le maréchal Ney sur celle de Wladimir, à une distance de douze ou quinze lieues, pour occuper, pacifier, conserver une grande étendue de pays, et s'y procurer l'aliment du bétail et de la cavalerie. De plus il tâcha d'attirer les paysans, en payant comptant et à très-haut prix les légumes, les fourrages, les vivres de toute espèce. Il fit chercher des popes, et les engagea à rouvrir les églises de Moscou, à y célébrer le culte divin, à y prier même pour leur souverain légitime, l'empereur Alexandre. Enfin, non pour s'amuser, car il n'en avait pas besoin, mais pour distraire ses officiers, surtout pour donner du pain à de pauvres Français exerçant en Russie le métier de comédiens, il fit rouvrir les théâtres, et, entouré d'une brillante cour militaire, assista aux représentations dramatiques qui faisaient jadis les délices de la noblesse russe, s'y prenant ainsi de son mieux pour ressusciter le cadavre de la malheureuse Moscou. Il passait ensuite les nuits à expédier les affaires administratives de son empire, qu'une estafette arrivant de Paris en dix-huit journées lui apportait plusieurs fois par semaine. Quelquefois il était attiré tout à coup aux fenêtres du Kremlin par des colonnes de fumée, s'élevant de temps en temps de l'incendie qui consumait encore sourdement la ville infortunée. Confiant quand il revenait au souvenir de tant de dangers glorieusement surmontés, triste quand il voyait l'abîme dans lequel il s'était enfoncé si profondément, il ne montrait rien sur son superbe visage de ses agitations intérieures, car il n'y avait pas un cœur autour de lui qu'il eût voulu exposer au pesant fardeau de ses confidences. Ainsi, tantôt rassuré, tantôt inquiet, pouvant faire encore un miracle après en avoir accompli tant d'autres, il était là, dans cet antique palais des czars, au solstice de sa puissance, c'est-à-dire à cette espèce de temps indéterminé qui sépare l'époque de la plus grande élévation des astres de celle de leur déclin.

FIN DU QUARANTE-QUATRIÈME LIVRE.

LIVRE QUARANTE-CINQUIÈME.

LA BÉRÉZINA.

État des esprits à Saint-Pétersbourg. — Entrevue de l'empereur Alexandre à Abo avec le prince royal de Suède. — Plan d'agir sur les derrières de l'armée française témérairement engagée jusqu'à Moscou. — Renfort des troupes de Finlande envoyé au comte de Wittgenstein, et réunion de l'armée de Moldavie à l'armée de Vollhynie sous l'amiral Tchitchakoff. — Ordres aux généraux russes de se porter sur les deux armées françaises qui gardent la Dwina et le Dniéper, afin de fermer toute retraite à Napoléon. — Injonction au général Kutusof de repousser toute négociation, et de recommencer les hostilités le plus tôt possible. — Pendant ce temps Napoléon, sans beaucoup espérer la paix, est retenu à Moscou par sa répugnance pour un mouvement rétrograde, qui l'affaiblirait aux yeux de l'Europe, et rendrait toute négociation impossible. — Il penche pour le projet de laisser une force considérable à Moscou, en allant avec le reste de l'armée s'établir dans la riche province de Kalouga, d'où il tendrait la main au maréchal Victor, amené de Smolensk à Jelnia. — Pendant que Napoléon est dans cette incertitude, Kutusof ayant procuré à son armée du repos et des renforts, surprend Murat à Winkowo. — Combat brillant dans lequel Murat répare son incurie par sa bravoure. — Napoléon irrité marche sur les Russes afin de les punir de cette surprise, et quitte Moscou en y laissant Mortier avec 10 mille hommes pour occuper cette capitale. — Départ le 19 octobre de Moscou, après y être resté trente-cinq jours. — Sortie de cette capitale. — Singulier aspect de l'armée traînant après elle une immense quantité de bagages. — Arrivée sur les bords de la Pakra. — Parvenu en cet endroit, Napoléon conçoit tout à coup le projet de dérober sa marche à l'armée russe, et, à la confusion de celle-ci, de passer de la vieille sur la nouvelle route de Kalouga, d'atteindre ainsi Kalouga sans coup férir, et sans avoir un grand nombre de blessés à transporter. — Ordres pour ce mouvement, qui entraîne l'évacuation définitive de Moscou. — L'armée russe, avertie à temps, se porte à Malo-Jaroslawetz, sur la nouvelle route de Kalouga. — Bataille sanglante et glorieuse de Malo-Jaroslawetz, livrée par l'armée d'Italie à une partie de l'armée russe. — Napoléon, se flattant de percer sur Kalouga, voudrait persister dans son projet, mais la crainte d'une nouvelle bataille, l'impossibilité de traîner avec lui neuf ou dix mille blessés, les instances de tous ses lieutenants, le décident à reprendre la route de Smolensk, que l'armée avait déjà suivie pour venir à Moscou. — Résolution fatale. — Premières pluies et difficultés de la route. —

LIVRE XLV.

Commencement de tristesse dans l'armée. — Marche difficile sur Mojaisk et Borodino. — Disette résultant de la consommation des vivres apportés de M[oscou]. — L'armée traverse le champ de bataille de la Moskowa. — Douloureux aspect de ce champ de b[ata]ille. — Les Russes se mettent à notre poursuite. — Difficultés que rencontre notre arrière-garde confiée au maréchal Davout. — Surprises nocturnes des Cosaques. — Ruine de notre cavalerie. — Danger que le prince Eugène et le maréchal Davout courent au défilé de Czarewo-Zaïmitché. — Soldats qui ne peuvent suivre l'armée faute de vivres et de forces pour marcher. — Formation vers l'arrière-garde d'une foule d'hommes débandés. — Mouvement des Russes pour prévenir l'armée française à Wiasma, tandis qu'une forte arrière-garde sous Miloradovitch doit la harceler, et enlever ses traînards. — Combat du maréchal Davout à Wiasma, pris en tête et en queue par les Russes. — Ce maréchal se sauve d'un grand péril, grâce à son énergie et au secours du maréchal Ney. — Le 1er corps, épuisé par les fatigues et les peines qu'il a eu à supporter, est remplacé par le 3e corps sous le maréchal Ney, chargé désormais de couvrir la retraite. — Froids subits et commencement de cruelles souffrances. — Perte des chevaux, qui ne peuvent tenir sur la glace, et abandon d'une partie des voitures de l'artillerie. — Arrivée à Dorogobouge. — Tristesse de Napoléon, et son inaction pendant la retraite. — Nouvelles qu'il reçoit du mouvement des Russes sur sa ligne de communication, et de la conspiration de Malet à Paris. — Origine et détail de cette conspiration. — Marche précipitée de Napoléon sur Smolensk. — Désastre du prince Eugène au passage du Vop, pendant la marche de ce prince sur Witebsk. — Il rejoint la grande armée à Smolensk. — Napoléon, apprenant à Smolensk que le maréchal Saint-Cyr a été obligé d'évacuer Polotsk, que le prince de Schwarzenberg et le général Reynier se sont laissé tromper par l'amiral Tchitchakoff, lequel s'avance sur Minsk, se hâte d'arriver sur la Bérézina, afin d'échapper au péril d'être enveloppé. — Départ successif de son armée en trois colonnes, et rencontre avec l'armée russe à Krasnoé. — Trois jours de bataille autour de Krasnoé, et séparation du corps de Ney. — Marche extraordinaire de celui-ci pour rejoindre l'armée. — Arrivée de Napoléon à Orscha. — Il apprend que Tchitchakoff et Wittgenstein sont près de se réunir sur la Bérézina, et de lui couper toute retraite. — Il s'empresse de se porter sur le bord de cette rivière. — Grave délibération sur le choix du point de passage. — Au moment où l'on désespérait d'en trouver un, le général Corbineau arrive miraculeusement, poursuivi par les Russes, et découvre à Studianka un point où il est possible de passer la Bérézina. — Tous les efforts de l'armée dirigés sur ce point. — Admirable dévouement du général Éblé et du corps des pontonniers. — L'armée emploie trois jours à traverser la Bérézina, et pendant ces trois jours combat l'armée qui veut l'arrêter en tête pour l'empêcher de passer, et l'armée qui l'attaque en queue, afin de la jeter dans la Bérézina. — Vigueur de Napoléon, dont le génie tout entier s'est réveillé devant ce grand péril. — Lutte héroïque et scène épouvantable auprès des ponts. — L'armée,

LA BÉRÉZINA.

sauvée par miracle, se porte à Smorgoni. — Arrivé en cet endroit, Napoléon, après avoir délibéré sur les avantages et les inconvénients de son départ, se décide à quitter l'armée clandestinement pour retourner à Paris. — Il part le 5 décembre dans un traîneau, accompagné de M. de Caulaincourt, du maréchal Duroc, du comte de Lobau, et du général Lefebvre-Desnoëttes. — Après son départ, la désorganisation et la subite augmentation du froid achèvent la ruine de l'armée. — Évacuation de Wilna et arrivée des états-majors à Kœnigsberg sans un soldat. — Caractères et résultats de la campagne de 1812. — Véritables causes de cet immense désastre.

Octob. 1812.

Tandis que ces choses se passaient à Moscou, l'empereur Alexandre, retiré à Saint-Pétersbourg, consacrait à cette guerre ses jours et ses nuits, et bien qu'il eût renoncé à en ordonner les opérations sur le terrain, il s'occupait d'en diriger l'ensemble, d'en préparer les ressources, et d'en étendre le cercle par des alliances.

Soins qui occupent l'empereur Alexandre depuis son retour à Saint-Pétersbourg.

Nous avons déjà dit qu'il s'était refusé à traiter avec les Anglais jusqu'au jour de la rupture définitive avec la France, mais qu'à dater de sa sortie de Wilna, c'est-à-dire après le retour de M. de Balachoff, il n'avait plus hésité, et que sous les yeux, et par l'entremise du prince royal de Suède, il avait autorisé M. de Suchtelen à signer le 18 juillet la paix de la Russie avec la Grande-Bretagne, aux conditions les plus simples et les plus brèves, celles d'une alliance offensive et défensive, sans aucune désignation des moyens, qui, abandonnés aux circonstances, devaient être les plus grands possibles. Nous avons encore dit que lord Cathcart, celui qui avait acquis à Copenhague une sinistre célébrité, était accouru sur-le-champ à Saint-Pétersbourg pour y représenter l'Angleterre. Sous les auspices de cet ambassadeur avait été préparée et réalisée une entrevue, qui était l'objet des ardents désirs

Alliance avec l'Angleterre.

du prince royal de Suède. Être admis auprès d'Alexandre, recevoir ses témoignages de confiance, ses marques de distinction, sa parole impériale d'être maintenu sur le trône de Suède et gratifié de la Norvége, était chez le nouveau prince suédois une passion véritable. Bien que la fierté d'Alexandre souffrît singulièrement de s'aboucher avec un pareil allié, et qu'il sût faire la différence entre les familiarités avec un grand homme tel que Napoléon, et les familiarités avec un favori de la fortune tel que le général Bernadotte, il y avait un si grand intérêt pour lui à s'assurer le concours de l'armée suédoise, qu'il avait consenti à une entrevue, laquelle avait été fixée à Abo, point de la Finlande le plus rapproché des côtes de Suède. Cette entrevue importait d'autant plus à l'empereur Alexandre, qu'il avait en Finlande 20 mille hommes de bonnes troupes, dont l'adjonction au corps de Wittgentsein pouvait avoir les plus grandes conséquences, et qui avaient été laissées dans le nord de l'empire sous le prétexte de concourir à la conquête de la Norvége, conformément au traité du 24 mars, mais en réalité pour se garantir contre une trahison imprévue. En effet, malgré les instances apparentes du prince royal pour resserrer ses liens avec la Russie, de bons observateurs avaient cru découvrir quelquefois sur son visage des hésitations, des regrets, des colères mal contenues, surtout depuis les débuts de la campagne qui n'étaient pas favorables aux Russes, et l'avaient entendu exprimer des plaintes assez amères de ce qu'on ne l'aidait pas tout de suite à conquérir la Norvége. Par ces divers motifs, l'entrevue avait été acceptée, et avait eu lieu le 28 août dans la ville d'Abo, en présence de lord Cathcart, et sous les auspices de la marine anglaise, dont les bâtiments avaient transporté le prince Bernadotte de la côte de Suède à celle de Finlande. Ce dernier, à peine arrivé, avait été traité avec les prévenances les plus délicates, car, lorsque le besoin l'exige, l'orgueil russe se change tout de suite en une déférence obséquieuse, accompagnée d'une grâce asiatique qui n'appartient au même degré qu'à cette nation redoutable. Alexandre déployant à Abo l'amabilité intéressée qu'il avait déployée à Tilsit et à Erfurt, sans avoir cette fois d'autre excuse pour sa dignité que celle de la politique, avait fait au prince suédois la première visite, lui avait prodigué les embrassements, avait reçu les siens, et du reste avait obtenu le prix de sa condescendance, car le nouveau prince, saisi d'une sorte d'ivresse, s'était prêté à tous les arrangements désirés par la Russie. Il avait été convenu qu'au lieu de dépenser inutilement les forces de la coalition en Norvége, province dont on pourrait toujours s'emparer, on porterait toutes les forces disponibles sur le théâtre où allait se décider véritablement le sort de la guerre, qu'on enverrait sur la Dwina le corps russe retenu en Finlande, qu'on réserverait l'armée suédoise pour un débarquement sur les derrières des Français, que ce débarquement devant, d'après toutes les apparences, s'exécuter en Danemark, le prince suédois se nantirait lui-même d'un gage facile à échanger plus tard contre la Norvége, qu'en un mot on emploierait les forces communes à battre Napoléon, car là était le

Octob. 1842.

Flatteur fait au prince royal de Suède.

Il est convenu entre l'empereur Alexandre et le prince royal de Suède, qu'au lieu d'employer les forces communes en Norvége, on transportera les troupes russes de Finlande en Livonie, et les troupes suédoises de Norvége en Allemagne.

but essentiel de la guerre, et le moyen assuré, pour le futur roi de Suède, de conquérir la Norvége. Ces choses admises, le prince royal avait donné à l'empereur Alexandre les conseils les meilleurs, les plus funestes pour nous, conseils tirés de son expérience, et exprimés dans le langage de la haine la plus violente. Napoléon, avait-il dit à Alexandre, n'était pas tout ce que la stupide admiration de l'Europe en voulait faire; il n'était pas ce génie de guerre profond, universel, irrésistible, qu'on s'était plu à imaginer; il n'était qu'un général bouillant, impétueux, sachant uniquement aller en avant, jamais en arrière, même quand la situation le commandait. Avec lui il ne fallait qu'un talent, celui d'attendre, pour le vaincre et le détruire. Son armée n'était plus ce qu'on l'avait connue. Elle était trop recrutée d'étrangers, et surtout de jeunes soldats; les généraux qui la commandaient étaient fatigués de guerres incessantes, et elle ne résisterait pas à l'épreuve à laquelle on venait de l'exposer en la conduisant dans les profondeurs de la Russie. Napoléon après l'y avoir engagée ne saurait pas l'en retirer; et, pour obtenir sur lui un triomphe complet, il fallait une chose, une seule : persévérer. Des batailles, on en perdrait une, deux, trois; puis on en aurait de douteuses, et après les douteuses de victorieuses, pourvu qu'on sût tenir et ne pas céder. Otez de ces conseils, que le bon sens inspirait alors à tout le monde, ôtez le langage de la haine, et tout était malheureusement vrai.

Alexandre, persuadé d'avance de ces vérités, s'en était pénétré davantage en écoutant le prince royal de Suède, et ils s'étaient quittés enchantés l'un de l'autre, l'un tout glorieux d'une pareille intimité[1], l'autre non pas glorieux, mais convaincu qu'il pouvait, quelque peu sûre que fût la foi du nouveau Suédois, rappeler sans danger ses troupes de Finlande pour les porter en Livonie, résultat qui était en ce moment le plus utile qu'il pût tirer de cette entrevue. Tandis qu'il prenait ces arrangements avec la Suède, l'empereur Alexandre venait d'en finir avec la Porte, et d'accepter ses conditions, quelque différentes qu'elles fussent de celles qu'il s'était longtemps flatté d'obtenir. Après s'être successivement désisté de la Valachie, puis de la Moldavie jusqu'au Sereth, et enfin de la Moldavie tout entière, il n'avait tenu définitivement qu'à la Bessarabie, afin d'acquérir au moins les bouches du Danube, et avait insisté surtout pour avoir l'alliance des Turcs, dans l'intention chimérique, dont nous avons déjà parlé, de les amener à envahir les provinces illyriennes, peut-être même l'Italie, en commun avec une armée russe. Les Turcs, fatigués de la guerre, fatigués aussi de leurs relations avec les puissances européennes, et voulant n'avoir plus rien à démêler avec elles, avaient fait le sacrifice imprudent de la Bessarabie, que quelques jours de patience auraient suffi pour leur conserver, mais s'étaient constamment refusés à toute alliance avec la Russie. Le traité de paix déjà signé n'avait été

Octob. 1812.

Conditions de la paix avec les Turcs.

---

[1] Je n'ai pas besoin de déclarer que, toujours soigneux de ne dire que la vérité, j'emprunte ces détails aux dépêches les plus authentiques, les unes adressées au cabinet français, les autres communiquées à ce cabinet par une cour alliée qui avait conservé un ambassadeur à Saint-Pétersbourg.

Octob. 1812.

tenu en suspens que par ce motif. L'amiral Tchitchakoff, dont l'esprit ardent poursuivait un grand résultat, quel qu'il fût, se voyant frustré de l'espoir d'envahir l'empire français de compagnie avec les Turcs, avait imaginé bien autre chose, c'était d'envahir l'empire turc lui-même, et avait proposé à Alexandre de marcher droit sur Constantinople pour s'en emparer. Dans le bouleversement continuel des États, auquel on était si habitué alors, il espérait que cette belle conquête pourrait rester à la Russie par les arrangements de la prochaine paix. Lorsque cette proposition était parvenue à Alexandre, il en avait été profondément ému : son cœur, oppressé par les malheurs de la guerre, s'était soulevé tout à coup, et il avait failli donner l'ordre d'entreprendre cette marche audacieuse. Mais la réflexion était bientôt venue calmer les premières ardeurs du petit-fils de Catherine. Songeant à ses alliés déclarés, l'Angleterre et la Suède, à ses alliés cachés, et prochains peut-être, la Prusse et l'Autriche, craignant de leur déplaire mortellement à tous, de les éloigner même de lui en osant mettre la main sur Constantinople, considérant la difficulté de marcher sur cette capitale avec tout au plus cinquante mille hommes, l'imprudence qu'il y avait à envahir autrui quand on était envahi soi-même, le grand profit qu'on pourrait tirer de ces cinquante mille hommes en les réunissant aux trente mille hommes de Tormazoff, pour les porter sur les flancs de l'armée française, il avait retenu son téméraire ami, l'amiral Tchitchakoff, et cependant au lieu de lui donner un ordre positif, tant cette renonciation temporaire à

Invitation à l'amiral Tchitchakoff de se rendre en Volhynie pour se porter avec l'armée du général Tormazoff sur les derrières de l'armée française.

des vues héréditaires lui coûtait, il lui avait recommandé plutôt qu'ordonné d'ajourner ces beaux desseins sur Constantinople, d'en finir avec les Turcs, et de marcher immédiatement sur la Volhynie, où il était attendu sous très-peu de semaines[1].

Octob. 1812.

Tels avaient été les arrangements politiques conclus par Alexandre, avec ceux qui pouvaient le seconder, comme avec ceux qui auraient pu lui faire obstacle. Rentré à Saint-Pétersbourg après l'entrevue d'Abo, il y avait reçu la nouvelle de la bataille de la Moskowa, avait d'abord pris cette bataille pour une victoire, avait envoyé au prince Kutusof

Impression produite sur l'esprit d'Alexandre par la bataille de la Moskowa et l'incendie de Moscou.

[1] Cette proposition de l'amiral Tchitchakoff est certainement une des circonstances les plus curieuses de l'histoire moderne, et nous ne la rapporterions pas si nous n'en avions la certitude. Ayant pu nous procurer, non par la famille de l'amiral, établie à Paris, mais par des communications puisées à d'autres sources, la correspondance personnelle de l'empereur Alexandre avec l'amiral Tchitchakoff, nous citons la pièce suivante, qui ne laisse aucun doute sur le fait que nous alléguons.

L'empereur Alexandre à l'amiral Tchitchakoff.

« Liakow près Polotsk, le 6 (18) juillet 1812.

« J'allais vous expédier ma réponse à votre lettre du 26 juin (8 juillet), quand je reçois votre expédition du 29 (11). Je voulais approuver complètement toutes les déterminations que vous avez prises jusqu'au 26, et vous donner carte blanche pour agir ; votre lettre du 29, je l'avoue, me met dans l'embarras pour la décision que j'ai à vous donner. Le plan est très-vaste, très-hardi, mais qui peut répondre de sa réussite? Et en attendant nous nous privons de tout l'effet que votre diversion pouvait produire sur l'ennemi, et en général nous nous ôtons pour un temps très-long la coopération de toutes les troupes qui se trouvent sous vos ordres, en les portant du côté de Constantinople.

« Sans parler déjà de l'opinion générale, tant de nos compatriotes que de nos alliés les Anglais et les Suédois, que nous allons choquer par une détermination pareille, n'allons-nous pas gratuitement ajouter à nos embarras? Les Autrichiens, qui en ce moment ne se trouvent en lice qu'avec 30,000 hommes, voyant l'empire ottoman menacé dans ses fonle bâton de maréchal, un présent de 400,000 roubles (400,000 francs) pour lui, de 5 roubles pour chaque soldat de l'armée, et avait ordonné qu'on rendît au ciel des actions de grâces dans toutes les églises de l'empire. Mais bientôt il avait su la vérité, avait été indigné de l'impudence de son général en chef, sans oser toutefois le témoigner, car il profitait lui-même d'un mensonge qui soutenait le cœur de ses sujets; puis il avait éprouvé une émotion profonde à la nouvelle de la prise de Moscou, et de la catastrophe de cette cité dévouée aux dieux infernaux de la guerre et de la haine. L'impression avait été immense dans tout l'empire, surtout à Saint-Pé-

dements, se trouveront obligés, si ce n'est par leur propre volonté, très-certainement par celle de l'empereur Napoléon, de faire marcher toutes leurs forces pour empêcher des résultats pareils, et alors, entrant en Moldavie et en Valachie, mettront vos derrières et même les forces avec lesquelles vous marcherez sur Constantinople dans les plus grands embarras. Si la diversion à laquelle vous paraissiez tout à fait décidé dans votre lettre du 26 juin (8 juillet) vous paraît maintenant rencontrer tant d'obstacles, il y aurait peut-être une autre détermination à prendre, plus sage que tout le reste, et qui pourrait produire des résultats non moins utiles. Ce serait, en échangeant les ratifications, de se contenter pour le moment de cette paix, sans exiger impérieusement l'alliance, et porter toutes les forces sous vos ordres par Holting et Camenisk-Podolsk du côté de Doubna, où vous seriez renforcé par toute l'armée de Tormazoff, auquel je donnerai ordre de vous remettre le commandement, en l'envoyant lui-même commander à Kiew, et avec cette armée imposante, composée de huit à neuf divisions, de marcher sur tout ce que vous rencontrerez devant vous du côté de Varsovie, et de produire une diversion très-efficace pour les deux premières armées, qui se trouvent avoir devant elles des forces très-supérieures. Je crois qu'il n'y a de choix à faire qu'entre ces deux plans, ou celui de la diversion du côté de la Dalmatie et de l'Adriatique, ou par la Podolie du côté de Varsovie.

» L'histoire de Constantinople peut être reproduite plus tard. Une fois nos affaires marchant bien contre Napoléon, nous pourrons reprendre vos, etc...

tersbourg, et dans cette seconde capitale, la peur, il faut le dire, avait égalé la douleur.

Octob. 1812

Saint-Pétersbourg, création artificielle de Pierre le Grand, ville de fonctionnaires, de gens de cour, de commerçants, d'étrangers, n'était pas comme Moscou le cœur même de la Russie, elle en était plutôt la tête, tête toute remplie d'idées empruntées au dehors. Au commencement elle avait désiré la guerre, quand elle n'y avait vu que le rétablissement des relations commerciales avec la Grande-Bretagne; mais maintenant qu'elle y voyait une longue carrière de sacrifices et de dangers, elle en était un peu moins d'avis. Elle s'en prenait elle aussi des malheurs actuels à ce système de retraite indéfinie, qui avait amené les Français jusqu'au centre de l'empire; elle accusait les généraux de trahison ou de lâcheté, l'empereur de faiblesse, et se vengeait des terreurs qu'elle éprouvait par un langage des plus amers et des plus violents. Le général Pfuhl ne pouvait paraître dans les rues sans courir le risque d'être insulté. Le général Paulucci, supposé son contradicteur, était accueilli avec les démonstrations les plus flatteuses.

État des esprits à Saint-Pétersbourg, et craintes de cette capitale.

La pensée que Napoléon marcherait bientôt de Moscou sur Saint-Pétersbourg était universellement répandue, et déjà on faisait des préparatifs de départ. Des quantités d'objets précieux étaient acheminés sur Archangel et sur Abo. On était partagé quant à la conduite à tenir. Les esprits ardents voulaient une guerre à outrance, et n'hésitaient pas à dire que si Alexandre fléchissait, il fallait le déposer, et appeler au trône la grande-duchesse Catherine, sa sœur,

Préparatifs d'évacuation dans le cas d'un mouvement des Français sur Saint-Pétersbourg.

épouse du prince d'Oldenbourg, celui dont Napoléon avait pris l'héritage, princesse belle, spirituelle, entreprenante, réputée ennemie des Français, et résidant en ce moment auprès de son mari, gouverneur des provinces de Twer, de Jaroslaw et de Kostroma. Les esprits les plus modérés, au contraire, étaient d'avis de saisir une occasion pour négocier. Voir les Français à Saint-Pétersbourg, l'empereur en fuite vers la Finlande, province douteuse, ou vers Archangel, province située sur la mer Blanche, les épouvantait. L'impératrice mère, cette princesse si fière, si peu favorable aux Français, effrayée des dangers de son fils et de l'empire, avait senti tout à coup son cœur défaillir, et était revenue à l'idée de la paix, comme le grand-duc Constantin lui-même, qui avait quitté l'armée depuis la perte de Smolensk, et pensait qu'il fallait se borner à une de ces guerres politiques qu'on termine après deux ou trois batailles perdues, par un traité plus ou moins défavorable, mais ne pas en venir à une de ces guerres de destruction, comme les Espagnols en soutenaient une contre la France depuis quatre années. Ce qui était plus étonnant, M. Araktchejef lui-même, récemment l'un des plus énergiques partisans de la guerre à outrance, inclinait aussi à la paix. M. de Romanzoff, qui se taisait depuis que les nouvelles inimitiés avec la France avaient donné un si cruel démenti à son système, et qui eût été déjà totalement écarté des affaires, si Alexandre, en frappant le représentant de la politique de Tilsit n'avait paru se condamner lui-même, M. de Romanzoff avait retrouvé la voix pour parler en faveur de la paix. Toutefois les cris de guerre avaient couvert ces timides paroles de paix, et les émigrés allemands surtout, qui étaient venus chercher un asile en Russie, et lui demander de se mettre à la tête d'une insurrection européenne, voyant leur cause près de succomber, redoublaient d'efforts et d'instances pour encourager la famille impériale à la résistance. M. de Stein, à leur tête, se montrait le plus véhément et le plus ferme. Au milieu de ce conflit entre la haine et la crainte, l'agitation était générale et profonde.

Alexandre avait le cœur navré des malheurs actuellement irréparables de Moscou, des malheurs possibles de Saint-Pétersbourg, n'était pas bien sûr de pouvoir sauver cette dernière capitale, et aurait faibli peut-être, tant il était ébranlé, si son orgueil profondément blessé ne l'eût soutenu. Rendre encore une fois son épée à cet impérieux allié de Tilsit et d'Erfurt, par lequel il avait été traité si dédaigneusement, lui semblait impossible. Il avait la noble fierté de préférer la mort à cette humiliation, et disait à ses intimes que lui et Napoléon ne pouvaient plus régner ensemble en Europe, et qu'il fallait que l'un ou l'autre disparût de la scène du monde.

Du reste, au sein de ce chaos d'opinions discordantes, affecté de la timidité des uns, froissé par l'ardeur presque insultante des autres, fatigué du tumulte de tous, il s'était soustrait aux regards du public, et avait pris en silence la résolution irrévocable de ne pas céder. Un instinct secret lui disait que parvenu à Moscou, Napoléon courait plus de dangers qu'il n'en faisait courir à la Russie, et l'hiver d'ailleurs, tout près d'arriver, lui semblait un allié qui couvrirait bientôt Saint-Pétersbourg d'un bouclier de glace.

Sa résolution arrêtée, il adopta les mesures qui en devaient être la conséquence. La flotte russe de Kronstadt pouvait prochainement se trouver enfermée dans les glaces, et exposée à devenir la proie des Français : il se décida au sacrifice pénible de la confier aux Anglais. Il fit appeler lord Cathcart, lui avoua ses appréhensions, lui déclara en même temps ses déterminations irrévocables, et lui en donna la preuve la moins équivoque en lui demandant de prendre en dépôt la flotte russe avec tout ce qu'elle aurait à bord, lui disant qu'il la confiait à l'honneur et à la bonne foi de la Grande-Bretagne. L'ambassadeur britannique, enchanté d'une pareille ouverture, promit que le dépôt serait fidèlement gardé, et que la flotte russe serait reçue avec la plus cordiale hospitalité dans les ports d'Angleterre. Alexandre ordonna de la mettre à la voile, de la charger de tout ce qu'il avait de plus précieux, et de l'acheminer vers le Grand-Belt, pour la faire sortir de la Baltique au premier signal, sous l'escorte et la protection du pavillon britannique. Beaucoup d'autres objets appartenant à la couronne, surtout en fait de papiers d'État, furent dirigés sur Archangel.

A ces précautions, prises pour le cas de nouveaux malheurs, Alexandre en ajouta de beaucoup mieux entendues, et dont l'effet probable devait être de faire succéder la victoire à la défaite. Il venait de se mettre d'accord avec la Suède pour l'envoi en Livonie du corps d'armée du général Steinghel, qui avait été jusque-là retenu en Finlande. Il fut convenu que la plus grande partie de ce corps, transportée par mer d'Helsingfors à Revel, irait par terre à Riga, pour s'y joindre au comte de Wittgenstein, ce qui procurerait à ce dernier une force totale de 60 mille hommes. Il arrêta définitivement ses résolutions relativement à l'armée de l'amiral Tchitchakoff, et renonçant à tous les plans séduisants mais actuellement funestes qui lui avaient été proposés, il ordonna formellement à l'amiral de marcher sur la Volhynie, d'y réunir sous son commandement les troupes du général Tormazoff, ce qui devait lui composer une armée de 70 mille hommes, et de remonter le Dniéper pour concourir à un mouvement concentrique des armées russes sur les derrières de Napoléon. Parmi les idées dont l'avait constamment entretenu le général Pfuhl, il y en avait une qui avait particulièrement frappé Alexandre, c'était celle d'agir sur les flancs et les derrières de l'armée française, lorsqu'on l'aurait attirée dans l'intérieur de l'empire. Cette idée prématurée en juillet quand Napoléon était à Wilna, prématurée encore quand il était entre Witebsk et Smolensk, et en mesure de déjouer toutes les tentatives préparées sur ses flancs, venait fort à propos, pouvait être de grande conséquence en octobre, quand il se trouvait à Moscou. C'était, en effet, le cas ou jamais de se porter sur sa ligne de communication, car il était bien loin de son point de départ, les troupes qu'il avait laissées en arrière n'avaient acquis nulle part un ascendant décidé, et si le comte de Wittgenstein, largement renforcé, parvenait à repousser le maréchal Saint-Cyr de la

Octob. 1812.

L'invitation adressée à l'amiral Tchitchakoff de se rendre en Volhynie convertie en un ordre formel.

Ordres à l'amiral Tchitchakoff et au comte de Wittgenstein de se réunir sur la haute Bérézina, pour couper à Napoléon

Dwina, et à s'avancer entre Witebsk et Smolensk, dans la trouée même par laquelle Napoléon avait passé pour marcher sur Moscou; si l'amiral Tchitchakoff, laissant un corps devant le prince de Schwarzenberg pour le contenir, remontait avec 40 mille hommes le Dniéper et la Bérézina, pour donner la main à Wittgenstein, ils pouvaient l'un et l'autre se réunir sur la haute Bérézina, et y recevoir à la tête de cent mille hommes Napoléon revenant de Moscou, épuisé par une longue marche, harcelé par Kutusof, et exposé à être pris entre deux feux.

Amené à ces vues par ses entretiens avec le général Pfuhl, encouragé à y persévérer par son aide de camp piémontais Michaud, l'empereur Alexandre chargea M. de Czernicheff de se rendre auprès du prince Kutusof pour les lui faire agréer, d'aller ensuite les communiquer à l'amiral Tchitchakoff, de se transporter enfin pour le même objet auprès du comte de Wittgenstein, et de courir sans cesse des uns aux autres jusqu'à ce qu'il eût réussi à les réunir, et à les faire concourir au même but. Ce n'est pas avec de pareilles vues qu'Alexandre aurait pu répondre favorablement aux ouvertures de Napoléon. Aussi dès qu'il avait connu ces ouvertures, avait-il pris la résolution de ne pas les écouter. Elles lui causèrent toutefois une vive satisfaction, car il y trouva une nouvelle preuve des embarras que les Français commençaient à éprouver au milieu de Moscou, embarras qui lui présageaient non-seulement le salut, mais le triomphe de la Russie. Pourtant il importait de retenir Napoléon à Moscou le plus longtemps possible, car s'il en sortait trop tôt, il pourrait en revenir sain et sauf, et par ce motif Alexandre résolut de lui faire attendre sa réponse, sans laisser soupçonner quel en serait le sens. En conséquence des projets que nous venons d'exposer, M. de Czernicheff était parti pour le camp du généralissime Kutusof, et lui avait communiqué le plan adopté de se taire, de temporiser, d'attendre les progrès de la mauvaise saison, et de préparer en attendant sur les derrières de l'armée française une réunion de forces accablante. Il n'y avait à cet égard rien à dire, rien à conseiller au vieux Kutusof, qui mieux que personne en Russie comprenait ce système de guerre, et était capable de le faire réussir. Il avait donc admis sans discussion un plan qui était la confirmation de ses idées, et en outre la justification de sa conduite tout entière.

Pendant qu'il était l'objet de ces redoutables calculs, Napoléon consumait le temps à Moscou, dans les occupations que nous avons décrites, dans l'expectative des réponses qui n'arrivaient pas, et suivant les oscillations ordinaires de tout esprit agité, quelque ferme qu'il soit, tantôt croyait à ce qu'il désirait, c'est-à-dire à la paix, tantôt cessait d'y croire, uniquement parce qu'il y avait cru un instant, et en désespérait le plus habituellement, se fondant pour n'y plus compter sur l'incendie de Moscou, sur cet acte qui attestait un patriotisme furieux, et aussi sur le silence de l'empereur Alexandre, qui avait dû recevoir depuis longtemps les premières ouvertures transmises par MM. Toutelmine et Jakowleff. Il se disait donc qu'il fallait prendre un parti, le prendre prochainement, et il s'y préparait bien avant que les

Octob. 1812.

Recommandations au généralissime Kutusof de feindre et de temporiser pour retenir les Français à Moscou le plus longtemps possible.

État d'esprit de Napoléon pendant son séjour à Moscou.

Il espère peu la paix, et projette tous les jours de se retirer.

Octob. 1812.

Bon état
de l'infanterie
refaite
par un mois
de repos.

paroles portées le 5 octobre au maréchal Kutusof pussent recevoir une réponse. Le temps était superbe, d'une pureté, d'une douceur extrêmes. Jamais automne plus serein dans nos climats de France, n'avait embelli en septembre les campagnes de Fontainebleau et de Compiègne. Mais plus ce temps était séduisant, plus il devait être suivi d'une réaction prompte et complète, et plus il fallait songer à se retirer. Les soldats de l'infanterie s'étaient rétablis par le repos et une abondante nourriture; ils respiraient la santé et la confiance. Il était arrivé outre la division italienne Pino, du corps du prince Eugène, et la division de la jeune garde Delaborde, un certain nombre de blessés de la journée du 7, remis de leurs blessures, et quelques bataillons et escadrons de marche. L'armée se trouvait donc reportée à 100 mille hommes de toutes armes, vraiment présents au drapeau, avec 600 bouches à feu parfaitement approvisionnées. Le respectable général Lariboisière, qui avait perdu à la Moskowa un fils tué sous ses yeux, et que sa profonde douleur n'empêchait pas de remplir ses devoirs avec l'activité d'un jeune homme, ne voyait pas avec plaisir cette masse d'artillerie, et aurait mieux aimé avoir moins de canons et plus de munitions, car il savait avec quelle rapidité elles s'étaient consommées dans cette guerre, et quelle peine on aurait à traîner après soi un approvisionnement proportionné au nombre de bouches à feu. Mais Napoléon se rappelant l'effet produit à la Moskowa par l'artillerie, prévoyant que les hommes lui manqueraient bientôt, et se flattant de suppléer à la mousqueterie par de la mitraille, persistait dans ses résolutions. Il avait fait prendre tous les petits chevaux du pays, appelés *cognats*, pour traîner les voitures privées d'attelages, et espérait avec ce secours surmonter les difficultés qui préoccupaient le général Lariboisière. Tout était donc en bon état dans l'armée, sauf les moyens de transport. Tandis que les hommes étaient pleins de santé, les chevaux dépourvus de fourrages étaient maigres, faibles, et dans un état à inspirer les plus vives inquiétudes. La cavalerie réunie presque tout entière sous Murat, devant le camp de Taroutino, offrait l'aspect le plus triste. Murat, campé dans une plaine, derrière la petite rivière de la Czernicznia, mal couvert sur ses ailes, et mal protégé par l'armistice verbal que les Cosaques n'observaient guère, était obligé de tenir sa cavalerie toujours en mouvement, ce qui, avec la mauvaise nourriture, composée de la paille pourrie qui recouvrait les chaumières, contribuait à la ruiner. Pour venir à son secours, Napoléon avait envoyé à Murat quelques fourrages, et l'autorisation de se replier sur Woronowo, dans une position meilleure, à sept ou huit lieues en arrière de l'ennemi. Mais Murat dans la prévoyance d'un mouvement général et prochain, ne voulant pas fatiguer ses troupes par un changement de cantonnements qui leur profitait à peine quelques jours, était resté à Winkowo, devant Kutusof qui était établi à Taroutino.

Dès le 12 octobre, lorsqu'il n'était pas encore possible d'avoir de Saint-Pétersbourg la réponse à une démarche faite le 5, Napoléon, après avoir passé vingt-sept jours à Moscou, sentait qu'il fallait pren-

Octob. 1812.

éprouve cependant une grande répugnance à commencer aux yeux du monde un mouvement rétrograde.

dre son parti, et qu'il devait, s'il restait à Moscou, éloigner les Russes de ses cantonnements, s'il en partait, entreprendre sa retraite avant la mauvaise saison. En conséquence il avait déjà ordonné le départ de tous les blessés transportables, acheminé ce qu'on appelait les trophées, c'est-à-dire divers objets enlevés au Kremlin, défendu qu'on envoyât quoi que ce fût de Smolensk à Moscou, et prescrit qu'on se tînt prêt dans la première de ces villes à lui donner la main dans la direction qu'il indiquerait. Mais une pensée, une seule, le retenait comme malgré lui, et l'arrêtait toutes les fois qu'il allait prendre une détermination. Ce n'était pas, comme on l'a cru, l'espérance de la paix, espérance qu'il n'avait guère, c'était la crainte de perdre l'ascendant de la victoire, en commençant aux yeux du monde un mouvement rétrograde, et en cela il cédait non point à une illusion puérile, mais à un sentiment profond de sa situation. Il se disait que le premier pas fait en arrière serait le commencement d'une suite d'aveux pénibles et dangereux, aveux qu'il était allé trop loin, qu'il lui était impossible de se soutenir à cette distance, qu'il s'était trompé, qu'il

Il en craint avec raison les conséquences.

avait manqué son but dans cette campagne. Que de défections, que de pensées insurrectionnelles pouvait susciter le spectacle de Napoléon jusque-là invincible, obligé enfin de rétrograder! Orgueil à part, et l'orgueil sans doute avait sa place dans les sentiments qu'il éprouvait, il y avait un immense danger à ce premier pas en arrière. Ce pouvait être, en effet, le commencement de sa chute[1].

[1] C'est pièces en main, d'après la correspondance même de Napoléon,

Préoccupé de ce danger, il songeait toujours ou à hiverner à Moscou, ou à exécuter un mouvement qui, en le rapprochant de ses magasins, eût l'apparence d'une manœuvre et non d'une retraite. Hiverner à Moscou était une résolution d'une singulière audace, et cette résolution avait des partisans. Il en était un méritant la plus grande considération, c'était M. Daru, qui avait accompagné Napoléon en qualité de secrétaire d'État, qui était chargé de tous les détails de l'intendance de l'armée, et s'en acquittait avec un zèle, une intelligence, une activité dignes de cette haute et difficile fonction. Cet administrateur éminent jugeait encore plus facile de nourrir l'armée à Moscou, et d'y assurer ses communications pendant l'hiver, que de la ramener saine et sauve à Smolensk, par une route, inconnue si on en prenait une nouvelle, ou dévastée si on reprenait celle qu'on avait déjà parcourue. Napoléon appelait ce conseil un conseil de lion, et il est certain qu'il eût fallu une rare audace pour oser le suivre. La plus grande difficulté n'était pas celle de nourrir les hommes, comme nous l'avons déjà dit; on avait en effet du blé, du riz, des légumes, des spiritueux et quelques viandes salées. On pouvait même se procurer de la viande fraîche, à la con-

et d'après une quantité de notes écrites par lui, toutes révélant sa véritable pensée, que j'avance et que j'affirme cette vérité, que Napoléon, contre la tradition reçue, fut retenu à Moscou moins par l'espérance de la paix, que par la crainte de perdre son ascendant moral et militaire en opérant un mouvement rétrograde. J'ai peu le goût de changer les versions reçues en histoire; je cherche à être vrai, non à être nouveau. On est déjà bien assez nouveau par cela seul qu'on est vrai. Je soutiens donc l'assertion dont il s'agit sur les motifs du long séjour de Napoléon à Moscou, parce que j'ai la conviction et la preuve de son exactitude.

dition toutefois de réunir du bétail avant la mauvaise saison, et de se procurer du fourrage pour alimenter ce bétail pendant quelques mois. La principale difficulté c'était de faire vivre les chevaux qui expiraient d'inanition, et qu'on ne savait trop comment nourrir, même dans ce moment qui n'était pas le plus défavorable de l'année. On avait bien encore la ressource de porter ses cantonnements à douze ou quinze lieues à la ronde, comme on l'avait déjà fait, mais outre qu'il n'était pas certain que ce fût assez pour trouver les fourrages nécessaires, comment, la mauvaise saison arrivée, pourrait-on soutenir ces cantonnements à une pareille distance, avec une cavalerie légère épuisée, et contre une innombrable quantité de Cosaques, déjà venus, ou prêts à venir des bords du Don? Ces difficultés vaincues, il en restait une non moins grave, celle d'entretenir la communication entre tous les postes qui jalonnaient la route de Smolensk à Moscou, d'assurer non-seulement leurs relations de l'un à l'autre, mais la conservation particulière de chacun d'eux, car à moins de les convertir en places fortes, comment s'y prendre pour les mettre à l'abri d'un corps de douze à quinze mille hommes qui entreprendrait la tâche de les attaquer et de les emporter successivement? Il en fallait à Dorogobouge, à Wiasma, à Ghjat, à Mojaïsk, etc., sans compter beaucoup d'autres moins importants mais nécessaires; et en supposant tous ces postes armés, approvisionnés, pourvus non-seulement de garnisons permanentes mais de forces mobiles capables de s'entre-secourir, il était évident que cet objet seul exigerait presque la valeur d'une armée. Et malgré tous ces soins pour maintenir les communications, que deviendrait Paris, que ferait l'Europe, si un jour on n'avait pas de nouvelles de Napoléon, et si on était séparé de lui comme on l'avait été de Masséna pendant la campagne de Portugal? Enfin, ces difficultés si multipliées une fois surmontées de la manière la plus heureuse, qu'aurait-on gagné, le printemps venu, à se trouver à Moscou? A Moscou, on était à 180 lieues de Saint-Pétersbourg, 180 lieues d'une route détestable, sans compter 100 pour venir de Smolensk à Moscou, ce qui en faisait 280 pour les renforts qui auraient à joindre la grande armée en marche sur Saint-Pétersbourg, tandis qu'à Witebsk, par exemple, on n'en serait qu'à 150 lieues. Si la campagne prochaine consistait à diriger ses efforts sur la seconde capitale de la Russie, il valait mieux évidemment partir de Witebsk que de Moscou; c'était même le seul point de départ qu'on pût adopter.

L'hivernage à Moscou soulevait donc les plus graves objections. Toutefois la répugnance de Napoléon pour un mouvement rétrograde était si prononcée, qu'il n'excluait pas l'hypothèse de l'hivernage à Moscou, et que tout en ayant ordonné le départ des blessés transportables, afin d'être libre de ses mouvements, il faisait fortifier le Kremlin, déblayer les approches de ce château, couvrir ses portes de tambours, armer de canons ses murailles et ses tours, amener des renforts à l'armée, et porter assez loin ses postes avancés pour étudier les ressources du pays soit en vivres soit en fourrages.

Octob. 1812.

La difficulté de passer l'hiver à Moscou rendant un prochain départ inévitable, Napoléon préfère toujours un mouvement oblique au nord.

Les événements de Turquie et l'arrivée de l'amiral Tchitchakoff sur le Dniéper, ramènent forcément l'attention de Napoléon vers le midi.

Au milieu de ces cruelles perplexités, la préférence de Napoléon était toujours pour la belle manœuvre qui, le rapprochant de la Pologne par une marche oblique vers le nord, l'eût placé derrière le duc de Bellune à Veliki-Luki, et lui eût donné l'apparence non pas de se retirer, mais d'appuyer un mouvement offensif sur Saint-Pétersbourg. Malheureusement chaque jour qui s'écoulait, en amenant l'hiver, rendait une direction au nord plus antipathique à l'armée, et d'ailleurs, les nouvelles venues du midi reportaient forcément de ce côté les combinaisons du moment. Tandis que tout était stationnaire sur la Dwina, que Macdonald se morfondait devant Riga sans pouvoir assiéger cette place, que le maréchal Saint-Cyr restait immobile à Polotsk, sans pouvoir tirer de sa victoire du 18 août d'autre résultat que celui de se maintenir dans sa position, au contraire, l'amiral Tchitchakoff revenant de Turquie, après la signature de la paix avec les Turcs, avait traversé la Podolie et la Volhynie, et, rassuré par la neutralité de la Gallicie secrètement convenue avec l'Autriche, avait pénétré jusqu'au bord du Styr pour renforcer Tormazoff. Obligé de laisser quelques mille hommes sur ses derrières, il n'en amenait guère que 30 mille, ce qui portait à 60 mille les deux armées réunies. Il en avait pris le commandement général, et il avait obligé Schwarzenberg et Reynier, qui n'en comptaient pas 36 mille à eux deux, de se replier sur le Bug, puis derrière les marais de Pinsk, afin de couvrir le grand-duché. De tout ce que Napoléon avait demandé pour le prince de Schwarzenberg il n'était arrivé que le bâton de maréchal, et la promesse d'un renfort de 7 à 8 mille hommes qu'on ne voyait point paraître. L'alarme s'était de nouveau répandue à Varsovie, où régnait, au lieu d'un enthousiasme créateur, un abattement général, où l'on se disait abandonné par Napoléon, où l'on se plaignait de ce qu'il n'avait pas réuni la Lithuanie à la Pologne, où l'on faisait de toutes ces plaintes une excuse pour ne point agir, pour n'envoyer ni recrues ni matériel au prince Poniatowski.

Octob. 1812.

Ce n'est pas dans une situation pareille qu'on pouvait penser à un mouvement vers le nord, car c'eût été laisser un champ trop vaste aux entreprises de l'amiral Tchitchakoff. Une marche vers Kalouga convenait bien mieux à la direction actuelle des forces ennemies, et à la disposition des esprits, qu'on rassurait en leur offrant en perspective le climat et l'abondance des provinces méridionales.

Par toutes ces raisons, Napoléon imagina une combinaison mixte, consistant à se porter sur le camp de Tarontino, à en chasser Kutusof, ce qui n'avait pas certes l'apparence d'une retraite, à le refouler soit à droite, soit à gauche, à se porter ensuite sur Kalouga, à y amener par la route de Jelnia le duc de Bellune, ou au moins une forte division toute prête à Smolensk, d'hiverner ainsi à Kalouga, au milieu d'un pays fertile, sous un ciel peu rigoureux, en communication par sa droite avec Smolensk, et par ses derrières avec Moscou. Dans ce plan, Napoléon songeait à garder le Kremlin, à y laisser le maréchal Mortier avec 4 mille hommes de la jeune garde, avec 4 mille hommes de

Napoléon se décide à une combinaison mixte, consistant dans une marche sur Kalouga, sans abandonner Moscou, et en se liant avec Smolensk par Jelnia.

29.

cavalerie démontée organisés en bataillons d'infanterie, à y déposer son matériel le plus lourd, ses blessés, ses malades, ses traînards, à fournir ainsi à ce maréchal d'un caractère éprouvé 10 mille hommes de garnison, et des vivres pour six mois. Napoléon, placé à Kalouga, au sein d'une sorte d'abondance, pouvant donner la main ou au maréchal Mortier, dont il serait à cinq journées, ou au duc de Bellune, dont il serait à cinq journées aussi en l'amenant à Jelnia, se trouverait comme une araignée au centre de sa toile, prêt à courir partout où un mouvement se ferait sentir. Il n'aurait de cette façon rien évacué; il aurait au contraire envahi de nouvelles provinces, en prenant position dans le pays le plus beau, le plus central de la Russie. Supposez une bataille bien complétement gagnée sur Kutusof aux environs de Taroutino, supposez de plus un hiver d'une rigueur ordinaire, et ce plan avait de grandes chances de réussir, sans compter que si on voulait définitivement se rapprocher de la Pologne, Mortier pouvait prendre des vivres pour dix jours, évacuer Moscou par la route directe qu'on avait déjà suivie, et rentrer tranquillement à Smolensk, en recueillant tous les postes intermédiaires, et en étant couvert par la présence de Napoléon à Kalouga. Cette combinaison à elle seule suffisait pour ramener l'amiral Tchitchakoff sur Mozyr, et pour le décourager de ses projets feints ou réels contre le grand-duché.

Cette nouvelle conception, preuve de l'inépuisable fertilité d'esprit de Napoléon, était non pas celle qu'il eût préférée, mais celle que dans le moment il croyait la plus convenable. Une légère gelée étant tout à coup survenue le 13 octobre, sans que le beau temps dont on jouissait en fût altéré, tout le monde sentit que le moment était arrivé de se décider. Napoléon réunit ses maréchaux pour avoir leur avis, bien qu'ordinairement il se souciât peu de l'opinion d'autrui; mais dans la position où l'on se trouvait, chacun acquérait avec la gravité croissante des circonstances un certain droit d'être consulté. Le prince Eugène, le major général Berthier, le ministre d'État Daru, les maréchaux Mortier, Davout et Ney, assistaient à cette réunion. Il n'y manquait que Murat et Bessières, retenus devant le camp de Taroutino. La première question portait sur la situation de chaque corps, la seconde sur le parti à prendre. L'état des corps n'avait rien que de triste quant au nombre, car celui du maréchal Davout était réduit de 72 mille hommes à 29 ou 30 mille; celui du maréchal Ney de 39 à 10 ou 11 mille. Le prince Poniatowski ne comptait plus que 5 mille hommes, les Westphaliens 2 mille, la garde, sans avoir combattu, 22 mille. En tout on pouvait, avec les parcs, estimer l'armée à cent et quelques mille combattants, au lieu de 175 mille qui composaient sa force réelle en partant de Witebsk, au lieu de 420 qui la composaient en passant le Niémen. Du reste, l'état des hommes était satisfaisant. Ils étaient frais, reposés, pleins de résolution, quoique assez inquiets de cette position hasardée que leur rare intelligence appréciait parfaitement.

Quant au parti à prendre, les opinions se trouvèrent fort partagées. Le maréchal Davout fut d'avis

Octob. 1812.

Une légère gelée, survenue le 13 octobre, oblige Napoléon à prendre un parti définitif.

Conseil de guerre tenu à Moscou.

que les hommes légèrement blessés étant rentrés dans les rangs, les corps étant parfaitement reposés, il était grandement temps de partir; que la route de Kalouga nous ramenant au milieu de pays fertiles et point dévastés, et sous des climats moins rigoureux, il n'y avait pas d'autre direction à suivre. On pouvait apercevoir au langage du maréchal Davout que selon lui on était déjà demeuré trop longtemps à Moscou. Le major général Berthier, souvent disposé à contredire le maréchal Davout, et chargé naturellement de défendre les résolutions qui avaient prévalu, puisqu'il représentait l'état-major général, soutint au contraire que le séjour à Moscou avait été utile et nécessaire, qu'on lui avait dû la possibilité de refaire les troupes, et de leur rendre la santé et les forces. Il convint toutefois que le moment de partir était venu. Habitué à se conformer à l'opinion de Napoléon, et sachant la préférence qu'il avait toujours eue pour la route du nord, il proposa le retour sur Witebsk, en marchant latéralement à la route de Smolensk par Woskresensk, Woloklamsk, Zubkow, Bieloi. C'était le plan de Napoléon quand il n'était plus temps de l'exécuter. Le maréchal Mortier, loyal mais soumis, opina comme Berthier, le représentant ordinaire de la pensée impériale. Le maréchal Ney, rude et indocile quand il suivait son premier mouvement, appuya fortement l'opinion du maréchal Davout, consistant à dire qu'on était assez demeuré à Moscou, ce qui signifiait trop, et qu'il fallait en partir le plus tôt possible. Il parla beaucoup de l'état de son corps réduit à 10 mille hommes, sans les Wurtembergeois, et soutint que la direction de Kalouga était la seule admissible. Le prince Eugène, trop doux et trop timide pour avoir une autre opinion que celle de l'état-major général, parla comme Berthier. M. Daru au contraire n'hésita point à déclarer qu'il n'était de l'avis ni des uns ni des autres, et à soutenir qu'on devait hiverner à Moscou. Il y avait, selon lui, dans la ville des vivres en riz, farine, spiritueux pour tout l'hiver. On pouvait, en étendant ses quartiers, se procurer des fourrages, et nourrir par ce moyen le bétail et les chevaux. Il était donc possible d'éviter le double inconvénient d'un mouvement rétrograde, et d'une retraite à travers des pays, les uns inconnus, les autres ruinés par un premier passage, dans une saison très-avancée, avec des soldats fort propres aux marches offensives, très-peu aux marches rétrogrades.

Napoléon, qui était si prompt à former son opinion et à l'exprimer, avait l'habitude de se taire, d'écouter, de réfléchir sur ce qu'il entendait, lorsqu'il cherchait l'opinion des autres. Il paraît qu'il se tut et réserva sa décision, ainsi qu'il lui était arrivé dans plus d'une occasion de ce genre.

Il fallait du reste chercher dans ses perplexités la cause de son silence. Il aurait voulu rester, mais il sentait la difficulté en restant de vivre et de conserver ses communications. Réduit à partir il aurait préféré la marche au nord, qui avait le caractère de l'offensive; mais la mauvaise saison, l'apparition sur le bas Dniéper de l'amiral Tchitchakoff, le ramenaient forcément au midi, et la marche sur Kalouga, l'établissement dans cette riche province, en laissant une garnison au Kremlin, et en plaçant

Octob. 1812.

Perplexités de Napoléon.

le duc de Bellune à Jelnia pour communiquer avec Smolensk, lui semblaient définitivement le plan le mieux approprié aux circonstances. Il était donc décidé à l'adopter, mais la vague espérance de recevoir de Saint-Pétersbourg une réponse, bien qu'il n'y comptât guère, la lenteur des évacuations due au manque de voitures, le beau temps qui était éblouissant, comme si la nature eût été complice des Russes pour nous tromper, enfin la répugnance toujours grande à commencer un mouvement rétrograde, le retinrent encore quatre ou cinq jours, et il allait se décider à donner ses derniers ordres pour la marche sur Kalouga, lorsque le 18 octobre un accident soudain et grave vint l'arracher à ces déplorables retards.

Le 18 en effet, par une superbe matinée, il passait en revue le corps du maréchal Ney, lorsque tout à coup on entendit les sourds retentissements du canon, dans la direction du midi, sur la route de Kalouga. Bientôt un officier expédié de Winkowo annonça que Murat, comptant sur la parole verbale qu'on s'était donnée de se prévenir quelques heures à l'avance dans le cas d'une reprise d'hostilités, avait été surpris et assailli le matin même par l'armée russe tout entière, que, suivant son usage, il s'en était tiré à force de bravoure et de bonheur, mais non sans perdre des hommes et du canon. Voici du reste le détail de ce qui s'était passé.

Depuis quelque temps on voyait les renforts arriver à l'armée russe, et, aux détonations continuelles des armes à feu, il était facile d'apercevoir que le vieux Kutusof exerçait ses recrues pour les incorporer dans ses bataillons. Débarrassé de l'infortuné Barclay de Tolly par l'intrigue, de Bagration par le feu de l'ennemi, il ne lui restait d'autre censeur incommode que Benningsen, et il cherchait à s'en délivrer, à l'annuler du moins, afin de suivre plus librement sa propre pensée. Cette pensée, profondément sage, consistait à renforcer tranquillement son armée pendant que celle des Français diminuait, à ne rien brusquer, à ne rien risquer contre un ennemi tel que Napoléon, et à n'agir contre lui que lorsque le climat le lui livrerait vaincu aux trois quarts. Encore voulait-il le laisser tellement vaincre par le climat qu'il ne restât presque rien à faire à ses soldats, tant il aimait à jouer à coup sûr, et tant il craignait son adversaire! Les choses jusqu'ici s'étaient passées comme il le souhaitait. Il avait reçu vingt et quelques régiments de Cosaques, tous vieux soldats, secours fort appréciable quand on aurait à poursuivre l'ennemi. Il lui était venu des dépôts de nombreuses recrues qu'il avait incorporées dans ses régiments. Beaucoup de soldats égarés ou légèrement blessés l'avaient rejoint, et il comptait à la mi-octobre environ 80 mille hommes d'infanterie et de cavalerie régulière, et 20 mille Cosaques excellents. Conformément aux intentions de l'empereur Alexandre, il n'avait rien répondu à Napoléon, afin de prolonger le séjour des Français à Moscou.

Malgré sa résolution de ne point agir encore, la situation de Murat avait de quoi le tenter, car, ainsi que nous l'avons dit, Murat était au milieu d'une grande plaine, derrière le ravin de la Czernicznia, sa droite couverte par la partie profonde de ce ra-

Octob. 1812.

Profonds calculs du général Kutusof.

On lui fait violence, et on l'oblige à prendre l'offensive.

vin, qui allait tomber dans la Nara, mais sa gauche restée en l'air, parce que de ce côté la Czerncznia ayant peu de profondeur n'était pas un obstacle contre les attaques de l'ennemi. En profitant d'un bois qui s'étendait entre les deux camps, et qui pouvait cacher les mouvements de l'armée russe, il était facile de déboucher sur la gauche de Murat, de le tourner, de le couper de Woronowo, et peut-être de détruire son corps, qui comprenait, outre l'infanterie de Poniatowski, presque toute la cavalerie française.

L'ardent colonel Toll ayant de concert avec le général Benningsen reconnu cette position, avait proposé d'inaugurer la reprise des hostilités par ce hardi coup de main, après lequel Napoléon, si on réussissait, serait tellement affaibli, qu'il tomberait tout à coup dans une très-grande infériorité numérique par rapport à l'armée russe. Quoique bien décidé à ne rien risquer, Kutusof vaincu par la vraisemblance du succès, par les instances du colonel Toll, par la crainte de donner à Benningsen des armes contre lui, avait consenti à l'opération proposée. En conséquence, le 17 octobre au soir, le général Orloff-Denisoff, avec une grande masse de cavalerie et plusieurs régiments de chasseurs à pied, le général Bagowouth avec toute son infanterie, avaient eu ordre de s'avancer secrètement à travers le bois qui se trouvait entre les deux camps, de déboucher soudainement sur la gauche des Français, tandis que le gros de l'armée russe marcherait de front sur Winkowo.

Combat de Winkowo.

Ce plan convenu avait été mis à exécution dans

la nuit du 17, et le 18 au matin le général Sébastiani avait été assailli à l'improviste. A notre gauche notre cavalerie légère disséminée pour aller aux fourrages, avait été rejetée au delà du ravin naissant de la Czernicznia; au centre notre infanterie éveillée en sursaut dans les villages où elle campait, avait couru aux armes, et était venue faire le coup de fusil le long de ce même ravin de la Czernicznia, plus profond en cette partie. Nous avions perdu là quelques pièces d'artillerie, quelques centaines de prisonniers, une assez grande quantité de bagages, mais Poniatowski et le général Friédérichs avec leur infanterie avaient arrêté net la marche des Russes sur notre front, et vers notre gauche surprise, Murat, réparant toujours sur le champ de bataille la légèreté de ses lieutenants et la sienne, avait exécuté des charges de cavalerie si répétées, si bien dirigées, si vigoureuses, qu'il avait dispersé la cavalerie d'Orloff-Denisoff, et enfoncé et sabré quatre bataillons d'infanterie. Grâce à ces prodiges de valeur, grâce aussi aux fausses manœuvres des Russes, qui avaient agi avec hésitation, toujours dans la crainte d'avoir devant eux Napoléon lui-même, Murat avait pu se replier sain et sauf sur Woronowo, vainqueur autant que vaincu, et maître de la route de Moscou. Il avait perdu 4500 hommes environ, et en avait tué 2 mille aux Russes. Ceux-ci avaient éprouvé en outre une perte regrettable dans le brave général Bagowouth, qui offensé d'un propos blessant du colonel Toll, était venu se mettre à la bouche de nos canons, et s'y faire tuer.

En apprenant cette action qui était brillante, mais

Octob. 1812.

Manière brillante dont Murat, surpris par l'ennemi, se tire du péril qui le menaçait.

Napoléon

qui dénotait la fausseté de la position de Murat, ainsi que son imprévoyance et celle de ses lieutenants, Napoléon s'emporta fort contre les uns et les autres, s'emporta beaucoup aussi contre la mauvaise foi des Russes, qui n'avaient pas respecté l'engagement verbal de se prévenir trois heures à l'avance. Il fallait évidemment les en punir, et dès lors, de toutes les combinaisons celle qui consistait à marcher sur Kalouga devenait non-seulement la meilleure, mais la seule praticable. Napoléon donna tous ses ordres sur-le-champ, dans le sens de cette combinaison, telle que nous l'avons précédemment exposée. Le prince Eugène, les maréchaux Ney et Davout, la garde impériale, devaient dans l'après-midi du 18 octobre faire tous leurs préparatifs de départ pour le lendemain matin, charger sur les voitures attachées à leurs corps et sur celles qu'ils étaient parvenus à se procurer les vivres qu'il leur serait possible de transporter, évalués à douze ou quinze jours de subsistances pour l'armée entière, puis traverser Moscou, et venir bivouaquer en avant de la porte de Kalouga, afin de pouvoir exécuter une forte marche dans la journée du 19. N'étant nullement résolu à évacuer Moscou, et voulant se réserver la possibilité de garder ce poste, d'y revenir même au besoin, Napoléon prescrivit au maréchal Mortier de s'y établir avec environ 10 mille hommes, dont 4 mille de la jeune garde, 4 mille de cavalerie à pied, le reste de cavalerie montée et d'artillerie. Il lui recommanda de charger les mines qu'on avait préparées, afin de faire sauter le Kremlin au premier ordre, d'y réunir en attendant, en fait de matériel,

LA BÉRÉZINA.   461

d'hommes écloppés ou malades, tout ce qu'on n'avait
pas encore pu expédier sur Smolensk. Quant à ceux
des blessés qui ne pourraient ni marcher ni supporter le transport, il les fit déposer à l'hospice
des enfants trouvés qu'il avait sauvé, et les remit
à la garde du respectable général Toutelmine, sur
la reconnaissance duquel il comptait. Il enjoignit
également au général Junot de se tenir prêt à quitter
Mojaisk au premier moment, pour regagner Smolensk. Il écrivit au gouverneur de Smolensk d'acheminer sur Jelnia une division qu'on y avait composée avec des troupes de marche, sous le général
Baraguey d'Hilliers, et au duc de Bellune de s'apprêter lui-même à suivre cette division. Il disposa
toutes choses, en un mot, pour la double éventualité
ou d'un simple mouvement sur Kalouga, Moscou
restant toujours en nos mains, ou d'une retraite
définitive sur Witebsk et Smolensk. Les ordres étant
ainsi donnés, on se prépara pour une véritable évacuation de Moscou, et l'armée fit ses dispositions de
départ dans l'idée de ne plus revoir cette capitale.

On passa toute la nuit à charger les voitures de
vivres et de bagages, et à traverser les rues ruinées
de Moscou pour prendre sa position de marche près
de la porte de Kalouga. Le lendemain 19 octobre,
premier jour de cette retraite à jamais mémorable
par les malheurs et l'héroïsme qui la signalèrent,
l'armée se mit en mouvement. Le corps du prince
Eugène défila le premier, celui du maréchal Davout
le second, celui du maréchal Ney le troisième. La
garde impériale fermait la marche. La cavalerie
sous Murat, les Polonais sous le prince Poniatowski,

Octob. 1812.

Sortie de Moscou le 19 octobre.

Ordre de marche.

Octob. 1812.

Singulier spectacle offert par l'armée en sortant de Moscou.

une division du maréchal Davout sous le général Friédérichs, étaient à Woronowo, en face des arrière-gardes russes. Une division du prince Eugène, celle du général Broussier, avait depuis quelques jours pris position sur la nouvelle route de Kalouga, laquelle passait entre l'ancienne route de Kalouga que suivait le gros de l'armée, et celle de Smolensk. L'armée présentait un étrange spectacle. Les hommes, comme on l'a vu, étaient sains et robustes, les chevaux maigres et épuisés. Mais c'était surtout la suite de l'armée qui offrait l'aspect le plus extraordinaire. Après un immense attirail d'artillerie comme il le fallait pour 600 bouches à feu abondamment approvisionnées, venaient des masses de bagages telles que jamais on n'en avait vu de pareilles depuis les siècles barbares, où sur toute la surface de l'Europe des populations entières se déplaçaient pour aller chercher de nouveaux territoires. La crainte de manquer de vivres avait conduit chaque régiment, chaque bataillon à mettre sur des voitures du pays tout ce qu'ils étaient parvenus à se procurer en pain ou en farine, et ceux qui avaient pris cette précaution n'étaient pas les plus chargés. D'autres avaient ajouté aux bagages les dépouilles recueillies dans l'incendie de Moscou, et beaucoup de soldats en avaient rempli leurs sacs, comme si leurs forces avaient pu suffire à porter à la fois leurs vivres et leur butin. La plupart des officiers s'étaient emparés des légères voitures des Russes, et les avaient chargées de vivres ou de vêtements chauds, afin de se prémunir contre la disette et le froid. Enfin les familles françaises, ita-

LA BÉRÉZINA.

Octob. 1812.

liennes, allemandes, qui avaient osé rester avec nous à Moscou, craignant le retour des Russes, avaient demandé à nous accompagner, et formaient une sorte de colonie éplorée à la suite de l'armée. A ces familles s'étaient même joints les gens de théâtre, ainsi que les malheureuses femmes qui vivaient à Moscou de prostitution, tous redoutant également la colère des habitants rentrés dans leur ville. Le nombre, la variété, l'étrangeté de ces équipages, charrettes, calèches, droskis, berlines, traînés par de mauvais chevaux, encombrés de sacs de farine, de vêtements, de meubles, de malades, de femmes et d'enfants, offraient un spectacle bizarre, presque sans fin, et de plus très-inquiétant, car on se demandait comment on pourrait manœuvrer avec un semblable attirail, et comment surtout on pourrait se défendre contre les Cosaques. Quoique dans la large avenue de Kalouga on marchât sur huit voitures de front, et que la file ne fût pas un instant interrompue, la sortie, commencée le matin du 19, continuait encore le soir. Napoléon surpris, choqué, alarmé presque à cette vue, voulut d'abord mettre ordre à un pareil embarras; mais après y avoir réfléchi, il se dit que la marche, les accidents de la route, les consommations journalières, auraient bientôt réduit la quantité de ces bagages; qu'il était donc inutile d'affliger leurs propriétaires par des rigueurs auxquelles la nécessité suppléerait toute seule; qu'au surplus, si on avait des combats, ces voitures serviraient à porter des blessés, et par ces raisons il consentit à laisser chacun traîner ce qu'il pourrait. Seulement il ordonna de ménager un

Napoléon voulait d'abord donner des ordres pour diminuer la trop grande quantité des bagages, mais il laisse au temps et à la marche le soin de l'en débarrasser.

Octob. 1812.

certain espace entre les colonnes de bagages et les colonnes de soldats, afin que l'armée pût manœuvrer librement. Quant à lui, il ne sortit de Moscou que le lendemain, voulant veiller de sa personne aux derniers détails de l'évacuation, et comptant sur la facilité qu'il aurait toujours de regagner à cheval la tête de l'armée, dès que sa présence y serait nécessaire.

Dernier regard jeté sur Moscou.

Cette première journée du 19 employée à sortir de Moscou, ne le fut point à faire du chemin. Arrivé sur les hauteurs qui dominent Moscou, on s'arrêta pour jeter un dernier regard sur cette ville, terme extrême de nos fabuleuses conquêtes, premier terme de nos immenses infortunes. Au pied des coteaux que nous avions gravis, on apercevait la large et interminable colonne de nos bagages, au delà les dômes dorés de la grande capitale moscovite, ceux du moins que l'incendie n'avait pas dévorés, et au fond de ce tableau le ciel le plus pur. On contempla encore une fois ces objets qu'on ne devait plus revoir, et on continua sa route avec le désir d'avoir bientôt regagné les contrées de la Pologne et de l'Allemagne, qu'on était si fier naguère, et qu'on était si fâché aujourd'hui d'avoir tant dépassées. Le ciel du reste était toujours parfaitement pur, on avait des vivres, et on éprouvait pour l'ennemi le plus confiant dédain. Ce premier jour on fit trois ou quatre lieues au plus. On devait en faire davantage le jour suivant.

Soudaine détermination de Napoléon le lendemain de la sortie de Moscou.

Le lendemain 20 le temps ayant continué à être beau, on vint par une forte marche camper entre la Desna et la Pakra. Napoléon parti le matin de Moscou, arriva promptement au château de Troitskoïé,

LA BÉREZINA.

et là, en voyant la situation des deux armées, en réfléchissant aux renseignements reçus, il prit soudain la résolution la plus importante. Il était sorti de Moscou non pas avec l'idée de battre en retraite, mais avec celle de punir l'ennemi de la surprise de Winkowo, de le refouler au delà de Kalouga, de s'établir ensuite dans cette ville, en tendant une main aux troupes venues de Smolensk sur Jelnia, et en reportant son autre main vers Mortier laissé au Kremlin. A la vue du terrain et de la position de l'ennemi, il modifia tout à coup sa détermination, avec une admirable promptitude. En effet, il y avait deux routes pour se rendre à Kalouga, l'une à droite, latérale à celle de Smolensk, dite la route neuve, passant par Scherapowo, Fominskoïé, Borowsk, Malo-Jaroslawetz, entièrement libre d'ennemis, occupée par la division Broussier, et traversant de plus des pays qui n'avaient pas été dévorés; l'autre, celle que nous suivions, passant par Desna, Gorki, Woronowo, Winkowo, Taroutino, sur laquelle les Russes étaient fortement établis dans un camp préparé de longue main. Pour les déloger, il fallait leur livrer une grande bataille, et l'avantage de la gagner ne valait pas l'inconvénient de perdre douze ou quinze mille hommes peut-être, et d'avoir à traîner avec soi, ou d'abandonner sur les routes dix mille blessés. Mieux valait assurément, si on le pouvait, défiler devant l'armée russe sans être aperçu d'elle, lui dérober son mouvement en se portant par un brusque détour à droite, de la vieille route de Kalouga sur la nouvelle, prendre par Fominskoïé, Borowsk, Malo-Jaroslawetz, et se

Octob. 1812.

Au lieu d'aller combattre Kutusof à Taroutino, il songe à l'éviter en se portant de la vieille route de Kalouga sur la nouvelle, afin de s'épargner une perte de 15 mille hommes, et la nécessité de porter 10 mille blessés.

mettre ainsi hors d'atteinte après avoir complétement trompé l'ennemi. Cette manœuvre si habile, si heureuse, dans le cas où elle aurait réussi, était un triomphe qui valait la victoire la plus brillante, et qui devait couvrir de confusion le généralissime russe, car sans combat nous aurions à sa face gagné la route de Kalouga, recouvré nos communications compromises, et conquis le pays le plus fertile que nous pussions rencontrer dans ces climats et dans cette saison. Mais cette résolution en impliquait une autre, c'était l'abandon définitif de Moscou. Lorsque nous en sortions pour battre les Russes, pour les refouler devant nous, la route de Moscou à Kalouga se trouvait pour ainsi dire débarrassée de leur présence, et s'ils revenaient sur Moscou après que nous les aurions battus, leur retour sur cette capitale à la suite d'une grande défaite, n'était pas pour nous un empêchement de communiquer avec elle. Mais renonçant à les vaincre afin de les éviter, les laissant entre Moscou et nous avec cent mille hommes bien intacts, nous ne pouvions plus maintenir le maréchal Mortier dans le Kremlin, car il eût été impossible de l'y secourir. D'ailleurs, après deux journées de cette marche, après la vue de ces immenses bagages, suivis en flanc et en queue par une multitude de Cosaques, après avoir arraché enfin son corps, son âme, son orgueil surtout de Moscou, Napoléon était plus facile à décider à cette évacuation définitive, et, prenant son parti avec la promptitude d'un grand capitaine, le soir même il expédia du château de Troitskoïë l'ordre au maréchal Mortier d'évacuer Moscou avec les dix mille hommes qui lui avaient été confiés, de faire sauter le Kremlin au moyen des mines pratiquées à l'avance, et d'emmener tout ce qu'il pourrait de malades et de blessés, lui rappelant qu'à Rome il y avait des récompenses pour chaque citoyen dont on sauvait la liberté ou la vie. Il lui indiquait la route de Wereja comme celle par laquelle il devait rejoindre l'armée, lui assignait le 22 ou le 23 pour mettre le feu aux mines, moment où notre marche de flanc serait presque achevée, et enjoignait au général Junot d'évacuer Mojaïsk avec les dernières colonnes de blessés par la route de Smolensk, que l'armée allait couvrir par sa présence sur la nouvelle route de Kalouga[1].

---

[1] C'est une idée généralement admise par tous les historiens soit français, soit étrangers, même par M. Fain, qui avait eu pourtant connaissance d'une partie de la correspondance impériale, que Napoléon sortit de Moscou avec la résolution définitive de quitter cette capitale pour rentrer en Pologne, et qu'il se dirigea d'abord sur la vieille route de Kalouga, avec l'intention conçue d'avance de changer de direction en chemin, de se reporter de la vieille route sur la nouvelle, afin de surprendre ainsi le passage par Malo-Jaroslawetz, et de rentrer en Pologne en passant par la riche province de Kalouga. La correspondance de Napoléon, restée secrète jusqu'ici, démontre que c'est là une erreur. Cette erreur a un premier inconvénient, c'est de laisser inconnue la vraie cause qui retarda si longtemps le départ de Napoléon, et qui ne fut autre que sa répugnance à exécuter un mouvement rétrograde, répugnance qui fut si grande qu'en sortant de Moscou il avait la prétention de pas évacuer cette capitale, et de ne faire qu'une manœuvre. Cette erreur a un second inconvénient, c'est de faire commettre à Napoléon une faute grave (qu'en réalité il ne commit pas), celle de suivre un chemin détourné, qui lui fit perdre deux jours, deux jours fort regrettables comme on le verra bientôt, pour se reporter de la vieille route de Kalouga sur la nouvelle, tandis qu'en prenant tout de suite la nouvelle, sauf à faire sur l'ancienne, par Murat qui s'y trouvait déjà, les démonstrations les plus apparentes, il aurait pu être le 22 ou le 23 à Malo-Jaroslawetz, ce qui aurait rendu certaine son arrivée sur Kalouga, et

30.

Octob. 1812.

Mouvement de tous les corps français pour passer par un chemin de traverse, de la vieille route de Kalouga sur la nouvelle.

Ces ordres expédiés relativement à l'évacuation de Moscou, Napoléon s'occupa de donner ceux qui concernaient le mouvement de gauche à droite, que l'armée devait exécuter, afin de se porter de la vieille route de Kalouga sur la nouvelle. Il choisit pour opérer ce mouvement le chemin de traverse de Gorki à Fominskoïé par Ignatowo (voir la carte n° 55), et ordonna au prince Eugène, qui avait déjà une partie de sa cavalerie et la division Broussier à

infaillible le succès de ce mouvement. Or cette faute, qui eut d'immenses conséquences, fut de sa part tout involontaire, car il partit d'abord avec l'intention d'aller droit à l'ennemi, et non de l'éviter, ce qui explique comment il ne craignit pas de laisser le maréchal Mortier au Kremlin. Mais chemin faisant s'étant aperçu que Kutusof restait campé obstinément sur la vieille route de Kalouga, il eut l'idée de lui échapper en le trompant, et pour cela de se porter sur la nouvelle route de Kalouga par un chemin de traverse, changement de direction qui amena la perte de deux jours, à laquelle il ne se serait pas exposé s'il avait dès le début adopté la nouvelle route. On s'explique alors que, laissant l'ennemi non battu sur ses derrières, il ne voulut plus que le maréchal Mortier restât au Kremlin avec 10 mille hommes, exposé aux coups d'une armée demeurée intacte. C'est pour n'avoir pas connu ces déterminations successives qu'on ne représente pas Napoléon tel qu'il fut véritablement dans ces moments décisifs, c'est-à-dire sortant de Moscou sans croire en sortir, quittant cette capitale sans l'idée de l'évacuer, et puis changeant tout à coup de détermination, lorsqu'il espéra par un beau mouvement gagner Kalouga sans combat.

Après avoir montré l'importance de l'erreur historique que l'on commet en faisant sortir Napoléon de Moscou autrement qu'il n'en sortit, il me reste à donner les preuves de ce que j'avance. Elles consistent en plusieurs lettres, en une suite d'ordres authentiques, dont la minute existe aux archives impériales, et qui ont tous été expédiés. D'abord Napoléon écrivant à Murat, à Junot, leur répète pendant plusieurs jours consécutifs qu'il sort pour *repousser l'ennemi... pour aller à l'ennemi*. Le 18 Napoléon fait écrire à Murat par Berthier : « *L'Empereur a fait » partir ce soir ses chevaux, et après-demain l'armée arrivera sur » vous pour se porter sur l'ennemi et le chasser.* » Le 18 il fait écrire par Berthier à l'intendant général de l'armée : « Je vous préviens que » l'Empereur porte ce soir son quartier général *dans le faubourg de*

Fominskoïé, de passer le premier par ce chemin, au maréchal Davout de passer le second, et à la garde de passer la dernière. Le maréchal Ney, resté à Gorki avec son corps, avec la division polonaise Claparède et une partie de la cavalerie légère, devait prendre devant Woronowo la place de Murat, se rendre très-apparent devant les avant-postes russes, se montrer vers Podolsk, afin de donner lieu à toutes les suppositions, même à celle d'un mouvement par

« *Kalouga, afin d'être en mesure de mettre demain l'armée en mou-*
» *vement pour marcher sur l'ennemi.* » Le 20, à huit heures du matin,
il fait écrire à Junot : « *L'Empereur est parti ce matin avec l'armée*
» *pour marcher à l'ennemi, qui est entre la Nara et la Pakra, route*
» *de Kalouga.* » Ces textes ne peuvent laisser aucun doute. Mais il y en
a un autre qui achève de rendre absolument certaine la preuve de cette
intention. Depuis quelques jours la division Broussier du prince Eugène
et la cavalerie d'Ornano étaient à Fominskoïé même, sur la nouvelle
route de Kalouga, par laquelle Napoléon se décida à percer dans la
soirée du 20. Si dès l'origine Napoléon avait eu l'intention de suivre
la nouvelle route, qui passe par Fominskoïé et Malo-Jaroslawetz, il
aurait au moins laissé la division Broussier à Fominskoïé, et d'autant
plus que le prince Eugène devant attaquer Malo-Jaroslawetz, il eût été
naturel de concentrer dans sa main toutes les divisions de son corps. Or,
au contraire, le 18 au matin, Napoléon fait écrire à Murat qu'il part pour
aller à lui, « *que la division Broussier est à Fominskoïé avec le géné-*
» *ral Ornano; qu'il est nécessaire qu'il lui envoie des ordres pour se*
» *porter partout où les mouvements de l'ennemi l'exigeraient, soit*
» *vers Woronowo, soit vers Desna, etc...* » Or Woronowo et Desna sont
sur la vieille route de Kalouga, et Napoléon n'aurait pas dégarni la
nouvelle route s'il avait voulu la prendre, et aurait plutôt renforcé
Murat par un envoi direct de Moscou, car il n'y avait pas plus loin pour
le renforcer de Moscou que de Fominskoïé. Il est donc bien certain qu'il
partit avec l'intention non pas d'éviter l'ennemi, mais de le combattre,
et de le pousser devant lui, ce qui explique comment il croyait pouvoir
laisser le maréchal Mortier à Moscou.

Maintenant, voulut-il en effet laisser le maréchal Mortier à Moscou ?
Il y a de cette intention une preuve non contestable, c'est une longue
lettre du 18, dans laquelle il ordonne à ce maréchal de s'y établir avec
environ 10 mille hommes, d'y faire ses vivres pour plusieurs mois, de

notre gauche, et jouer cette sorte de comédie jusqu'au 23 au soir, afin de tromper plus longtemps les Russes, et de ménager à nos bagages le loisir de s'écouler. Ce rôle joué, le maréchal Ney devait dans la nuit du 23 s'ébranler lui-même, pour passer de la vieille route de Kalouga sur la nouvelle, exécuter une marche forcée, être le 24 au matin à Ignatowo, le 24 au soir à Fominskoïé, le 25 à Malo-Jaroslawetz, ce qui était suffisant pour que cette belle opération fût terminée.

Napoléon n'avait jamais été ni mieux inspiré ni plus soudain dans ses conceptions, et il y avait pour

s'y retrancher, d'y réunir tous les malades, etc. On pourrait dire que c'était là une feinte, mais d'abord il n'avait aucune raison d'employer un tel subterfuge, car il n'en avait pas besoin pour le succès de son mouvement. Secondement, lorsque Napoléon avait recours à une feinte, il l'avouait à celui qu'il en chargeait, afin que celui-ci entrât mieux dans ses intentions, et y contribuât plus sûrement, et de tous les hommes il n'y en avait pas un auquel il pût davantage confier un secret qu'au maréchal Mortier. Enfin Napoléon, employant une feinte, n'aurait pas donné tous les détails qu'il donne sur la manière de fortifier et de défendre le Kremlin. Cette lettre est tellement précise et détaillée, qu'elle ne peut laisser aucun doute sur son intention véritable. Enfin il y a de cette intention une preuve morale irréfragable. Il restait quelques centaines de blessés à Moscou, qu'il ordonna de réunir les uns au Kremlin, les autres aux Enfants trouvés, et lorsque le 20 au soir il changea de détermination, il prescrivit tout à coup au maréchal Mortier de les emmener, même sur les chevaux de l'état-major, lui rappelant qu'il y avait à Rome des récompenses pour ceux qui sauvaient un citoyen. Or si Napoléon n'avait pas voulu garder Moscou, il n'aurait pas perdu trois jours pour faire partir ces blessés, et dès le 19 il les aurait acheminés sur la route de Smolensk par les moyens qu'on dut employer le 23. Enfin, envoyant des ordres à l'intendant, il lui fait dire le 18 :

Le major général à l'intendant général.

« L'Empereur ordonne que les voitures de transports militaires char-
» gées de vivres et les ambulances soient parquées demain matin à la
» pointe du jour, et même dans la nuit, dans le grand emplacement qui

celle-ci de nombreuses chances de succès, sauf toutefois une difficulté, qui, depuis un certain temps, devenait l'écueil ordinaire de tous ses plans, celle de manœuvrer avec de telles masses d'hommes et de bagages. Le grand art de la guerre ne perdait rien par ses combinaisons, mais perdait tous les jours par ses entreprises, grâce à la proportion démesurée qu'il avait donnée à toutes choses. Avec une armée comme celle qu'il commandait en Italie, ou comme celle que commandait le général Moreau en Allemagne, un tel mouvement eût réussi, et aurait été un des plus beaux titres de gloire de celui qui l'avait conçu.

« se trouve près des obélisques de la porte de Kalouga. Je vous préviens
» que l'Empereur porte ce soir son quartier général dans le faubourg
» de Kalouga, afin d'être en mesure de mettre demain l'armée en mou-
» vement pour marcher sur l'ennemi. Je vous recommande de donner les
» ordres les plus précis pour que tous les hommes restés dans les hôpi-
» taux soient transportés demain aux Enfants trouvés, comme je vous
» l'ai écrit il y a un moment.

» L'Empereur laisse le maréchal duc de Trévise avec tout son corps
» pour garder le Kremlin et les principaux magasins de la ville. Quant
» au quartier général de l'intendance, composé de tout ce qui en fait
» partie et du trésor, il se tiendra prêt à partir demain au soir; il partira
» sous l'escorte de la division du général Roguet.

» L'intention de l'Empereur est que vous désigniez un ordonnateur et
» quelques commissaires des guerres, un directeur des hôpitaux, enfin
» les officiers de santé et agents nécessaires, tant pour l'administration
» des magasins que pour soigner les malades non transportables, qui
» seront tous réunis aux Enfants trouvés.

» *L'Empereur étant dans l'intention de revenir ici, nous garderons
» les principaux magasins de farine, d'avoine et d'eau-de-vie*. Tous
» les agents dont je viens de parler ci-dessus coucheront au Kremlin, et
» l'ordonnateur prendra les ordres du duc de Trévise. »

Il est donc certain que le 18 Napoléon voulait deux choses : 1° marcher à l'ennemi; 2° laisser Mortier pour garder Moscou. Tout à coup le 20 au soir, au château de Troitskoié, ses intentions changent, et au lieu de marcher à l'ennemi, il prend à droite, et donne des instructions pour transporter l'armée de la vieille sur la nouvelle route de Kalouga. En

Mais avec tout ce que Napoléon menait à sa suite c'était difficile. Il faut ajouter qu'il eût mieux valu prendre ce parti à Moscou même, sortir dès lors par la nouvelle route de Kalouga, en laissant Murat sur la vieille route, pour y tromper l'ennemi par sa présence, arriver avec le gros de l'armée à Malo-Jaroslawetz deux jours plus tôt, et s'assurer de la sorte beaucoup plus de chances de percer sans combat par la route de Kalouga. Mais il aurait fallu pour qu'il en fût ainsi que Napoléon se fût résigné dans Moscou même à l'idée d'une retraite, ce qui n'était pas, puisqu'il n'en sortit qu'avec l'intention de manœuvrer, puisqu'il ne prit le parti définitif de s'en séparer qu'à la vue des lieux, en reconnaissant la possibilité d'une manœuvre hardie, en apercevant l'occasion de racheter l'effet fâcheux d'un mouvement rétrograde par l'effet éclatant d'une savante manœuvre, manœuvre qui, sans combat, lui rendait ses communications, le remettait sain et sauf au milieu

---

même temps il prescrit à Mortier d'évacuer le Kremlin et de le joindre par la route de Wereja. Le style des ordres indique une détermination soudaine, instantanée et tellement nouvelle, qu'elle entraîne la révocation d'ordres déjà donnés. — Tout s'explique lorsqu'on admet qu'arrivé sur les lieux, voyant les Russes obstinés à se tenir sur la vieille route de Kalouga, et concevant l'espérance de leur dérober sa marche par la nouvelle route, il aime mieux arriver à son but sans bataille, sans dix ou douze mille blessés qu'il faudrait traîner à sa suite, et ne veut plus alors laisser Mortier seul, séparé de lui par une armée intacte et non battue. C'est l'unique version qui concorde avec tous les ordres émis. Une fois admise, elle révèle ce fait important, que Napoléon, même en quittant Moscou, ne pouvait se décider à l'évacuer, et elle fait tomber le reproche d'avoir perdu en route deux jours, dont la perte fut décisive pour le mouvement sur Kalouga. S'il avait voulu y marcher directement et sans combat, il y aurait marché tout simplement par la route nouvelle, et se serait borné à une fausse démonstration sur la vieille route.

d'un pays riche et habitable en hiver, et exposait aux risées de l'Europe l'ennemi qui l'avait laissé échapper.

Octob. 1812.

Voilà de quelle manière étrange Napoléon se décida enfin à battre en retraite et à évacuer Moscou, pour ainsi dire à l'improviste, sans l'avoir voulu, par une soudaine inspiration du moment. Ce sacrifice fait, sacrifice dont il se dédommageait par la perspective d'une marche prodigieusement hardie et habile, il passa la journée entre Troïtskoïé et Krasnoé-Pakra, pour assister lui-même au défilé de son armée, qui continuait à présenter le spectacle le plus singulier et le plus inquiétant sous le rapport des embarras qui encombraient ses derrières. Au passage de tous les ravins, de tous les petits ponts, que le plus souvent il fallait réparer ou consolider, au passage de tous les villages dont il fallait traverser les longues avenues, les colonnes s'allongeaient afin de franchir ces défilés, s'attardaient bientôt de la manière la plus fâcheuse, et il était facile de prévoir que, lorsqu'on serait suivi par une innombrable cavalerie légère, on serait exposé aux plus graves accidents. Du reste, les Cosaques étaient encore tenus à distance, à gauche par la présence de Ney sur la vieille route de Kalouga, à droite par l'occupation de la route de Smolensk, et on n'avait pas jusqu'ici à souffrir de leur présence. Le temps n'avait pas cessé d'être beau; les vivres abondaient, car outre qu'on en portait beaucoup avec soi, on en trouvait suffisamment dans les villages. Mais déjà une quantité de voitures abandonnées parce qu'on ne pouvait pas leur faire franchir les

Difficultés que la masse des bagages oppose à la marche des colonnes.

défilés, ou parce que les troupes pressées d'avancer les jetaient à droite et à gauche des chemins, trompaient la prévoyance de ceux qui avaient voulu se mettre à l'abri du besoin, ou l'avarice de ceux qui avaient espéré conserver le butin de Moscou.

Le corps du prince Eugène ayant été fatigué le 21 de la longue marche qu'il avait exécutée par la traverse de Gorki à Fominskoïé, on lui accorda le 22 pour se reposer, se rallier, ressaisir ses bagages, et recevoir l'adjonction des cinq divisions du maréchal Davout, avec lesquelles il pouvait présenter une masse de 50 mille fantassins, les premiers du monde, à tout ennemi qu'il trouverait devant lui. Napoléon, après avoir couché le 21 à Ignatowo, se transporta le 22 à Fominskoïé, et dirigea un peu plus à droite sur la ville de Wereja le prince Poniatowski, afin de se lier plus étroitement à la route de Smolensk, par laquelle s'opéraient toutes nos évacuations de blessés et de matériel sous la garde du général Junot.

Le 23 le prince Eugène ayant la division Delzons et la cavalerie Grouchy en tête, la division Broussier au centre, la division Pino et la garde royale italienne à son arrière-garde, atteignit Borowsk. Il n'y avait plus qu'un pas à faire pour avoir achevé la manœuvre dont Napoléon avait conçu l'idée le 20 au soir, car à Borowsk on était sur la route nouvelle de Kalouga, juste à la hauteur où les Russes étaient sur la route vieille en occupant le camp de Taroutino, et pour avoir dépassé cette hauteur il suffisait de s'emparer de la petite ville de Malo-Jaroslawetz. Cette petite ville était située au delà d'une rivière appelée la Lougea, et fangeuse comme toutes celles qui traversent ces plaines à pentes incertaines. Par ordre de Napoléon, le prince Eugène fit forcer le pas au général Delzons, et le poussa au delà de Borowsk où l'on était arrivé de bonne heure, afin qu'il pénétrât le jour même dans Malo-Jaroslawetz. Le général Delzons y parvint très-tard, trouva le pont sur la Lougea détruit, se hâta de faire passer comme il put deux bataillons pour les jeter dans la ville, gardée par quelques postes insignifiants, et avec les sapeurs de l'armée d'Italie s'occupa immédiatement de la réparation du pont. Il ne voulait pas porter toute sa division au delà de la Lougea tant que le pont ne serait pas rétabli. On consacra la nuit à cette opération.

Pendant que ce beau mouvement allait s'achever, l'armée russe était restée avec un singulier aveuglement à son camp de Taroutino, ne se doutant en aucune manière de l'humiliation qu'on lui préparait. Elle ne supposait à Napoléon d'autre intention que d'attaquer et d'emporter Taroutino, en représailles de la surprise de Winkowo. Toutefois les troupes légères du général Dorokoff ayant signalé la présence à Fominskoïé de la division Broussier, laquelle occupait depuis quelques jours la nouvelle route de Kalouga, le généralissime Kutusof s'était imaginé que cette division n'avait d'autre but que de lier la grande armée de Napoléon, très-distinctement aperçue sur la vieille route de Kalouga, avec les troupes qui suivaient la route de Smolensk, et avait résolu d'enlever cette division, dont il jugeait la position très-hasardée. Il en avait chargé le général Doctoroff

Octob. 1812.

Occupation de Malo-Jaroslawetz le soir même, pour s'assurer le lendemain le passage de la Lougea.

Quelques circonstances accidentelles révèlent au général Kutusof le projet formé par Napoléon de se transporter de la vieille route de Kalouga sur la nouvelle.

avec le 6ᵉ corps. Le général Doctoroff s'étant avancé jusqu'à Aristowo le 22, avait cru découvrir devant lui quelque chose de plus considérable qu'une simple division; en même temps, des partisans avaient vu des troupes opérant un mouvement transversal de Krasnoé-Pakra à Fominskoïe, et avaient envoyé leur rapport au généralissime Kutusof dans la matinée du 23. Celui-ci à de tels signes avait reconnu que Napoléon abandonnant la vieille route de Kalouga songeait à percer par la nouvelle, et à tourner le camp de Taroutino. Arrêter Napoléon à Borowsk n'était plus possible. Il n'y avait chance de lui barrer le chemin qu'en se portant à Malo-Jaroslawetz, derrière la Lougea. Le généralissime Kutusof avait donc ordonné au général Doctoroff de s'y rendre en toute hâte d'Aristowo, et lui-même il s'était dépêché de réunir l'armée russe pour la diriger par Letachewa sur Malo-Jaroslawetz, dont la possession semblait devoir décider de la fin de cette mémorable campagne.

Le 24, le général Doctoroff ayant passé la Protwa, dans laquelle se jette la Lougea, au-dessous de Malo-Jaroslawetz, arriva au point du jour devant Malo-Jaroslawetz même, occupé par les deux bataillons du général Delzons. Voici quel était le site qu'on allait se disputer.

Malo-Jaroslawetz est sur des hauteurs au pied desquelles coule la Lougea, dans un lit marécageux. Les Français venant de Moscou avaient à franchir la Lougea, puis à gravir ces hauteurs, et à se soutenir dans Malo-Jaroslawetz. Les Russes marchant par leur gauche sur l'autre côté de la rivière, n'avaient qu'à s'introduire dans la petite ville, objet du combat sanglant qui allait se livrer, à nous refouler en dehors, et à nous jeter ensuite de haut en bas dans le lit de la Lougea. Le général Doctoroff, profitant des sinuosités des coteaux, avait placé sur sa droite et sur notre gauche des batteries qui, enfilant le pont de la Lougea, devaient nous cribler de boulets, soit lorsque nous passerions le pont pour gravir les hauteurs, soit lorsque nous descendrions de ces hauteurs vers le pont.

Dès cinq heures du matin, le 24 octobre, il attaqua les deux bataillons du général Delzons avec quatre régiments de chasseurs, et n'eut pas de peine à les déposter, car il avait huit bataillons contre deux. Le général Delzons, que le prince Eugène s'apprêtait à soutenir avec tout son corps d'armée, se hâta de passer le pont, de gravir les hauteurs sous le feu d'écharpe de l'artillerie russe, et de rentrer dans Malo-Jaroslawetz. On y pénétra baïonnette baissée, et on en chassa les Russes. Le général Doctoroff y revint à son tour avec son corps tout entier, qui était de 11 à 12 mille hommes, tandis que Delzons en avait à peine 5 à 6 mille, et réussit à faire plier les troupes françaises. Le brave Delzons les ramena l'épée à la main, et tomba mortellement frappé de trois coups de feu. Son frère, qui servait avec lui, et dont il était aimé comme il méritait de l'être, se précipita sur son corps pour l'arracher des mains des Russes, et tomba percé de balles. Une mêlée affreuse s'engagea, et la division Delzons fut de nouveau refoulée. Mais le prince Eugène envoyant sur-le-champ le général Guilleminot, son chef d'état-major, pour remplacer Delzons, accourut lui-même

Octob. 1812.

Sanglante bataille de Malo-Jaroslawetz.

Mort héroïque du général Delzons.

avec la division Broussier afin de rétablir le combat, et laissa en réserve, de l'autre côté de la Lougea, la division Pino avec la garde italienne.

La division Broussier gravit sous un feu épouvantable la côte couverte des cadavres de la division Delzons, pénétra dans la petite ville de Malo-Jaroslawetz, chassa de rue en rue les troupes de Doctoroff, et les contraignit à se replier sur le plateau. Mais en ce moment le corps du général Raéffskoï devançant l'armée russe arrivait aux abords de la ville; il s'y élança sur-le-champ avec une ardeur singulière. Les Russes, tous leurs généraux en tête, luttaient avec fureur pour interdire aux Français cette précieuse retraite de Kalouga; les Français de leur côté combattaient avec une sorte de désespoir pour se l'ouvrir, et quoique ceux-ci fussent dix ou onze mille au plus contre vingt-quatre, et sous une artillerie dominante, ils tinrent ferme. Cette malheureuse ville, bientôt en flammes, fut prise et reprise six fois. On se battait au milieu d'un incendie qui dévorait les blessés et calcinait leurs cadavres. Enfin une dernière fois nous étions près de succomber, lorsque la division italienne Pino, qui n'avait pas encore combattu dans cette campagne et qui brûlait de se signaler, franchit le pont, gravit les hauteurs, arriva sur le plateau malgré une affreuse pluie de mitraille, et débouchant à gauche de la ville, parvint à refouler les masses de l'infanterie russe. Le corps de Raéffskoï se précipita sur elle; mais elle lui tint tête, et il s'engagea un combat furieux à la baïonnette. La brave division Pino avait besoin de renfort, les chasseurs de la garde royale italienne accoururent à leur tour, et la soutinrent vaillamment. Ainsi, pour la septième fois, Malo-Jaroslawetz repris par les Français avec l'aide des Italiens, demeura en notre pouvoir. Des milliers d'hommes couvraient cet affreux champ de bataille, et encombraient les ruines fumantes de Malo-Jaroslawetz.

Le jour baissait, et rien ne disait pourtant que la bataille fût terminée, que le point disputé dût nous rester, car Napoléon, placé sur la berge opposée de la Lougea, en face de ce champ de carnage, pouvait voir les masses profondes de l'armée russe accourir à marche forcée. Heureusement deux des divisions du 1er corps arrivaient sous la conduite du maréchal Davout, et avec ce secours on était certain de résister à tous les efforts de l'ennemi. Sur l'ordre de Napoléon la division Gérard (ancienne division Gudin) s'étant portée à droite de Malo-Jaroslawetz, la division Compans à gauche, les Russes perdirent l'espérance de nous déloger, car ils voyaient eux aussi du plateau qu'ils occupaient nos masses s'avancer avec ardeur, et ils se retirèrent à une petite lieue en arrière, en nous abandonnant Malo-Jaroslawetz, horrible théâtre des fureurs de la guerre, où quatre mille Français et Italiens, six mille Russes étaient morts, les uns calcinés, les autres broyés sous la roue des canons qui dans la précipitation du combat avaient roulé sur des cadavres. Le champ de bataille de la Moskowa lui-même n'était pas plus affreux autour de la grande redoute. Il y avait de plus ici l'incendie, qui avait ajouté à la mort de nouvelles difformités.

Octob. 1812.

Affreux aspect du champ de bataille.

Octob. 1812.

On bivouaqua le cœur serré en pensant à ce qui se préparait pour le lendemain. Napoléon avait campé un peu en arrière de la Lougea au village de Gorodnia. Ce beau mouvement dont il avait espéré, et dont il aurait obtenu le succès, s'il avait manœuvré à la tête de masses moins considérables, n'était plus possible sans une grande bataille, que certainement il aurait gagnée avec des troupes qui savaient combattre dans la proportion d'un contre trois, mais il venait de voir depuis quatre jours ce que pouvait être une pareille retraite, gênée par une si grande quantité de bagages, harcelée par une innombrable cavalerie légère, et il frémissait à l'idée d'avoir dix mille blessés à porter à la suite de l'armée. La journée lui en avait donné deux mille au moins, les autres étant ou morts, ou non transportables, et devant, à la grande douleur de tout le monde, être abandonnés sur le théâtre de leur glorieux dévouement. Il passa donc cette nuit à ruminer dans sa vaste tête, pleine déjà de cruels soucis, les chances favorables ou contraires d'une marche obstinée sur Kalouga, et se hâta de monter à cheval dès le 25 au matin, pour reconnaître la position que les Russes étaient allés occuper à une lieue au delà. Sorti du village de Gorodnia et entouré de ses principaux officiers, il était sur le bord de la Lougea, prêt à la franchir, lorsque tout à coup on entendit des cris tumultueux de vivandiers et de vivandières poursuivis par une nuée de Cosaques, qui, au nombre de quatre à cinq mille, avaient passé la Lougea sur notre droite, avec un art de surprise qui n'appartient qu'à ces sauvages infatigables, traversant

Perplexités de Napoléon le lendemain de la bataille de Malo-Jaroslawetz.

Reconnaissance de la nouvelle position prise par les Russes.

Subite irruption d'une bande de Cosaques, et danger personnel

les rivières à la nage, galopant sur le flanc des coteaux comme en plaine, rusés, impitoyables, aussi prompts à se montrer qu'à disparaître. Le rêve constant de l'hetman Platow, et de toute la nation cosaque, c'était d'enlever le grand Napoléon, et de l'emmener prisonnier à Moscou. Ils pensaient que des centaines de millions ne seraient pas un trop grand prix pour une telle capture, et cette fois, si un seul d'entre eux avait connu le visage de celui qui excitait si fort leur avidité, leur rêve eût été réalisé. Courant à droite et à gauche, ils se ruèrent à coups de lance sur le groupe impérial, et allaient y faire des victimes, même des prisonniers, lorsque Murat, Rapp, Bessières avec tous les officiers de l'état-major mirent le sabre à la main, et combattirent serrés autour de Napoléon, qui souriait de cette mésaventure. Heureusement les dragons de la garde avaient aperçu le danger. Ils accoururent au galop sous le brave lieutenant Dulac, fondirent sur les assaillants, en sabrèrent quelques-uns, et les ramenèrent vers le lit fangeux de la Lougea, dans lequel ces cavaliers du Don se plongèrent comme des animaux habitués à vivre dans les marécages. Ils avaient enlevé quelques pièces de canon, quelques voitures de bagages qu'on leur reprit, et où les renvoya ainsi passablement maltraités vers les lieux d'où ils étaient venus. Depuis la sortie de Moscou on ne les avait pas encore vus de si près, parce que l'étendue de nos ailes les tenait éloignés. Mais ils avaient reçu tout récemment un renfort de douze mille cavaliers réputés les meilleurs de leurs tribus, et on pouvait ju-

Octob. 1812.

ger de ce qu'ils feraient par le spectacle qu'on avait sous les yeux. Des centaines de chevaux que les valets de l'armée menaient à l'abreuvoir, ayant échappé à leurs conducteurs, erraient çà et là; des quantités de voitures d'artillerie et de bagages, enlevées du parc où elles avaient passé la nuit, jonchaient la plaine en désordre; des femmes, des enfants, poussaient des cris : c'était une confusion aussi inquiétante que désagréable à voir.

Après avoir reconnu le terrain, Napoléon vient tenir conseil dans une chaumière du village de Gorodnia.

Napoléon affecta de n'en tenir compte, et continua la reconnaissance qu'il avait commencée au delà de Malo-Jaroslawetz. Il fut frappé plutôt qu'ému de la vue de cet affreux champ de bataille, car aucun homme dans l'histoire n'avait assisté à de plus horribles scènes de carnage, et ne s'y était plus habitué, et il alla reconnaître de très-près l'armée russe. Le sage Kutusof n'ayant plus l'appui de Malo-Jaroslawetz que nous lui avions enlevé, craignant d'ailleurs d'être tourné sur sa droite ou sur sa gauche s'il s'obstinait à défendre le bord même de la Lougea, avait jugé prudent de prendre une position un peu plus éloignée, où il était couvert par un fort ravin, et laissait aux Français, s'ils venaient l'attaquer, l'inconvénient de livrer bataille avec la Lougea derrière eux. Napoléon, après avoir parcouru le terrain dans tous les sens, et l'avoir profondément étudié en silence, tandis que ses lieutenants l'étudiaient aussi attentivement que lui, rebroussa chemin, repassa la Lougea, et vint discuter, dans une grange du village de Gorodnia, le parti qu'il convenait de prendre, et qui devait décider du sort de la grande armée, c'est-à-dire de l'empire.

Il posa la question aux généraux présents, et les admit à donner leur avis en parfaite liberté. La gravité de la situation ne comportait ni la réserve ni la flatterie. Fallait-il s'obstiner, et livrer une seconde bataille pour percer sur Kalouga, ou tout simplement se rabattre par la droite sur Mojaïsk, afin de regagner la grande route de Smolensk, qui était devenue notre propriété incontestée par les postes nombreux qui l'occupaient, et par les convois qui la parcouraient? Gagner la bataille, si on la livrait, ne faisait doute pour personne, mais ce qui n'en faisait pas davantage, c'était la perspective de perdre une vingtaine de mille hommes, dont dix mille blessés au moins qu'on serait obligé de porter avec soi, ou bien d'abandonner. Or, à la distance où l'on se trouvait de la Pologne, et surtout de la France, en être arrivé à une sorte d'égalité numérique avec l'ennemi, présentait un danger auquel il eût été fort imprudent d'ajouter la perte d'un cinquième de l'armée. Il importait désormais de ne pas perdre un seul homme inutilement. De plus, abandonner les blessés à la rage des paysans russes, était non-seulement un déchirement de cœur, mais un grave péril, car c'était démoraliser le soldat, et lui dire que toute blessure équivalait à la mort.

D'autre part, reprendre par un mouvement à droite la grande route de Smolensk, c'était se condamner à faire cent lieues à travers un pays que l'armée russe et l'armée française avaient déjà converti en désert. On avait apporté des vivres, mais on venait d'en consommer une grande partie dans les sept jours employés à se rendre de Moscou à

Octob. 1812.

Conseil de guerre du 25 octobre.

Faut-il persister à percer sur Kalouga, au risque de perdre 15 ou 20 mille hommes dans une bataille, ou regagner la route connue de Smolensk?

Malo-Jaroslawetz, et on aurait certainement achevé de les consommer en arrivant à Mojaïsk, où l'on ne pouvait pas être avant trois jours. On aurait ainsi perdu à exécuter un trajet inutile, dix journées et des vivres en proportion, et avec ces dix journées et ces vivres on aurait pu, en prenant tout simplement la route de Smolensk, approcher beaucoup de cette ville, atteindre au moins Dorogobouge, et là trouver des convois envoyés à notre rencontre! éternel sujet de regrets, si les regrets servaient à quelque chose, d'avoir sacrifié à des calculs de politique et d'orgueil ce parti si simple, si modeste, de retourner par où l'on était venu!

Ces regrets, tout le monde les éprouvait, mais ce n'était pas le cas de récriminer. On ne l'aurait pas osé, et on ne le devait pas. Dans ce conseil mémorable tenu sous le toit d'une obscure chaumière russe, on obéit à un sentiment unanime en conseillant sans réserve la retraite la plus prompte, la plus directe par Mojaïsk et la route battue de Smolensk. Les raisons que tous les opinants avaient à la bouche, parce que tous les avaient dans l'esprit, c'étaient la certitude de s'affaiblir beaucoup par une bataille dans une situation où tout homme était devenu précieux, l'impossibilité de traîner après soi dix ou douze mille blessés, enfin, si on s'obstinait à combattre pour percer sur Kalouga, le danger de voir l'ennemi profiter de nos nouveaux retards pour se porter en masse sur notre droite, et nous barrer le chemin de Mojaïsk, maintenant notre dernière ressource. Quand le trouble s'empare des esprits, même des plus courageux, ce n'est point à demi. On n'avait qu'un spectacle sous les yeux, c'était celui des forces russes réunies à Mojaïsk pour nous fermer la route de la Pologne. Pourtant on n'est jamais coupé avec des soldats et des officiers tels que ceux que nous avions, car on est toujours sûr de se faire jour. L'un des lieutenants de Napoléon, qui joignait à la vigueur dans l'action une rare fermeté d'esprit, le maréchal Davout, partageant l'opinion qu'il fallait renoncer à percer sur Kalouga, émit cependant un avis moyen, c'était de prendre un chemin qui était ouvert encore, et qui, situé entre la nouvelle route de Kalouga fermée par Kutusof, et la route de Smolensk fermée par la misère, passait par Médouin, Jouknow, Jelnia, à travers des pays neufs et abondants en vivres. Avec des moyens de subsistance on était sûr de maintenir l'armée ensemble, et de rentrer à Smolensk forts, respectés et toujours formidables.

Cet avis reçut peu d'accueil de la part des collègues du maréchal Davout, qui ne voyaient de sûreté qu'à regagner par le plus court chemin, c'est-à-dire par Mojaïsk, la route de Smolensk. Napoléon ne lui donna pas l'appui qu'il aurait dû, parce qu'il ne partageait ni l'opinion du maréchal Davout, ni celle de ses autres lieutenants. Il persistait à penser que le mieux serait de livrer bataille, de percer sur Kalouga, et d'aller s'établir victorieusement dans la fertile province dont les Russes mettaient tant de prix à nous interdire l'entrée. Outre l'avantage de remporter une victoire, de rétablir l'ascendant des armes, déjà un peu compromis, il y voyait celui d'être en pays riche, et il ne doutait pas de l'armée

Octob. 1812.

Le maréchal Davout opine pour suivre une route intermédiaire entre celle de Kalouga et celle de Smolensk, sur laquelle on aurait trouvé des vivres.

Napoléon aurait préféré livrer une bataille, qu'on était sûr de gagner, et percer sur Kalouga.

quand elle aurait de quoi manger et s'abriter. Restait, il est vrai, le danger de s'affaiblir numériquement, bien compensé suivant Napoléon par l'avantage de se renforcer moralement, mais restait aussi l'inconvénient auquel il ne trouvait pas de réponse, de laisser gisants à terre dix ou douze mille blessés. Il faut dire à sa louange que, tout habitué qu'il était aux horreurs de la guerre, la vue de son esprit se troublait en se figurant tant de malheureux abandonnés, malgré leurs cris et leurs prières, sur une route frayée par leur dévouement. Ah! si le livre des destins avait été ouvert un moment, soit à lui, soit aux siens, et qu'on eût pu y voir cent mille hommes mourant de faim, de froid et de fatigue sur la route de Smolensk, il eût sacrifié sans hésiter vingt mille blessés à l'avantage d'éviter la route de la misère pour gagner celle de l'abondance!

Perplexe, agité, tourmenté par les spectacles contraires que lui présentait sans cesse sa forte imagination, il hésitait, lorsque par un geste familier qu'il se permettait quelquefois avec ses lieutenants, prenant l'oreille du comte Lobau, ancien général Mouton, soldat rude et fin, ayant l'adresse de se taire et de ne parler qu'à propos, il lui demanda ce qu'il pensait des diverses propositions émises. Le comte Lobau lui répondit sur-le-champ et sans hésiter, que son avis était de sortir tout de suite et par le plus court chemin, d'un pays où l'on avait séjourné trop longtemps. Cette dernière réponse, faite en termes incisifs, acheva d'ébranler Napoléon, qui, sans se rendre immédiatement, parut toutefois incliner vers l'opinion qui semblait prévaloir. Cette fois encore pour avoir trop osé en entreprenant cette guerre, il osait trop peu dans la manière de la diriger. Il remit sa décision au lendemain. Ce temps du reste n'était pas perdu, car Ney, ayant quitté Gorki dans la nuit du 23, défilait en ce moment derrière le gros de l'armée, et avait besoin de deux jours pour en prendre la tête. Une pluie subite et de mauvais augure était tombée dans la nuit du 23 au 24, avait ramolli les routes, et préparé aux chevaux des fatigues fort au-dessus de leurs forces. Le bivouac était déjà froid. Tout prenait un aspect triste et sombre. On alluma, comme on put et où l'on put, avec les débris des chaumières russes, de grands feux, afin de conjurer cet hiver qui commençait.

Octob. 1812.

Le lendemain 26 octobre, Napoléon à cheval de très-bonne heure voulut reconnaître de nouveau la position des Russes. Ils semblaient rétrograder, probablement pour prendre en arrière une meilleure position, et se mettre en mesure de mieux défendre la route de Kalouga. Napoléon trouva tous les avis aussi prononcés que la veille pour une prompte retraite sur Mojaïsk. Malheureusement le prince Poniatowski ayant tenté de se porter de Wereja où il était, sur le chemin de Médouin, direction intermédiaire que le maréchal Davout avait conseillée, y avait essuyé un échec qui n'était guère de nature à recommander l'avis du maréchal. Napoléon prit donc son parti, et se décida enfin à ce retour direct par la route de Smolensk, qu'il n'avait pas admis d'abord, comme révélant trop clairement la résolution de battre en retraite. Ainsi pour n'avoir pas voulu faire un aveu indispensable, pour n'avoir pas voulu le faire

Sur les nouvelles instances de ses lieutenants, Napoléon se décide à regagner la route directe de Smolensk.

à temps, il fallait le faire aujourd'hui plus complétement, plus tristement, et avec les inconvénients graves résultant du temps perdu et des vivres consommés!

Octob. 1812.

On doit se rendre par la traverse de Wereja sur la route de Smolensk, et la rejoindre près de Mojaïsk.

Quoi qu'on pût en penser, il fallait bien se résigner, et prendre la traverse de Wereja, qui allait en trois jours nous conduire à Mojaïsk, ce qui ferait onze jours pour arriver à ce point où l'on aurait pu se rendre en quatre. Napoléon donna tous les ordres pour le commencement de ce mouvement, qu'il importait de ne pas différer. La garde dut marcher en tête avec le quartier général; le maréchal Ney, qui avait déjà défilé derrière le gros de l'armée, dut suivre la garde avec ce qui restait de la cavalerie. Après devaient venir le prince Eugène et le prince Poniatowski, et enfin après eux tous le maréchal Davout, dont le corps, plus consistant que les autres, était appelé à remplir le rôle si difficile et si périlleux de l'arrière-garde. Les débris de la cavalerie de Grouchy, dont ce brave général avait repris le commandement malgré sa blessure, furent donnés au maréchal Davout pour le seconder dans l'accomplissement de sa mission.

Le maréchal Davout chargé de former l'arrière-garde.

Le mouvement définitif de retraite commença le 26 octobre, et pendant toute cette journée le maréchal Davout resta en position, afin de protéger la marche des autres corps. A partir de ce moment une sorte de tristesse se répandit dans les esprits. Jusqu'ici on avait cru manœuvrer, en passant par des pays fertiles, pour se porter vers des climats meilleurs. Mais il n'était désormais plus possible de se faire illusion, et de méconnaître la cruelle vérité.

LA BÉRÉZINA.

On se retirait forcément, par une route connue, qui ne promettait rien de nouveau, et offrait la misère en perspective. Toutefois on ne craignait guère l'ennemi, et si on faisait un vœu c'était de le rencontrer, et de se venger sur lui des fâcheuses résolutions qu'on avait été obligé de prendre.

Octob. 1812.

Le lendemain 27 tout le monde était en marche de Malo-Jaroslawetz sur Wereja, la garde en tête, comme nous l'avons dit, Murat et Ney derrière la garde, Eugène derrière ceux-ci, Davout derrière tous les autres, avec la charge de les protéger. C'était en particulier à cette arrière-garde qu'on devait essuyer le plus de difficultés, et courir le plus de périls. Elle l'éprouva cruellement pendant les trois journées employées à se rendre de Malo-Jaroslawetz à Mojaïsk par Wereja. Les troupes de chaque corps devançaient leurs bagages, afin d'arriver le plus tôt possible au lieu où elles devaient passer la nuit, et s'inquiétaient fort peu de la queue de ces bagages, qu'elles laissaient traîner loin derrière elles. C'était l'arrière-garde qui en avait l'embarras, parce que devant couvrir la marche elle était obligée de s'arrêter à tous les passages, souvent de réparer les ponts qui n'avaient pu résister à de trop lourds fardeaux, d'y rester en position sous un feu d'artillerie incommode, et au milieu des hourras continuels des Cosaques. Une cavalerie nombreuse et bien montée aurait été indispensable pour aider l'infanterie dans ce pénible service. Mais à la troisième marche celle du général Grouchy, courant toute la journée pour veiller sur nos derrières et nos ailes, et obligée le soir d'aller chercher au loin ses fourrages, était si

Le 27 octobre toute l'armée se met en marche sur Mojaïsk par la traverse de Wereja.

fatiguée, que le maréchal Davout la voyant menacée d'une dissolution totale, envoya ce qui en restait sur les devants de son corps d'armée, et résolut de faire le service de l'arrière-garde avec son infanterie toute seule.

Cet intrépide et soigneux maréchal ne quittait pas ses troupes un moment, veillant à tout lui-même, faisant réparer les ponts, déblayer les passages, détruire les bagages qu'on ne pouvait emmener, sauter les caissons de munitions qui n'avaient plus d'attelages. Déjà on entendait le bruit sinistre de ces explosions qui annonçaient la défaillance de nos moyens de transport, et on voyait les routes couvertes de ces voitures dont on n'avait pas voulu faire le sacrifice en sortant de Moscou, et dont il fallait bien se séparer maintenant, faute de pouvoir les traîner plus loin! Il y avait un sacrifice plus pénible encore, c'était celui des blessés, et malheureusement il se renouvelait à chaque pas. On avait ramassé comme on avait pu les blessés de Malo-Jaroslawetz, on avait ensuite forcé toutes les voitures de bagages à s'en charger, sans en exempter les voitures de l'état-major, et le maréchal Davout avait annoncé qu'il ferait brûler celles qui n'auraient pas gardé le précieux dépôt qu'on leur avait confié. On avait ainsi obtenu du moins pour les premiers jours le transport de ces blessés, mais les braves soldats de l'arrière-garde, qui couvraient l'armée de leur dévouement, n'avaient personne pour les recueillir quand ils étaient atteints, et on les entendait pousser des cris déchirants, et supplier en vain leurs camarades de ne pas les laisser mourir sur les routes, privés de secours, ou achevés par la lance des Cosaques. Le maréchal Davout faisait placer sur les affûts de ses canons tous ceux qu'il avait le temps de relever, mais à chaque pas il était obligé d'en abandonner qu'on n'avait ni le loisir ni le moyen d'emporter, et le cœur de fer de l'inflexible maréchal en était lui-même déchiré. Il mandait ses embarras à l'état-major général, qui, marchant en tête de l'armée, s'occupait trop peu de ce qui se passait à sa queue. Napoléon s'étant habitué depuis longtemps à s'en fier à ses lieutenants des détails d'exécution, n'ayant d'ailleurs plus aucune manœuvre à ordonner, n'ayant qu'à cheminer tristement au pas de son infanterie, voyant déjà beaucoup de maux sur la route, en prévoyant de plus grands encore, profondément humilié de cette retraite que plus rien ne dissimulait, Napoléon commença de se renfermer dans l'état-major général, se bornant, sans aller y veiller lui-même, à blâmer le maréchal commandant l'arrière-garde, qui, disait-il, était trop méthodique, et marchait trop lentement. Par surcroît de malheur, dans son irritation contre les Russes il avait ordonné de brûler tous les villages que l'on traversait. C'est un soin qu'il eût fallu abandonner à l'arrière-garde, qui eût mis le feu quand elle n'aurait plus eu aucun avantage à tirer des villages où l'on passait, mais chacun se donnant le cruel plaisir de répandre l'incendie, le 1ᵉʳ corps trouvait le plus souvent en flammes des villages où il aurait pu se procurer un abri et des vivres.

On employa ainsi trois pénibles journées à gagner Mojaïsk par Wereja. Malgré ces premières peines de

Octob. 1812.

Malheureuse habitude que prend Napoléon dans cette retraite de n'être pas lui-même à l'arrière-garde.

Trois jours employés

Octob 1812

à gagner Mojaïsk.

Jonction avec le maréchal Mortier, sorti de Moscou après avoir fait sauter le Kremlin.

la retraite, qui étaient presque exclusivement le partage du 1ᵉʳ corps, la confiance était encore dans tous les cœurs. Arrivé à Mojaïsk, on avait à faire sept ou huit marches pour gagner Smolensk; le temps quoique froid la nuit, continuait à être beau le jour, et on se flattait après quelques moments de souffrance de trouver à Smolensk le repos, l'abondance, et de chauds quartiers d'hiver.

Le maréchal Mortier avait rejoint l'armée à Wereja. Après avoir fait sauter le Kremlin dans la nuit du 23 au 24, il était sorti de Moscou avec ce qu'il avait pu emporter de blessés et de malades, avec les 4 mille hommes de la jeune garde, les 4 mille hommes de cavalerie démontée, et les 2 mille hommes d'artillerie, de cavalerie, du génie, qui complétaient sa garnison. Il avait laissé aux Enfants trouvés quelques centaines d'hommes non transportables, qu'il avait confiés à l'honneur et à la reconnaissance du respectable M. Toutelmine. Au moment de partir il avait fait une capture assez importante, c'était celle de M. de Wintzingerode, qui était Wurtembergeois de naissance, que la France avait toujours rencontré parmi ses ennemis les plus actifs, et qui passé au service de Russie, commandait un corps de partisans aux environs de Moscou. Trop pressé de rentrer dans cette capitale qu'il croyait évacuée, il s'y était aventuré, et avait été fait prisonnier avec un de ses aides de camp, jeune homme de la famille Narishkin. Ces deux officiers ennemis ayant été amenés au quartier général, Napoléon reçut fort mal M. de Wintzingerode, lui dit qu'il était de la Confédération du Rhin, dès lors son sujet, son sujet rebelle, qu'il n'était pas un prisonnier ordinaire, qu'il allait être déféré à une commission militaire, et traité suivant la rigueur des lois. Quant au jeune Narishkin, Napoléon s'adoucissant à son égard, lui dit qu'étant Russe il serait traité comme les autres prisonniers de guerre, mais qu'on avait lieu de s'étonner qu'un jeune homme de grande famille servît sous l'un de ces étrangers mercenaires qui infectaient la Russie. Les officiers qui entouraient Napoléon, regrettant pour sa dignité, pour celle de l'armée française, qu'il ne contînt pas mieux l'explosion de ses chagrins, se hâtèrent de consoler M. de Wintzingerode, de l'entourer de leurs soins, de le faire manger avec eux, bien convaincus que Napoléon ne leur saurait pas mauvais gré de réparer eux-mêmes les fautes auxquelles l'entraînait son humeur impétueuse.

Octob. 1812.

L'armée étant arrivée à la hauteur de Mojaïsk qu'elle mit trois jours à traverser, bivouaqua sur le funèbre champ de bataille de Borodino, et ne put le revoir sans éprouver les impressions les plus pénibles. Dans un pays peuplé, qui a conservé ses habitants, un champ de bataille est bientôt débarrassé des tristes débris dont il est ordinairement couvert, mais la malheureuse ville de Mojaïsk ayant été brûlée, ses habitants s'étant enfuis, tous les villages voisins ayant subi le même sort, il n'était resté personne pour ensevelir les cinquante mille cadavres qui jonchaient le sol. Des voitures brisées, des canons démontés, des casques, des cuirasses, des fusils répandus çà et là, des cadavres à moitié dévorés par les animaux, encombraient la terre, et

L'armée traverse le champ de bataille de la Moskowa.

en rendaient le spectacle horrible. Toutes les fois qu'on approchait d'un endroit où les victimes étaient tombées en plus grand nombre, on voyait des nuées d'oiseaux de proie qui s'envolaient en poussant des cris sinistres, et en obscurcissant le ciel de leurs troupes hideuses. La gelée qui commençait à se faire sentir pendant les nuits, en saisissant ces corps, avait suspendu heureusement leurs dangereuses émanations, mais nullement diminué l'horreur de leur aspect, bien au contraire! aussi les réflexions que leur vue excitait étaient-elles profondément douloureuses. Que de victimes, disait-on, et pour quel résultat! On avait couru de Wilna à Witebsk, de Witebsk à Smolensk, dans l'espoir d'une bataille décisive; on avait poursuivi cette bataille jusqu'à Wiasma, puis jusqu'à Ghjat; on l'avait trouvée enfin à Borodino, sanglante, acharnée; on était allé à Moscou dans l'espoir d'en recueillir le fruit, et on n'y avait rencontré qu'un vaste incendie! on en revenait sans avoir contraint l'ennemi à se rendre, et sans les moyens de vivre pendant le retour; on revenait vers le point d'où l'on était parti, diminués de moitié, jonchant tous les jours la terre de débris, avec la certitude d'un pénible hiver en Pologne, et avec des perspectives de paix bien éloignées, car la paix ne pouvait être le prix d'une retraite évidemment forcée, et c'est pour un tel résultat qu'on avait couvert la terre de cinquante mille cadavres!

Ces réflexions désolantes, tout le monde les faisait, car dans l'armée française le soldat pense aussi vite, et souvent aussi bien que le général. Napoléon ne voulut pas que les soldats eussent le temps de s'appesantir sur ce triste sujet, et ordonna que chaque corps ne séjournât que pendant une soirée dans ce funeste lieu de Borodino. On avait retrouvé là les Westphaliens, sous le pauvre général Junot, toujours souffrant de sa blessure, souffrant encore plus des mécomptes éprouvés dans cette campagne, et ne conservant guère plus de 3 mille hommes sur les 10 mille qui existaient à Smolensk, sur les 45 mille qui avaient passé le Niémen! Pendant que l'armée était à Moscou, il avait employé son temps à garder les blessés de l'abbaye de Kolotskoi, et il en avait acheminé autant qu'il avait pu sur Smolensk, au moyen des voitures qu'il était parvenu à se procurer. Il en restait cependant plus de deux mille à emporter. Napoléon, conservant sa sollicitude pour les blessés, donna l'ordre d'en charger les voitures de bagages, et imposa à tout officier, à tout cantinier, à tout réfugié de Moscou qui avait une voiture, l'obligation de prendre une partie de ce précieux fardeau. Le chirurgien Larrey, dans sa bonté inépuisable, était accouru à l'avance pour donner aux blessés de Kolotskoi les soins qu'un séjour rapide lui permettrait de leur consacrer. Il fit enlever ceux qui étaient transportables, prodigua aux autres les dernières ressources de son art, et trouvant là des officiers russes qui lui devaient la vie, et qui lui en témoignaient leur gratitude, il en exigea pour unique récompense leur parole d'honneur, que, libres, et maîtres sous quelques heures de leurs compagnons d'infortune, ils leur rendraient le bien qu'ils avaient reçu du chirurgien en chef de l'armée française. Tous le promirent, et Dieu seul a pu savoir s'ils

Octob. 1812.

On retrouve Junot chargé de garder l'abbaye de Kolotskoi.

Blessés restés à Kolotskoi, soins du chirurgien Larrey pour eux.

payèrent cette dette contractée envers le meilleur des hommes !

L'arrière-garde du maréchal Davout quitta le 31 au matin ces lieux affreux, et alla coucher à moitié chemin de la petite ville de Ghjat. La nuit fut des plus froides, et on commença dès lors à souffrir vivement de la température. L'ennemi continuait à nous suivre avec de la cavalerie régulière, de l'artillerie bien attelée, et une nuée de Cosaques, le tout sous les ordres de l'hetman Platow. Quant à l'armée principale on ne la voyait plus. Le général Kutusof, depuis Malo-Jaroslawetz, avait été aussi perplexe que son adversaire avait été triste. Dans sa rare prudence, il se disait que ce n'était pas la peine de courir les chances d'actions sanglantes contre un ennemi que le mauvais temps, la fatigue, la misère allaient lui livrer presque détruit, et qui était capable au contraire, si on l'attaquait lorsqu'il était encore dans toute sa force, de se retourner comme un sanglier pressé par les chasseurs, et de porter des coups mortels aux imprudents qui auraient osé l'aborder de trop près. Il aimait mieux devoir modestement le salut de sa patrie au temps, à la persévérance, que de le devoir à une victoire, glorieuse mais incertaine, et en cela il méritait la reconnaissance de sa nation autant que les éloges de la postérité ! La jeunesse présomptueuse et passionnée, les officiers anglais accourus à son camp, l'obsédaient, le gourmandaient souvent pour qu'il tentât contre l'armée française quelque chose de plus décisif, et il s'y refusait avec un courage plus méritoire que celui qu'on déploie sur un champ de bataille.

LA BÉRÉZINA.

Comme nous l'avons dit, il avait écarté Barclay de Tolly, et la mort l'avait délivré de Bagration. Mais il lui restait le rusé et audacieux Benningsen, le fougueux Miloradovitch, un jeune état-major exalté, et il y avait là de quoi lasser sa patience, si elle avait été moins grande et moins réfléchie. Le surlendemain du combat de Malo-Jaroslawetz, tandis que Napoléon rétrogradait sur Mojaïsk, il avait rétrogradé sur Kalouga, jusqu'à un lieu nommé Gonzerowo, sous prétexte de couvrir la route de Médouin, qu'il aurait bien plus sûrement couverte en restant à Malo-Jaroslawetz, mais évidemment pour éviter une bataille, dont avec raison il voulait se préserver.

Bientôt ayant appris que Napoléon avait gagné Mojaïsk, il l'avait suivi, pensant qu'au lieu de prendre la route de Smolensk déjà ruinée, il prendrait la route plus au nord, qui se dirige par Woskresensk, Wolokolamsk, Bieloi sur Witebsk, route à laquelle Napoléon avait songé dans son grand projet offensif sur Saint-Pétersbourg, et que le prince Eugène avait en effet trouvée assez bien fournie. Il avait ainsi couru après nous fort inutilement jusque près de Mojaïsk, faisant à notre suite le détour de Wereja. S'étant aperçu de son erreur, il avait rebroussé chemin, et avait repris la route de Médouin et de Jucknow, latérale à celle de Smolensk, que le maréchal Davout avait vainement proposée. Par cette route il allait flanquer la marche de l'armée française, la harceler chemin faisant, et peut-être la devancer à quelque passage difficile, où il serait possible de l'arrêter. De Jucknow à

Octob. 1812.

Son système d'éviter la bataille, et de laisser au climat le soin de nous détruire.

Il vient prendre position sur notre flanc gauche, entre Ghjat et Wiasma, en nous faisant suivre par de la cavalerie et de l'artillerie attelée.

Wiasma notamment, il y avait un chemin assez court et assez praticable, qui venait tomber sur la grande route de Smolensk aux environs de Wiasma. Y devancer l'armée française que tant d'embarras retardaient, et se mettre en travers pour l'empêcher d'aller au delà, n'eût pas été impossible. Mais le sage Kutusof était loin de nourrir de si grandes prétentions. S'exposer à ce que l'armée française lui passât sur le corps était un triomphe qu'il ne voulait pas lui ménager, mais la harceler constamment, lui enlever de temps en temps quelques colonnes attardées, renouveler ce succès le plus souvent possible, la mener ainsi jusqu'à Wilna, où elle arriverait épuisée, à peu près détruite, était une tactique certaine et point dangereuse, qu'il préférait, et qu'il était décidé à faire prévaloir par la patience, par la ruse même, quand il ne le pourrait point par l'emploi direct de son autorité. Il continua donc à marcher dans l'ordre adopté, ayant sur nos derrières un fort détachement de cavalerie et d'artillerie pourvu de bons chevaux, et se tenant lui-même sur notre flanc avec le gros de l'armée russe.

Après avoir couché entre Borodino et Ghjat, le maréchal Davout, toujours chargé de l'arrière-garde, alla coucher à Ghjat même. Chaque jour rendait la retraite plus difficile, car chaque jour le froid devenait plus intense et l'ennemi plus pressant. De la cavalerie du général Grouchy il ne restait rien. L'infanterie était donc condamnée à faire seule le service de l'arrière-garde, et à remplir à la fois le rôle de toutes les armes. Il lui fallait souvent tenir tête à l'artillerie attelée de l'ennemi, la nôtre, traînée par des chevaux épuisés, étant devenue presque incapable de se mouvoir. Les vieux fantassins du maréchal Davout suffisaient à tout; tantôt ils arrêtaient la cavalerie de l'ennemi avec leurs baïonnettes, tantôt ils fondaient sur son artillerie, et l'enlevaient quoique réduits à la laisser ensuite sur la route, mais contents de s'en être débarrassés pour quelques heures. Peu à peu il fallait nous séparer de la nôtre. A choisir entre les bouches à feu et les caissons de munitions, il eût mieux valu abandonner les premières, puisqu'on avait deux ou trois fois plus de canons qu'on ne pourrait bientôt en traîner et en servir, tandis que les munitions devaient être toujours utiles. Mais les bouches à feu étaient des trophées à laisser dans les mains de l'ennemi, et l'orgueil qui nous avait retenus si longtemps à Moscou, avait fait donner l'ordre de garder les pièces de canon et de détruire les caissons, lorsque les attelages viendraient à manquer. Le maréchal Davout avait résisté d'abord à cet ordre, mais il avait fallu obéir, et plusieurs fois dans la journée de sinistres explosions apprenaient à l'armée sa détresse croissante.

Une autre cause de chagrin incessamment renouvelée, c'était l'abandon des blessés. A mesure que l'inquiétude augmentait, l'égoïsme augmentait aussi, et les misérables conducteurs de voitures auxquels on avait confié les blessés, profitant de la nuit, les jetaient sur les routes, où l'arrière-garde les trouvait morts ou expirants. Cette vue exaspérait les soldats restés fidèles à leurs drapeaux. On

Octob. 1812.

de Ghjat à Czarewo-Zaïmitché.

L'infanterie obligée de remplir le rôle de toutes les armes.

Abandon des blessés par les conducteurs de voitures auxquels on les avait confiés.

octobre 1812.

Effrayante diminution du 1ᵉʳ corps.

sévissait contre les coupables quand on le pouvait; mais les découvrir dans la confusion qui commençait à naître, était difficile. Napoléon avait ordonné à Malo-Jaroslawetz de numéroter les voitures auxquelles les blessés seraient confiés; mais la surveillance qu'une telle mesure supposait était devenue impossible après deux marches. Le spectacle des blessés abandonnés se reproduisait à chaque pas. Ce spectacle n'ébranlait pas les vieux soldats du maréchal Davout, habitués à la rigoureuse discipline du 1ᵉʳ corps; mais tout ce qui n'avait pas reçu l'inspiration du même esprit faisait la réflexion que le dévouement était une duperie, et quittait le rang. La queue de l'armée composée de cavaliers démontés, de soldats fatigués, découragés ou malades, tous marchant sans armes, s'allongeait sans cesse. Les alliés illyriens, hollandais, anséates, espagnols, appartenant au 1ᵉʳ corps, étaient allés s'y soustraire à toute espèce de devoirs, et parmi les Français, les jeunes soldats, les réfractaires arrachés récemment à leur vie errante, avaient suivi cet exemple. On s'éloignait des rangs sous prétexte d'aller chercher des vivres, on jetait son fusil, puis on venait se cacher dans la foule sans nom qui vivait comme elle pouvait à la suite de l'armée. Les soldats de l'arrière-garde qui devaient attendre cette multitude aux passages difficiles et aux bivouacs du soir, la voyaient grossir avec chagrin, avec colère, car elle aggravait leur embarras, et était un refuge pour tout ce qui ne voulait pas se dévouer au salut commun. De 28 mille fantassins qu'il comprenait encore en sortant de Moscou, le 1ᵉʳ corps en conservait tout au plus 20 mille après onze jours de marche. Sévir contre ceux qui abandonnaient les rangs, déjà très-difficile à la sortie de Moscou, allait devenir impossible. Le maréchal Davout le fit proposer à Napoléon, qui, ne voulant pas voir de ses yeux des maux dont la réalité l'eût confondu et condamné, aimait mieux s'en prendre au caractère du maréchal, trop minutieux, trop exigeant, suivant lui, et à chacune de ses demandes répondait par l'ordre d'avancer plus vite.

Nov. 1812.

Le maréchal Davout veut sévir contre ceux qui quittent les rangs.

Napoléon s'y oppose.

On alla ainsi coucher à Ghjat le 31 octobre au soir. En approchant de cette ville, le maréchal avait voulu faire un grand fourrage à droite et à gauche de la route, avec des colonnes d'infanterie légère, faute de cavalerie, et cheminer lentement pour donner à ces colonnes le temps de fouiller les villages et de recueillir des vivres, tant pour le 1er corps que pour la foule affamée qui le suivait. Mais la cavalerie ennemie se montra si nombreuse sur nos flancs et nos derrières, qu'on ne put ni s'éloigner ni ralentir la marche, et qu'il fallut renoncer à cette sage mesure, et vivre à l'aventure.

Le 31, l'arrière-garde va coucher à Ghjat.

Le 1er novembre, en quittant Ghjat, le maréchal savait qu'on trouverait au village de Czarewo-Zaimitché un défilé difficile, et où il fallait s'attendre à un grand encombrement. On avait à traverser une petite rivière marécageuse, précédée et suivie de terrains fangeux, où l'on ne pouvait passer que sur une chaussée étroite, qui devait être bientôt obstruée. Prévoyant cette difficulté, le maréchal avait fait conjurer le prince Eugène de hâter le pas, promettant quant à lui de le ralentir le plus possi-

Encombrement le 1er novembre, au passage de Czarewo-Zaimitché.

Nov. 1812.

Le général Gérard et le maréchal Davout protégent et font écouler l'encombrement formé à Czyzowo-Zaborché.

ble. Malgré ces précautions, le corps du prince Eugène s'était accumulé au passage de ce défilé, et le pont avait fléchi sous le poids. Quelques voitures d'artillerie, voulant débarrasser la route, avaient essayé de passer à gué, et y avaient réussi. D'autres s'étaient embourbées, et ces dernières faisant obstacle à celles qui suivaient, le désordre avait été porté au comble. Le 1ᵉʳ corps arriva un peu avant la nuit devant ce triste encombrement, qu'il fallait protéger contre l'ennemi, chaque jour plus nombreux et plus incommode, car après avoir eu seulement Platow sur nos derrières, nous avions de plus Miloradovitch sur le flanc.

En quelques instants une masse de cavalerie, accompagnée de beaucoup d'artillerie, couvrit de feux tant la colonne du prince Eugène, accumulée autour du pont, que les divisions du 1ᵉʳ corps. L'intrépide général Gérard, commandant la division Gudin, se rangea en bataille à l'extrême arrière-garde, et on le vit tantôt avec son artillerie éloigner celle de l'ennemi, tantôt courir lui-même à la tête d'un bataillon sur les batteries ennemies pour les enlever ou les obliger à fuir. Il protégea ainsi pendant la fin du jour et une partie de la nuit cette espèce de déroute, partout présent au plus fort du danger. Pendant ce même temps, le maréchal, tantôt avec le général Gérard, tantôt avec les sapeurs du 1ᵉʳ corps, était occupé à diriger le combat, à rétablir le pont rompu, à jeter des chevalets sur d'autres points, et à faire écouler la foule. Lui, ses généraux, et les soldats de la division Gérard passèrent cette nuit debout, sans manger ni dormir, exclusivement consacrés au salut du reste de l'armée.

Le lendemain 2 novembre à la pointe du jour, le maréchal Davout supplia de nouveau le prince Eugène de se hâter, afin d'être rendu le 3 de bonne heure à Wiasma, où Napoléon, qui s'y trouvait depuis le 31, pressait l'arrivée de l'arrière-garde, et où l'on pouvait craindre en effet de rencontrer le gros de l'armée russe débouchant par la route de Juknow. La journée fut employée à gagner Fédérowskoïé, qui est à une petite distance de Wiasma. Il fut convenu que le prince Eugène partirait le jour suivant à 3 heures du matin. Malheureusement ce jeune prince, doué de qualités chevaleresques, mais n'apportant dans le commandement ni la précision ni la vigueur du maréchal Davout, ne sut pas faire partir ses troupes à temps. A six heures du matin elles n'étaient pas en marche. Le 1er corps qui suivait devait attendre l'écoulement des troupes du prince Eugène, des traînards et des bagages. Il ne put donc se mettre que très-tard en route. Il fit de son mieux pour regagner le temps perdu.

A une lieue et demie de Wiasma, on aperçut tout à coup l'ennemi sur la gauche du chemin, et ses boulets vinrent tomber au milieu de la masse débandée, qui marchait à la suite de l'armée, et avant l'extrême arrière-garde. A chaque décharge de l'artillerie russe c'étaient des cris affreux, un flottement épouvantable dans cette foule impuissante, composée de soldats désarmés, de blessés, de malades, de femmes et d'enfants. Le 4e corps, celui du prince Eugène, tâchait de la faire avancer, et la maltraitait souvent, les soldats restés au dra-

Nov. 1812.

Craintes de rencontrer à Wiasma l'armée russe tout entière.

Instances du maréchal Davout au prince Eugène pour qu'il hâte la marche de ses troupes.

Le corps du prince attardé en avant de Wiasma où se trouvait toute l'armée russe.

Nov. 1812.

L'ennemi réussit à couper la route entre le corps du prince Eugène et celui du maréchal Davout.

peau se croyant le droit de mépriser ceux qui de gré ou de force l'avaient abandonné. Enfin le corps du prince Eugène poussant devant lui la masse qui lui faisait obstacle, était parvenu à défiler presque tout entier, lorsque profitant d'un intervalle laissé entre les deux brigades de la division Delzons, un parti de cavalerie ennemie se jeta à la traverse, et intercepta la route. C'était la cavalerie de Wasiltchikoff, qui avec une nombreuse artillerie à cheval vint barrer le chemin, tandis que celle du général Korff, déployée sur la gauche de ce même chemin, le couvrait aussi de ses projectiles. On était coupé, et il fallait se faire jour.

Une brigade de la division Delzons et les restes de Poniatowski se trouvaient arrêtés par la manœuvre de l'ennemi, et repoussés sur la tête du 1er corps, dont les cinq divisions s'avançaient en bon ordre, sous la conduite du maréchal Davout lui-même. Ce maréchal se doutant qu'à Wiasma, où la route de Jucknow venait joindre celle de Smolensk, on pourrait rencontrer Kutusof avec toute l'armée russe, confirmé dans cette conjecture par les fréquentes apparitions de la cavalerie régulière, avait pris toutes ses précautions, et marchait en ordre de bataille. De ses vieux généraux Gudin était tué; Friant était blessé si gravement qu'il était dans l'impossibilité de se tenir debout; Compans avait été blessé au bras à la Moskowa, et Morand à la tête. Ces deux derniers étaient à cheval malgré leurs blessures. Gérard n'avait pas cessé d'y être. Les uns et les autres entouraient le maréchal, et dirigeaient les débris du 1er corps réduit à 15 mille hommes de 20 mille qui lui restaient à Mojaïsk, de 28 qu'il avait encore à Moscou, de 72 mille qu'il avait eus en passant le Niémen. C'étaient tous de vieux soldats dont la nature pouvait seule triompher.

Nov. 1812.

Le brave général Gérard qui formait l'avant-garde avec sa division, en voyant la queue du 4ᵉ corps surprise et refoulée, hâta le pas, et sous un feu très-vif d'artillerie courut aux pièces de l'ennemi pour les enlever. La cavalerie de Wasiltchikoff qui les couvrait ne l'attendit pas, et s'enfuit au galop. Mais derrière cette cavalerie se voyait déjà en bataille l'infanterie du prince Eugène de Wurtemberg, qui avait eu le temps de couper le chemin tandis que celle d'Olsoufief était venue le flanquer. La division Gérard marcha droit sur la division du prince Eugène de Wurtemberg, que la seconde brigade de Delzons et les restes des Polonais placés à droite de la route menaçaient de prendre en flanc. Miloradovitch, qui commandait, n'osa pas tenir dans cette position, et ramena la division Eugène de Wurtemberg sur le côté gauche de la route. Le passage se trouva rouvert. Quelques escadrons de cavalerie russe, rejetés sur notre droite, et coupés à leur tour, essuyèrent, en repassant au galop sur notre gauche, un feu violent de notre infanterie.

Le général Gérard ouvre la route.

La seconde brigade de Delzons et les Polonais, délivrés par le 1ᵉʳ corps, se hâtèrent d'entrer dans Wiasma au pas de course, afin de franchir la rivière de ce nom, qui partage la ville en deux, et de désencombrer le chemin. Si on avait pu traverser Wiasma sans combattre, il eût fallu le faire, le sort des blessés étant des plus à plaindre, et le moral

Nov. 1812.

de l'armée n'ayant pas besoin de combats pour se relever. Mais de nouvelles masses ennemies se montrant à chaque instant sur le flanc de la route, et le gros de l'armée russe apparaissant dans la direction de Jucknow, le combat était inévitable, et il fallait se préparer à le soutenir.

Le maréchal Ney tient tête à Kutusof; le maréchal Davout à Miloradovitch.

Le maréchal Ney, au bruit de la canonnade, avait arrêté son corps au moment de quitter Wiasma, et s'était rendu de sa personne auprès de Davout et d'Eugène. Il fut convenu entre eux qu'il se déploierait devant la route de Jucknow pour tenir tête à Kutusof, arrivé en effet avec le gros de l'armée russe, qu'Eugène placerait la division Broussier entre Wiasma et le corps de Davout, et que ce dernier se mettrait en bataille sur la gauche de la route pour tenir tête à Miloradovitch. Tout ce qui ne serait pas obligé d'être en ligne, notamment les divisions Delzons et Poniatowski, les bagages, les débandés avaient ordre de franchir au plus vite les ponts de Wiasma, et de gagner en toute hâte la route de Dorogobouge.

Une petite rivière se jetant dans la Wiasma, formait une défense naturelle autour de la ville du côté de Jucknow. Ney s'établit derrière cette petite rivière, avec les divisions Razout et Ledru, réduites à 6 mille hommes. Il mit toute son artillerie en batterie, et, par sa belle contenance, fit passer son intrépidité dans l'âme de ses soldats, qui voyaient non sans quelque appréhension s'avancer sur eux les colonnes profondes de l'armée russe. Broussier forma la jonction entre Wiasma et le corps du maréchal Davout. Ce maréchal rangea en bataille sur le flanc de la route ses 1ᵉ et 3ᵉ divisions sous le général Compans, et derrière elles, pour leur servir d'appui, la division Gérard. Morand arrivé avec la 1ʳᵉ division, qui était la sienne, avec la 2ᵉ, qui était celle de Friant, appuya sa droite à Compans, et le dos à la grande route qu'il eut soin de barrer en formant un crochet avec sa gauche repliée. Le 1ᵉʳ corps n'avait plus que 40 bouches à feu en état de servir, quoiqu'on lui en eût fait traîner 127.

Miloradovitch commença la canonnade avec cent bouches à feu, et fit tirer à outrance sur les cinq divisions du maréchal Davout. Nos quarante bouches à feu lui répondirent avec avantage. Tout fougueux qu'il était, Miloradovitch n'osa pas aborder ce front imposant de vieux soldats, et se contenta d'employer contre eux son artillerie. La tête de l'armée russe, parvenue devant la petite rivière qui couvrait Ney, se mit à canonner de son côté, mais Ney lui répondit sur-le-champ par une grêle de boulets. On demeura ainsi quelque temps en présence les uns des autres, occupés à échanger un violent feu d'artillerie, et l'ennemi, qui aurait dû nous accabler, puisqu'il était là dans la proportion d'un contre quatre, se gardant bien de nous attaquer. Il était temps pour nous de battre en retraite, car nous avions assez imposé à l'armée russe pour qu'elle s'abstînt de toute tentative sérieuse, et d'ailleurs la nuit s'avançant il importait de traverser Wiasma. Tandis que le général Broussier se retirait sur cette petite ville, profitant de ce qu'il en était le plus voisin, les cinq divisions du maréchal Davout défilèrent, chaque ligne après avoir fait feu

Nov. 1812.

Beau combat de Wiasma.

Nov. 1812.

se reployant et passant dans les intervalles de la ligne suivante, qui faisait feu à son tour pour protéger le mouvement des colonnes en retraite. Ces mouvements s'opérèrent comme sur un champ de manœuvres. Le 85° qui appartenait à la division Dessaix, et formait la droite du maréchal Davout, se sentant maltraité par l'artillerie ennemie, courut à elle, s'en empara, et ramena trois pièces que, faute d'attelages, on ne put pas conserver. Le général Morand resta le dernier en bataille pour couvrir la retraite de tout le monde. Il se reploya à son tour, et comme il était vivement pressé, le 57° s'arrêta, fit volte-face, marcha sur les Russes baïonnette baissée, les refoula, puis reprit son chemin vers Wiasma. Par malheur il était nuit; la partie de la ville qui était située en deçà de la Wiasma, et que la retraite du maréchal Ney avait découverte, avait été subitement envahie par l'ennemi. On l'y trouva, et il fallut un engagement des plus violents pour s'ouvrir une issue. On perdit deux bouches à feu dans cette confusion. Comme il n'y avait que deux ponts sur la Wiasma, l'un dans la ville, l'autre en dehors, l'affluence des troupes, l'obscurité, le feu de l'artillerie amenèrent quelque désordre. Le brave 57°, à force de charges répétées, contint les Russes et protégea le passage.

L'armée réussit à traverser Wiasma.

Résultats du combat de Wiasma.

Cette journée nous coûta 1500 à 1800 soldats des plus vieux et des meilleurs. Notre artillerie étant mieux dirigée, l'ennemi eut au moins le double d'hommes mis hors de combat; mais ses blessés n'étaient pas perdus, tandis qu'il était impossible de sauver un seul des nôtres. Le défaut absolu de soins, le froid qui commençait à devenir vif, et surtout la cruauté de paysans féroces, condamnaient à mourir tout ce qu'on laissait sur la route. On ne quittait donc pas un champ de bataille sans avoir le cœur navré, et il fallait le sentiment de l'honneur militaire dans cette armée, l'ascendant de ses généraux blessés la commandant avec le bras en écharpe ou la tête bandée, pour y maintenir un dévouement si cruellement récompensé. En entrant dans Wiasma, on ne trouva aucun moyen de subsistance. La garde et les corps qui avaient passé avaient tout dévoré. Il ne restait plus rien des vivres de Moscou. On se jeta par une nuit sombre et froide dans un bois; on y alluma de grands feux, et on y fit rôtir de la viande de cheval. Les soldats du prince Eugène et du maréchal Davout, surtout les derniers, qui avaient été constamment sur pied depuis trois jours, se couchèrent devant leurs feux de bivouacs et dormirent profondément. On était au 3 novembre, et il y avait quinze jours qu'ils étaient chargés de couvrir la retraite. Ils avaient perdu plus de la moitié de leur effectif. Napoléon avait décidé qu'ils prendraient un peu de repos, et que Ney les remplacerait à l'arrière-garde. Du reste, ce n'était pas justice de sa part, mais injustice. Il se plaignait de ce qu'ils avaient marché trop lentement. Vivant au milieu de la garde, qui tenait la tête de l'armée, qui consommait le peu qu'on trouvait encore sur les routes, et laissait du cheval mort à ceux qui suivaient, il ne voyait rien de la retraite et n'en voulait rien voir, car il eût été obligé d'assister de trop près aux affreuses conséquences de ses fautes. Il aimait mieux

Nov. 1812.

Le 3e corps, sous le maréchal Ney, remplace le 1er dans le rôle de l'arrière-garde.

les nier, et, à deux marches de l'arrière-garde, n'apercevant aucun de ses embarras, il persistait à se plaindre d'elle, au lieu d'aller la diriger.

Ce n'étaient pas de grandes conceptions qu'il eût fallu dans ce moment, mais le courage de voir de ses propres yeux tout le mal qu'on avait fait, d'être à cheval du matin au soir pour présider au passage des rivières, au rétablissement des ponts, à l'écoulement de la foule désarmée, pour soutenir de son ascendant l'autorité ébranlée des généraux, pour faire entre eux un partage équitable des difficultés, s'en réserver la plus forte part, mourir de fatigue s'il le fallait, car il n'y avait pas une souffrance, pas une mort dont on ne fût l'auteur, sourire aux visages abattus, calmer les visages furieux, s'exposer même aux emportements du désespoir, car il était possible qu'on en rencontrât de terribles! Loin de là, Napoléon, non par faiblesse, mais pour se soustraire au spectacle accusateur de cette retraite, ne quittait pas la tête de l'armée, et tantôt à cheval, tantôt à pied, plus souvent en voiture, entre Berthier consterné, Murat éteint, passait des heures entières sans proférer une parole, plongé dans un abîme de réflexions désolantes dont il ne sortait que pour se plaindre de ses lieutenants, comme s'il avait pu faire encore illusion à quelqu'un en blâmant d'autres que lui!

Il n'avait pas entretenu depuis Malo-Jaroslawetz le maréchal Davout toujours resté à l'arrière-garde. En le revoyant il eut avec lui une explication des plus vives. Le maréchal, quoique façonné à l'obéissance du temps, avait un orgueil qu'aucune autorité

ne pouvait faire fléchir. Il défendit avec amertume
l'honneur du 1ᵉʳ corps. Des officiers tels que les généraux Compans, Morand, Gérard, toujours à cheval quoique blessés, n'avaient pas pu mériter un reproche. Le maréchal Davout ne se défendit pas, lui, il défendit ses glorieux lieutenants, auxquels il n'était dû que des hommages. Napoléon se tut, mais jusqu'au jour de son départ de l'armée, il n'échangea presque plus une parole avec le maréchal Davout, pour lequel au demeurant le silence n'était guère une punition. Mais comme il faut au despotisme en faute des victimes qui prennent sa place dans le blâme général, cet illustre personnage fut sacrifié ici, comme Masséna en Portugal. On se mit à répéter, après Napoléon, que dans cette retraite il n'avait pas tenu une conduite digne de son grand caractère. C'était aussi vrai qu'il était vrai que Masséna eût été la cause des malheurs de l'armée dans la Péninsule. Il avait conduit pendant quinze jours avec une infatigable vigilance, avec une fermeté froide mais inébranlable, une retraite des plus difficiles, héritant de tous les embarras que les autres rejetaient sur lui, et vivant de ce qu'ils lui laissaient, c'est-à-dire de rien. Les troupes du prince Eugène, à la vérité, s'étaient ruées avec quelque précipitation dans Wiasma, au moment où dégagées par le 1ᵉʳ corps, elles se hâtaient bien naturellement de franchir le défilé. C'était le 1ᵉʳ corps qui, marchant avec un imperturbable sang-froid, avait couvert tout le monde, et on l'accusait de s'être débandé! C'était la tête de l'armée, pourvue sinon de tout, du moins de ce qui restait dans ces campagnes dé-

Nov. 1812.

*Disgrâce
de
ce maréchal.*

solées, et n'ayant jamais l'ennemi à dos, qui parlait ainsi de l'arrière-garde! Le maréchal Ney, dont la raison n'égalait pas le courage, eut le tort de tenir, lui aussi, quelques propos de ce genre contre son collègue. Il allait bientôt faire lui-même une glorieuse mais terrible épreuve du rôle d'arrière-garde[1].

Napoléon arriva le 5 novembre à Dorogobouge. Le prince Eugène y arriva le 6, les autres corps le 7 et le 8. Jusqu'ici le froid avait été piquant, incommode, mais point encore mortel. Tout à coup, dans la journée du 9, le temps se chargea de sombres vapeurs, et des torrents de neige poussés par un vent violent tombèrent sur la terre. Nos régiments partis de la Pologne par une chaleur étouffante, conduits à Moscou sans l'idée d'y séjourner, avaient laissé dans les magasins de Dantzig les vêtements les plus chauds, et avaient cru que ce serait assez pour eux de les trouver à Wilna. Quelques soldats avaient des fourrures prises à Moscou, mais c'était le petit nombre, car la plupart les avaient vendues à leurs officiers. Bien nourris, ils auraient supporté le froid, qui n'était encore que de 9 à 10 degrés Réaumur; mais vivant d'un peu de farine délayée dans de l'eau, de viande de cheval rôtie au feu des bivouacs, couchant à terre sans tentes ni abris, ils devaient être cruellement éprouvés par des froids même inférieurs à ceux qu'ils

[1] Le prince Eugène de Wurtemberg, l'un des narrateurs étrangers les plus équitables, dit, à propos des plaintes du maréchal Ney sur le 1er corps, ces paroles : *mais Ney n'avait point été ce jour-là dans la position scabreuse de son collègue.* — Le prince Eugène de Wurtemberg veut parler de la journée de Wiasma.

avaient supportés jadis soit en Allemagne, soit en Pologne. Cette première neige tombée après qu'on eut passé Dorogobouge, accrut singulièrement la misère générale. Excepté à l'arrière-garde, que Davout avait conduite avec une inflexible fermeté, que Ney conduisait en ce moment avec une énergie de courage et de bonne santé qu'aucune souffrance ne pouvait vaincre, le sentiment du devoir commençait d'abandonner tout le monde. Il n'y avait que le canon qui rendît l'honneur, la dignité, le courage à ces soldats exténués. Tous les blessés avaient été délaissés, et des soldats alliés, dont nous ne désignerons pas ici le corps, chargés d'escorter les prisonniers russes, s'en débarrassaient en leur cassant la tête à coups de fusil. Quiconque était atteint de cette contagion d'égoïsme si générale, si tristement frappante dans les grandes calamités, ne songeant qu'à soi, désertant ses rangs pour chercher à vivre, allait accroître la foule errante et désarmée qui était en sortant de Dorogobouge de 50 mille individus environ, compris les fugitifs de Moscou et les conducteurs de bagages. Plus de dix mille soldats étaient déjà morts sur les routes. Il restait à peine cinquante mille hommes sous les armes. Toute la cavalerie, excepté celle de la garde, était démontée. Pourtant on n'avait plus que trois marches à faire pour atteindre Smolensk. Une fois là, on se flattait de trouver des magasins, des vivres, des vêtements, des abris, des renforts et des murailles fortifiées. Cette espérance soutenait le cœur de l'armée. Smolensk! Smolensk! était le cri sortant de toutes les bouches. On comptait les lieues,

Nov. 1812.

État des corps.

L'armée déjà réduite de moitié depuis le départ de Moscou.

les heures. Jamais, après la tempête, port n'avait été si vivement désiré !

Mais à Dorogobouge de fâcheuses nouvelles vinrent assaillir Napoléon : nouvelles défavorables des opérations militaires sur les ailes, nouvelles étranges de France où le gouvernement avait été audacieusement attaqué, car, comme on le dit vulgairement, jamais un malheur n'arrive seul.

Sur les deux ailes de l'armée les plans de l'ennemi s'étaient entièrement dévoilés. L'amiral Tchitchakoff, après avoir rejoint Tormazoff avec environ 30 mille hommes, et l'avoir remplacé dans le commandement des deux armées réunies, avait pris l'offensive en septembre contre le prince de Schwarzenberg et le général Reynier, commandant avec beaucoup d'accord, mais sans beaucoup d'énergie, le corps austro-saxon. Le nouveau général russe avait poussé devant lui, de la ligne du Styr sur celle du Bug, les deux généraux alliés. Ceux-ci n'ayant guère que 35 mille hommes à eux deux, 25 mille Autrichiens et 10 mille Saxons, n'avaient pas cru devoir risquer une bataille dont la perte eût découvert la droite de la grande armée, et alarmé Varsovie déjà trop facile à épouvanter. Ils avaient donc rétrogradé jusqu'à Brezesc, et étaient venus se blottir derrière leur asile ordinaire, les marais de Pinsk. Il n'y avait guère à les en blâmer. Le général Reynier ne pouvait pas être plus entreprenant que le prince de Schwarzenberg, et celui-ci de son côté n'aurait pas pu faire beaucoup plus qu'il ne faisait. C'était de sa part non pas trahison, non pas même tiédeur, mais extrême circonspection.

Chargé du sort d'une armée de 30 mille Autrichiens, déjà réduite à 25 mille par les pertes de la campagne, il mettait son honneur de militaire et son devoir de citoyen à la conserver, et il s'y appliquait peut-être encore plus qu'à la rendre utile. Traité par Napoléon avec infiniment de bonté, reconnaissant envers lui, incapable de le trahir, même à moitié, il s'attachait seulement à ne pas se faire battre, et bien qu'il fût assuré de la conduite honorable de ses troupes au feu, il les savait tellement froides pour la cause qu'on leur avait donnée à défendre, qu'il ne voulait pas trop exiger d'elles. Renforcé de 10 mille hommes comme il l'avait demandé, il aurait pu se montrer plus hardi, mais le gouvernement autrichien, résolu à se tenir dans la mesure qu'il avait secrètement promis à la Russie de garder, n'avait guère envie d'accroître sa participation à la guerre. Tout au plus consentait-il à reporter à 30 mille hommes par un renfort de 5 à 6 mille, le corps auxiliaire fourni à Napoléon. Il avait bien en Gallicie une armée qu'il aurait pu faire agir contre la Volhynie, mais il eût attiré en Gallicie les Russes, envers lesquels il s'était engagé à ne pas passer la frontière s'ils ne la passaient pas eux-mêmes; c'est ce qu'il appelait assez franchement *la neutralisation de la Gallicie*, et il désirait ne pas sortir de cette situation.

Ces dispositions auraient suffi à elles seules, quand même les événements militaires ne seraient pas venus s'y joindre, pour rendre le prince de Schwarzenberg extrêmement circonspect. Ayant appris qu'un renfort de 6 mille hommes, longtemps

Nov. 1812.

de Schwarzenberg, et incertitude de ses mouvements.

Nov. 1812.

annoncé, arrivait enfin, il avait laissé le général Reynier derrière les marais de Pinsk, et il était allé tendre la main à ce renfort, qui s'avançait par Zamosc. Après l'avoir rallié, il était revenu par Brezesc se réunir au général Reynier, qui de son côté attendait une division française d'environ 12 à 15 mille hommes, la division Durutte, empruntée au corps d'Augereau, et composée des bataillons tirés des îles de Walcheren, de Ré, de Belle-Ile. Napoléon avait encore détaché cette division du corps d'Augereau, comptant pour la remplacer en Allemagne sur la superbe division Grenier, qui arrivait d'Italie. Le prince de Schwarzenberg ayant reçu 5 à 6 mille hommes de renfort, le général Reynier étant à la veille d'en recevoir 12 à 15 mille, allaient se trouver à la tête de 50 et quelques mille hommes, et en mesure de résister aux 60 mille de l'amiral Tchitchakoff. Mais tandis qu'ils employaient le temps en mouvements décousus pour aller à la rencontre, l'un des Autrichiens venant par Zamosc, l'autre des Français arrivant par Varsovie, l'amiral Tchitchakoff, se conformant aux instructions que l'empereur Alexandre lui avait envoyées par l'intermédiaire de M. de Czernicheff, avait laissé le général Sacken avec 25 mille hommes devant les généraux alliés, et avait marché avec 35 mille sur la haute Bérézina, afin de donner la main au comte de Wittgenstein, qui était chargé de repousser le maréchal Saint-Cyr des bords de la Dwina, et de se porter à la rencontre de l'armée de Moldavie. Le plus simple eût été de suivre l'amiral Tchitchakoff, mais le prince de Schwarzenberg et le général Reynier, ne démêlant

L'amiral Tchitchakoff laissant 25 mille hommes devant le corps austro-saxon, avait remonté avec 35 mille le Dnieper et la Bérézina.

pas bien les intentions assez obscures des Russes, ne savaient quel parti prendre, entre Sacken qu'ils avaient devant eux, et Tchitchakoff qu'on disait en marche vers Minsk. Au milieu de ces incertitudes, ils laissaient l'amiral achever son mouvement.

Voilà ce que M. de Bassano mandait à Napoléon des affaires de la droite, c'est-à-dire de la Volhynie et du bas Dniéper. Les affaires allaient encore pis sur la gauche, c'est-à-dire sur la Dwina haute et basse. Le maréchal Macdonald après être resté pendant les mois de septembre et d'octobre à se morfondre près de Dunabourg avec une division polonaise de 7 à 8 mille hommes, pour atteindre deux buts qu'il manquait tous les deux, celui de couvrir le siége de Riga, et celui de se maintenir en communication avec le maréchal Saint-Cyr, avait été ramené vers la basse Dwina pour soutenir les Prussiens contre les troupes de Finlande, transportées en Livonie d'après les arrangements de la Russie avec la Suède. Définitivement rejeté depuis ce moment hors du rayon des opérations de la grande armée, il s'était vu condamné, comme il l'avait craint, à une longue inutilité.

A Polotsk même les choses s'étaient passées encore plus tristement. Les troupes de Finlande embarquées pour Revel, après avoir perdu quelque peu de monde par des accidents de mer, avaient pris terre en Livonie, marché sur Riga, secondé le général Essen dans les démonstrations qui avaient rappelé le maréchal Macdonald sur la basse Dwina, et remonté ensuite cette rivière au nombre de 12 mille hommes, sous le comte de Steinghel. Wittgenstein

Nov. 1812.

Triste état des affaires sur la Dwina.

Le maréchal Macdonald obligé de se réunir aux Prussiens devant Riga, avait été tout à fait annulé, et séparé du maréchal Saint-Cyr.

Réunion des troupes de Finlande sous le comte de Steinghel aux troupes de la Dwina, sous le comte de Wittgenstein.

Résolution

Nov. 1812.

du comte de Wittgenstein de faire abandonner la Dwina au maréchal Saint-Cyr.

renforcé par ces troupes et par quelques milices, qui toutes ensemble portaient son corps à un total de 45 mille hommes, avait résolu de prendre l'offensive afin d'obliger le maréchal Saint-Cyr à évacuer Polotsk, et de venir donner la main à l'amiral Tchitchakoff, sur la haute Bérézina. Conformément au plan envoyé de Saint-Pétersbourg, le comte de Steinghel devait franchir la Dwina au-dessous de Polotsk, pour inquiéter le maréchal Saint-Cyr sur ses derrières, et rendre ainsi plus facile l'opération directe préparée contre lui.

Faiblesse du corps du maréchal Saint-Cyr par suite des privations que ses troupes avaient essuyées.

En présence des hostilités dont il était menacé, le maréchal Saint-Cyr ayant eu la plus grande peine pendant septembre et octobre à vivre dans un pays ruiné par le passage des troupes de toutes les nations, demandant vainement à Wilna des subsistances que le défaut de moyens de transport ne permettait pas de lui envoyer, n'avait pu refaire son corps, ni rétablir son effectif. Le 2ᵉ corps, celui du maréchal Oudinot, ne s'élevait pas à plus de 15 à 16 mille hommes, dont 12 mille Français, et environ 4 mille Suisses ou Croates. Les Bavarois tombés à 3 mille, avaient reçu quelques recrues qui les reportaient à 5 ou 6 mille. Le maréchal Saint-Cyr comptait donc tout au plus 21 à 22 mille hommes contre 45, dont 33 allaient l'assaillir directement, et 12 mille devaient en passant la Dwina au-dessous de Polotsk, le prendre à revers. Heureusement le maréchal Saint-Cyr était un homme de ressources, il avait une position étudiée longtemps à l'avance, de bons soldats, d'excellents lieutenants, et il était résolu à bien disputer le terrain.

La ville de Polotsk, située, comme nous l'avons dit, au sein de l'angle que forment la Polota et la Dwina vers leur confluent, avait été couverte d'ouvrages de campagne d'une assez bonne défense. A gauche, la Polota protégeant le front de la position et la plus grande partie de la ville, avait été parsemée de redoutes bien armées; à droite, dans l'ouverture de l'angle formé par les deux rivières, des ouvrages en terre avaient été construits, et les troupes pouvant se porter rapidement d'un front à l'autre, étaient en mesure de faire face partout. Le maréchal Saint-Cyr avait placé à gauche derrière les ouvrages de la Polota les plus faciles à défendre, la division suisse et croate, et à droite, vers l'ouverture de l'angle, là où l'attaque avait le plus de chance de succès, les divisions françaises Legrand et Maison, capables de tenir tête à un ennemi très-supérieur en nombre. Les Bavarois étaient en deçà de la Dwina, avec la cavalerie qu'on avait lancée au loin, afin d'observer et de contenir les troupes de Finlande, qui se disposaient à nous attaquer à revers. Plusieurs ponts dans l'intérieur de Polotsk devaient servir au passage de l'armée en cas de retraite forcée. C'est dans cette position que le maréchal Saint-Cyr avait attendu de pied ferme les deux attaques dont il était menacé.

Nov. 1812.

Dispositions du maréchal pour faire face aux forces de Wittgenstein et Steinghel réunis.

Les 16 et 17 octobre l'ennemi s'était successivement avancé vers nos positions, et les avait enfin abordées résolûment le 18 au matin.

Le comte de Wittgenstein, dont un officier jeune, habile et ardent, destiné plus tard à une grande renommée, le général Diebitch, inspirait les détermi-

Seconde bataille de Polotsk, livrée.

nations, avait porté ses meilleures et ses plus nombreuses troupes sur notre droite, vers l'ouverture de l'angle formé par la Polota et la Dwina. Son intention était d'attirer toutes nos forces vers cette partie la plus accessible de notre position, et de faire ensuite enlever par le prince de Jackwill, avec le reste de son armée, la Polota dégarnie de troupes.

En effet, les Russes ayant débouché hardiment sur notre droite, s'étaient approchés sans le savoir de batteries placées à Struwnia, lesquelles flanquaient la partie découverte de la ville. Il aurait fallu les laisser venir sans faire feu, pour les mitrailler à outrance quand ils n'auraient plus eu le temps de rétrograder. Mais dans leur ardeur les artilleurs bavarois qui servaient ces batteries, ayant tiré trop tôt, les Russes avertis s'étaient avancés avec plus de mesure qu'il n'eût été à souhaiter pour le succès de notre manœuvre. Toutefois ils s'étaient portés sans hésiter vers ce front de la ville que la Polota ne protégeait point. Mais les divisions Legrand et Maison s'étaient déployées, et avaient marché à eux résolûment. La division Maison surtout, plus exposée que la division Legrand, avait tenu ferme quoique assaillie de tout côté, et avait fini par rejeter l'ennemi à une grande distance. La division Legrand n'avait pas été indigne de sa voisine, et partout les Russes avaient été contenus et repoussés. Le maréchal Saint-Cyr ne se laissant pas trop affecter par le danger de sa droite, avait eu la sagesse de ne pas dégarnir sa gauche, et bien il avait fait, car le prince de Jackwill débouchant à son tour, s'était jeté sur les redoutes de la Polota. En lui permettant d'arriver jusqu'au pied des ouvrages, on l'eût accablé par les feux seuls des redoutes. Mais les Suisses comme les Bavarois, péchant par trop d'ardeur, avaient fondu sur les Russes à la baïonnette, et en les refoulant, avaient paralysé l'artillerie de nos redoutes sous lesquelles ils étaient venus se placer. De plus ils avaient sacrifié des hommes pour un résultat que nos boulets seuls auraient obtenu. Néanmoins sur ce point comme sur l'autre, l'armée du comte de Wittgenstein avait été repoussée avec une perte de 3 à 4 mille hommes. Notre perte à nous n'était pas de la moitié.

Si le comte de Steinghel n'eût pas menacé de le prendre à dos, le maréchal Saint-Cyr pouvait se considérer comme bien établi sur la Dwina. Mais le corps de Finlande après avoir passé la Dwina en remontait la rive gauche pour faire sa jonction sous Polotsk avec une partie des forces de Wittgenstein. En présence de ce nouveau danger, le maréchal Saint-Cyr avait renforcé les Bavarois sous le général de Wrède, de détachements pris dans chacune de ses trois divisions, et l'avait mis en mesure de résister au comte de Steinghel. Le 19, en effet, après un choc vigoureux, le corps de Finlande avait été obligé de rétrograder. Mais devant une double attaque sur les deux rives de la Dwina, qui menaçait de se renouveler avec plus d'ensemble et de vigueur, surtout depuis que les deux armées ennemies, arrivées à la même hauteur, pouvaient communiquer d'une rive à l'autre, il n'était pas prudent de s'obstiner, et le maréchal Saint-Cyr avait cru devoir évacuer Polotsk pendant la nuit, pour se retirer en bon ordre derrière l'Oula, que le canal de Lepel,

Nov. 1812.

Malgré les avantages remportés, le maréchal Saint-Cyr, menacé sur ses derrières par Steinghel, est obligé d'abandonner la Dwina.

comme on l'a vu, réunit à la Bérézina. En se retirant, nos troupes avaient fait un affreux carnage des Russes, trop pressés de se jeter au milieu des ruines de la ville de Polotsk incendiée.

Les jours suivants nous avions continué cette retraite, le général de Wrède tenant tête au comte de Steinghel, le maréchal Saint-Cyr au comte de Wittgenstein, dans l'espérance de rencontrer le duc de Bellune sur l'Oula.

Celui-ci, en effet, après avoir longtemps hésité entre l'amiral Tchitchakoff qui arrivait par le sud, et les généraux Wittgenstein et Steinghel qui arrivaient par le nord, avait été décidé enfin par l'événement de Polotsk à courir au nord, afin de porter secours au maréchal Saint-Cyr. Malheureusement se trouvant établi non pas à Witebsk mais à Smolensk, par suite de la nouvelle disposition qui avait changé la route de l'armée, il avait eu un assez long trajet à faire pour se rendre à Lepel. Le maréchal Saint-Cyr, gravement blessé à la dernière journée de Polotsk, avait dû abandonner le commandement, que le maréchal Oudinot, très-imparfaitement remis de sa blessure, avait repris avec un zèle des plus louables.

Ainsi à la fin d'octobre deux armées, l'une de 35 mille hommes environ, l'autre de 45 mille, la première ayant échappé au prince de Schwarzenberg, la seconde refoulant devant elle le 2ᵉ corps, étaient près de se donner la main sur la haute Bérézina, et de nous fermer la retraite avec 80 mille hommes. Il n'y avait que la réunion et la victoire des maréchaux Oudinot et Victor qui pussent conjurer ce grave danger.

Nous allions donc trouver Smolensk privé du puissant renfort du 9ᵉ corps, et même de la division Baraguey d'Hilliers, que Napoléon, après l'avoir préparée de longue main, avait attirée sur Jelnia, quand il songeait à marcher sur Kalouga. Il est vrai qu'il avait depuis contremandé cet ordre, mais trop tard, et la division Baraguey d'Hilliers, déjà partie, pouvait tomber au milieu de toute l'armée de Kutusof. Ainsi les circonstances inquiétantes se multipliaient de toutes parts sur les pas de Napoléon. L'abondance dont on s'était flatté de jouir à Smolensk n'était plus telle qu'on l'avait espéré. La navigation intérieure de Dantzig à Kowno n'ayant pu être continuée jusqu'à Wilna, une compagnie de transports avait été organisée, grâce aux soins très-actifs de M. de Bassano, et elle portait 1500 quintaux par jour de Kowno à Minsk, par Wilna. Mais on avait appliqué ces moyens de transport aux spiritueux et aux munitions de guerre, dans la confiance où l'on était de trouver des blés en Lithuanie. On en avait trouvé en effet, par suite d'une vaste réquisition, mais les fermiers lithuaniens manquant de charrois, ou ne voulant pas en fournir, dans l'espoir que leurs denrées finiraient par leur rester faute de pouvoir être déplacées, on n'avait pu réunir qu'une partie des grains et des farines demandés pour Wilna, Minsk, Borisow, Smolensk. Les boeufs se portant eux-mêmes, la viande manquait moins. Mais c'est tout au plus si l'armée devait avoir pour 7 ou 8 jours de vivres à Smolensk, pour 15 à Minsk, pour 20 à Wilna. Toutefois, en s'y employant avec zèle, il était possible de la pourvoir de subsistances

Nov. 1812.

L'abondance qu'on espérait trouver à Smolensk est beaucoup moins grande qu'on ne l'avait imaginé.

pour un temps beaucoup plus long. Actuellement il n'y avait d'assurée que la subsistance des premiers jours.

Cette espérance de riches quartiers d'hiver en Lithuanie n'était donc pas si près de se réaliser qu'on l'avait cru. Il est vrai que c'était le secret de Napoléon seul, mais il n'y avait pas là de quoi réjouir son âme, que tant de choses attristaient profondément. Il lui restait bien pis à apprendre encore. La France, qu'il avait laissée si tranquille, si soumise, avait failli être bouleversée, peut-être même arrachée à sa domination par un fou, par un maniaque audacieux, dont le facile succès pendant quelques heures prouvait combien tout en France dépendait de la vie d'un seul homme, vie incessamment menacée non par les poignards, mais par les boulets.

On détenait depuis plusieurs années, dans les prisons de la Conciergerie, un ancien officier, le général Malet, gentilhomme franc-comtois, républicain ardent et sincère, formé comme beaucoup d'hommes de son temps et de sa naissance à l'école de J. J. Rousseau, devenu général de la république, et ne pardonnant pas à Napoléon de l'avoir détruite. La domination d'une seule idée rend un homme fou, ou capable de choses extraordinaires, et produit souvent les deux résultats à la fois. L'idée unique qui remplissait l'esprit du général Malet, c'est qu'un chef d'État faisant constamment la guerre devait être un jour ou l'autre emporté par un boulet, qu'avec cette nouvelle, vraie ou même inventée, il devait être facile d'enlever toutes les autorités, et de faire accepter à la nation un autre gouvernement, car la personne de Napoléon était tout, hommes, choses, lois, institutions. Sous l'empire de cette préoccupation, il avait sans cesse combiné dans son esprit les moyens de surprendre les autorités avec la nouvelle inventée de la mort de Napoléon, de proclamer un gouvernement nouveau, et d'amener aux pieds de ce gouvernement la nation fatiguée de despotisme, de silence et de guerre. En 1807 et en 1809, il avait songé un instant à la réalisation de sa chimère, et quelques confidences, inévitables ou non, ayant mis la police sur la voie de ce qu'il méditait, on l'avait enfermé. Il était depuis cette époque détenu à Paris. Prisonnier, sa préoccupation n'en était devenue que plus exclusive, et en voyant Napoléon à Moscou, il s'était dit que c'était le moment ou jamais d'essayer l'exécution de son plan, mais cette fois en ne mettant personne dans son secret, en tirant tout de lui-même, de lui seul, et au moyen de la plus incroyable audace. Transféré dans une maison de santé près de la porte Saint-Antoine, et là s'étant lié avec un prêtre doué de la même discrétion, et animé des mêmes sentiments que lui, il avait imaginé de supposer la mort de Napoléon, en n'avouant à personne le mensonge de cette supposition, de fabriquer de faux ordres, une fausse délibération du Sénat, et à l'aide de cette délibération imaginaire qui rétablirait la république, de se rendre à une caserne, d'entraîner un régiment, avec ce régiment d'aller aux prisons pour délivrer plusieurs militaires actuellement détenus, tels que le général Lahorie, ancien chef d'état-major de Moreau, le

Nov. 1812.

La campagne de Russie le confirme dans ses pensées habituelles, et le détermine à tenter la plus extraordinaire des entreprises.

Conspiration conçue et organisée à lui seul.

Nov. 1812.

général Guidal, compromis pour quelques relations avec les Anglais, de partir avec ces généraux, de s'emparer de la personne de tous les ministres, de convoquer à l'hôtel de ville un certain nombre de grands personnages réputés peu favorables au gouvernement, et d'y proclamer la république. Quoiqu'il eût profondément médité sur son sujet, et beaucoup songé à tous les détails d'exécution, il restait des choses pourtant auxquelles il n'avait pas pourvu, soit qu'il fût pressé d'agir, soit qu'il s'en fiât à la fortune, qui doit être de moitié dans toutes les entreprises extraordinaires, à condition cependant qu'on ne lui laisse à faire que le moins possible.

Il s'échappe le 22 octobre au soir d'une maison de santé où il était détenu, se rend à la caserne Popincourt, et entraîne les troupes par la nouvelle fausse de la mort de Napoléon.

Aidé du prêtre qu'il s'était associé, il avait choisi deux jeunes gens, fort innocents, mais fort courageux, n'ayant pas son secret, et destinés à lui servir d'aides de camp. Avec leur secours il s'était procuré, dans un lieu voisin de sa maison de santé, des uniformes et des pistolets. Le 22 octobre au soir, jour même où Napoléon manœuvrait autour de Malo-Jaroslawetz, il profite de la nuit faite, s'échappe par une fenêtre de la maison de santé où il était (le prêtre, qui l'avait assisté de sa plume, s'était enfui à l'avance), court au logement où l'attendaient ses deux jeunes gens, habille l'un d'eux en aide de camp, revêt lui-même l'habit de général, leur dit que Napoléon est mort le 7 octobre à Moscou, que le Sénat réuni la nuit a voté le rétablissement de la république, et, montrant les faux ordres soigneusement préparés dans sa prison, se rend à la caserne Popincourt où se trouvait la dixième cohorte de la garde nationale, commandée par un

ancien officier tiré de la réforme. Ce dernier, avant
d'être mis à la tête de cette cohorte, avait servi
quelque temps en Espagne, et très-honorablement.
Il s'appelait Soulier. Le général Malet le fait éveiller, s'introduit auprès de son lit, lui annonce que
Napoléon est mort, tué à Moscou d'un coup de feu
le 7 octobre, que le Sénat s'est assemblé secrètement, a décidé le rétablissement de la république,
a nommé le général Malet commandant de la force
publique dans Paris, et feignant de n'être pas le
général Malet, mais le général Lamotte, l'un des
généraux employés à Paris, dit qu'il vient par ordre
supérieur prendre la 10ᵉ légion pour la conduire
sur divers points de la capitale où il a des missions
à remplir. Le commandant Soulier, saisi de cette
nouvelle, n'imaginant pas dans sa simplicité qu'on
pût l'inventer, la déplore, mais se met en devoir
d'obéir. Il se lève, fait assembler la cohorte, lui
transmet dans la cour de la caserne la nouvelle apportée par le prétendu général Lamotte, nouvelle
accueillie avec surprise, mais sans incrédulité, tant
elle paraît à tous naturelle et à quelques-uns agréable, car il y avait dans les cohortes d'anciens officiers
républicains rappelés au service, et beaucoup de
soldats tirés à leur grand déplaisir de leurs foyers,
après avoir satisfait plusieurs fois à toutes les lois
de la conscription. Tous obéissent sans un doute,
sans une objection.

Le général Malet, prétendu général Lamotte, les
conduit à la Force avant le jour, mande le chef
de la prison, lui montre un ordre d'élargissement
pour les généraux Lahorie et Guidal, obtient leur

Nov. 1812.

Le général Malet s'étant transporté à la Force, délivre les généraux délivrance par suite de la même crédulité, les fait appeler, leur annonce en les embrassant la grande nouvelle, les trompe comme les autres, assiste à leur joie qu'il feint de partager, leur exhibe les décrets du Sénat, et leur trace la conduite qu'ils ont à tenir. Guidal doit aller enlever le ministre de la guerre, Lahorie doit se rendre chez le ministre de la police, le saisir, le transférer à la Conciergerie, tandis que lui, Malet, se transportant à l'état-major de la place, s'emparera du général Hulin. La consigne donnée c'est de faire sauter la cervelle à quiconque refusera d'obtempérer aux ordres du Sénat, que Guidal et Lahorie ne songent même pas à révoquer en doute. Malet s'était dit avec raison que des complices trompés n'hésiteraient point, et exécuteraient ses instructions avec une bonne foi qui entraînerait tout le monde. Malet se sert de l'un de ses jeunes gens pour envoyer au préfet de la Seine, Frochot, les faux décrets du Sénat, et l'injonction de préparer l'hôtel de ville, où doit se réunir le gouvernement provisoire. L'autre agent improvisé de Malet court à l'un des régiments de la garnison, avec ordre au colonel de garder par des détachements toutes les barrières de Paris, de manière à ne laisser ni entrer ni sortir personne.

Toutes ces choses rapidement convenues, afin de mener à bien cette surprise de Paris endormi, on se rend chez le duc de Rovigo au moment où le jour allait poindre. Le ministre de la police, ayant passé la nuit à expédier des dépêches, avait rigoureusement interdit qu'on l'éveillât. Le général Lahorie, à la tête d'un détachement de la 10ᵉ cohorte, pénètre dans son hôtel, enfonce la porte de sa chambre, entre à travers les débris de cette porte, et le frappe de surprise en apparaissant devant lui. Il avait servi avec le duc de Rovigo, et avait avec lui des relations d'amitié. — Rends-toi sans résistance, lui dit-il, car je t'aime et ne veux pas te faire de mal. L'Empereur est mort, l'Empire est aboli, et le Sénat a rétabli la république. — Le duc de Rovigo répond à Lahorie qu'il est insensé, qu'une lettre de l'Empereur arrivée dans la soirée dément cette assertion, que la nouvelle est fausse, et qu'il est l'auteur ou le jouet d'une imposture. Lahorie, aussi convaincu que peut l'être le duc de Rovigo, affirme; le duc de Rovigo nie. Lahorie ordonne alors qu'on le saisisse. Le duc de Rovigo cherche à détromper la troupe, mais il est naturel à l'homme qu'on arrête de contester, et sa position suffit pour empêcher qu'on ne le croie. Lahorie, d'après ses instructions, aurait dû brûler la cervelle au duc de Rovigo; il ne le veut pas, court auprès de Guidal qui était près de là pour se consulter avec lui. Guidal le suit. Tous les deux persistant dans leur crédulité, mais ne voulant pas tuer un ancien camarade, imposent silence au duc de Rovigo, et sans lui faire de mal l'envoient à la Conciergerie, où déjà le préfet de police était transféré par les mêmes moyens.

Jusqu'ici tout va bien; mais l'arrestation du duc de Rovigo a retardé un peu celle du ministre de la guerre, et de son côté le général Malet perd du temps à celle du général Hulin, commandant la place de Paris. S'étant transporté chez lui avec un détachement de la même cohorte, il le surprend

Nov. 1812.

chez le duc de Rovigo, et le général Guidal chez le duc de Feltre.

Arrestation du duc de Rovigo et son envoi à la Conciergerie.

Le général Malet chez

au lit, le fait lever, emploie auprès de lui les assertions qui ont déjà eu tant de succès, ne le trouve pas incrédule à la nouvelle de la mort de Napoléon, mais très-récalcitrant quand il s'agit du rétablissement de la république par une délibération du Sénat, et en reçoit pour réponse l'invitation de produire ses ordres. Le général Malet, plus fidèle à son plan que ses complices improvisés, répond au général Hulin qu'il va les lui communiquer dans son cabinet, se fait conduire dans ce cabinet, et là renverse le général d'un coup de pistolet tiré à bout portant. Malet sort ensuite, se rend chez le chef d'état-major Doucet, lui répète tout ce qu'il avait dit aux autres, lui annonce de plus sa nomination au grade de général, et l'engage à livrer sur-le-champ le commandement de la place. Soit que l'acte de violence auquel le général Malet venait de se porter eût affaibli sa résolution, soit que le premier doute rencontré dans cette journée l'eût ébranlé, il se montre moins ferme avec ce chef d'état-major. Il hésite, perd du temps, et encourage l'incrédulité qu'il n'accable pas sur-le-champ d'une affirmation absolue ou d'un nouveau coup de pistolet. Un autre officier de la place, nommé Laborde, survient, se rappelle les traits du général Malet, devine tout de suite qu'il s'agit d'une audacieuse conspiration, appelle un officier de police qui justement connaissait Malet, et qui avait contribué à sa translation d'une prison à l'autre. Cet officier de police, certain que le général est un des sujets de son autorité, lui demande pourquoi et comment il a quitté sa prison, l'embarrasse, le déconcerte, et lui fait perdre tout ascendant sur sa troupe. Malet veut alors se servir de ses armes. On se jette sur lui, on lui lie les mains, on le met en arrestation devant sa troupe hésitante et commençant à croire qu'elle a été trompée. Il se flatte encore d'être secouru par ses complices, mais au lieu d'eux ce sont des soldats de la garde impériale, qui, prévenus en toute hâte, accourent, débarrassent l'état-major de la place de ses assaillants, et font prisonniers ceux qui étaient venus faire des prisonniers.

En une heure le duc de Rovigo est délivré, le préfet de police également, et chacun d'eux a repris possession de son ministère. Ce qui paraîtra plus singulier que tout ce dont on vient de lire le récit, c'est que le préfet de la Seine, arrivant de la campagne à la pointe du jour, surpris de tous côtés par la nouvelle dont l'hôtel de ville était plein, n'avait pas pu croire qu'elle fût inventée, et s'était mis à disposer les appartements demandés, lentement à la vérité, non pas qu'il doutât, mais parce qu'il avait peu de goût pour le gouvernement républicain qui paraissait devoir succéder à l'Empire. Ce qui n'étonnera pas moins, c'est que le chef du régiment qu'on avait chargé de garder les barrières avait obéi, et avait envoyé des détachements pour s'en emparer.

Il était à peine midi que tout était terminé, que les choses étaient remises à leur place, les autorités, un moment surprises, rétablies dans leurs fonctions, et que Paris, apprenant cette rapide succession de scènes, passait de la crainte que lui inspiraient toujours les tentatives de ce qu'on appelait les *terroristes*, à un immense éclat de rire contre

Nov. 1812.

Fin de cette singulière conspiration.

Nov. 1812.

Causes qui avaient rendu possible et avaient un moment fait réussir cette tentative étrange.

une police détestée, et si aisément prise au dépourvu. Que tout autre ministre eût été enlevé, soit; mais le ministre de la police lui-même! c'est ce dont on ne pouvait trop rire, trop s'amuser, trop parler, et la crainte, après avoir précédé le rire, le suivait aussi, car il y avait à faire de bien tristes réflexions sur un pareil état de choses.

Tant de crédulité à admettre les ordres les plus étranges, tant d'obéissance à les exécuter, accusaient non pas les hommes, toujours si faciles à tromper, et si prompts à obéir quand ils en ont pris l'habitude, mais le régime sous lequel de telles choses étaient possibles. Sous ce régime de secret, d'obéissance passive et aveugle, où un homme était à lui seul le gouvernement, la constitution, l'État, où cet homme jouait tous les jours le sort de la France et le sien dans de fabuleuses aventures, il était naturel de croire à sa mort, sa mort admise de chercher une sorte d'autorité dans le Sénat, et de continuer à obéir passivement, sans examen, sans contestation, car on n'était plus habitué à concevoir, à souffrir une contradiction. On n'aurait pas surpris par de tels moyens un État libre, parce qu'il y a mille contradicteurs à rencontrer à chaque pas dans un pays où tout homme raisonne et discute ses devoirs. Dans un État despotique, le téméraire qui met la main sur le ressort essentiel du gouvernement, est le maître, et c'est ce qui donne naissance aux conspirations de palais, signe honteux de la caducité des empires voués au despotisme. Il existait pourtant un héritier de Napoléon, et on n'y avait pas même songé!

Il n'y avait donc personne à accuser que le régime existant, mais la police et l'autorité militaire craignant que Napoléon ne s'en prît à l'une ou à l'autre de cette bizarre aventure, voulaient chacune que de l'examen des faits ressortît sa propre justification et la condamnation de sa rivale. La police n'avait pas découvert ce complot, et l'autorité militaire s'y était prêtée avec une facilité qui pouvait passer pour de la connivence. Toutes deux cependant étaient innocentes. La police n'avait pu découvrir ce qui était dans la tête d'un seul homme, et il était naturel que l'autorité militaire inférieure crût une chose aussi croyable que la mort de Napoléon. La première n'était donc pas inepte, ni la seconde infidèle, mais de peur d'être accusé il fallait accuser. D'ailleurs le ministre de la police et le ministre de la guerre ne s'aimaient point. Le duc de Feltre avait tous les dehors du bien, le duc de Rovigo tous les dehors du mal, et chez aucun des deux la réalité ne répondait aux apparences. Le duc de Rovigo chercha la vérité, à la découverte de laquelle il avait grand intérêt, et cette vérité tournait à la décharge de tout le monde, le général Malet excepté. Le duc de Feltre voulut voir partout des complices de Malet, afin que la police parût coupable de ne les avoir pas trouvés, quand ils étaient en si grand nombre. Sous un pareil régime, de telles préoccupations devaient avoir sur le sort des accusés une influence funeste. Le gouvernement, composé des ministres, des grands dignitaires présents à Paris, s'assembla sous la présidence de l'archichancelier Cambacérès, et arrêta ce qu'il y avait à

Nov. 1812.

Lutte entre la police et l'autorité militaire; cherchant à rejeter l'une sur l'autre la responsabilité de l'évènement.

Nov. 1812.

Renvoi de tous les accusés à une commission militaire.

Condamnation de quatorze malheureux, et exécution immédiate de douze, à l'occasion de la dernière conspiration.

faire. L'archichancelier, avec son art d'adoucir les aspérités, de neutraliser les propositions extrêmes, ce qui est du bon sens, mais ce qui n'est pas toujours de la justice, fit décider la formation d'une commission militaire à laquelle furent déférés plus de vingt prévenus. En réalité il n'y avait qu'un coupable, car outre l'attentat politique que le général Malet avait essayé de commettre, il avait renversé presque mort à ses pieds un homme qui heureusement n'en mourut pas. Mais les généraux Lahorie et Guidal, entrés volontiers sans doute dans son projet, entrés toutefois sur l'articulation d'un fait faux auquel ils avaient cru, d'ordres supposés qu'ils avaient admis, n'étaient des coupables ni devant Dieu ni devant les hommes. C'étaient, à la vérité, des officiers d'un grade élevé, et fort suspects; ils avaient participé assez longuement à un attentat, soit; mais si pour eux un doute pouvait naître, pouvait-il y en avoir un seul à l'égard du commandant de la 10ᵉ cohorte, le commandant Soulier, brave militaire, qui avait appris la mort de Napoléon avec chagrin, y avait ajouté foi, et avait obéi? Quant à celui-là, une peine, et une peine telle que la mort, était une iniquité! Pourtant il fut condamné avec treize autres accusés. La police demanda en sa faveur un sursis, qui était nécessaire à la continuation de l'instruction. Ce sursis fut refusé. En cinq jours quatorze malheureux furent arrêtés, jugés, condamnés, et douze exécutés!

Telles furent les étranges nouvelles qui assaillirent Napoléon à DorogoBouge. Elles avaient certes de quoi l'affecter, car celles qui arrivaient des armées devaient l'inquiéter gravement pour sa retraite, et celles qui arrivaient de Paris révélaient tout ce qu'avait d'éphémère son prodigieux pouvoir. Ce qui dans ces dernières nouvelles frappa le plus Napoléon, ce fut la facilité de chacun à croire, à obéir sous son règne, et surtout l'oubli complet de son fils! — Mais quoi, s'écria-t-il plusieurs fois, on ne songeait donc pas à mon fils, à ma femme, aux institutions de l'Empire! — Et chaque fois qu'il avait poussé cette exclamation de surprise, il retombait dans ses sombres réflexions, dont on pouvait juger l'amertume à la morne expression de son visage.

Plus juste envers les malheureux qu'on venait d'immoler que ceux qui les avaient si légèrement condamnés, il demanda au général Lariboisière, qui avait connu auprès de Moreau tous les généraux républicains, ce qu'était Lahorie. — Un brave officier, répondit le respectable commandant de l'artillerie, un officier du plus haut mérite, qui vous aurait bien servi, si on ne s'était attaché à le perdre dans votre esprit, qui vous aurait servi comme le fait le général Éblé, qu'on n'avait pas manqué, lui aussi, de vous rendre suspect, et dont vous pouvez tous les jours apprécier le caractère et les talents. — Vous avez raison, reprit tristement Napoléon; ces imbéciles, après s'être laissé prendre, cherchent à se racheter auprès de moi en faisant fusiller les gens par douzaine. —

Du reste il y avait pour Napoléon quelque chose de plus urgent à faire que de s'occuper de cette conspiration, accident éphémère, sans autre conséquence pour lui qu'une lueur sinistre jetée sur sa

Nov. 1812.

Impression que fait cet événement sur l'esprit de Napoléon, et jugement qu'il porte sur la conduite des autorités publiques.

situation politique : il fallait donner des ordres aux divers corps d'armée, dont le concours était indispensable pour empêcher la réunion de toutes les forces ennemies sur nos derrières, réunion déjà bien à craindre, et qui pouvait nous réduire à passer sous les fourches caudines, peut-être même constituer Napoléon le prisonnier d'Alexandre !

Napoléon fit écrire au prince de Schwarzenberg et au général Reynier par M. de Bassano, de ne plus tâtonner entre Brezesc et Slonim, de laisser là le corps de Sacken, qui n'était pas bien dangereux pour Varsovie, que bientôt d'ailleurs on accablerait d'autant plus sûrement qu'il aurait été plus téméraire, et de marcher à l'amiral Tchitchakoff sans relâche, car la présence de ce général russe sur la Bérézina, c'est-à-dire sur la ligne de retraite de la grande armée, pouvait être désastreuse. Il écrivit au duc de Bellune pour lui ordonner de se réunir sur-le-champ au maréchal Oudinot; il recommanda à tous deux de marcher vivement sur Wittgenstein, qu'ils surpassaient en quantité et en qualité de troupes, de le pousser à outrance au delà de la Dwina, de gagner sur lui une bataille décisive, de dispenser ainsi la grande armée d'en livrer une elle-même, car elle était singulièrement fatiguée (Napoléon n'osait pas dire ruinée), de se hâter surtout, car il se pourrait que leur concours fût également indispensable contre Tchitchakoff. Il écrivit à Wilna pour qu'on fit venir de Kœnigsberg l'une des divisions du maréchal Augereau, celle qui avait déjà été amenée à Dantzig, et qui des mains du général Lagrange avait passé à celles du général Loison. La division Durutte, envoyée à Varsovie pour renforcer le général Reynier, composait avec cette division Loison, les deux qui avaient été détachées de l'armée d'Augereau, et qui allaient être remplacées par la division Grenier, tirée d'Italie, et portée en ce moment à 48 mille hommes.

Napoléon recommanda en outre à M. de Bassano, qui déployait à Wilna la plus grande activité administrative, de diriger sur les divers dépôts de l'armée, c'est-à-dire sur Minsk, Borisow, Orscha, Smolensk, tous les vivres, tous les spiritueux, tous les vêtements, tous les chevaux qu'on pourrait se procurer. Il ordonna un achat de 50 mille chevaux, payés comptant, en Allemagne et en Pologne. Le général Bourcier, commandant les dépôts de cavalerie en Hanovre, dut partir sur-le-champ pour exécuter cet achat, s'il était possible de le réaliser.

Napoléon, ces ordres expédiés, partit pour Smolensk en recommandant au maréchal Ney, qui allait couvrir la retraite, de ralentir le plus possible la marche de l'ennemi, afin de donner aux traînards le temps de rejoindre. Il prescrivit au prince Eugène de quitter à Dorogobouge la route de Smolensk, pour prendre celle de Doukhowtchina, que ce prince avait déjà parcourue, qui présentait quelques ressources en vivres, et d'où l'on pourrait s'assurer de la situation de Witebsk, menacée en ce moment par Wittgenstein. Si cette place était en péril, le prince Eugène devait s'y porter, et s'y établir, Witebsk étant avec Smolensk appelée à former les deux points d'appui de nos cantonnements.

Napoléon quitta Dorogobouge le 6 novembre.

Toute l'armée suivit le 7 et le 8. Le froid devenu plus sensible fit ressortir de nouveau l'oubli bien regrettable des vêtements d'hiver, et un autre oubli plus fâcheux encore, celui des clous à glace pour les chevaux. La saison dans laquelle on était parti, la croyance où l'on était en partant d'être de retour avant les mauvais temps, expliquaient cette double omission. Nos malheureux soldats marchaient affublés de vêtements de tout genre, enlevés dans l'incendie de Moscou, sans pouvoir se garantir d'un froid de 9 ou 10 degrés, et à chaque montée, rendue glissante par la glace, nos chevaux d'artillerie, même en doublant et triplant les attelages, ne parvenaient pas à tirer les pièces du plus faible calibre. On les battait, on les mettait en sang, ils tombaient les genoux déchirés, et ne pouvaient surmonter l'obstacle, privés qu'ils étaient de forces et de moyens de tenir sur la glace. On avait abandonné des caissons au point de n'avoir presque plus de munitions; bientôt il fallut abandonner des canons, trophée que notre brave artillerie ne livra aux Russes que la douleur dans l'âme, et la confusion sur le front. Les voitures étaient ainsi fort diminuées en nombre, et chaque jour on en abandonnait de nouvelles, les chevaux expirant sur les chemins. Ces chevaux du reste on en vivait. La nuit venue on se jetait sur ceux qui avaient succombé, on les dépeçait à coups de sabre, on en faisait rôtir les lambeaux à d'immenses feux allumés avec des arbres abattus, on les dévorait, et on s'endormait autour de ces feux. Si les Cosaques ne venaient pas troubler un sommeil chèrement acheté, on se réveillait quelquefois à demi brûlé, quelquefois enfoncé dans une fange que la chaleur avait changée de glace en boue. Tous pourtant ne se relevaient pas, car à mesure que le thermomètre descendait au-dessous de 10 degrés, il y en avait déjà un certain nombre qui ne résistaient pas à la température des nuits. On partait néanmoins, regardant à peine les malheureux qu'on laissait morts ou mourants au bivouac, et pour lesquels on ne pouvait plus rien. La neige les recouvrait bientôt, et de légères éminences marquaient la place de ces braves soldats sacrifiés à la plus folle entreprise.

Tandis que Napoléon avec la garde impériale, le corps du maréchal Davout, la cavalerie à pied, et une masse de traînards que l'abandon des rangs accroissait plus que la mort ne la diminuait, marchait sur Smolensk escorté du maréchal Ney, le prince Eugène avait pris la route de Donkhowtchina. Il était suivi d'environ six à sept mille hommes armés, la garde royale italienne comprise, de quelques restes de cavalerie bavaroise qui avaient conservé leurs chevaux, de son artillerie encore attelée, de beaucoup de traînards, et d'un certain nombre de familles fugitives qui s'étaient attachées à l'armée d'Italie. Arrivé à la fin de la première journée, 8 novembre, près du château de Zazelé, où l'on espérait trouver quelques ressources et des abris pour la nuit, on fut saisi par un froid très-vif. L'artillerie et les bagages se virent tout à coup arrêtés au pied d'une côte, sans pouvoir la franchir. Le verglas était si glissant qu'il était impossible de faire gravir la montée aux moindres fardeaux. En dételant les

Nov. 1812.

Marche du corps du prince Eugène.

Nov. 1812.

Première nuit au château de Zazelé.

Arrivée au bord du Vop.

pièces pour doubler et tripler les attelages, on parvint à élever sur la hauteur les pièces de petit calibre, mais il fallut absolument renoncer à celles de 12, qui composaient la réserve. Les canonniers, après avoir perdu toute leur journée pour un si mince résultat, étaient exténués eux et leurs chevaux, et humiliés d'être obligés d'abandonner ainsi leur artillerie la plus pesante. Pendant qu'ils s'épuisaient inutilement, Platow les ayant suivis avec ses Cosaques et de légers canons portés sur traîneaux, n'avait pas cessé de leur envoyer des boulets. En cette occasion le général d'Anthouard fut gravement blessé, au point de ne pouvoir plus commander l'artillerie de l'armée d'Italie. On le remplaça par le colonel Griois, brave officier, modeste et distingué, que la destruction de la cavalerie de Grouchy, à laquelle il était attaché, avait laissé sans emploi.

On passa une triste nuit au château de Zazelé. Le lendemain 9 on partit de bonne heure pour franchir le Vop, petite rivière qui au mois d'août précédent ne présentait qu'un filet d'eau se traînant dans un lit presque desséché. Elle roulait maintenant dans un lit large et profond, haute de quatre pieds au moins, chargée de fange et de glaçons. Les pontonniers du prince Eugène ayant pris les devants, avaient employé la nuit à construire un pont, et gelés, mourants d'inanition, ils avaient suspendu leur travail quelques heures, avec l'intention de reprendre et de terminer leur ouvrage après ce court repos. Mais au point du jour les plus pressés de la foule désarmée viennent se placer sur le pont inachevé. Grâce à un épais brouillard qui ne permet pas de discerner clairement les objets, la masse croyant le pont praticable, suit ceux qui ont voulu passer les premiers, s'accumule derrière eux, bientôt s'impatiente de ne pas les voir avancer, s'irrite, pousse et jette dans l'eau bourbeuse et glacée les imprudents qui se sont engagés dans ce passage sans issue. Les cris des malheureux précipités dans le torrent, avertissent enfin la queue de la colonne qui revient sur ses pas, et on regarde avec désespoir cette rivière qui semble impossible à franchir. Quelques pelotons de cavalerie ayant conservé leurs chevaux essayent de la traverser à gué, et après avoir tâtonné trouvent en effet un endroit, où ils passent en ayant de l'eau jusqu'à l'arçon de leur selle. L'infanterie suit alors leur exemple, et entre dans ce torrent rapide et charriant d'énormes glaçons. Elle défile ainsi presque tout entière, et parvenue sur l'autre bord, se hâte d'allumer des feux pour se réchauffer et se sécher. La foule désarmée essaye de traverser le torrent à son tour : les uns réussissent, les autres tombent pour ne plus se relever. On entreprend en même temps de transporter l'artillerie d'une rive à l'autre. En triplant les attelages on fait franchir le lit du torrent aux premières pièces, mais le sol s'enfonce, se creuse, le gué s'approfondit, les eaux commencent à être trop hautes, et quelques pièces restent engagées dans le gravier. Le gué est alors obstrué, et le passage devient impraticable. Les infortunés qui se traînaient sur de petites voitures russes, et qui n'avaient pu passer encore, voient avec désespoir l'obstacle grandir, au point de ne pouvoir être sur-

Nov. 1812.

Desastre du corps du prince Eugène au passage du Vop.

Nov. 1812.

monté. Au même instant trois à quatre mille Cosaques accourent en poussant des cris sauvages. Arrêtés par la fusillade de l'arrière-garde, ils n'osent approcher jusqu'à la portée de leurs lances, mais avec leur artillerie sur traineaux ils envoient des boulets à la foule épouvantée, brisent les voitures à bagages, et répandent une véritable désolation. Le prince Eugène accourt pour rendre un peu de calme à cette multitude désespérée, et n'y peut réussir. On voit de pauvres cantinières, des femmes italiennes ou françaises, fugitives de Moscou, embrassant leurs enfants, et pleurant au bord de ce torrent qu'elles n'osent affronter, pendant que de braves soldats pleins d'humanité, prenant ces enfants dans leurs bras, vont et viennent jusqu'à deux et trois fois pour transporter à l'autre bord ces familles éplorées. Mais à chaque instant le tumulte augmente, il faut renoncer à ces précieux bagages dont les fugitifs vivaient, et dont les officiers tiraient encore quelques ressources. Alors les soldats à l'aspect de cette proie qui va être livrée aux Cosaques ne se font pas scrupule de la piller. Chacun prend ce qu'il peut sous les yeux de malheureuses familles désolées qui voient disparaître leurs moyens de subsistance. Les Cosaques eux-mêmes voulant avoir leur part du butin, s'avancent pour piller; on les écarte à coups de baïonnette ou de fusil, au milieu d'une épouvantable confusion.

Ce déplorable événement, qu'on appela dans la retraite le désastre du Vop, et qui était le prélude d'un autre désastre de même nature, destiné à être cent fois plus horrible, retint l'armée d'Italie jusqu'à la nuit. On s'arrêta de l'autre côté du Vop, on alluma des feux, on sécha ses vêtements, on fit d'amères réflexions sur la misère à laquelle on allait être réduit, et le lendemain on reprit la route de Doukhowtchina. Tous les bagages, toute l'artillerie, à l'exception de sept ou huit pièces, étaient perdus. Un millier de malheureux atteints par les boulets, ou tombés dans l'eau, avaient payé de leur vie cette marche bien inutile, comme on le verra tout à l'heure.

Dans la journée du 10 on arriva enfin à Doukhowtchina. C'était une petite ville, assez riche, où déjà l'armée d'Italie avait bien vécu au mois d'août précédent. Les Cosaques l'occupaient. On les en chassa sans beaucoup de peine, car, véritables oiseaux de proie, ces légers cavaliers, pillards et fuyards, ne tenaient jamais ferme, et se contentaient de suivre nos colonnes, pour achever les blessés, les dépouiller, et vider les voitures abandonnées. La ville de Doukhowtchina était déserte, mais point incendiée, et suffisamment pourvue de vivres. Il y avait de la farine, des pommes de terre, des choux, de la viande salée, de l'eau-de-vie, et, ce qui valait tout le reste, des maisons pour s'y loger. Cet infortuné corps d'armée trouva là un peu de repos, une demi-abondance, et surtout des abris dont il était privé depuis longtemps, avantages qui furent sentis comme aurait pu l'être la plus éclatante prospérité.

Il en coûtait de se détacher d'un si bon gîte. Aussi le prince Eugène après avoir délibéré avec son état-major, jugea prudent avant de se risquer jusqu'à Witebsk au milieu d'une nuée d'ennemis, d'envoyer aux nouvelles, pour savoir si par hasard on n'irait pas au secours d'une ville déjà perdue pour nous. On dépêcha donc quelques Polonais pour chercher des renseignements, et pendant ce temps on laissa reposer le corps d'armée à Doukhowtchina.

On y passa toute la journée du 10 et celle du 11 novembre, dans un état qui eût été le bonheur, si de tristes pressentiments n'avaient obsédé sans cesse les esprits les moins prévoyants. On ne put pas apprendre grand'chose; cependant, d'après quelques renseignements recueillis par les Polonais, on eut lieu de croire presque avec certitude que la ville de Witebsk était prise. Ce n'était plus le cas de se hasarder si loin, et l'idée de rejoindre la grande armée en marchant droit sur Smolensk convint à tout le monde. Dans cette cruelle détresse, on tenait à se réunir les uns aux autres, et se séparer était une véritable aggravation d'infortune. Afin de gagner une marche, on partit dans la nuit du 11 au 12, en mettant le feu à cette pauvre ville de bois, qui pourtant avait été bien secourable. On chemina ainsi l'espace de deux lieues à la lueur de ce sinistre fanal, qui colorait de teintes sanglantes les sapins couverts de neige.

On marcha toute la nuit et une partie de la journée du 12, constamment poursuivis par les Cosaques, et on s'établit le soir comme on put dans quelques hameaux, pour passer à l'abri la nuit du 12 au 13. Le 13 au matin on se remit en route, et vers la moitié de la journée on aperçut du haut des coteaux qui bordent le Dniéper, au milieu de plaines éclatantes de blancheur, les clochers de Smolensk. On avait perdu ses bagages, son artillerie, un millier d'hommes, mais la vue de Smolensk, qui semblait presque la frontière de France, causa un véritable mouvement de joie! On ne savait pas, hélas! ce qu'on allait y trouver.

Pendant ces mêmes journées des 9, 10, 11 et 12 novembre, la grande armée avait continué sa route de Dorogobouge à Smolensk, jonchant à chaque pas la terre d'hommes et de chevaux morts, de voitures abandonnées, et se consolant avec l'idée qui soutenait tout le monde, celle de trouver à Smolensk vivres, repos, toits, renforts, tous les moyens enfin de recouvrer la force, la victoire, et cette supériorité glorieuse dont on avait joui vingt années. Tandis que la tête de l'armée marchait sans avoir à sa poursuite des ennemis acharnés, mais sous un ciel qui était le plus grand de tous les ennemis, l'arrière-garde conduite par le maréchal Ney soutenait à chaque passage des combats opiniâtres, pour arrêter sans artillerie et sans cavalerie les Russes qui étaient abondamment pourvus de toutes les armes. A Dorogobouge, le maréchal Ney s'était obstiné à défendre la ville, se flattant de la conserver plusieurs jours, et de donner ainsi à tout ce qui se traînait, hommes et choses, le temps de rejoindre Smolensk. Cet homme rare, dont l'âme énergique était soutenue par un corps de fer, qui n'était jamais ni fatigué ni atteint d'aucune souffrance, qui couchait en plein air, dormait ou ne dormait pas, mangeait ou ne mangeait pas, sans que jamais la défaillance de ses membres mît son courage en défaut, était le plus souvent à pied, au milieu des soldats, ne dédaignant pas d'en réunir cinquante ou cent, de les conduire lui-même comme un capitaine d'infanterie sous la fusillade et la mitraille, tranquille, serein, se regardant comme invulnérable, paraissant l'être en effet, et ne croyant pas déchoir, lorsque, dans ces escarmouches de tous les instants, il prenait un fusil des mains d'un soldat expirant, et qu'il le déchargeait sur l'ennemi, pour prouver qu'il n'y avait pas de besogne indigne d'un maréchal, dès qu'elle était utile. Sans pitié pour les autres comme pour lui, il allait de sa propre main éveiller les engourdis, les secouait, les obligeait à partir, leur faisait honte de leur engourdissement (lâches du jour qui souvent avaient été des héros la veille), ne se laissait point attendrir par les blessés tombant autour de lui et le suppliant de les faire emporter, leur répondait brusquement qu'il n'avait pour se porter lui-même que ses jambes, qu'ils étaient aujourd'hui victimes de la guerre, qu'il le serait lui-même le lendemain, que mourir au feu ou sur la route c'était le métier des armes. Il n'est pas donné à tous les hommes d'être de fer, mais il leur est permis de l'être pour autrui, quand ils le sont d'abord et surtout pour eux-mêmes! Après avoir tenu toute une journée, puis une seconde à Dorogobouge, le maréchal se retira lorsque les Russes ayant passé le Dniéper sur sa droite, il fut menacé d'être enveloppé et pris. Il se reporta alors vers l'autre passage du Dniéper, à Solowiewo, le défendit également, et à quelques lieues de cet endroit, sur le plateau de Valoutina, que trois mois auparavant il avait couvert de morts, s'obstina encore à disputer le terrain. Arrivé là il fallait bien rentrer dans Smolensk. Il y rentra enfin, mais le dernier, et après avoir fait tout ce qu'il pouvait pour retarder la marche de l'ennemi.

Nov. 1812.

Chaque corps, marchant à son rang, s'approchait successivement de Smolensk; tous, hélas! devaient y éprouver de cruels mécomptes. Napoléon, arrivé le premier, savait bien qu'il n'y avait pas dans cette ville les vastes magasins sur lesquels on comptait, mais avec les huit ou dix jours de subsistances qui s'y trouvaient, il s'était flatté de ramener au drapeau les hommes débandés, en leur faisant des distributions de vivres qui ne seraient accordées qu'au quartier même de chaque régiment. Avec les fusils qui étaient à Smolensk, il espérait les armer après les avoir ralliés. Entré dans Smolensk à la tête de la garde, il ordonna qu'on ne laissât pénétrer qu'elle; il lui fit donner des vivres et distribuer les logements disponibles. La foule de traînards qui suivait, se voyant interdire l'accès de cette ville objet de toutes ses espérances, fut saisie de désespoir et de colère, et son courroux s'exhala surtout contre la garde impériale, à laquelle tout était sacrifié, disait-on. Il est vrai que le grand intérêt d'y maintenir la discipline justifiait la préférence dont elle jouissait dans la répartition des ressources. Mais cette garde, qui dans cette campagne avait rendu si peu de services, et qu'on usait sur la route en ne voulant pas l'user au feu, n'inspirait pas assez de gratitude pour imposer silence à la jalousie. Après les traînards, les vieux soldats du 1ᵉʳ corps, qu'on n'avait pas ménagés un seul jour, se joignant à la

Entrée à Smolensk.

Pour rallier les débandés on essaye de ne faire de distribution qu'au corps.

35.

foule désarmée qui obstruait les portes de Smolensk, et se plaignant vivement tout disciplinés qu'ils étaient, il fallut renoncer à des défenses chimériques, et impuissantes à prévenir la dissolution de l'armée déjà presque accomplie. Il n'y avait que l'abondance, le repos, la sécurité, qui pussent rendre aux hommes la force physique et morale, la dignité, le sentiment de la discipline. La foule pénétra donc violemment dans les rues de Smolensk, et se porta aux magasins. Les gardiens de ces magasins renvoyant les affamés au quartier de leur régiment, promettant qu'on y trouverait des distributions, furent mal accueillis, et cependant, crus et obéis dans le premier instant. Mais lorsqu'après avoir erré de droite et de gauche, dans cette ville ruinée et en confusion, les soldats n'eurent rencontré nulle part ces lieux de distribution tant promis, ils revinrent, poussèrent des cris de révolte, se jetèrent sur les magasins, en enfoncèrent les portes, et les mirent au pillage. — On pille les magasins! fut le cri général, cri d'épouvante et de désespoir! Tout le monde voulut y courir, pour en arracher quelques débris dont il pût vivre. On finit néanmoins par remettre un peu d'ordre, et par sauver quelque chose pour les corps du prince Eugène et du maréchal Ney, qui arrivaient en se battant toujours, et en couvrant la ville contre les troupes ennemies. Ils reçurent à leur tour des aliments, et un peu de repos non pas à couvert, mais dans les rues, à l'abri non du froid mais de l'ennemi. Pourtant il n'était plus possible de se faire illusion : l'armée, qui avait cru trouver à Smolensk des subsistances, des vêtements, des toits, des renforts et des murailles, et qui n'y trouvait rien de tout cela, si ce n'est des vivres, reconnut bien vite qu'il faudrait repartir le lendemain peut-être, et recommencer ces courses interminables, sans abri le soir pour dormir, sans pain pour se nourrir, en livrant des combats incessants, avec des forces épuisées, presque sans armes, et avec la cruelle certitude, si on recevait une blessure, d'être la proie des loups et des vautours. Cette perspective jeta l'armée entière dans un véritable désespoir; elle se vit dans un abîme, et cependant elle ne savait pas tout!

En abordant Smolensk, Napoléon venait de recevoir des nouvelles bien plus sinistres encore que celles qui l'avaient accueilli à Dorogobouge. D'abord le général Baraguey-d'Hilliers s'étant avancé, d'après les ordres du quartier général, avec sa division sur la route de Jelnia, en se faisant précéder d'une avant-garde sous le général Augereau, était tombé au milieu de l'armée russe, et soit qu'il eût manqué de vigilance, soit (ce qui est beaucoup plus vraisemblable) que la situation ne permît pas de s'en tirer autrement, avait perdu la brigade Augereau, forte de 2 mille hommes. Il était revenu à Smolensk avec le reste de sa division. Napoléon, que ses fautes auraient dû rendre indulgent pour celles d'autrui, ordonna au général Baraguey-d'Hilliers par un ordre du jour de retourner en France, pour y soumettre sa conduite au jugement d'une commission militaire. Tandis que cette malheureuse division, déshonorée par cet ordre du jour bien plus que par la conduite qu'on lui reprochait, ren-

Nov. 1812.

de 80 mille hommes s'accroît à chaque instant.

trait à Smolensk, Napoléon apprenait que l'armée de Tchitchakoff avait fait de nouveaux progrès, qu'elle menaçait Minsk, les immenses magasins que nous y avions, et surtout la ligne de retraite de l'armée ; que le prince de Schwarzenberg, partagé entre le désir de marcher à la suite de Tchitchakoff et la crainte de laisser Sacken sur ses derrières, perdait le temps en perplexités inutiles, et n'avançait pas ; que le duc de Bellune (maréchal Victor) avait trouvé sur l'Oula le 2ᵉ corps séparé des Bavarois, réduit par cette séparation à 10 mille hommes, qu'il n'en avait lui-même que 25 mille, ce qui faisait 35 en tout, que les deux maréchaux Victor et Oudinot, désormais réunis, s'exagérant la force de Wittgenstein, craignant de livrer une action décisive, s'entendant peu, se bornant à des marches et contre-marches entre Lepel et Sienno, n'avaient pas, comme il l'aurait fallu, rejeté par une prompte victoire Wittgenstein et Steinghel au delà de la Dwina. Tchitchakoff et Wittgenstein s'avançaient donc d'un pas rapide, n'étaient plus qu'à trente lieues l'un de l'autre, ce qui faisait quinze lieues à franchir pour chacun, n'étaient séparés que par l'armée des maréchaux Oudinot et Victor qu'ils pouvaient battre ou éviter, et réunis enfin sur la haute Bérézina, à la hauteur de Borisow, allaient peut-être nous opposer 80 mille hommes ! Et alors que ferions-nous avec des débris, entre Kutusof en queue, Tchitchakoff et Wittgenstein en tête ? Cette marche qui en sortant de Moscou avait commencé par une manœuvre offensive, qui s'était ensuite changée en retraite, d'abord fière, puis triste, tourmentée, douloureuse, pouvait donc aboutir à un désastre sans égal, peut-être à une captivité du chef et des soldats, les uns et les autres maîtres du monde six mois auparavant !

Nov. 1812.

Pourtant il était urgent de prendre un parti. Rester à Smolensk était impossible. C'est tout au plus si on pouvait y subsister sept ou huit jours avec ce qu'on avait de grains et de viande. On était donc forcé d'aller vivre ailleurs, au milieu de la Pologne, et surtout au delà de cette Bérézina, que deux armées russes menaçaient de fermer sur nos pas. Il fallait marcher l'épée haute sur elles, pousser d'une part Oudinot et Victor sur Wittgenstein, se jeter en passant sur Tchitchakoff, l'accabler, et ensuite venir s'établir entre Minsk et Wilna, appuyés sur le Niémen. Mais pour cela il ne fallait pas perdre un moment, il ne fallait pas demeurer un jour de plus à Smolensk.

Nécessité et résolution de quitter Smolensk au plus tôt.

Napoléon y était avec la garde impériale depuis le 9 novembre; les autres corps y étaient successivement entrés le 10, le 11, le 12, le 13. Il résolut d'en sortir le 14 avec les troupes arrivées le 9, et d'en faire partir les 15, 16 et 17, celles qui étaient arrivées les 10, 11 et 12. C'était là une faute de prévoyance peu digne de son génie, et qui n'est explicable que par l'illusion qu'il se faisait sur l'armée de Kutusof. Cette armée avait souffert aussi, et, de 80 mille hommes de troupes régulières (sans les Cosaques), elle était réduite à 50 mille par les combats de Malo-Jaroslawetz et de Wiasma, par la fatigue et par le froid. Elle nous avait poursuivis jusqu'ici avec des avant-gardes de troupes légères, se

Manière dont Napoléon distribue sa marche.

Illusion qu'il se fait sur l'armée russe.

contentant de nous harceler, d'ajouter à notre détresse, de ramasser les traînards, mais ne semblant pas, sauf à Wiasma, disposée à se mettre en travers pour nous barrer le chemin. Le vieux Kutusof, heureux de nous voir périr un à un, ne voulait pas affronter notre désespoir en cherchant à nous arrêter. Il n'attachait pas sa gloire à nous battre, mais à nous détruire. Il avait dit au prince de Wurtemberg ces paroles remarquables : Je sais que vous, jeunes gens, vous médisez du *vieux* (c'est ainsi qu'il se qualifiait lui-même), que vous le trouvez timide, inactif.... mais vous êtes trop jeunes pour juger une telle question. L'ennemi qui se retire est plus terrible que vous ne croyez, et s'il se retournait, aucun de vous ne tiendrait tête à sa fureur. Pourvu que je le ramène ruiné sur la Bérézina, ma tâche sera remplie. Voilà ce que je dois à ma patrie, et cela, je le ferai. — Pourtant, dans sa constante sagesse, il savait qu'il fallait accorder quelque chose aux passions de l'armée, et quelque chose aussi à la fortune de l'empire, qui pouvait bien, après tout, lui livrer Napoléon dans tel passage où il serait facile de le détruire d'un seul coup. Il n'y renonçait pas absolument, mais il n'en faisait pas le but essentiel de sa marche. Il nous suivait latéralement, sur une route bien pourvue, nous harcelant avec les troupes légères de Platow et de Miloradovitch, prêt, s'il pouvait nous devancer quelque part, non pas à se mettre en travers, ce qui nous aurait forcés de lui passer sur le corps, mais à nous coudoyer fortement, et à couper quelque tronçon de notre longue colonne.

Napoléon, comme il arrive toujours dans les situations extrêmes, avait des alternatives d'abattement et de confiance, de sévérité et de complaisance pour lui-même, et devinant la peur qu'il faisait à Kutusof, y puisant une consolation, s'y fiant trop, ne croyait nullement le trouver sur son chemin de Smolensk à Minsk. Il ne craignait sur cette voie que la réunion de Tchitchakoff à Wittgenstein, et ne s'attendait de la part de Kutusof qu'à quelques alertes d'arrière-garde. C'est par ce motif que, tout en ayant sur ses derrières et sur sa gauche la grande armée russe de Kutusof, il ne songea même pas à mettre entre elle et lui le Dniéper, ni à continuer sa retraite sur Minsk par la rive droite de ce fleuve. Il aima mieux prendre la route battue de la rive gauche, celle de Smolensk à Orscha, par laquelle il était venu, qui était la meilleure et la plus courte. C'est aussi par ce motif qu'il ne partit pas en une seule masse, ce qui aurait rendu tout accident impossible, et lui aurait permis d'accabler Kutusof s'il avait dû le rencontrer quelque part. Pouvant opposer encore, le dirons-nous, hélas! 36 mille hommes armés aux 50 mille hommes de Kutusof, il eût été en mesure de lui passer sur le corps, s'il l'avait trouvé sur son chemin. Mais ne supposant pas que cela pût être, et pressé d'avoir franchi les soixante lieues qui le séparaient de Borisow sur la Bérézina, il pensa qu'en faisant partir le 14 ceux qui étaient arrivés le 9, le 15 ceux qui étaient arrivés le 10, le 16 et le 17 ceux qui étaient arrivés le 11 et le 12, il donnerait à chacun le temps de se reposer, de se réorganiser un peu, de reprendre quelque force,

Nov. 1812.

Pourquoi Napoléon ne songe pas à mettre le Dniéper entre lui et Kutusof, pourquoi surtout il fait une retraite successive au lieu d'une retraite en masse.

afin de se présenter en meilleur état devant l'armée de Moldavie, seul ennemi auquel on songeât dans le moment! Fâcheuse illusion qui faillit nous être fatale, qui nous valut des pertes cruelles, et qu'une forte préoccupation, celle d'atteindre promptement Borisow, peut seule expliquer chez un aussi grand esprit que Napoléon!

Il fit toutes ses dispositions en conséquence. On avait été rejoint par quelques bataillons et quelques escadrons de marche, figurant pour la plupart dans la division Baraguey-d'Hilliers, si malheureusement compromise sur la route de Jelnia. Il les fit verser dans les cadres, ce qui rendit un peu de force aux divers corps. Celui du maréchal Davout fut ainsi reporté à 11 ou 12 mille hommes, celui du maréchal Ney à 5 mille, celui du prince Eugène à 6 mille. Il ne restait qu'un millier d'hommes à Junot commandant les Westphaliens, 7 ou 800 au prince Poniatowski commandant les Polonais. La garde qu'on avait tant ménagée, pour la voir périr sur les routes, ne conservait guère plus de 10 à 11 mille hommes sous les armes. Le reste de la cavalerie ne comprenait pas 500 cavaliers montés. C'est tout au plus si en marchant en masse on pouvait opposer 36 ou 37 mille hommes armés à Kutusof. Ce qui manquait à ce chiffre pour parfaire les cent et quelques mille hommes qu'on avait en sortant de Moscou, suivait à la débandade, ou était mort en chemin. Napoléon après les représentations réitérées des chefs de l'artillerie, consentit enfin à sacrifier une partie de ses canons, et à en proportionner le nombre à la quantité de munitions qu'on avait le

LA BÉRÉZINA.   555

moyen de transporter. Ainsi le maréchal Davout, qui avait encore son artillerie presque tout entière, et qui était parvenu à amener jusqu'à Smolensk 127 bouches à feu pour 11 à 12 mille hommes restant debout et armés dans ses cinq divisions, n'avait pas de munitions pour 30 pièces de canon. Il se réduisit à 24 bouches à feu convenablement approvisionnées. Il en fut de même pour les autres corps. Les attelages furent répartis entre les voitures conservées.

Après avoir quelque peu réorganisé son armée, Napoléon fit pour la seconde fois ordonner au prince de Schwarzenberg de poursuivre vivement l'amiral Tchitchakoff, afin de le prendre en queue avant qu'il pût tomber sur nous, et aux maréchaux Oudinot et Victor d'aborder franchement Wittgenstein, pour l'éloigner au moins de la Bérézina, si on ne pouvait le rejeter au delà de la Dwina. Il partit ensuite de Smolensk le 14 au matin avec la garde, précédé de la cavalerie à pied sous le général Sébastiani, et suivi d'une grande partie des embarras de l'armée. Il était décidé que le prince Eugène partirait le lendemain 15, et tâcherait de faire passer devant lui toute la masse débandée. Le 16 le maréchal Davout précédé de son artillerie et des parcs, de manière à ne laisser que peu de chose après lui, devait quitter Smolensk à son tour, et enfin le maréchal Ney avait ordre d'évacuer cette ville le 16, après en avoir fait sauter les murailles. On convint de ne pas emmener plus loin les femmes qu'on traînait après soi depuis Moscou, car vu le froid, la proximité de l'ennemi, les dangers qu'on allait rencontrer, il y avait plus d'humanité à les remettre

Nov. 1812.

Ordre dans lequel devaient marcher les corps de l'armée de Smolensk à Orscha.

dans les mains des Russes. Au dernier moment Napoléon tenant à sauver de Smolensk tout ce qu'on pourrait, et surtout à en détruire complétement les défenses, prescrivit au maréchal Ney de ne partir que lorsque les ordres qu'il avait reçus seraient complétement exécutés, et lui donna pour cela jusqu'au 17, fatale résolution qui coûta la vie à quantité de soldats, les meilleurs de l'armée!

Napoléon, comme on vient de le voir, s'était mis en route le 14 novembre au matin. Déjà on avait acheminé bien des hommes inutiles, bien des voitures portant des réfugiés et des malades, et le froid devenu encore plus vif (le thermomètre Réaumur était descendu à 21 degrés[1]), en avait tué un grand nombre. La route était couverte de débris humains qui perçaient sous la neige. Napoléon avec la garde alla coucher à Koritnia, moitié chemin de Smolensk à Krasnoé. La contrée qu'on traversait était complétement dénuée de ressources, et on ne put vivre que de ce qu'on avait emporté de Smolensk, ou de viande de cheval grillée au feu des bivouacs.

Le général Sébastiani précédant avec la cavalerie à pied la colonne de la garde, était entré ce jour-là dans Krasnoé, y avait trouvé l'ennemi, et avait été obligé de s'enfermer dans une église pour s'y défendre, en attendant qu'on vint à son secours. Le lendemain 15, en effet, Napoléon partit de Koritnia le matin, arriva dans la soirée à Krasnoé,

---

[1] C'est l'assertion de M. Larrey, qui, portant un thermomètre suspendu à la boutonnière de son habit, est le seul témoin oculaire dont les assertions, relativement à la température qu'on eut à essuyer pendant cette mémorable retraite, soient dignes de confiance.

dégagea le général Sébastiani, et apprit avec une pénible surprise que Kutusof, ne se bornant plus cette fois à nous côtoyer, s'approchait de Krasnoé avec toutes ses forces, soit pour nous barrer le chemin, soit pour couper au moins une partie de notre longue colonne. C'était le cas de regretter vivement cette marche successive, qui laissait la queue de l'armée à trois jours de sa tête, et offrait à l'ennemi le moyen presque assuré d'en couper telle partie qu'il voudrait. Quoiqu'on ne fût que 36 ou 37 mille hommes ayant conservé un fusil à l'épaule, ces survivants de la discipline détruite valaient bien, malgré leur épuisement, deux ou trois ennemis chacun. Kutusof d'ailleurs n'ayant guère que 50 mille combattants sans les Cosaques, on se serait aisément fait jour, si on avait marché en une seule masse ; et comme le motif ordinaire de s'étendre pour vivre avait peu de valeur dans un pays entièrement dévasté, où les premiers venus absorbaient le peu qui restait, et où les autres se nourrissaient de viande de cheval, on aurait bien pu marcher tous ensemble, cheminer en outre sur la rive droite du Dniéper, qui n'étant pas solidement gelé partout, présentait encore une protection de quelque importance.

Nov. 1812.

On s'aperçoit trop tard qu'on a Kutusof sur son flanc gauche, et même un peu en avant.

Napoléon le sentit trop tard, car il ne s'était attendu de la part de Kutusof qu'à quelques tracasseries d'arrière-garde, et nullement à une attaque en règle. Éclairé enfin sur l'imminence du danger, il conçut de vives inquiétudes pour le sort de tout ce qui le suivait. Ayant trouvé quelques restes d'approvisionnement à Krasnoé, qui avait été l'un des

Kutusof avait laissé passer Napoléon avec la garde, afin de barrer ensuite le chemin au reste de l'armée.

postes d'étape de l'armée, il résolut d'y séjourner au moins jusqu'au lendemain 16, pour tendre la main à ses lieutenants échelonnés en arrière, et fort menacés par la position que le général Kutusof venait de prendre.

Le généralissime russe en effet, bien qu'il ne voulût point, ainsi que le pensait Napoléon, nous barrer complétement le chemin, ni provoquer de notre part un accès de désespoir, n'avait pas renoncé à faire sur nous quelque grosse capture, et profitant du repos forcé que nous avions pris à Smolensk, il était venu se placer au défilé de Krasnoé, qui est situé à moitié chemin de Smolensk à Orscha. Évidemment il voulait couper et enlever une portion de notre armée. Le défilé de Krasnoé où il s'était posté consistait en un pont jeté sur un ravin assez large et assez profond, dans lequel la Lossmina coulait, pour se réunir au Dniéper à deux lieues de Krasnoé. Il fallait, quand on venait de Smolensk, franchir le pont et le ravin qu'on rencontrait un peu avant d'être à Krasnoé. L'ennemi ayant avec intention laissé défiler la première partie de notre armée, et lui ayant permis la libre entrée de Krasnoé, pouvait bien, en la bloquant avec une moitié de ses forces, et en occupant le bord du ravin avec le reste, intercepter celles de nos colonnes qui marchaient les dernières.

Arrivée du prince Eugène devant Krasnoé.

Napoléon passa la matinée du 16 fort inquiet sur le prince Eugène, qui, parti le 15 de Smolensk pour aller coucher à Koritnia, devait paraître devant Krasnoé le 16 dans la journée. Ce prince, accompagné de beaucoup d'hommes débandés, et escortant en outre presque tous les parcs d'artillerie, soit de la garde, soit du 1er corps, arriva au bord du ravin de la Lossmina suivi de 6 mille combattants. Il y trouva le corps de Miloradovitch, qui, placé le long de la route, la flanquait avec une partie de ses forces, et la barrait avec l'autre. Derrière Miloradovitch on voyait d'autres colonnes d'infanterie et de cavalerie entourant en masses profondes la petite ville de Krasnoé. Ce seul aspect suffisait pour révéler la situation, et démontrait que l'ennemi ayant, par un habile calcul, ouvert le passage à la garde impériale et à Napoléon, l'avait refermé sur les autres corps, avec l'intention arrêtée de le tenir bien fermé pour eux. Le général Ornano ayant tenté de s'avancer avec quelques débris de cavalerie, avait été ramené malgré ses efforts et sa bravoure. Il ne restait qu'à se frayer le chemin l'épée à la main. Le prince n'hésita point. Plaçant la division Broussier à gauche de la route, la division Delzons sur la route elle-même, les débris des troupes italiennes, des Polonais et des Westphaliens en arrière, il se porta vivement sur la ligne ennemie. Mais les Russes avaient, outre l'avantage de la position, une immense artillerie bien postée, et ils nous couvrirent de mitraille. Toujours héroïque, la division Broussier s'avança vers la gauche de la route sous cette mitraille meurtrière, bien résolue à enlever à la baïonnette les batteries ennemies. Cependant chargée par une nuée de cavaliers, les recevant en carré, leur tenant tête obstinément, elle se vit bientôt obligée de plier, et de se rapprocher du corps de bataille. En moins d'une

Nov. 1812.

Héroïsme de la division Broussier, qui ne parvient pas cependant à ouvrir le passage.

Nov. 1812.

Le prince Eugène sauve son corps en sacrifiant la division Broussier.

heure deux mille hommes sur trois mille étaient tombés à terre, et morts ou blessés étaient également perdus, puisqu'on était contraint, pour prix de leur dévouement, d'abandonner ces admirables soldats de l'armée d'Italie.

Percer la muraille de fer que nous opposaient les Russes semblait impossible; il fallait songer à s'ouvrir une autre voie. Un officier de Kutusof étant venu sommer le prince avec beaucoup de respect, celui-ci le renvoya dédaigneusement, répondant qu'on devait s'apprêter à combattre, et non pas à recueillir des prisonniers. Mais le prince, après s'être concerté avec ses généraux, résolut d'employer une feinte, qui présentait quelques chances de succès. C'était, en laissant la division Broussier en ligne pour simuler une nouvelle attaque sur la gauche contre les hauteurs qui bordaient la route, de gagner la plaine à droite, le long du Dniéper, et de défiler ainsi clandestinement vers Krasnoé, à la faveur de la nuit, qui en cette saison commençait entre quatre et cinq heures de l'après-midi. Les débris de la division Broussier devaient payer de la vie cette manœuvre, mais on pouvait compter sur le dévouement de cette troupe héroïque.

Vers la chute du jour, le prince Eugène ayant porté en avant sur la gauche cette malheureuse division Broussier, de manière à fixer sur elle l'attention de l'ennemi, fit défiler en grand silence, et en se couvrant de quelques plis de terrain, tout le reste de son corps d'armée dans la direction du Dniéper, et parvint ainsi à se dérober à la vue des Russes. La division Broussier, exposée à la mitraille

et sans espérance de se sauver elle-même, bravait
en attendant la mort ou une captivité presque certaine.

Tandis que la colonne du prince Eugène s'échap-
pait sur la neige, sans autre bruit que la chute des
hommes qui tombaient de fatigue, ou trébuchaient
pendant cette marche de nuit, on rencontra tout
à coup un détachement des troupes légères de Miloradovitch, à qui la clarté de la lune avait révélé
notre manœuvre. Heureusement un officier polonais du corps de Poniatowski, sachant le russe, et
se servant de la connaissance qu'il avait de cette
langue avec une rare présence d'esprit, dit à l'officier ennemi qu'il eût à se taire et à s'éloigner, car
le corps qu'il voulait arrêter était un détachement
de Miloradovitch exécutant une manœuvre autour
de Krasnoé. On parvint ainsi après deux heures de
marche à Krasnoé, laissant toutefois plus de deux
mille morts ou blessés sur la route, ainsi que les
restes de la division Broussier, qui ne pouvaient
être sauvés que par l'arrivée des maréchaux Davout
et Ney.

Napoléon reçut son fils adoptif avec une sorte de
joie mêlée d'amertume, et, rassuré sur son compte,
se mit alors à penser avec un profond souci au destin qui menaçait Davout et Ney demeurés en arrière. Si les deux maréchaux avaient marché ensemble, il y aurait eu peu de crainte à concevoir
pour eux, car réunis ils comptaient une masse de
17 à 18 mille hommes de la meilleure infanterie de
l'armée, et commandés par Davout et Ney, il n'é-
tait guère à craindre que Kutusof pût ni les arrê-

Nov. 1812.

Adroit subterfuge d'un officier polonais pour sauver le corps du prince Eugène.

Joie et chagrin de Napoléon en retrouvant le prince Eugène.

ter, ni les prendre. Mais d'après les ordres donnés, Davout devait arriver seul le lendemain, et Ney seul le surlendemain. C'étaient donc deux jours à attendre, deux batailles à soutenir pour les rallier, et de cruelles pertes à essuyer, d'épouvantables hasards à courir. Nouveau sujet de douleur, et surtout de regret, d'avoir adopté un pareil système de marche! Mais plus Napoléon avait à se reprocher de n'avoir pas quitté Smolensk en masse, ou de n'avoir pas pris la rive droite du Dniéper, plus il était résolu d'attendre à Krasnoé l'arrivée des deux maréchaux, quoi qu'il pût en advenir, et de livrer bataille s'il le fallait pour leur rouvrir la route. Napoléon en risquant une action générale pouvait la perdre; il pouvait encore, en différant de vingt-quatre heures le moment de partir avec la garde, s'exposer à être fait prisonnier; mais il y a des cas où la mort même est préférable à une résolution prudente, quelque rang qu'on occupe, et en raison même de ce rang! Napoléon tiré de cet état de torpeur où on l'avait vu plongé pendant quelques jours, rendu soudainement à toute la grandeur de son caractère, n'hésita point, et prit son parti avec une noble vigueur. Cette garde qu'il avait mis tant de soin à conserver, il résolut de la dépenser tout entière s'il le fallait, pour rallier ses deux lieutenants, et c'était se préparer la meilleure des excuses pour ne l'avoir pas employée à Borodino.

Son plan était simple. Il était décidé à sortir de Krasnoé le lendemain avec sa garde, non par la route d'Orscha, qui l'aurait mené au but de sa retraite, mais par celle de Smolensk, qui le ramenait en arrière, et qui était celle que Davout et Ney devaient suivre. Il se proposait de déployer sur un plateau en arrière de Krasnoé, au pied duquel passait le ravin de la Lossmina, la jeune garde à gauche, la vieille garde à droite, et d'y attendre en bataille, sous le feu de trois cents pièces de canon, l'apparition du maréchal Davout. La cavalerie de la garde fut placée plus à gauche, dans la plaine le long du Dniéper à travers laquelle le prince Eugène avait trouvé une issue; ce qui restait de cavalerie montée (500 hommes environ) fut rangé à l'autre extrémité, c'est-à-dire à droite, au delà de Krasnoé, pour observer la route d'Orscha. Les troupes du prince Eugène cruellement éprouvées durent garder Krasnoé, en s'y reposant, et en mangeant ce qui restait du magasin formé dans cette ville. Le soir même les Russes ayant pris position dans le village de Koutkowo, et ce village étant trop rapproché de Krasnoé pour y souffrir l'ennemi, Napoléon le fit enlever à la baïonnette par un régiment de la jeune garde, qui se vengea sur les troupes du comte Ojarowski des pertes de la journée. On tua tout ce qui n'eut pas le temps de se retirer.

Nov. 1812.

Dès le lendemain matin 17 novembre, Napoléon à pied, car les chevaux ne tenaient point sur le verglas, rangea lui-même sa jeune et sa vieille garde en bataille sous le canon de l'ennemi, et put se convaincre au bruit de la fusillade que le maréchal Davout approchait. Sa présence, sa résolution, son noble sang-froid, la gravité du péril, électrisaient tous les cœurs.

Bataille de Krasnoé, livrée le 17 novembre.

Le maréchal Davout ayant fait coucher ses divi-

Nov. 1812.

sions à Koritnia, s'était personnellement avancé pendant la nuit sur la route de Krasnoé, parce qu'avec sa vigilance ordinaire, il voulait s'assurer par ses propres yeux de la nature des dangers qui le menaçaient. Il les croyait grands, à en juger par la canonnade qu'il avait entendue dans la journée, et dont le prince Eugène avait tant souffert. Une lieue en avant du ravin de la Lossmina, il avait trouvé l'infortunée division Broussier réduite à 400 hommes, de 3 mille qu'elle comptait encore en sortant de Smolensk, entièrement coupée de Krasnoé, et confusément couchée sur la neige, les morts, les blessés, les vivants mêlés ensemble. Les généraux Lariboisière et Éblé étaient en cet endroit avec le reste des parcs d'artillerie, attendant qu'on vînt les dégager.

Le maréchal Davout se décide à se faire jour à la tête de ses quatre divisions.

A ce spectacle le maréchal avait promptement pris la résolution de se faire jour le lendemain, et de sauver l'épée à la main, non-seulement son corps, mais tout ce qui restait de la colonne du prince Eugène. Il n'avait que quatre de ses cinq divisions, la 2ᵉ, l'ancienne division Friant, actuellement division Ricard, ayant été laissée au maréchal Ney pour renforcer l'arrière-garde. C'étaient environ 9 mille hommes, près de dix avec ce qui se trouvait sur la route, et il comptait bien que rien ne l'empêcherait de passer avec une pareille force marchant résolûment contre l'obstacle, quel qu'il fût, qu'on lui opposerait.

Un peu avant le jour il fit avancer ses quatre divisions, les forma en colonnes serrées, et n'ayant point d'artillerie, par suite de l'ordre que Napoléon avait donné de la faire marcher en avant, il enjoignit à ses troupes de fondre à la baïonnette sur l'ennemi, et, sans endurer le feu, de s'ouvrir le chemin par un combat corps à corps. Puis il marcha en tête de la division Gérard, qui devait s'élancer la première.

Kutusof sans s'en douter lui avait facilité la tâche. Croyant Napoléon déjà en route sur Orscha, il avait envoyé une partie de ses forces sous le général Tormazoff pour l'empêcher de rentrer dans Krasnoé, il avait disposé le reste sous le prince de Gallitzin tout autour de Krasnoé, et n'avait laissé que Miloradovitch le long du ravin de la Lossmina pour barrer la route de Smolensk.

Les quatre divisions du maréchal Davout, conformément à l'ordre qu'elles avaient reçu, fondirent sur l'ennemi en colonnes serrées. Les troupes de Miloradovitch les accueillirent par une forte fusillade, mais intimidées par leur élan n'attendirent pas leur charge à la baïonnette, et se retirèrent sur le côté de la route. Les divisions du maréchal Davout arrivèrent ainsi presque sans dommage jusqu'au bord du ravin de la Lossmina, trouvèrent la jeune garde qui les y attendait, prirent sa place, se rangèrent à cheval sur le ravin, les unes à droite et contre la garde, les autres à gauche et en travers de la route de Smolensk, afin de tendre la main à tout ce qui était demeuré en arrière. Les débris de la division Broussier furent ainsi sauvés avec les parcs qui étaient venus les joindre.

Mais le prince Gallitzin, qui avec le 3ᵉ corps et la deuxième division de cuirassiers, était chargé de contenir les troupes déployées sur le plateau de

Nov. 1812.

Il fond à la baïonnette sur Miloradovitch, et s'ouvre le chemin.

Il vient s'établir à la gauche de la garde, sur le plateau de Krasnoé.

Nov. 1812.

Longue lutte sur ce plateau.

Héroïsme de la jeune garde et des divisions du maréchal Davout.

Krasnoé, Miloradovitch, qui, avec les 2ᵉ et 7ᵉ corps, et la plus grande partie de la cavalerie de réserve, était chargé de suivre en flanc les colonnes françaises venant de Smolensk, réunirent leurs efforts pour attaquer la garde et Davout qui étaient en bataille à droite et à gauche du ravin. Ils avaient une artillerie formidable, et ils accablèrent de feux nos soldats bien serrés, sans parvenir à les ébranler. Il y avait un petit village, celui d'Ouwarowo, situé un peu en avant du demi-cercle que décrivaient la garde et les quatre divisions de Davout, et d'où le feu des Russes était fort incommode. La jeune division Roguet se jeta sur ce village, et l'enleva à la baïonnette. Les Russes s'y portant en masse le reprirent; la garde le leur enleva de nouveau, et on le couvrit tour à tour de cadavres français et russes. Le prince Gallitzin envoya les cuirassiers de Duka pour charger les tirailleurs de la jeune garde. Ceux-ci, formés en carré sous les yeux du brave Mortier, repoussèrent toutes les charges des cuirassiers. Mais le prince Gallitzin ayant dirigé un grand nombre de bouches à feu attelées contre l'un des carrés, en fit abattre un angle avec de la mitraille, et les cuirassiers russes entrant par cette brèche, nos héroïques tirailleurs rompus furent obligés de se retirer en toute hâte, en laissant la terre couverte de leurs morts.

La division Morand vint sur-le-champ prendre leur place et les couvrir. Pendant ce temps les autres divisions du maréchal Davout, complétant le demi-cercle autour de Krasnoé, arrêtaient par leur attitude imposante les entreprises de l'ennemi, qui n'osait pas les attaquer.

LA BÉRÉZINA.

Il fallait cependant prendre un parti, et fondre sur les Russes pour les culbuter, ou bien se retirer dans l'intérieur de Krasnoé, afin d'éviter une destruction d'hommes inutile. Mais le général Tormazoff ayant commencé son mouvement autour de Krasnoé pour intercepter la route d'Orscha, Napoléon qui s'en était aperçu ne voulut pas prolonger cette tentative audacieuse de s'arrêter à Krasnoé, tandis que l'on pouvait être coupé d'Orscha, seul pont que l'on eût encore sur le Dniéper, et réduit à mettre bas les armes. Prendre le parti de se retirer, c'était probablement sacrifier le maréchal Ney, car il n'était pas supposable que le maréchal Davout, par exemple, pût rester seul à Krasnoé pour attendre le maréchal Ney, lorsqu'on avait tant de peine à s'y maintenir tous ensemble. On pouvait bien s'allonger pendant quelques heures encore pour tendre la main à Ney, mais il fallait ou demeurer tous à Krasnoé, ou en partir tous, sous peine de perdre ce qu'on y laisserait, et d'avoir fait une chose inutile en s'y arrêtant les journées du 16 et du 17. Napoléon néanmoins, ne voulant ni renoncer à gagner Orscha à temps, ni commander lui-même l'abandon du maréchal Ney, parti cruel dont il pouvait seul assumer la responsabilité, donna des ordres équivoques, qui n'étaient dignes ni de la netteté de son esprit, ni de la vigueur de son caractère, et qui révélaient toute l'horreur de la position où il s'était mis. Il prescrivit à la garde de partir, lui adjoignit, pour compenser les pertes qu'elle venait de faire, la division Compans, laissa dès lors le maréchal Davout avec trois divisions seulement, celle du général Ri-

Nov. 1812.

Le général Tormazoff opérant un mouvement sur les derrières de Krasnoé, Napoléon se voit dans la nécessité de partir.

Il quitte Krasnoé en laissant au maréchal Davout l'ordre équivoque de le suivre, et d'attendre Ney.

card ayant déjà été détachée, ordonna au maréchal Davout de remplacer le maréchal Mortier autour de Krasnoé d'abord, puis dans Krasnoé même, d'y tenir le plus longtemps possible, afin d'attendre le maréchal Ney, mais de suivre pourtant le maréchal Mortier, ordre équivoque, qui, en imposant au 1er corps deux devoirs inconciliables, celui de rallier Ney, et celui de ne pas se séparer de Mortier, faisait peser sur ce corps, le premier en renommée, en dévouement, en héroïsme, en discipline, comme en rang de bataille, la terrible responsabilité d'abandonner le maréchal Ney. Il eût été plus noble à Napoléon de prendre lui-même cette responsabilité, car il était seul capable de la porter.

Le remplacement de la jeune garde par les trois divisions qui restaient au maréchal Davout ne se fit qu'avec beaucoup de peine. Il fallait manœuvrer sans artillerie sur le plateau de Krasnoé, sous une canonnade de plus de deux cents bouches à feu et sous les charges répétées de la nombreuse cavalerie russe, puis tour à tour défiler ou s'arrêter pour se former en carré, quelquefois courir à la baïonnette sur les canons de l'ennemi pour les éloigner, et enfin se retirer successivement par échelons dans l'intérieur de Krasnoé. Les divisions Morand, Gérard, Friédérichs, soutinrent avec moins de cinq mille hommes l'effort de vingt-cinq mille, et couvrirent la terre des morts de l'ennemi. Les 30e de ligne et 7e léger, souffrant trop de l'artillerie russe, fondirent sur elle à la baïonnette, lui enlevèrent ses pièces, et se débarrassèrent ainsi de son feu. Les trois divisions du 1er corps rentrèrent dans Krasnoé sans avoir été entamées. Toutefois la division Friédérichs qui était à l'extrême droite, en se reployant la dernière, fut assaillie par la cavalerie ennemie. Le 33ᵉ léger, régiment hollandais dont on avait eu tant à se plaindre sous le rapport de la discipline, se forma en carré, résista opiniâtrément aux charges furieuses de la cavalerie russe, mais finit par être enfoncé et sabré en partie.

Pendant ce temps Napoléon se retirait en toute hâte par la route de Krasnoé à Orscha. Il aurait pu la trouver barrée, si Kutusof apprenant enfin qu'il était encore là, n'avait éprouvé un mouvement de faiblesse, et n'avait ramené Tormazoff, qu'il avait d'abord placé en travers de cette route. Napoléon put donc sortir avec la garde en essuyant un feu épouvantable, et sans rencontrer cependant d'obstacle invincible. Mais, à mesure que chaque corps défilait, on voyait les colonnes de Tormazoff tour à tour s'avancer ou s'arrêter, comme attendant visiblement l'ordre de fermer définitivement le chemin, que du reste elles couvraient de feux. A cette vue on criait dans nos rangs qu'il fallait partir, que bientôt on ne pourrait plus passer. Le maréchal Mortier, qui sortait de Krasnoé sous les charges de la cavalerie ennemie, en apercevant l'imminence du danger, fit prévenir de son départ le maréchal Davout, et le pressa de le suivre, car il n'y avait pas une minute à perdre. La nuit commençait, les boulets pleuvaient sur Krasnoé, la confusion y était au comble. Les trois divisions qui restaient au maréchal Davout, et qui ne comptaient pas cinq mille hommes, toujours sans artillerie, demandaient qu'on ne les dévouât pas inu-

Nov. 1812.

Davout rentre enfin dans Krasnoé, et reçoit de Mortier l'avis qu'il faut partir.

Nov. 1812.

Il ne se retire qu'à la dernière extrémité.

tilement à une mort ou à une captivité certaines. Le maréchal Davout se conforma donc à l'ordre qui dans le moment était le seul exécutable, celui de suivre le mouvement du maréchal Mortier. Le maréchal Ney, à la vérité, se trouvait abandonné; mais à qui la faute, si elle était à quelqu'un, sinon à celui qui, au lieu de sortir en masse de Smolensk, avait défilé en une colonne longue de trois marches? Le maréchal Davout attendit jusqu'à la nuit faite, s'il n'entendrait rien du côté de Smolensk; mais le maréchal Ney n'étant parti de Smolensk que le 17 au matin, ne pouvait arriver que le 18 au soir devant Krasnoé. Différer jusque-là c'était, sans sauver le maréchal Ney, exposer les trois divisions du 1er corps à être prises ou détruites. Le maréchal Davout se mit donc en route pour Liady, sans cesse harcelé par une cavalerie innombrable, et se retournant à chaque pas pour lui tenir tête. Napoléon et la vieille garde s'étaient arrêtés à Liady. Mortier et Davout bivouaquèrent en plein champ et comme ils purent entre Krasnoé et Liady. Le lendemain on marcha, la tête de l'armée sur Doubrowna, la queue sur Liady, tout le monde, malgré l'égoïsme des grands désastres, étant consterné du sort réservé au maréchal Ney.

Nous avions bien, dans ces deux journées du 16 et du 17, laissé sur le terrain 5 mille morts ou blessés, tous également perdus pour l'armée, sans compter 6 ou 8 mille traînards, dont les Russes, dans leurs relations ridiculement mensongères, firent des prisonniers recueillis sur le champ de bataille. Nous avions perdu en outre une grande quantité de bagages, de canons et de caissons abandonnés. Mais la plus grande perte dont nous étions menacés était celle du corps entier du maréchal Ney, et de la division Ricard, qui lui avait été confiée. Le 17 au matin, après avoir fait sauter les tours de Smolensk, enfoui dans la terre ou jeté dans le Dniéper toute l'artillerie qu'il ne pouvait pas emmener, et poussé devant lui le plus possible de ces hommes qui avaient pris l'habitude de marcher à la débandade, le maréchal Ney était parti de Smolensk, s'attendant à trouver l'ennemi sur ses derrières, même sur ses flancs, se préparant à lui tenir tête vigoureusement, mais ne supposant point qu'il dût le rencontrer sur ses pas, comme une muraille de fer impossible à percer. Le maréchal Davout lui avait bien adressé de Koritnia, le 16 au soir, un avis des dangers qui s'annonçaient pour la journée du 17; mais l'ennemi s'étant bientôt interposé entre eux, il n'y avait plus eu moyen de communiquer avec lui, circonstance des plus malheureuses, car prévenu à temps il aurait pu sortir de Smolensk par la droite du Dniéper, et, en faisant une marche de nuit, gagner peut-être Orscha avant que les Russes, avertis, eussent passé le fleuve sur la glace qui n'était pas encore solide partout. Encouragé dans sa confiance ordinaire par le défaut d'avis précis, le maréchal Ney partit donc le 17, comme il était convenu, atteignit Koritnia le 17 au soir, moment où le gros de l'armée était obligé d'évacuer Krasnoé, entendit la canonnade, ne s'en étonna pas, et se prépara à franchir l'obstacle le lendemain, comme ses collègues l'avaient déjà fait. Il croyait que là où d'autres

Nov. 1812.

Fausse sécurité de Ney à Smolensk. Il n'en part que le 17 au matin, et n'arrive que le 17 au soir à Koritnia.

avaient passé, il passerait bien lui-même. Le lendemain 18 il s'achemina sur Krasnoé.

La division Ricard arriva la première devant l'ennemi. Habituée à ne pas tâtonner, conduite par un officier distingué qui voulait sortir de la disgrâce où il était depuis l'affaire d'Oporto, elle marcha résolûment sur l'ennemi. Les Russes étaient rangés en masse sur le bord du ravin de la Lossmina, ayant sur leur front une artillerie formidable. En un instant la malheureuse division Ricard fut criblée, et perdit une grande partie de son monde. Elle attendit le maréchal Ney, qui, étant survenu, et ayant vu le danger, n'hésita point, et disposa tout son corps, ainsi que la division Ricard, en colonnes d'attaque pour fondre sur la ligne ennemie et se faire jour.

En un instant ses troupes furent formées. Le 48°, occupant l'extrême droite, devait, après avoir franchi le ravin, s'élancer sur les Russes à la baïonnette, et tâcher de les reployer sur la gauche de la route.

Tout le reste du corps d'armée devait suivre cet exemple, et, en se rabattant à gauche, rejeter les Russes par côté, pour pénétrer ensuite dans Krasnoé. Jamais troupe bien conduite ne soutint avec plus de vigueur un feu pareil. Les colonnes de Ney furent accueillies par la mitraille dès qu'elles parurent sur le bord du ravin. Elles y descendirent et en remontèrent le bord opposé, toujours sous cette mitraille épouvantable, et n'en furent point arrêtées dans leur élan. Elles réussirent même à enlever quelques pièces ennemies. Mais foudroyées par cent bouches à feu, chargées à la baïonnette, elles furent rejetées dans le fond du ravin, et ramenées au point d'où elles étaient parties. La vue des colonnes russes, qui étaient les unes derrière les autres, car l'armée de Kutusof était là tout entière, ne laissait aucune espérance. Sept mille combattants, réduits à quatre mille en une heure, ne pouvaient assurément pas enfoncer cinquante mille hommes rangés en bataille. Le maréchal Ney y renonça donc, mais sans songer à se rendre et à remettre son épée aux Russes. Le parti qu'il allait adopter devait sauver moins d'hommes que ne l'aurait fait une capitulation; il devait même les exposer à périr presque tous, mais il sauvait l'honneur de l'armée et le sien! Il n'hésita point. Il forma la résolution d'attendre la fin du jour, hors de portée du feu, puis de profiter des ombres de la nuit pour passer le Dniéper, et de s'échapper par la rive droite, ce qu'il aurait pu faire à Smolensk même, si un avis lui était arrivé à temps. Par malheur on n'avait pour franchir le Dniéper que la glace, qui pouvait, quoique le froid fût vif, n'être pas capable de porter une armée. Le maréchal Ney, avec sa confiance habituelle, ne parut concevoir aucun doute sur l'état du fleuve, et un de ses officiers ayant voulu lui adresser une observation, il répondit brusquement que le Dniéper devait être gelé, qu'on le trouverait tel, qu'on passerait sur la glace ou autrement, qu'on passerait enfin, n'importe de quelle manière.

Les Russes ne soupçonnant pas ce qu'il méditait, et le voyant se mettre hors de portée du feu, se crurent certains de l'avoir le lendemain pour prisonnier, et voulurent lui laisser le temps de la résigna-

Nov. 1812.

Ney, trouvant l'obstacle invincible, prend la résolution de ne pas se rendre, et de se sauver en passant sur la rive droite du Dniéper.

tion, afin de s'épargner à eux-mêmes une effusion de sang inutile. Ils envoyèrent dans la soirée un parlementaire, pour lui faire connaître sa situation désespérée, lui dire que 80 mille hommes (il y en avait 50 mille, et c'était suffisant) lui barraient le chemin, qu'il était donc sans ressource, et qu'il devait songer à capituler, que du reste on accorderait à la vaillance de ses soldats, à sa glorieuse renommée, les conditions qu'ils avaient tous méritées. Le maréchal ne daigna pas même répondre au parlementaire, et de peur que son retour ne donnât à l'ennemi quelque lumière, il le retint prisonnier, en lui disant qu'il voulait l'avoir pour témoin de la réponse qu'il préparait au prince Kutusof. Le soir, à la nuit faite, il réunit tout ce qui était encore capable de se soutenir, tout ce qui conservait quelque force morale et physique, en laissant malheureusement la terre couverte de ses morts, de ses blessés, de tous ceux dont la constance était à bout. Il s'achemina en silence vers le Dniéper. Dans l'obscurité, dans la confusion où l'on était, on pouvait craindre de se tromper sur la direction à suivre, et de retomber au milieu des bivouacs de l'ennemi. Un petit ruisseau gelé, qui devait évidemment aboutir au Dniéper, servit de guide. On suivit son cours; on arriva ainsi au bord du fleuve. Heureuse faveur de la nature, bien due à l'héroïsme du maréchal et de ses soldats! Le Dniéper était gelé, non pas très-solidement, mais assez pour passer avec précaution, et en s'assurant à chaque pas de la solidité de la glace sur laquelle on cheminait. Dans certains endroits, on trouva des crevasses. On y jeta quelques planches, et on parvint ainsi à gagner l'autre rive.

Pour l'artillerie, pour les voitures de bagages, le trajet était plus difficile. Quelques pièces de canon avec leurs caissons passèrent, quelques voitures de bagages aussi. On laissa le reste, s'inquiétant peu de ce qui ne pouvait pas suivre, et ne tenant à sauver que ce qui aurait la résolution de marcher sans relâche, et jusqu'à épuisement de forces. Le maréchal tenait à sauver son honneur, celui de son corps, mais nullement la vie de ses soldats.

Le Dniéper franchi, on prit à gauche, et on longea le fleuve dans la direction d'Orscha. On avait quinze ou seize lieues à parcourir à travers un pays inconnu, et par conséquent pas un moment à perdre. On traversa un premier village rempli de Cosaques, mais endormis. On les tua, et on passa outre. Le 19 au matin à la pointe du jour, marchant toujours à perte d'haleine, on aperçut de nouveaux Cosaques sur ses flancs, mais encore en petit nombre, et on n'en tint pas compte. Vers le milieu du jour on rencontra des villages, dont les habitants surpris abandonnèrent à nos soldats affamés quelques provisions que ceux-ci se hâtèrent de dévorer. À peine ce repas terminé les Cosaques arrivèrent, cette fois en grand nombre, commandés par Platow lui-même, ayant comme les jours précédents leur artillerie sur traîneaux. Il n'y avait pas là de quoi enfoncer les carrés de nos intrépides fantassins, mais de quoi nous faire perdre du temps et des hommes, car il fallait s'arrêter quelquefois pour se former en carré, repousser les cavaliers ennemis, puis se remettre

Nov. 1812.

Passage miraculeux du Dniéper.

Marche sur Orscha à perte d'haleine.

Poursuite de la colonne de Ney par les Cosaques.

Nov. 1842.

en marche, et dans ces évolutions on laissait toujours sur la route ou des blessés, ou des marcheurs exténués de fatigue. Vers la chute du jour on fut assailli par une telle masse d'ennemis, et enveloppé de telle façon, que la route semblait coupée. Toutefois on se jeta dans les bois qui bordent le Dniéper, et on se défendit le long d'un ravin jusqu'à la nuit. La nuit venue on chemina au hasard à travers ces bois, on se dispersa souvent, et on avança au milieu d'affreuses perplexités. Vers minuit, ralliés par les feux les uns des autres, on finit par se réunir autour d'un village où il y avait quelques vivres. A deux heures du matin on partit afin de parcourir dans cette journée du 20 les quelques lieues qui restaient à faire pour arriver à Orscha. Sans tenir compte de la fatigue de ceux qui étaient déjà épuisés par les journées du 18 et du 19, on se mit en route avec l'espérance de triompher des dernières difficultés, si comme la veille on n'avait à sa suite que les cavaliers de Platow, quelque nombreux qu'ils fussent.

Attaque générale des Cosaques reçue en carré et repoussée.

Vers le milieu du jour on eut malheureusement à traverser une vaste plaine, dans laquelle les bandes de Platow, plus considérables que la veille, fondirent sur nos fantassins avec beaucoup d'artillerie. Le maréchal Ney forma sur-le-champ les restes de sa petite troupe en deux carrés, plaça dans l'intérieur de ces carrés quelques pauvres traînards qui s'étaient attachés à sa colonne, quelques soldats qui n'avaient pu suivre qu'en laissant échapper leurs armes, et les maintint contre les attaques réitérées des Cosaques, qui mettaient à honneur d'avoir vaincu au moins une fois un lambeau quelconque de l'infanterie française. C'était bien le cas de s'y obstiner, tant elle était peu nombreuse dans cette rencontre, tant on était nombreux soi-même, et tant était grande la gloire de prendre, ou de tuer au moins d'un coup de lance le maréchal Ney. Il n'en fut rien cependant. L'illustre maréchal soutint ses soldats prêts plusieurs fois à défaillir de fatigue et de découragement, car on ne voyait pas encore Orscha. Après avoir repoussé les Cosaques et leur avoir tué bien du monde, on gagna un village où l'on trouva un abri, et où l'on prit quelque nourriture. Le maréchal avait envoyé un Polonais porter à Orscha la nouvelle de sa miraculeuse retraite, et demander du secours. On s'y achemina dans la seconde moitié du jour, et vers la nuit on finit par en approcher. Arrivé à une lieue de distance, on aperçut avec une sorte de saisissement indicible des colonnes de troupes. Étaient-ce les Français, étaient-ce les Russes? Le maréchal, toujours confiant, et comptant sur l'avis qu'il avait fait parvenir à Orscha, n'hésita pas, s'avança, et entendit parler français : c'étaient le prince Eugène et le maréchal Mortier, qui sortis avec trois mille hommes venaient au secours de leur camarade, dont on s'était séparé avec tant de chagrin et de remords. On se jeta dans les bras les uns des autres, on s'embrassa avec effusion, et dans toute l'armée ce ne fut qu'un cri d'admiration pour l'héroïsme du maréchal Ney.

De six à sept mille hommes, il en ramenait douze cents au plus, mourants de fatigue, et incapables d'être utiles avant de s'être refaits moralement et

Nov. 1812.

Arrivée à Orscha, joie de l'armée en apprenant le retour du maréchal Ney.

physiquement; mais il ramenait l'honneur, lui, son nom, sa personne, et il avait fait expier à l'ennemi par une vraie confusion les cruels avantages de ces derniers jours. Napoléon, qui avait quitté Orscha dans la journée du 20, en apprenant au château de Baranoui, où il s'était rendu, ce retour inespéré, en tressaillit de joie, car on venait de lui épargner une bien cruelle humiliation, celle de faire dire à l'Europe que le maréchal Ney était prisonnier des Russes! Napoléon eut la faiblesse de laisser peser sur le maréchal Davout le tort d'avoir abandonné le maréchal Ney. Le tort de ces malheureuses journées, c'était d'être parti de Smolensk en trois détachements séparés, à vingt-quatre heures d'intervalle les uns des autres, et d'avoir ainsi fourni à l'ennemi le moyen d'enlever chaque jour une partie de l'armée française; et si le dernier de ces funestes jours il y avait eu faute de la part de quelqu'un dans l'abandon du maréchal Ney, c'eût été de la part de Napoléon, qui au lieu de rester un jour de plus pour attendre l'arrière-garde et se sauver tous ensemble, s'était au contraire éloigné de Krasnoé en y laissant le maréchal Davout avec 5 mille hommes, sans un canon, presque sans cartouches, plus compromis que la veille, réduit à partir immédiatement ou à mettre bas les armes, et avec l'ordre d'ailleurs de rejoindre Mortier. Du reste Napoléon lui-même dans cette circonstance n'avait aucun reproche à s'adresser, car s'il n'avait quitté Krasnoé l'armée tout entière eût été prise; mais alors il ne devait faire peser sur personne en particulier la responsabilité de cette résolution, et il devait la confondre dans la responsabilité générale de cette affreuse campagne. Au contraire, soit désir de se décharger, soit humeur chagrine croissant avec les circonstances, il manifesta au sujet de la conduite du maréchal Davout une désapprobation que tout le monde dans la douleur qu'on éprouvait, dans le plaisir toujours grand de déprécier une renommée jusque-là sans tache, se hâta de recueillir et de propager. Le propos de la fin de cette épouvantable retraite fut donc que le maréchal Davout avait abandonné le maréchal Ney, mais que celui-ci s'était sauvé par un prodige. Il n'y avait que la seconde de ces assertions qui fût vraie. Ainsi que nous l'avons déjà dit, Napoléon, chemin faisant, jetait ses premiers lieutenants comme victimes à la fortune : vains sacrifices ! il n'y avait que lui, lui seul, qui pût bientôt apaiser cette fortune justement courroucée de tant d'entreprises insensées.

Nov. 1812.

Ces journées coûtèrent à l'armée véritable, à celle qui portait encore les armes, environ dix à douze mille hommes, morts, blessés ou prisonniers; elle coûta sept ou huit mille traînards et beaucoup de bagages à la masse flottante. Il restait à Orscha tout au plus 24 mille hommes armés et environ 25 mille traînards. C'était la moitié de tout ce qui était sorti de Moscou, le huitième des 420 mille hommes qui avaient passé le Niémen[1]. Quant aux Rus-

Résultat et caractère de la succession de combats livrés autour de Krasnoé.

---

[1] On ne comprend pas comment M. de Boutourlin, écrivain sérieux, peut alléguer à tout moment des chiffres aussi étrangement exagérés que ceux qui sont énoncés dans son livre. Si on additionnait toutes les pertes énumérées après chaque action, il n'aurait plus existé un seul homme debout à notre arrivée à Wiasma. Voici un singulier exemple de ces exagérations. M. de Boutourlin dit que la journée du 18 coûta aux

ses, si le résultat était grand pour eux, la gloire ne l'était pas, car avec 50 à 60 mille hommes pourvus de tout, et notamment d'une artillerie immense, avec une position comme celle de Krasnoé, ils auraient dû, sinon arrêter toute l'armée, du moins en prendre la majeure partie, et si, Napoléon passé avec le prince Eugène, ils s'étaient placés en masse entre Krasnoé et le maréchal Davout, celui-ci devait être pris tout entier, et le maréchal Ney après lui. Mais nous coudoyant un peu chaque jour, se retirant épouvantés dès qu'ils avaient senti le

Français 8,500 hommes du corps de Ney qui capitulèrent, et 3,500 qui furent faits prisonniers par les Russes dans le courant du combat, sans compter les tués (tome 2, page 229). Assurément ce n'est pas trop que de supposer que le maréchal Ney perdit un millier d'hommes sur le champ de bataille : les hommes qui capitulèrent, les prisonniers, les tués feraient donc 13 mille en tout. Or, avec son corps et la division Ricard, le maréchal Ney ne comptait pas 7 mille hommes sous ses ordres en sortant de Smolensk. Comment aurait-il pu en perdre 13 mille? M. de Boutourlin dit encore, page 231 du même volume, que les Français en tout perdirent dans ces journées des 16, 17, 18 novembre, qualifiées par lui de chef-d'œuvre de l'art, 26 mille prisonniers, 10 mille tués, blessés ou noyés, et 228 bouches à feu. Ce sont là des assertions insoutenables. A ce compte il aurait fallu que l'armée française fût réduite à rien en arrivant à la Bérézina. Elle était sortie de Smolensk au nombre de 36 mille hommes armés, et de 30 mille traînards environ. Après les fatales journées de Krasnoé, la garde restait environ à 8 mille hommes, le prince Eugène à 3, le maréchal Davout à 8, le maréchal Ney à 1500, Poniatowski et Junot à 2,500 : total 23 mille hommes. C'était donc tout au plus 13 mille hommes qui auraient été perdus. Reste ce qu'on put enlever de traînards, et c'est beaucoup dire que de supposer qu'on en prit 7 à 8 mille, ce qui ferait une perte de 20 mille hommes environ, et non de 36 mille. Quant à l'artillerie, l'armée avait 150 bouches à feu attelées en sortant de Smolensk, comment aurait-elle pu en perdre 228? Assurément nos désastres furent grands, et il serait aussi puéril de les dissimuler qu'il l'est de les exagérer; mais il faut songer qu'avec ces manières de compter, il ne resterait plus rien pour suffire, non pas seulement à de nouvelles exagérations, mais à la simple énumération des pertes trop réelles que nous fîmes plus tard.

choc, ils laissèrent l'armée française se sauver pièce à pièce, et le dernier jour ils eurent la confusion de ne pas même prendre le maréchal Ney, qui n'aurait pas dû leur échapper. Ils ne recueillirent d'autre trophée que beaucoup de nos soldats tombés morts ou blessés sous leur épaisse mitraille, et beaucoup de nos traînards faciles à ramasser par centaines depuis que la misère les avait privés d'armes. Le nombre des uns et des autres n'était, hélas! que trop grand. C'étaient des résultats importants assurément, et désolants pour nous, mais ce n'étaient pas des merveilles d'art militaire méritant les titres qu'on s'est plu à leur prodiguer. Dans ces opérations il y avait toutefois un mérite, un seul, mais réel, la prudence constante du généralissime Kutusof, qui, comptant sur le climat et sur l'hiver, voulait dépenser peu de sang, et ne rien hasarder même pour recueillir les plus brillants trophées. Mais dans cette pensée même, il aurait dû mieux mesurer la proie qu'il prétendait saisir; il aurait dû juger la portion de notre longue colonne qu'il voulait couper, couper celle-là résolûment, et l'enlever en laissant passer le reste. Sa prudence, fort louable sans doute, quand on considère l'ensemble de la campagne, ne fut pendant ces journées, qui auraient pu être décisives, que celle d'un vieillard timide, hésitant sans cesse, et à la fin se glorifiant de résultats qui étaient l'œuvre de la fortune bien plus que la sienne.

Quoi qu'il en soit, Napoléon, après avoir quitté Krasnoé, avait couché le 17 même à Liady, le 18 à Doubrowna, le 19 à Orscha. Il y avait à Orscha un

Nov. 1812.

Appréciation de la conduite du général Kutusof à Krasnoé.

Nov. 1812.

Nouvelle tentative de Napoléon à Orscha pour réorganiser l'armée, en lui faisant des distributions régulières.

Les soldats débandés s'étaient créé

pont sur le Dniéper, et si Kutusof était allé nous attendre sur ce point au lieu de nous attendre à Krasnoé, il est probable que nous ne nous serions pas tirés de ce gouffre, car nous n'aurions pas franchi le Dniéper aussi facilement que le ravin de la Lossmina, et ce fleuve d'ailleurs n'était pas encore assez solidement gelé, surtout aux environs d'Orscha, où il avait deux cents toises de largeur, pour qu'il fût possible de le passer sur la glace. Napoléon, heureux d'être enfin dans un lieu sûr, et d'y trouver des vivres, car il y avait à Orscha des magasins très-bien fournis, tenta un nouvel essai de ralliement de l'armée, au moyen des distributions régulières. Un détachement de la gendarmerie d'élite récemment arrivé fut employé à faire dans Orscha la police des ponts, à engager chacun, par la persuasion ou la force, à rejoindre son corps. Ces braves gens habitués à réprimer les désordres qui se produisaient sur les derrières de l'armée, n'avaient jamais rien vu de pareil. Ils en étaient consternés. Tous leurs efforts furent vains. Les menaces, les promesses de distributions au corps, rien n'y fit. Les hommes isolés, armés ou non armés, trouvaient plus commode, surtout plus sûr, de s'occuper d'eux, d'eux seuls, de ne pas s'exposer pour le salut des autres à être blessés, ce qui équivalait à être tués, et une fois le joug de l'honneur secoué, ne voulaient plus le reprendre. Parmi les hommes débandés quelques-uns avaient gardé leurs armes, mais uniquement pour se défendre contre les Cosaques, et pour marauder plus fructueusement. A mesure que la retraite se prolongeait ils s'étaient faits à cette

LA BÉRÉZINA.

misère, et s'étaient organisés en sociétés de marche, vivant de leur propre industrie, profitant de l'escorte des corps armés sans jamais leur rendre aucun service, résistant si on cherchait à les ramener à leurs régiments, ne voulant faire usage de leurs armes que contre les Cosaques ou leurs camarades, maraudant, pillant sur les côtés de la route, ou sur la route, portant leur butin sur des voitures qui contribuaient à allonger les colonnes, détruisant autant qu'ils consommaient, et souvent même pour se chauffer mettant le feu à des maisons occupées par des officiers ou par des blessés, dont beaucoup périrent ainsi dans les flammes : tant est nécessaire le joug de la discipline sur ces êtres chez lesquels on a développé l'instinct de la force, pour qu'ils n'en abusent pas, et ne deviennent point de véritables bêtes féroces! Parmi ces maraudeurs obstinés, se trouvaient beaucoup d'anciens réfractaires, et très-peu de vieux soldats, car la plupart de ceux-ci restaient et mouraient au drapeau. A la suite des plus alertes venait la foule des hommes faiblement constitués, marchant sans armes, victimes de tous, de l'ennemi et de leurs camarades, se traînant et vivant comme ils pouvaient, jonchant les routes ou les bivouacs de leurs corps exténués, et dans leur profond abattement se défendant à peine contre la mort. En général c'étaient les plus jeunes, les moins indociles, les derniers tirés de leurs familles par la conscription.

Cette contagion morale avait atteint même la garde. Napoléon la réunit pour la haranguer, pour la rappeler au sentiment du devoir, lui dit qu'elle était le dernier asile de l'honneur militaire, qu'à elle sur-

Nov. 1812.

des habitudes à part, dont il était impossible de les faire revenir.

Situation de la garde impériale.

tout il appartenait de donner l'exemple, et de sauver ainsi les restes de l'armée de la dissolution dont ils étaient menacés; que si la garde devenait coupable à son tour, elle serait plus coupable que tous les autres corps, car elle n'aurait pas l'excuse du besoin, le peu de ressources dont on disposait lui ayant toujours été exclusivement réservé; qu'il pourrait employer les châtiments, et faire fusiller le premier de ses vieux grenadiers rencontré hors des rangs, mais qu'il aimait mieux compter sur leurs anciennes vertus guerrières, et obtenir de leur dévouement, non de la crainte, les bons exemples qu'il invoquait de leur part. Il arracha à ces vieux serviteurs quelquefois mécontents, mais toujours fidèles au devoir, des cris d'assentiment, et, ce qui valait mieux, des résolutions de bonne conduite, qui au surplus n'étaient pas nouvelles, car excepté ce qui était mort, presque tout le reste de la vieille garde était dans le rang. Des six mille soldats qui la composaient au passage du Niémen, il survivait environ 3,500 hommes. Les autres avaient péri par la fatigue ou le froid, très-peu par le feu. Presque aucun ne s'était débandé. La jeune garde décimée par le feu et la fatigue, quelque peu aussi par la désertion du drapeau, comptait encore 2 mille hommes, la division Claparède 1500. Ceux-ci étaient le dernier débris des vieux régiments de la Vistule. Il y avait encore parmi la cavalerie de cette même garde quelques centaines de cavaliers montés. Les cavaliers démontés suivaient le corps en assez bon ordre. Les troupes du maréchal Davout pouvaient seules présenter un tel effectif.

Napoléon frappé des inconvénients des longues files de bagages, décida qu'on brûlerait les voitures qui ne contiendraient pas des blessés ou des familles fugitives, et qui n'appartiendraient ni à l'artillerie ni au génie. Il n'en permit qu'une pour lui et Murat, une pour chacun des maréchaux commandants de corps, et fit brûler impitoyablement toutes les autres. Dans son zèle pour la conservation de l'artillerie, il voulut, malgré les sages représentations du général Éblé, qu'on détruisît les deux équipages de pont, consistant en bateaux transportés sur voitures. Ces équipages avaient été laissés à Orscha lors du départ pour Moscou, et avaient un attelage de 5 à 600 chevaux, forts et reposés. Le général Éblé pensait qu'avec quinze de ces bateaux seulement on aurait de quoi jeter un pont qui pourrait être bien utile dans certains moments, et n'exigerait pour le traîner que le tiers des chevaux disponibles. Mais Napoléon ordonna la destruction de tous ces bateaux, et ne concéda aux instances du général Éblé que le transport du matériel nécessaire à un pont de chevalets. La correspondance militaire de Napoléon et une quantité de papiers précieux furent détruits en cette occasion.

Ces efforts pour rendre quelque ensemble à l'armée furent inutiles cette fois comme la précédente. Les soldats, ayant encore en perspective une longue route à parcourir, de grandes souffrances à endurer, n'étaient pas disposés à changer de mœurs. Il eût fallu un repos prolongé, la sécurité, l'abondance, le voisinage de corps sains, pour les forcer à rentrer sous le joug de la discipline. La défense de faire des

Nov. 1812.

Napoléon fait brûler la plus grande partie des voitures de bagages.

Après un essai infructueux de distributions régulières, on est obligé d'ouvrir indistinctement à tout le monde les magasins d'Orscha.

distributions à d'autres qu'à ceux qui étaient au drapeau, tint à peine quelques heures. Après un moment de rigueur aucun magasin ne demeura fermé à la faim, car en agissant autrement on eût provoqué le pillage. D'ailleurs l'ennemi approchant, le feu devait dévorer ce qu'on aurait laissé, et, plutôt que de le détruire, il valait mieux le donner à des Français que la souffrance seule avait arrachés à l'observation de leurs devoirs.

L'armée cependant gagne quelque chose au séjour d'Orscha.

Les quarante-huit heures passées à Orscha ne servirent donc qu'à faire reposer et à nourrir quelque peu les hommes et les chevaux, ce qui du reste n'était pas indifférent, à mieux atteler l'artillerie dont on conserva encore une centaine de pièces bien approvisionnées, et enfin à reprendre haleine avant de recommencer cette affreuse retraite. Mais la discipline n'y gagna rien. La dissolution de l'armée était une de ces maladies qui ne peuvent s'arrêter qu'avec la mort même du corps qui en est atteint.

Nouvelles alarmantes reçues à Orscha.

A Orscha, des nouvelles plus désolantes que toutes celles qu'il avait déjà reçues, vinrent assaillir Napoléon. Décidément le prince de Schwarzenberg avait été devancé par l'amiral Tchitchakoff sur la haute Bérézina. Ce prince, combattu entre la crainte de laisser sur ses derrières Sacken libre de marcher à Varsovie, et la crainte de laisser Tchitchakoff libre de se porter sur la haute Bérézina, avait perdu plusieurs jours à se décider, et pendant ce temps Tchitchakoff avait marché par Slonim sur Minsk. Il y avait pour défendre Minsk le général Bronikowski, avec un bataillon français, quelque cavalerie française, et l'un des nouveaux régiments lithuaniens,

Le prince de Schwarzenberg s'est laissé devancer par l'amiral Tchitchakoff sur la haute Bérézina.

plus la belle division polonaise Dombrowski, demeurée en arrière pour garder le Dniéper. Le général Dombrowski, obligé de se partager en divers détachements, et ayant d'ailleurs du duc de Bellune l'ordre d'être toujours prêt à se concentrer sur Mohilew, n'avait pas voulu se joindre au général Bronikowski pour défendre Minsk, ce qui avait réduit les forces de celui-ci à 3 mille hommes environ. Le général Bronikowski, après avoir perdu un détachement de 2 mille hommes hors de la place, en partie par la faute du nouveau régiment lithuanien qui avait jeté ses armes, avait été contraint d'évacuer Minsk. C'était à largement approvisionner cette ville que tous les efforts de M. de Bassano avaient été consacrés. On y perdait donc l'un des principaux points de la route de Wilna, et de quoi nourrir l'armée pendant plus d'un mois. Réunis maintenant, mais trop tard, les généraux Bronikowski et Dombrowski s'étaient portés à Borisow sur la haute Bérézina. Mais disposant de 4 ou 5 mille hommes au plus, grâce aux pertes de l'un, et aux détachements laissés par l'autre à Mohilew, il n'était pas sûr qu'ils pussent défendre le pont de Borisow ; et si ce pont sur la Bérézina tombait dans les mains de Tchitchakoff, le chemin était entièrement fermé à la grande armée, à moins qu'elle ne remontât jusqu'aux sources de la Bérézina. Dans ce cas même elle était exposée à rencontrer Wittgenstein, plus redoutable encore que Tchitchakoff, d'après les nouvelles que le général Dode de la Brunerie venait d'apporter. Ces nouvelles n'étaient pas moins tristes que les précédentes.

Nov. 1812.

Les généraux polonais Dombrowski et Bronikowski, après avoir perdu Minsk, se sont réfugiés à Borisow.

Nov. 1812.

Nouvelles tout aussi tristes des maréchaux Oudinot et Victor.

Ces deux maréchaux n'ont pu vaincre Wittgenstein.

Napoléon avait compté que les maréchaux Oudinot et Victor, qu'il supposait forts de 40 mille hommes, pousseraient devant eux Wittgenstein et Steinghel, les rejetteraient au delà de la Dwina, et lui ramèneraient ensuite sur la Bérézina ces 40 mille hommes victorieux, comme Schwarzenberg et Reynier devaient y amener de leur côté les 40 mille dont ils disposaient, après avoir battu Tchitchakoff. On eût ainsi réuni 80 mille hommes, avec lesquels on aurait pu frapper un grand coup sur les Russes avant la fin de la campagne. Mais tout avait été illusion du côté de la Dwina comme du côté du Dniéper. D'abord après la seconde bataille de Polotsk, qui avait entraîné l'évacuation de cette place importante, le général bavarois de Wrède s'était laissé séparer du 2e corps, et était resté avec ses cinq ou six mille Bavarois vers Gloubokoé. Le 2e corps, dont le maréchal Oudinot avait repris le commandement, s'était trouvé réduit à 10 mille hommes exténués. Le duc de Bellune, avec les trois divisions du 9e corps, affaibli par les marches qu'il avait faites, en conservait à peine 22 ou 23 mille. Les deux maréchaux ne comptaient donc ensemble que 32 ou 33 mille hommes. Opposés à Wittgenstein et à Steinghel, qui n'en avaient plus que quarante mille depuis les derniers combats, ils auraient pu les battre. Mais Wittgenstein avait pris position derrière l'Oula, qui forme comme nous l'avons dit la jonction de la Dwina avec le Dniéper, par le canal de Lepel et la Bérézina. Les deux maréchaux avaient essayé d'attaquer Wittgenstein dans une forte position près de Smoliantzy, avaient perdu

2 mille hommes sans réussir à le déloger, ce qui les réduisait à 30 mille hommes au plus, et n'avaient rien osé tenter de décisif, craignant de compromettre un corps qui était la dernière ressource de Napoléon. Peut-être avec plus d'accord et plus de décision, il leur eût été possible d'entreprendre davantage, mais leur situation était difficile, et leur perplexité bien naturelle. Sur les instances du général Dode, ils s'étaient réunis après un moment de séparation, afin d'agir ensemble, et ils attendaient à Czéréia, à deux marches sur la droite de la route que suivait Napoléon, ses intentions définitives. Ce sont ces intentions que le général Dode venait chercher à connaître, après lui avoir exposé fort exactement ce qui s'était passé du côté de la Dwina [1].

Si on se rappelle les lieux précédemment décrits, on comprendra aisément quelle était en ce moment

[1] La part que le général Dode eut à ces événements, les scènes dont il fut témoin, ont été rapportées de la manière la plus différente, et toujours la plus inexacte, ce qui s'explique parce que jamais il n'avait donné de communications précises sur ce point important d'histoire. Cet homme respectable et véridique, l'un des plus éclairés et des meilleurs de notre temps, exécuteur, de moitié avec le maréchal Vaillant, du beau monument élevé à la défense de la France dans les fortifications de Paris, voulut bien en 1849, quelque temps avant sa mort, écrire une relation détaillée de tout ce qu'il avait vu à l'époque du passage de la Bérézina, et me l'adresser. Le général Corbineau avait bien voulu en faire autant quelques années auparavant, et c'est dans leurs récits, signés de leur main, et dignes de toute croyance, que j'ai puisé la plupart des faits qu'on va lire. Quant au passage même de la Bérézina, c'est également dans une narration précieuse du général Chapelle et du colonel Chapuis, l'un chef d'état-major du général Éblé, l'autre commandant des pontonniers, tous deux témoins oculaires et acteurs principaux, que j'ai trouvé en partie les éléments de mon récit. Je me suis servi en outre d'une foule de relations manuscrites qui m'ont été fournies par des témoins oculaires sérieux et dignes de foi. Je puis donc affirmer la parfaite exactitude des détails extraordinaires qu'on va lire.

Nov. 1812.

Situation de Napoléon si la Bérézina est occupée par les généraux Wittgenstein et Tchitchakoff.

la situation de Napoléon. Pour marcher sur Moscou, il avait passé par l'espace ouvert que laissent entre eux la Dwina et le Dniéper, entre Witebsk et Smolensk. En partant, il avait la Dwina à sa gauche, le Dniéper à sa droite; au contraire en revenant, il avait le Dniéper à sa gauche, la Dwina à sa droite, et venait de franchir l'ouverture de Smolensk à Witebsk, puisqu'il était à Orscha. Mais au delà, la Dwina et le Dniéper se trouvaient en quelque sorte réunis secondairement par une ligne d'eau continue, tantôt canal, tantôt rivière, consistant dans l'Oula qui est un affluent de la Dwina, dans le canal de Lepel qui joint l'Oula avec la Bérézina, et enfin dans la Bérézina elle-même, qui rejoint le Dniéper au-dessous de Rogaczew. Il fallait donc forcer cette seconde ligne. Sur sa gauche, autrefois sa droite, Napoléon voyait Tchitchakoff maître de Minsk et des vastes magasins de cette ville, prêt à s'emparer du pont de Borisow sur la haute Bérézina. Sur sa droite, autrefois sa gauche, il voyait Wittgenstein et Steinghel prêts à profiter de la première fausse manœuvre des maréchaux Oudinot et Victor, pour gagner en suivant l'Oula la haute Bérézina, et donner la main à Tchitchakoff. Enfin il avait sur ses derrières Kutusof avec la grande armée russe. Il y avait là beaucoup de chances de périr, et bien peu de se sauver. Cependant au milieu de toutes ses peines, Napoléon eut une consolation, ce fut d'apprendre que les corps d'Oudinot et de Victor, quoique très-affaiblis par le feu, la marche et le froid, comptaient encore 25 mille hommes, animés du meilleur esprit, ayant conservé toute leur discipline, et pouvant avec ce qui lui restait de soldats armés, mettre dans ses mains une force de cinquante mille hommes, laquelle habilement dirigée serait une sorte de marteau d'armes, dont il saurait bien frapper tour à tour ceux qui oseraient l'aborder de trop près. Il fallait à la vérité s'en servir avec dextérité, et à cet égard on pouvait s'en fier à lui, car personne ne l'égalait dans l'art de manœuvrer concentriquement entre des ennemis séparés les uns des autres, et il avait après un moment de confusion et d'abattement retrouvé toute l'énergie de ses puissantes facultés.

Malgré l'horreur de cette situation, il se flatta encore de sortir d'embarras par un dernier, et peut-être par un éclatant triomphe. Il ordonna au général Dode, sans critiquer ce qui avait été fait, de se rendre auprès des deux maréchaux, de prescrire au maréchal Oudinot de se porter sur-le-champ, par un mouvement transversal de droite à gauche, de Czéréia à Borisow, afin d'y soutenir les Polonais et de les aider à conserver le pont de la Bérézina; au maréchal Victor de rester sur la droite, en face de Wittgenstein et de Steinghel, de les contenir en leur faisant craindre une manœuvre de la grande armée contre eux, et de lui donner ainsi le temps d'atteindre la Bérézina. Si ces instructions, comme on devait le penser, étaient bien suivies, Tchitchakoff étant éloigné de Borisow par Oudinot, et Wittgenstein étant contenu par Victor, on pouvait arriver à temps sur la Bérézina, la passer en ralliant Victor et Oudinot, reprendre Minsk et ses magasins dont Tchitchakoff n'avait pu consommer qu'une bien pe-

Nov. 1812.

Fermeté de Napoléon, et ordres qu'il envoie par le général Dode aux maréchaux Victor et Oudinot.

tite partie, rallier Schwarzenberg, se trouver ainsi avec 90 mille hommes dans la main, en mesure d'accabler une ou deux des trois armées russes, et terminer par un triomphe une campagne brillante jusqu'à Moscou, calamiteuse depuis Malo-Jaroslawetz, mais destinée peut-être à redevenir brillante, même triomphale en finissant. Quoique devenu méfiant envers la fortune, Napoléon ne désespéra pas de se relever au dernier moment, et en renvoyant le général Dode, laissa voir un rayon de satisfaction sur son visage. Il se mit immédiatement en marche d'Orscha sur Borisow.

Le 20 novembre, il s'était porté d'Orscha sur le château de Baranoui. Il vint le 21 à Kokanow, et le 22 se mit en marche pour Bobr. Le temps, quoique très-froid encore, s'était tout à coup relâché de son extrême rigueur. Mais on ne s'en trouvait pas mieux. Les superbes bouleaux qui bordaient la route laissaient s'écouler en gouttes de pluie la neige et la glace dont ils étaient couverts, et les soldats marchaient dans la boue exposés à une humidité qui rendait le froid plus pénétrant. Quant aux voitures d'artillerie, elles avaient la plus grande peine à rouler au milieu de cette fange à demi glacée. Ainsi malgré les inconvénients d'une température rigoureuse, mieux eût valu un terrain solide, des rivières gelées, maintenant surtout que le premier intérêt était d'aller vite. Mais on n'en était plus à compter avec le malheur, et on semblait marcher sous ses coups comme on marche sous la mitraille devant un ennemi qu'on est résolu à braver.

Arrivé le 22 au milieu du jour à Toloczin, Napo-

LA BÉRÉZINA.

léon reçut une dépêche de Borisow, qui lui apprenait la plus cruelle de toutes les nouvelles, c'est que les généraux Bronikowski et Dombrowski, après avoir défendu d'une manière opiniâtre la tête de pont de Borisow sur la Bérézina, après avoir repoussé plusieurs assauts, perdu 2 à 3 mille hommes, causé à l'ennemi une perte au moins égale, blessé ou tué des officiers de la plus grande distinction, notamment le général russe Lambert, avaient été obligés de se retirer en arrière de la ville de Borisow, et d'abandonner le pont de la Bérézina. Ils étaient sur la grande route qu'on suivait, à une marche et demie en avant. On n'était plus en effet qu'à quelques lieues de l'ennemi qui nous barrait le passage de la Bérézina, et on était privé du seul pont sur lequel on pût franchir cette rivière. Comment en jeter un, avec le peu de moyens dont on disposait, surtout avec aussi peu de temps, ayant à gauche Tchitchakoff victorieux, qui pouvait venir détruire tous nos travaux de passage; à droite Wittgenstein, qui ne manquerait pas de nous prendre en flanc pendant que nous essayerions de passer, et par derrière enfin Kutusof, qui, d'après toutes les probabilités, devait nous assaillir en queue tandis que les autres généraux russes nous attaqueraient de front ou par côté! Jamais on ne s'était trouvé dans une position plus affreuse, surtout si on compare cette position au degré de fortune duquel on était tombé depuis le passage du Niémen à Kowno, au mois de juin précédent. Quelle chute épouvantable en cinq mois!

Napoléon, en recevant cette dépêche, descendit

Nov. 1812.

apprend à Toloczin que les Russes ont enlevé aux Polonais le pont de Borisow, seul pont qui restât pour passer la Bérézina.

Immensité du danger, et situation presque désespérée.

Entretien

Nov. 1812.

de Napoléon avec le général Dode.

de cheval, la lut avec une émotion dont il ne laissa rien percer, fit quelques pas vers un feu de bivouac qu'on venait d'allumer sur la grande route, et apercevant le général Dode qui était de retour de sa mission auprès des maréchaux Oudinot et Victor, il lui ordonna d'approcher. A peine le général fut-il près de lui, que Napoléon, le regardant avec des yeux dont l'expression était sans égale, lui adressa ces simples mots : *Ils y sont...* ce qui se rapportait aux entretiens antérieurs du général avec l'Empereur, et voulait dire : Les Russes sont à Borisow. — Napoléon alors entra dans une chaumière, et étalant sur une table de paysan la carte de Russie, se mit à discuter avec le général Dode les moyens de sortir de cette situation presque sans issue. Napoléon était affecté, mais non abattu. Quelquefois il était attentif à la conversation, quelquefois il semblait absent, écoutait sans entendre, regardait sans voir, puis revenait à son interlocuteur et au sujet de l'entretien. Il laissa au général Dode, doué d'un esprit ferme quoique modeste, l'initiative du parti à proposer. Le général connaissait le cours de la Bérézina, qui est bordée sur ses deux rives d'une zone de marécages de plusieurs mille toises de largeur, et il soutint à l'Empereur qu'il fallait renoncer à percer par Borisow même, parce que les Russes brûleraient le pont de cette ville s'ils ne pouvaient le défendre, et au-dessous de Borisow, parce que le pays en descendant la Bérézina était toujours plus boisé et plus marécageux. Ce n'étaient pas seulement les ponts sur les eaux courantes qu'on trouverait coupés, mais les ponts sur les marais, beau-

Sur quel point faut-il essayer

coup plus longs et plus difficiles à franchir. Au contraire, en remontant la Bérézina vers son point de jonction avec l'Oula, dans les environs de Lepel, on arriverait à des endroits où cette rivière coulait sur des sables, dans un lit peu profond, et on la franchirait avec de l'eau jusqu'à la ceinture. Le général Dode affirmait que jamais le 2ᵉ corps, auquel il était attaché, n'en avait été embarrassé dans ses nombreux mouvements. Il proposa donc à l'Empereur d'appuyer à droite, de rallier en remontant la Bérézina Victor et Oudinot, de passer sur le corps de Wittgenstein, et ce détour terminé, de rentrer à Wilna par la route de Gloubokoé.

Napoléon, malgré ce qu'on lui disait, n'avait pas encore pu détacher son esprit de la route de Minsk, la plus belle, la mieux approvisionnée, sur laquelle il était certain de rallier, outre Victor et Oudinot qui étaient déjà presque réunis à lui, le prince de Schwarzenberg et Reynier, et pouvait se ménager une concentration de forces de 90,000 soldats armés. Il adressait deux objections à la proposition du général Dode : premièrement la longueur du détour qui l'éloignait de Wilna, et l'exposait à y être prévenu par les Russes, et secondement la rencontre probable dans cette direction de Wittgenstein et de Steinghel, que Victor et Oudinot n'avaient pu vaincre à eux deux. Le général Dode répondait que probablement on éviterait les deux généraux russes, que d'ailleurs ils n'auraient pas vers les sources de la Bérézina un terrain aussi facile à défendre que sur les bords de l'Oula, et n'oseraient pas tenir lorsqu'ils verraient Napoléon réuni aux maréchaux

Victor et Oudinot. Du reste, tout en discutant, Napoléon, qui n'avait pas besoin qu'on lui répondît, car il s'était fait d'avance à lui-même toutes les réponses que le sujet comportait, examinait la carte étalée devant lui, sans presque écouter les paroles du général Dode, suivait du doigt la Bérézina, puis le Dniéper, et, ayant rencontré des yeux Pultawa, s'écria tout à coup : Pultawa! Pultawa! — puis laissant là cette carte, et parcourant la chétive pièce où avait lieu cet entretien, se mit à répéter : Pultawa! Pultawa!... sans regarder son interlocuteur, sans même faire attention à lui. Le général Dode, saisi de ce spectacle extraordinaire, se taisait, et contemplait avec un mélange de douleur et de surprise le nouveau Charles XII, cent fois plus grand que l'ancien, mais, hélas! cent fois plus malheureux aussi, et en ce moment reconnaissant enfin sa vraie destinée. A ce point de l'entretien arrivèrent Murat, le prince Eugène, Berthier, et le général Jomini qui, ayant été gouverneur de la province pendant la campagne, avait fait comme le général Dode une étude attentive des lieux, et était fort capable de donner un avis. Le général Dode, par modestie, crut devoir se retirer, et sortit sans que Napoléon, toujours distrait, s'en aperçût. En voyant le général Jomini, Napoléon lui dit : Quand on n'a jamais eu de revers, on doit les avoir grands comme sa fortune... — Puis il provoqua l'opinion du général. Celui-ci, partageant en un point l'avis du général Dode, jugeait impossible de traverser la Bérézina au-dessous de Borisow, mais trouvait bien long, bien fatigant, pour une armée déjà épuisée, de remonter la Bérézina afin d'aller franchir cette rivière vers ses sources. Il pensait, d'après les rapports du pays, qu'il était possible de passer droit devant soi, un peu au-dessus de Borisow, et dès lors de rejoindre la route de Smorgoni, la plus courte pour aller à Wilna, et la moins dévastée par les armées belligérantes. L'événement prouva bientôt que cet avis était fort sage. Napoléon, sans le combattre, car il écoutait à peine, parut se reporter tout à coup au temps de ses plus brillantes opérations, et, se plaignant de tout le monde, marchant et parlant avec une animation extraordinaire, se mit à dire que si tous les cœurs n'étaient pas abattus (et en prononçant ces paroles il semblait regarder ses principaux lieutenants présents autour de lui), il aurait une bien belle manœuvre à exécuter, ce serait de remonter vers la haute Bérézina, comme le lui conseillait le général Dode, et au lieu d'y chercher seulement un passage, de se jeter sur Wittgenstein, de l'enlever, de le faire prisonnier. Il ajoutait que si, en rentrant en Pologne après de grands malheurs, il emmenait cependant avec lui une armée russe prisonnière, l'Europe reconnaîtrait Napoléon, la grande armée et la fortune de l'Empire! Son imagination s'exaltant à mesure qu'il parlait, il embellissait de mille détails qui la rendaient vraisemblable cette supposition avec laquelle il consolait sa détresse actuelle. Le général Jomini se contenta de lui répondre que ce beau mouvement serait exécutable sans doute, mais en Italie, en Allemagne, dans des pays où l'on rencontrait partout de quoi vivre, et avec une armée saine et vigoureuse, que de longues privations n'auraient pas entièrement épuisée. Il eût pu ajouter, mais ce n'était pas le moment, que celui qui trouve les caractères énervés les a le plus souvent énervés lui-même, en abusant de leur dévouement, et ressemble à l'imprudent cavalier qui a tué de fatigue le cheval destiné à le porter !

Napoléon ne tint pas plus compte des observations qu'on lui fit, que des rêves brillants auxquels il venait de se livrer, et qui n'étaient que les préliminaires à travers lesquels son puissant esprit allait arriver à sa véritable détermination. Son parti, en effet, était pris avec ce tact, avec ce discernement qui étaient infaillibles, quand de tristes entraînements ne l'égaraient pas, et le danger était assez grand, assurément, pour se garder de toute erreur. Passer à gauche, au-dessous de Borisow, lui semblait impossible après avoir entendu le général Dode. Passer à droite et au-dessus, était trop long, l'exposait à être prévenu sur Wilna, et il partageait en ce point l'avis du général Jomini. Percer droit devant lui pour aller par le plus court chemin sur Wilna, de manière à devancer tous ceux qui le menaçaient en flanc et par derrière, était le meilleur, le plus sage de tous les plans, quoique le plus modeste. Mais la difficulté était immense, puisqu'il fallait, ou reprendre le pont de Borisow sur les Russes, ou en jeter un dans les environs, malgré tous les ennemis qui nous serraient de près, deux succès bien peu vraisemblables, à moins d'un dernier coup de fortune égal à ceux que Napoléon avait eus dans ses plus beaux jours. Il n'en désespéra pas, et résolut de se porter droit sur la Bérézina, de pousser vivement Oudinot sur Borisow afin de reprendre ce point, et s'il n'y parvenait pas, de chercher un passage dans les environs.

Nov. 1812.

à la passer un peu au-dessus de Borisow.

Il adressa les instructions convenables à Oudinot, qui arrivait précisément sur notre droite, et il se porta lui-même à Bobr pour veiller de sa personne à l'exécution de ses volontés. L'intérêt de n'être pas pris lui et toute son armée lui avait rendu l'ardente activité de ses premiers temps, et il cessait d'être empereur pour devenir général. Retrouverait-il avec ses qualités sa bonne fortune? Ce n'était pas certain, mais c'était possible.

Il semble, en effet, qu'en ce moment la fortune lasse de tant de rigueurs, lui accordait enfin un miracle pour le sauver des dernières humiliations. On a vu que le maréchal Saint-Cyr, après l'évacuation de Polotsk, avait détaché du 2ᵉ corps le général de Wrède pour l'opposer à Steinghel, et que ce général bavarois, par goût ou par circonstance, s'était laissé isoler du 2ᵉ corps, et confiner dans les environs de Gloubokoé. Il avait conservé avec lui la division de cavalerie légère du général Corbineau, composée des 7ᵉ et 20ᵉ de chasseurs, et du 8ᵉ de lanciers, division que le 2ᵉ corps regrettait beaucoup et réclamait avec instance. Parti de Gloubokoé le 16 novembre pour se réunir au 2ᵉ corps, le général Corbineau était venu successivement à Dolghinow, à Pletchenitzy, à Zembin, tout près de Borisow, et était tombé au milieu des partis ennemis que l'amiral Tchitchakoff avait lancés en avant pour se lier avec Wittgenstein sur la haute

Miraculeuse arrivée du général Corbineau.

Ce brave général, poursuivi par une nuée de Cosaques, tandis qu'il cherche à rejoindre le 2ᵉ corps, découvre un point de passage sur la Bérézina.

Bérézina. Au nombre de ces partis se trouvait un corps de 3 mille Cosaques, sous l'aide de camp Czernicheff, qu'Alexandre venait d'envoyer tour à tour à Kutusof, à Tchitchakoff, à Wittgenstein, pour leur communiquer le fameux plan d'agir sur les derrières de Napoléon, et les amener à marcher d'accord. L'aide de camp Czernicheff, ayant quitté Tchitchakoff qui était sur la droite de la Bérézina, remontait cette rivière, et cherchait à là passer pour aller joindre Wittgenstein sur la rive gauche, et amener un concert d'efforts contre Napoléon, qui était aussi sur la rive gauche. Chemin faisant il avait eu la bonne fortune de délivrer le général Wintzingerode, envoyé en France comme prisonnier, et par un hasard moins heureux pour lui, avait heurté en passant le général Corbineau. Celui-ci, qui sous les apparences les plus simples réunissait à beaucoup de finesse un grand courage, n'avait pas perdu la tête, quoiqu'il n'eût que 700 chevaux, s'était débarrassé à coups de sabre de ses assaillants, et avait poussé jusque près de Borisow, où les Russes étaient déjà entrés. Trouvant les Russes devant lui à Borisow, les ayant laissés la veille sur ses derrières, il n'avait vu qu'une manière de se tirer d'embarras, c'était de traverser la Bérézina, et d'aller à la rencontre de la grande armée, qui devait lui offrir un refuge assuré. Il ne se doutait pas qu'en voulant se sauver, il la sauverait, et qu'elle était tellement affaiblie en cavalerie que 700 chevaux seraient un important secours à lui apporter. Il s'était donc mis à longer la rive droite de la Bérézina au-dessus de Borisow, cherchant s'il n'y aurait pas un gué praticable, lorsqu'il avait aperçu sortant de l'eau un paysan polonais, qui venait de la franchir, et qui lui avait indiqué, vis-à-vis du village de Studianka, à trois lieues au-dessus de Borisow, un endroit où les chevaux pouvaient passer avec de l'eau jusqu'aux reins. La Bérézina, noirâtre et fangeuse, charriait de gros glaçons fort dangereux. Le général néanmoins avait formé sa cavalerie en colonne serrée, était entré dans l'eau, et avait passé la rivière en perdant une vingtaine d'hommes entraînés par les glaçons. Heureux d'avoir surmonté cet obstacle, il avait gagné au galop Lochnitza, et enfin Bobr, où il avait rencontré le maréchal Oudinot coupant transversalement la route de Smolensk à Bobr pour marcher sur Borisow. Le général Corbineau avait fait son rapport à son maréchal, et rejoint ensuite le 2ᵉ corps auquel il appartenait. Presque au même moment le maréchal Oudinot, se jetant brusquement sur Borisow, y avait surpris, enveloppé l'avant-garde du comte Pahlen, fait cinq à six cents prisonniers, tué ou blessé un nombre égal d'hommes, enlevé plusieurs centaines de voitures de bagages, pris la ville, et fondu ensuite sur le pont, que les Russes, pressés de s'enfuir, avaient brûlé, désespérant de le défendre. Borisow était donc aux mains du 2ᵉ corps, sans que notre position fût améliorée, puisque le pont de la Bérézina était brûlé; mais la découverte inattendue du général Corbineau faisait luire un rayon d'espérance, et le maréchal Oudinot dépêcha le général à Bobr auprès de l'Empereur.

Napoléon connaissait et aimait les frères Corbi-

Nov. 1812.

D'après

Nov. 1812.

Le rapport du général Corbineau, Napoléon se décide à choisir le point de Studianka au-dessus de Borisow, pour y jeter un pont.

Fausse démonstration ordonnée au-dessous de Borisow pour tromper les Russes.

neau, dont l'aîné avait été tué à côté de lui à Eylau. Il accueillit celui-ci comme un envoyé du ciel, le questionna longuement, lui fit décrire minutieusement les lieux, bien expliquer la possibilité de passer la rivière à Studianka sur de simples ponts de chevalets, et résolut sur-le-champ de l'essayer. Il renvoya sans différer le général Corbineau à Oudinot, avec ordre de commencer tout de suite et très-secrètement les préparatifs de passage à Studianka, au-dessus de Borisow, mais en faisant des démonstrations très-apparentes au-dessous de cette ville, de manière à tromper Tchitchakoff, et à détourner son attention du véritable point où l'on voulait passer. Ce n'était pas tout, en effet, que d'avoir miraculeusement trouvé un point où, grâce au peu de profondeur de la Bérézina, des chevalets suffiraient pour la franchir, il fallait que le travail auquel on allait se livrer restât assez longtemps inaperçu de l'ennemi pour que l'on eût le moyen de porter sur l'autre rive des forces capables d'arrêter les Russes de Tchitchakoff, et de les empêcher de s'opposer au passage. Napoléon ordonna même à Oudinot de répandre dans l'armée le bruit qu'on devait passer au-dessous de Borisow, afin d'y attirer la foule des traînards, et de rendre complète chez l'ennemi l'illusion qui pouvait seule nous sauver.

Le général Corbineau quittant Napoléon le 23 novembre fort tard, rejoignit en toute hâte le maréchal Oudinot, et celui-ci dès le lendemain matin 24, se conformant aux ordres qu'il venait de recevoir, fit les démonstrations prescrites au-dessous de Borisow, puis profitant de la nuit et des bois qui bordaient la Bérézina, envoya secrètement le général Corbineau avec ce qu'il avait de pontonniers pour commencer les travaux de passage à Studianka. C'était une grande et difficile opération, car il fallait trouver des bois préparés, ou en préparer, les disposer, les fixer dans l'eau, tout cela devant les avant-postes de Tchitchakoff qui, après la perte de Borisow, était resté sur l'autre rive, et avait des vedettes jusque vis-à-vis de Studianka. Il y avait donc cent chances d'insuccès contre une ou deux de réussite.

Pendant ce temps, Napoléon s'était transporté le 24 à Lochnitza, sur la route de Borisow, se proposant d'arriver le lendemain 25 avec la garde à Borisow même, pour confirmer les Russes dans la pensée qu'il voulait passer au-dessous de cette ville, tandis qu'il était résolu au contraire à passer au-dessus, c'est-à-dire à Studianka, et à se rendre secrètement en ce dernier endroit au moyen d'un chemin de traverse. Il avait expédié au maréchal Davout, qui depuis la bataille de Krasnoé formait de nouveau l'arrière-garde, l'ordre de hâter le pas, afin d'accélérer le passage de la Bérézina si on parvenait à se procurer les moyens de la franchir, mais avant tout il avait envoyé le général Éblé avec les pontonniers et leur matériel directement à Studianka, pour exécuter la construction des ponts que les pontonniers du 2ᵉ corps n'avaient pu que commencer.

Le moment était venu où le respectable général Éblé allait couronner sa carrière par un service immortel. Du matériel que Napoléon avait fait détruire

Nov. 1812.

Le général Éblé chargé de jeter

Nov. 1812.

deux ponts à Studianka.

à Orscha, il avait sauvé six caissons renfermant des outils, des clous, des crampons, tous les fers enfin nécessaires à la construction des ponts de chevalets, et deux forges de campagne. Ces diverses voitures étant bien attelées avaient la possibilité de cheminer rapidement. Dans sa profonde prévoyance, le général Éblé s'était réservé deux voitures de charbon, afin de pouvoir forger sur place les pièces dont on manquerait. Il lui restait de son corps quatre cents pontonniers éprouvés, sur lesquels il avait conservé un empire absolu. Éblé et Larrey étaient les deux hommes de bien que toute l'armée continuait à respecter et à écouter, même quand ils lui demandaient des choses presque impossibles.

Le général Éblé partit donc le 24 au soir de Lochnitza pour Borisow avec ses quatre cents hommes, suivi de l'habile général Chasseloup, qui avait encore quelques sapeurs mais sans aucun reste de matériel, et qui était digne de s'associer à l'illustre chef de nos pontonniers. On marcha toute la nuit, on atteignit Borisow le 25 à 3 heures du matin, on y laissa une compagnie pour faire les trompeurs apprêts d'un passage au-dessous de cette ville, et on s'engagea ensuite à travers les marécages et les bois pour remonter, par un mouvement à droite, le bord de la rivière jusqu'à Studianka. On n'arriva en cet endroit que dans l'après-midi du 25. Dans son impatience, Napoléon aurait voulu que les ponts fussent établis le 25 au soir. C'était chose impossible, mais ils pouvaient l'être le 26 en travaillant toute la nuit, ce qu'on était bien décidé à faire, quoiqu'on eût marché les deux nuits et les deux journées précédentes. Le général Éblé parla à ses hommes, leur dit que le sort de l'armée était en leurs mains, leur communiqua ses nobles sentiments, et en obtint la promesse du dévouement le plus absolu. Il fallait, par un froid qui était tout à coup redevenu des plus vifs, travailler dans l'eau toute la nuit et toute la journée du lendemain, au milieu d'énormes glaçons, peut-être sous les boulets de l'ennemi, sans une heure de repos, en prenant à peine le temps d'avaler, au lieu de pain, de viande et d'eau-de-vie, un peu de bouillie sans sel. C'était à ce prix que l'armée pouvait être sauvée. Tous ces pontonniers le promirent à leur général, et on va voir comment ils tinrent parole.

Les pontonniers que le maréchal Oudinot avait envoyés avaient déjà préparé quelques chevalets, mais ils ne possédaient pas la même expérience que ceux du général Éblé, et il fallut recommencer le travail. Le général Éblé avait pour le seconder des officiers dignes de s'associer à son œuvre, notamment son chef d'état-major Chapelle, et le colonel d'artillerie Chapuis. N'ayant ni le temps d'abattre des bois ni celui de les débiter, on alla au malheureux village de Studianka, on en démolit les maisons, on en retira les bois qui semblaient propres à l'établissement d'un pont, on forgea les fers nécessaires pour les lier, et avec les uns et les autres on construisit une suite de chevalets. A la pointe du jour du 26, on fut prêt à plonger ces chevalets dans l'eau de la Bérézina.

Napoléon, après s'être porté de Lochnitza à Borisow, et avoir couché au château de Staroï-Borisow

Nov. 1812.

Noble dévouement des pontonniers à la voix du général Éblé.

Nature du travail à exécuter.

Anxiété de tous ceux qui entourent

Nov. 1812.

Napoléon, car il s'agit de savoir s'il sera prisonnier des Russes.

(voir les cartes n°ˢ 55 et 57), était accouru au galop à Studianka dès le 26 au matin, pour assister à l'établissement des ponts. Arrivé avec ses lieutenants, Murat, Berthier, Eugène, Caulaincourt, Duroc, qui tous avaient l'expression de la plus profonde anxiété sur leur visage, car en ce moment il s'agissait de savoir si le maître du monde serait le lendemain prisonnier des Russes, il regardait travailler, et n'osait presser des hommes qui, à la voix de leur respectable général, déployaient tout ce qu'ils avaient de force et d'intelligence. Ce n'était pas tout que de plonger hardiment dans cette eau glaciale pour y fixer les chevalets, il fallait encore achever ce difficile ouvrage malgré l'ennemi, dont on apercevait les vedettes sur la rive opposée. Était-il là seulement avec quelques Cosaques ou avec tout un corps de troupes? Aurait-on quelques coureurs à écarter ou une armée entière à combattre au moment du passage? Telle était la question qu'il importait d'éclaircir. Le maréchal Oudinot avait un aide de camp aussi adroit qu'intelligent, doué en outre du plus rare courage. Cet aide de camp, qui était le chef d'escadron Jacqueminot, suivi de quelques cavaliers portant en croupe un voltigeur, s'élança à cheval dans la Bérézina. La traversant tantôt à gué, tantôt à la nage, il atteignit l'autre rive hérissée de glaçons qui rendaient l'abordage très-difficile. Il surmonta ces difficultés, fondit sur un petit bois occupé par quelques Cosaques, et s'en empara. On n'apercevait qu'un très-petit nombre d'ennemis, et le chef d'escadron Jacqueminot vint porter à Napoléon cette bonne nouvelle. Il aurait fallu cependant un prisonnier pour se renseigner plus exactement sur ce qu'on avait à craindre ou à espérer. Le brave Jacqueminot repassa la Bérézina, prit avec lui quelques cavaliers déterminés, se jeta sur un poste russe qui se chauffait autour d'un grand feu, enleva un sous-officier, et le ramena dans le petit bois où il avait établi son détachement. Puis le forçant à monter en croupe avec lui, et traversant de nouveau la Bérézina, il l'amena aux pieds de Napoléon. On interrogea le prisonnier, et on apprit avec une satisfaction facile à comprendre, que Tchitchakoff était avec le gros de ses forces devant Borisow, tout occupé du prétendu passage des Français au-dessous de cette ville, et qu'à Studianka il n'y avait qu'un détachement de troupes légères.

Il fallait se hâter de profiter de ces heureuses conjonctures. Mais les ponts n'étaient pas prêts. Le brave Corbineau avec sa brigade de cavalerie prenant en croupe un certain nombre de voltigeurs s'engagea dans la Bérézina, la traversa, comme il avait déjà fait, ces cavaliers ayant pied quelquefois, quelquefois portés par leurs chevaux à la nage, et quelquefois aussi emportés par le torrent. Le lit de la rivière franchi, il surmonta les difficultés que présentait le bord hérissé de glaçons, et vint s'établir en force dans le bois qui devait nous servir d'appui. Il manquait d'artillerie, Napoléon y suppléa en disposant sur la rive gauche une quarantaine de bouches à feu, qui devaient tirer d'une rive à l'autre par-dessus la tête de nos hommes, au risque de les atteindre. Mais dans la situation où l'on se trouvait on n'en était pas à compter les inconvénients. Cette

Nov. 1812.

On apprend avec joie que l'amiral Tchitchakoff n'est pas encore à Studianka.

Le général Corbineau jeté sur la rive droite de la Bérézina pour écarter les Cosaques.

première opération terminée, on pouvait se flatter de rester maître de la rive droite jusqu'à ce que les ponts étant achevés, l'armée pût déboucher tout entière. L'étoile de Napoléon semblait reluire, et ses officiers groupés autour de lui la saluèrent avec un sentiment de joie qu'ils n'avaient pas éprouvé depuis longtemps.

Construction de deux ponts, un pour les piétons, un pour les voitures.

Tout dépendait maintenant de l'établissement des ponts. Le projet était d'en jeter deux à cent toises de distance, l'un à gauche pour les voitures, l'autre à droite pour les piétons et les cavaliers. Cent pontonniers étaient entrés dans l'eau, et s'aidant de petits radeaux qu'on avait construits pour cet usage, avaient commencé à fixer les chevalets. L'eau gelait, et il se formait autour de leurs épaules, de leurs bras, de leurs jambes, des glaçons qui s'attachant aux chairs, causaient de vives douleurs. Ils souffraient sans se plaindre, sans paraître même affectés, tant leur ardeur était grande. La rivière n'avait en cet endroit qu'une cinquantaine de toises de largeur, et avec vingt-trois chevalets pour chaque pont on réunit les deux bords. Afin de pouvoir transporter plus tôt des troupes sur l'autre rive, on concentra tous ses efforts sur le pont de droite, celui qui était destiné aux piétons et aux cavaliers, et à une heure de l'après-midi il fut praticable.

Le corps d'Oudinot heureusement transporté sur l'autre côté de la Bérézina.

Napoléon avait amené à Studianka le corps du maréchal Oudinot, et avait remplacé celui-ci à Borisow par les troupes qui suivaient. Il fit immédiatement passer sur la rive droite les divisions Legrand et Maison, les cuirassiers de Doumerc, composant le 2ᵉ corps, et y joignit les restes de la division Dombrowski, le tout montant à 9 mille hommes environ. On fit rouler avec beaucoup de précaution deux bouches à feu sur le pont des piétons, et armé de ces moyens Oudinot, se rabattant brusquement à gauche, fondit sur quelques troupes d'infanterie légère que le général Tchaplitz, commandant l'avant-garde de Tchitchakoff, avait portées sur ce point. Le combat fut vif, mais court. On tua deux cents hommes à l'ennemi, et on put s'établir dans une bonne position, de manière à couvrir le passage. On avait le temps, en employant bien la fin de cette journée du 26 et la nuit suivante, de faire passer assez de troupes pour tenir tête à l'amiral Tchitchakoff. Il est vrai qu'il fallait au moins deux jours pour que l'armée parvenue tout entière à Studianka eût franchi les deux ponts, et en deux jours Tchitchakoff pouvait se concentrer devant le point de passage pour nous empêcher de déboucher sur la rive droite. De son côté Wittgenstein, qui était comme nous sur la rive gauche, pouvait culbuter Victor, et se jeter dans notre flanc droit, pendant que Kutusof viendrait assaillir nos derrières. Dans ce cas la confusion devait être épouvantable, et il était à craindre que la tentative de passage ne se convertît en un désastre. Pourtant une moitié de nos dangers était heureusement surmontée, et il était permis d'espérer qu'on surmonterait l'autre moitié.

A quatre heures de l'après-midi le second pont fut terminé, et Napoléon s'employa de sa personne à faire défiler sur la rive droite tous ceux qui arrivaient. Quant à lui, il voulut demeurer sur la rive gauche, pour ne passer que des derniers. Le général

Éblé, sans prendre lui-même un moment de repos, fit coucher sur la paille une moitié de ses pontonniers, afin qu'ils pussent se relever les uns les autres dans la pénible tâche de garder les ponts, d'en exercer la police, et de les réparer s'il survenait des accidents. Dans cette journée, on fit passer la garde à pied, et ce qui restait de la garde à cheval. On commença ensuite le défilé des voitures de l'artillerie. Par malheur le pont de gauche destiné aux voitures chancelait sous le poids énorme des charrois qui se succédaient sans interruption. Pressé comme on était, on n'avait pas eu le temps d'équarrir les bois formant le tablier du pont. On s'était servi de simples rondins, qui présentaient une surface inégale, et pour adoucir les ressauts des voitures, on avait mis dans les creux de la mousse, du chanvre, du chaume, tout ce qu'on avait pu arracher du village de Studianka. Mais les chevaux enlevaient avec leurs pieds cette espèce de litière, et les ressauts étant redevenus très-rudes, les chevalets qui portaient sur les fonds les moins solides avaient fléchi, le tablier avait formé dès lors des ondulations, et à huit heures du soir trois chevalets s'étaient abîmés avec les voitures qu'ils portaient dans le lit de la Bérézina.

On fut obligé de remettre à l'ouvrage nos héroïques pontonniers, et de les faire rentrer dans l'eau, qui était si froide qu'à chaque instant la glace brisée se reformait. Il fallait la rompre à coups de hache, se plonger dans l'eau, et placer de nouveaux chevalets à une profondeur de six à sept pieds, quelquefois de huit dans les endroits où le pont avait fléchi. Elle n'était ailleurs que de quatre à cinq pieds. A onze heures du soir le pont redevint praticable.

Le général Éblé, qui avait eu soin de tenir éveillés une moitié de ses hommes, tandis que l'autre dormait (lui veillant toujours), fit construire des chevalets de rechange afin de parer à tous les accidents. L'événement prouva bientôt la sagesse de cette précaution. A deux heures de la nuit trois chevalets cédèrent encore au pont de gauche, celui des voitures, et par malheur au milieu du courant, là où la rivière avait sept ou huit pieds de profondeur. Il fallait de nouveau se mettre au travail, et cette fois exécuter ce difficile ouvrage au milieu des ténèbres. Les pontonniers grelottants de froid, mourants de faim, n'en pouvaient plus. Le vénérable général Éblé, qui n'avait pas comme eux la jeunesse et l'avantage d'un peu de repos pris, souffrait plus qu'eux, mais il avait la supériorité de son âme, et il la leur communiqua par ses paroles. Il fit appel à leur dévouement, leur montra le désastre assuré de l'armée s'ils ne parvenaient à rétablir le pont, et sa vertu fut écoutée. Ils se mirent à l'œuvre avec un zèle admirable. Le général Lauriston, qui avait été envoyé par l'Empereur pour savoir la cause de ce nouvel accident, serrait en versant des larmes la main d'Éblé, et lui disait : De grâce, hâtez-vous, car ces retards nous menacent des plus grands périls. — Sans s'impatienter de ces instances, le vieil Éblé, qui ordinairement avait la rudesse d'une âme forte et fière, lui répondait avec douceur : Vous voyez ce que nous faisons... et retournait non pas stimuler ses hommes, qui n'en avaient pas besoin, mais les encourager, les diriger, et quelquefois plonger sa vieillesse dans cette eau glacée que leur jeunesse supportait à peine. A six heures du matin (27 novembre) ce second accident fut réparé, et le passage du matériel d'artillerie put recommencer.

Le pont de droite, consacré aux piétons et aux fantassins, n'ayant pas eu les mêmes secousses à essuyer, n'avait pas cessé un moment d'être praticable, et on aurait pu faire écouler dans cette nuit du 26 au 27 novembre presque toute la masse désarmée. Mais l'attrait de quelques granges, d'un peu de paille, de quelques vivres trouvés à Studianka, en avait retenu une grande partie sur la gauche de la rivière. Quoique le froid qui avait repris ne fût pas encore suffisant pour arrêter l'eau courante, néanmoins tous les marais aux approches de la rivière étaient gelés, ce qui était fort heureux, car sans cette circonstance on n'aurait pas pu les franchir. On avait donc allumé sur la glace des marécages des milliers de feux, et, pour ne pas aller courir ailleurs la chance de bivouacs moins supportables, dix ou quinze mille individus s'étaient établis sur la rive gauche sans vouloir la quitter, de manière que la négligence des piétons rendit inutile le pont de droite, tandis que les deux ruptures survenues coup sur coup rendaient inutile celui de gauche, pendant cette nuit du 26 au 27, temps précieux qu'on devait bientôt regretter amèrement!

Le matin du 27, Napoléon traversa les ponts avec tout ce qui appartenait à son quartier général, et alla se loger dans un petit village, celui de Zawnicky, sur la rive droite, derrière le corps du maréchal Oudinot. Toute la journée il se tint à cheval pour accélérer lui-même le passage des divers détachements de l'armée. Ce qui restait du 4ᵉ corps (prince Eugène), du 3ᵉ (maréchal Ney), du 5ᵉ (prince Poniatowski), du 8ᵉ (Westphaliens), passa dans cette journée. C'étaient à peine deux mille hommes pour chacun des deux premiers, cinq ou six cents pour chacun des deux autres, c'est-à-dire deux ou trois cents hommes armés par régiment, persistant à se tenir avec leurs officiers autour des aigles, qu'ils conservaient précieusement comme le dépôt de leur honneur. La désorganisation depuis Krasnoé avait fait des progrès effrayants par suite de la lassitude croissante, laquelle était cause que beaucoup de soldats, même de très-bonne volonté, restaient en arrière, et une fois en retard demeuraient machinalement dans l'immense troupeau des hommes marchant sans armes.

Vers la fin du jour arriva le 1ᵉʳ corps, sous son chef, le maréchal Davout, qui depuis Krasnoé avait recommencé à diriger l'arrière-garde. C'était le seul qui eût conservé un peu de tenue militaire. L'immortelle division Friant, devenue division Ricard, avait péri presque tout entière à Krasnoé, et ses débris suivaient confusément le 1ᵉʳ corps. Les quatre divisions restantes présentaient trois à quatre mille hommes, mais armés, rangés autour de leurs drapeaux, et amenant leur artillerie. Le maréchal Davout, plus triste que de coutume, éprouvait une sorte de révolte intérieure en voyant l'armée réduite à un tel état. Moins soumis, il eût laissé écla-

Nov. 1812.

dans
la journée
du 27.

Arrivée
et passage
du
1ᵉʳ corps.

ter son irritation. Les complaisants qui dans cette affreuse situation n'avaient pas encore perdu le courage de flatter, peignaient à Napoléon la tristesse du maréchal comme une faiblesse, et exaltaient à qui mieux mieux la belle santé, la bonne humeur du maréchal Ney, dont la résistance à toutes les misères était, en effet, admirable. Pour bien flatter Napoléon en ce moment, il fallait n'avoir ni froid, ni faim, ni sommeil, ni aucune trace de maladie! Malheureusement toutes les santés ne se prêtaient pas à ce genre de flatterie.

Le 9ᵉ corps, celui du maréchal Victor, après avoir lentement rétrogradé devant Wittgenstein, auquel il disputait le terrain pied à pied, venait enfin de se replier en couvrant la grande armée. Il s'était placé entre Borisow et Studianka, de manière à protéger ces deux positions. On avait bien prévu que le passage serait peu troublé pendant les deux premières journées, celles du 26 et du 27, parce que sur la rive droite Tchitchakoff, ignorant le vrai point de passage, cherchait à nous arrêter au-dessous de Borisow, et que sur la rive gauche Wittgenstein et Kutusof n'ayant pas encore eu le temps de se réunir, ne nous serraient pas d'assez près. Il était probable que le passage serait moins paisible le 28, que Tchitchakoff mieux éclairé nous attaquerait violemment sur la rive où nous avions commencé à descendre, et que Wittgenstein et Kutusof arrivés enfin sur notre flanc et nos derrières, nous attaqueraient tout aussi violemment sur la rive que nous achevions de quitter. Napoléon s'attendait avec raison que la journée décisive serait celle du lendemain 28, que Tchitchakoff tâcherait de jeter la tête de notre colonne dans la Bérézina, et que Wittgenstein et Kutusof s'efforceraient d'y jeter la queue. Ne répétant pas ici la faute commise à Krasnoé, celle d'une retraite successive, il était résolu à se sauver ou à périr tous ensemble, et en conséquence il avait destiné Oudinot passé le premier, Ney et la garde passés après Oudinot, à contenir Tchitchakoff, et Victor, à couvrir la fin du passage avec le 9ᵉ corps. Mettant toujours un extrême soin à tromper Tchitchakoff, il prescrivit au maréchal Victor de laisser à Borisow la division française Partouneaux, déjà réduite par les marches, les combats, de 12 mille hommes à 4 mille. Avec la division polonaise Girard et la division allemande Daendels, ne présentant pas plus de 9 mille hommes à elles deux, et 7 à 800 chevaux, le maréchal Victor devait couvrir Studianka. Voilà ce qui survivait des 24 mille hommes avec lesquels ce maréchal avait quitté Smolensk pour aller rejoindre Oudinot sur l'Oula. En un mois de marche, en quelques combats, 10 à 11 mille hommes avaient disparu. Au surplus la tenue de ce qui restait était excellente, et en voyant arriver la grande armée, dont la gloire faisait récemment l'objet de leur jalousie, ils étaient saisis de pitié, et demandaient à ces soldats accablés, ayant presque perdu l'orgueil à force de misère, quelles calamités avaient pu les frapper ? — Vous serez bientôt comme nous ! répondaient tristement les vainqueurs de Smolensk et de la Moskowa à la curiosité de leurs jeunes camarades. —

Napoléon avait complété ses dispositions pour la

Nov. 1812.

Distribution de nos forces pour la journée du 28, qui s'annonce comme la plus difficile.

journée redoutée du 28, en ordonnant au maréchal Davout, dès qu'il aurait passé, de s'avancer sur la route de Zembin, qui était celle de Wilna, afin de n'être pas prévenu par les Cosaques à plusieurs défilés importants de cette route bordée de bois et de marécages.

La journée du 27 fut ainsi employée à franchir la Bérézina, et à préparer une résistance désespérée. Le même jour, un troisième accident survint à deux heures de l'après-midi, toujours au pont de gauche. Il fut bientôt réparé, mais les voitures arrivant en grand nombre à la suite des corps, se pressaient à ce pont, et il était extrêmement difficile de les obliger à ne défiler que successivement. Les gendarmes d'élite, les pontonniers avaient des peines infinies à maintenir l'ordre, et la force dans ce qu'elle a de plus brutal pouvait seule se faire écouter de ces esprits effarés.

On avait raison de se presser, et on ne se pressait même pas assez, surtout au pont des piétons, car l'heure de la crise suprême approchait. L'ennemi ou trompé, ou en retard, se ravisait, et accourait enfin. N'ayant pas su nous empêcher de jeter des ponts, il allait nous assaillir au moment où, n'ayant pas fini de les passer, nous étions encore partagés entre les deux rives de la Bérézina. Tchitchakoff heureusement s'était complétement trompé sur le lieu qui devait servir à notre passage. Arrivant par la route de Minsk, ayant pu se convaincre de ses propres yeux des efforts que nous avions faits pour nous approvisionner dans cette direction, il avait dû considérer Borisow et Minsk comme les points par lesquels Napoléon chercherait à regagner Wilna. La présence du prince de Schwarzenberg dans le voisinage de cette route était pour lui une raison de plus de croire que Napoléon la prendrait pour rallier en passant l'armée austro-saxonne. Ajoutez que Kutusof informé par des rapports d'espions que la route de Minsk était celle de l'armée française, l'avait averti de prendre garde à lui du côté de Borisow, et au-dessous. Pour Tchitchakoff, qui avait à la fois un chef et un ennemi dans Kutusof, depuis qu'il l'avait remplacé en Orient, un tel avis était de grande importance. A se tromper avec Kutusof, il y avait une excuse. Il n'y en avait pas à se tromper tout seul. Enfin les démonstrations de passage ordonnées par Napoléon au-dessous de Borisow, avaient été une dernière cause d'illusion, et le général Tchaplitz ayant signalé à l'amiral Tchitchakoff les préparatifs qu'il apercevait à Studianka, c'étaient ces préparatifs, les seuls sérieux, que l'amiral avait pris pour les simples démonstrations destinées à l'abuser. C'est ainsi que nous ne l'avions eu sur les bras ni le 26 ni le 27, concentré qu'il était au-dessous de Borisow. Pourtant les troupes légères de Tchaplitz ayant vu bien positivement le passage d'une armée le soir du 26 et le matin du 27, le général de l'armée d'Orient avait fini par se détromper, et il avait résolu de nous attaquer violemment sur la rive droite. Mais ne voulant le faire qu'avec le concours des deux autres armées russes placées sur la rive gauche, il s'était hâté de se mettre en rapport avec elles, et leur avait proposé le 28 pour le jour d'une attaque énergique et simultanée. Il devait por-

Nov. 1812.

Vues et projets des Russes pour la journée du 28.

Opinion de Tchitchakoff et motifs de sa résolution.

ter le gros de ses troupes sur le point de passage choisi par les Français, et tâcher de refouler dans la Bérézina tout ce qui l'avait déjà traversée, tandis que Kutusof et Wittgenstein devaient essayer d'y précipiter tout ce qui n'aurait pas achevé de la franchir. Afin de lier leurs mouvements, Tchitchakoff avait imaginé de faire passer son arrière-garde sur les restes du pont brûlé de Borisow, et de se mettre ainsi en communication avec Kutusof et Wittgenstein. Il pouvait disposer d'environ 30 ou 32 mille hommes, dont 10 ou 12 mille en cavalerie, ce qui n'était pas un avantage sur le terrain où l'on allait combattre.

Conduite du général Kutusof.

Quant à Kutusof et à Wittgenstein, voici quelle était leur situation. Kutusof, qui croyait avoir rempli sa tâche à Krasnoé, en livrant Napoléon presque détruit aux deux armées russes de la Dwina et du Dniéper, qui d'ailleurs n'avait pas le moindre désir de contribuer à la gloire de Tchitchakoff, et trouvait ses soldats exténués, Kutusof s'était arrêté sur le Dniéper, à Kopys, afin de procurer quelque repos à ses troupes, et de leur rendre un peu d'ensemble, car elles étaient de leur côté dans un état fort misérable. Il s'était donc contenté d'envoyer au delà du Dniéper Platow, Miloradovitch et Yermoloff avec une avant-garde d'environ dix mille hommes. Ces troupes, arrivées à Lochnitza, étaient prêtes à coopérer avec Tchitchakoff et Wittgenstein à la destruction de l'armée française. Quant à Wittgenstein, ayant ainsi que Steinghel suivi le corps de Victor, il était sur les derrières de celui-ci, entre Borisow et Studianka, avec une trentaine de mille hommes, prêt à peser de toutes ses forces sur Victor pour le jeter dans la Bérézina. C'étaient donc environ 72 mille combattants, sans compter les 30 mille restés en arrière avec Kutusof, qui allaient fondre en queue sur les 12 ou 13 mille hommes de Victor, fondre en tête sur les 9 mille d'Oudinot et les 7 à 8 mille de la garde. Eugène, Davout, Junot, tous en marche sur Zembin, n'étaient guère en mesure de servir sur ce point, et 28 ou 30 mille hommes, partagés sur les deux rives de la Bérézina, gênés par 40 mille traînards, allaient avoir à combattre en tête et en queue 72 mille hommes, pendant la difficile opération d'un passage de rivière.

Nov. 1812.

Rôle et force des trois armées qui doivent assaillir les Français le 28.

Cette terrible lutte commença dès le 27 au soir. L'infortunée division française Partouneaux, la meilleure des trois de Victor, avait reçu ordre de Napoléon de se tenir encore toute la journée du 27 devant Borisow, afin d'y contenir et d'y tromper Tchitchakoff. Dans cette position, elle était séparée du gros de son corps qui était concentré autour de Studianka, par trois lieues de bois et de marécages. Il était donc à craindre qu'elle ne fût coupée par l'arrivée des troupes de Platow, de Miloradovitch et d'Yermoloff, qui nous avaient suivis sur la grande route d'Orscha à Borisow. Cette triste circonstance, si facile à prévoir, s'était en effet réalisée, et l'avant-garde de Miloradovitch, opérant sur la route d'Orscha sa jonction avec Wittgenstein et Steinghel, s'était interposée entre la division Partouneaux consignée à Borisow, et les deux divisions de Victor chargées de couvrir Studianka. La malheureuse division Partouneaux se trouvait donc coupée, à moins que

La lutte commence le 27 au soir contre la division Partouneaux, laissée devant Borisow.

Position périlleuse de la division

Nov. 1812.

Partouneaux, demeurée seule à Borisow.

longeant la gauche de la Bérézina à travers les bois et les marécages, elle ne parvint à rejoindre le corps de Victor par le chemin qu'Oudinot avait pris la veille pour remonter jusqu'à Studianka. C'est le 27 au soir que le général Partouneaux s'aperçut de cette situation, qui, périlleuse d'abord, d'heure en heure devenait presque désespérée. A l'instant où il se sentait assailli sur la route d'Orscha, il se vit tout à coup attaqué d'un autre côté par les troupes de Tchitchakoff, qui essayaient de passer la Bérézina sur les débris du pont de Borisow. Aux immenses périls dont il était menacé se joignait l'affreux embarras de plusieurs milliers de traînards, qui dans la croyance d'un passage au-dessous de Borisow, s'y étaient accumulés avec leurs bagages, et attendaient vainement la construction de ponts qu'on ne jetait pas. Pour mieux tromper l'ennemi, on les avait trompés eux-mêmes, et ils allaient être sacrifiés avec la division Partouneaux à la terrible nécessité d'abuser Tchitchakoff. Le danger d'être enveloppé devenant de moment en moment plus évident, les boulets arrivant de tous côtés, le désordre, la confusion furent bientôt au comble, et les trois petites brigades de Partouneaux, voulant se former pour se défendre, se trouvèrent comme inondées de quelques milliers de malheureux, qui poussaient des cris, se précipitaient dans leurs rangs, et empêchaient toute manœuvre. Des femmes faisant partie de la colonne des bagages, ajoutaient leur épouvante et leurs clameurs à cette scène de désolation. Le général Partouneaux résolut néanmoins de se faire jour, et sortant de Bo-

Désastre de la division Partouneaux.

risow, la gauche à la Bérézina, la droite sur les coteaux de Staroï-Borisow, il essaya de remonter à travers le dédale de bois et de marécages glacés qui le séparaient de Studianka. Formé sur autant de colonnes que de brigades, il s'avança tête baissée, décidé à s'ouvrir un chemin ou à périr. Il avait 4 mille hommes pour résister à 40 mille. Les trois brigades, suivies de la cohue épouvantée, firent d'abord quelque progrès; mais accueillies de front par toute l'artillerie russe qui était sur les hauteurs, assaillies en queue par une innombrable cavalerie, elles furent horriblement maltraitées. Le général Partouneaux, qui marchait avec la brigade de droite, la plus menacée, voulut se dégager, prit trop à droite, ne tarda pas à être séparé de ses deux autres brigades, fut enveloppé et presque détruit. Il ne céda point cependant, refusa de se rendre malgré plusieurs sommations, et continua de combattre. Ses deux brigades de gauche, isolées de lui, suivirent son exemple, sans avoir reçu ses ordres. L'ennemi, épuisé lui-même, suspendit son feu vers minuit, certain de prendre jusqu'au dernier homme cette poignée de braves qui s'obstinaient héroïquement à se faire égorger. Il espérait que l'évidence de la situation les amènerait à capituler, et lui épargnerait une plus grande effusion de sang. A la pointe du jour, 28 au matin, les généraux russes sommèrent de nouveau le général Partouneaux, resté debout sur la neige avec 4 ou 500 hommes de sa brigade, lui montrèrent qu'il était sans ressources, réduit à faire tuer inutilement les quelques soldats qu'il avait encore auprès de lui, et le désespoir dans l'âme il se rendit, ou plutôt il fut pris. Les deux autres brigades, auxquelles on alla porter cette nouvelle, mirent bas les armes, et les Russes firent environ 2 mille prisonniers, dernier reste de 4 mille et quelques cents hommes [1]. Un bataillon de 300 hommes réussit seul à la faveur des ténèbres à remonter la Bérézina, et à gagner Studianka. Les Cosaques purent ensuite recueillir à coups de lance quelques milliers de traînards qui étaient enfermés dans le même coupe-gorge.

On avait entendu de Studianka, pendant cette cruelle nuit, la fusillade et la canonnade qui retentissaient du côté de Borisow. Napoléon en était inquiet, et le maréchal Victor bien davantage, car de l'endroit où il était, il appréciait mieux le danger de sa principale division, et pensait que l'ordre de demeurer à Borisow était une précaution inutile, par conséquent barbare, puisque après le passage du 26, et surtout après celui du 27, il n'était plus possible de prolonger l'illusion de l'ennemi, qu'on s'exposait donc à perdre sans profit 4 mille hommes dont la conservation eût été du plus grand prix. Mais on était en proie à des soucis de tant d'espèces, qu'on sentait à peine les nouveaux qui venaient vous assaillir

---

[1] M. de Boutourlin, toujours prodigue de chiffres incroyables malgré son impartialité d'appréciation, parle de 7 mille prisonniers faits sur une division qui était d'environ 4 mille hommes, et dont 2 mille au moins avaient succombé dans le combat. Nous ne faisons cette remarque que dans l'intérêt de la vérité, car ces cruels désastres, dont le récit nous déchire le cœur, sont assez grands pour que nous n'ayons aucun intérêt à les diminuer, ni nos ennemis à les exagérer. N'ayant sauvé que notre gloire, il importe peu d'avoir sauvé quelques hommes de plus, lorsqu'il est malheureusement certain que presque toute l'armée se trouva détruite ou dispersée à la fin de la campagne.

LA BÉRÉZINA.

Nov. 1812.

à tout moment. On passa cette nuit dans de cruelles inquiétudes, mais lorsque le silence, survenu le 28 au matin, aurait pu nous révéler la catastrophe de la division Partouneaux, le feu commença sur les deux rives de la Bérézina, à la rive droite contre celles de nos troupes qui avaient passé, à la rive gauche contre celles qui couvraient la fin du passage. Dès lors on ne songea plus qu'à combattre. La canonnade, la fusillade devinrent bientôt extrêmement violentes, et Napoléon, courant sans cesse à cheval d'un point à l'autre, allait s'assurer tantôt si Oudinot tenait tête à Tchitchakoff, tantôt si Éblé continuait à maintenir ses ponts, et si Victor, qu'on voyait aux prises avec Wittgenstein, n'était pas précipité dans les flots glacés de la Bérézina, avec la foule qui n'avait pas achevé de franchir cette rivière.

Quoique le feu fût terrible sur tous les points, et emportât des milliers de victimes qui devaient toutes expirer sur ce champ lugubre, pourtant sur l'une et l'autre rive on se soutenait. Les généraux russes, comme on l'a vu, étaient convenus entre eux d'assaillir les Français sur les deux rives de la Bérézina, et de les précipiter tous ensemble dans cette rivière, si toutefois ils pouvaient y réussir. Mais heureusement ils étaient si intimidés par la présence de Napoléon et de la grande armée, que même en ayant tous les avantages de la situation et du nombre, ils agissaient avec une extrême réserve, et ne nous pressaient pas avec la vigueur qui aurait pu décider notre ruine.

Le maréchal Oudinot avait eu affaire dès le matin aux troupes de Tchaplitz et de Pahlen, appuyées

Combat du maréchal Oudinot

Nov. 1812.

sur la droite de la Bérézina contre l'armée de Tchitchakoff.

par le reste des forces de Tchitchakoff, et par un détachement de Yermoloff, qui, pour les joindre, avait traversé la Bérézina sur les débris réparés du pont de Borisow. Le terrain sur lequel on combattait, appelé Ferme de Brill, et situé sur la rive droite à la même hauteur que Studianka sur la rive gauche, était une suite de bois de sapins, au milieu desquels avaient été opérées des coupes nombreuses. Les arbres abattus couvraient encore la terre. Le champ de bataille était donc plus propre à des combats de tirailleurs qu'à de grandes attaques en ligne, circonstance très-favorable pour nos soldats, aussi intelligents que braves. Le maréchal Oudinot, avec les divisions Legrand et Maison, avec les 1200 cuirassiers du général Doumerc, et les 700 cavaliers légers du général Corbineau, soutenait une lutte opiniâtre dans ces bois, tour à tour fort épais ou présentant d'assez vastes éclaircies. C'était un combat de tirailleurs des plus vifs, des plus meurtriers, et tout à l'avantage de nos soldats. Les généraux Maison, Legrand, Dombrowski, dirigeant leurs troupes avec autant d'habileté que de vigueur, tantôt remplissant les bois d'une nuée de tirailleurs, tantôt faisant des charges à la baïonnette quand ils avaient de l'espace, avaient fini par gagner du terrain, et par rejeter Tchaplitz et Pahlen sur le gros du corps de Tchitchakoff. Le maréchal Oudinot qui, toujours malheureux au feu, était aussi prompt à exposer sa personne que s'il n'eût jamais été atteint, avait été blessé, et emporté du champ de bataille. Le général Legrand avait été frappé également, et Ney, sur l'ordre de Napoléon, était accouru pour

Oudinot blessé est remplacé par Ney.

remplacer Oudinot. Napoléon avait adjoint aux 2 mille hommes environ qui restaient des corps de Ney et de Poniatowski, 1500 hommes de la légion de la Vistule sous Claparède. Il tenait en réserve Mortier avec 2 mille soldats de la jeune garde, Lefebvre avec 3,500 de la vieille garde, et environ 500 cavaliers, dernier reste de ses grenadiers et chasseurs à cheval.

Nov. 1812.

La présence de Ney suffisait pour ranimer les cœurs que l'éloignement forcé d'Oudinot et de Legrand avait affectés. Se faisant suivre de Claparède, et conduisant les débris de son corps, il s'attacha d'abord à soutenir Maison et Legrand, puis les aida à rejeter la tête des troupes de Tchitchakoff sur leur corps de bataille. Le terrain, plus découvert en cet endroit, permettait des attaques en ligne. Ney prescrivit à Doumerc de se tenir prêt avec les cuirassiers à charger vers la droite, et il disposa ses colonnes d'infanterie de manière à charger lui-même à la baïonnette soit au centre soit à gauche. En attendant il établit un feu d'artillerie violent sur les masses russes adossées à la partie la plus épaisse des bois. Doumerc, impatient de saisir l'occasion, aperçut sur la droite six ou sept mille Russes de vieille infanterie (c'était celle qui depuis trois ans combattait les Turcs) appuyés par une ligne de cavalerie, et fit ses dispositions pour les charger. Afin de garantir ses flancs pendant qu'il serait engagé, il plaça sa cavalerie légère à droite, le 4ᵉ de cuirassiers à gauche, puis il lança le 7ᵉ sur l'infanterie russe, et se mit en mesure de le soutenir avec le 14ᵉ. Le colonel Dubois, colonel du 7ᵉ de cuirassiers, anima ses sol-

Belle charge des cuirassiers Doumerc.

TOM. XIV.

Nov. 1812.

Victoire complète sur la droite de la Bérézina.

dats, leur dit que le salut de l'armée dépendait de leur courage, ce qu'il n'eut pas de peine à leur persuader, et fondit au galop sur l'infanterie russe formée en carré. La charge fut si violente, que, malgré un feu de mousqueterie des mieux nourris, le carré enfoncé livra entrée à nos cavaliers. Ceux-ci alors se rabattant sur les fantassins rompus, se mirent à les percer de leurs longs sabres. Au même instant Doumerc accourut avec le 14° de cuirassiers pour empêcher les lignes russes de se reformer, tandis que le 4° contenait à gauche la cavalerie ennemie, et que la cavalerie légère la contenait à droite. On ramassa ainsi environ deux mille prisonniers, outre un millier d'hommes frappés à coups de sabre. Ney, à son tour, porta son infanterie en avant. L'héroïque Maison mettant pied à terre, se saisit d'un fusil, chargea l'ennemi à la tête de ses fantassins, culbuta les Russes, et les obligea de se replier dans l'épaisseur des bois. Ney qui dirigeait le combat fit continuer la poursuite jusqu'à l'extrémité de la forêt de Stakow, à moitié chemin de Brill à Borisow. Là, devant un ravin qui séparait les deux armées, il s'arrêta, et entretint une canonnade pour finir la journée. Mais il n'y avait plus aucun danger d'être forcé de ce côté, et la victoire y était assurée. L'ennemi avait perdu, outre 3 mille prisonniers, environ 3 mille morts ou blessés.

Cette bonne nouvelle, répandue sur les derrières, y provoqua les acclamations de la jeune et de la vieille garde, qui dès ce moment restaient disponibles pour porter secours de l'autre côté de la Bérézina, si un danger pressant venait à s'y produire. Le combat y était acharné, car Victor, avec 9 à 10 mille soldats, embarrassé de 10 ou 12 mille traînards, et d'une multitude de bagages, y tenait tête à près de 40 mille ennemis.

Heureusement, sur cette rive gauche de la Bérézina qu'il fallait disputer le plus longtemps possible avant de la quitter définitivement, le terrain se prêtait à la défense. Le maréchal Victor avait pris position sur le bord d'un ravin assez large, qui venait aboutir à la Bérézina, et y avait rangé la division polonaise Girard, ainsi que la division allemande et hollandaise de Berg. Par sa droite il couvrait Studianka, et protégeait les ponts; par sa gauche il s'appuyait à un bois qu'il n'avait pas assez de forces pour occuper, mais en avant duquel il avait placé les 800 chevaux qui lui restaient, et qui étaient sous les ordres du général Fournier. Avec son artillerie de 12, il avait établi sur les Russes un feu dominant et meurtrier, et était ainsi parvenu à les contenir.

C'était le général Diebitch, chef d'état-major de Wittgenstein, qui dirigeait l'attaque, devenue très-vive dès la pointe du jour. Après une forte canonnade, le général russe, voulant se débarrasser de la gauche des Français, composée de la cavalerie Fournier, la fit attaquer par de nombreux escadrons, qui, placés à la naissance du ravin, n'avaient pas de grands obstacles à franchir pour nous aborder. Le général Fournier, chargeant à son tour avec la plus extrême vigueur, parvint à repousser la cavalerie ennemie, quoique trois ou quatre fois plus nombreuse que la nôtre, et réussit même à la ramener au delà

Nov. 1812.

Bataille sur la rive gauche entre Victor et Wittgenstein.

Le maréchal Victor se soutient pendant la matinée malgré son infériorité numérique.

du ravin. En même temps les chasseurs russes d'infanterie, attaquant sur notre droite, étaient descendus dans le fond du ravin, s'étaient logés dans les broussailles, et avaient donné le moyen au général Diebitch d'établir une forte batterie, qui, tirant par delà notre droite, atteignait les ponts, près desquels une masse de traînards et de bagages se pressait avec épouvante.

Le maréchal Victor, qui craignait pour ce côté de sa ligne, car c'étaient les ponts qu'il devait surtout s'attacher à défendre, lança plusieurs colonnes d'infanterie afin d'écarter les batteries russes, tandis que sur l'autre bord de la Bérézina la garde impériale, s'étant aperçue du péril, avait disposé quelques pièces de canon pour contrebattre l'artillerie ennemie. On échangea ainsi pendant quelques heures une grêle de boulets de l'une à l'autre rive, et tout près des ponts qui recevaient une partie des projectiles russes.

Il n'est pas besoin de dire quelle confusion effroyable se produisit alors dans la foule de ceux qui avaient négligé de passer les ponts, ou de ceux qui étaient arrivés trop tard pour en profiter. Les uns et les autres, ignorant que le premier pont était réservé aux piétons et aux cavaliers, le second aux voitures, s'entassaient avec une impatience délirante vers la double issue. Mais les pontonniers placés à la tête de celui de droite, étaient obligés de repousser les voitures, et de leur indiquer le pont à gauche, situé à cent toises plus bas. Si ce n'eût été qu'une affaire de consigne, on aurait pu se relâcher; mais c'était une nécessité absolue, puisque le pont de droite était incapable de porter des voitures. Les malheureux, obligés de rebrousser chemin, ne pouvaient rompre qu'avec la plus grande peine la colonne qui les pressait, et leur effort pour revenir sur leurs pas, opposé à l'effort de ceux qui étaient impatients d'arriver, produisait une lutte épouvantable. Ceux qui réussissaient à s'arracher à ce conflit de deux courants contraires, se rejetant de côté, y trouvaient une autre masse tout aussi serrée, celle qui se dirigeait sur le pont des voitures. La passion de parvenir aux ponts était telle, qu'on avait bientôt fini par s'immobiliser les uns les autres. Les boulets de l'ennemi, tombant au milieu de cette masse compacte, y traçaient d'affreux sillons, et arrachaient des cris de terreur aux pauvres femmes, cantinières ou fugitives, qui étaient sur les voitures avec leurs enfants. On se serrait, on se foulait, on montait sur ceux qui étaient trop faibles pour se soutenir, et on les écrasait sous ses pieds. La presse était si grande que les hommes à cheval étaient, eux et leurs montures, en danger d'être étouffés. De temps en temps des chevaux, devenus furieux, s'élançaient, ruaient, écartaient la foule, et un moment se faisaient un peu de place en renversant quantité de malheureux. Mais bientôt la masse se reformait aussi épaisse, flottant et poussant des cris douloureux sous les boulets[1] : spectacle atroce bien fait pour rendre odieuse, et à jamais exécrable, cette expédition insensée !

L'excellent général Éblé, dont ce spectacle déchi-

[1] Je parle ici d'après des relations manuscrites qui sont en mes mains, et qui sont dignes de toute confiance.

rait le cœur, voulut rétablir un peu d'ordre, mais ce fut en vain. Placé à la tête des ponts il tâchait de parler à la foule, pour dégager au moins les plus rapprochés, et leur faciliter le moyen de passer, mais ce n'était qu'à coups de baïonnette qu'on parvenait à se faire écouter, et qu'arrachant quelques victimes, femmes, enfants, ou blessés, on réussissait à les amener jusqu'à l'entrée du pont. Cette espèce de résistance qu'on s'opposait ainsi les uns aux autres par excès d'ardeur, fut cause qu'il ne s'écoula pas la moitié de ceux qui auraient pu profiter des ponts. Beaucoup de guerre lasse se jetaient dans l'eau, d'autres y étaient poussés par la foule, essayaient de traverser à la nage, et se noyaient. D'autres, ayant cherché à passer sur la glace, la rompaient par leur poids, flottaient dessus quelque temps, et étaient emportés au loin par le courant. Et cet horrible conflit, après avoir duré toute la journée, loin de diminuer, devenait plus horrible à chaque va-et-vient de la lutte engagée entre Victor et Wittgenstein.

Victor, qui en cette journée déploya le plus noble courage, en se voyant près d'être forcé sur sa droite, ce qui eût amené une affreuse catastrophe vers les ponts, résolut de tenter une attaque furieuse contre le centre de l'ennemi. Il jeta d'abord une colonne d'infanterie dans le ravin, pendant que le général Fournier renouvelait à gauche une charge de cavalerie des plus vives. Un feu épouvantable de quarante pièces de canon accueillant subitement nos fantassins, ils se dispersèrent dans les broussailles du ravin, mais sans fuir, se répandirent en tirailleurs, se soutinrent, gagnèrent même un peu de terrain sur les Russes. Profitant de la circonstance, le maréchal Victor lança une nouvelle colonne, qui se précipita dans le ravin, en remonta le bord opposé sans se rompre, assaillit la ligne russe, et la força de reculer. Au même instant, le général Fournier exécutant une dernière charge de cavalerie, appuya ce mouvement et le rendit décisif. Dès ce moment, l'artillerie russe repoussée cessa de porter le désordre sur les ponts en y envoyant ses boulets.

Mais le général Diebitch ne voulant pas se tenir pour battu, reforma sa ligne trois fois plus nombreuse que la nôtre, revint à la charge, et nous ramena en deçà du ravin, qui resta néanmoins la limite des deux armées. Heureusement la nuit commençait, et elle sépara bientôt les combattants épuisés. De 7 à 800 chevaux, le général Fournier en conservait à peine 300; le maréchal Victor, de 8 à 9 mille fantassins, en conservait à peine 5 mille, et de tous ces braves gens, Hollandais, Badois, Polonais surtout, qui s'étaient dévoués, et dont un grand nombre seulement blessés auraient pu être sauvés, on avait la douleur de se dire que pas un ne pourrait être recueilli, faute de moyens de transport. Les Russes, exposés en masse plus considérable à notre artillerie, avaient perdu 6 à 7 mille hommes. Cette double bataille sur les deux rives de la Bérézina, avait donc coûté de 10 à 11 mille hommes aux Russes, sans compter les 3 mille prisonniers qu'avait faits le général Doumerc. Mais leurs blessés étaient sauvés, les nôtres au contraire étaient sacrifiés d'avance, et avec eux étaient sacrifiés aussi les traî-

Nov. 1812.

Triomphe définitif du maréchal Victor.

Résultat du combat livré à la rive gauche.

nards, auxquels il fallait désespérer de faire passer la Bérézina en temps utile.

La nuit survenue ramena[1] un peu de calme dans ce lieu de carnage et de confusion. Quoique à peine échappés à un affreux désastre, et par une sorte de miracle, car il avait fallu à travers un fleuve à demi gelé (ce qui était la pire des conditions) se soustraire à trois armées poursuivantes, quoique ayant la queue de notre colonne encore engagée dans les mains de l'ennemi, nous avions le sentiment d'un

---

[1] M. de Boutourlin suppose qu'il y eut 5 mille tués ou blessés du côté des maréchaux Oudinot et Ney, et 5 mille du côté du maréchal Victor. Ces chiffres sont inexacts. Quatre mille du côté de Victor, 3 mille du côté d'Oudinot et Ney sont à peu près la vérité. Mais les pertes de l'ennemi furent beaucoup plus grandes, car indépendamment du nombre bien plus considérable d'hommes que nous tuâmes aux Russes, nous leur fîmes environ 3 mille prisonniers par la main des cuirassiers du général Doumerc. M. de Boutourlin dit que nous perdîmes 14 mille prisonniers appartenant au corps seul de Victor, la division Partouneaux comprise. Or le maréchal Victor arrivé à Studianka ne conservait pas plus de 13 à 14 mille hommes avec la division Partouneaux. Il en perdit par le feu 2 mille de la division Partouneaux, 4 mille des divisions Girard et Daendels, il en ramena 5 mille; comment aurait-il pu en laisser 11 mille dans les mains des Russes? Ce sont là des exagérations évidentes. Les Russes prirent 2 mille hommes au général Partouneaux, et quelques centaines aux divisions Girard et Daendels, ce qui avec les 6 mille perdus au feu dans les trois divisions, et les 5 mille ramenés, compose les 13 ou 14 mille du corps du maréchal Victor. Les prétendus prisonniers faits par les Russes ne furent évidemment que des traînards ramassés sur les chemins. Les Russes ont parlé encore de 200 bouches à feu prises à la Bérézina. Ils prétendirent en avoir pris 220 à Krasnoé, 200 à la Bérézina, total 420. Or Napoléon n'en avait pas emporté 200 de Smolensk. D'après le rapport véridique des pontonniers, il ne resta pas un canon de l'autre côté de la Bérézina. Des traînards ramassés sur les routes, les Russes ont fait des prisonniers pris sur le champ de bataille ; et des voitures de bagages ils ont fait aussi des canons pris en combattant. C'est ce qui explique chez un écrivain tel que M. de Boutourlin, les étranges exagérations que nous venons de signaler.

vrai triomphe, triomphe sanglant et douloureux, payé par de cruels sacrifices, triomphe néanmoins, et l'un des plus glorieux de notre histoire, car les 28 mille hommes qui combattaient ainsi à cheval sur une rivière, contre 72 mille, auraient dû être pris jusqu'au dernier! Notre malheur, tel quel, était donc un prodige.

L'armée le sentait, et même dans ce désastre dont nous partagions la perte matérielle avec les Russes, mais dont la confusion était toute pour eux, Napoléon crut retrouver la grandeur de sa destinée, sinon de sa puissance. Le lendemain toutefois, il fallait recommencer non pas à se retirer, mais à fuir. Il fallait en effet arracher des mains de l'ennemi les 5 mille hommes qui restaient au maréchal Victor, son artillerie, ses parcs, et le plus qu'on pourrait des malheureux qui n'avaient pas su employer les journées précédentes à passer les ponts. Napoléon ordonna au maréchal Victor de se transporter sur la droite de la Bérézina pendant la soirée et la nuit, d'emmener toute son artillerie, et de faire écouler la plus grande partie des hommes débandés qui étaient encore sur la rive gauche.

Singulier flux et reflux de la multitude épouvantée! Tant que le canon avait grondé, tout le monde voulait passer, et, à force de le vouloir, ne le pouvait plus. Quand avec la nuit vint le silence de l'artillerie, on ne songea plus qu'au danger de se trop presser, danger dont on avait fait dans la journée une cruelle expérience; on s'éloigna de la scène d'horreur que présentait le lieu du passage, afin, disait-on, de céder le pas aux plus impatients, de

Nov. 1812.

Efforts des pontonniers pour désencombrer l'avenue des ponts, et faire écouler la foule désarmée.

Victor passe avec les débris de ses divisions.

La nuit venue, et le canon ne

manière que la difficulté allait être maintenant de forcer ces malheureux à défiler avant l'incendie des ponts qu'il fallait absolument détruire le lendemain, si on voulait gagner un peu d'avance sur l'ennemi.

Mais la première chose à faire était de déblayer les avenues des deux ponts de la masse de chevaux et d'hommes morts par le boulet ou par l'étouffement, de voitures brisées, d'embarras de toute espèce. C'était, suivant le langage des pontonniers, une sorte de tranchée à exécuter au milieu des cadavres et des débris de voitures. Le général Éblé, avec ses pontonniers, entreprit cette tâche aussi pénible que douloureuse. On ramassait les cadavres et on les jetait sur le côté, on traînait les voitures jusqu'au pont, et on les précipitait ensuite du tablier dans la rivière. Il restait néanmoins une masse de cadavres dont on n'avait pu délivrer les approches des deux ponts. Il fallait donc cheminer en passant sur ces corps, et au milieu de la chair et du sang.

Le soir, de neuf heures à minuit, le maréchal Victor traversa la Bérézina en se dérobant à l'ennemi, trop fatigué pour songer à nous poursuivre. Il fit écouler son artillerie par le pont de gauche, son infanterie par celui de droite, et sauf les blessés, sauf deux bouches à feu, parvint à transporter tout son monde et son matériel sur la droite de la Bérézina. Le passage opéré, il mit son artillerie en batterie afin de contenir les Russes, et de les empêcher de passer les ponts à notre suite.

Restaient plusieurs milliers de traînards débandés ou fugitifs, qui avaient encore à passer, qui dans la journée le voulaient trop, et qui le soir venu ne le voulaient plus, ou du moins ne le voulaient que le lendemain. Napoléon ayant donné l'ordre de détruire les ponts dès la pointe du jour, fit dire au général Éblé, au maréchal Victor d'employer tous les moyens de hâter le passage de ces malheureux. Le général Éblé se rendit lui-même à leurs bivouacs, accompagné de plusieurs officiers, et les conjura de traverser la rivière en leur affirmant qu'on allait détruire les ponts. Mais ce fut en vain. Couchés à terre, sur la paille ou sur des branches d'arbre, autour de grands feux, dévorant quelques lambeaux de cheval, ils craignaient les uns la trop grande affluence surtout pendant la nuit, les autres la perte d'un bivouac assuré pour un bivouac incertain. Or avec le froid qu'il faisait, une nuit sans repos et sans feu c'était la mort. Le général Éblé fit incendier plusieurs bivouacs pour réveiller ces obstinés, engourdis par le froid et la fatigue ; mais ce fut sans succès. Il fallut donc voir s'écouler toute une nuit sans que l'existence des ponts, qui allait être si courte, fût utile à tant d'infortunés.

Le lendemain 29, à la pointe du jour, le général Éblé avait reçu ordre de détruire les ponts dès sept heures du matin. Mais ce noble cœur, aussi humain qu'intrépide, ne pouvait s'y décider. Il avait fait disposer d'avance sous le tablier les matières incendiaires, pour qu'à la première apparition de l'ennemi on pût mettre le feu, et qu'en attendant les retardataires eussent le temps de passer. Ayant encore été debout cette nuit, qui était la sixième, tandis que ses pontonniers avaient dans chaque jour-

Nov. 1812.

Les alarmant plus, les traînards refusent de passer, pour ne pas sacrifier les bivouacs qu'ils se sont procurés.

Le lendemain 29, il faut incendier les ponts.

Touchante humanité du général Éblé.

Nov. 1812.

née pris un peu de repos, il était là, s'efforçant d'accélérer le passage, et envoyant dire à ceux qui étaient en retard qu'il fallait se hâter. Mais le jour venu il n'y avait plus à les stimuler, et, convaincus trop tard, ils n'étaient que trop pressés. Toutefois on défilait, mais l'ennemi était sur les hauteurs vis-à-vis. Le général Eblé, qui, d'après les ordres du quartier général, aurait dû avoir détruit les ponts à sept heures au plus tard, différa jusqu'à huit. A huit, des ordres réitérés, la vue de l'ennemi qui approchait, tout lui faisait un devoir de ne plus perdre un instant. Cependant, comme l'artillerie du maréchal Victor était là pour contenir les Russes, il était venu se placer lui-même à la culée des ponts, et retenait la main de ses pontonniers, voulant sauver encore quelques victimes si c'était possible. En ce moment son âme si bonne, quoique si rude, souffrait cruellement.

Ses efforts pour sauver encore quelques malheureux.

Enfin, ayant attendu jusqu'à près de neuf heures, l'ennemi arrivant à pas accélérés, et les ponts ne pouvant plus servir qu'aux Russes si on différait davantage, il se décida, le cœur navré, et en détournant les yeux de cette scène affreuse, à faire mettre le feu. Sur-le-champ des torrents de fumée et de flammes enveloppèrent les deux ponts, et les malheureux qui étaient dessus se précipitèrent pour n'être pas entraînés dans leur chute. Du sein de la foule qui n'avait point encore passé, un cri de désespoir s'éleva tout à coup : des pleurs, des gestes convulsifs s'apercevaient sur l'autre rive. Des blessés, de pauvres femmes tendaient les bras vers leurs compatriotes, qui s'en allaient, forcés malgré

Incendie des ponts, et désespoir de ceux qui n'ont pu passer.

eux de les abandonner. Les uns se jetaient dans l'eau, d'autres s'élançaient sur le pont en flammes, chacun enfin tentait un effort suprême pour échapper à une captivité qui équivalait à la mort. Mais les Cosaques, accourant au galop, et enfonçant leurs lances au milieu de cette foule, tuèrent d'abord quelques-uns de ces infortunés, recueillirent les autres, les poussèrent comme un troupeau vers l'armée russe, puis fondirent sur le butin. On ne sait si ce furent six, sept ou huit mille individus, hommes, femmes, enfants, militaires ou fugitifs, cantiniers ou soldats de l'armée, qui restèrent ainsi dans les mains des Russes.

L'armée se retira profondément affectée de ce spectacle, et personne n'en fut plus affecté que le généreux et intrépide Éblé, qui, en dévouant sa vieillesse au salut de tous, pouvait se dire qu'il était le sauveur de tout ce qui n'avait pas péri ou déposé les armes. Sur les cinquante et quelques mille individus armés ou désarmés qui avaient passé la Bérézina, il n'y en avait pas un seul qui ne lui dût la vie ou la liberté, à lui et à ses pontonniers. Mais ce grand service, la plupart des pontonniers qui avaient travaillé dans l'eau l'avaient déjà payé, ou allaient le payer de leur vie; et le général Éblé lui-même avait contracté une maladie mortelle à laquelle il devait promptement succomber.

Tel fut cet immortel événement de la Bérézina, l'un des plus tragiques de l'histoire. Les Russes effrayés du grand nom de Napoléon, hésitant à lui barrer le chemin, ne voulant l'essayer qu'en masse, lui avaient ainsi laissé le temps de trouver un pas-

Nov. 1812.

Immortel dévouement du général Éblé et de ses pontonniers.

Grandeur tragique de l'événement de la Bérézina.

sage, d'y jeter des ponts, et de le franchir. Napoléon dut au hasard miraculeux de l'arrivée de Corbineau, à la sagacité et au courage de celui-ci, au noble dévouement d'Éblé, à la résistance désespérée de Victor et de ses soldats, à l'énergie d'Oudinot, de Legrand, de Maison, de Zayonchek, de Doumerc, de Ney, et enfin à son discernement sûr et profond qui lui avait révélé le vrai parti à prendre, Napoléon dut d'avoir échappé, par une scène sanglante, au plus humiliant, au plus accablant des désastres. Cette tragique fin couronnait dignement cette terrible campagne, et malheureux par sa faute, Napoléon restait grand néanmoins! Il devait donc remercier tout le monde, car il était ce jour-là plus que dans ses plus éclatantes victoires, l'obligé de ses généraux, de ses soldats, de ses alliés eux-mêmes. Néanmoins, après avoir félicité Victor, le 28 au soir, des prodiges de valeur exécutés dans la journée, il lui prodigua le lendemain 29, quand il connut la catastrophe de la division Partouneaux, de sanglants reproches, revint sur le passé, sur le temps perdu le long de l'Oula en fausses manœuvres, et paya d'une excessive sévérité le plus grand service que Victor lui eût jamais rendu. Pourtant le malheur de Partouneaux, s'il était reprochable à quelqu'un, était sa faute autant au moins que celle de Victor, car il avait voulu prolonger la fausse démonstration sur Borisow au delà du temps nécessaire. Victor, au lendemain d'un admirable dévouement, se retira le cœur contristé.

Il fallait marcher cependant, et marcher sans perdre une minute pour rejoindre par Zembin,

Pletchenitzy, Ilia, Molodeczno, la route de Wilna, qu'on retrouvait à Molodeczno. Du point où l'on avait passé la Bérézina jusqu'à Molodeczno, on rentrait dans une région où les routes, construites au milieu de forêts marécageuses, étaient tantôt établies sur des lits de fascines, tantôt sur des ponts de plusieurs centaines de toises. Il y avait trois de ces ponts à franchir entre la Bérézina et Pletchenitzy, où les Russes, en mettant le feu, auraient facilement arrêté toute l'armée. Ils avaient une avant-garde de Cosaques appuyée de quelque cavalerie régulière à Pletchenitzy, sous le général russe Landskoy. Cette avant-garde heureusement ne fit rien de ce qu'elle aurait pu faire. Elle était occupée d'assiéger, dans une grange à Pletchenitzy, le maréchal Oudinot gravement blessé, et n'ayant avec lui qu'une cinquantaine d'hommes qui escortaient quelques officiers atteints dans la journée du 28. L'intrépide maréchal se soutenant à peine se défendait, avec ceux qui l'entouraient, contre de nombreux assaillants, et lui-même se servant de ses pistolets, tirait à travers quelques ouvertures pratiquées dans les murailles de sa chaumière. L'armée, en arrivant, dégagea lui et ses compagnons d'infortune, et dispersa les Cosaques.

Grâce à cette incurie de l'avant-garde russe, l'armée tout entière put traverser sans obstacle les ponts si longs de la route de Zembin à Molodeczno, et arriver sans encombre au point où les plus difficiles passages étaient franchis. Le maréchal Ney, ayant remplacé le maréchal Oudinot dans le commandement du 2ᵉ corps, avait rencontré un lieute-

Déc. 1812.

sur Molodeczno.

Ney et Maison achèvent la retraite, en restant les derniers à la tête de l'arrière-garde.

nant digne de lui, c'était le général Maison, son égal en bonne santé, en bonne humeur, en intrépidité, et joignant à toutes les qualités du soldat une rare sagacité militaire. Le général Legrand, qui commandait l'une des deux divisions françaises du 2ᵉ corps, ayant été blessé, le général Maison réunissait dans sa main les 3 mille hommes restant de ce 2ᵉ corps, qui était de 39 mille hommes à l'ouverture de la campagne. Ney et Maison s'entendaient parfaitement. S'étant arrêtés aux ponts de Zembin, ils les couvrirent de fascines auxquelles ils mirent le feu, et quand la cavalerie ennemie s'y présenta, elle n'eut pour passer que des monceaux de cendres brûlantes étendues sur la glace à demi fondue des marais.

Ce ne fut que le lendemain 30 que l'arrière-garde atteignit Pletchenitzy. Là elle fut assaillie par le général Platow, qui dirigeait la poursuite. Un encombrement effroyable se produisit à l'entrée du village, et un moment le maréchal Ney et le général Maison furent dans l'impossibilité de se mouvoir et de faire agir leur artillerie. Ayant enfin réussi à se débarrasser, ils ne trouvèrent plus qu'un millier d'hommes dans le rang, les autres s'étant laissé débaucher par la foule des débandés. Le froid, qui avait un moment fléchi avant le passage de la Bérézina, avait repris depuis, et de 11 ou 12 degrés, le thermomètre Réaumur était descendu à 18, 19 et 20 degrés. La souffrance s'était augmentée à proportion, et les hommes ne pouvaient presque plus se tenir debout. La vue des blessés, qu'on ne songeait pas à ramasser, n'était pas faite d'ailleurs pour encourager les combattants, et il n'était point étonnant qu'ils profitassent d'un moment de confusion pour se soustraire à une charge qui ne pesait que sur les derniers restés au drapeau. Le maréchal Ney et le général Maison ne se déconcertèrent pas, tinrent tête à l'ennemi, et, secondés par 12 ou 1500 Polonais qui arrivèrent sur ce point, parvinrent à repousser les Russes.

<small>Nov. 1812.

conservé leurs armes.</small>

On fut, grâce à cet énergique effort, délivré de la cavalerie ennemie pour deux ou trois jours, mais le froid ayant atteint 24 degrés, la perte des hommes alla encore en augmentant. Les bivouacs étaient couverts de ceux qui ne se réveillaient pas, ou qui se réveillaient avec des membres gelés, et qui, réduits à l'impossibilité de marcher, étaient dépouillés par les Russes, et laissés nus sur la terre glacée.

Le 4 décembre la tête de l'armée était arrivée à Smorgoni, l'arrière-garde à Molodeczno. Il y eut là un violent et terrible combat entre les Russes et l'arrière-garde commandée par Ney et Maison. A la cavalerie de Platow s'était jointe la division Tchaplitz. Maison et Ney n'avaient pas plus de 6 à 700 hommes, mais un reste assez considérable d'artillerie du 2ᵉ corps, qu'on avait traîné jusque-là, et dont il n'était pas à espérer, vu l'état des chevaux, qu'on pût se faire suivre plus longtemps. Ney et Maison résolurent de dépenser là leurs dernières munitions, et de faire une épouvantable immolation des Russes pour venger nos pertes quotidiennes. Ils criblèrent de mitraille la cavalerie de Platow et l'infanterie de Tchaplitz, et les arrêtèrent longtemps devant Molodeczno. Le maréchal Victor, qui avait

<small>Dernier et rude combat à Molodeczno, où l'on se venge en faisant un horrible carnage des Russes.</small>

devancé Ney et Maison à Molodeczno, et qui s'y trouvait avec 4 mille hommes restés du 9ᵉ corps, se joignit à eux et les aida à repousser les Russes. Ceux-ci firent une perte considérable, et ne nous prirent que des hommes isolés, que malheureusement ils ramassaient chaque jour par centaines. Ce dernier combat nous valut encore quelques jours de répit.

Mais arrivés là, Ney et Maison n'ayant guère que 4 à 500 hommes, ne pouvaient plus suffire au service de l'arrière-garde. Le maréchal Victor en fut chargé, avec les Bavarois du général de Wrède, qui après une longue séparation rejoignaient enfin, déjà privés en grande partie des quatre mille recrues reçues le mois précédent.

Napoléon songe enfin à quitter l'armée.

Napoléon, parvenu à Smorgoni, et croyant avoir assez fait pour son honneur en restant avec l'armée jusqu'au point où les fourches caudines n'étaient plus à craindre pour elle, résolut enfin d'exécuter le projet qu'il méditait depuis plusieurs jours, et dont il ne s'était ouvert qu'avec M. Daru de vive voix, avec M. de Bassano par écrit. Ce projet, fort sujet à contestation, était celui de partir pour retourner à Paris. M. Daru, toujours appliqué avec fermeté à ses devoirs, et, sans se faire une vertu de déplaire, se faisant une obligation de dire la vérité quand elle était utile, soutint à Napoléon que l'armée était perdue s'il la quittait. M. de Bassano, qui n'avait pas même le stimulant de ses dangers personnels pour opiner comme il le fit, car il n'était pas dans les rangs de l'armée, eut le mérite bien grand dans la situation actuelle, d'écrire à Napoléon une lon-

Opinions de MM. Daru et de Bassano sur ce départ.

gue lettre pour lui conseiller de rester. Il lui disait que la conspiration de Malet n'avait produit en France aucune émotion, que les esprits étaient plus soumis que jamais (assertion vraie, s'il s'agissait de soumission matérielle), qu'il serait obéi de Wilna aussi bien que des Tuileries même; que sans sa présence, au contraire, l'armée achèverait de se dissoudre, et que la dissolution complète de cette armée serait la plus grande des calamités qui pût terminer la campagne. Comme dernier motif, M. de Bassano disait à l'Empereur que sa présence à la tête de ses soldats contiendrait l'Allemagne, et l'empêcherait de se jeter sur nos débris. Aucune de ces raisons ne toucha Napoléon, et quelques-unes même produisirent chez lui l'effet tout opposé à celui qu'en attendait M. de Bassano.

Déc. 1812.

Napoléon croyait l'armée plus près de sa dissolution qu'il n'en voulait convenir, même avec M. de Bassano; considérant donc le mal comme à peu près accompli, il n'envisageait plus que le danger de se trouver avec quelques soldats exténués, incapables d'aucune résistance, à quatre cents lieues de la frontière française, ayant sur ses derrières les Allemands fort enclins à la révolte. Or il se demandait ce qu'il deviendrait, ce que deviendrait l'Empire, si les Allemands faisaient cette réflexion si simple, qu'en l'empêchant de retourner en France, ils détruisaient son pouvoir avec sa personne, et si, cette réflexion faite, ils se soulevaient sur ses derrières, pour fermer la route du Rhin à lui et aux débris qu'il commandait. Alors tout était perdu, et la guerre devait en quelques jours finir par sa captivité. Or on rend

Motifs sérieux et puissants qui décident Napoléon à partir.

41.

à la liberté un prince comme François Ier, qui a pour le remplacer un successeur incontesté, mais on détrône un homme, quelque grand qu'il soit, qui, porté par le hasard des révolutions sur un trône où il n'était pas né, où il n'a pas habitué le monde à le voir, a, au lieu d'un successeur universellement reconnu, des concurrents souvent appelés par le vœu public, parce qu'il a fait leur popularité par ses fautes. S'exagérant même ce genre de péril avec la vivacité de perception qui lui était particulière, Napoléon était impatient de quitter son armée, surtout depuis que la Bérézina étant miraculeusement passée, un devoir d'honneur impérieux ne le retenait plus à la tête de ses soldats. Il craignait que son désastre, qui était inconnu encore, venant à se révéler soudainement, les esprits n'en éprouvassent une telle commotion, que son retour ne devînt impossible, et que sur sa route il ne trouvât mille bras levés pour l'arrêter. Il voulait donc, avant que les malheurs qui l'avaient frappé fussent connus, ou pendant qu'on emploierait le temps à y croire, s'échapper avec quatre hommes sûrs, Caulaincourt, Lobau, Duroc, Lefebvre-Desnoëttes, traverser la Pologne en traineau, l'Allemagne en poste, l'une et l'autre très-secrètement, et arriver aux Tuileries avant d'y être attendu même par sa femme. Lorsque l'Europe saurait son désastre, mais son retour à Paris en même temps que son désastre, elle y regarderait avant de se soulever, et en tout cas elle le trouverait à la tête des forces considérables qui restaient à l'Empire, et elle pourrait payer bien cher une joie d'un moment.

Il y avait certainement de très-puissantes raisons pour penser ainsi, et assez pour qu'il faille laisser à la tourbe des partis le soin de qualifier de désertion ce départ de l'armée. Pourtant il y en avait quelques autres à faire valoir en opposition à celles-là, qui, sans les égaler peut-être, avaient néanmoins leur valeur. Avec l'opiniâtreté de Masséna ou le flegme de Moreau, il eût été possible de tirer quelques ressources de cette situation, et de trouver enfin une limite où l'on pourrait arrêter les Russes, et rallier les débris de l'armée. En effet, on avait encore en comprenant la garde, les corps de Davout et de Victor, 12 mille hommes portant un fusil, suivis de quarante mille traînards environ, capables de redevenir des soldats dès qu'on leur aurait procuré quelque part des vivres, des toits, du repos, de la sécurité. Toutefois, ce n'était pas avant un mois ou deux que ces débandés redeviendraient des soldats. Mais, en attendant, les 12 mille qui avaient conservé leurs armes allaient rencontrer entre Molodeczno et Wilna de Wrède avec 6 mille Bavarois, à Wilna même Loison avec 9 mille Français, Franceschi et Coutard avec deux brigades de 7 à 8 mille Polonais et Allemands, et, indépendamment de ces corps organisés, quelques escadrons et bataillons de marche s'élevant à 4 mille hommes, plus 6 mille Lithuaniens, c'est-à-dire 33 mille hommes, qui, joints aux restes de la grande armée, pouvaient opposer une certaine résistance à l'ennemi, puisqu'ils ne seraient pas moins de 45 mille combattants réunis et bien armés. A droite on avait Schwarzenberg avec 25 mille Autrichiens, Reynier

Déc. 1812.

Raisons qui pouvaient cependant contre-balancer celles qui décidèrent Napoléon.

Forces qui seraient restées à Napoléon s'il avait voulu demeurer à la tête de l'armée.

avec 45 mille Français et Saxons excellents, c'est-à-dire 40 mille hommes qui ne manqueraient pas d'arriver dès qu'on leur ferait parvenir l'ordre d'avancer. Enfin à gauche on avait Macdonald avec 10 mille Prussiens, qui n'oseraient abandonner l'armée française que lorsqu'elle s'abandonnerait elle-même, et 6 mille Polonais à l'abri de toute séduction ennemie. Il était donc possible d'avoir encore, à Wilna, 45 mille hommes, si toutefois on ne les envoyait pas mourir sur les routes pour aller au-devant de la grande armée, plus 40 mille à droite de Wilna, et 15 mille à gauche, auxquels il fallait de huit à dix jours pour se réunir au rendez-vous commun. En arrière, à Kœnigsberg, la division Heudelet du corps d'Augereau arrivait forte de 15 mille Français. Il en restait une autre à Augereau de pareil nombre, outre beaucoup de troupes de marche, et enfin le corps de Grenier qui venait de passer les Alpes avec 18 mille soldats des anciennes troupes d'Italie. Augereau pouvait donc tenir Berlin avec 30 mille hommes, Heudelet remplir l'intervalle avec 15 mille, et Napoléon en réunir 100 mille autour de Wilna, dont la moitié à Wilna même[1]. Or, les Russes n'en avaient pas plus. Il restait environ 50 mille hommes à Kutusof, 20 mille à Wittgenstein, et à peu près autant à Tchi-

---

[1] Loin d'exagérer ces chiffres, je les ai plutôt réduits, et je les ai pris dans la correspondance même de M. de Bassano, qui envoyait tous les jours à Napoléon l'état des troupes passant par Wilna. Le chiffre des forces des généraux Schwarzenberg et Reynier, je l'ai pris dans la correspondance de ces généraux, qui certainement, en s'excusant sans cesse de ne pas obtenir de plus grands résultats, n'auraient pas exagéré les moyens dont on leur reprochait de ne pas faire un usage suffisant.

tchakoff. Sacken, après les combats malheureux qu'il venait de soutenir contre Schwarzenberg et Reynier, comme on le verra tout à l'heure, n'avait pas 10 mille hommes sous les armes. Ce total présentait 100 mille hommes au plus, excellents sans doute, mais pas meilleurs assurément que ceux de Napoléon, pas beaucoup plus concentrés, car c'est à peine si devant Wilna Wittgenstein, Tchitchakoff et l'avant-garde de Kutusof auraient pu réunir 40 mille hommes, et Napoléon était en mesure d'en avoir au moins autant. Supposez une bataille gagnée devant Wilna, et, sous l'influence d'un pareil succès, on aurait fait rentrer trente ou quarante mille traînards dans les rangs, et reconstitué une véritable armée, capable d'arrêter les Russes, d'attendre les secours venant de France, et de tirer de la Pologne de grandes ressources. Dût-on plus tard rétrograder sur la Vistule, pour se rapprocher de ses secours, pour diminuer l'inconvénient des distances, pour l'augmenter au désavantage des Russes, on aurait rétrogradé avec cent mille hommes, en ayant sous ses pieds l'Allemagne contenue, autour de soi la Pologne armée, et derrière soi les cohortes accourant de France. Napoléon, ressaisissant la victoire du milieu de son désastre, eût été obéi de tous à Wilna comme à Paris.

Il y avait à Wilna 25 ou 30 jours de vivres-pain, 40 mille bœufs arrivant de toutes les parties de la Lithuanie, et beaucoup de spiritueux. A Kowno, il y avait des magasins considérables en vêtements, munitions et vivres. Enfin chez les fermiers polonais on aurait trouvé les grains et les farines que les réquisitions de l'autorité militaire y avaient réunis, et que le défaut de transport n'avait pas permis d'en tirer. Le traînage allait en procurer le moyen. On aurait donc pu vivre à Wilna, et en rétrogradant en tout cas sur le Niémen, la Vieille-Prusse, à prix d'argent, aurait fourni tout ce dont on aurait eu besoin [1].

En n'abandonnant pas l'armée à la désorganisation croissante qui s'était emparée d'elle, il était possible de composer encore une force respectable avec ce qui restait de l'immense multitude d'hommes attirée en Pologne au mois de juin précédent, et de recommencer avec quelques chances de succès une lutte qui cette fois était devenue nécessaire. Il aurait fallu pour cela beaucoup moins de cette prévoyance politique dont Napoléon avait eu trop peu avant de commencer la guerre, et dont il avait beaucoup trop depuis que cette guerre avait si mal tourné.

Ce sont des motifs politiques qui décident surtout Napoléon à partir

Toutefois sur ce grave sujet on pouvait soutenir le pour et le contre avec un égal fondement, et pour pencher vers le parti que nous regardons comme soutenable, il aurait fallu l'impulsion d'un sentiment moral, qui eût porté à préférer même la perte du trône à l'abandon d'une armée qu'on avait entraînée dans un désastre. S'il n'y avait eu que danger de la vie (et il n'y était pas), Napoléon était assez bon soldat pour le courir sans hésiter avec une armée compromise par sa faute; mais être détrôné, et, qui pis est, prisonnier des Allemands, était une perspective devant laquelle il ne tint pas, et il prit à Smorgoni même la résolution de partir.

[1] Ces assertions sont basées sur la correspondance de M. de Bassano.

Il lui fallait un remplaçant, et après y avoir pensé, il n'en trouva qu'un seul qui eût assez de renommée, assez d'élévation de rang, pour qu'on lui obéît, c'était le roi de Naples. Eugène était plus sage, plus constant, et avait acquis dans ces jours néfastes la haute estime de tous les honnêtes gens de l'armée, mais il était capable d'obéir à Murat, et Murat ne l'était pas de lui obéir à lui. Parmi les maréchaux, Ney, quoique s'étant couvert de gloire, n'avait pas l'autorité nécessaire, et Davout l'avait perdue depuis que Napoléon avait donné à son égard le signal du dénigrement. En laissant le major général Berthier à Murat, Napoléon espérait placer auprès de lui un conseiller sage, laborieux, en état de le contenir et de suppléer à son ignorance des détails. Malheureusement le major général était complétement démoralisé, et sa santé était tout à fait détruite. Les maux qu'il venait d'endurer avaient ruiné son corps et profondément ébranlé sa haute raison. Il voulait partir avec Napoléon, et il fallut un langage des plus durs pour l'obliger à demeurer. Il s'y résigna avec sa docilité accoutumée, mais avec un violent chagrin, car son rare bon sens ne lui faisait entrevoir que de nouveaux et plus affreux désastres après le départ de Napoléon.

Le 5 décembre au soir, à Smorgoni où l'on était arrivé, Napoléon assembla Murat, Eugène, Berthier, ses maréchaux, leur fit part de sa détermination, qui les étonna, les affecta sensiblement, mais qu'ils n'osèrent désapprouver, craignant encore leur maître vaincu, et trouvant d'ailleurs bien puissantes les raisons qu'il alléguait, car il leur disait qu'en

Déc. 1812.

Napoléon, en partant, désigne Murat pour le remplacer dans le commandement.

Adieux de Napoléon à ses maréchaux, et son départ dans un traîneau.

deux mois il leur amènerait 300 mille hommes de renfort, et que lui seul pouvait tirer de la France de tels secours. Il fut en outre plus caressant que de coutume, leur adressa des paroles affectueuses à tous, même au maréchal Davout qu'il avait si maltraité pendant cette campagne, et chercha ainsi à conquérir par des caresses une approbation qu'il craignait de ne pas obtenir avec les bonnes raisons qu'il avait à faire valoir. Il les flatta même jusqu'à s'accuser, en disant que tout le monde avait commis des fautes, lui comme les autres, qu'il était resté trop longtemps à Moscou, qu'il avait été séduit par la prolongation de la belle saison et le désir de la paix; qu'en réalité la cause des revers qu'on venait d'essuyer, c'était la précocité et la rigueur de l'hiver; que c'était là un malheur plutôt qu'une faute, qu'au surplus il fallait être indulgent les uns pour les autres, se soutenir, s'aimer, et reprendre confiance; qu'il reparaîtrait bientôt au milieu d'eux à la tête d'une armée formidable, et qu'il leur recommandait en attendant de s'entr'aider, et d'obéir fidèlement à Murat. Ces discours terminés, il les embrassa, ce qui ne lui était peut-être jamais arrivé, et, s'enfonçant dans un traîneau, suivi de M. de Caulaincourt, du maréchal Duroc, du comte Lobau, du général Lefebvre-Desnoëttes, il partit au milieu de la nuit, laissant ses lieutenants soumis, à peu près convaincus, mais au fond consternés et sans espérance.

Le plus grand secret devait être observé jusqu'au lendemain, afin qu'aucune nouvelle de son départ ne pût le précéder dans les lieux qu'il allait traverser en gardant le plus rigoureux incognito. Avant de partir il avait rédigé le 29ᵉ bulletin, si célèbre depuis, dans lequel, parlant pour la première fois de la retraite, il avouait la partie de nos malheurs qu'on ne pouvait pas absolument nier, les mettait sur le compte de l'hiver, et relevait l'historique de ses revers par la belle et immortelle scène du passage de la Bérézina.

Lorsque le lendemain 6 décembre on apprit dans l'armée le départ de Napoléon, la stupéfaction fut grande, car avec lui s'évanouissait la dernière espérance. Toutefois la nouvelle ne fit sensation que sur les hommes capables de réfléchir, et auprès de ceux-ci bien des raisons plaidaient en faveur de la détermination que Napoléon venait de prendre. Quant à la masse, le sentiment était tellement amorti chez elle, que l'impression ne fut pas ce qu'elle aurait été en toute autre circonstance. On continua donc à cheminer machinalement devant soi, en désirant d'arriver à Wilna, comme un mois auparavant on désirait d'arriver à Smolensk. A Wilna, on se promettait des vivres dont, il est vrai, on manquait un peu moins depuis qu'on était en Lithuanie, et surtout des abris, du repos, et des troupes organisées pour arrêter la poursuite des Russes. Mais chaque jour venait accroître les souffrances de cette marche. En quittant Molodeczno, le froid devint encore plus rigoureux, et le thermomètre descendit à 30 degrés Réaumur. La vie se serait interrompue même dans des corps sains, à plus forte raison dans des corps épuisés par la fatigue et les privations. Les chevaux étaient presque tous morts; quant aux

Déc. 1812.

heures, afin qu'aucune nouvelle ne puisse le précéder.

Sentiment qu'on éprouve dans l'armée en apprenant son départ.

Continuation de la marche sur Wilna.

Le froid acquiert une intensité de 30 degrés Réaumur.

hommes, ils tombaient par centaines sur les chemins. On marchait serrés les uns contre les autres, en troupe armée ou désarmée, dans un silence de stupéfaction, dans une tristesse profonde, ne disant mot, ne regardant rien, se suivant les uns les autres, et tous suivant l'avant-garde, qui suivait elle-même la grande route de Wilna partout indiquée. A mesure qu'on marchait, le froid, agissant sur les plus faibles, leur ôtait d'abord la vue, puis l'ouïe, bientôt la connaissance, et puis au moment d'expirer, la force de se mouvoir. Alors seulement ils tombaient sur la route, foulés aux pieds par ceux qui venaient après comme des cadavres inconnus. Les plus forts du jour étaient à leur tour les plus faibles du lendemain, et chaque journée emportait de nouvelles générations de victimes.

Le soir au bivouac, il en mourait par une autre cause, c'était l'action trop peu ménagée de la chaleur. Pressés de se réchauffer, la plupart se hâtaient de présenter à l'ardeur des flammes leurs extrémités glacées. La chaleur ayant pour effet ordinaire de décomposer rapidement les corps que le principe vital ne défend plus, la gangrène se mettait tout de suite aux pieds, aux mains, au visage même de ceux qu'une trop grande impatience de s'approcher du feu portait à s'y exposer sans précaution. Il n'y avait de sauvés que ceux qui par une marche continue, par quelques aliments pris modérément, par quelques spiritueux ou quelques boissons chaudes, entretenaient la circulation du sang, ou qui, ayant une extrémité paralysée, y rappelaient la vie en la frictionnant avec de la neige. Ceux qui n'avaient

LA BÉRÉZINA.   653

pas eu ce soin se trouvaient paralysés le matin au moment de quitter le bivouac, ou de tout le corps, ou d'un membre que la gangrène avait atteint subitement. D'autres, plus favorisés en apparence, mouraient au milieu d'une bonne fortune inespérée. Si par exemple ils avaient trouvé une grange pour y passer la nuit, ils y allumaient de grands feux, s'endormaient, laissaient l'incendie se communiquer, et ne se réveillaient que lorsque le toit en flammes s'abîmait sur eux. On compta une quantité de morts par cet étrange accident, celui de tous auquel on se serait le moins attendu.

A cette multitude de victimes vinrent bien inutilement s'en ajouter d'autres, qui succombèrent plus vite encore que celles dont nous avons raconté le sort lamentable. Napoléon n'avait laissé en partant que des instructions extrêmement vagues, tant il était préoccupé des désastres qui l'avaient frappé, et de ceux qui le menaçaient encore. Il avait recommandé, dès qu'on serait à Wilna, de rallier l'armée, de la nourrir, de la réarmer, de la concentrer, et de se replier ensuite sur le Niémen, si on ne pouvait tenir sur la Wilia. Malheureusement il n'avait rien prescrit pour les vingt-cinq mille hommes environ qu'on avait à Wilna, et dont la conservation dépendait du soin qu'on apporterait à ne pas les déplacer sans nécessité. M. de Bassano et le gouverneur de la Lithuanie, sachant la grande armée vivement poursuivie par les Russes, n'ayant surtout pas éprouvé ce qu'une troupe pouvait devenir en quatre ou cinq jours de marche par le temps qu'il faisait, expédièrent sur Smorgoni, et à très-bonne

Déc. 1812.

Perte en quelques jours des dernières troupes envoyées à la rencontre de la grande armée.

Déc. 1812.

intention, ce qu'il y avait de meilleur à Wilna, notamment la division française Loison, les brigades Coutard et Franceschi, la cavalerie napolitaine, et la cavalerie de marche. C'étaient tous jeunes gens, très-capables de se bien battre, comme l'avait prouvé récemment la division Durutte envoyée au général Reynier, mais incapables de supporter quarante-huit heures les souffrances qu'enduraient depuis deux mois les malheureux revenus de Moscou. Sortant de casernes chauffées à douze ou quinze degrés, passant à un froid de trente, ils furent saisis, et en quelques jours périrent pour la plupart.

L'armée ayant quitté Molodeczno, les rencontra les uns à Smorgoni, les autres à Ochmiana, bien vêtus, bien nourris, et morts cependant d'un saisissement subit. Elle en eut pitié malgré la profonde insensibilité dans laquelle elle était tombée. Huit ou dix mille de ces nouveaux venus moururent en cinq ou six jours. Les Napolitains surtout, amenés de si loin pour faire sous le ciel de la Russie le premier apprentissage des armes, succombèrent à la soudaineté d'une pareille épreuve. Les moins maltraités ne perdirent que leurs chevaux. C'est ainsi que commencèrent à se dissiper sans aucun profit les dernières ressources, dont on aurait pu se servir pour arrêter l'ennemi, et réorganiser l'armée.

Arrivée devant Wilna le 9 décembre.

Enfin à force de marcher, de souffrir, de joncher la terre de ses morts, cette masse désolée, hâve, amaigrie, couverte de haillons, portant par-dessus ses uniformes les plus singuliers vêtements imaginables, des fourrures d'hommes et de femmes prises à Moscou, des soieries salies et brûlées, des couvertures de cheval, tous les objets en un mot qu'elle avait pu s'approprier, cette masse arriva le 9 décembre aux portes de Wilna. Ce fut pour ces cœurs qui paraissaient désormais insensibles à toute impression, l'occasion d'un dernier sentiment de joie. Wilna! Wilna!... Il semblait que le repos, l'abondance, la sécurité, la vie enfin, allaient se retrouver dans cette heureuse capitale de la Lithuanie, où l'on se plaisait à annoncer, à répéter, que la prévoyance de Napoléon avait accumulé d'immenses ressources. Il n'y en avait certainement pas autant qu'on le disait, mais il y en avait plus qu'il n'en fallait pour satisfaire les premiers besoins de l'armée, et pour lui donner la force de rejoindre le Niémen en meilleur ordre. A la vue des murs de la ville, la foule oubliant que la porte même la plus large serait un défilé bien étroit pour tant d'hommes qui voulaient entrer à la fois, et surtout pour la masse de bagages qu'on avait encore, ne songea pas à faire le tour de ces murs, afin d'y pénétrer par plusieurs issues. On suivait machinalement la tête de la colonne, et on s'accumula bientôt devant la porte qui était tournée vers Smolensk, on s'y étouffa, on s'y battit, on s'y tua comme aux ponts de la Bérézina. Vingt-quatre heures durant ce fut la même presse, la même difficulté d'entrer, par l'extrême désir qu'on en avait. Bientôt, comme à Smolensk, les efforts de l'autorité pour rétablir l'ordre dans les corps, produisirent le désordre. On voulait du pain, de la viande, du vin, des abris surtout, et on n'était pas d'humeur à se laisser renvoyer par des commis au régiment qui n'existait plus, et dont il ne restait que quelques officiers, marchant ensemble autour du porte-drapeau, qui lui-même avait souvent plié son drapeau dans son sac afin de le sauver. On se précipita de nouveau sur les magasins pour les piller. Les soldats qui avaient rapporté un peu d'argent, rencontrant des cafés, des cabarets, des auberges, des magasins de tout genre chez une population amie qui n'avait pas fui, se précipitèrent pour acheter ce dont ils avaient besoin, effrayèrent par leurs cris ceux qui auraient pu le leur fournir, firent fermer tous ces lieux où ils auraient trouvé à vivre, et les voyant se fermer même devant leur argent, en enfoncèrent les portes. Wilna fut bientôt une ville saccagée. Si des troupes sous un chef ferme et prévoyant, avaient d'avance été conservées pour maintenir l'ordre, si dans des lieux aisément accessibles des vivres eussent été d'avance mis à la portée des plus impatients, cette confusion eût été prévenue. Mais Napoléon parti, personne n'ordonnait, et personne n'obéissait. Murat n'était pas plus capable de faire l'un que d'obtenir l'autre.

L'armée arriva successivement les 8 et 9 décembre. Quelques jours de repos étaient bien nécessaires à nos soldats épuisés, et il eût été facile de les leur procurer, si on n'avait pas exposé à périr inutilement sur les routes les troupes fraîches qui occupaient Wilna, surtout si on avait fait parvenir au prince de Schwarzenberg et au général Reynier des ordres qu'ils étaient en mesure et en disposition d'exécuter. En effet, le prince de Schwarzenberg, après avoir reçu cinq à six mille hommes de renfort, était revenu sur Slonim, et le général Reynier s'était avancé vers la Narew pour donner la main à la division Durutte, qui venait de Varsovie. Ce dernier avait rencontré sur son chemin le général russe Sacken, l'avait attiré à lui, et lui avait fait essuyer un sanglant échec. Le prince de Schwarzenberg, averti à temps, s'était rabattu sur le flanc de Sacken, l'avait assailli à son tour, et avait contribué à le rejeter en désordre vers la Volhynie. Ces succès qui avaient coûté 7 à 8 mille hommes à Sacken, avaient l'inconvénient d'être remportés trop loin de la Bérézina, et du point décisif de la campagne; mais ils avaient l'avantage de mettre Sacken hors de cause pour quelque temps, dès lors de rendre au prince de Schwarzenberg et à Reynier une sécurité pour leurs derrières, dont ils avaient besoin pour marcher en avant; et si dès le 19 ou le 20 novembre on leur eût parlé clairement, si on ne se fût pas borné à leur dire, comme le faisait M. de Bassano, que tout allait bien à la grande armée, que l'Empereur revenait de Moscou victorieux, si on leur eût dit au contraire que l'armée arrivait poursuivie, cruellement traitée par la saison, que son retour à Wilna n'était assuré qu'à la condition d'un puissant secours, certainement le prince de Schwarzenberg, arraché à sa timidité par sa loyauté personnelle, aurait marché, et il pouvait être avec le général Reynier, à Minsk avant le 28 novembre, à Wilna avant le 10 décembre. Dans ce cas, avec les troupes qu'on avait à Wilna, on aurait réuni une soixantaine de mille hommes, et soixante-douze avec les débris de la grande armée. Or les Russes étaient loin de pouvoir en réunir autant. Mais Napoléon était parti sans donner d'ordres; M. de Bassano, qui l'avait immédiatement suivi, ne s'était pas cru autorisé à le suppléer, et le prince de Schwarzenberg ainsi que le général Reynier étaient à se morfondre entre Slonim et Neswij, ne sachant que faire, ne sachant que croire entre les nouvelles satisfaisantes qui leur venaient des Français, et les nouvelles toutes contraires que leur faisaient parvenir les Russes[1]. On vient de voir que le corps bavarois de de Wréde, la division Loison, les brigades Contard et Franceschi, envoyés du sein de l'abondance et d'une bonne température au milieu des horreurs de cette retraite, avaient été frappés par le froid et complétement désorganisés. Wilna était donc tout ouvert, et il n'y avait aucune chance de s'y défendre contre les trois corps ennemis qui s'avançaient.

Depuis le passage de la Bérézina, le généralissime Kutusof ayant laissé sa principale armée en arrière pour prendre le commandement supérieur des armées russes réunies, avait chargé Wittgenstein de s'avancer sur Wilna par la route de Swenziany, Tchitchakoff d'y accourir par celle d'Ochmiana, et avait acheminé enfin, mais plus lentement, ses propres troupes sur Novoi-Troki, afin d'empêcher la

---

[1] La correspondance de ces deux corps d'armée donne la preuve certaine des dispositions de leurs généraux à obéir aux ordres qu'on leur aurait envoyés. Le courage de nous abandonner ne vint que beaucoup plus tard à l'Autriche; et d'ailleurs la fidélité personnelle du prince de Schwarzenberg, qui ne fléchit postérieurement que devant un grave intérêt de son pays, ne laisse aucun doute sur ce qu'on aurait pu obtenir de lui dans le moment. Nous n'avançons donc ici que des choses dont nous sommes parfaitement assurés.

jonction de Schwarzenberg avec Napoléon. Certainement il n'avait pas en tout 80 mille hommes disponibles, et il n'en pouvait pas rassembler plus de 40 mille sur le même point, un jour de bataille. Mais Wilna étant découvert, une avant-garde de cinq à six mille hommes suffisait pour y jeter la confusion. Cette avant-garde existait dans les Cosaques de Platow et l'infanterie de Tchaplitz.

Du côté des Français il n'y avait pas un seul corps dont il restât quelque débris. Le 1ᵉʳ (Davout), le 2ᵉ (Oudinot), le 3ᵉ (Ney), le 4ᵉ (prince Eugène), le 9ᵉ (Victor) avaient achevé de se dissoudre dans ces derniers jours, sous l'action du froid sans cesse croissant et d'une marche sans repos. Aux portes de Wilna, le maréchal Victor, qui avait rempli le dernier le rôle d'arrière-garde, avait fini par se trouver sans un homme. Chaque soldat allait se chauffer, manger où il pouvait, et surtout cherchait à éviter les blessures, qui équivalaient à la mort. Il n'avait survécu que 3 mille hommes au plus de la division Loison, et peut-être autant de la garde impériale. Tous les généraux blessés ou valides, n'ayant plus personne à commander, s'en étaient allés chacun de leur côté; et Murat, au milieu de ce désordre, désolé de la responsabilité qui pesait sur sa tête, alarmé pour son royaume à l'aspect du vaste naufrage qui avait commencé sous ses yeux, peu soutenu par Berthier malade et consterné, Murat, la tête troublée, ne savait que faire et qu'ordonner.

Mais l'ennemi ne lui laissa pas même le temps d'hésiter. Les débris de l'armée, comme nous l'a-

Déc. 1812.

Situation de Wilna où personne ne commande.

Les Cosaques s'étant présentés

vons dit, étaient successivement arrivés les 8 et 9 décembre, et ils encombraient Wilna, pillant les magasins de vivres et de vêtements, lorsque le 9 au soir Platow parut avec ses Cosaques aux portes de cette ville. Aux premiers coups de fusil, le trouble et le désordre furent au comble. D'arrière-garde il n'y en avait plus. Le général Loison, qui seul avait quelques forces à sa disposition, accourut avec le 19ᵉ, ancien régiment recruté de jeunes gens, et essaya de se placer en dehors de la ville. Le maréchal Ney, qui n'avait pas de commandement, mais qui en prenait partout où il y avait du danger, ce qu'on lui permettait volontiers, le vieux Lefebvre retrouvant dans le péril son ancienne énergie, couraient dans les rues de Wilna, criant aux armes, et s'efforçant de ramasser quelques soldats armés pour les conduire sur les remparts. Spectacle douloureux et digne d'une affreuse compassion, que de voir la grande armée réduite à de telles misères par des desseins insensés! Enfin on arrêta les Cosaques, mais pour quelques heures seulement, et chacun ne songea plus qu'à fuir. Murat, si héroïque dans les champs de la Moskowa, Murat, l'invulnérable Murat, que les balles et les boulets semblaient ne pouvoir atteindre, atteint tout à coup de la maladie générale, imita son maître, et ne voulant pas plus livrer aux Russes un roi prisonnier, que Napoléon n'avait voulu leur livrer un empereur, se transporta dans le faubourg de Wilna qui s'ouvrait sur la route de Kowno. Il s'y rendit afin d'être en mesure de partir des premiers. Il se mit en route dans la nuit du 10, en disant qu'il allait à Kowno, où l'on essayerait de réunir l'armée derrière le Niémen. Il n'y avait au surplus pas d'ordre à donner pour que chacun s'apprêtât à partir. On s'en alla en confusion, qui d'un côté, qui de l'autre, laissant à l'ennemi de vastes magasins de tout genre, et, ce qui était infiniment plus regrettable, une quantité de blessés et de malades, les uns placés dans les hôpitaux, les autres déposés chez les habitants, où le chirurgien Larrey avait employé ces deux jours à les faire recevoir, enfin douze ou quinze mille soldats épuisés, aimant mieux devenir prisonniers que de continuer cette marche mortelle par 30 degrés de froid, sans abri pour la nuit, sans pain pour la journée. On perdit encore à cette brusque évacuation 18 ou 20 mille hommes qu'il eût été facile de sauver. Toute la nuit du 10 fut employée à sortir de Wilna devant les Cosaques impatients de s'y introduire. Les coups de fusil de ceux qui entraient, auxquels répondaient les coups de fusil de ceux qui se retiraient, tinrent cette malheureuse ville dans l'épouvante. Chose horrible à dire, les misérables juifs polonais qu'on avait forcés à recevoir nos blessés, dès qu'ils virent l'armée en retraite, se mirent à jeter ces blessés par les fenêtres, et quelquefois même à les égorger, s'en débarrassant ainsi après les avoir dépouillés. Triste hommage à offrir aux Russes dont ils étaient les partisans!

Aux portes de Wilna et à une lieue, une autre scène vint affliger les regards. Une montagne, qui formait la berge gauche de la Wilia, et que six mois auparavant nos escadrons victorieux avaient descendue au galop en poursuivant les Russes, était

Déc. 1812.

On perd encore une vingtaine de mille hommes à l'évacuation de Wilna.

Perte du trésor de l'armée, et des trophées, au pied d'une côte au sortir de Wilna.

couverte de verglas, et présentait aux voitures un obstacle presque insurmontable. Des chars sur lesquels on avait placé des officiers blessés ou malades, des caissons d'artillerie, enfin les fourgons du trésor, que M. de Bassano, pour ne pas avouer trop tôt le danger de la situation, avait laissés le plus longtemps possible à Wilna, encombraient le pied de la montée. Les conducteurs saisis d'épouvante au bruit de la fusillade, criaient, fouettaient leurs chevaux en proférant d'affreux juremens. Les chevaux ne pouvant tenir sur la glace, la faisaient éclater sous leurs pieds, et tombaient les genoux en sang, tandis que des pièces d'artillerie, abandonnées à moitié de la montée parce qu'il était impossible de les élever plus haut, s'échappaient sur la pente, et roulaient en brisant tout ce qu'elles rencontraient. Après plusieurs heures de ce tumulte et de cette impuissance, on prit le parti de couper les traits des chevaux, et d'abandonner les précieux objets accumulés au pied de cette montée. Il y périt encore des blessés et des malades. Les fourgons du trésor contenaient dix millions en or et en argent. Le payeur, fort attaché à ses devoirs, parvint cependant à sauver quelques-uns de ces fourgons, mais en abandonna le plus grand nombre à l'avidité des soldats. Il y eut des malheureux qui, sentant leurs forces ranimées par ce spectacle, eurent le courage de se charger de métaux précieux. Mais après avoir éventré les fourgons, ils donnaient mille francs en argent pour avoir cent francs en or, car le poids ôtait toute valeur à ce qu'il fallait emporter. Là restèrent quelques-uns des trophées de Moscou, et beaucoup de drapeaux enlevés à l'ennemi. La nuit s'achevait lorsque les Cosaques accoururent pour mettre fin au pillage des Français, et y substituer le pillage des Russes. Jamais l'avidité de ces fuyards ne s'était trouvée appelée à faire un pareil butin.

Le 10, le 11, le 12 furent employés à parcourir les vingt-six lieues qui séparent Wilna de Kowno, et les débris de l'armée affluèrent dans cette dernière ville pendant les journées du 11 et du 12 décembre. Dans quel état, dans quel dénûment, dans quelle confusion on repassait ce Niémen glacé, que six mois auparavant on avait franchi par un beau soleil, au nombre de 400 mille hommes, avec 60 mille cavaliers, avec 1200 bouches à feu, avec un éclat incomparable! Quiconque n'avait pas perdu le sentiment sous ces trente degrés de froid, ne pouvait s'empêcher de faire cette cruelle comparaison, et d'en avoir les yeux remplis de larmes. Le Niémen étant gelé, les ponts que nous avions construits et entourés de solides ouvrages, n'étaient plus un moyen exclusif de passer le fleuve, et les Cosaques l'avaient déjà traversé au galop. On ne pouvait donc pas aspirer à garder Kowno, pas plus que Wilna, le Niémen n'offrant plus dans cette saison une véritable ligne de défense. Vider les magasins, c'est-à-dire les piller, était la seule manière d'en tirer parti. On s'y rua avec une sorte de fureur. Ils étaient bien autrement riches que ceux de Wilna, parce que la navigation intérieure de la Vistule au Niémen y avait fait affluer, grâce à l'activité du général Baste, toutes les richesses de Dantzig. Nos malheureux soldats s'adressèrent surtout aux maga-

Déc. 1812.

Arrivée à Kowno, les 11 et 12 décembre.

sins de spiritueux, cherchant dans la chaleur intérieure un secours contre le froid extérieur, et ils se tuaient par impatience de revivre. Les rues furent en un instant couvertes de tonneaux enfoncés, de soldats expirant entre le saisissement du froid et celui de l'ivresse.

Le 12 décembre au matin, Murat avait assemblé les maréchaux, le prince Berthier et M. Daru pour délibérer sur la conduite à tenir. Le rapport de tous les chefs fut qu'il n'y avait plus de soldats dans aucun corps, qu'il restait encore 2 mille hommes peut-être à la division Loison, et 1500 dans les rangs de la garde, dont 500 tout au plus capables de tirer un coup de fusil. Murat qui, dans sa mobilité, passait pour Napoléon de l'amour à la haine, et qui en ce moment ne lui pardonnait pas de mettre en péril les couronnes de la famille Bonaparte, laissa échapper des plaintes contre le maître dont l'ambition insensée, disait-il, les avait précipités dans un abîme. Tous les cœurs partageaient ces sentiments; mais la plupart retenus encore par la crainte, d'autres, comme Ney, consolés des malheurs présents par la gloire acquise dans cette campagne, d'autres aussi, comme Davout, trouvant étrange que les hommes qui avaient le plus profité de l'ambition de Napoléon fussent les premiers à s'en plaindre, accueillirent les récriminations de Murat par le silence ou par le blâme. Davout surtout qui avait une aversion instinctive pour les qualités autant que pour les défauts du roi de Naples, et qui avait eu avec lui de violentes altercations, lui imposa silence en disant que si l'ambition de Napoléon devait rencontrer des censeurs dans l'armée, ce n'était pas chez ceux de ses lieutenants qu'il avait faits rois, que du reste il ne fallait avoir dans les circonstances présentes qu'un objet en vue, celui de se sauver, sans ajouter par de mauvais exemples à l'indiscipline des troupes. Cette scène, qui révélait l'état des esprits, n'ayant pas eu de suite, on s'occupa de ce qu'il y avait à faire. On déféra d'un commun accord au maréchal Ney la défense de Kowno, et la direction de cette fin de retraite. Il devait, pour donner au torrent des fuyards le temps de s'écouler, défendre Kowno pendant quarante-huit heures, avec le reste de la division Loison, avec quelques troupes de la Confédération germanique, et ensuite se retirer sur Kœnigsberg, où il serait joint par le maréchal Macdonald, qui, de son côté, rétrogradait de Riga sur Tilsit. Quant aux tristes débris de l'armée, il fut jugé impossible de les rallier ailleurs que sur la Vistule, c'est-à-dire derrière une ligne où ils cesseraient d'être poursuivis. Il fut décidé que les cadres, consistant en trente ou quarante officiers par régiment, et quelques sous-officiers portant les drapeaux, se réuniraient ceux de la garde à Dantzig, ceux des 1ᵉʳ et 7ᵉ corps (Davout et Westphaliens) à Thorn, ceux des 2ᵉ et 3ᵉ corps (Oudinot et Ney) à Marienbourg, ceux des 4ᵉ et 6ᵉ (prince Eugène et Bavarois) à Marienwerder, ceux du 5ᵉ (Polonais) à Varsovie, et qu'on pousserait vers ces points de ralliement les soldats épars sur les routes. Le maréchal Ney demanda, pour faire un dernier effort sous les murs de Kowno, qu'on lui adjoignît le général Gérard, ce qui lui fut accordé.

Déc. 1812.

Le maréchal Ney et le général Gérard chargés de la défense de Kowno.

Déc. 1812.

Vains efforts du maréchal Ney et du général Gérard pour défendre Kowno.

Aussitôt ces résolutions adoptées, tout le monde partit pour Kœnigsberg. Ney et Gérard demeurèrent seuls à Kowno pour essayer d'arrêter les Cosaques. Ney plaça dans les ouvrages qu'on avait construits, en avant des ponts de la Wilia et du Niémen, quelques troupes allemandes, et le long du lit gelé de la Wilia et du Niémen qu'il fallait disputer sans l'appui d'aucun ouvrage défensif, les restes de la division Loison, le 29° notamment, vieux régiment, comme nous l'avons dit, recruté avec de jeunes soldats. Dès le 13 au matin les Cosaques parurent avec leur artillerie portée sur traîneaux. Ils se présentèrent d'abord au pont du Niémen par la route de Wilna, et envoyèrent des boulets sur la tête de pont. Les soldats allemands de Reuss et de la Lippe, saisis d'une terreur panique, ne voulurent plus entendre parler de se défendre, jetèrent leurs armes, et enclouèrent leurs canons. L'officier plein d'honneur qui les commandait se brûla la cervelle de désespoir. Au bruit qui se faisait de ce côté, Gérard et Ney accoururent, et prenant les soldats par la main, les conjurant de s'arrêter, saisissant chacun un fusil, faisant feu eux-mêmes pour les encourager, en retinrent à peine quelques-uns. A cette vue deux cents Cosaques mirent pied à terre, et marchèrent le fusil à la main sur la tête de pont. Gérard et Ney allaient se trouver seuls, lorsque l'aide de camp du maréchal Ney, Rumigny, amena un détachement du 29°, qui par son feu contint les Cosaques, et les força de rebrousser chemin. Le maréchal Ney crut avoir sauvé Kowno, et dans un mouvement d'effusion embrassa le général Gérard.

Mais bientôt les Allemands se débandèrent, les soldats du 29e entraînés par l'exemple, épouvantés surtout d'être réduits à quelques centaines d'hommes pour défendre Kowno, s'en allèrent peu à peu, et à la fin de la journée du 13, Ney et Gérard n'eurent plus auprès d'eux que 5 à 600 hommes, et 8 ou 10 bouches à feu de la division Loison. Ils résolurent, après avoir tenu toute cette journée du 13, et avoir fait écouler le plus de traînards qu'ils pourraient, de partir eux-mêmes dans la nuit, avec les quelques hommes fidèles qu'ils avaient conservés. Il y avait dans ce qui restait de quoi résister au moins à une charge de Cosaques. Vers le milieu de la nuit, s'étant assurés que tout ce qui pouvait marcher avait défilé devant eux, ils essayèrent de gravir cette même hauteur, d'où l'armée planait le 24 juin sur le cours du Niémen qu'elle allait passer. Mais le verglas, comme au sortir de Wilna, avait arrêté les dernières voitures de bagages et d'artillerie, et quelques fourgons, dernier débris du trésor. Même scène, mêmes efforts, mêmes cris qu'au pied de la montagne de Wilna, et même impuissance! Par surcroît de détresse, quelques Cosaques ayant traversé le Niémen sur la glace, avaient gravi le revers de la hauteur, et menaçaient de couper la route. A ce nouveau danger, les 5 à 600 hommes de Ney et Gérard se dispersèrent dans l'obscurité, chacun cherchant son salut où il espérait le trouver. Le maréchal Ney et le général Gérard, laissés presque seuls avec quelques officiers, n'eurent plus qu'à songer à leur sûreté personnelle, et tournant à droite, suivirent le cours du

Déc. 1812.

Ils sont réduits à sortir de Kowno avec quelques centaines d'hommes.

Niémen, pour se dérober à l'ennemi en longeant le lit encaissé et fortement gelé du fleuve. Ils rejoignirent ensuite sains et saufs la route de Gumbinnen à Kœnigsberg, dernier et unique service qu'ils pussent rendre, car c'était quelque chose dans l'immensité de ce désastre que de sauver ces deux hommes.

A dater de ce moment, il n'y eut plus un seul corps armé, et la retraite s'acheva par petites bandes, fuyant à travers les plaines glacées de la Pologne devant les dernières courses des Cosaques. Ceux-ci, après avoir fait quelques lieues au delà du Niémen, rentrèrent sur la ligne du fleuve, que les armées russes triomphantes mais épuisées, et réduites des deux tiers, ne voulaient pas franchir.

A Kœnigsberg s'étaient rendus les états-majors et la vieille garde. Sur environ 7 mille hommes que la vieille garde comptait au début de la campagne, il lui en restait 5,962 en évacuant Smolensk. Sur ces 5,962 elle avait perdu à son arrivée à Kœnigsberg, 528 hommes tués ou blessés qu'on n'avait pas pu transporter, 1,377 qu'on savait morts de fatigue ou de misère, 2,586 qu'on supposait gelés, ou pris pour n'avoir pu suivre, c'est-à-dire 4,491 disparus depuis Smolensk, parmi lesquels 528 seulement atteints par le feu. Il y en avait 1,471 debout le 20 décembre, dont 500 capables de tirer un coup de fusil. Le tableau de ces pertes fut remis par le maréchal Lefebvre à l'état-major, et c'était le seul corps auquel il eût été fait des distributions régulières! De la jeune garde il ne restait rien.

Il y avait à Kœnigsberg environ dix mille individus dans les hôpitaux, dont un petit nombre blessés, et la plupart malades. Parmi ces derniers, les uns avaient des membres gelés, les autres étaient atteints d'une espèce de peste que les médecins appelaient fièvre de congélation, et qui était horriblement contagieuse. L'héroïque Larrey, quoique épuisé de fatigue et de souffrance, était accouru à ces hôpitaux pour y soigner nos malades, et il y gagna cette contagion funeste dont il faillit mourir. L'héroïsme, de quelque genre qu'il soit, est la consolation des grands désastres. Cette consolation nous fut accordée tout entière; elle égala la grandeur de nos malheurs. A Kœnigsberg, au milieu de la foule des infortunés qui expiaient en mourant, ou l'ambition de Napoléon, ou leur propre intempérance, il y eut des morts à jamais regrettables, deux notamment, celle du général Lariboisière et celle du général Éblé! Le premier accablé de fatigues, supportées avec une rare constance malgré son âge, mais inconsolable surtout de la mort d'un fils tué sous ses yeux à la bataille de la Moskowa, mourut de la contagion régnante à Kœnigsberg. On lui donna l'illustre Éblé pour successeur dans la place de commandant général de l'artillerie. Mais ce noble vieillard, atteint lui-même d'une maladie mortelle à la Bérézina, et n'ayant fait que languir depuis, expira deux jours après le chef qu'il venait de remplacer. Des cent pontonniers qui à sa voix s'étaient plongés dans l'eau de la Bérézina pour construire les ponts, il en restait douze. Des trois cents autres, il en restait un quart à peine.

Ce nécrologe de l'armée est déchirant, mais il

Déc. 1812.

Pertes de l'expédition de Russie approximativement évaluées.

faut que les grands hommes et les nations sachent ce que coûtent les folles entreprises, et ce que coûta celle-ci, certainement l'une des plus insensées et des plus meurtrières que jamais on ait tentées. On a souvent essayé d'évaluer les pertes de la France et de ses alliés dans l'expédition de Russie, compte effroyable et impossible! Toutefois on peut approcher de la vérité sans y atteindre. L'armée totale destinée à agir du Rhin au Niémen s'élevait à 642 mille hommes et à 150 mille chevaux, et avec les Autrichiens à 648 mille hommes. 420 mille avaient passé le Niémen. Depuis il s'était joint à eux le 9ᵉ corps (maréchal Victor) de 30 mille combattants, la division Loison de 12 mille, la division Durutte de 15 mille, quelques alliés et quelques bataillons de marche au nombre de 20 mille hommes, et enfin les 36 mille Autrichiens, ce qui fait une masse totale de 533 mille hommes qui avaient passé le Niémen. Il restait sous le prince de Schwarzenberg et le général Reynier environ 40 mille Autrichiens et Saxons, se retirant à pas comptés entre le Bug et la Narew, 15 mille Prussiens et Polonais sous le maréchal Macdonald, s'efforçant de rejoindre le Niémen, et quelques soldats isolés, regagnant à travers les plaines de la Pologne la ligne de la Vistule. De ces soldats isolés, on en recueillit plus tard trente ou quarante mille. Resteraient donc 438 mille hommes qui auraient été perdus, et sur lesquels les Russes en retenaient cent mille environ comme prisonniers. A ce compte 340 mille auraient péri. Heureusement non! Un nombre, qu'on ne peut pas déterminer, s'étant débandés au commencement de la campagne, avaient rejoint peu à peu leur pays à travers la Pologne et l'Allemagne, mais il n'y a aucune exagération à dire que 300 mille hommes environ moururent par le feu, par la misère ou par le froid. Quelle part les Français avaient-ils dans cette horrible hécatombe? Les flatteurs de Napoléon dans tous les temps, car il en a eu régnant et détrôné, vivant et mort, les flatteurs ont voulu nous consoler, en disant que les alliés de la France avaient dans ce sacrifice de trois cent mille hommes une plus large part que nous, fausseté matérielle, car nous avions plus des deux tiers de ce lot affreux. Mais repoussons cette indigne consolation, et tenons pour Français tout allié mort avec nous!

Ce triste compte établi, que dire de l'entreprise elle-même? quel jugement porter, que n'ait prononcé d'avance le bon sens des nations?

Quant à l'entreprise, rien ou presque rien ne pouvait la faire réussir. L'infaillibilité même de la conduite n'en aurait pas corrigé le vice essentiel. Avec les fautes qui furent commises, et qui pour la plupart découlaient du principe lui-même de l'entreprise, le succès était encore plus impossible.

D'abord politiquement elle n'était pas nécessaire à Napoléon : en poursuivant avec persévérance la guerre d'Espagne, tout ingrate qu'était cette guerre, en y consacrant d'une manière exclusive ses forces et son argent, il eût résolu la question européenne, et en sacrifiant en outre quelques-unes de ses acquisitions de territoire plus onéreuses qu'utiles, il eût sans aucun doute obtenu la paix générale. En supposant même que ce soit là une erreur, et qu'avant

Déc. 1812.

Jugement à porter sur l'expédition de Russie.

Vice essentiel de cette expédition.

d'en arriver à la paix générale, la Russie dût inévitablement s'unir encore une fois à l'Angleterre, il fallait ne pas la prévenir, lui laisser le tort de l'agression, l'attendre sur la Vistule, où certainement on l'eût battue, car on aurait eu 300 mille combattants sur 500 mille soldats mis en mouvement, tandis que sur la Moskowa on en avait à peine 130 mille sur plus de 600, et, battue sur la Vistule, la Russie eût été aussi vaincue, et plus vaincue que sur la Dwina ou sur la Moskowa. Être allé chercher les Russes au lieu de les attendre sur la Vistule, est l'une des plus grandes fautes politiques de l'histoire, et cette faute fut le fruit non d'une erreur d'esprit chez Napoléon, mais d'un emportement de ce caractère impétueux qui ne savait ni patienter ni attendre. Les Russes chez eux sont invincibles pour un conquérant; ils ne le seraient pas pour l'Europe franchement liguée dans l'intérêt de son indépendance. L'Europe en attaquant par mer, ou bien en s'avançant par terre méthodiquement et patiemment, en marchant avec constance d'une ligne à l'autre, sans avoir comme Napoléon à s'inquiéter de ses derrières, l'Europe arriverait à vaincre même chez lui ce vaste empire, si elle était unie pour un intérêt général et universellement senti. Mais marcher sur Moscou à travers l'Europe secrètement conjurée, et en la laissant pleine de haines derrière soi, était une aveugle témérité, tandis qu'en attendant la Russie en Pologne ou en Allemagne, on eût du même coup vaincu la Russie et l'Allemagne elle-même, si l'Allemagne se fût constituée son alliée.

Si donc l'entreprise était déraisonnable en principe, elle l'était bien davantage encore en considérant l'état dans lequel Napoléon se trouvait en 1812, sous le rapport des forces militaires. Il n'avait plus les vieilles bandes d'Austerlitz et de Friedland; ces bandes étaient allées mourir, ou achevaient de mourir en Espagne. Il lui en restait bien quelques-unes, dans le corps de Davout, dans quelques anciennes divisions de Ney, Oudinot et Eugène; malheureusement on les avait démesurément accrues avec de jeunes conscrits, amenés par force au drapeau, les uns robustes mais indociles, les autres dociles mais trop jeunes; et ces vieilles bandes ainsi affaiblies on les avait mélangées en outre d'alliés qui nous haïssaient, se battaient sans doute, mais désertaient dès qu'ils en trouvaient l'occasion. Ce n'était pas avec cet assemblage incohérent que se devait tenter une telle entreprise. Il eût mieux valu 300 mille anciens soldats comme ceux du maréchal Davout, que les 600 mille qu'on avait réunis, car on n'aurait eu que la moitié de la difficulté pour les nourrir, et en les nourrissant on les aurait conservés au drapeau. En 1807, avec des soldats excellents, on avait failli succomber pour être allé jusqu'au Niémen : essayer en 1812 d'aller deux fois plus loin, avec des soldats valant deux fois moins, c'était rendre le désastre infaillible. Et ici ressort une vérité frappante, c'est que Napoléon touchait à la fin de son système ambitieux, consistant à vaincre les affections des peuples avec des forces de tout genre, levées à la hâte, et imparfaitement organisées. On était tout à la fois au dernier terme de la difficulté et des moyens, car après avoir

Déc. 1812.

mis contre soi la rage des Espagnols qui consumait une partie de nos meilleures troupes, passer par-dessus la rage concentrée des Allemands, pour aller, à des distances immenses, provoquer la rage incendiaire des Russes, et à cette révolte des cœurs dans toute l'Europe, révolte sourde ou éclatante, opposer des soldats à peine formés, à peine agrégés les uns aux autres, mêlés d'une foule de nations secrètement hostiles, retenues par l'honneur seul au moment du combat, mais prêtes à déserter dès que l'honneur le leur permettrait, réunir ainsi la difficulté des haines à vaincre, des distances à franchir, en ayant des forces non pas plus fortement composées en raison de la difficulté, mais au contraire d'autant plus faiblement composées que la difficulté était plus grande, c'était rassembler dans une entreprise tous les genres d'illusions que le despotisme enivré par le succès puisse se faire! C'était se préparer presque inévitablement la plus horrible des catastrophes.

Le vice essentiel de l'expédition cause véritable de toutes les fautes d'exécution.

La faute essentielle fut donc l'entreprise elle-même. Rechercher les fautes d'exécution qui purent s'ajouter encore à la faute principale, serait de peu de fruit, si presque toutes ces fautes d'exécution n'avaient découlé de la faute principale, comme des conséquences découlent inévitablement de leur principe.

Ainsi, il est vrai que Napoléon entré en Russie le 24 juin, perdit dix-huit jours à Wilna, dix-huit jours bien précieux; que poussant Davout sur Bagration, il ne lui donna pas les forces nécessaires, dans la pensée de se réserver à lui-même une masse écrasante afin d'accabler immédiatement Barclay de Tolly ; qu'arrivé à Witebsk, il perdit encore douze jours ; que parti de Witebsk pour tourner les deux armées russes réunies à Smolensk, il hésita peut-être trop à remonter le Dniéper jusqu'au-dessus de Smolensk, ce qui lui eût probablement permis d'atteindre le résultat désiré; qu'au lieu de s'arrêter à Smolensk, il se laissa entraîner par le besoin d'un résultat éclatant, à la suite de l'armée russe dans des profondeurs où il devait périr ; qu'à la grande bataille de la Moskowa, il hésita trop à faire donner sa garde, ce qui l'empêcha de rendre complète la destruction de l'armée russe; qu'entré dans Moscou, s'y voyant entouré de l'incendie, sentant la nécessité d'en sortir, et ayant imaginé une combinaison vaste et profonde pour revenir sur la Dwina par Veliki-Luki, il ne sut pas vaincre la résistance de ses lieutenants; que voyant le danger de rester dans Moscou, il y resta par l'orgueil de ne pas avouer au monde qu'il était en pleine retraite ; qu'il sacrifia à ce sentiment un temps précieux qui lui aurait suffi pour se sauver; que sorti de Moscou sans vouloir en sortir, et ayant imaginé une manière de tourner l'armée russe à Malo-Jaroslawetz, pour percer dans le beau pays de Kalouga, il ne sut pas persévérer, et céda encore cette fois au découragement de ses lieutenants; qu'enfin, obligé de fuir sur cette triste route de Smolensk, il négligea le soin de la retraite, et ne fit rien de sa personne pour en diminuer les malheurs; qu'à Krasnoé, il passa détachement par détachement, au lieu de passer en masse, et y perdit tout le corps du maréchal Ney, sauf le maréchal lui-même, presque tout ce qui restait du prince Eugène, une partie de la garde et du maréchal Davout; enfin que, sauvé miraculeusement à la Bérézina, il laissa échapper, en partant de l'armée, l'occasion de ramasser ses débris, et avec ces débris de frapper sur les Russes, presque aussi épuisés que nous, un coup terrible qui eût compensé un désastre par un triomphe. Tout cela est incontestablement vrai, mais ceux qui veulent y voir le génie de Napoléon ou obscurci ou affaibli, et qui n'y voient pas presque partout la faute principale se reproduisant et se diversifiant à l'infini, et le système lui-même arrivé à son dernier excès, portent un faible jugement sur cette grande catastrophe. Certes, lorsque Napoléon s'avançant sur Wilna coupait l'armée russe en deux, lorsque s'écoulant silencieusement de Wilna à Witebsk d'abord, puis de Witebsk à Smolensk, il faillit deux fois déborder et tourner cette même armée russe, lorsqu'au milieu des ruines de Moscou il imaginait un mouvement sur Veliki-Luki, qui en étant rétrograde restait offensif, et le ramenait de Moscou sans l'avoir affaibli; lorsqu'il choisissait si bien le point de passage sur la Bérézina, personne ne serait fondé à dire que la prodigieuse intelligence de Napoléon fût affaiblie! Et au contraire on peut soutenir qu'il ne commettait pas une faute qui ne résultât forcément de l'entreprise elle-même. Ainsi quand il perdait du temps à Wilna, à Witebsk, c'était pour rallier ses soldats épars et fatigués par la distance, et la vraie faute ce n'était pas de les attendre, mais de les avoir menés si loin; s'il ne donnait pas assez de troupes à Davout pour en finir avec Bagration, avant de courir à Barclay, c'est qu'il comptait sur des réunions de forces que la nature du pays rendait presque impossibles, et l'entreprise elle-même était pour beaucoup dans son erreur; si à Smolensk il ne s'arrêtait pas, c'était tout à fait la faute de l'entreprise elle-même, car s'il était dangereux d'aller à Moscou, il ne l'était pas moins d'hiverner en Lithuanie, avec des fleuves gelés pour frontière, avec l'Europe remplie de haine derrière soi, et commençant à douter de l'invincibilité de Napoléon; si à la Moskowa il n'osa point faire donner la garde, qui était son unique réserve, il faut s'en prendre encore à l'entreprise dont il sentait la folie, et qui tout à coup le rendait timide, en punition d'avoir été trop téméraire; si à Moscou il resta trop longtemps, ce ne fut point par la vaine espérance d'obtenir la paix, mais par la difficulté d'avouer ses embarras à l'Europe toujours prête à passer de la soumission à la révolte; s'il hésita devant ses lieutenants, soit lors du mouvement projeté sur Veliki-Luki, soit lors du mouvement projeté sur Kalouga, c'est qu'après avoir trop exigé d'eux, il était réduit à ne plus oser leur demander le nécessaire; si dans la retraite il n'eut pas l'activité et l'énergie dont il avait donné tant de preuves, ce fut le sentiment excessif de ses torts qui paralysa son énergie. Un homme moins pénétrant, moins bon juge des fautes d'autrui et des siennes, eût été moins accablé, eût nourri moins de regrets, eût mieux réparé son erreur. C'est le châtiment du génie de sentir ses fautes plus que la médiocrité, et d'en être plus puni dans le secret de sa conscience.

Déc. 1812.

Leçons à tirer du grand désastre de 1812.

Enfin, s'il partit de Smorgoni en abandonnant son armée, c'est qu'il prévit trop, c'est qu'il s'exagéra même les conséquences immédiates de son désastre, et crut ne pouvoir les réparer qu'à Paris. Dans tout cela on aurait tort de le croire affaibli sous le rapport de l'esprit ou du caractère, car il ne l'était pas, et il le prouva bientôt sur de nombreux champs de bataille; il faut le voir tel qu'il était, c'est-à-dire accablé sous sa faute même, et si on peut découvrir quelques erreurs de détail qui ne se rattachent pas à la faute principale, dans l'ensemble tout vient d'elle, ou de ce caractère désordonné qui porta Napoléon à la commettre, et alors tout le désastre n'est plus imputable à un accident, mais à une cause morale, ce qui est à la fois plus instructif et plus digne de la Providence, notre souverain juge, notre suprême rémunérateur en ce monde comme dans l'autre. Selon nous, il faut voir dans ces tragiques événements non pas tel ou tel manquement dans la manière d'opérer, mais la grande faute d'être allé en Russie, et dans cette faute une plus grande, celle d'avoir voulu tout tenter sur le monde, contre le droit, contre les affections des peuples, sans respect des sentiments de ceux qu'il fallait vaincre, sans respect du sang de ceux avec lesquels il fallait vaincre, en un mot l'égarement du génie n'écoutant plus ni frein, ni contradiction, ni résistance, l'égarement du génie aveuglé par le despotisme. Pour être vrai, pour être utile, il ne faut pas rabaisser Napoléon, car c'est abaisser la nature humaine que d'abaisser le génie; il faut le juger, le montrer à l'univers, avec les véritables causes de ses erreurs, le donner en enseignement aux nations, aux chefs d'empire, aux chefs d'armée, en faisant voir ce que devient le génie livré à lui-même, le génie entraîné, égaré par la toute-puissance. Il ne faut pas vouloir tirer un autre enseignement de cette épouvantable catastrophe. Il faut laisser à celui qui se trompe si désastreusement sa grandeur, qui ajoute à la grandeur de la leçon, et qui pour les victimes laisse au moins le dédommagement de la gloire.

FIN DU LIVRE QUARANTE-CINQUIÈME
ET DU QUATORZIÈME VOLUME.

TABLE DES MATIÈRES

CONTENUES

DANS LE TOME QUATORZIÈME.

LIVRE QUARANTE-QUATRIÈME.

MOSCOU.

Napoléon se prépare à marcher sur Wilna. — Ses dispositions à Kowno pour s'assurer la possession de cette ville et y faire aboutir sa ligne de navigation. — Mouvement des divers corps de l'armée française. — En approchant de Wilna, on rencontre M. de Balachoff, envoyé par l'empereur Alexandre pour faire une dernière tentative de rapprochement. — Motifs qui ont provoqué cette démarche. — L'empereur Alexandre et son état-major. — Opinions régnantes en Russie sur la manière de conduire cette guerre. — Système de retraite à l'intérieur proposé par le général Pfuhl. — Sentiment des généraux Barclay de Tolly et Bagration à l'égard de ce système. — En apprenant l'arrivée des Français, Alexandre se décide à se retirer sur la Dwina au camp de Drissa, et à diriger le prince Bagration avec la seconde armée russe sur le Dniéper. — Entrée des Français dans Wilna. — Orages d'été pendant la marche de l'armée sur Wilna. — Premières souffrances. — Beaucoup d'hommes prennent dès le commencement de la campagne l'habitude du maraudage. — La difficulté des marches et des approvisionnements décide Napoléon à faire un séjour à Wilna. — Inconvénients de ce séjour. — Tandis que Napoléon s'arrête pour rallier les hommes débandés et donner à ses convois le temps d'arriver, il envoie le maréchal Davout sur sa droite, afin de poursuivre le prince Bagration, séparé de la principale armée russe. — Organisation du gouvernement lithuanien. — Création de magasins, construction de fours, établissement d'une police sur les routes. — Entrevue de Napoléon avec M. de Balachoff. — Langage fâcheux tenu à ce personnage. — Opérations du maréchal Davout sur la droite de Napoléon. — Danger auquel sont exposées plusieurs colonnes russes séparées du corps principal de leur armée. — La colonne du général Doctoroff parvient à se sauver, les autres sont rejetées sur le prince Bagration. — Marche hardie du maréchal Davout sur Minsk. — S'apercevant qu'il est en présence de l'armée de Bagration, deux ou trois fois plus forte que les troupes qu'il commande, ce maréchal demande des renforts. — Napoléon, qui médite le projet de se jeter sur Barclay de Tolly avec la plus grande partie de ses forces, refuse au maréchal Davout les secours nécessaires, et croit y suppléer en pressant la réunion du roi Jérôme avec ce maréchal. — Marche du roi Jérôme de Grodno sur Neswij. — Ses lenteurs involontaires. — Napoléon, mécontent, le place sous les ordres du maréchal Davout. — Ce prince, blessé, quitte l'armée. — Perte de plusieurs jours pendant lesquels Bagration réussit à se sauver. — Le maréchal Davout court à sa poursuite. — Beau combat de Mohilew. — Bagration, quoique battu, parvient à se retirer au delà du Dniéper. — Occupations de Napoléon pendant les mouvements du maréchal Davout. — Après avoir organisé ses moyens de subsistance, et laissé à Wilna une grande partie de ses convois d'artillerie et de vivres, il se dispose à marcher contre la principale armée russe de Barclay de Tolly. — Insurrection de la Pologne. — Accueil fait aux députés polonais. — Langage réservé de Napoléon à leur égard, et motifs de cette réserve. — Départ de Napoléon pour Gloubokoé. — Beau plan consistant, après avoir jeté Davout et Jérôme sur Bagration, à se porter sur Barclay de Tolly par un mouvement de gauche à droite, afin de déborder les Russes et de les tourner. — Marche de tous les corps de l'armée française défilant devant le camp de Drissa pour se porter sur Polotsk et Witebsk. — Les Russes au camp de Drissa. — Révolte de leur état-major contre le plan de campagne attribué au général Pfuhl, et contrainte exercée à l'égard de l'empereur Alexandre pour l'obliger à quitter l'armée. — Celui-ci se décide à se rendre à Moscou. — Barclay de Tolly évacue le camp de Drissa, et se porte à Witebsk en marchant derrière la Dwina, dans l'intention de se rejoindre à Bagration. — Napoléon s'efforce de le prévenir à Witebsk. — Brillante suite de combats en avant d'Ostrowno, et au delà. — Bravoure audacieuse de l'armée française, et opiniâtreté de l'armée russe. — Un moment on espère une bataille, mais les Russes se dérobent pour prendre position entre Witebsk et Smolensk, et rallier le prince Bagration. — Accablement produit par des chaleurs excessives, fatigue des troupes, nouvelle perte d'hommes et de chevaux. — Napoléon, prévenu à Smolensk, et désespérant d'empêcher la réunion de Bagration avec Barclay de Tolly, se décide à une nouvelle halte d'une quinzaine de jours, pour rallier les hommes restés en arrière, amener ses convois d'artillerie, et laisser passer les grandes chaleurs. — Son établissement à Witebsk. — Ses cantonnements autour de cette ville. — Ses soins pour son armée, déjà réduite de 400 mille hommes à 256 mille, depuis le passage du Niémen. — Opérations à l'aile gauche. — Les maréchaux Macdonald et Oudinot, chargés d'agir sur la Dwina, doivent, l'un bloquer Riga, l'autre prendre Polotsk. — Avantages remportés les 29 juillet et 1er août par le maréchal Oudinot sur le comte de Wittgenstein.

— Napoléon, pour procurer quelque repos aux Bavarois ruinés par la dyssenterie, et pour renforcer le maréchal Oudinot, les envoie à Polotsk. — Opérations à l'aile droite. — Napoléon, après avoir été rejoint par le maréchal Davout et par une partie des troupes du roi Jérôme, charge le général Reynier avec les Saxons, et le prince de Schwarzenberg avec les Autrichiens, de garder le cours inférieur du Dniéper, et de tenir tête au général russe Tormazoff, qui occupe la Volhynie avec 40 mille hommes. — Après avoir ordonné ces dispositions et accordé un peu de repos à ses soldats, Napoléon recommence les opérations offensives contre la grande armée russe, composée désormais des troupes réunies de Barclay de Tolly et de Bagration. — Belle marche de gauche à droite, devant l'armée ennemie, pour passer le Dniéper au-dessous de Smolensk, surprendre cette ville, tourner les Russes, et les acculer sur la Dwina. — Pendant que Napoléon opérait contre les Russes, ceux-ci songeaient à prendre l'initiative. — Déconcertés par les mouvements de Napoléon, et apercevant le danger de Smolensk, ils se rabattent sur cette ville pour la secourir. — Marche des Français sur Smolensk. — Brillant combat de Krasnoé. — Arrivée des Français devant Smolensk. — Immense réunion d'hommes autour de cette malheureuse ville. — Attaque et prise de Smolensk par Ney et Davout. — Retraite des Russes sur Dorogobouge. — Rencontre du maréchal Ney avec une partie de l'arrière-garde russe. — Combat sanglant de Valoutina. — Mort du général Gudin. — Chagrin de Napoléon en voyant échouer l'une après l'autre les plus belles combinaisons qu'il eût jamais imaginées. — Difficultés des lieux, et peu de faveur de la fortune dans cette campagne. — Grande question de savoir s'il faut s'arrêter à Smolensk pour hiverner en Lithuanie, ou marcher en avant pour prévenir les dangers politiques qui pourraient naître d'une guerre prolongée. — Raisons pour et contre. — Tandis qu'il délibère, Napoléon apprend que le général Saint-Cyr, remplaçant le maréchal Oudinot blessé, a gagné le 18 août une bataille sur l'armée de Wittgenstein à Polotsk; que les généraux Schwarzenberg et Reynier, après diverses alternatives, ont gagné à Gorodeczna le 12 août une autre bataille sur l'armée de Volhynie; que le maréchal Davout et Murat, mis à la poursuite de la grande armée russe, ont trouvé cette armée en position au delà de Dorogobouge, avec apparence de vouloir combattre. — A cette dernière nouvelle, Napoléon part de Smolensk avec le reste de l'armée, afin de tout terminer dans une grande bataille. — Son arrivée à Dorogobouge. — Retraite de l'armée russe, dont les chefs divisés flottent entre l'idée de combattre, et l'idée de se retirer en détruisant tout sur leur chemin. — Leur marche sur Wiasma. — Napoléon jugeant qu'ils vont enfin livrer bataille, et espérant décider du sort de la guerre en une journée, se met à les poursuivre, et résout ainsi la grave question qui tenait son esprit en suspens. — Ordres sur ses ailes et ses derrières pendant la marche qu'il projette. — Le 9e corps, sous le maréchal Victor, amené de Berlin à Wilna pour couvrir les derrières de l'armée; le 11e, sous le maréchal Augereau, chargé de remplacer le 9e à Berlin. — Marche de la grande armée sur Wiasma. — Aspect de la Russie. — Nombreux incendies allumés par la main des Russes sur toute la route de Smolensk à Moscou. — Exaltation de l'esprit public en Russie, et irritation soit dans l'armée, soit dans le peuple, contre le plan qui consiste à se retirer en détruisant tout sur les pas des Français. — Inopopularité de Barclay de Tolly, accusé d'être l'auteur ou l'exécuteur de ce système, et envoi du vieux général Kutusof pour le remplacer. — Caractère de Kutusof et son arrivée à l'armée. — Quoique penchant pour le système défensif, il se décide à livrer bataille en avant de Moscou. — Choix du champ de bataille de Borodino au bord de la Moskowa. — Marche de l'armée française de Wiasma sur Ghjat. — Quelques jours de mauvais temps font hésiter Napoléon entre le projet de rétrograder, et le projet de poursuivre l'armée russe. — Le retour du beau temps le décide, malgré l'avis des principaux chefs de l'armée, à continuer sa marche offensive. — Arrivée le 5 septembre dans la vaste plaine de Borodino. — Prise de la redoute de Schwardino le 5 septembre au soir. — Repos le 6 septembre. — Préparatifs de la grande bataille. — Proposition du maréchal Davout de tourner l'armée russe par sa gauche. — Motifs qui décident le rejet de cette proposition. — Plan d'attaque directe consistant à enlever de vive force les redoutes sur lesquelles les Russes sont appuyés. — Esprit militaire des Français, esprit religieux des Russes. — Mémorable bataille de la Moskowa, livrée le 7 septembre 1812. — Environ 60 mille hommes hors de combat du côté des Russes, et 30 mille du côté des Français. — Spectacle horrible. — Pourquoi la bataille, quoique meurtrière pour les Russes et complètement perdue pour eux, n'est cependant pas décisive. — Les Russes se retirent sur Moscou. — Les Français les poursuivent. — Conseil de guerre tenu par les généraux russes pour savoir s'il faut livrer une nouvelle bataille, ou abandonner Moscou aux Français. — Kutusof se décide à évacuer Moscou en traversant la ville, et en se retirant sur la route de Riazan. — Désespoir du gouverneur Rostopchin, et ses préparatifs secrets d'incendie. — Arrivée des Français devant Moscou. — Superbe aspect de cette capitale, et enthousiasme de nos soldats en l'apercevant des hauteurs de Worobiewo. — Entrée dans Moscou le 14 septembre. — Silence et solitude. — Quelques apparences de feu dans la nuit du 15 au 16. — Affreux incendie de cette capitale. — Napoléon obligé de sortir du Kremlin pour se retirer au château de Petrowskoïe. — Douleur que lui cause le désastre de Moscou. — Il y voit une résolution désespérée qui exclut toute idée de paix. — Après cinq jours l'incendie est apaisé. — Aspect de Moscou après l'incendie. — Les quatre cinquièmes de la ville détruits. — Immense quantité de vivres trouvée dans les caves, et formation de magasins pour l'armée. — Pensées qui agitent Napoléon à Moscou. — Il sent le danger de s'y arrêter, et voudrait, par une marche oblique au nord, se réunir aux maréchaux Victor, Saint-Cyr et Macdonald, en avant de la Dwina, de manière à résoudre le double problème de se rapprocher de la Pologne, et de menacer Saint-Pétersbourg. — Mauvais accueil que cette conception profonde reçoit de la part de ses lieutenants, et objections fondées sur l'état de l'armée, réduite à cent mille hommes. — Pendant que Napoléon hésite, il s'aperçoit que l'armée russe s'est dérobée, et est venue prendre position sur son flanc droit, vers la route de Kalouga. — Murat envoyé à sa poursuite. — Les Russes établis à Taroutino. — Napoléon, embarrassé de sa position, envoie le général Lauriston à Kutusof pour essayer de négocier. — Finesse de Kutusof feignant d'agréer ces ouvertures, et acceptation d'un armistice tacite. 1 à 126

LIVRE QUARANTE-CINQUIÈME.

LA BÉRÉZINA.

État des esprits à Saint-Pétersbourg. — Entrevue de l'empereur Alexandre à Abo avec le prince royal de Suède. — Plan d'agir sur les derrières de l'armée française témérairement engagée jusqu'à Moscou. — Renfort des troupes de Finlande envoyé au comte de Wittgenstein, et reunion de l'armée de Moldavie à l'armée de Volhynie sous l'amiral Tchitchakoff. — Ordres aux généraux russes de se porter sur les deux armées françaises qui gardent la Dwina et le Dniéper, afin de fermer toute retraite à Napoléon. — Injonction au général Kutusof de repousser toute négociation, et de recommencer les hostilités le plus tôt possible. — Pendant ce temps Napoléon, sans beaucoup espérer la paix, est retenu à Moscou par sa répugnance pour un mouvement rétrograde, qui l'affaiblirait aux yeux de l'Europe, et rendrait toute négociation impossible. — Il penche pour le projet de laisser une force considérable à Moscou, en allant avec le reste de l'armée s'établir dans la riche province de Kalouga ; d'où il tendrait la main au maréchal Victor, amené de Smolensk à Jelnia. Pendant que Napoléon est dans cette incertitude, Kutusof ayant procuré à son armée du repos et des renforts, surprend Murat à Winkowo. — Combat brillant dans lequel Murat répare son incurie par sa bravoure. — Napoléon irrité marche sur les Russes afin de les punir de cette surprise, et quitte Moscou en y laissant Mortier avec 10 mille hommes pour occuper cette capitale. — Départ le 19 octobre de Moscou, après y être resté trente-cinq jours. — Sortie de cette capitale. — Singulier aspect de l'armée traînant après elle une immense quantité de bagages. — Arrivée sur les bords de la Pakra. — Parvenu en cet endroit, Napoléon conçoit tout à coup le projet de dérober sa marche à l'armée russe, et, à la confusion de celle-ci, de passer de la vieille sur la nouvelle route de Kalouga, d'atteindre ainsi Kalouga sans coup férir, et sans avoir un grand nombre de blessés à transporter. — Ordres pour ce mouvement, qui entraîne l'évacuation définitive de Moscou. — L'armée russe, avertie à temps, se porte à Malo-Jaroslawetz, sur la nouvelle route de Kalouga. — Bataille sanglante et glorieuse de Malo-Jaroslawetz, livrée par l'armée d'Italie à une partie de l'armée russe. — Napoléon, se flattant de percer sur Kalouga, voudrait persister dans son projet, mais la crainte d'une nouvelle bataille, l'impossibilité de traîner avec lui neuf ou dix mille blessés, les instances de tous ses lieutenants, le décident à reprendre la route de Smolensk, que l'armée avait déjà suivie pour venir à Moscou. — Résolution fatale. — Premières pluies et difficultés de la route. — Commencement de tristesse dans l'armée. — Marche difficile sur Mojaisk et Borodino. — Disette résultant de la consommation des vivres apportés de Moscou. — L'armée traverse le champ de bataille de la Moskowa. — Douloureux aspect de ce champ de bataille. — Les Russes se mettent à notre poursuite. — Difficultés que rencontre notre arrière-garde confiée au maréchal Davout. — Surprises nocturnes des Cosaques. — Ruine de notre cavalerie. — Danger que le prince Eugène et le maréchal Davout courent au défilé de Czarewo-Zaimitché. — Soldats qui ne peuvent suivre l'armée faute de vivres et de forces pour marcher. — Formation vers l'arrière-garde d'une foule d'hommes débandés. — Mouvement des Russes pour prévenir l'armée française à Wiasma, tandis qu'une forte arrière-garde sous Miloradovitch doit la harceler, et enlever ses traînards. — Combat du maréchal Davout à Wiasma, pris en tête et en queue par les Russes. — Ce maréchal se sauve d'un grand péril, grâce à son énergie et au secours du maréchal Ney. — Le 1er corps, épuisé par les fatigues et les peines qu'il a eu à supporter, est remplacé par le 3e corps sous le maréchal Ney, chargé désormais de couvrir la retraite. — Froids subits et commencement de cruelles souffrances. — Perte des chevaux, qui ne peuvent tenir sur la glace, et abandon d'une partie des voitures de l'artillerie. — Arrivée à Dorogobouge. — Tristesse de Napoléon, et son inaction pendant la retraite. — Nouvelles qu'il reçoit du mouvement des Russes sur sa ligne de communication, et de la conspiration de Malet à Paris. — Origine et détail de cette conspiration. — Marche précipitée de Napoléon sur Smolensk. — Désastre du prince Eugène au passage du Vop, pendant la marche de ce prince sur Witebsk. — Il rejoint la grande armée à Smolensk. — Napoléon, apprenant à Smolensk que le maréchal Saint-Cyr a été obligé d'évacuer Polotsk, que le prince de Schwarzenberg et le général Reynier se sont laissé tromper par l'amiral Tchitchakoff, lequel s'avance sur Minsk, se hâte d'arriver sur la Bérézina, afin d'échapper au péril d'être enveloppé. — Départ successif de son armée en trois colonnes, et rencontre avec l'armée russe à Krasnoé. — Trois jours de bataille autour de Krasnoé, et séparation du corps de Ney. — Marche extraordinaire de celui-ci pour rejoindre l'armée. — Arrivée de Napoléon à Orscha. — Il apprend que Tchitchakoff et Wittgenstein sont près de se réunir sur la Bérézina, et de lui couper toute retraite. — Il s'empresse de se porter sur le bord de cette rivière. — Grave délibération sur le choix du point de passage. — Au moment où l'on désespérait d'en trouver un, le général Corbineau arrive miraculeusement, poursuivi par les Russes, et découvre à Studianka un point où il est possible de passer la Bérézina. — Tous les efforts de l'armée dirigés sur ce point. — Admirable dévouement du général Éblé et du corps des pontonniers. — L'armée emploie trois jours à traverser la Bérézina, et pendant ces trois jours combat l'armée qui veut l'arrêter en tête pour l'empêcher de passer, et l'armée qui l'attaqué en queue, afin de la jeter dans la Bérézina. — Vigueur de Napoléon, dont le génie tout entier s'est réveillé devant ce grand péril. — Lutte héroïque et scène épouvantable auprès des ponts. — L'armée, sauvée par miracle, se porte à Smorgoni. — Arrivé en cet endroit, Napoléon, après avoir délibéré sur les avantages et les inconvénients de son départ, se décide à quitter l'armée clandestinement pour retourner à Paris. — Il part le 5 décembre dans un traîneau, accompagné de M. de Caulaincourt, du maréchal Duroc, du comte de Lobau, et du général Lefebvre-Desnoëtles. — Après son départ, la désorganisation et la subite augmentation du froid achèvent la ruine de l'armée. — Évacuation de Wilna et arrivée des états-majors à Kœnigsberg sans un soldat. — Caractères et résultats de la campagne de 1812. — Véritables causes de cet immense désastre. 426 à 679

FIN DE LA TABLE DU QUATORZIÈME VOLUME.

Larrey:

pages 159 —
226 325
352 —
391
495
556
604
661
669.

www.ingramcontent.com/pod-product-compliance
Lightning Source LLC
Chambersburg PA
CBHW062000300426
44117CB00010B/1411